KB175834

로마 제국의 심장부 고대 로마의 포럼(공공 광장) BC 7세기 무렵 포럼에 건물이 세워지기 시작하면서 고대 로마의 정치·종교·상업 중심지로 변화했다. 그중에서도 호화건물을 지은 사람은 카이사르, 아우구스투스 황제, 티베리우스 황제 등이었다. 이곳은 세계를 지배한 로마 제국의 심장부였던 것이다.

아케메네스 제국의 패망(BC 550~330) 〈이소스 전투〉 폼페이 유적 프레스코화. 이소스 전투에서 아케메네스 왕 다리우스 3세는 마케도니아 왕 알렉산더에게 패하고, 그의 죽음과 함께 아케메네스 제국은 패망한다.

〈다리우스 3세 가족을 대면하는 알렉산더 대왕〉 파올로 베로네세. 1565~70. 런던, 내셔널갤러리 소장.

▶제1차 십자군 원정(1096~1099)

〈십자군의 예루살렘 점령〉
1099년 7월 15일, 십자군은 예루살렘 정복에 성공한다. 십자군은 성 안의 많은 시민들을 학살하고 그들의 재물을 약탈하였다.

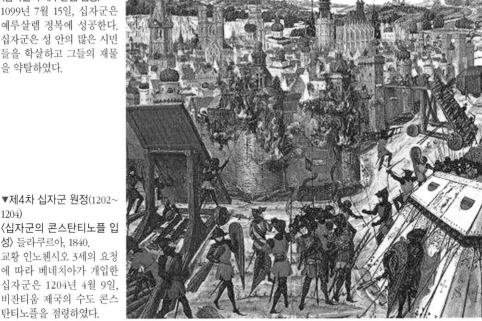

▼제4차 십자군 원정(1202~1204)

〈십자군의 콘스탄티노플 입성〉 들라쿠르아, 1840.
교황 인노첸시오 3세의 요청에 따라 베네치아가 개입한 십자군은 1204년 4월 9일, 비잔티움 제국의 수도 콘스탄티노플을 점령하였다.

오스만 술탄 메메드 2세의 콘스탄티노플 입성(1453) 장 조제프 벤자민 콩스탕, 아트 리뉴얼센터박물관 소장
이로써 유스티니아누스 1세 치세의 동로마 제국(비잔틴 제국, 476~1453)은 멸망하고 말았다.

▲몽골 제국 황제 쿠빌라이 칸(1162~1227)

▶칭기즈칸 부대의 행렬
몽골 제국(1206~1368)은 유럽과 아시아에 걸친 대제국을 건설하였다.

▼칭기즈칸의 베이징 입성
1215년, 금나라의 수도 중도(베이징)를 포위하여 항복을 받아내고 원나라를 세운다. 1368년, 주원장이 이끄는 명나라군에 의해 몽골 제국은 막을 내린다.

신성로마제국, 〈30년 전쟁의 뤼첸 전투〉(1632) 스웨덴의 구스타브 아돌프 왕이 전사하는 장면. 신성로마제국이 에스파냐와 함께 보헤미아 등 반가톨릭 연합인 덴마크, 스웨덴, 프랑스, 네덜란드, 튀르크 등과 벌인 전투이다.

신성로마제국의 종식(962~1806) 〈라인 동맹의 보호자 역할을 수락하는 나폴레옹〉 1806년, 독일이 라인 동맹을 결성하고 나폴레옹을 보호자로 선택하였다. 프란츠 2세가 신성로마 황제 자리에서 물러남으로써 1000년의 제국도 역사 속으로 사라졌다.

▶에스파냐 제국의 아스테카 제국 정복전쟁 (1519~1521)
〈촐롤란의 테오칼리(주 피라미드)를 습격하는 에스파냐군의 코르테스〉
1523년, 아스테카 제국(멕시코)의 테노치티틀란이 점령당함으로써 아스테카 제국은 멸망하였다.

▼에스파냐 제국의 잉카 제국 정복전쟁(1528 ~1572)
〈페루의 잉카를 사로잡는 피사로〉 존 말레이. 카하마르카 전투에서 패배한 뒤 에스파냐군의 피사로에게 사파 잉카 아타우알파가 사로잡히고 잉카 제국은 멸망하고 말았다.

대영제국, 〈플라시 전투 뒤 클라이브와 미르 자파르의 만남〉 프란시스 헤이만, 1762.
플라시 전투에서 승리한 영국은 벵골의 지배권을 확립하고 인도의 식민지화를 위한 침략의 교두보로 삼았다.

대영제국, 〈요크타운 전투에서 영국군 사령관 콘 월리스의 항복〉(1781년 9월), 존 트럼벌, 1797.
이 싸움에서 식민지군(미국·프랑스 연합군)이 승리함으로써 독립 전쟁은 끝이 났으며, 미국 식민지의 손실은 대영제국 쇠락의 시작을 뜻한다.

World Book 255
Arnold Joseph Toynbee·Abridg—Somervell
A STUDY OF HISTORY

역사의 연구 II

A.J. 토인비/홍사중 옮김

동서문화사

일러두기

1. 이 책은 일반 독자들의 이해를 돕기 위해 원본을 약 6분의 1로 요약한 「Arnold J. Toynbee. A Study of History, abridgement of VOL i~vi by D.C. Somervell」을 완역한 것이다.
2. 주는 해당 쪽 아래에 각주로 넣었으며 인용·책명은 원어대로 밝혀두었다.
3. 인명 및 지명은 되도록 원어 발음에 가깝도록 표기했으며, 시대 상황에 따라 구분되어야 할 '영국·브리튼·잉글랜드'는 통일을 하지 않고 그대로 두었다.
4. 이 책에서 토인비가 사용한 몇 가지 용어 외에도 우리말로 표현 불가능한 '기업심' 같은 것은 조어로 되어 있음을 밝혀둔다.

역사의 연구 I II

차례

역사의 연구 II

역사의 연구 I

제6편 세계 국가

제23장 목적과 수단

이 책의 출발점은, 외부의 역사적 사건을 고려하지 않고 고유의 공간과 시간의 한계 내에서 우리가 이해할 수 있는 역사 연구 영역들을 탐구하는 일이었다. 이 독립적인 단위를 탐구한 결과, 우리가 '문명'이라는 이름으로 부르는 특수한 종류의 사회 안에서 그 영역들을 발견했다. 그리고 이제까지 우리가 확인할 수 있었던 21개 문명의 발생·성장·쇠퇴 및 해체에 대해 비교 연구를 하면서, 최초의 '문명'이 '원시 사회' 속에서 나타난 이래 '인류' 역사에 일어난 모든 중요한 사건들이 그 단계 중 하나에 속한다는 가정 아래 일을 진행해 왔다. 그럼에도 때때로 이런 최초의 가정에 의한 열쇠가, 우리의 지적 여행의 목적지에 이르기 위해 지나야 하는 모든 관문들을 여는 데 도움이 되지 않을 수 있다는 점 때문에 곤란을 받았다.

이 책 첫 부분에서, 그 존재가 알려진 수많은 '문명'을 확인하는 과정에서 어떤 것들은, 우리가 이름붙인 '부자 관계'와 어느 정도 결합되어 있음을 발견했다. 이와 동시에 '어버이' 사회는 해체 진행 과정에서 '지배적 소수', '내적 프롤레타리아', '외적 프롤레타리아' 등 세 가지로 나뉘며, 독특한 사회적 산물이 그런 관계를 밝히는 증거가 됨을 발견했다.

지배적 소수자는 철학을 낳아 그것이 때때로 세계 국가의 원동력이 된다는 것, 내적 프롤레타리아는 고등 종교를 낳아 그것이 세계 교회의 형태로 자기를 구현하려 한다는 것, 외적 프롤레타리아는 영웅 시대를 낳아 그것이 야만적인 전쟁의 비극을 불러일으킨다는 것이 밝혀졌다. 이러한 경험이나 제도는 집단 안에서 분명히 '어버이' 문명과 '자식' 문명 사이의 연결 역할을 한다.

그렇다고 이 두 가지 비동시적 문명 사이에 시간적 차원의 관계가 세계 국가와 세계 교회 및 영웅 시대의 비교 연구가 밝혀주는 '문명' 사이의 유일한 관계는 아니다. 문명이 쇠퇴하고 해체하여 생기는 이 세 단편은 다른 형태의 동시대 문명에서 비롯하는 외래 요소와 사회적 문화적 결합을 자유로이 만들 수 있게 해준다. 세계 국가 가운데 몇몇은 외래의 제국 건설자들에 의해 만들어진 것이며, 고등 종교 가운데 몇몇은 외래의 영감에 의해 생기를 불어넣은 것이며, 야만적 전쟁들 가운데 몇몇은 외래 문화의 영향을 받고 있다.

세계 국가와 세계 교회 영웅 시대는 이처럼 동시대 문명뿐만 아니라 시간과 문명도 결합한다. 그렇다면 이제까지 그래왔듯이 이 파편들을 해체된 문명의 단순한 부산물로 다루는 것이 과연 타당한 것일까? 이제 우리는 그것들을 그 개체로서 연구해야 하지 않을까?

이 세 가지 제도가 과연 그 개체로서 이해 가능한 연구 영역인지를 검토하고, 또 하나의 가능성으로서 문명을 함께 포함하는 좀더 큰 전체의 부분이 아닌가 하는 점을 살펴보지 않는다면, 인류 역사 전체가 초보적 단계를 넘어서서 우리의 시야 속에 들어왔다는 확신을 가질 수 없다.

이와 같은 이유로 탐구를 더욱 진행해 가자는 것이 이 '연구'의 제5편 마지막 부분에서 우리가 우리 자신에게 내준 과제였는데, 이제부터 이 과제를 제6~8편에서 수행해 가기로 한다.

그 하나로 우선 세계 국가를 다루게 되거니와 먼저 세계 국가는 그 자체가 목적인지, 아니면 그 이상의 어떤 목적에 이르는 수단인지 질문을 던져 보자. 이 문제에 접근하는 가장 좋은 방법은 이미 우리가 확인한 세계 국가의 몇 가지 뚜렷한 특징을 돌이켜보는 일일 것이다.

첫째로, 세계 국가는 문명이 쇠퇴하기 전이 아니라 그 뒤에 나타나며, 쇠퇴한 문명 사회에 정치적 통일을 부여한다. 그것은 실제 여름(가장 번성한 시기)이 아니라 가을을 감추고 겨울을 예고하는 '인디언 서머'인 것이다.

둘째로, 세계 국가는 지배적 소수자, 즉 이제는 창조력을 상실한, 이전에 창조적이었던 소수자의 생산물이다. 이런 소극적 성격의 탄생 과정은 세계 국가를 만들어 낸 사람을 나타내는 징표이며, 또 세계 국가의 성립과 유지에 꼭 필요한 조건이 되지만, 이런 세계 국가의 전체적인 모습을 다 나타낸 것은 아니다.

세계 국가는 사회적 쇠퇴에 붙어다니는 것이며, 지배적 소수자의 생산물이라는 것 말고도 또 다른 세 번째 두드러지는 특징이 있다. 즉 그것은 잇달아 정세 악화·회복의 리듬 운동을 몇 차례 되풀이하고, 마침내 정세 악화로 끝나는 형태로 수행되는 해체 과정에서 하나의 회복—더욱이 두드러진 회복—단계로서 나타난 표현 형태이다. 마침 그 시기에 일어나 순조롭게 세계 국가가 세워지는 것은 그때까지 몇 차례나 되풀이되며 어떻게 해서든지 그것을 막으려고 한 시도가 잇달아 실패로 끝났기에 더 한층 기세를 올리는 '동란 시대'가, 마침내 종지부를 찍음으로써 지켜 보는 사람들의 마음속에 강한 인상을 주고, 감사하는 마음을 불러일으키는 것이 그 마지막 특징이다.

이들 특징을 종합하면, 얼핏 보아 어느 쪽으로도 해석되는 것처럼 보이는 세계 국가 모습이 이루어진다. 세계 국가는 사회 해체의 징후이지만, 동시에 이 해체를 막고, 그것에 맞서려고 하는 시도이다. 일단 수립되면 어디까지나 끈질기게 살아남으려고 매달리는 것이 세계 국가의 가장 두드러진 특징의 하나이지만, 그것을 참다운 생명력으로 잘못 생각해서는 안 된다. 그것은 오히려 죽을 듯하지만 좀처럼 죽지 않는 늙은이의 끈질긴 장수이다.

실제로 세계 국가는 마치 목적 자체인 것처럼 거동하는 강한 경향을 나타내지만, 실제로는 사회 해체 과정의 한 부분을 나타내는 것이며, 만약에 그 이상으로 어떤 뜻을 갖는다면 그것은 다만 세계 국가 밖에 있는, 또한 세계 국가를 넘어선 곳에 있는 어떠한 목적을 위한 수단임에 틀림없다.

제24장 불멸의 환영

이들 세계 국가를 밖에서 바라보는 방관자로서가 아니라 세계 국가에 속한 시민의 눈으로 바라보면, 그들 시민은 단순히 그들의 지상 국가가 영구히 이어지기를 바랄 뿐만 아니라, 이 인간의 제도가 불멸성을 보증받고 있다고 실제로 믿고 있다는 사실을 발견하게 되고, 더구나 가끔 시간적 또는 공간적으로 다른 처지에 놓여져 있는 관찰자의 시각에서 보면, 그 세계 국가에는 마침 그 시기에 종말을 앞둔 상태에 있음을 분명히 나타내는 사건이 일어나고 있음에도 여전히 그렇게 믿고 있음을 발견하게 된다.

그러한 관찰자는 마땅히 의문을 품을 것이다. 세계 국가의 시민들은 왜 아주 뚜렷한 사실을 무시하고, 세계 국가를 황야 속의 하룻밤 은신처로는 보지 않고 '약속의 땅'으로 보고 인간이 노력하는 최종 목표로 여기느냐고. 그러나 미리 말해 두어야 할 것은 이러한 기분을 갖는 것은 토착의 제국 건설자에 의해 세워진 세계 국가의 시민에 한정되어 있다는 점이다. 이를테면 영국령 인도 제국의 불멸을 바라거나 예언한 인도인은 한 사람도 없었으니 말이다.

헬라스 문명의 세계 국가였던 로마 제국 역사에서도 우리는 '아우구스투스의 평화'의 성립을 목격한 그 무렵 사람들이 분명히 마음속으로 그렇게 믿고 로마 제국과 제국을 수립한 '로마 시'가 함께 불멸의 생명을 부여받고 있다고 단언하고 있음을 본다.

티불루스(로마의 시인, 기원전 54~18)는 '영원한 도시의 성벽'에 대해서 노래하고, 베르길리우스는 유피테르에게 아이네이아스의 미래 로마 자손들에 대해 "나는 그들에게 제국을 준다"고 말하게 한다. 리비우스도 마찬가지로 확신을 갖고 '영원한 도시'라 쓰고 있다. 회의주의자인 호라티우스마저 그의 서사시의 불멸성을 주장하면서, 로마 도시 국가의 연중 행사로서 행해지는 '종교적 의식의 반복'을 자신의 영원성을 재는 구체적인 잣대로 삼고 있다. 그의 서사시는 아직도 사람들에게 읊어진다.

앞으로 언제까지 그 '불멸성'이 이어질지 모른다. 그의 서사시를 인용할 수 있는 사람들의 수는 교육 풍토의 변화에 따라 크게 줄어들었기 때문이다. 그러나 적어도 그의 시는 로마의 이교 의식보다 4~5배의 수명을 유지한 셈이 된다.

호라티우스나 베르길리우스가 살던 시대로부터 400년 이상 지나고 나서 알라리크의 로마 약탈에 의해 이미 로마의 종말이 선고된 뒤로, 아직 우리는 갈리아 태생 시인 루틸리우스 나마티아누스(로마의 시인)가 여전히 의기양양하게 로마의 불멸성을 주장하며, 또 예루살렘에 틀어박혀 학문적 연구에 몰두하던 성 예로메스가 그 신학적 노력을 멈추고 루틸리우스와 거의 같은 말로 비탄과 경악을 표현하고 있음을 본다. 이 이교도 관리와 기독교 교부는 오늘날 우리의 관점에서 보면 훨씬 전부터 피할 수 없는 것으로 되어 있었던 사건에 대한 감정적 반응에서 완전히 일치한다.

기원후 475년의 로마 멸망은, 일시적 세계 국가를 영원한 것으로 착각했던 시민들에게 준 것과 똑같은 충격을, 1258년 바그다드가 몽골족의 손에 떨어졌을 때에 아랍 칼리프국 사람들에게 준 충격과 맞먹는 사건이었다. 그 충격은 팔레스티나로부터 갈리아에 이르기까지 로마 세계 전체에 미쳤고, 아랍 세계에서는 파르가나에서 안달루시아까지 미쳤다. 심리적 효과의 강렬함은 칼리프국이 로마보다 더 심각했다. 왜냐하면 훌라구가 아바스 왕조 칼리프국의 '마지막 숨통'을 끊었을 때는 아바스 왕조가 실권을 잃은 지 이미 3~4세기나 지난 뒤였으며, 그 드넓은 영토 대부분은 다만 명목상 복종하고 있는 데 지나지 않았기 때문이다.

이같은 빈사 상태의 세계 국가가 머리 위에 드리운 이 불멸성에 대한 환상(環狀 ; 성상의 머리 위에 얹혀 있는 광선의 테)은 흔히 현명한 야만족 수령들에게 지배 지역을 분배할 때 마찬가지로 환상적인 복종을 맹세케 한다. 아리우스파 그리스도교를 믿는 동고트족의 아말룽 지도자들과 시아파에 속하는 다이람인의 부와이 지도자들은 겉으로는 저마다 콘스탄티노플의 황제와 바그다드의 칼리프의 대관으로서 지배하기로 하여 자기들의 정복 명분을 내세우려고 했다. 그리하여 이 두 지도자의 경우는 노쇠한 세계 국가를 이처럼 교묘하게 조종했음에도 둘 다 그들 특유의 이단적 종교를 고수함으로써 부득이 감수하지 않으면 안 될 운명을 바꾸기 위해 이러한 명분들이 정치적 책략상 필요했으며, 현명함과 행운을 거머쥔 이웃 야만족이 동시에 이를 실행했을 때는 굉장한 성공을 거두었다. 이를테면 프랑크 왕국 클로비스 국왕은 로마 제국의 야만족 후계 국가 건설자 중에서 가장 성공적이었는데, 가톨릭교로 개종한 데 이어 멀리 콘스탄티노플을 수도로 삼은 황제 아나스타시우스로부터 집정관 인장과 더불어 지방 총독 칭호를 받았다. 클로비스의 성공이 어느 정도였는지는 그 뒤 그가 정복한 땅에 그의 이름의 변화 형태인 '루이'를 호칭하는 왕이 18명(루이 1세로부터 루이 18세까지)이나 군림한 사실로 입증된다.

앞서 이 '연구' 앞부분에서 본 바와 같이, 비잔틴 문명의 세계 국가가 된 오스만 제국도 이미 '유럽의 병자'라 불리게 된 뒤에도 불멸성이라는 환상에 사로잡히는 특색을 나타냈다. 이 제국을 분할해 각각 후계 국가를 세운 야심에 찬 무장들—이집트와 시리아에서는 메메트 알리, 알바니아와 그리스에서는 얀니나 알리, 루멜리아 서북부 비딘의 파스바노글루—은 파디샤의 영토를 빼앗아 자기 것으로 만들기 위해 모든 사사로운 행동을 파디샤의 이름으로 행하도록 특별히 마음을 썼던 것이다. 서유럽 여러 나라가 그들의 뒤를 따라 똑같은 술책을 사용했다. 이를테면 영국은 1878년 이후 키프로스 섬을, 1882년 뒤로는 이집트를 다스리게 되었는데, 1914년 터키와 전투를 벌일 때까지 콘스탄티노플에서 '술탄'이라는 이름으로 지배했다.

힌두 문명의 세계 국가인 무굴 제국도 같은 특징을 나타내고 있다. 1707년 아우랑제브 황제가 사망한 뒤 반 세기 동안, 이전에 인도 대륙 대부분에서 실제로 주권을 행사하고 있던 이 무굴 제국은 차츰 그 영토를 빼앗겨 6만여 제곱킬로미터밖에 안 되는 작은 나라가 되었으며, 또한 반 세기 뒤에는 델리의 '붉은 요새' 성벽에 둘러싸인 구역으로 축소되고 말았다. 그러나 1707년부터 150년이나 지난 뒤에도 여전히 악바르와 아우랑제브의 자손이 왕좌에 앉아 있었다. 만약에 이 가련한 로봇 황제로 하여금 그의 의사에 반하여 잠시 계속된 무정부 시대 뒤에도 그가 여전히 상징하던, 그 옛날 멸망한 무굴 제국에 대체된 외래 정권에 대한 자신들의 반란을 지지하도록 1857년의 반란자들(세포의 반란이라 불리는, 농민·병사를 주체로 한 일대 반영 투쟁)이 강요하지만 않았더라면, 그 황제는 더 오래 그 자리에 머물러 있었을 것이다.

세계 국가의 불멸성에 대한 믿음이 오래도록 지속된다는 사실을 나타내는 더 한층 주목할 증거는, 세계 국가가 사멸되고 불멸의 국가가 아니라는 것이 밝혀졌는데도 그 망령을 불러일으키는 관행이다. 이를테면 바그다드의 아바스 왕조 칼리프국은 카이로의 아바스 왕조 칼리프국으로 부활하고, 로마 제국은 서유럽의 신성로마 제국과 정교 기독교 세계의 동로마 제국으로 부활했다. 또 진(秦)·한(漢) 제국은 수(隋)·당(唐) 제국으로 부활했다. 로마 제국 창설자(카이사르)의 성은 '카이저(독일)'와 '차르(러시아)'의 칭호가 되어 부활하고, 본디 무하마드(마호메트)라는 후계자를 뜻하던 '칼리프'라는 칭호는 카이로에 모습을 드러낸 다음 이스탄불로 옮겨져 20세기에 서유럽화 정책을 취한 혁명가들(청년 터키당)의 손으로 폐지되기까지 존속했다.

이상은 세계 국가 불멸성이 냉담한 현실에 의해 명백히 부정된 뒤에도 아직 몇 세기 동안이나 계속 살아 남았음을 나타내는 수많은 역사적 사례 가운데 겨우 몇 가지를 골라낸 것이다. 이 기묘한 현상의 원인은 무엇인가?

명백한 하나의 원인은 세계 국가 창설자와 그 위대한 통치자가 주는 인상의 강렬함이며 그 인상이, 감수성이 풍부한 후대 사람들에게 강조되어 전해져 가는 동안 인상적인 사실에 차츰 꼬리가 붙어 압도적인 힘을 드러내는 전설로 되어버린다. 또 하나의 원인은, 세계 국가의 위대한 지배자가 발휘하는 천재성과는 별개로 이 제도 자체가 주는 강한 인상이다. 세계 국가는 오랫동안 도망치기만 하고 멈출 여유가 없었던 동란 시대 끝에 패배로부터의 원상 복귀가 구체적으로 표현된 것이므로 사람들의 감정과 이성을 모두 사로잡고 만다. 처음에 적대적이었던 안토니우스 황제 시대의 그리스인 학자들로부터 마침내 찬탄을 받게 된 것은 이런 로마 제국의 일면이 있었기 때문이다. 기번은 훨씬 후세에 가서도 이 시대를 인류가 행복의 절정에 달한 시기로 기억되리라고 생각했다.

"힘을 갖지 않은 주권의 행사 속에는 구원이 없다. 자기보다 뛰어난 인간의 지배에 복종하는 것은 '차선'의 길이다. 그러나 이 '차선'의 길이 우리의 현재 로마 제국의 경험에서는 모든 방법 가운데에서 최선의 것임이 뚜렷해졌다. 이 행복한 경험이 전세계를 움직여 온 힘을 다해 로마에 매달리게 했던 것이다. 배의 승무원이 뱃길 안내인과 헤어질 것을 생각하지 않듯이, 세계는 로마로부터 떨어지려 하지 않을 것이다. 여러분은 동굴 속 박쥐들이 서로 몸을 맞대고 바위에 달라붙어 있는 것을 본 일이 있으리라. 전세계가 로마에 의존하는 상태가 바로 이와 같다. 오늘날 모든 인간의 마음속에 있는 근심의 중심에는 자기가 속한 집단에서 강제로 분리되지나 않을까 하는 두려움이 존재한다. 로마에게 버림을 당하는 게 두려워 함부로 로마를 버리겠다는 마음을 일으키는 자는 없다.

……과거 모든 전쟁 발발의 원인이 된 주권 다툼, 세력 싸움은 이제 끝났다. 그리하여 일부 국가는 노고와 고뇌에서 해방된 것을 기뻐하고, 또 종래의 투쟁이 모두 헛수고로 끝났음을 겨우 알아차리고는 소리 없이 흐르는 물처럼 즐겁고 평온하게 있고, 어떤 나라들은 전에 그들이 권력의 자리에 앉아 있었던 일이 있었는지 없었는지를 모르거나 기억하고 있지도 않다. 실제 우리는 새로 형태를 바꾼 팜필리아($^{모든 종족의}_{땅이라는 뜻}$)인의 이야기(아니면 그것은 플라톤 자신이 창작한 이야기인지도 모른다)를 눈앞에 보고 있는 것이다. 세계의 여러 국가들이 그들 자신의 동족상잔 비극의 희생이 되어 이미 화장에 처해지기 위해서 쌓아올린 장작더미 위에 놓여졌을 때 갑자기 로마 제국의 총체적 지배를 받고 바로 되살아났던 것이다. 어떻게 해서 이러한 상황에 이르게 되었는지 그들은 설명할 수가 없다. 그들은 그 사실에 대해 아무것도 모르고 단지 현재의 행복에 경탄할 뿐이다. 그들은 잠자던 사람이 눈을 뜨고 제정신으로 돌아온 것과 같이, 불과 얼마 전까지 자신들을 괴롭히던 악몽을 깨끗이 잊어버리고 있다. 그들은 이미

전쟁 따위가 있었다고는 믿지 않는다.

……'인간이 사는 세계(로마 제국)' 전체가 지금 영속적인 휴일을 맞이하고 있는 것이다. ……그러므로 오늘날 아직 이 같은 행복의 혜택을 받지 못하고 있기 때문에 애석함을 가지고 있는 몇 안 되는 민족—만일 그런 민족이 남겨져 있다면—그것은 로마 제국의 범위 밖에 있는 사람들이다……"[1]

로마 제국의 범위 밖으로 특별히 집어내어 말할 만한 가치가 있는 민족이 있을까 하는 물음에 대한 기묘한 회의적 태도야말로 이른바 우리가 세계 국가의 특징적인 근거가 된다. 세계 국가는 지리적인 면이 아니라 심리적으로 보편적이었다.

이를테면 호라티우스는 그의 송시(頌詩) 가운데, '티리다테스(파르티아의 왕자로서, 반로마
(식민지 아르메니아의 지지를
받아 아르메니아 왕이 되었다)의 위협'을 개의치 않는다고 말하고 있다. 파르티아 왕은 틀림없이 실존했으나, 그다지 문제시되지 않았던 것이다. 동아시아 문명의 세계 국가인 만주족 출신 황제들도 같은 태도를 보여주었는데, 외교 교섭을 할 때 서양 세계를 포함한 모든 국가의 정부는 과거 어느 시기에 중국 조정의 허락을 받고 성립한 것이라고 단정을 짓고 관여했다.

그러나 이들 세계 국가의 실체는 아일리오스 아리스테이데스나 그 밖의 여러 시대 여러 나라에서 세계 국가에 찬사를 보낸 사람들 눈에 비친 화려한 겉모습과는 전혀 다른 것이었다.

이집트 문명의 세계 국가 변경(邊境)에 해당하는 누비아 지방의 이름 없는 한 인간이 그리스 신화의 독창성에 의해 신으로 바뀌어져 불사(不死)의 새벽 여신 에오스의 사랑을 받았으나 불행해진다는 에티오피아 황제의 이야기가 있다. 그 여신은 올림포스의 신들에게 그녀의 연인인 인간을 불사의 신이 되게 해달라고 간청했다. 신들은 마침내 여신의 소원을 들어주기로 했다. 그러나 마지못해 주어진 이 선물은 치명적인 결함으로 엉망이 되었다. 여신은 소원이 받아들여질지 여부에 열중한 나머지, 올림포스 신들의 불사에는 영원한 젊음이 반드시 붙어다닌다는 것을 잊고 있었다. 그래서 다른 신들은 일부러 심술궂게 그녀가 요구한 것만을 주기로 했던 것이다. 결과는 비극이었다. 눈 깜빡할 순간에 지나가 버린 밀월 여행 뒤, 티토누스는 죽지 않게 되었지만 영원한 젊음은

---

[1] Aristeides, P. Aelius : The Roman Oration.

갖지 못하고 늙게 되었다.

자비스런 죽음의 손이 닿지 않는 노쇠는 죽어야 할 인간에게 견딜 수 없는 괴로움이며, 영원한 슬픔은 다른 어떤 사상이나 감정보다도 강한 것이다. 어떠한 인간 정신 또는 인간 제도에 있어서도 '이 세계'의 불사라는 것은 비록 육체의 노쇠나 정신적 쇠퇴가 따르지 않는다 해도 수난을 의미하는 게 될 것이다.

철인 황제 마르쿠스 아우렐리우스(재위 161~180)는 "이러한 의미에 있어서 보통의 지능을 가진 사람이라면 누구나 40세가 되면—자연의 획일성이라는 점에서 보아—과거와 미래를 모두 봤다고 말해도 틀린 것은 아니다" 이렇게 쓰고 있다. 인간의 영혼이 경험을 받아들이는 능력에 대한 이 같은 평가는 인간의 수명으로 볼 때 지나치게 낮은 평가라고 생각될지도 모르지만, 그 이유는 마르쿠스가 살고 있던 시대 속에서 발견할 수 있다. 즉 '인디언 서머'는 권태의 시대인 것이다. '로마 평화'의 대가로 헬라스 사회는 자유를 잃어버렸다. 그 자유는 언제나 소수자의 특권이었으며, 또 이 특권을 가진 소수자는 다수에게 무책임하게 억압을 가했을지도 모르지만, 돌이켜본다면 헬라스 사회의 '동란 시대' 가운데 정점에 해당하는 키케로 시대의 부정 횡행이 로마 연설가들에게 그들을 분기시키고 고무하는 여러 가지 계기를 제공한 것은 분명하다. 점잔을 뺀 트라야누스 시대의 후예는 키케로 시대의 사건을 '우리 시대의 일'이 아니라고 생각하고 혐오해야 할 것으로서 비난했을지는 모르지만, 파란만장한 생활에 자극받는 일이 없는 대신 무리한 기교로 벌충하려는 자기들의 노력이 언제나 실패로 끝남을 보고 마음속으로 부럽게 여기고 있었음에 틀림없다.

헬라스 사회가 쇠퇴기에 들어선 직후 어떻게 해서든지 헬라스 사회를 고정된 사회로 못질하여 그 이상 무너지는 것을 막으려고 애쓴 플라톤은 비교적 안정된 이집트 문화의 상태를 이상적으로 표현했다. 그리고 그로부터 1000년 뒤 헬라스 문명이 이미 종말 상태에 이른 이집트 문화가 간신히 살아남아 있던 시대에, 신플라톤 학파의 마지막 학자들은 그들이 스승으로 추앙하는 플라톤의 생각을 한 걸음 진전시켜 거의 미치광이처럼 무비판적으로 찬미하고 있다.

이집트 사회의 세계 국가가 대단한 집요성을 보임으로써, 이미 그 육체가 때가 다하여 정화와 화장을 위해 쌓아올린 장작더미 위에 놓여진 뒤에도 몇 번이나 되풀이해서 살아난 덕분에 이집트 문명은 동시대의 문명—미노스·수메르의 두 문명과 인더스 문화—이 모두 멸망하고, 다음 후계자에게 자리를 물려고, 나아가서는 그들의 뒤를 이어 일어난 몇몇 문명들이 멸망한 뒤에까지 명맥을 이어갔다. 이집트 사회의 역사가들은 수메르 문명의 자식에 속하는 제1기 즉, 시리아·히타이트 및 바빌로니아 각 문명 탄생과 죽음을 관찰하고, 미노스 문명의 자식에 해당하는 시리아 및 헬라스 문명의 성쇠를 지켜볼 수 있었을 것이다.

쇠퇴한 이집트 사회의 자연 수명에 덧붙여진 터무니없이 긴 에필로그는 오랜 기간에 걸친 권태와, 이 게으른 잠을 자며 허송세월하는 사회가 이따금 다른 사회 체계의 압박을 받아 갑자기 잠에서 깨어나 반사적으로 드러내는 폭력의 열병적 발자으로 대신했다.

이와 마찬가지로 마치 혼수 상태에 빠진 것 같은 게으른 잠과 열광적인 배외(排外) 운동의 폭발이 교체하는 리듬은 중국 동아시아 문명 역사의 에필로그에서도 볼 수 있다. 중국에 외래의 세계 국가를 강요한 몽골족이 들여왔던 동아시아 그리스도교(네스토리우스교)는 문화적 반발을 불러일으켜 몽골족이 쫓겨나고 지배 세력은 토착 세계 국가인 명나라로 바뀌었다.

명나라 붕괴에 의해 생긴 정치적 공백을 틈타 침입한 (청나라의 전신) 만주족도 동아시아 그리스도교 문화의 영향을 받고 있었지만, 그보다도 더 우리의 눈길을 끄는 것은 그들이 스스로 중국적(漢民族的) 양식을 채택한 일이었다. 그럼에도 그들 또한 민중의 반대를 불러일으켜 그 반대 운동은 적어도 남부 중국에서는 훨씬 잠정적으로 계속되다가 1852~64년의 '태평천국의 난' 때 다시 대대적인 반란으로 폭발했다.

가톨릭, 그리스도교의 형태를 빌려 행해진 16세기와 17세기 근대 초기 서유럽 문명의 침입은 18세기 초반에 근대 가톨릭교 금지라는 결과를 가져왔다. 즉 1839년에서 1861년에 걸쳐 중국 해안을 서유럽 국가들의 무역을 위해 개방케한 강제적 개항은 1900년 '권비(拳匪)의 난'(의화단 사건)이라는 서유럽 배격 운동을 불러일으켰다. 그래서 청 왕조는 아무래도 이질적인 요소가 뽑히지 않았는데다가 때마침 훨씬 강대해진 외래 세력인 서유럽 제국의 침입을 막을 힘이 없었으므로 이에 대한 가혹한 보상으로 1911년 무너졌다.

다행히도 실생활은 이야기만큼 잔혹하지 않았다. 신화가 티토누스에게 내린 불사의 형벌은 세계 국가 역사에서는 영원히 살지 않는 쪽으로 바뀌었다. 마르쿠스의 환멸을 맛본 40대 인간은 50세 또는 60세가 되기까지 열정 없는 삶을 이어갈지 모르지만, 언젠가는 죽지 않으면 안 된다. 여러 번 죽음에 저항하는 세계 국가도 세월이 흐르면서 예전에 살아 있던 여자의 화석이라 전해지는 그 소금 기둥(《창세기》 19 : 26)처럼 천천히 풍화되어 그 모습을 지워간다.

제25장 누구를 위하여

"꿀벌들이여, 그대들이 꿀을 만드는 것은 그대들만을 위해서가 아니다." 오래된 이 인용구가 흔한 비유로써, 역사 구조 속에서 세계 국가가 차지하는 역설적인 위치를 잘 표현해준다.

이 같은 강요 정책은, 쇠퇴기 문명이 해체되는 사회에서의 지배적 소수자의 최후 작품이다. 그 의식적 목적은 세계 국가가 운명을 함께 하는 사회의 쇠퇴해 가는 에너지를 유지함으로써 자신들을 보호하려는 데에 있다. 이 목적은 결코 이루어지지 않는다. 그럼에도 이 사회적 해체의 부산물은 새로운 창조 활동에서 하나의 역할을 한다. 세계 국가는 자신들을 구하는 데는 실패하지만, 다른 것을 위해 봉사한다.

세계 국가의 의의가 다른 목적에 봉사하는 수단이라는 점에 있다면, 세계 국가에 의해 이익을 얻는 자는 누구인가? 그것은 가능한 세 후보 가운데 하나, 즉 죽음에 임한 사회의 내적 프롤레타리아나 외적 프롤레타리아, 또는 그 문명과 같은 시대의 이질 문명이다.

그리고 세계 국가는 내적 프롤레타리아에 봉사함으로써 내적 프롤레타리아 안에 구세주를 출현하도록 작용하는 더 높은 차원의 고등 종교이다. 보쉬에의 말에 따르면, "지상에 나타난 모든 위대한 제국은 신이 예언자를 통해 선언한 대로 온갖 수단을 통해 종교적 선과 신의 영광을 위해 공헌했다" 한다.

1. 세계 국가의 전파

우리의 다음 과제는 세계 국가가 자기 의도와는 관계없이 제공하게 되는 봉사는 어떤 것인가, 그리고 내적·외적 프롤레타리아와 다른 문화가 이러한 편익을 어떻게 이용하는가에 대해 경험과 사실에 기초를 두어 조사하는 일이다. 그러나 우리는 가장 먼저 예비적인 질문에 대한 해답을 찾아야 한다.

그런데 어떻게 이러한 수동적·보수적·복고적인 제도, 실제로 여러 가지 점에서 소극적인 제도가 누군가를 위하여 공헌할 수 있는가? 왜—우주의 리듬을 설명하는 중국 사회의 표현을 써서 말한다면—그처럼 희망 없는 '음(陰)'(정지)의 상태가 어떻게 새로운 '양(陽)'의 활동을 불러일으킬 수 있는가.

창조적 활동력의 불은 '동란 시대'의 폭풍에 정면으로 마주치게 되면 바람에 날리어 꺼져 버리지만, 세계 국가의 보호 아래 점화되면 약한 바람에는 꿈쩍도 않는 불꽃으로 성장할 가능성이 크다는 것은 물론 쉽게 이해할 수 있다. 그러나 그러한 공헌은 가치가 있긴 하지만 소극적인 것이다.

세계 국가 시대에 나타나는 사회 정세 속에서, 그 수혜자에게 주는 최대의 은혜라 할 수 있는 새로운 창조력의 적극적 원천—확실히 세계 국가는 끝내 그것을 자기를 위해 활용할 수 없지만—이 되는 것에는 어떤 특징이 있는가? 하나의 실마리는 복고주의가 '사태를 수습'하려고 애쓰는 가운데, 마침내 자기 처지를 포기하고 새것을 만들어 내는 성향이 있다는 사실에서 찾아볼 수 있을 것이다.

이를테면 완전히 해체된 사회에서 살아남은 조직을 세계 국가의 정치적 틀 속에 넣어봤자 이미 사멸된 것을 부활하는 데 이바지하지 못하며, 또 남은 것이 점차 붕괴해 가는 것을 막는 데에도 도움이 되지 않는다. 그리고 이 끊임없이 커져가는 커다란 사회적 공백의 위협이 세계 정부로 하여금 부득이 그 본디 성향에 반하는 행동을 취하게 한다. 더욱더 커져가는 틈 속에 공백을 메우려는 이러한 노력의 전형적 예는 로마제국 성립 그 뒤로 2세기 동안의 정치사가 보여 준다.

로마 정치의 비결은 '간접 통치 원칙'이었다. 헬라스 사회의 세계 국가를 건설한 로마인은 아직 헬레니즘 문화가 정치적인 뿌리를 박고 있지 않은 외곽 지역에 독립된 후국을 가진 자치적인 도시 국가 연합체로 된 세계 국가를 만들 계획이었다. 행정 책임은 이들 지역 당국에 위임되었다. 이 정책이 의식적으로 고쳐진 일은 한 번도 없었다.

그럼에도 '로마의 평화'가 2세기 동안 이어진 뒤의 로마 제국을 보면, 행정 조직이 사실상 변형되어 있음을 알 수 있다. 종속된 후국은 속주가 되어 버렸으며, 속주 자체는 중앙 정부의 직할 기관이 되었다. 지방 행정 수행에 필요한 인적 자원은 점차 고갈되고, 계속 증대하는 지방 행정을 담당할 인재가 부족해지자 중앙 정부는 종속 후국의 군주를 폐하여 황제의 임명을 받은 총독으로 바꾸고 도시 국가 행정도 임명을 받은 '관리자'의 손에 맡겨야 했으며, 최후에는 제국 행정 전체가 계층적으로 조직된 관리의 손에 넘어갔다.

이러한 변화를 강요당한 지방 정부는 물론, 강요한 중앙 정부 쪽도 특별히 의도적으로 그렇게 한 것은 아니지만, 둘 다 불가항력의 희생자가 되었던 것이다. 그럼에도 이 새로운 제도들은 대단히 큰 '전파성'을 갖고 있었으므로 결과는 혁명적이었다.

우리는 앞서 혼효(混淆 : 여러 가지 것을 뒤섞음) 의식과 통일 의식이 사회적 해체기의 두 가지 주요한 특색임을 알았다. 그런데 이 두 가지 심리적 경향은 주관적 관점에서 보면 아주 반대되는 것인지 모르지만, 서로 힘을 합쳐 동일한 객관적 결과를 낳게 된다. 이런 시대적 풍조가 세계 국가에 의해 수립한 이들 새로운 임시 변통의 제도에 주는 것은, 해양이나 대초원 지대가 주는 인간의 심리적 분위기가 아닌, 그 자연적 성질에 바탕을 두는 파생성에 비길 만한 '전파성'이다.

"대지의 표면이 온 인류를 지탱하고 있듯이, 로마는 지상의 모든 민족을 그 품 안에 받아들인다. 이는 강이 바다로 흘러들어가는 것과 같다."

우리가 앞서 인용한 아엘리오스 아리스테이데스는 이렇게 쓰고 있는데, 이 같은 비유를 토인비도 아리스테이데스의 저작을 알기 전에 쓴 어느 글에서 사용한 일이 있다.

"로마 제국에 대한 개인적 느낌을 비유에 의해 가장 잘 표현할 수 있다. 로마 제국은 그 연안에 로마 제국의 도시 국가들이 그물코처럼 분포하고 있는 지중해를 닮았다. 지중해는 어찌 보면 물이 흘러내려 만들어지는 하천의 보잘 것 없는 대용물로 보인다. 흐리든 맑든 강은 살아 있는 흐름이다. 이와 달리 지중해는 짤 뿐만 아니라 움직이지 않고 죽은 것처럼 보인다. 그러나 잘 조사해 보면 거기에도 움직임과 생명력이 있음을 알 수 있다. 지중해의 한 부분에서 다른 부분으로 끊임없이 소리없는 해류가 순환하며 흐르고 있고, 증발해 없어져 가는 듯이 보이는 표면의 물도 사실은 없어지는 게 아니라, 짠 맛이 빠져나가면서 생명을 부여하는 비가 되어 다른 장소, 다른 계절에 내린다. 그리고 해수

면의 물이 구름 속에 흡수되어 감에 따라 끊임없이 하층 바닥에서 올라오는 물이 그 자리를 메운다. 지중해 자체가 끊임없이 창조적인 운동을 하고 있는 것인데, 이 거대한 지중해의 영향은 그 연안의 훨씬 저쪽에까지 미친다. 우리는 지중해로부터 멀리 떨어진 대륙 심장부에서, 이 바다 이름을 이제까지 듣거나 본 적 없는 사람들 사이에서 극한적인 기온을 완화하고 사물에 생기를 부여하며 동물과 인간의 삶을 번영시키고 있음을 알 수 있다."[*1]

세계 국가의 전파 역할을 하는 사회적 운동은 실제로 수평적이면서 수직적인 운동이다. 수평적 운동의 예로서는 플리니우스(로마의저술가)가 그 저서 「박물지」 속에서 증언하는 로마 제국의 약초 보급과 아랍 칼리프국 동쪽 끝에서 서쪽 끝까지 미친 종이 사용의 보급 등을 들 수 있다. 종이의 사용은 751년 중국으로부터 사마르칸트에 전해지고, 793년에는 바그다드, 900년에는 카이로, 1100년경에는 거의 대서양을 바라보는 위치에 있는 페스(모로코북부 도시), 1150년에는 이베리아 반도의 하티바(에스파냐동부 도시) 등으로 퍼져 나갔다.

수직적 운동은 포착하기 힘들 때도 있으나 때때로 더 중요한 사회적 영향을 미친다. 동아시아 문명 사회의 세계 국가였던 일본의 경우 도쿠가와 막부(德川幕府)의 역사 가운데 그 예를 찾아볼 수 있다. 도쿠가와 막부는 일본을 세계의 다른 나라들로부터 고립시키는 일에 온 힘을 기울여 그럭저럭 200년 동안 이 정치적 '곡예'를 지속하는 일에 성공했지만, 이전의 동란 시대로부터 이어받은 봉건 제도를 고정시키려는 노력에도 고립된 일본 제국 내부에서의 사회적 변화 과정을 막을 수는 없었다.

"화폐 경제가 일본에 침투함으로써……완만하지만 불가항력적인 혁명이 야기되어 마침내는 봉건 정치가 무너지고 200년 이상에 걸친 고립 시대가 끝나며 외국과의 교제가 재개되기에 이르렀다. 문호를 연 것은 외부의 강압이 아니라 내부로부터의 폭발이었다. ……'새로운 경제적 힘의' 첫 결실의 하나로 무사와 농민의 희생으로 획득된 '평민의 부(富)'가 증대되었다. ……영주와 그 가신들은 장인(匠人)이 만들고 상인이 파는 사치품에 돈을 낭비하여, 이 때문에

---

*1 Toynbee, A.J. : in *The Legacy of Greece*.

1700년경에는 이들의 금과 은이 거의 모두 평민의 손으로 넘어가고 말았다. 그래서 그들은 외상으로 상품을 사게 되었다. 곧이어 이들은 상인 계급에게 막대한 빚을 지고 자신들이 세(稅)로서 거둬들인 쌀을 저당잡히든가 부득이 팔아치워야 했다. ……질서가 문란해지고 잇달아 혼란이 일어났다. 상인은 쌀 투기를 일삼고, 이어서 무기 거래에까지 손을 댔다. ……이 같은 상황에서 이익을 거둔 것은 어느 한 계급에 속하는 사람들뿐이었으며 그들 모두는 아니었다. 그것은 상인, 특히 중개업자와 대금업자였는데, 원칙적으로 말하면 무사에 대해 조금만 실례가 되는 말을 해도 그 자리에서 칼에 맞아죽던 멸시받는 평민이었다. 이들은 여전히 사회적 지위는 낮았지만, 돈지갑을 쥐고 있었기에 점차 세력을 키워갔다. 1700년경에는 이미 이들은 국가에서 가장 강력하고 진취적인 요소의 하나가 되고 무사 계급은 서서히 세력을 잃어가고 있었다."

히데요시(秀吉)가 그의 독재 체제에 대한 최후의 저항을 극복한 1590년을 일본의 세계 국가 성립 연대로 보면, 하층의 물이 바닥에서 표면으로 올라와 히데요시에 뒤이어 나타난 사람들이 플라톤의 유토피아와 거의 같은 부동 상태로 동결시키려고 애쓰며 사회에 무혈 혁명을 일으키는 데 고작 1세기 정도밖에 걸리지 않았음을 알 수 있다. 이 결과는 도쿠가와 막부에 의한 세계 국가가 문화적으로 극히 고도의 동질적인 것이었던 만큼 한층 결과는 인상적이다.

세계 국가의 '전파성'에 대한 예는 우리가 충분한 역사적 지식을 갖고 있는 한 다른 어떤 경우에서도 찾아볼 수 있다.

2. 평화의 심리학

세계 국가가 그 건설자에 의해 강요되고 그 주민에 의해 받아들여지는 것은 동란 시대의 병을 고치는 만병통치약과 같다. 심리학적으로 말하면 그것은 서로 화합을 이루고 그것을 지켜 나가기 위한 제도이다. 그리고 이것은 바르게 진단된 병에 대한 올바른 요법이다. 병은 한집안싸움이며, 갈라진 틈은 세로와 가로의 두 방향으로 달리고 있다. 서로 싸우는 사회 계급 사이에는 가로의 균열이 있고 서로 싸우는 국가 사이에는 세로의 균열이 있다.

앞 시대에 일어난 지방 국가 간의 전쟁에서 살아남은 오직 하나의 세력을 바탕으로 세계 국가를 만드는 데 이어 제국 건설자가 지향하는 최고의 목표는 그들이 정복한 지방 국가의 소수 지배자들과의 화합을 꾀하는 일이다. 그러나 비폭력이라는 것은 사회 생활의 한 부분으로만 제한될 수가 없는 심리 상태이며 행동 원리이다. 지배적 소수자들이 서로 추구하는 화합 관계는 지배적 소수자와 내적·외적 프롤레타리아, 그리고 인간화되어 가는 문명과 접촉하는 이질 문명과의 관계에까지 넓혀져야 한다.

이 전반적인 화합이 가져오는 이익은 수혜자들에 따라 정도를 달리한다. 지배적 소수자는 화합에 의해 어느 정도 세력을 만회할 수가 있지만, 그보다 프롤레타리아 쪽이 더 많이 세력을 증대시킨다. 왜냐하면 이미 생명력은 지배적 소수자에게서 떠나 있고, 바이런이 조지 3세(영국 국왕 재위 1760~1820)의 유해에 대해 내린 불경한 말을 흉내내어 말하면, "아무리 (화합이라는) 향료를 넣어 보았자 그저 부패를 연장시킬 뿐"이다. 같은 향료라두 프롤레타리아에게는 힘을 배양하는 비료의 역할을 하기 때문이다.

따라서 세계 국가에 의해 확립되는 휴전 기간 중에 프롤레타리아의 힘은 커지지만, 지배적 소수자의 힘은 감퇴하지 않을 수 없다. 세계 국가의 건설자가 그들 자신 사이의 싸움을 없앤다는 소극적 목적을 위해 실행하는 관용 정책은 내적 프롤레타리아에게 세계 교회를 세우는 기회를 주고, 다른 한편 세계 국가 주민 사이에서 전투 정신이 줄어듦으로써 외적 프롤레타리아의 야만족이나 인접하는 이질문명에게 밖으로부터 침입해 들어와, 종교에서는 활동적이지만 정치에서는 완전히 수동적인 내적 프롤레타리아에 대한 지배권을 잡을 수 있는 기회를 준다.

지배적 소수자가 그들 자신이 만들어 낸 상황에서 이익을 얻는 일이 비교적 적다는 것은 그들의 철학 또는 '공상 종교'를 위에서 아래로 퍼뜨리려 함으로써 거의 언제나 실패한다는 사실로 나타난다. 이와 반대로 내적 프롤레타리아가 얼마나 유효하게 세계 국가의 평화적 분위기를 이용해, 아래에서 위로 고등 종교를 전파시키고 마침내 세계 교회를 세우게 되는 일이 많은가 하는 점은 주목할 만하다.

이를테면 이집트 문명 최초의 세계 국가인 이집트 '중기 제국(Middle Kingdom)'은 오시리스 교회에 의해 이러한 목적에 이용되었다. 바빌로니아 문명의 세계 국가인 신바빌로니아 제국 및 잇달아 그 뒤를 이어받은 외래 후계 국가인 아케메네스 왕조 제국과 셀레우코스 왕국도 유대교와 그 자매 종교인 조로아스터교에 의해 비슷하게 이용되었다. '로마의 평화'가 제공한 기회는 서로 경쟁하는 여러 프롤레타리아 종교들, 즉 키벨레 숭배와 이시스 숭배나 미트라교와 그리스도교 등이 이용되었다.

중국 문명 세계에서 '한나라의 평화'가 주는 이러한 기회도, 인도 사회의 프롤레타리아 종교인 대승 불교와 토착 중국 사회의 프롤레타리아 종교인 도교가 서로 앞다투어 이용했다. 아랍 칼리프국들은 이슬람교에, 또 인도 문명 세계인 굽타 제국은 힌두교에 같은 기회를 제공했다.

몽골 제국은 한때 태평양 서안에서 발트 해 동안에 이르고, 시베리아의 툰드라 지대의 최남단에서 아라비아 사막 및 미얀마의 정글 지대 최북단에 이르는 드넓은 지역에 효과적인 '유목민의 평화'를 널리 퍼뜨렸는데, 이 제국이 제공하는 기회를 잡기 위해 수많은 종교 포교자들이 앞다투어 들어왔다. 이 몽골 제국이 존속한 기간이 극히 짧았다는 사실을 고려할 때 네스토리우스파 그리스도교나 서방 가톨릭교, 이슬람교, 또 대승 불교의 한 분파인 라마 탄트라교가 그 기회를 이용해 대단한 성공을 거둔 것은 주목할 만한 일이다.

이처럼 자주 세계 국가의 사회적·심리적 분위기에 의해 이익을 거둔 고등 종교의 대표자들은 이따금 그 은혜를 자각하고, 자신들이 따르는 '유일한 참된 신'의 덕택으로 생각하는 경우가 흔히 있었다. 〈이사야〉 및 〈에스라〉, 〈느헤미야〉 같은 필자의 눈으로 보면, 아케메네스 제국은 야훼가 선택한 유대교 포교의 수단이었고, 레오 대교황(재위 440 461년)도 마찬가지로 로마 제국을 신의 섭리에 의해 그리스도교 보급을 쉽게 하기 위해 세워지게 된 것이라고 보았다. 그는 82번 설교에서 다음과 같이 말하고 있다.

"이 말로는 표현하기 어려운 은총(그리스도의 강림)의 기쁨을 널리 세계에 퍼뜨리기 위해 신의 섭리로써 미리 로마 제국을 이 세상에 보내신 것이다."

이 생각은 그리스도교 사상에서 하나의 통념이 되었다. 이를테면 밀턴의 〈그리스도 강림의 아침〉이라는 노래 속에도 나타난다.

> 싸움과 전쟁의 소리는
> 온 세계 어디서도 들려오지 않았다.
> 쓸모 없어진 창과 방패는 높이 걸려 있고
> 자물쇠가 채워진 전차는

적의 피로 물들지 않은 채 정지해 있고
나팔은 무장한 군단을 부르지 않았다.
그리고 왕들은 경외하는 얼굴로 고요히 앉아 있다.
그들의 주(主)가 가까이 오고 있음을 확실히 알고 있는 듯이.

이처럼 멋진 기회가 신이 주신 선물로 생각되는 것도 무리는 아니다. 그러나 포교에 성공하는 교회와, 그 교회가 활동하는 세계 국가와의 관계에서 교회로 하여금 순조로운 출발을 시키는 관용의 풍조는 언제나 끝까지 지속한다고만 할 수는 없으며 때로는 그 반대의 것으로 바뀌어 버린다. 물론 그러한 불행한 결과가 생기지 않은 경우도 몇 가지 있다. 오시리스 교회는 한 번도 박해를 받지 않고 마지막에는 이집트 사회의 지배적 소수자의 종교와 융합했다. 마찬가지로 중국 문명에서 세계 국가인 대승 불교와 도교와 한(漢)나라 사이에는 평화를 유지한 것으로 보인다.

유대교와 조로아스터교의 경우는 신바빌로니아 제국이나 아케메네스 제국과의 관계가 마지막에 어떻게 되었는지를 짐작할 수 없다. 이 두 세계 국가는 그 역사의 초기에 생명이 끊겼기 때문이다. 우리가 알고 있는 것은 아케메네스 정권이 갑자기 셀레우코스 정권으로 대체되고, 결국 끝에 가서는 유프라테스 강 서쪽 땅에서 로마 권력과 대체됨과 동시에 외래 헬라스 문화의 충격—셀레우코스 왕조와 로마 정권은 헬라스 문화를 계승한 정치 체제였다—은 유대교와 조로아스터교를 온 인류에게 구원의 복음을 전하는 본디 사명으로부터 일탈시키고, 헬라스 사회의 침략에 대한 시리아 사회의 반항에, 이들 두 종교를 문화 투쟁의 무기로 전환시켰다는 사실뿐이다. 예를 들어 아케메네스 제국이 헬라스 문명에 의해 멸망한 뒤 다시 세워진 아랍 칼리프국과 마찬가지로 천수를 다 누렸었다고 한다면, 아마도 조로아스터교나 유대교 어느 쪽인가가 너그러운 아케메네스 제국 정부의 보호 아래, 이슬람교에 앞서서 이미 이슬람교와 같은 위업을 이룩했을 것으로 상상된다. 이슬람교는 옴미아드 왕조의 무관심과 아바스 왕조가 양심적으로 지킨, 이슬람 교도가 아닌 '코란 민족'에 대한 관용 정책 덕으로, 오히려 방해가 되는 정치 권력의 원조로 인해 괴로움을 당하는 일 없이 서서히 세력을 뻗쳐어 마침내 아바스 왕조의 붕괴와 더불어 눈앞에 닥친 정치적 공백기의 폭풍으로부터 피난처를 찾아 이슬람교 사원의 경내에 쇄도하는 다수의 자발적 개종자를 받아들이게 되었다.

마찬가지로 인도 사회 최초의 세계 국가 마우리아 왕조가 재현된 굽타 왕조 시대에 불교 철학이 불교 이후의 고등 종교인 힌두교에 의해 밀려났으나, 이런 움직임은 마우리아 왕조의 반대에 부딪치지 않았을 뿐 아니라 정치 박해로 방해받는 일도 없었다. 도대체 박해라고 하는 것은 인도 문명의 너그럽고도 혼합된 종교적 기질에 맞지 않는 것이었다.

이러한 고등 종교가 세계 국가로부터 평화라는 은혜를 입어 정부 당국자로부터 처음부터 끝까지 관용적 태도로 받아들여진 경우와는 반대로, 정부의 박해로 고등 종교의 평화적 발전이 저해되고 봉오리가 꺾이는가 하면 본디 성질을 잃고 정치 활동과 무력 항쟁에 동원된 경우가 있다. 이를테면 서양 가톨릭 그리스도교가 일본에서는 17세기에, 중국에서는 18세기에 거의 완전히 근절되는 경우를 당했다. 중국 원나라(몽골 왕조) 시대의 이슬람교는 겨우 두 지역에 발판을 얻었을 뿐, 언제나 이질적인 소수자의 지위에 머물며 그 불안정한 지위 때문에 가끔 폭동으로 치닫게 되었다.

로마 제국 정권에 맞서 그리스도교를 승리로 이끄는 전주곡이 된 로마의 박해가 그리스도교에 미친 악영향은 비교적 가벼운 것이었다. 콘스탄티누스 황제가 개종하기까지의 3세기 동안 그리스도 교회는 언제나 로마의 정책과 충돌하는 위험에 마주해 있었다. 왜냐하면 제정 시대의 로마 당국자는 그 어느 종류의 사적(私的) 집회보다도 더 오래되고 더 피로 새겨진 외래 종교의 예배 의식과 선교를 목적으로 하는 사적 집회에 대해 특히 적의를 품는 로마의 전통이 있었기 때문이다. 그리고 로마 정부는 주목할 만한 두 사례에서 이 엄격한 전통을 완화했지만(한니발 전쟁의 위기에 처했을 때 키벨레 숭배를 공인했고, 또한 로마에 반항한 유대 민족주의자들의 행동에 분격하여 유대국을 말살했을 때에도 여전히 종교로서의 유대교에 대해서는 관용 정책을 유지했다) 기원전 2세기에 있었던 바커스 신도의 탄압은 기원후 3세기에 그리스도 교도들이 입게 될 운명을 미리 보여주는 전조가 되었다. 그러나 그리스도 교회는 정부의 박해에 저항하기 위해 정치적·군사적 집회로 타락하지 않았기 때문에 세계 교회가 되어 미래를 계승할 수 있었던 것이다.

그렇지만 그리스도교가 이 시련에서 전혀 상처를 입지 않고 벗어난 것은 아니다. 그리스도교의 비폭력이 로마의 폭력을 이겨냈다는 교훈을 마음에 새기는 대신, 그리스도 교회는 그리스도교 박해자의 실패 원인이 된 그 원죄에 스스로 빠짐으로써 패배한 박해자에게 정당성을 내려주고 그들에게 사후의 도덕적 복수를 할 기회를 제공했다. 교회 자체가 그 뒤 얼마 안 가서 박해자가 되어 오랫동안 핍박을 가했던 것이다.

이같이 지배적 소수자가 창조하고 유지하는 세계 국가 덕분에 정신적으로 가장 큰 이익을 받는 것은 고등 종교 창시자로서의 내적 프롤레타리아지만, 정치 부분에서의 이익은 다른 이의 손에 돌아간다. 세계 국가 아래 양성되는 평화의 심리는, 세계 국가의 지배자를 그 정치적 계승을 하는 데 적당치 않은 인간으로 만든다. 따라서 이 심리적 무장 해제의 과정에서 이익을 얻는 것은 지배자나 피지배자가 아니며 소수 지배자나 내적 프롤레타리아도 아니다. 그것은 국경 밖에서 침입해 오는 무리들로서, 이들 침입자는 무너져가는 사회의 외적 프롤레타리아 구성원이든가 아니면 외래 문명을 대표하는 자 가운데 어느 한 쪽이다.

이 연구의 앞부분에서 보았듯이, 문명의 멸망—그것에 선행하는 쇠퇴 및 해체와는 별개의 현상—을 나타내는 사건은, 보통 경계선 밖에서 침입하는 야만족 무장이 아니면, 다른 문화권 사회에서 온 정복자 가운데 어느 한 쪽이든가, 경우에 따라서는 잇달아 침입하는 이 양자에 의해 사멸된 문명 사회의 세계 국가 영토가 점령되는 일이다. 세계 국가에 의해 만들어지는 심리적 풍조에 편승해 성공적으로 자기의 약탈 목적을 이루는 야만족이나 외래 침략자가 얻는 이익은 명백하며, 근시적으로 보면 그야말로 눈부시다.

그러나 멸망해 가는 세계 국가의 유기된 영토에 침입하는 야만족 침입자는 미래를 갖지 않는 영웅이다. 만일 그들이 자기 묘비명을 서사시 문장으로 쓰는 재능에 의해 그들의 비열한 소행이 뒷날 미화되어 이상한 매력을 드러내는 일이 없었더라면, 틀림없이 후세 사람들은 그들의 정체가 비열한 마적떼일 뿐임을 꿰뚫어 보았으리라. 아킬레우스조차 「일리아드」에서는 '영웅'으로 되어 있다. 무력에 의해 전혀 다른 문명을 가져오는 무리들의 사업 또한 교회가 성취하는 역사적 사업에 비하면, 겉모습은 훌륭하지만 내용은 충실치 않은 기대 밖의 일로 끝이 난다.

역사가 뚜렷이 알려주는 두 가지 예에서, 우리는 다른 문명의 정복자로 인해 중도에서 멸망된 세계 국가의 문명이 지하로 잠입해 몇 세기 동안 동면을 계속하며 때가 오기만을 기다렸다가, 마침내 침입해 온 문명을 몰아내고 그 역사의 세계 국가 시대를 중단된 데서부터 다시금 시작하는 경우가 있음을 알았다. 인도 문명은 약 900년 동안, 시리아 문명은 약 1000년 동안 헬라스 문명 홍수의 밑바닥에 가라앉은 뒤에 그런 '곡예'를 완수했다. 그 성과가 굽타 제국과 아랍 칼리프국이며, 이 둘은 저마다 최초의 세계 국가인 마우리아 제국과 아케메네스 제국의 부활이다. 이에 반해 바빌로니아 사회와 이집트 사회는 결국 시리아 문명의 사회체 속에 흡수되고 말았지만, 그러나 바빌로니아 사회는 네부카드네자르의 신 바빌로니아 제국이 키루스에 의해 무너진 뒤에도 약 600년 동안 고유한 문화를 유지하고 있었으며, 이집트 사회는 '중기 제국(Middle Kingdom)'의 붕괴와 더불어 그 자연의 수명이 끝난 뒤에도 실로 2000년 오랜 세월 동안 존속했다.

이와 같이 역사적 사실이 증명하는 바에 따르면, 하나의 문명이 다른 문명을 힘으로 삼키려는 시도에는 두 가지의 다른 결말이 뒤따른다. 그러나 이러한 사실은 동시에 이 시도가 마침내 성공하더라도 결과가 확실히 보증될 때까지 몇 세기, 아니 몇천 년이나 걸리는 경우가 있음을 보여 주고 있다. 그리고 이러한 사실을 통해 근대 서유럽 문명이 동시대 문명을 삼켜 버리려 한 시도의 결과에 대해 20세기의 역사가들은 경솔하게 예측하는 것을 삼가야 할 것이다. 이러한 시도들 가운데에서 가장 오래된 것이라 해도 시작된 뒤 경과한 시간이 얼마나 짧고, 또 전개되어 가는 역사적 과정 가운데 오늘날까지 끝난 부분이 얼마나 적은가를 알 수 있기 때문이다.

예컨대 에스파냐에 의한 중앙아메리카*2 세계 정복의 경우, 토착 정권을 대체한 외래 정권인 에스파냐의 총독제가 멕시코 공화국에 의해 대체되고 이 공화국이 서유럽 국가 사회의 승인을 받았을 때, 중앙아메리카 사회의 서유럽 사회 사회 체제로의 동화가 마침내 완성되었다고 생각했을지도 모른다. 그러나 1821년 멕시코 혁명 뒤에 1910년에 다시 혁명이 일어났다.

그리고 이 혁명에서, 그동안 땅 속에 묻혀 동면을 하고 있던 토착 문명 사회가 갑자기 활동을 시작하려 머리를 치켜들었다. 그리고 그 토착 문명은 '콘키스타도레스(정복자)'에 의해 묻혀진 무덤 위에 카스틸랴(에스파냐)사람이 입혀

---

*2 아메리카의 옛 에스파냐령. 멕시코·중미·서인도 제도 및 합중국의 일부를 포함하고 있었다.

놓은 문화의 표토(表土)를 뚫고 나온 것이다. 이 중앙 아메리카에서 일어난 놀라운 사건은 안데스 세계와 그 밖의 곳에서의, 얼핏 보아 다 이룬 것처럼 보이는 서유럽 그리스도교 사회에 의한 문화적 정복도 또한 단순히 표면적·일시적인 것에 불과한 것은 아닐까 하는 의문을 낳게 했다.

이 책을 집필한 때로부터 거슬러 올라가 100년이 되기 전에 서유럽 사회의 영향력에 굴복한 중국·한국·일본의 동아시아 문명은 분명히 중앙아메리카 문명보다 한결 유력한 운명이었다. 그러므로 멕시코의 토착 문화가 400년 동안 모습을 감추었다가 다시 나타났다면, 동아시아 문화는 서유럽이나 러시아에 의해 동화될 운명에 있다고 미리 단정하는 것은 경솔한 생각일 것이다. 힌두 세계에 대해 말한다면, 1947년 영국령 인도 제국에 대체되는 두 후계 국가가 발족했는데, 이것은 평화적 수단에 의해 이루어진 1821년의 멕시코 혁명에 해당하는 사건이라고 해석하여도 무방할 것이다.

그리고 필자가 이 부분을 쓴 그 무렵, 인도의 경우도 전의 멕시코와 마찬가지로 해방된 두 나라를 서유럽 국가 사회에 가입시킴으로써 표면적으로는 서유럽화의 과정이 완성된 것처럼 보이지만, 그것이 잠시 서유럽 사회 조류의 밑바닥에 묻혀 있었던 사회의 문화적 해방을 위한 첫걸음이 될지도 모른다는 식으로 예측해도 좋을 것이다.

그리고 근래에 독립국으로서 서유럽 국가 사회에의 가입이 인정된 아랍 여러 나라 또한 이 열망을 이룰 수 있었던 것은 이들 여러 나라가 400년 동안 오스만 제국의 정치적 지배나 이란 문화의 껍질을 벗어버리는 데 성공했기 때문이다. 아랍 문화의 잠재적 생존력이 머잖아 훨씬 이질적인 서유럽 문화의 영향에 맞서 자기를 주장하리라는 것을 의심할 이유가 있을까?

문화적 전환의 최종 결과에 대한 이같은 개관은, 결국 세계 국가가 제공하는 봉사에 의해 단지 혼자만이 확실한 이익을 얻는 쪽은 내적 프롤레타리아라는 우리의 결론을 뒷받침해 준다.

외적 프롤레타리아가 획득하는 이익은 언제나 가공의 것이며, 이질 문명이 얻는 이익은 일시적인 것으로 끝나는 경향이 있다.

3. 황제제의 유용성

이상으로 세계 국가의 두 가지 일반적 특징—그 전파성과 평화—이 가져오는 결과의 검토를 끝내고, 이번에는 세계 국가 개개의 구체적인 제도가 세계 국가의 은혜를 입는 사람들에게 주는 편의를 살펴보기로 하겠다. 이들 제도는 세계 국가 스스로가 계획적으로 만들고 유지해 가는 것인데, 이따금 의도하지 않던 역할 가운데에서 그 역사적 사명을 발견하기도 한다. 그러나 여기서는 제도라는 말을 조금 넓고 일반화한 뜻으로 써서 다음과 같은 것, 즉 교통 수단, 주둔 부대와 식민지, 지방 제도, 수도, 공용 언어와 공용 문자, 법률 제도, 역법, 도량형 및 화폐, 군대·관리 제도, 시민권 등을 포함하는 것으로 한다. 다음에 이들에 대하여 하나하나 검토해 가기로 하겠다.

교통 수단

교통 수단을 맨 먼저 든 것은, 교통 수단이야말로 세계 국가의 존립 자체를 결정할 수 있는 가장 중요한 제도이기 때문이다. 그것은 세계 국가가 그 영토에 대해 군사적·정치적 지배를 행하기 위한 수단이다. 이들 제국의 생명선에는 인공 도로뿐만 아니라 더 많은 것이 포함된다. 첫째로 강이나 바다나 초원이 제공하는 '자연의' 길들도 경찰의 힘에 의해 치안이 유지되지 않는 한 실제로 이용할 수 있는 교통 수단이 되지 못한다. 그리고 수송 수단이 필요하다. 이제까지 알려져 있는 대다수의 세계 국가에서 수송 수단은 제국 우편 제도라는 형태를 취하는데, 우편 집배인—그러한 사업에 종사하는 중앙 및 지방의 관리를 귀에 익은 호칭으로 그렇게 부른다면—은 거의 경찰관을 겸하고 있었다. 관영 우편 제도가 기원전 3000년 수메르 아카드 제국 정부 기관의 일부를 이루고 있었던 것으로 생각된다. 2000년 뒤에 같은 지역에 존재한 아케메네스 제국에서 이같은 제도가 더욱 고도의 조직과 능률을 갖추게 되었다. 제국의 교통망을 중앙 정부가 지방에 대한 지배를 유지하기 위해 이용하던 아케메네스 제국의 정책은 로마 제국과 아랍 칼리프국의 정책에서 재현되고 있다.

'중국과 페루'의 세계 국가에서도 같은 제도를 볼 수 있는데, 이는 결코 우연한 일은 아니다. 중국 문명 세계 국가의 혁명적 창설자였던 진나라의 시황제는 그의 수도로부터 사통팔달하는 도로를 건설하는 동시에 복잡한 조직을 가진 감찰 제도를 채택했다. 잉카족도 마찬가지로 도로라는 수단으로 그들의 정복을 확고한 것으로 만들었다. 쿠스코로부터 키토까지 직선 거리로 1600킬로미터, 도로 길이는 그 1.5배가 되지만, 10일이면 소식을 전할 수 있었다.

세계 국가의 정부에 의해 만들어지고 유지되는 도로는 분명 본디 의도되지 않았던 갖가지 목적에 이용될 수 있었다. 로마 제국 말기에 영내로 침입해 온 외적 프롤레타리아의 전투 단체는 로마 제국이 그 절호의 진격 수단을 제공받지 않았다면, 그렇게 빠른 속도로 약탈 행위를 밀고 나갈 수 없었을 것이다. 그러나 알라리크보다 더 흥미 있는 인물들이 길 위에 모습을 나타낸다. 아우구스투스가 피시디아에 대하여 '로마의 평화'를 강요했을 때, 그는 부지불식간에 성 바울이 첫 번째 전도 여행으로 팜필리아에 상륙해 피시디아의 안티오크키아와 이코늄·리스트라·데르베 등으로 무사히 여행하도록 준비한 셈이 된다. 그리고 폼페이우스는 바다에서 해적을 물리쳤는데, 그 덕분에 바울은 폭풍과 난파의 시련 말고는 사람이 가하는 위험을 당하지 않고 팔레스티나의 케사리아로부터 이탈리아의 푸테올리에 이르는 그의 중대한 마지막 항해를 할 수 있었다.

'로마의 평화'는 바울의 후계자들에게도 마찬가지로 편리한 사회적 환경이 되었다. 로마 제국 성립 뒤 2세기 후반에 리옹의 주교 성 이레나이우스는 헬라스 세계 전체에 퍼진 가톨릭 교회의 통일을 찬미하여, "교회가 이 복음과 신앙을 받아들여 온 세계에 퍼져 나가고 있음에도 불구하고 마치 한지붕 아래 생활하고 있는 것처럼 세심하게 이들 보물을 지키고 있다" 이렇게 쓰고 있는데, 곧 로마 제국의 편리한 교통에 대해 은연중에 찬사를 보내고 있는 것이다. 그로부터 200년 뒤에 그리스도교의 번성에 대해 불만을 품던 이교도의 역사가 암미아누스 마르켈리누스가 "다수의 고위 성직자들이 관영의 역마를 이용하여 그들의 이른바 '시노두스'(교회 회의)의 일로 여기저기 뛰어다니고 있다"고 불평하고 있다.

이제까지 우리의 개관은 교통망*³이 처음에 의도되지 않던 뜻밖의 이용자에게 이용되는 경우가 매우 많다는 점을 밝혔다. 따라서 우리는 이 경향을 하나의 역사적 '법칙'을 나타내는 것으로 생각해도 좋을 것이다. 그리고 이 결론은 1952년에 이 '연구'의 필자와 그 동시대 사람이 살고 있는 서유럽화되어 가고 있는 세계의 장래에 대해 하나의 중요한 문제를 제공한다.

1952년까지 약 4세기 반 동안 서유럽인은 그들의 창의성과 숙련된 기술을

---

*3 이 요약본의 저본인 원판에서 토인비는 수많은 세계 국가의 교통망이 어떻게 이용되었는가를 자세히 설명하고 있다.

이용해 인간이 살아서 도달할 수 있는 이 지구의 모든 표면을 점차 속도가 빨라지는 기술적 수단에 의해 운영되는 교통망으로 연결해 왔다. 근대 서유럽의 선구적 항해자를 7대양의 지배자로 만든, 역풍을 받고 항해할 수 있도록 의장된 목조의 캐러벨선(船)과 갤리언선*4은 훨씬 큰 기계의 힘으로 추진되는 철선(鐵船)으로 바뀌었으며, 6두 역마차가 달리고 있었던 '진흙 길'은 자동차가 질주하는 쇄석재(碎石材) 포장 도로와 콘크리트 도로로 바뀌었다. 철도가 도로와 경쟁하고 항공기가 모든 육상 및 해상 수송 기관과 경쟁하게 되었다. 이와 동시에 인간의 몸을 물리적으로 이동시킬 필요가 없는 통신 방법이 전신·전화·라디오에 의한 무선 전송—청각적 시각적 전송—의 형태로 실현되어 실제로 이용할 수 있게 되었다. 모든 형태의 교류를 위해 이토록 많은 지역이 이만큼 고도의 전파성을 갖게 된 것은 일찍이 없었던 일이다.

이 같은 발전은 이러한 놀라운 기술적 발명을 수행한 사회가 마침내 정치적 측면에서의 통일성을 갖추게 된다는 사실을 미리 보여준 것이다. 그러나 이 부분을 쓰고 있었던 그 무렵에는 서유럽 세계의 정치적 전망은 아직 밝지 않았다. 관찰자로서는 정치적 통일이 반드시 어떠한 형태로든 실현되리라고 확신하더라도 통일의 시기와 방법에 대해서는 도무지 예측할 수 없기 때문이다. 정치적으로는 여전히 60 또는 70개의 자기 주권을 주장하는, 양보하지 않는 지방 국가로 나뉘어 있음에도 불구하고, 이미 원자 폭탄을 발명한 세계는 '한 번의 타격'이라는 평범한 방법으로 정치적 통일을 강요당할 가능성이 있는 것은 분명하다. 그리고 이제까지의 숱한 경우와 마찬가지로 이 경우에 있어서도 평화가 이처럼 단 하나 살아남은 대국의 독단적인 명령에 의해 강요되는 것이라고 한다면, 물질적 황폐는 말할 것도 없고 도덕적·심리적·사회적·정치적 황폐의 형태로 지불되는, 힘에 의한 통일의 대가가 이제까지의 경우에 비해 한층 더 값비싼 것임은 거의 확실한 일이다. 이와 동시에 정치적 통일이 자발적 협력이라는 별도의 방법에 의해 이루어질 가능성이 전혀 없는 것은 아니다. 그러나 이 문제에 대한 어떤 해결방법이 발견된다 해도 이 새로운 온 세계적 교통망은 의도치 않았던 수익자에 의해 이용당할 수 있다는, 널리 알려진 역설적인 역할에서 그 역사적 사명을 발견하게 되리라는 점만은 확신을 가지고 예측할 수

---

*4 앞엣것은 15~17세기경 에스파냐·포르투갈 등지에서 사용한 돛배, 뒤엣것은 같은 무렵 에스파냐에서 군용 및 아메리카 대륙과의 무역용을 위해 쓰인 3층 또는 4층 갑판의 대형선.

있다.

이 경우 최대의 이익을 거두는 사람은 누구일까? 외적 프롤레타리아의 야만족이라는 것은 우선 있을 수 없다. 우리는 우리들 가운데 이미 아틸라(흉족의 지도자, 재위 434~453)에 비길 수 있는 새 야만인, 즉 히틀러 및 그와 같은 종류의 문명에의 반역자를 낸 바 있으며, 앞으로도 나타날지 모르지만 전세계에 퍼져 있는 서유럽의 조직은 서유럽 세계 밖에 있는 진짜 야만인의 가련한 잔존을 두려워할 필요는 거의 없다.*⁵ 그러나 그 세력 범위가 서로 연결되어 있어, 이교를 믿는 미개인이 살고 있는 지역과 교류가 쉬워지면서 이 지역과 접한 현존의 고등 종교는 이미 주어진 기회를 이용하기 시작했다. 옛날에 오론테스 강으로부터 티베르 강까지 진출한 성 바울은 지중해보다 더 넓은 바다를 건너 진출을 시도했다. 그는 포르투갈의 캐러벨선에 편승해 희망봉을 돌아 두 번째의 인도 여행*⁶을 시도했으며, 또 더 멀리 말라카 해협을 지나 세 번째의 중국 여행*⁷을 시도했다. 그리고 지칠 줄을 모르는 이 시도는 이번에는 에스파냐의 갤리언선으로 바꾸어 타고 대서양을 횡단하여 카디스에서 베라 크루스로 향했고, 다시 태평양을 횡단하여 아카풀코로부터 필리핀으로 갔다. 이처럼 서유럽 문명 세계의 교통로를 이용한 현존 종교는 서유럽의 그리스도교뿐만이 아니었다. 그리스정교 또한 서유럽식의 화기를 가진 카자흐 개척자의 뒤를 쫓아 카마 강으로부터 오호츠크 해에 이르는 긴 여행을 했다. 19세기의 아프리카에서는 성 바울이 스코틀랜드의 전도 의사 데이비드 리빙스턴으로 모습을 바꾸어 복음을 전하고, 병자를 치료하며 호수와 폭포를 발견하는 동안에 이슬람교 또한 활발하게 진출했다. 옛날에 잇달아 공로(公路)를 따라 마가다(불교 발상지)로부터 뤄양(洛陽)에 도착한 대승 불교도 언젠가는 이 놀라운 대여행을 상상하며, 옛날에 중국 문명이 인

---

*5 이 부분을 쓴 1954년 무렵, 이들 잔존 야만족의 가장 뚜렷한 반항으로 볼 수 있는 것은 케냐의 '마우마우' 운동이었다(마우마우'는 키크유족의 비밀 결사로, 1952년 백인에 반대하는 폭동을 일으켰다).

*6 네스토리우스파가 트라반코르(인도)에 근거지를 차지한 때를 그리스도교가 인도 개종을 시도한 첫 번째, 제수이트회(예수회) 선교단이 악바르(무굴 제국의 황제)의 왕궁으로 파견된 때를 두 번째로 본다.

*7 7세기에 네스토리우스파가 서안(중국 산시성)에 근거지를 차지한 때를 그리스도교가 중국 개종을 시도한 첫 번째, 13세기와 14세기에 서방 그리스도교 선교단이 육로로 파견되었던 때를 두 번째, 16세기에 서방 그리스도교 선교단이 해로로 파견되었던 때를 세 번째로 본다.

쇄 기술을 이용한 것처럼 비행기와 라디오 같은 서유럽 문명의 발명품을 전도 활동에 이용하게 될 것이다.

이와 같이 전세계적 범위로 전도 활동이 활발해짐에 따라 일어나는 문제는 단순히 기독교의 지정학적인 문제뿐만은 아니다. 기성 고등 종교가 새로운 전도 지역으로 들어감에 따라 과연 종교의 영구 불변의 본질과 그 일시적인 우유성(^{우연히 가지게 될 성질})은 구별할 수 있을까 하는 문제가 생긴다. 그리고 종교들이 서로 충돌하다가 마침내 이들 종교가 공존공영할 수 있는지, 아니면 그 중 하나가 다른 모든 종교를 밀어내어 버릴지 하는 문제가 생긴다.

종교적 절충주의 이상(理想)이 학식 있는 동시에 감수성 많은 마음을 가진 23명의 세계 국가 지배자—이를테면 알렉산더 세베루스(^{로마 황제})와 악바르—의 관심을 모았으나, 이 두 사람의 실험은 무엇 하나 열매를 맺지 못하고 말았다.

그러나 근대 서유럽 사회 기술자의 공해(公海) 정복에 의해 제공된 기회를 다른 종교보다 앞서 포착한 개척자적인 제수이트회파 선교사들—프란시스코 사비에르와 마테오 리치 등—을 움직인 것은 이와는 다른 이상이었다. 이들 대담한 종교적 개척자들은 전에 성 바울과 그의 후계자들이 헬라스 세계를 사로잡은 것처럼, 힌두 문명 세계와 동아시아 문명 세계를 그리스도교를 위해 사로잡을 염원을 세웠으나, 그들은 자신들의 영웅적 신앙심에 못지않은 지적 통찰력을 갖추고 있었기에 하나의 곤란한 조건을 충족시키지 못한다면 도저히 자기들의 사업이 성공할 가망이 없음을 알아채고 대담하게 그 결과를 받아들였다. 그들은 선교사가 사람들을 개종시키려면 상대편의 마음을 끄는—지적·심미적·감정적으로—식으로 가르침을 전해야 한다고 깨달았다. 가르침이 본질적으로 더 혁명적인 것일수록 그것을 더욱 상대편의 선호에 맞고 친숙하기 쉬운 형식으로 감싸주는 게 중요하다. 그러나 그러기 위해서는 선교사 자신이 자기의 문화적 전통으로 가르침을 계승할 때 그 가르침을 감싸고 있던 그들의 목적에 용납되지 않은 옷들을 벗어 버릴 필요가 있었다. 그러기 위해서는 선교사가 그들 종교의 전통 형식 가운데 무엇이 본질적인 요소이고, 무엇이 우연적 요소인가를 스스로 판단해야 했다.

이 방침의 가장 큰 쟁점은, 선교사가 개종시키려는 비그리스도교 사회의 길에 가로놓여 있는 장애물을 제거한다는 것은 바로 그리스도교를 믿는 사람들의 발 밑에 다른 장애물을 놓는 게 된다는 점이다. 그리고 근대 초기 인도와 중국에서 제수이트 회파의 전도 사업이 좌절된 것은 이 암초에 부딪쳤기 때문이다. 그들은 경쟁 상대인 동료 선교사의 질투와 바티칸의 보수적 태도의 피해자가 되었다. 그러나 이것으로 모든 이야기가 끝이 난 것은 아닐지도 모른다.

만약에 그리스도교가 팔레스타인에서 탄생했을 때 이 종교를 감싸고 있던 그곳 특유의 배내옷이 타르수스 태생의 바울에 의해 교묘하게 제거되지 않았다면, 로마 카타콤(지하 묘지. 초기 그리스도 교도가 피난처로 삼았다)의 그리스도교 예술가나 알렉산드리아 신학교의 그리스도교 철학자들은 그리스도교의 본질을 그리스의 시각 예술과 철학 사상에 의해 표현함으로써 헬라스 세계의 개종을 쉽게 하는 기회를 가질 수 없었을 것이다. 그리고 만일 기원 20세기에 오리게네스(그리스의 그리스도교 신학자)와 아우구스투스의 그리스도교가 역사적 편력 도중 차례차례 들른 시리아 문명·헬라스 문명 및 서유럽 문명의 각 역참에서 몸에 달고 있었던 장식을 벗어 버릴 수 없었다면, 오늘날 현존하는 모든 고등 종교를 위해 열려 있는 폭넓은 기회를 이용할 수 없을 것이다. 일시적인 문화적 환경의 영향이 골수에까지 스며들어 그것을 벗어날 수 없는 고등 종교는 정체해 그곳에 묶이고 만다.

그러나 만약에 결국 또 하나의 길을 선택한다면, 그리스도교는 오늘날 '외쿠메네'(세계 전체)에서, 로마 제국이 전에 이루었던 것을 다시 한 번 되풀이하게 될지도 모른다. 그리스도교는 로마의 교통 수단을 이용해 행해진 정신적 교류들을 통해 맞닥뜨리게 된 다른 고등 종교나 철학으로부터 가장 좋은 점들을 받아들이고 계승했다. 근대 서유럽 사회 기술의 수많은 발명에 의해 물질적으로 하나로 결합된 현대 세계에서, 그리스도교적 통찰력과 의식(儀式)에 대해 전에 이시스 숭배와 신플라톤과 철학이 그랬듯이 힌두교와 대승 불교가 유익한 공헌을 할지도 모른다. 그리고 만약에 서유럽 세계에서도 마찬가지로 카이사르의 제국이 흥망성쇠의 과정을 거치게 되어 있다면—이제까지 언제나 그의 제국이 2~300년 계속한 뒤에 무너지거나 또는 쇠퇴해간 것처럼—1952년에 미래를 예측하는 역사가와 그리스도교는 이크나톤으로부터 헤겔에 이르는 모든 철학과 늘 잠재적으로 행해져 온 모신(母神)과 그녀의 아들에 대한 숭배, 즉 이시타르와 탐무즈의 이름 아래 길 위의 여정을 시작한 모신과 그녀의 아들에 대한 숭배에까지 거슬러 올라가는 모든 고등 종교의 유산 계승자로서 뒤에 남을 것으로 상상해 볼 수 있다.

주둔 부대와 식민지

제국 정부의 충실한 지지자—그것은 현역 군인일 수도 있고, 민병·퇴역 군인, 또는 문관인 경우도 있다—를 요소에 배치하는 것이 어떤 제국의 교통망에 있어서도 절대로 필요한 조건이다. 이들 인간 경비견의 존재와 용기와 경계는 도로와 다리와 그 밖의 것이 제국 정부 당국에 쓸모가 있었으므로 불가결의 보장을 부여한다. 국경 수비도 같은 제도의 일부이다. 국경선은 언제나 동시에 가로놓여진 공도(국경선의 어느 지점에서도 그것을 횡단하여 출입할 수 있다)이기 때문이다. 그러나 경찰 또는 방위 목적으로 주둔 부대를 배치하는 것 말고도 세계 국가는 앞서 있었던 동란 시대 중의 세력 다툼이 가져온 파괴된 자리를 복구한다기보다 건설적인 목적을 위해 식민지를 설치하는 수가 있다.

카푸아·카르타고·코린트의 폐허에 로마 시민의 자치 식민지를 두었을 때 카이사르가 생각해낸 것은 이런 건설적인 목적이었다. 그 전에 헬라스 세계의 지방 국가들 사이에 생존 경쟁이 되풀이되는 동안 로마 정부는 카푸아와 카르타고 두 시(市)에 대해 카푸아는 로마를 배반해 한니발에 가담했다는 이유로, 후자는 거의 로마를 쳐부수는 데까지 공격한 죄를 범했다는 이유에서 계획적으로 징벌을 가했다. 한편 코린트는 아카이아 동맹(그리스 여러 도시들의 동맹)에 속한 도시들 가운데 임의로 뽑혀 같은 취급을 받았다. 카이사르 이전의 공화 정치 시대에는 보수파가 이 그리스 세계의 유명한 도시들에 대한 부흥에 끈질기게 반대했는데, 그것은 공포심에서라기보다 오히려 순수한 복수심에서였다. 그리고 이 도시들을 어떻게 처리할 것인가에 대한 오랫동안의 논쟁은 마침내 좀더 큰 문제를 상징하게 되었다. 즉 로마 지배의 존재 이유는 그것을 세운 특정 국가의 이기적인 이해를 지키는 데 있는가, 아니면 로마에 의해 정치적 형태가 부여된 헬라스 세계 전체의 복지를 꾀하는 데 있는가 하는 문제이다. 원로원에 대한 카이사르의 승리는, 좀더 자유롭고 인간적이며 상상력이 풍부한 견해의 승리였다.

카이사르가 내세운 정치 체제와 그가 폐지한 정치 체제 사이에서 볼 수 있는 이 두드러진 도덕적 성격의 차이는 헬라스 문명의 역사에만 한정된 특색은 아니다. 이같이 권력을 사용하고 남용하는 태도의 변화는 다른 문명의 역사에서도 동란 시대로부터 세계 국가로 옮겨가는 시기에 일어난다. 그러나 이 역사적 '법칙'은 인정되기는 하지만 예외가 많다.

한편 동란 시대는 자기 나라에서 쫓겨나 비참한 꼴을 당하는 프롤레타리아를 탄생시킬 뿐만 아니라 대규모적 식민 사업을 일으켰다. 알렉산드로스 대왕에 의해 옛날 아케메네스 제국 영토에 널리 세워진 다수의 그리스 도시 국가들이 그 예이다. 반대로 세계 국가의 성립에 대응하는 심리적 현상인 소수 지배자들의 심경 변화는 확고한 경우가 드물어, 이따금 이전 동란 시대의 잔인한 방법으로 뒷걸음질치는 수가 있다. 신바빌로니아 제국은 전체적으로 본다면, 변경 주민인 아시리아인의 잔학 행위에 대한 바빌론 세계 내부의 도덕적 반항을 상징해주지만, 아시리아가 이스라엘의 백성을 쫓아낸 것처럼 유대의 백성을 고국으로부터 추방하는 과오를 범했다. 이 점에 있어 바빌론의 유대인 포로들은 바빌론의 후계자인 아케메네스 왕조가 그들을 다시금 고국으로 돌려보낼 때까지 살아남게 허용해 주었으나, 이에 반해 니네베(고대 아시리아의 수도)의 희생이 된 '사라진 열 개 종족'은 전멸의 쓰라림을 겪고, '앵글로·이스라엘 논자들'[*8]의 공상 안에만 살아남게 되었다는 이유로, 바빌론이 그래도 니네베보다 도덕적으로 낮다고 주장하는 것은 근거 없는 일일 것이다.

이와 같이 예외가 있기는 하지만, 비교적 건설적이고 인도적인 식민 정책을 채택하는 것이 세계 국가 특색의 하나라고 함은 대체적으로 그릇된 것은 아니다.

우리는 군사 또는 치안 목적을 갖는 주둔 부대와 사회적 또는 문화적 목적을 갖는 식민지를 구별했으나, 결국 이 구별은 목적에 대한 구별일 뿐이며 결과에 대한 구별은 아니다. 제국 건설자에 의해 세계 국가의 변경과 내부 각처에 상비 주둔 부대가 설치되면 먼저 예외 없이 그 뒤를 따라 일반 시민들의 이주가 이루어진다. 로마의 군단병은 복무 기간 중 정식 혼인을 하는 것은 금지되어 있었으나, 실제로는 내연의 처와 지속적인 부부 관계를 맺고 아이를 기르는 것이 허용되고 있었다. 그리고 제대한 뒤 이들은 내연 관계를 정식 혼인으로 바꾸어 아이를 적출자로 삼을 수 있었다. 아라비아의 군사적 '무하지라'(이민)는 실제로 그들이 정착하는 병영으로 처자를 함께 데리고 가도록 허용되었다. 이와 같이 로마와 아라비아에서는 주둔 부대가 일반 시민 식민지의 중심이 되어 있었는데, 모든 시대, 모든 제국의 수비대 주둔지에서 같은 일이 행해졌음

---

*8 앵글로 색슨을 이스라엘의 사라진 종족 자손이란 전설을 믿고 있는 사람들. 이같이 믿고 있는 자들이 오늘의 영국에도 많이 있다고 한다.

에 틀림없다.

그러나 일반 시민 식민지는 의도적이 아닌, 주둔 부대의 부산물로서 그 자체를 목적으로 설치되었다. 이를테면 아나톨리아 동북의 여러 지역은 아케메네스 왕조가 페르시아의 호족에게 봉토를 나누어 준 지역인데, 오스만 투르크는 이 지방에 이슬람교로 개종한 알바니아인과 페르시아 호족들을 옮겨 살게 했다. 그 영토의 한가운데에 있는 상업적 중심지에 오스만은 에스파냐와 포르투갈에서 망명해 온 세파르디 유대인(제2편 제7장 5 참조)을 정착시켰다.

역대 로마 황제들이 그들 제국의 후진 지역에 문명화—경우에 따라 라틴화 또는 헬라스화—의 중심으로서 창설한 식민지는 엄청난 수에 달한다. 많은 식민지 가운데 한 가지 예만 든다면 아드리아노플이 그 하나이다. 이 도시 이름은 오늘날에 이르기까지 2세기의 위대한 황제(하드리아누스를 말함)가 전통적 야만족인 트라키아인을 문명화하려 한 노력들을 떠오르게 한다. 중앙아메리카와 남아메리카의 에스파냐 제국 건설자들도 같은 정책을 펼쳐 나갔다. 이 에스파냐 식민지 도시 국가들은 침입해 온 외래 정권의 행정·사법 조직의 세포 역할을 수행했는데, 헬라스 사회의 원형과 마찬가지로 경제적으로는 기생적이었다.

"북아메리카의 영국 식민지에서는 시골 사람들에게 필요한 것들을 충족시키고자 도시가 발달했으나, 에스파냐 식민지에서는 도시의 필요를 채우고자 시골의 인구가 늘어났다. 영국인 식민자들의 첫째 목적은 거의 자기 땅을 가지고 경작해 생활을 지탱하는 데 있었다. 에스파냐 식민자들의 첫째 계획은 도시에 살며 농원이나 광산에서 일하는 인디언이나 흑인으로부터 수익을 거둬들이며 생활을 유지하는 것이었다. ……밭이나 광산에서 노동을 강요당하는 노동자가 원주민이었으므로 시골 거주민 거의가 인디언뿐인 상태가 되었다."[*9]

세계 국가 역사의 마지막 단계에서 뚜렷해지는 내국 식민의 형태는 이들 야만족 자신이 행한 약탈의 결과로 생긴 주민 없는 땅, 또는 쇠퇴하는 제국 고유의 어떤 사회적 질환의 결과로 생긴 땅에 야만족 출신 농부를 정착시키는 일

---

*9 Haring, C.H.: *The Spanish Empire in America.*

이다. 그 전형적인 예는 「현관록」(로마 정부에서 정기적으로 간행되고 있었던 것으로 생각되는 직원록의 유일한 현존 자료)에서 볼 수 있는 디오클레티아누스 황제 이후의 로마 제국의 상태이며, 로마 영토 안 갈리아·이탈리아·도나우 지방에 게르만인 및 사르마티아인의 집단 이주지가 있었다는 기록이 있다. 이들 야만족 이주자는 '라이티'라는 전문적인 말로 불리고 있었는데, 이 말은 반 노예 신분의 재류 외국인을 가리키는 서부 게르만어에서 비롯한다. 그러므로 우리는 이 사람들을 패배한 야만족의 자손이며, 과거 침략 행위의 보수 또는 벌로서, 이전에 자신들이 약탈자로서 황폐케 한 '약속의 땅'을 순순히 가는 경작자가 되도록 강요당했거나 설득당한 것이라고 추측할 수 있다. 이들은 국경의 변경이 아니라 국경에서 멀리 떨어진 깊숙한 곳에 근신하며 살도록 명령받았다.

세계 국가의 지배자가 설치한 주둔 부대와 식민지를 살펴보고 그때마다 필연적으로 뒤따르는 주민들의 임의적인 이동을 생각하면, 이러한 제도는 다른 면에서 세운 공적은 차치하고라도 앞서 살펴본 대로 동란 시대와 세계 국가 시대를 통한 특징인 '팜믹시아(汎混合)'와 프롤레타리아화의 과정에 박차를 가했음에 틀림없을 것으로 생각된다. 국경에 설치된 상비 주둔 부대는 지배적 소수 지배자들이 외적 프롤레타리아 및 내적 프롤레타리아와 융합하는 도가니가 된다. 변경 감시자와 이에 대처하는 야만족 전투 단체는 시간이 흐름에 따라 처음에는 군사 기술적 부분에서, 마지막으로는 문화적 부분에서 서로 동화하는 경향을 보인다. 그러나 소수 지배자들은 국경에서 외적 프롤레타리아와 접촉해 야만화하기 훨씬 이전에 이미 내적 프롤레타리아와 교류함으로써 세속화할 것이다. 제국 건설자가 자기 제국을 남의 도움을 받지 않고 보존하고 방위할 생각으로 넉넉한 인원을 보유하고 군사적 열의를 갖게 되기는 드물다. 그들이 자기들의 군대를 보강하기 위해 가장 먼저 취하는 수단은 그들의 지배 아래 있는 민족 가운데에서 병사를 모집하는 일이다. 그 다음에는 국경 밖에 거주하는 야만족으로부터도 병사를 모으게 된다.

이 '팜믹시아'와 프롤레타리아화의 과정에 의해 주로 이익을 얻는 사람은 누구일까? 가장 두드러진 수익자는 분명히 외적 프롤레타리아이다. 문명의 군사적 전초 지점에서—처음에는 적대자로서, 그 뒤에는 용병으로서—야만족들은 자신들이 받은 교육의 덕택으로, 제국이 무너질 때 허물어져 내린 장벽을 뛰어넘어 단숨에 쳐들어가서 그 영토를 잘라내어 후계 국가를 만든다. 그러나

'영웅 시대'에 이루어지는 이러한 사업이 3일 천하에 불과한 것은 앞서 말한 바와 같다. 로마 제국과 아랍 제국의 조직적인 재분배와 혼합에 의해 결국 이익을 얻은 자는 한쪽은 그리스도교였고, 다른 한쪽은 이슬람교였다.

옴미아드 왕조 칼리프국의 주둔지와 국경 수비대는 분명히 이슬람교가 6세기 동안 잠재적으로 가지고 있던 종교적 힘을 두드러지게 발전시켜 자기 변화를 이루었고, 그럼으로써 그 사명이 바뀌었을 때 가장 좋은 '거점'으로서 도움이 되었다. 이슬람교는 기원 7세기에 아라비아에서 로마 제국의 속령을 빼앗아 각각 후계 국가를 만드는 중이었던 야만족 전투 단체의 특수한 종파로서 나타났다. 13세기에는 세계 교회가 되어 시리아 문명이 멸망할 때 아바스 왕조 칼리프국의 붕괴로 말미암아 그때까지 지도자를 잃고 의지할 곳이 없는 사람들에게 피난처를 제공하게 되었다.

이슬람교 창시자의 죽음, 원시 아랍인인 제국 건설자의 몰락, 아랍인을 대체해 지배자가 된 이란인의 쇠망, 아바스 왕조 칼리프국의 멸망, 칼리프국의 폐허 위에 세워져 3일 천하를 자랑한 야만족 후계의 여러 국가 붕괴 등 사건이 잇달아 일어났음에도, 그러한 위기에서 살아남은 이슬람교의 그 힘의 비밀은 무엇이었던가? 이에 대한 설명은 옴미아드 왕조 칼리프국의 비아랍계 국민 가운데 이슬람교로 개종한 사람들의 종교적 경험 속에서 찾아볼 수 있다. 그들은 처음에는 주로 자기의 사회적 이익을 꾀할 목적으로 이슬람교를 들여왔으나, 그 이슬람교가 그들 마음속에 깊이 뿌리를 박아 아랍인 자신들보다 더 진지하게 신봉하게 되었다.

이와 같이 그 본질적인 가치에 전념하는 신앙심을 불러일으키는 데 성공한 종교는, 그것을 비종교적인 목적으로 이용하려고 시도한 정치 체제와 운명을 함께 하지는 않았다. 이 정신적 승리는 특히 주목할 만하다. 왜냐하면 정치적 목적으로 이용된 다른 몇몇 고등 종교들에 치명상을 입혔으며, 이슬람교 또한 단순히 개조의 후계자들이 그것을 정치에 이용하려고 했을 뿐만 아니라, 마호메트 자신조차 메카에서 메디나로 도망쳐 실의에 빠진 예언자로 머물지 않고 화려한 정치 지도자로 변신했을 때 그같은 위험에 빠졌기 때문이다. 역사의 비극적인 모순이며 다른 사람 아닌 개조 자신에 의해 위험에 빠졌음에도 종교의 본질을 벗어난 이 '곡예'에 의해 이슬람교는 오늘날까지 오랫동안 마호메트가 인류에게 전해 온 종교적 메시지의 정신적 가치를 밝혀 온 것이다.

이와 같이 칼리프국의 역사에서 주둔 부대와 식민지를 세우고, 주민의 이동 과 뒤섞임을 막기 위해 제국 건설자가 신중히 생각해 낸 정책이 고등 종교의 발전을 촉진하여 의도하거나 예상하지 않았던 결과를 가져왔다. 로마 제국의 역사에서도 이러한 원인으로부터 같은 결과가 일어났다.

　로마 제국의 최초 3세기 동안 종교적으로 영향력이 가장 활발했던 곳은 국 경 각처에 배치된 주둔 부대이며, 이 경로를 따라 가장 빠르게 퍼져간 종교는 헬라스화된 히타이트 문명사회 돌리케(돌리케는 북부 시리아의 도시)의 '유피테르(주피터 실음 영어식 발음)'에 대한 숭배와 헬라스화된 시리아 사회의 '미트라' 숭배였다. 우리는 이 두 종교가 유프 라테스 강변의 로마 주둔 부대로부터 도나우 강변, 게르마니아와의 국경선, 라 인 강변, 브리튼 장성 등에 배치되어 있던 수비대로 전파된 흔적을 찾아볼 수 있다. 이 전파 광경을 보고 떠오르는 것은, 같은 무렵 힌두스탄으로부터 티베트 서쪽을 우회하여 나아간 대승 불교의 대여정 마지막 단계에서 한 여행으로, 대 승 불교 또한 중국 문명 세계 국가의 유라시아 초원 유목민으로부터 국경을 지 키는 수비대 주둔지를 차례차례 찾아 들어가 타림 분지로부터 태평양 연안으 로 나아갔다. 다음 시대에는 중국 문명 세계의 서북 변경으로부터 내부로 들어 가 중국 문명 안에서 내적 프롤레타리아의 세계 교회가 되는 데 성공했고, 마 침내 서유럽화해 가는 근대 세계의 4대 고등 종교 가운데 하나가 되었다. 미트 라교와 돌리케 유피테르 신앙의 운명은 그다지 화려한 것은 아니었다. 병사들 사이에 퍼져 나간 이 두 종교는 로마 제국의 군대와 운명을 함께하여 3세기 중 엽 로마군의 일시적 붕괴로 인한 타격 때문에 결국 재기할 수 없었다. 만약에 이 두 종교가 조금이라도 영속적인 역사적 의의를 얻었다고 한다면, 이는 그리 스도교의 선구자로서, 또 그리스도교가 다른 경로를 거쳐 로마 제국 모든 지역 에 퍼져나가면서 스스로 만들어 놓은 강 바닥에 수많은 강물을 그러모아 점차 세력을 더해갈 때 그 종교적 전통의 흐름에 하나의 지류로서 작용했으리라.

　돌리케의 유피테르와 미트라가 유프라테스 강에서 라인 강까지 서북부를 향해 나아갔을 때 국경 수비대를 징검돌로 이용한 한편, 성 바울은 카이사르 와 아우구스투스가 제국 내부에 설치한 식민지를 같은 방법으로 이용했다. 사 도 바울은 첫 번째 전도 여행에서 피시디아의 안티오크와 리스트라의 로마 식 민지에, 두 번째 전도 여행에서는 트로아스·필립비·코린트의 로마 식민지에 그 리스도교의 씨를 뿌렸다. 물론 그는 이 같은 식민지에서만 전도 활동을 한 것은 아니며, 이를테면 고대 그리스 도시 에페소스에서도 2년 동안 머문 적이 있었다. 그러나 그가 18개월 동안 머문 코린트는 사도시대 이후의 종교적 삶에서 중요한 역할을 했다. 그리고 이곳에서 그리스도 교도 집단이 특히 두각을 나타낸 하나의 이유는 카이사르가 그곳에 설치한 로마의 해방 노예 식민지의 코스모폴리탄적(세계주의적) 성격 때문이라고 추측된다.

그러나 로마의 식민지에서 그리스도교를 편 데 도움이 된 가장 주목할 만한 예는 코린트가 아닌, 리옹이다. 식민지에서 식민지로 나아간 그리스도교의 전진은 수도인 로마에 이르고도 사도 바울이 죽어서도 멈추지 않았다. 기원전 43년에 계획적으로 론 강과 손 강이 합류하는 지점을 선택해 설치된 룩두눔(리옹의 라틴말 원형)은 단순히 이름뿐만 아니라, 실제로도 로마의 식민지였다. 카이사르의 정복으로 제국의 판도에 더해진 광대한 갈리아 지방 어귀에 있는, 이 순수한 이탈리아 태생의 로마 시민들로 이루어진 식민지 룩두눔은, 한 걸음 앞서 생긴 식민지 나르본이 '갈리아 토가타'*10에 로마의 문화를 펴는 중심지가 된 것처럼 '갈리아 코마타'*11에 로마의 문화를 펴는 것을 목적으로 설치되었던 것이다. 룩두눔은 로마 자체와 라인 강과의 중간 지점에 있는 유일한 로마군 주둔지였다. 더욱이 이곳은 '갈리아 코마타'의 3개 지방*12 가운데 하나의 정치적 중심지로서 '갈리아 3주회의'의 공식 개최지였으며, 기원전 12년 드루수스(황제)가 이곳에 황제이자 계부인 아우구스투스의 제단을 설치하는 등 정치적으로 중요한 여러 목적을 달성하는 수단으로서 계획적으로 지어진 도시였다. 그러나 기원 177년에는 이 로마 식민지에 이미 꽤 큰 세력을 가진 그리스도 교단이 생겨 이

---

*10 *11 넓은 의미에서 갈리아 지방은 로마 쪽에서 보아 '알프스 이쪽의 갈리아'와 '알프스 저쪽의 갈리아'를 포함한다. '갈리아 키살피나'는 알프스와 아펠리노 산맥 중북부의 이탈리아 지방으로, 완전히 로마화하여 옷차림도 로마인과 구별할 수 없었으므로 '토가(헐렁한 옷)를 입은 갈리아'라 불렸다. 나르본을 중심으로 하는 지역도 비교적 빨리 로마화했는데, 이 지방은 '갈리아 트란살피나'의 일부로서, Gallia Narbonensis 또는 Gallia Bracata '바지를 입은 갈리아'라 불렸다. 따라서 엄격하게 말한다면, 토인비의 말은 정확하지 않을지도 모른다. 세벤 산맥 이북의, 오늘날 대부분의 프랑스와 벨기에, 라인 지방에 걸친 광대한 지역은 아직도 로마화와는 거리가 멀었으며, 켈트적 생활 양식을 많이 남기고 있었으므로 Gallia Comata(머리를 기른 갈리아)라 불렸다.

*12 피레네에서 루아르 강 부근까지의 갈리아 아퀴타니아, 루아르 강과 센 강의 중간 지대로 동남쪽은 리옹, 서쪽은 브르타뉴에 이르는 갈리아 룩두넨시스, 그리고 북부의 갈리아 벨기카 세 지방.

때문에 대량 학살이 이루어졌다. 그리고 이곳에서도 다른 곳과 마찬가지로 순교자가 흘린 피가 교회를 일어나게 하는 씨앗이 되었다. 실제로 이 대량 학살 직후 4반세기 동안 이레나이오스—시리아 태생의 그리스인 학자—가 가톨릭 그리스도교 신학 최초의 체계적 서술을 완성했는데, 이때 그는 룩두눔 사제로 있었다.

로마 제국의 그리스도교, 칼리프국의 이슬람교, 중국 문명의 대승 불교 등 모두에게 세속적인 제국 건설자는 자기의 목적을 이루기 위해 주둔 부대와 식민지를 이용했다. 그러나 계획적으로 행해진 인구 재배치로 인해, 의도하지 않던 이 같은 종교적 결과보다 더 우리의 눈을 끄는 것은 네부카드네자르가 아시리아식 야만 정책으로 복귀함으로써 가져온 결과인데, 이 신바빌로니아 제국의 무장은 유대인을 포로로 끌고 감으로써 단순히 기존의 고등 종교 보급을 가속화했을 뿐만 아니라 사실상 새로운 종교를 성립시켰기 때문이다.

지방 제도

세계 국가의 건설자들은 자신들의 영토 각처에 배치하는 주둔 부대 및 식민지와 마찬가지로, 영토를 분할해 설정하는 지방 제도라는 두 가지 다른 기능을 가지고 있다. 즉 세계 국가 자체의 유지와 세계 국가가 그 사회 조직에 대해 정치적 테두리를 부여하는 사회의 유지이다. 로마 제국과 영국령 인도 제국의 역사에 비추어 보아도 분명한 것처럼 세계 국가의 두 가지 주요 기능은 제국을 건설한 세력의 패권을 유지하는 일과, 이전 지방 국가의 멸망 또는 붕괴에 의해 해체해 가는 사회 조직 안에 생긴 정치적 공백을 메우는 일이다.

세계 국가의 창설자가 패배한 경쟁 상대의 세력 회복 가능성의 위험을 막는 수단으로서 병합과 직접 통치 방법을 어느 정도까지 취하느냐 하는 문제는, 폐지된 지방 국가에 대해 이전의 군주와 국민이 여전히 품고 있는 충성심과 애석함의 크기에 달려 있으며, 또한 정복의 속도와 세계 국가가 성립하게 된 이제까지의 역사에 달려 있다. 승리를 거둔 제국 건설자가 자기들 사업이 폭력에 의해 뒤집혀질 염려를 가장 많이 품어야 될 때는 그러한 그들의 지배를 한꺼번에 이룩한 경우이며, 또 오랫동안 독립 주권을 유지하며 자신들의 권리를 자유롭게 행사하는 데 익숙해진 지방 분권 국가 세계에 그 지배를 강요한 경우이다.

이를테면 중국 문명 세계에서는 제국을 건설한 진(秦)왕조에 의해 처음으로 참다운 정치적 통일이 실현되었으며, 그 통일은 10년(기원전 230~221)도 채 안되어 이루어졌다. 이 짧은 기간에 진 왕정(王政)은 그때까지 잔존한 6개 왕국을 멸망시켜 중국 문명의 세계 국가 창설자가 되었으며 진시황제라 불렸다. 그러나 이전 지배자들의 정치적 자존심을 그리 빨리 없애지는 못했다. 그 결과 그가 맞닥뜨린 문제는 역사가 사마천에 의해 궁정 회의에서의 논쟁이라는 형태로 극적으로 묘사되고 있다(^{사기 〈진시황 본기〉 왕관과 이사의
논쟁, 이른바 '분봉제와 군현제 논쟁'}). 문제가 어떠한 과정을 밟아 결말이 났는가는 차치하고, 확실한 것은 급진적인 정책이 승리를 거두었다는 점이며, 진시황제는 기원전 221년에 새로 수립된 세계 국가의 모든 지역을 36개의 군으로 재구분하는 안을 채택하기로 결정했다.

이 과감한 조처를 취함으로써 시황제는 그가 정복한 6개 지방 국가에 대해 이미 100년 이상 진나라에서 실시되어 온 군국주의적·비봉건적 제도를 적용하려고 했던 것이다. 그러나 정복당한 나라들은 이 정책을 환영할 리가 없었다. 왜냐하면 진의 시황제는 세계 국가 성립의 역사에 흔히 얼굴을 내미는 인물, 즉 변경인 출신의 정복자이며, 정복당한 국가의 지배 계급은 시황제를 마치 기원전 4세기의 그리스 도시 국가 시민들이 마케도니아 왕을 보았을 때처럼 '야만인'과 큰 차이가 없는 사람으로 여겼기 때문이다. 중국 문명 세계의 문화적 중심지에 있던 주민들은 본디 그들 스스로가 주체가 되는 문화를 우상시하는 경향이 있었는데, 그 단점을 더욱 부추긴 사람은 유교 철학자들이었으며, 이 학파의 창시자는 중국 사회가 고민하고 있는 사회적 질환의 원인이 전통적 의식이나 관습을 얕보는 데 있다고 진단하고, 가장 좋은 치료법으로서 중국 사회의 봉건 시대 초기에 실시되었다고 추측되는 사회적·도덕적 질서로 복귀할 것을 권유했다. 이 반쯤 공상적인 과거에 대한 찬미를 진의 지배자들과 국민들은 조금도 마음에 두지 않고 미개한 변경 국가의 제도를 갑자기 강요했으므로 맹렬한 반대에 부딪쳤는데, 이에 대해 진시황제가 취한 유일한 대책은 더 강압적인 수단으로 임하는 것이었다.

이 같은 정책은 마침내 폭발을 불러와 기원전 210년 시황제 사망 뒤 전적인 반란이 일어났다. 그리고 마침내 반란 지도자 가운데 한 사람인 유방이 진 제국의 수도를 무너뜨렸다. 그러나 중국 문명의 세계 국가 창설자가 행한 혁명적인 사업에 대한 이 폭력적인 반항의 승리에 의해 묵은 제도가 부흥된 것은 아니다. 유방은 토지를 빼앗긴 봉건 귀족의 일원이 아니라 농민이었다. 그리고 그가 영속 정권을 세우는 데 성공한 이유는 시대에 역행하는 봉건 제도의 부흥을 꾀하거나, 봉건 제도에 대체된 시황제의 혁명적 제도의 부흥을 꾀하지 않았기 때문이다. 그의 방법은 얼핏 보아 타협적으로 보이는 아우구스투스적 방법에 의해, 그의 전임자인 카이사르적 목표를 향하여 서서히 나아가는 것이었다.

진 왕조가 무너진 기원전 207년부터 유방이 중국 문명 세계의 단 한 사람의 지배자로서 일반적으로 인정받게 된 202년까지의 짧은 기간에 또 한 사람의 반란 지도자 항우가 묵은 제도의 부흥을 꾀했으나 이것은 잘 되지 않았다. 항우가 실패한 뒤에 유방이 중국 문명 세계를 제패하게 되었는데, 그가 가장 먼저 실시한 것은 가장 큰 공로가 있었던 부하 장군들에게 봉토를 나누어 주는 일이었다. 항우의 지배 아래 있었던 영주까지도 그와 화의를 맺은 사람의 영지에는 손을 대지 않고 그대로 두었다. 그러나 봉토가 주어진 장군들은 잇달아 좌천당하거나 또는 사형에 처해졌으며, 그 밖의 영주들도 때때로 다른 영지로 전봉되거나 어떤 일이 생기면 곧 폐위되었으므로 그의 일시적 주종 관계로 제국에 위험을 미치는 친밀한 관계를 맺을 기회는 전혀 주어지지 않았다. 그 동안에 유방은 황제의 권력 유지와 증대를 위한 효과적인 수단을 착실히 찾아나갔다. 마침내 진 시황제의 인위적 지방 행정 단위에 의한 계급 조직을 통해 중앙에서 통제하는 세계 국가의 이상이 시황제가 사망한 지 100년쯤 뒤에 다시 한번 실행으로 옮겨졌는데, 이번에는 결정적인 성공을 거두었다. 왜냐하면 유방과 그 후계자들은 파비우스적 정책*[13]을 씀으로써, 이러한 요소가 없었기 때문에 실패한 시황제의 최초의 웅대한 계획이 인적 수단을 강구할 여유를 주었기 때문이다.

중앙 집권 정치는 직업적인 관리가 없으면 운영될 수 없다. 유방이 세운 한 왕조는 유교 철학과 제휴함으로써 유능하고 더할 나위 없는 관리 조직을 만들어냈다. 또 유학의 깊은 조예를 기준으로 측정되는 문화적 실력에 의한 좀 더 새롭고 넓은 기초 위에 서는 귀족에게 관리가 되는 길을 열어 줌으로써 이제까지 있어 왔던 유교 철학자와 오래된 가문을 자랑하는 군사적 귀족과의 한정된 결합을 단절하는 데 성공했다. 이 이행은 서서히 행해져 교묘하게

---

*13 파비우스는 제2 포에니 전쟁 때 로마군인 한니발에 대해 결전을 피하고 승리할 준비가 될 때까지 기다리는 지구전을 취함으로써 겁쟁이로 오해받았으나 마침내 그 전법으로 한니발을 궤멸시켰다.

처리되었으므로 새 귀족은 중대한 사회적·정치적 혁명이 일어난 데 대해 전혀 알지 못한 채 오래된 귀족 계급의 역사적 호칭인 '군자'라는 이름을 이어받았다.

성취된 사업의 영속성을 기준으로 측정한다면, 한나라의 시조는 세계 국가를 세운 정치가들 가운데 가장 위대한 인물이라고 보아도 무방하다. 서유럽 사람들은 로마의 아우구스투스와 같은, 약간 떨어지는 공적에 대해서는 잘 알고 있으나, 유방에 대해서는 중국 역사 전문가들 말고는 겨우 그의 역사적 존재만을 알고 있을 따름이다. 과거의 모든 문명 속에 뿌리를 둔 미래의 전세계 사회 역사가들은 아마 이 같은 편파적인 취급은 하지 않으리라.

이상으로 중국 문명의 세계 국가에서 지방 조직의 의의에 대한 고찰을 마쳤으나, 우리는 그 이외의 예를 살펴볼 지면의 여유가 없다. 그러므로 이 같은 지방 조직이 본디 의도하지 않았던 사람들을 위해 부지불식간에 어떤 이익을 가져왔는가에 대해 곧 살펴보기로 하겠다. 그리고 이 경우에 대해서도 한 가지 예만을 들어 그리스도 교회가 로마 제국의 지방 조직을 어떻게 이용했는가를 되돌아보기로 한다.

그리스도 교회는 헬라스 문명 사회 및 로마 정치 체제의 세포에 해당하는 도시 국가에 교회 조직을 세웠다. 그리고 헬라스 문명의 전통이 차츰 사라져 감에 따라 시(市)는 자치를 행하는 데 필요한 여러 제도를 갖추고 로마국의 자치 도시로서 특허를 받은 도시를 뜻하는 대신, 그리스도교 주교가 있는 도시를 의미하게 되었다.*14 디오클레티아누스 시대에 이르러 로마 '프로빙키아'의 중심 도시에 자리를 차지하는 주교가 같은 프로빙키아의 다른 주교들로부터 그들의 상좌로 인정받게 되었다. 이들 수도 주교 또는 대주교들은 그 다음에는 디오클레티아누스의 제도에 의해 '디오이케시스'라 불리는 몇 개의 프로빙키아*15를 한데 묶은 지역에서 행정상 중심지에 자리를 차지하는 주교구의 대주교를 수석 대주교로서 인정했다(교회는 이 dioecesis라는 명칭을 이어 받았는데 이것은 주교 한 명이 관할하는 구역이라는 뜻이다). 주교·수석 주

---

*14 아주 최근까지 영국에서 이러한 의미를 나타냈다. 영국에서는 city가 cathedral city(cathedral 즉 대성당이 있는 도시)이며, 다른 도시는 borough라 불렸다.

*15 디오클레티아누스는 그때까지 주로 속주에 한정되어 있던 '프로빙키아'를 전국적인 행정구획으로 만든 다음에는 그 범위를 축소하여 전국을 101개 프로빙키아로 구분했다. 이것을 만일 현으로 본다면, 그 상위 행정구획 '디오이케시스'는 성 또는 주에 해당한다.

교·수석 대주교는 모두 교계 제도 중에서 디오클레티아누스의 행정 제도인 프라이펙투스 프라에토리오(본디 황제의 친위대 대장 디오클레티아누스 시대에 지방 총독의 지위가 됨)에 해당하는 지방 총대주교의 명령에 복종했다. 디오클레티아누스의 직할 관구였던 동방 관구는 마침내 알렉산드리아·예루살렘·안티오크·콘스탄티노플 4개의 총대주교 관구로 나뉘고, 나머지 3개 행정 관구는 일괄적으로 면적은 광대하지만, 인구 밀도가 훨씬 낮은 단 하나의 로마 총대주교 관구로 묶였다.

이상과 같은 그리스도 교회의 지방 조직은 황제가 만든 것이 아니라, 교회가 여전히 비공인 단체로서 이따금 박해를 받고 있던 무렵에 교회 자체에서 만들어 낸 것이다. 이와 같이 교회 조직은 로마의 지방 행정 조직을 기초로 자기의 목적에 맞게 성립된 것이며, 본디부터 세속적인 지배 체제에서 독립된 것이었으므로 행정 조직이 무너진 뒤에도 존속할 수 있었다. 갈리아에서는 흔들리기 시작한 제정이 지방민의 지지라는 새로운 기초 위 세력을 회복하기 위해 정기적 지방 명사 회의를 설치했는데 제국이 사라진 뒤에도 교회는 이 세속적 전례에 따라 지방 주교 회의를 소집했다.

이를테면 중세 프랑스 교회의 지도를 통해 역사가는 주교 관구의 모자이크 무늬 속에서 '갈리아 토가타'의 도시 국가와 '갈리아 코마타'의 군(郡) 경계를 찾아볼 수 있었으며, 한편 대주교 관구는 아우구스투스 시대의 4개 속주―나르보넨시스·아퀴타니아·룩두넨시스·벨기카―와 디오클레티누스 시대에 설정된 하위 구분의 윤곽을 보존하고 있었다. 5개 총대주교 관구도 필자가 이 부분을 쓰고 있을 때까지 모두 현존하고 있었다―4개는 그리스 정교 교회의 지배 아래 있었고, 하나는 서구 가톨릭 교회의 지배 아래 있었는데, 그 구역의 넓이와 관할 주민의 분포 및 국적은 451년 칼케돈에서 열린 제4회 공의회 뒤로 15세기 동안 매우 큰 변화를 가져왔으나, 아깝게 여겨졌던 손실들은 총대주교 관구가 설치되었을 때에는 전혀 예상하지 못한 이득에 의해 충분히 보충되었다.

수도(首都)

세계 국가의 중앙 정부 소재지는 시간이 지남에 따라 바뀌는 경향이 뚜렷하다. 제국 건설자는 보통 처음에는 자기들에게 편리한 장소에 정부 소재지를 정하고 그곳에서 자신들의 영토를 다스린다. 그 장소는 이전부터 그들 나라의 수도였거나(로마), 아니면 제국 건설자의 본국에서 쉽게 접근할 수 있는 피정복국 변두리에 위치한 새 지점(캘커타) 중 어느 쪽이다. 그러나 시간이 지남에 따라 실제로 제국 통치를 해 본 경험을 통해서 또는 사건들에 휘말려 어쩔 수 없이 최초의 제국 건설자—또는 일시적으로 무너진 뒤 그 제국을 계승하는 후계자—는 처음에 제국을 건설한 세력의 편의에서가 아닌 제국 전체의 편의라는 견지에서 바람직한 새로운 지점을 선택하게 된다. 전체적인 새 관점에서 선정되는 이 새로운 위치는 물론 상황이 달라짐에 따라 바뀐다. 만약에 행정상의 편의가 주된 이유라면 교통이 좋고 발달되어 있는 중앙 지점이 선정될 것이며, 침략자에 대한 방비가 주된 이유라면 침략 받을 우려가 있는 국경에 병력을 전개하는 데 편리한 지점이 선정될 것이다.

이미 살펴본 것처럼 세계 국가 건설자의 신분은 반드시 언제나 같지는 않다. 때로 이들은 정치적 필요를 충족시키는 그 사회에서 이질적인 문명의 대표자일 수도 있다. 때로 이들은 그들이 끌려가는 문명으로부터 정신적으로 소외당하고 있는 야만족, 바꾸어 말하면 외적 프롤레타리아일 수도 있다. 그리고 이것은 흔히 볼 수 있는 예로서 때로 이들은 자신이 속한 사회 내부로 창(槍)을 돌려 그곳에 세계 국가를 부여하기보다는 외부 야만족에 대비하여 국경 수비 임무를 수행함으로써 문명 사회 성원으로서의 권리를 지켜 온 변경 거주자일 수도 있다. 마지막으로—이러한 경우는 드물 것으로 생각되지만—이들은 외래자도, 야만족도, 변경 거주자도 아닌 그 사회 내부의 '중앙 거주자'일 수도 있다.

외래자·야만족 또는 변경 거주자에 의해 수립된 세계 국가는 수도가 국경에서 중앙으로 이동하는 경향이 있다. 그러나 마지막 예로 든 경우에 수도는 변경 거주자가 여전히 본디 임무를 수행해야 한다는 사실 때문에 국경 지대에 설치되는 수도 있다. 중앙 거주자에 의해 수립된 세계 국가의 수도는 물론 중앙에 설치되지만, 어느 특정한 곳으로부터 침략받을 우려가 정부의 가장 긴급한 관심사가 되면 국경 지대로 이동되는 수가 있다. 그러면 이제 수도의 위치 선정과 이동을 결정하는 법칙에 대한 예증을 들기로 하겠다.

영국령 인도 제국은 외래자에 의한 제국 건설의 뚜렷한 예다. 인도 지배를 꿈꾸기 훨씬 이전에 바다 건너 인도에 도착해 인도의 주민들과 교역을 하게 된 영국인은 봄베이·마드라스·캘커타 등 세 곳에 무역 기지를 세웠다. 캘커타는 최초의 정치적 수도가 되었는데, 그것은 동인도 회사가 다른 지방에 그것과 맞먹을 만한 곳을 획득할 때까지 이미 1세대 이전부터 그 배후지인 2개의 풍요한 주를 가지고 있었기 때문이다. 캘커타는 웰즐리(인도 총독)가 인도 전체를 영국의 지배 아래 두려고 꾀한 지 100년 이상, 그리고 그 의도가 실행으로 옮겨진 지 50년 이상 영국령 인도의 수도였다. 그러나 정치적으로 통일된 아시아 대륙의 커다란 인력이 마침내 영국령 인도의 중앙 정부 소재지를 캘커타에서 델리로 옮기게 했는데, 델리는 인더스·갠지스 두 강의 유역을 포함하는 제국으로서 지리적으로 매우 훌륭한 천혜의 장소였다.

물론 델리는 단지 지리적으로 천혜의 지역이었을 뿐만 아니라 동시에 역사적인 장소로서 1628년 그 뒤로 무굴 제국의 수도였다. 무굴인들은 영국인들과 마찬가지로 인도에 외래 세계 국가를 세웠는데, 그들은 바다를 통해서 인도로 온 것이 아니라 서북 국경에서 침입해 온 것이다. 만약에 무굴인들이 그들 뒤에 온 영국인의 예를 따랐다고 한다면, 카불(아프간니스탄의 도시)에 최초의 수도를 세웠을지도 모른다. 그렇게 하지 않았던 이유는 이들의 역사를 자세히 살펴보면 알 수 있다. 델리는 무굴인들의 최초의 수도는 아니었으며, 이전의 수도인 아그라(인도 북부 도시, 수·육로 교통 발달)도 또한 중앙부에 위치하고 있었다.

에스파냐령 아메리카를 살펴보면, 중앙아메리카에서는 제국 건설자가 인도의 캘커타(인도 갠지스강 유역, 주변은 저습지)에 해당하는 이들의 통관항인 베라 크루스를 택해도 좋을 것 같았으나, 처음부터 델리(인도 갠지스강 유역, 힌두스탄 평야에 위치)에 해당하는 테노치티틀란(멕시코시티)을 수도로 정했다. 페루에서는, 에스파냐령 제국 건설자가 이와는 반대로 오지의 고원에 위치한 잉카족의 옛 도시 쿠스코가 아니라 해안에 있는 리마에 수도를 두었다. 이유는 물론 페루의 태평양 연안 지대가 풍요하고 중요한 지역이었던 데 반하여 멕시코의 대서양 연안은 그렇지 않았기 때문이었다.

그리스 정교 사회에 세계 국가를 세운 오스만투르크인들은 처음에는 아시아에 그 다음에는 유럽에 몇 번이나 임시 수도를 설치하여 임시변통을 했으나, 마지막에는 그들의 전임자인 비잔틴이 수도를 두고 있었던 더할 나위 없는 지점(콘스탄티노플)을 확보했다.

몽골족의 쿠빌라이 칸(재위 1259~94)은 대륙의 동아시아 문명 사회 모든 지역을 정복한 뒤 수도를 몽골의 카라코룸에서 중국의 베이징으로 옮겼다. 그러나 쿠빌라이 머리로는 이 이동을 명령했으나, 가슴으로는 조상 대대로 살아오던 목초지를 그리워했다. 그래서 절반쯤 중국 문명화한 이 몽골인 정치가는 몽골 고원 동남쪽 변두리의 초원 지대로서 새 제국 수도에 가장 가까운 지점인 중두(中都)에 이궁을 세우고,*16 잊을 수 없는 유목민의 감정을 만족시켰다. 그러나 베이징이 정치의 중심지였으며, 물론 중두에서 정무를 보아야 할 때도 있었지만, 그곳은 어디까지나 휴양지였다.

> 자나두 땅에 쿠빌라이 칸은
> 화려한 환희궁을 세웠다.

우리는 중두를 심라(영국령 인도 시대 때 여름철 수도였다)에 비길 수 있으리라. 쿠빌라이가 초원을 그리워했다고 한다면, 영국인 인도 총독은 온화한 기후를 그리워했음이 틀림없기 때문이다. 우리는 중두를 발모럴(스코틀랜드에 있는 영국 왕실의 이궁)에 비길 수도 있을 것이다. 쿠빌라이가 초원을 그리워한 것처럼 빅토리아 여왕의 마음은 분명히 하일랜드 지방을 그리워하고 있었으리라. 우리는 한 걸음 더 나아가 19세기의 중국인 여행자가 발모럴 궁전의 아름다움을 묘사하고, 그 아름다운 묘사를 25세기의 중국인 시인이 읽고 영감을 얻어 빅토리아 여왕과 그녀의 '화려한 환희궁'에 대한 한 편의 시에 빠져드는 모습을 상상해 볼 수도 있으리라.

수명이 짧았던 알렉산드로스 대왕의 광대한 제국을 이은 후계 국가들 가운데 하나인 '전승자' 셀레우코스(시리아 왕, 재위 기원전 304~280)는 제국주의적 야망의 방향을 확실히 정하지 못했기 때문에 수도의 위치 선정으로 혼란을 빚은 제국 건설자의 한 예이다. 처음에 그는 전(前) 아케메네스 제국의 한 지방이었던 풍요로운 바빌로니아에 야망을 품고 실제로 그것을 획득했다. 그리고 티그리스 강 오른쪽 강변으로 유프라테스 강쪽에 가장 가까운 지점에 있는 셀레우키아를 수도로 정했다. 이곳을 선정한 것은 참으로 마땅한 일이며, 셀레우키아는 그 뒤 5세기 이상에 걸쳐 위대한 도시로서 헬라스 문화의 중요한 중심지가 되었다. 그러나 이 도시를 세운 셀레우코스는 경쟁 상대인 마케도니아의 장군들을 잇달아 무찌르

---

*16 쿠빌라이가 중두에 이궁을 세웠다는 것은 토인비의 착각일 것이다. 중두는 오늘날의 북경에 해당하며, 그가 여름철을 지내기 위해 이궁을 세운 곳은 상두(上都 : 開平府)이며, 여기에 인용된 콜리지의 시 「쿠빌라이 칸」에서 볼 수 있는 '자나두'는 '상두'의 음을 묘사한 xandu에 콜리지가 자기 마음대로 모음을 붙여 영어식으로 발음한 것이다.

면서 점차 서쪽으로 진출해 가는 동안에, 그의 관심의 중심을 지중해 세계로 옮겨 오론테스 강 어귀에서*17 32km 거슬러 올라간 지점에 있는 시리아의 안티오크를 주요한 수도로 정했다. 그 결과 그의 후계자들은 이집트의 프톨레마이오스 왕조와 그 밖의 동지중해 여러 나라와의 전쟁에 정력을 소모하여 바빌로니아의 영토를 파르티아인에게 빼앗기게 되었다.

이상은 모두 다른 문명의 대표자에 의해 건설된 제국을 예로 든 것이다. 이번에는 야만족에 의해 건설된 제국의 수도 위치를 살펴보기로 하겠다.

시리아 문명 사회를 정복해 아케메네스 제국이라는 세계 국가를 건설한 페르시아 야만족의 고국은 산악지대이고 불모지이며 교통의 요충지에서 멀리 떨어진 곳이었다. 헤로도토스가 그의 저서 마지막 부분에 쓴 이야기에 따르면, 아케메네스 제국을 건설한 키루스 대왕은, 페르시아 민족이 세계의 지배자가 되었으니 황량한 고원 지대에 있는 고국을 버리고 그들이 자유로이 선택할 수 있는 좀더 살기 좋은 곳으로 이주하라는 제안을 물리쳤다는 것이다. 이것은 매우 훌륭한 이야기로서, 앞서 이 '연구'에서 어려운 여건이 좀더 인간의 모험심을 자극한다는 사실을 보여주는 예증으로서 사용한 바 있다(제1권). 그러나 역사적 사실은 이와는 다르다. 키루스 대왕이 그의 종주국 메디아의 왕을 넘어뜨리기 100년 전에 아케메네스 왕조 가운데 그의 선조의 한 사람(테이스페스 왕, 제 위 기원전 675~640)이 정부 소재지를 선조 때부터 살아온 고원 지대로부터 자신이 처음으로 획득한 낮은 지대로 옮겼다. 그곳은 '안샨'이라 불리며, 그 정확한 위치는 아직도 밝혀지지 않고 있으나 수사 부근의 어느 곳이었다. 아케메네스 제국이 설립된 뒤에는 정부 소재지가 해마다 계절별로 기후에 맞게 몇몇 수도들을 차례로 옮겨다녔다. 그러나 페르세폴리스(페르시아 제국의 수도)와 에크바타나(메디아 왕국의 수도)는 물론 수사(구약 성서 의 슈산)마저도 대체로 의례(儀禮)와 휴양을 위한 수도라고 보아도 좋으며, 제국의 실제 정무는 오로지 지리적으로 편리한 곳으로서 아케메네스 왕조 이전에 낮은 지대를 지배하고 있던 왕국의 수도 바빌론에서 진행되고 있었다.

이란 고원에서 나온 페르시아인 제국 건설자에 의해 세워진 시리아 문명 최초의 세계 국가가 1000년 가까운 기간 동안 헬라스 문명의 침입을 받은 뒤에

---

*17 셀레우키아라는 이름의 도시는 이 밖에 많이 있으며, 그 중 하나가 이 부근에 설치되어 안티오크의 항구 역할을 했다. 〈사도행전〉에 기록되어 있는 것처럼(13 : 4), 사도 바울이 첫 번째 전도 여행을 했을 때 배를 타고 키프로스로 건너간 것은 셀레우키아에서였다.

아라비아 고원의 변방에서 나온 헤자즈 지방의 야만족에 의해 부흥되었을 때에도 틀림없이 역사는 되풀이되고 있었다. 헤자즈의 오아시스 국가에서 사이가 좋지 않은 소수 독재자들이 자신들만으로는 결말이 나지 않는 화해를 위해 알선을 의뢰하고자, 그들과 세력을 다투던 경쟁자들로부터 메카에서 거절당한 예언자를 불러 그들의 지도자로 모셨는데, 그것이 주효해 야스리브(옛 이름)는 '헤지라(이슬람 기원)' 30년이 되기 전에 시리아와 이집트의 옛 로마 영토뿐만 아니라 옛 사산 제국의 모든 영토를 포함하는 제국의 수도가 되었다. 야스리브가 정부 소재지가 된 것은 이 외진 오아시스 국가가 신의 특별한 배려로밖에는 생각할 수 없을 만큼 급속도로 발전한 이슬람교 아랍 세계 제국의 중심지였으며, '마디나트—안—나비(메디나는 이 약칭)' 즉 '예언자의 도시'로서 신성시되었기 때문이다. 메디나는 적어도 아바스 왕조의 칼리프 만수르(재위 754 775)가 바그다드를 세운 792년까지 명목상 칼리프국의 수도였다. 그러나 이보다 100년 전부터 옴미아드 왕조의 칼리프들이 수도를 사실상 다마스쿠스로 옮겼다.

다음에 변경 거주자가 세운 세계 국가의 예를 들어 보자. 이집트 문명의 오랜 역사를 통해 세 차례나 나일 강 하류(제1폭포에서 아래를 가리킨다) 위쪽 지역의 변경 거주자에 의해 이 이집트 사회에 정치적 통일이 이루어지거나 강요되었다. 그리고 변경 지역이 세계 국가로서 확대될 때마다(세 번째에는 곧바로 이어서 진행된 것은 아니지만), 수도는 테베(오늘날의 룩소르)와 그 밖의 상류 지점에서 주민 대부분이 더 접근하기 쉬운 지점으로, 즉 처음 두 번은 멤피스(카이로)와 거기에 상당하는 지점에, 세 번째는 군사적으로 위험에 직면하고 있는 나일 델타 지역 동북부에 가까운 국경의 요새로 옮겨졌다.

헬라스 사회의 역사에서 로마의 운명은 테베의 운명과 비슷하다. 로마는 갈리아인에 대항하여 헬라스 문명 세계를 지키는 임무를 에트루리아인들로부터 이어받아 명성을 높였는데, 마치 테베가 누비아의 야만족에 맞서 나일 제1폭포를 지키는 임무를 알카브(테베와 제1폭포와의 중간에 있는 도시)인들로부터 이어받아 명성을 높인 것과 같았다. 그 뒤 로마는 테베와 마찬가지로 군대를 내부로 돌려 자기가 소속된 헬라스 사회에 정치적 통일을 강요해 몇 세기 동안 자기가 만든 제국의 수도로서 지위를 유지했다. 하긴 만약에 마르쿠스 안토니우스가 뜻을 이루어 악티움 해전(기원전 31년 안토니우스와 클레오파트라 연합함군이 옥타비아누스와 싸워서 패한 해전)이 다른 결과로 끝났다고 한다면, 로마는 주요한 정복이 일단락되었을 무렵에 수도의 지위를 이집트의 알렉산드리아(안토니우스와 클레오파트라의 집권하에 있었다)에 빼앗겼을지도 모른다. 그러나 3세기 뒤에, 여기서는 자세히 말할 수 없지만,

여러 가지 사정으로 급속도로 몰락해 가던 제국의 수도는 훨씬 좋은 위치에 있는 콘스탄티노플로 옮겨졌다. 보스포루스 해협에 임하는 이 도시는 그 뒤 오랜 기간에 걸쳐 잇달아 나타난 수도가 되었다. 티베르 강에 임하는 로마는 마침내 메디나와 마찬가지로 고등 종교의 '성도(聖都)'가 되는 역할에만 만족하지 않으면 안 되었다.

콘스탄티노플이 제2의 로마였다면, 사회주의 혁명 이전에는 모스크바가 이따금 제3의 로마라 불렸다. 따라서 이번에는 러시아 정교 문명의 세계 국가 수도들 사이의 경쟁을 살펴보자. 모스크바도 로마와 마찬가지로 야만족과 대치한 변경 국가의 수도로서 출발했다. 몽골 유목민의 위협이 주춤해지자 모스크바는 방향을 돌려 서유럽 그리스도교 세계의 가장 가까운 이웃인 폴란드인과 리투아니아인의 공격을 격퇴하는 임무를 맡았다. 그러나 이와 같이 하여 수도로서의 미래가 보장되었다고 생각되었을 즈음에 갑자기 모스크바는 서유럽화 정책을 추진하는 차르 황제의 그칠 줄 모르는 야심 때문에 그 지위에서 물러나고, 이 황제가 새로 만든 페테르부르크가 수도가 되었다. 이 도시의 기초가 스웨덴으로부터 빼앗은 땅 위에 건설된 것은 1703년의 일이었다. 정부 소재지를 먼 오지로부터—그가 본 바로는 기술적으로 훨씬 발전한—마치 동화의 나라 같은 유럽 세계를 향해 마법의 창문을 열게 된 지점으로 옮긴 표트르 대제는, 외떨어진 '오리엔트'인 셀레우키아에서 오론테스 강변의 안티오크로 옮긴 '전승자' 셀레우코스를 떠올리게 한다.

그러나 다른 곳이 몇 가지 있는데, 그 가운데에서도 다음과 같은 점을 지적할 수 있다. 서남 아시아의 외래 제국 건설자였던 셀레우코스가 셀레우키아를 버리고 안티오크로 옮긴 것은 강한 국민적 감정이 감싸안지 않은, 그 자신이 새로 만든 도시를 떠나 하루 안에 지중해로 나아갈 수 있는 헬라스 문명 세계의 중심에 훨씬 가까운 지점으로 간 것이다. 즉 그는 자신의 고국 쪽을 향해 간 것이다. 그러나 러시아의 경우에는 국민적 감정이라는 점에서 말한다면, 포기된 모스크바가 사람의 마음을 훨씬 더 강하게 사로잡고 있었으며, 또 표트르 대제가 세운 새로운 실험 도시의 창문이 열리고 있던 서유럽을 향한 싸늘한 수로(발트 해)는 헬라스 세계인 지중해에 비하면 참으로 빈약한 것이었다. 상트페테르부르크는 200년 동안 그 위치를 유지했다. 그 뒤 사회주의 혁명과 더불어 또다시 모스크바가 수도의 지위를 되찾았으며, 성 베드로의 이 도시는 '레닌그라드'라는 새로운 이름이 주어진 것으로 스스로를 위로해야 했다.*18 '제4의 로마' 로서의 이 도시의 명칭 레닌그라드가 그 명칭에 있어서 '제1의 로마'에 반대된다는 것은 생각해 보면 재미있는 일이다. 세계 국가 로마의 수도는 아니더라도 그 대신 성 베드로의 성도 '상트페테르부르크'가 되고, 다시 개칭된 이래 카부르와 무솔리니가 나타났음에도 아직도 그 상태가 이어지고 있다.

이상이 수도의 위치를 선정함에 있어서 역사상 세계 국가의 통치자를 움직인 몇 가지 동기였다. 다음은 이들 수도가 통치자와 통치자를 둘러싼 지배적 소수 이외의 사람들에게 어떤 뜻밖의 용도로 이용되었는가를 살펴보기로 하자. 먼저 가장 야만스러운 이용 방법, 즉 수도의 공략과 약탈을 다루어 보기로 하자. 오래된 이야기에 따르면 무술과 용기에는 뛰어나지만 가난한 나라의 군인인 불뤼허 원수(프러시아 군사령관)가 워털루 전투가 있은 뒤 섭정의 초청을 받아 영국을 방문해 런던의 부유한 거리를 지나갈 때 런던의 가치를 측정한 척도는 바로 약탈의 대상으로서였다. 그는 "참으로 멋진 전리품이군!" 이렇게 외쳤다 한다. 수도 약탈에 대한 예는 얼마든지 있는데, 승리에 도취한 약탈자의 결과를 살펴보면 가르강튀아(라블레 작 〈가르강튀아와 팡타그뤼엘 이야기〉에서 대단히 탐욕스런 거인)적 폭음과 폭식 뒤에 대개 소화불량을 일으키고 있다는 것을 알 수 있다.

기원전 4세기 헬라스 사회와 기원 16세기의 서유럽 사회는 그들의 전투적인 사도들이 범한 야만 행위 때문에 명예를 잃었을 뿐만 아니라 그 때문에 커다란 손해를 입었다. 미개사회의 야만인이 범하면 비교적 처벌없이 끝나는 범죄도 이미 화폐 경제가 발달해 있는 사회에서 행해지면 벌을 받지 않으면 안 되기 때문이다. 헬라스 사회가 서남아시아에서 서유럽 사회가 남북아메리카에서 자행한 보고 약탈은 갑자기 많은 금과 은을 유통시키게 되어 파국적인 인플레이션을 일으켰다. 그리고 페르세폴리스(고대 페르시아 제국의 수도)를 약탈한 마케도니아인들과 쿠스코(페루 리마 남 서부에 위치)를 약탈한 에스파냐인들의 죄를 문화를 전해줌으로써 속죄한 사람은 퀴클라데스 군도의 이오니아인 직공들과 슈바벤 지방의 독일인 농민들이었다.

---

*18 이 지명 변경에는 다소 우스꽝스러운 데가 있다. 이 요약본 편집자는 50년쯤 전에 프랑스의 어느 지방 도시로 되돌아간 친구로부터 편지를 받은 일을 떠올린다. 그 편지에는 이렇게 씌어 있었다―"잠시 이 도시를 떠난 사이에 교권 반대파가 시의회에서 다수를 차지하여 '장 밥티스트 거리'(세례자 요한 거리)가 '에밀 졸라 거리'로 바뀌어 있었다."

다음에 좀더 나은 이용법으로 화제를 바꾸어 보겠다. 세계 국가의 수도는 분명히 모든 종류의 문화적 영향력이 주위에 방사적으로 퍼져가는 데 편리한 곳이었다. 고등 종교는 수도가 자기의 목적에 도움이 된다는 사실을 깨달았다. 네부카드네자르를 위해 유대로부터 추방당한 백성이 바빌론에서 포로가 되어 있는 동안 수도 바빌론은 실제로 고등 종교가 싹트는 시기의 온실 역할을 하고, 그 안에서 이 종교는 부분적 견해를 버리고 세계적 견해를 채택함으로써 자기의 참된 영혼을 발견했다.

세계 국가의 정부 소재지는 실제로 정신적 씨앗이 뿌려지는 데 알맞은 곳이다. 그와 같은 수도는 광대한 세계의 축소된 그림이며, 그 성벽의 내부에는 여러 가지 언어가 쓰이고 있을 뿐만 아니라 모든 계급, 모든 민족을 대표하는 사람이 살고 있고, 그 성문은 모든 방향으로 통하는 큰길을 향해 열려 있다. 한 전도자는 같은 날 동시에 빈민굴과 궁궐에서 설교할 수 있다. 그리고 황제로 하여금 귀를 기울이게 하는 데 성공하면 제국의 강대한 행정 기구를 마음대로 이용할 수 있다는 희망을 가질 수 있다. 느헤미야는 수사의 황실에서 차지하고 있던 지위 덕택으로(느헤미야는 왕의 시종이다), 예루살렘의 신전 국가를 위해 아르타크세르크세스 1세(재위 기원전 465~424)의 원조를 청하는 기회가 주어졌다. 그리고 16세기부터 17세기에 걸쳐 아그라의 왕궁과 베이징의 왕궁에 거점을 마련한 제수이트회(예수회)의 신부들은 느헤미야적 전술로 인도와 중국을 가톨릭 세계로 만들 것을 꿈꾸고 있었던 것이다.

실제로 수도의 역사적 사명이 마침내 종교 분야에서 발견되는 경우가 종종 있다. 이 대목을 쓴 그 무렵 중국 문명의 세계 국가 수도인 뤄양(洛陽)은 인류의 운명에 대해 여전히 강력한 영향력을 미치고 있었으나, 그것은 전에 이 도시가 동주(東周)의 수도로서, 그리고 그 뒤에 후한의 도시로서 수행한 정치적 역할의 결과는 아니었다. 정치적으로 뤄양은 '니네베나 티로스'와 동등했다. 뤄양이 아직도 강력한 영향력을 미치고 있었던 것은 대승 불교의 씨앗이 중국 문명의 문화적 환경에 순응했고, 그 결과 중국 문명 세계 전체에 퍼져나가게 한 묘상(苗床)의 역할을 했기 때문이다. 카라코룸의 황폐한 유적 또한 눈에는 보이지 않으나 여전히 살아 있다. 그것은 단명으로 끝난 이 초원 지대의 도시가 13세기에 보여준 혜성과 같은 정치적 활약이 어느 날 뜻하지 않은 결과로서 서유럽의 로마 가톨릭교 전도자에게 중앙아시아의 네스토리우스파 대표자 및 티베트의 라마교의 대표자와 만날 기회를 주었기 때문이다.

우리에게 더 가까운 예를 든다면, 1952년에 로마의 '영원한' 상징을 전한 이들은 로물루스와 레무스(로마의 전설적인 쌍/둥이 형제 건설자), 아우구스투스가 아니라 베드로와 바울인 것은 분명했다. 그리고 제2의 로마, 그리스도교의 로마라 일컬어진 콘스탄티노플 또한 몇 차례 수행한 세계 국가의 역할을 모두 보여준 뒤에도 여전히 세계에 그처럼 커다란 영향력을 미친 것은, 러시아 정교회를 비롯한 그 밖의 그리스 정교 교회의 수장으로부터 여전히 '동료 중의 제1인자'로서 인정받는 총대주교의 자리가 그곳에 있었기 때문이다.

공용 언어와 공용 문학

세계 국가는 공인된 의사 전달 수단을 갖추고 있으며, 또 이들 수단 속에는 구두로 표현되는 언어뿐만 아니라 어떤 시각적 기호 체계도 포함되어 있다. 거의 모든 경우 시각적 기호 체계는 공용 언어를 문자로서 표기하는 형태를 취하고 있다. 잉카족은 언어에 의하지 않고 직접 의미를 나타내는 '키푸'라는 결승(매듭) 기호밖에 갖지 않았음에도 거의 완전한 전체주의적인 체계를 유지하는 데 성공했으나, 이것은 예외적인 '투르 드 포르스'(절묘한 기술)로 보아야 할 것이다.

세계 국가가 성립되기 이전에 이미 유일한 언어와 유일한 문자가 가능한 경쟁 상대를 모두 몰아내 버린 경우가 몇 가지 있다. 이를테면 이집트의 '중제국'에서는 고전 이집트어가 아닌 히에로글리프(고대 이집트/의 상형 문자)가 공용 언어와 공용 문자로서 이미 정해져 있었으며, 막부 시대의 일본에서는 일본어와 함께 이미 일본에 들어와 있던 한자의 특수한 선택과 용법이 정해졌고, 러시아 제국에서는 러시아어와 그리스 문자를 기초로 만들어진 변종의 슬라브 문자가 이미 거대한 러시아 사회에서 사용하도록 정해져 있었다. 그러나 이와 같은 단순한 경우는 매우 드물며, 대부분의 경우 제국 건설자는 공용 언어와 공용 문자에 대해서도 단지 기성 사실을 공식으로 승인하는 데에 더하여, 서로 경쟁하는 몇몇 후보 언어와 문자들 가운데 어느 것을 선택하느냐 하는 성가신 선택을 할 필요가 있었다.

이때 제국 건설자들은 대부분 자기들의 모국어를 공용어로 삼으며, 만약에 그때까지 그 언어에 문자가 없었다고 한다면, 문자를 딴 데에서 가져오든가 아니면 발명하든가 했다. 제국 건설자는 자기의 모국어를 도외시하고, 이미 그 영토 안에서 '링구아 프랑카'(공용어)로서 통용되고 있던 다른 언어를 채택하는 수도 있으며, 때로는 고전어를 부활하는 경우도 없지는 않다. 그러나 가장 보편적으로 실시되는 것은 제국 건설자가 그들 자신의 민족 언어와 문자에 독점권을 주지 않고 공용 언어로서 통용시키는 정책이다.

다음은 위와 같은 일반적 명제의 사례들을 살펴보기로 하자.

중국 문명 세계에서는 이 문제가 진시황제에 의해 그의 독특하고 과감한 방법으로 해결되었다. 이 중국 문명의 세계 국가 창설자는 그의 조국 진나라에서 공용 문자로 실시되어 온 서체의 한자만을 통용시키는 방법으로, 그 전의 동란시대(춘추전국 시대) 말기에 여러 나라가 타국가의 지식인들은 일부분밖에 이해하지 못할 특이한 문자를 저마다 발달시키는 경향을 막는 데 성공했다. 한자는 뜻을 전달하는 '표의 문자'이지 음을 나타내는 '표음 문자'는 아니었다. 따라서 진시황이 취한 조처는 중국 문명 사회에서 구어(口語)가 서로 이해될 수 없는 방언으로 분열되더라도 읽고 쓸 수 있는 소수 사람들에게는 여전히 중국 문명 세계 전체의 전달 수단으로서 도움이 되는 똑같은 시각 언어를 부여하게 되었다. 이것은 마치 현대의 서유럽 세계에서 구두(口頭)로는 나라마다 수를 세는 방법이 다르지만, 종이 위에 쓴 아라비아 숫자로는 동일한 의미를 전달하는 것과 같았다. 그러나 이 비교가 나타내 주듯이 아무리 진시황이 중국 사회의 문자를 표준화했더라도 문자뿐만 아니라, 언어의 통일을 촉진하는 다른 여러 가지 힘이 동시에 작용하지 않았다면 언어의 혼란을 막는 데 도움이 되지는 않았을 것이다.

중국 문명 사회의 문자 표준화에 앞서서, 세계 국가인 미노스 문명의 어느 창설자도 같은 시도를 한 것으로 생각된다. 미노스 문명 사회에서 사용되고 있던 몇 종류의 문자는 이 '연구'가 씌어진 그 무렵 아직 어느 것도 해독되지 않았으나*19 그 출현 순서를 살펴보면, 혁명적인 문자 개혁이 이루어졌음을 보여준다. 즉 중기 미노스 제2기에서 제3기로 옮겨갈 때, 제2기의 초기에 동시에 출현한 두 종류의 서로 다른 상형 문자가 갑자기, 그리고 완전한 하나의 새로운

---

*19 이 요약본이 출판되기 전에, 미노스 문명의 '선상문자 B'가 벤트리스와 채드위크 두 사람에 의해 해독되어, 그리스어를 표현하는 수단으로 판명되었다(The Journal of Hellenic Studies, vol. lxxiii, pp. 84~103). 그리고 이 해석은 곧 거의 이의 없이 다른 학자들에게 승인되었다.

선상문자(線狀文字, A·B)로 대체되었던 것이다.[*20] 시리아 사회의 역사에서는 옴미아드 왕조 칼리프인 압드—알—말리크(재위 705, 685)가 시황제와 같은 정책을 채택하여, 아랍 칼리프국의 옛 로마령 여러 지방에서는 그리스어 대신에, 그리고 옛 사산 왕조의 여러 지방에서는 페흘라비어(할기페르시아어) 대신에 아라비아어와 아라비아 문자를 공문서 기록을 위한 공인 수단으로서 삼았던 것이다.

다음은 좀 더 자주 볼 수 있는 예로서 세계 국가가 제국 건설자 자신의 언어를 비롯한 몇 종류의 공용 언어와 공용 문자를 갖는 경우의 예를 몇 가지 들어 보자.

영국령 인도 제국에서는 어떤 용도를 위해 제국 건설자의 모국어인 영어가 무굴 왕조가 남긴 공용 언어인 페르시아어 대신에 채택되었다. 이를테면 1829년에 영국령 인도 정부는 영어를 외교 문서 언어로 정하고, 1835년에는 고등 교육의 언어로 정했다. 그러나 1837년에 페르시아어를 영국령 인도의 공용 언어에서 제외시키기 위한 최종적인 조처가 취해졌는데도 영국령 인도 정부는 그 때까지 페르시아어를 사용하고 있었던 다른 모든 특정 목적에 영어를 사용하지는 않았다. 민족·카스트·계급에 관계없이 모든 인도인과 개인적인 관련을 갖는 사법 재판이나 징세 사무를 수행함에 있어서 페르시아어 대신에 사용하게 된 것은 영어가 아닌 각 지방의 토착어였다. 그리고 힌두스타니라는 이름으로 불리고 있는 산스크리트어의 요소를 도입한 힌두 토착어는 실제로 영국인 프로테스탄트 선교사들이 북부 인도의 힌두교계 주민에게 만들어 준 것인데, 이슬람교 인도인이 이미 만든 우르두어, 즉 페르시아어의 요소를 도입한 힌두 토착어를 부여하려 한 것이다. 정치 권력을 악용하여 외래 제국 건설자의 언어만을 공용 언어로 삼는 것을 삼가한, 이 따뜻하고 현명한 결정은 아마도 110년 뒤에 이들 제국 건설자의 자손이 영국인의 지배에 복종한 인도인의 자손에게 통치권을 넘겨주었을 때, 여러 언어가 사용되고 있던 두 후계 국가(인도 공화국과 파키스탄 공화국)가 적어도 잠정적으로 영국령 인도 시대에 사용되던 여러 목

＊20 '선상문자 A'는 이 책이 씌어진 1954년까지는 아직 해독되지 않았다. 이 문자는 '크레타' 섬 전체에 널리 사용되었으며, 이 문자에 의해 표기된 언어는 그리스어 이전에 사용되었던 미노스어인 것 같다(미노스어가 어느 어족에 속해 있었던가는 밝혀지지 않았다). 그 뒤에 출현한, 오늘날에는 그리스어를 표시하기 위한 문자였던 것으로 알려져 있는 '선상문자 B'가 사용된 범위는 크레타 섬에서는 크노소스뿐이며, 대륙에서는 미케네 문명의 몇몇 중심지에 보급되어 있었다.

적 영어를 계속 사용하는 것을 마땅한 일로 받아들이게 했을 것이다.

이와 전적으로 대조적인 예는 프랑스 혁명 직전 서유럽 세계의 이른바 계몽 전제 군주의 한 사람이었던 신성로마 황제 겸 오스트리아 국왕 요제프 2세(재위 1780~90)가 도나우 합스부르크 왕국의 비독일어권 여러 민족에게 독일어 사용을 강요하려다 성공하지 못한 것이다. 경제적 효용과 문화적 향유라는 두 가지 관점에서 보아 이 정치적 강제 조처는 바람직스러운 것이었음에도 요제프의 언어 정책은 참담한 실패로 끝나고, 100년 뒤 마침내 합스부르크 제국을 산산이 분열 상태로 빠뜨린 민족주의 운동의 최초 움직임을 불러일으켰다.

오스만 제국의 지배자인 투르크인은 아랍 칼리프국에서는 성공하고, 도나우 합스부르크 왕국에서는 성공하지 못하고 끝난 이런 정책에 결코 손을 대지 않았다. 제국 건설자의 모국어인 투르크어가 제국 통치의 공용 언어가 되었으나, 16~17세기 오스만 제국 전성기에 있어서도 파디샤의 노예 왕실이 사용한 '링구아 프랑카(공용어)'는 세르보–크로아티아어였으며, 오스만 해군의 '링구아 프랑카'는 이탈리아어였다. 그리고 오스만 정부는 영국령 인도 정부와 마찬가지로 주로 개인의 사생활에 관계되는 지방 자치 행정에서는 그 주민들에게 그들 자신이 선택한 언어를 사용하도록 자유를 인정하는 정책을 취했다.

로마인이 그때까지 그리스어를 모국어나 '링구아 프랑카'로서 사용하고 있던 그들 제국의 지방에 라틴어를 공용 언어로서 강요했을 때에도 같은 자제의 태도를 볼 수 있다. 그들은 주민들이 어디서 징병되고 어디에 배치되었건 관계없이 라틴어를 제국 군대 각 부대의 유일한 지휘용 언어로 삼고, 또 그리스나 오리엔트 지역에 설치된 라틴계 식민 도시 자치 행정의 주요 언어로 정한 것만으로 만족했다. 그 이외의 목적으로서 이미 아티카어인 코이네가 공용 언어로 쓰는 분야에서는 계속 그것을 사용했다. 그리고 로마 자체의 중앙 행정에서도 그리스어에 라틴어와 대등한 지위를 부여하여 라틴어와 함께 공용 언어로 썼다.

로마인이 그리스어에 대해 관용 정책을 취한 것은 단순히 그리스어가 문화의 매개 수단으로서 라틴어보다 뛰어난 언어인 데 대해 경의를 표했을 뿐만 아니라, 로마인의 영혼 속에서 '휴브리스(자신의 과거 성공이나 과거에 사용한 방법을 절대적 진리로 착각해 실패함)'에 대한 냉정한 정치적 판단이 훌륭한 승리를 거두었음을 나타내는 것이었다. 그리스어가 라틴어의 경쟁 상대가 되지 않았던 광범위한 서방 제국의 여러 지역에서는 라틴어의 승리가 빛났다. 로마인은 그리스어가 통용되는 범위 밖에 있는 주민이나 동맹자들이 라틴어 사용을 자청해 오는 경우 그것은 특권이라는 식으로 다룸으로써 라틴어의 매력을 더욱 증대시킬 수 있는 즐거운 입장에 놓였다.

그리고 라틴어가 평화적 승리를 거둔 경쟁 상대의 언어는 아직 한 번도 문자로 씌어지지 못한 언어뿐만이 아니었다. 라틴어는 고국인 이탈리아 아나톨리아의 문화적 전통을 갖는 에트루리아어와의 경쟁은 말할 것도 없고, 이전에 라틴어와 문화적으로 대등한 지위를 차지하고 있던 오스크어·움브리아어 같은 이탈리아어파에 속하는 자매 방언이나 메사피아어·베네치아어 같은 일리리아어에 속하는 방언과도 경쟁해야 했으며, 아프리카에서는 포에니어와 경쟁해야만 했다. 그리고 이들 방언과의 경쟁에서 라틴어는 언제나 승리를 거두었다.

더 주목할 만한 통제에 대한 예는 '사계 제국'을 건설한 수메르인인데, 수메르 사람은 새로 일어난 아카드어에 그들의 모국어인 수메르어와 대등한 지위를 주었다. 그리고 이 세계 국가가 종말을 고하기 전에 아카드어가 승리를 거두어 수메르어는 사실상 죽은 언어가 되고 말았다.

아케메네스 왕조는 그 제국을 통치하면서 그들의 모국인 페르시아에 특별히 우월한 지위를 주지 않았던 것과 마찬가지로, 모국어인 페르시아어에 대해서도 그리 중요한 지위를 주지 않았다. 아케메네스 제국의 동북부에 솟아 있는 베히스툰 암벽에 다리우스 대왕이 자기의 사적을 기록한 비문(碑文)에는 세 가지 서체의 설형 문자가 삼중으로 씌어 있는데, 이들 문자는 세 군데 수도에서 사용되던 세 가지 다른 언어, 즉 수사의 엘람어와 에크바타나의 메디아-페르시아어, 바빌론의 아카드어를 표기한 것이다. 그러나 이 세계 국가의 내부에서 승리를 거둔 언어는 공용 언어의 지위가 부여되고 있던 이 세 가지 언어 가운데 어느 것도 아닌, 더 쉽고 편리한 알파벳 문자로 된 아람어였다. 이 결과는 언어의 운명을 결정함에 있어 정치보다는 상거래나 문화가 중요한 역할을 한다는 사실을 잘 보여준다. 왜냐하면 아람어를 말하는 사람들은 아케메네스 제국에서 정치적으로는 문제가 되지 않았기 때문이다. 아케메네스 제국 정부는 뒤늦게나마 아람어에 공용 언어의 지위를 줌으로써 이미 상거래를 통해 실시되고 있던 기정 사실을 승인한 셈이지만, 아람어의 가장 주목할 만한 승리는 아람 문자가 설형 문자를 밀어내고 아케메네스 왕조 이후 시기의 페르시아어를 표기하는 수단이 되는 데 성공했다는 사실이다.

마우리아 제국에서는 철인 황제 아소카(재위 기원전 273~232)가 브라흐미 문자와 카로슈티 문자라는 2개의 다른 문자로 표기되는 몇 가지 지방 언어를 사용함으로써, 공평한 취급과 실제적 편의라는 2개의 요구를 조화하는 데 성공했다. 이처럼 아소카 황제가 지방 언어에 대해 관대한 태도를 보인 것은, 그의 스승 가우타마(인도의 철학자·정리학파의 시조)가 인류에게 계시한 구원의 길을 자기 백성에게 전하고 싶다는 진지한 염원을 안고 있었기 때문이다. 같은 동기로 잉카 제국을 정복한 에스파냐인들은 자신들의 지배 아래 있는 미국 원주민들 사이에 가톨릭 신앙을 펴기 위해 키추아어계의 '링구아 프랑카(공용어)' 사용을 허락했다.

끝으로 공용 언어에 의해 이익을 얻은 자가 누구인가를 조사해 보면, 이전에 그러한 언어를 공용어로서 사용하고 있던 제국을 다시 일으킨 사람들, 또는 후대의 모든 세속적 기관들과 고등 종교의 포교자들이었음을 알 수 있다. 이런 점은 언어와 문자에 관한 한 실로 명백한 사실이므로 일일이 예를 들 필요도 없다.

이제까지 언급한 언어 가운데 가장 주목할 만한 후일담을 전해준 것은 아람어였으나, 이 아람어는 세계 국가 내부에서 고개를 들기 시작한 뒤 그 지배자의 보호를 가장 적게 받은 언어였다. 아케메네스 제국이 알렉산드로스에게 무너짐과 동시에 아람어는 즉시 아케메네스 왕조 때 서유럽 여러 지역에서 얻은 공용어의 지위에서 쫓겨나고 아티카어인 코이네가 그것을 대신하게 되었다. 이렇게 하여 지배자의 보호를 빼앗겼음에도 아람어는 공적 보호를 받기 이전부터 진행된 문화적 정복의 과정을 끝내고 동부에서는 아카드어를 서부에선 가나안어를 대신해 '비옥한 초승달 지대*²¹'의 셈어계 주민 전체의 통용어가 되었다. 이를테면 예수가 그의 제자들과 주고받은 대화에서 쓴 언어도 아람어였을 것이다.

아람 문자는 더 광대한 지역을 정복해 나아갔다. 만주족이 중국을 정복하기 직전인 1599년에는 이 문자가 만주어를 표기하는 문자로서 채용되었다. 여러 고등 종교가들이 사용했으므로 아람 문자의 보급은 한층 더 빨라졌다. 그 변종인 '헤브라이 각목문자(刻木文字)'는 유대교의 성전과 예배 의식문을 기술하

---

*21 아라비아 사막 북부를 돌아 이집트에서 시리아·메소포타미아·바빌로니아를 거쳐 페르시아 만에 이르는 비옥한 지역.

는 수단이 되었다. 이 문자를 개조한 아라비아 문자는 이슬람교의 알파벳이 되었다. 이 문자의 변종인 시리아 문자는 이와는 완전히 반대되는 견해를 가진 네스토리우스파와 그리스도 단성론 이 두 그리스도교 이단설에 공평하게 봉사했다. 이 문자의 변종인 페흘라비 문자를 다시 개조한 아베스타 문자는 조로아스터교 성전을 기술하는 문자가 되었다. 이 문자를 개조한 마니교 문자는 그리스도 교도와 조로아스터 교도가 나란히 이단시한 사교의 창시자(조로아스터교와 그리스도교를 뒤섞어 마니교를 창시한 페르시아인 마니)에게 봉사했다. 이 문자의 변종인 카로슈티 문자는 아소카 황제가 펀자브의, 본디 아케메네스 왕조의 속주였던 지방에 사는 그의 주민들에게 부처의 가르침을 전하는 수단이 되었다.

법률 제도

법의 지배를 받는 사회적 활동 영역은 크게 세 부문으로 나뉜다. 즉 정부에 대한 피지배자의 의무를 규정하는 행정법, 개인의 사적 행위에 관계되는 형법과 민법이 있다. 물론 어떤 정부도 행정법에 무관심일 수는 없다. 정부의 가장 큰 관심사는 권력을 잠재적으로 행사해 피지배자가 정부의 의지에 반항하는 일체의 불복종 행위—대 반역죄로부터 세금 미납에 이르는—를 제지하는 일이기 때문이다. 같은 이유로 정부는 형법에도 관심을 기울인다. 범죄자는 직접 또는 고의로 정부에 해를 끼치지는 않을지 모르나 실제로는 정부의 질서 유지 임무에 방해가 되기 때문이다. 이에 대해 정부가 민법에 관심을 기울이는 것은 자기 이익을 위해서가 아니라 피지배자를 위한 것이므로, 세계 국가의 정부가 법의 이 부분에 대해 기울이는 관심의 정도가 매우 큰 차이를 보이는 것은 놀라운 일이 아니다.

법률 영역에서 세계 국가는 지방 국가가 직면하지 않는 특수한 문제에 직면한다. 세계 국가의 영토 안에는 정복된 몇 개의 지방 국가 주민들이 포함되어 있었으며, 이들 지방 국가는 멸망했지만 여러 가지 유산—다른 영역에서와 마찬가지로 법률 영역에서도—을 뒤에 남겼다. 지방 국가를 멸망시키고 그 뒤를 이은 세계 국가는 그러한 유산들을 고려하지 않으면 안 된다. 제국 건설자 쪽이 정복당한 피지배자들보다 못했기 때문에 선조로부터 이어온 법률의 어느 부분도 피지배자에게 강요할 수 없었던 예가 적어도 하나—그것은 몽골 왕조의 경우이다—있다. 오스만리는 행정법과 형법에는 엄중한 통제를 가했으나,

자신들의 지배 아래 있는 갖가지 비투르크계 주민의 민법에는 간섭하지 않으려 했다. 이에 반해 중국 문명 세계에서는 진시황이 그 나름의 방법으로 조국인 진에서 행해져 오던 법률을, 서로 세력을 겨루다가 그에게 정복·병합된 6개 지방 국가 영토 전체에 시행하도록 명령함으로써 법률의 '세계적 통일'을 강행했다. 이 진시황이 취한 정책과 같은 예는 근대 서유럽 문명 역사 가운데 적어도 두 번 발견된다. 나폴레옹은 그가 새로 제정한 프랑스 법전을 그의 제국 영토가 된 이탈리아·플랑드르·독일·폴란드 전역에 들이댔다. 또한 영국령 인도 정부는 인도의 직할 지역 전체에 영국 관습법을 일부는 원형 그대로, 일부는 약간의 손질을 가한 지방 법률의 형태로 바꾸어 들이댔다.

로마인은 그들 제국에서의 법률적 통일을 영국인이나 나폴레옹, 또는 진시황보다 더 시간을 들여 서서히 이루어 갔다. 로마법 아래 생활하는 것은 로마 시민권을 얻은 자의 특권 중 하나로 여겨지고 있었으나, 로마 제국 피지배자에게 시민권을 주는 과정은 점진적으로 진척되어 212년 마침내 카라칼라 칙령(항복자를 제외한 제국 내 전 자유인에게 시민권을 부여하는 칙령)이 공포되었다. 칼리프국의 역사에서도 마찬가지여서 이슬람법의 지배 영역은 칼리프국 비이슬람 교도 주민이 제국 건설자의 종교로 개종함으로써 점진적으로 확대되어 갔다.

법률의 점진적 표준화의 결과 거의 완전한 통일이 이루어진 세계 국가에서는 그 뒤에 통일된 제국의 법률이 다시 정부 당국의 손으로 법전화되는 단계가 나타나기도 한다. 로마법 역사에서 이 법전화의 첫걸음은 131년에 그때까지 프라이토르 우르바누스(로마의 행정 장관)가 취임할 때마다 임기 첫해에 관례적으로 새로이 공포하던 '영구 포고*22가 동결된 것이며, 마지막 단계는 529년 '유스티니아누스 법전' 공포와 533년 '요강(要綱 ; the Institutes)'과 '유찬(類纂 ; Digest)' 공포였다. 수메르 문명의 '사계 제국'에서는 수메르 황제 아래 편찬된 한 시대 모든 법전이 1901년에 현대 서유럽 세계의 고고학자 모건에 의해 발굴되었다. 아모르 왕조 제국을 다시 일으킨 바빌론의 함무라비가 제정한 후대 법전의 기초가 된

＊22 '영구 포고'는 행정 장관이 임기 중에 지킬 것을 약속한 이른바 시정 방침으로서 관습법이던 로마법의 해석 운용 방침이 표시되었다. '영구'라고는 해도 단순히 '임기 중 효력을 가짐'을 뜻하는 데 지나지 않으며, 각 행정 장관은 이론상으로는 전임자의 포고에 구속받을 의무는 없었다. 따라서 영구 포고의 '동결'이란 비교적 유동적이어서 그때그때 필요에 따라 수정할 여지가 다분히 남겨져 있던 로마법이 고정화되기 시작했음을 뜻한다.

것으로 생각된다.

일반적으로 법전화의 요구가 절정에 달하는 것은 최후의 사회적 파국으로부터 한 단계 전의 시대로서, 시행되는 법률의 전성기는 이미 지나가 버리고 그 시대의 입법자가 제어할 수 없는 파괴력으로부터 회복할 가망이 없는 패전에서 패주를 거듭하는 바로 그 순간인 것이다. 사실 유스티니아누스 황제 자신이 운명의 여신으로부터 궁지에 몰려 '로마법 대전'이라는 거대한 바리케이드를 쳐서 겨우 한숨을 돌리자마자, 이번에는 복수의 여신이 보낸 냉혹한 사냥개에게 추격당하는 종이흩기 술래잡기(토끼가 되어 종이를 흩뜨리며 달아나는 아이를 다른 여러 아이가 사냥개가 되어 쫓는 유회)로 숨이 턱에 닿도록 달아나면서 '신법전'이란 종이쪽을 뿌리지 않을 수 없게 된 것이다. 그러나 마침내 운명의 여신은 법전 편집자에게 호의를 보이는 경우가 많다. 왜냐하면 좀더 나은 시대에 살고 있던 그들의 선배 법전 편찬자들은 자기가 만든 법률이 곡해되거나 무참하게 난도질당하는 것을 보았다면 화를 낼 게 틀림없지만, 연대가 멀거나 무지하거나 아니면 감상적이기 때문에 그들의 업적을 올바르게 평가할 줄 모르는 후세 사람들은 그들의 망령을 무작정 숭배하기 때문이다.

그러나 이렇게 무비판적으로 숭배하는 후세 사람들도 올바른 해석을 내리지 못한다면 그들이 신성시하는 법전을 실제로 적용할 수 없음을 깨닫는다. 올바른 해석을 내린다는 것은 셰익스피어 작품 속 인물인 보텀(《한여름 밤의 꿈》에 등장하는 아테네의 직공)이 당한 것과 같은 처지를 가리키는 것으로 친구에게 당나귀 머리가 붙여진 것을 보고 피터 퀸스(부엌의 칡목수)가 "아니, 보텀. 너 변했구나!" 이렇게 외친 것처럼 얼토당토않은 모습으로 변해 버린 것을 의미한다. 유스티니아누스 치세의 바로 뒤에 롬바르드족·슬라브족·아랍족이 마치 홍수가 밀어닥치듯 침입해 왔다. 또한 수메르·아카드 제국 말기에도 시나르 평원에서 함무라비가 애써 쌓아올린 정치적·사회적 사업이 구릉 지대에서 내려온 카시트족의 침략에 의해 삽시간에 떠내려가고 말았다. '재건자(restorer)' 레오와 그의 후계자들이 150년간 사실상의 공백 기간 뒤에 비잔틴 제국 재건 사업에 들어갔을 때 이들은 유스티니아누스의 '로마법 대전'이 아니라 모세의 율법을 의지로 삼았다. 또한 이탈리아에서도 미래 희망은 로마법 대전에 있지 않고 성 베네딕투스의 베네딕트 회칙에 있었다.

이렇게 하여 유스티니아누스 법전은 사멸되어 묻혀 버렸다. 그러나 약 400년이 지난 뒤 11세기 볼로냐 대학의 법학 르네상스에서 되살아났다. 11세기 그 뒤로 유스티니아누스 법전은 볼로냐(이탈리아 북동부 도시)를 중심으로 그곳으로부터 유스티니아누스가 생각지도 못했던 확대일로의 서유럽 문명 세계 구석구석에까지 그 영향을 미쳤다. 볼로냐가 암흑 시대에 학문의 '냉장고' 역할을 한 덕택으로 로마법은 변형된 모습으로 근대의 네덜란드·스코틀랜드·남아프리카 등에 받아들여지게 되었다. 그리스정교 세계에서 로마법 대전은 콘스탄티노플에서 300년의 동면이라는 약간 견디기 쉬운 시련을 겪은 뒤 10세기에, 마케도니아 왕조가 그들 전임자인 8세기 시리아 왕조의 모세적 법률을 배척하고 채용한 법전으로서 다시 모습을 나타내었다.

눈에 띄는 발전을 이루지 못했던 로마법이 튜튼 야만족의 여러 국가 속에 침투해 들어간 과정에 대해서는 기술을 생략하겠다. 하지만 그보다도 훨씬 중요하여 우리의 주의를 끄는 것은 구 로마령의 여러 지역을 차지한 아랍족의 이슬람법 속에 로마법이 살그머니, 그러나 확실하게 스며들어간 과정이다. 여기서 서로서로 뒤섞인 두 요소는 튜튼 야만족의 경우보다도 한층 더 조화가 되지 않는 것이었으나, 이 뒤섞임의 결과 단순히 한 야만족 국가의 지방적인 법률에 머물지 않고 부활된 시리아 문명의 세계 국가적 요구를 채우는 '세계적'인 법률이 탄생했다. 그리고 그 법률은 이 정치 기구가 붕괴된 뒤에까지 살아남아서 칼리프국이 쓰러진 뒤에도 여전히 확대 일로를 걸어 마침내 이 책을 쓸 무렵 이슬람 문명은 인도네시아로부터 리투아니아, 남아프리카로부터 중국에 이르는 매우 넓은 범위로 확대되면서 이 문명 사회의 생활을 지배하고 규제하게 되었다.

튜튼 야만족과 달리 원시 이슬람교 아랍족은 아라비아의 사막과 오아시스로부터 돌연히 나타나 로마 제국과 사산 제국의 평원 지대와 도시에 침입하여 사회적 환경의 격변이라는 충격을 스스로에게 가하기 이전에 이미 외부로부터 영향을 받아 그 고풍의 전통적 생활 양식을 잃어 가고 있었다. 오랜 기간에 걸쳐 줄곧 아라비아에 던져진 시리아 문명과 헬라스 문명의 문화적 영향이 예언자 마호메트 자신의 생활 속에 극적으로 나타나 있듯이 누적된 사회적 효과를 낳고 있었다. 그리고 마호메트의 사업이 경이적이며 또 감화력이 컸으므로 「코란」과 「수나」(코란에 없는 마호메트의 언행을 모은 것) 속에 기록되어 있는 그의 탁선(託宣 ; 과학적 실험에 앞서는 신적 경험)과 행위는 그의 가르침을 따르는 사람들에게 이슬람교도 사회의 생활은 물론, 처음에는 이슬람교도 수의 몇 배를 차지하고 있던 비이슬람교도인 피지배자와 이슬람교도 정복자의 관계를 규제하는 법률의 근원으로서 받아들여졌다. 그러나 이슬람교도에 의한 정복이 너무나 빠른 속도로 넓은 지역에 추진되어갔던 사실과 이슬람교도 정복자가 새로이 제정한 법률의 근거가 비합리적이라는 사실이 합쳐져 매우 곤란한 문제를 일으켰다. 「코란」과 「수사」에서 문화 정도가 높은 사회에 통용되는 '세계적'인 법률을 끌어낸다는 것은 이스라엘 백성이 황야에서 물이 솟아나도록 모세에게 요구한 것과 같이 무리한 이야기였다.

법률적 양식(糧食)을 구하는 법학자에게 「코란」이란 실로 메마른 불모지였다. 마호메트가 아직 정치에 관련을 갖고 있지 않았던 메카 시대, 즉 '헤지라' 이전 시기에 속하는 여러 장은 실제적인 법학자에게 「신약성서」에서 볼 수 있는 것보다도 훨씬 빈약한 자료밖에 제공하지 못했다. 거기에는 신은 하나뿐이라는, 정신적으로 가장 중요한 진리가 지칠 줄 모르고 되풀이하여 선언되고 다신교와 우상 숭배에 대한 비난이 있을 뿐, 그 밖의 내용은 거의 없기 때문이다. 그 뒤 메디나 시기에 서술된 여러 장은 얼핏 보기에 좀더 유망한 것처럼 생각될지도 모른다. 왜냐하면 헤지라 이후의 시기에 마호메트는 자기 일대 동안에 예수의 제자 가운데 어느 누구도 기원 4세기 이전에는 이를 수 없었던 지위를 획득했기 때문이다. 그는 국가의 수장이 되었고, 그 뒤부터 그의 연설은 거의 정치에 대한 것이 되었다. 그러나 메디나 시기의 수라(「코란」의 장을 말함)마저도 외부로부터 도움을 받지 않고 단독으로 포괄적인 법 체계를 이루게 된 것은 적어도 사도 바울의 편지를 근거로 같은 법률적 마술을 부리는 것 같은 곤란한 일이었다.

이 같은 사정 아래서 아랍 칼리프국을 건설한 정치가들은 이론은 어쨌든 자력으로 문제의 해결에 임했다. 그들은 상식과 유추, 세론과 관습의 도움을 빌려 어려움을 헤쳐 나갔다.[*23] 그들은 필요한 것이 발견되면 어디서든 개의치 않고 그것을 가져와서는 신앙 깊은 사람들에게 예언자 마호메트의 입에서 직접 나온 것으로 믿게 했으며, 그렇게 할 수 있으면 더욱 다행한 일이었다. 이렇게 하여 빼앗은 것들 가운데 로마법이 중요한 위치를 차지하고 있었다. 로마법은 시리아에서 행해지던 지방적 형태의 법에 직접 차용된 경우도 있으나 주로 유대 민족을 통하여 이슬람법 속에 파고들어갔다.

---

*23 이슬람 법의 기초는 코란·하디스(傳承) 외에 키야스·라이·이즈마의 세 가지로 되어 있다. 본서의 '유추'라 하는 것은 키야스를 말하는 것인데 코란이나 하디스에는 직접 다루고 있지 않으나 거기서 유추하여 사건을 처리하는 경우를 말함. 상식이라고 함은 라이에 해당하며 사건을 개인의 상식에 따라 처리하는 경우를 말한다. 이즈마란 법학자의 일치된 견해와 예로부터 행해져 온 관습을 포함하며, 거기 의거하여 사건이 처리되는 경우를 말한다.

유대법은 마호메트의 헤지라(^{예딘나룬}_{의 도망}) 그 무렵 이미 긴 역사를 가지고 있었으나, 본디는 이슬람의 '샤리아(이슬람법)'와 마찬가지로, 북부 아라비아의 초원 지대로부터 시리아의 평원과 도시에 진출한 유목민의 야만 시대 관습에서 시작되었다. 또한 원시 이스라엘족도 원시 아랍족과 마찬가지로 사회적 환경의 급격하고도 극단적인 변화에 대처하기 위해 '약속의 땅'에서 행해지고 있던, 문화가 진보된 사회의 기존 법률에 의존했다.

'십계(十誡)'는 순수하게 히브리적인 산물로 여겨지고 있으나 그 다음에 '계약 율법'*24이란 이름으로 만들어져 학자들에게 알려지고 있는 이스라엘의 법률은 함무라비 법전에서 차용된 흔적을 역력히 보여주고 있다. 이처럼 수메르의 법전이 적어도 9세기 이후 시리아 문명의 지방 사회 가운데 하나에서 제정된 법률 속에 들어가 있다는 것은 함무라비 시대로서 끝나는 1000년 동안 수메르 문명이 시리아 땅에 내린 뿌리가 얼마나 깊고 완강한 것이었던가를 입증한다. 함무라비 이후 1000년 가까운 세월 동안 갖가지 사회적·문화적 변혁이 눈부실 만큼 잇달아 일어났으나, 함무라비 법전의 형태로 구현된 수메르법이 여전히 시리아의 함무라비 주민들과 추종자의 자손들 사이에 행해지고 있을 뿐만 아니라 가나안 사람들을 정복한 헤브라이 야만족의 미숙한 법률에도 영향을 미칠 만한 힘을 갖고 있었던 것이다.

이처럼 수메르법은 로마법이 그랬듯이 마침 고등 종교의 배양 시기에 있던 야만족의 법률 속에 파고들어가 가련한 말로를 걸은 야만족에게 영향을 미친 것 이상으로 역사적으로 커다란 발자취를 남기게 되었다. 본서 집필 무렵에도 수메르법은 아직도 살아 있는 힘으로서 작용하고 있었으니 그것은 주로 수메르법의 발췌라고도 할 수 있는 모세 율법의 덕택이다. 그러나 로마법으로 말할 것 같으면, 같은 연대에서 이슬람법이 그의 유일한 계승자도 아니고 또한 가장 활발한 계승자도 아니었다. 20세기에 로마법의 주요한 직계 상속자는 그리스 정교 교회와 서방 가톨릭 그리스도 교회의 교회법이었다. 이처럼 법률의 영역에서도 다른 사회적 활동 분야의 경우와 마찬가지로 내적 프롤레타리아가 낳은 세계 교회라는 훌륭한 제도가 세계 국가의 최대 수익자가 된 것이다.

---

*24 〈출애굽기〉 34 : 17~26, 또한 같은 책 20 : 23에서 23 : 33에 걸쳐 더 자세하게 서술되어 있다.

역법·도량형·화폐

시간·거리·길이·양·무게·가치의 표준 척도는 미개의 경지를 벗어난 사회에서 필수불가결한 것이다. 이러한 종류의 사회적 유통 수단은 정부 성립 이전부터 있는 것으로, 정부가 성립하자마자 정부에겐 중요한 관심사가 된다. 정부의 적극적인 존재 이유는 공통의 사회적 사업을 위해 중앙으로부터 정치적 지도력을 제공하는 데 있으나, 이러한 사업은 표준 척도가 없으면 운영해 갈 수가 없다. 또한 정부의 소극적인 존재 이유는 피통치자들 사이에 적어도 최소한의 사회적 공평성을 확보하는 데 있다. 그런데 대체로 '비지니스' 부류에 속하는 대부분의 개인적 관심사에는 반드시 어떠한 종류의 표준 척도가 관계한다. 이 같은 이유로 표준 척도는 모든 종류의 정부에게 관심사가 되는 것이지만, 특히 커다란 관심을 보이는 것은 세계 국가이다. 세계 국가는 그 자체로 보통 지방 국가의 지배 아래서 볼 수 있는 것보다 훨씬 더 많은 문제들을 맞닥뜨리고 있으며, 표준 척도의 발효·촉진으로 이루어지는 사회적 통일에 아주 특별한 관심을 갖기 때문이다.

모든 표준 척도 가운데 가장 먼저 필요한 것은 시간을 재는 방법이며, 이 경우에 가장 먼저 필요한 것은 일 년 주기로 되풀이되는 계절의 측정이다. 그러기 위해서는 연·월·일 이 세 가지 다른 자연의 주기를 조화시킬 필요가 있다. 최초로 시간 측정을 시도한 사람들은 이 주기 사이의 비율이 유리수가 아니라 무리수인 것을 발견했다. 착오를 일으키는 이들 주기가 모두 동시에 시작해 다음에 다시 한 번 동시에 시작되는 점으로 돌아오기까지 이른바 '대년(大年, 플라톤 1년)'을 탐구하는 노력이, 이집트·바빌론·마야 같은 오래된 문명 사회에서 놀라울 만큼 천문 수학이 응용되는 결과를 낳았다. 대년의 계산에 착수한 맹아기의 천문학자는 곧 태양과 달의 주기뿐만 아니라 더 나아가 유성과 항성의 주기를 고려하게 되었다. 그 결과 이들의 시간적 영역은, 쉽게 입으로 설명할 수 없을뿐더러 뚜렷한 형태로 마음속에 그려내기는 더욱 곤란한 저 멀리까지 확대되어 갔다. 하기야 우리는 태양계가 은하 가운데 별의 먼지에 불과하며, 첫째 그 은하부터가 이전의 무수한 성운들, 즉 태어났을 때의 활활 타오르는 상태에서 사멸하여 차가운 재가 되는 과정에 있는 무수한 성운들 가운데 하나에 불과하다고 생각하는 최근의 우주 진화론자의 눈으로 볼 것 같으면 작고 보잘것없는 것으로 보일지도 모르지만 말이다.

시간적 크기에 대한 지적 탐구의 최근 단계는 별문제로 하고, 태양의 표면 상 운동선과 항성 가운데 하나가 주기적으로 일치하는 최소의 공통치가 이집트 문명의 1460년이라는 '천랑성(天狼星) 주기'를 낳고 태양과 달과 5개의 유성이 반복하는 공통 주기가 바빌로니아 문명의 43만 2000년의 '대년(大年)'을 낳았으며, 한편 마야 문명의 경탄할 만한 37만 4440년의 '대주기'에서는 놀랍게도 10개의 다른 주기가 서로 맞물려 있다. 대단히 복잡하고도 놀라울 만큼 정확한 이 마야력은 마야족의 '옛 제국'으로부터 그의 자식 문명인 유카텍과 멕시코 문명 사회에 전해졌다.

정부도 천문학자와 마찬가지로 연수(年數)의 계산과 반복되는 연주기(年週期)의 구분에 관계하게 된다. 왜냐하면 모든 정부의 첫째 관심사는 자기를 존속시키는 일이어서, 아무리 소박한 정부라 할지라도 어떠한 방법으로든 ㄱ 행위의 영구적 기록을 만들지 않고는 활동할 수 없음을 발견한다. 정부가 채용한 한 가지 방법은 해마다 바뀌는 장관직, 이를테면 로마의 집정관직에 있는 사람의 이름으로 정부가 행한 행위의 연대를 나타내는 방법이었다. 이를테면 호라티우스는 그의 송가 가운데 하나에서 자기는 '콘술레 만리오'에, 즉 만리우스가 집정관이던 해에 태어났다고 말하고 있는데, 이는 마치 런던 사람이 그가 태어난 해에 시장직을 맡고 있던 런던의 유력가 이름으로 자기의 생년을 나타내는 것과 같았다. 이러한 방법이 불편하다는 것은 뻔한 일이다. 누구이든 모든 집정관의 이름과 취임 순서를 기억하고 있을 수는 없는 것이다.[*25]

단 한 가지 가장 좋은 방법은 어느 특정한 해를 최초의 연대로서 선택하여 그것을 기점으로 그 뒤의 연수를 세어가는 방법이다. 그 대표적인 예로서 파시스트 당의 로마 점령(1922년 10월 28일)을 기점으로 하는 기원, 프랑스 제1공화국의 성립(1792년 9월 22일)을 기점으로 하는 기원, 예언자 마호메트가 메카에서 메디나로 이주한 '헤지라(622년 7월 15일)'를 기점으로 하는 기원, 인도 세계

[*25] 그리스도 교회에서 쓰이는 '니케아 신경'과 '사도신경'의 양쪽에 나오는 '본디오 빌라도에 고난을 받으사' 이 문구도 빌라도를 비난하고 있는 게 아니라 연대를 표시하고 있다. 만약에 이들 신경의 작자가 누군가를 공격하려 했다면, 그리스도 교도가 화해한 제정 로마의 대표가 아니라 여전히 그들이 미워하고 있던 유대인에게 죄를 씌웠을 것이다. '본티오 빌라도 치하에서 고난을 받으사' 이 구절의 목적은 삼위일체 신의 제2위(아들로서의 신)가 미트라·이시스·키벨레 등 다른 종교의 신화적 존재와 달리 연대가 분명한 역사적 인물이었음을 주장하는 데에 있다.

의 굽타 왕조 성립(320년 2월 26일)을 기점으로 하는 기원, 유대에서 셀레우코스 제국의 후계 국가 하스몬 왕조가 성립된 해(기원전 142년)를 기점으로 하는 기원, '승리자' 셀레우코스의 바빌론 탈환(기원전 312년)을 기점으로 하는 기원 등을 들 수 있다.

이외에도 정확한 연대가 의심스러운 사건으로부터 기원(紀元, 연대 계산이 기준이 되는 해)이 기산되어 가는 경우가 몇 있다. 이를테면 그리스도의 기원은 6세기에 이르러 비로소 행해지게 된 것으로, 예수가 실제로 이 기원의 제1년에 탄생했다는 증거는 아무것도 없다. 로마가 실제로 기원전 753년에 건설된 증거도 없으며(로마인은 '로마 시 건설 뒤' 몇 년이라는 식으로 세었다), 또한 올림픽 제전이 기원전 776년에 처음으로 거행되었다는 증거도 없다. 세계가 기원전 3761년 10월 7일에 창조되었다(유대인들 사이에서 행해지던 설)느니, 기원전 5509년 9월 1일에 창조되었다(그리스 정교도 사이에 행해지던 설)느니, 기원전 4004년 10월 23일의 전일 오후 6시에 창조되었다(17세기의 아일랜드계 영국인 연대 학자, 어셔 대주교의 설)느니 하는 설에 이르러서는 더욱 근거가 없는 이야기이다.

위의 두 단락 안에 열거한 기원들은 뒤로 갈수록 사건 연대 기점의 확실성이 감소하는 순서로 놓여 있다. 그러나 이들 기원이 어느 정도로 넓은 범위에 지속적으로 사용되었는가 하는 견지에서 리스트를 다시 살펴보면, 종교적 승인을 얻었나 얻지 못했나 하는 것이 성공이냐 실패냐를 결정하는 관건이 되어 있음을 알 수 있다. 1952년에 세계를 지배하고 있던 것은 서유럽 그리스도교 사회의 기원이며, 그 기원의 유일하고 만만치 않은 경쟁 상대는 이슬람 사회의 기원이었다(하기야 유대인은 여전히 언제나 변함없는 완고함을 보여서 공식적으로는 자신들의 추정에 의한 천지 창조의 해로부터 계산하고 있었지만).

사실 인간의 지성에 따른 시간 측정과 인간의 영혼에 대한 종교적 지배력 사이에는 전통적인 관계가 있다. 표면적으로는 점성술 따위는 거들떠보지도 않는 문화가 발달된 사회에서도 이 같은 미신이 집요하게 인간 정신의 의식 깊은 곳에 뿌리를 박고 있어 좀처럼 탈피할 수 없음은, 역법을 합리적으로 개혁하여 체계화한 예가 드물다는 것으로 입증된다. 합리화된 법전(나폴레옹 법전)이 지구 끝까지 영향을 미치고 현학적이고 신기한 도량형(그램·킬로그램·밀리그램, 미터·킬로미터·밀리미터 따위)이 대성공을 거둔 프랑스 혁명도, 그리스도 교회에 채용된 이교적 로마력을 폐지하려는 계획은 완전히 실패했다.

하지만 프랑스 혁명력은 매력이 있는 구조를 갖고 있었다. 각 달마다 나타나거나 나타날 예정인 기상 현상을 나타내는 명칭을 붙이고, 그러한 명칭의 어미에 따라 3개월씩 묶어 4계절로 나누었다.*26 그리고 각 달은 일률적으로 30일의 길이로 끊었으며 10일을 한 주로 하여 3주로 나누었다. 그밖에 평년의 일수와 맞추기 위해 여분의 날짜를 5일간 한데 묶어 덧붙이기는 했으나, 이것은 "이때까지 고안된 것 중 가장 합리적인 달력으로서, 1년의 10번째·11번째·12번째 달을 각각 8월·9월·10월이라고 부르는 나라(October·November·December는 본디 8번째·9번째·10번째의 달이라는 뜻)에서 만들어진 것이라고는 결코 상상할 수 없었다."*27

위의 인용문 중에서 비난받고 있는 로마의 잘못된 달 이름(月名)에는 이유가 있는데, 그것은 공화정 시대 로마의 군사 업무 가운데서 찾을 수 있다. 로마력에서 본디 신들의 이름인 명사가 아니고 수사(數詞)로 불리던 6개의 달은 처음 명명되었을 때에는 물론 순서가 틀리지는 않았다. 본디 로마의 공식 역년은 로마의 군신 이름에 의해 명령된 달, 즉 3월(3월은 Martius의 달로 명명되었다) 1일에 시작되었다. 그런데 정부의 행동 범위가 기껏해야 며칠의 행군이면 갈 수 있는 범위에 한정되어 있던 동안은, 3월 15일에 취임할 새로 선출된 장관이 그에게 배당된 군사령관의 임무를 그때 인수해도 충분히 봄의 원정 계절에 차질이 없었다.

그러나 로마군의 작전 범위가 이탈리아 이외의 여러 지역에 확대됨과 동시에 3월에 원격지의 사령관으로 임명된 장관은 원정 계절이 상당히 경과한 뒤가 아니면 행동을 개시할 수 없는 경우가 생기게 되었다. 기묘하게도 한니발 전쟁 이후의 반 세기 동안은 이 역법상의 결점이 일의 성사 시기에 있어 실제적인 문제가 되지 않았다. 왜냐하면 달력 그 자체가 완전히 착오를 일으켜서 봄

---

*26 프랑스 혁명력의 달 이름은 다음과 같았다. Vendémiaire(포도의 달), Brumaire(안개의 달), Frimaire(서리의 달), Nivôse(눈의 달), Pluviose(비의 달), Ventôse(바람의 달), Germinal(싹트는 달), Floréal(꽃의 달), Prairial(초원의 달), Messidor(보리의 달), Thermidor(더운 달), Fructidor(결실의 달). 첫째 달인 '포도의 달'은 보통 달력의 9월 22일에서 시작된다. 즉 가을 3개월은 모두 -aire, 겨울 3개월은 -ose, 봄 3개월은 -al, 여름 3개월은 -dor로 끝난다. 남은 5일(sans-culottides)은 '결실의 달' 뒤에 덧붙여져서 축일과 휴일이 되었다. 윤년에는 여분의 날(윤일)이 6일이 된다.

*27 Thompson, J.M. : *The French Revolution.*

의 시작이어야 할 달이 실제로는 전년 가을로 밀려 있기 때문이다. 이를테면 기원전 190년에 로마는 아시아의 전장 마그네시아(아나톨리아 서부에)에서 셀레우코스 왕조의 군을 격파했으나, 이때 로마 군단이 시기를 놓치지 않고 전장에 도착할 수 있었던 것은 공인력인 3월 15일이 실제로는 전년의 11월 16일에 해당했기 때문이다. 또한 기원전 168년에 로마군은 피드나에서 마케도니아군에게 결정적 패배를 입혔으나, 이 해 3월 15일은 실제로는 전년 12월 31일이었다.

로마인들은 이미 이 두 개의 연대 시점 사이의 중간쯤에 그들 역법의 결점을 수정하기 시작했음을 알 수 있다. 곤란하게도 달력이 천문학적으로 정확해질수록 군사적 시간표로서는 쓸모없는 것임이 분명해졌다. 그래서 기원전 153년에는 1년마다 바뀌는 장관의 임기가 시작되는 날이 아예 3월 15일에서 1월 1일로 변경되었다. 그 결과 3월 대신 1월이 한 해의 최초의 달이 되었다. 그러나 천문학적 착오는 여전히 그대로 계속되다가 율리우스 카이사르(Julius Caesar)가 독재자로서 천문학자의 결론을 지지하여 이른바 '율리우스력'을 채용했을 때 사라졌다. 이 달력은 매우 정확한 것으로서 그 뒤 약 1500년간 사용되었다. 그와 동시에 수사로 불리던 여섯 개 달 가운데 첫 번째 달에 해당하는 Quintilis('5월', 즉 '마르티우스'에서 시작하여 5번째의 달이라는 의미로서 오늘날의 7월에 해당함)에 그의 이름이 붙여져 영어의 7월(July)로 되었다. 그 다음 달은 다음 시대에 '아우구스투스의 달', 즉 8월(August)이 되었다. 요컨대 율리우스와 아우구스투스는 공적으로 신으로서 대접받고 있었으니, 이 두 사람의 이름이 이미 다른 달의 이름 안에 들어 있던 신들과 나란히 달 이름이 되어도 온당치 않을 것은 없다.

역법과 종교의 훌륭한 결합이 율리우스력의 그 뒤 역사에 의해 입증되었다. 16세기에는 율리우스력이 10일 늦어지고 있음이 분명해지자 10일을 없애 버리고 그로부터 100년째가 되는 윤년의 규칙을 고치면 오차를 매우 작게 할 수 있음을 알았다. 이미 성 토마스 아퀴나스의 시대는 지나고 갈릴레오의 시대가 왔음에도, 16세기 서유럽 그리스도교 사회에서 역법 개정을 위한 이른바 단추를 누를 수 있는 사람은 교황밖에는 없는 것으로 생각되었다. 그래서 개정력은 1582년 교황 그레고리우스 13세의 이름으로 시행하게 되었다. 그러나 프로테스탄트인 잉글랜드에서는 전에 존경받는 대상이던 교황이 지금에 와서는 악명 높은 로마의 주교로 격하되었으며, 실제로 에드워드 6세의 제2 기도서 가운데 '교황의 흉악한 악업으로부터 우리를 구해 주소서'라는 기도 문구가 있었을 정도이다. 엘리자베스 시대의 기도서에서는 이런 모욕적인 기도만은 연도(連禱 : ^{기도의 한 형식. 선창자의})에서 삭제되었으나, 그러한 감정은 여전히 남아 있었다. 잉글랜드 와 스코틀랜드 두 정부는 또 다시 170년 동안 구력(Old Style)을 고수했다. 그 결 과 이 시대를 연구하는 후대 역사가에게, 일일이 신력(New Style)인가 구력인가 를 구별하게 하는 무의미한 폐를 끼치게 되었다. 1752년 영국이 다시 겨우 대륙 의 이웃들과 나란히 보조를 취하게 되었을 때 합리적임을 자부하는 18세기 영 국의 일반 민중은, 16세기 가톨릭 세계에서 아직 계몽되지 않은 사람들보다 훨 씬 더 소란을 피웠던 것 같다. 이 사실은 역법에 관한 의회의 법령은 교황 교서 의 형식으로 표현되는 '신의 소리'를 대신하기에는 아무래도 무력한 것이라는 이유에서일까?

역법이나 기원의 고찰로부터 도량형과 화폐의 고찰로 넘어가면서 동시에 우 리는 사회적 유통 수단의 영역 가운데 합리적 지성이 종교의 눈치를 살필 필 요 없이 자유롭게 지배하는 분야로 들어가게 된다. 프랑스 혁명의 지도자들은 그들의 새로운 세속적인 달력을 심는 데는 보기 좋게 실패했으나, 그들의 새로 운 도량형에서는 세계적인 성공을 거두었다.

프랑스의 신도량법과 수메르의 신도량법이 각각 걸어온 운명을 비교해 보 면, 프랑스 개혁자의 사업이 그렇게 눈부신 성공을 거둔 것은 그들이 현명하게 도 온건한 방침에 따랐기 때문이었다. '앙시앵 레짐(혁명 전 구체제)'의 많은 도량 법을 하나의 계산법으로 정리할 때 그들은 합리성이라는 점에 잠깐 눈을 돌려, 특수하게 뛰어나다는 이유보다는 단순히 보통 사람이 열 손가락과 열 개의 발 가락을 가지고 있다는 이유만으로 십진법, 즉 인류의 모든 종족이 의논이라도 한 것처럼 채용하고 있는 십진법에 따른다고 하는 실제적 양식(good sense)을 보 여 주었다. 어떤 종족에게 팔다리에 각각 6개의 손가락과 발가락을 주면서 훌륭 한 자연 계수기를 활용하는 추리 능력은 주지 않는 반면, 인간에게는 순전한 이 성으로써 10 또는 20 단위로만 계산할 수 있는 부속 기관을 할당한 것은 심술 궂은 자연의 장난이었으니, 이것은 불행한 일이었다. 왜냐하면 2나 3이나 4로도 나누어지는 최소의 수는 12인데 10진법에서는 2개의 최소요소, 즉 2와 5로밖에 나누어지지 않기 때문이다. 그럼에도 10진 기수법은 아직 어느 사회의 지혜로운 이도 12라는 수가 본질적으로 훌륭하다는 것을 깨닫기 이전부터 실생활 안에 뽑을 수 없는 뿌리를 내리고 있었으므로 피할 수 없는 것이 되어 있었다.

프랑스의 개혁자들은 이 10진법에 무익한 저항을 시도하는 것을 피했으나, 그들의 선배인 수메르인은 프랑스인만큼 신중하지 않았다. 수메르인이 12라는 수의 장점을 발견한 것은 천재적인 공적이며 그들은 12진법에 의거해 도량형의 체계를 고쳐 세운다는 혁명적인 사업을 이룩했다. 그러나 이들은 한 걸음 더 나아가 이들의 동포 모두가 모든 목적에 12진 기수법을 채용하도록 이끌어야만 동일한 표준으로 잴 수 있으므로, 두 가지 척도를 같이 쓰게 되는 불편 때문에 12진 도량형의 편리가 완전히 도태되고 말 것을 깨닫지 못했던 것 같다. 수메르의 12진 체계는 지구 끝까지 퍼져갔으나 이 150년 이래 새로이 출현한 경쟁 상대인 프랑스의 도량형 체계와의 경쟁에서 패전을 거듭하고 있다. 우르 (수메르의 속주)는 옥스퍼드와 마찬가지로 '패배한 주장의 본거'(흔히 쓰이는 옥스퍼드를 평하는 말)가 되었다. 하기는 영국인이 1피트를 12인치로, 1실링을 12펜스로 계산하고 있으니 우르의 주장이 완전히 패배한 것만은 아니라 하겠다.*28

공정한 거래가 사회적으로 중요한 관심사이며, 적어도 정부라고 불리는 이상은 어떠한 정부라도 도량형 사용의 부정을 '처벌해야 하는 범죄 행위'로 정해야 한다고 인식하게 되면 화폐수단의 발명은 이미 시간 문제이다. 그러나 드디어 실제로 화폐가 출현하기까지는 차례로 어떤 일정한 조처가 취해질 필요가 있었다. 그리고 이 필요한 조처가 전부 갖추어진 것은 겨우 기원전 7세기가 되어서이며, 문명이라고 불리는 사회의 종(種)이 출현하고 나서 이미 약 3000년이 지난 뒤의 일이다.

최초의 조처는 어느 특정한 물건을 교환 수단이 되게 하는 것으로, 그 물건은 본래의 효용과는 독립된 제2의 용도를 획득한다. 그러나 선택된 물건이 금속에 한정되지 않고 갖가지 잡다한 것일 때에는 이 조처만으로 화폐의 발명에 이르지는 못했다. 이를테면 멕시코 및 안데스 문명 세계에서는, 그 무렵 구세계(유럽을 말함)에서 '귀금속'이라 부르고 또 사람들이 갈망한 물질이 에스파냐령 '콘키스타도레스'에 믿을 수 없을 만큼 많았을 뿐만 아니라, 원주민은 먼 옛날부터 그런 금속을 추출·정련하여 예술 작품에 쓸 줄을 알고 있었다. 그러나 그들은 다른 특수한 물건, 이를테면 콩·건어·소금·조개 등을 교환 수단으로서

---

*28 하루를 24시간, 1시간을 60분으로 하는 것도 수메르에서 시작된 것으로, 이것은 언제까지고 존속할 가능성이 있다. 프랑스 혁명의 지도자마저도 시계(the clock)의 10진법은 시도하지 않았다.

쓸 줄은 알고 있었으나 귀금속을 이런 교환 수단으로 이용하는 것은 생각해내지 못했다.

교역에 의해 서로 밀접하게 관련되어 있던 이집트·바빌론·시리아·헬라스의 각 문명 세계에서는 귀금속을 무게를 달기 쉬운 막대기 모양의 단위로 만들어 가치 척도로 사용하는 습관이 행해지고 있었으나, 이 습관이 시작된 지 수백 년, 아마도 수천 년이 지난 뒤에 에게 해의 아시아측 연안에 있는 몇몇 헬라스 문명 도시의 정부들은 교환 수단으로 쓰이는 금속을 다른 상품들처럼 도량형을 속이면 위법 행위로 보는 공통의 규정 적용 품목에 포함시키고 있던 종래 습관에서 한 걸음 전진하게 되었다. 즉 이런 선구적인 도시 국가는 이제 이들 금속 가치 단위의 발행을 정부의 독점 사업으로 하고, 또 독점적인 정부 발행 통화의 표면에 그 화폐가 틀림없이 정부의 조폐소에서 만들어진 것이며, 무게도 품질도 액면대로 받아들여도 좋다는 보증으로서 정부가 정한 특정한 상징과 이름을 새긴다고 하는 두 가지 혁명적인 조처를 취했던 것이다.

면적이 작고 인구가 적은 나라일수록 화폐 관리가 쉽다는 것은 뚜렷한 일이므로, 도시 국가가 이 실험이 행해지는 실험실이 된 것은 아마도 우연은 아니었을 것이다. 그와 함께 화폐의 효용은 그것을 법정 통화로 하는 지역이 넓어질수록 증대한다는 것도 또한 자명한 일이다. 그러한 조처가 취해진 것은 기원전 6세기 초엽의 20~30년간으로 그즈음 리디아 왕국은 밀레토스를 제외하고 아나톨리아의 서해안에 점재하는 모든 도시 국가와 할리스 강의 내부 지역까지 정복하여, 지배에 굴복한 그리스 도시 국가들 가운데 포카이아에서 행해지던 기준에 의해 화폐를 발행해 리디아령 전체의 통화로 했다. 리디아의 가장 유명한 (그리고 마지막인) 왕은 크로이소스인데, 이 왕의 이름이 부의 대명사가 되어 오늘에 이르고 있는 것은 이 같은 이유 때문이다. 20세기를 반쯤 지내온 오늘날에도 서유럽인들에게는 로스차일드·록펠러·포드·모리스와 그 밖에 서유럽 세계 대부호들의 이름을 인용해 '누구누구처럼 부자'라고 하기보다는 '크로이소스처럼 부자'라고 하는 편이 더 자연스러운 표현이다.

마지막 결정적인 조처가 취해진 것은 리디아 왕국이 이번에는 광대한 아케메네스 제국에 병합된 때였다. 이때부터 주화의 미래는 보장되었다.

아케메네스 제국 전체에 유통된 '사수 금화'(표면에 활쏘는 궁수의 상을 조각한 금화)는 화폐 제도가 거의 모든 곳에 정복의 손을 뻗치는 계기가 되었다. 아케메네스 제국의 펀자브 지방 병합과 함께 인도 주화의 역사도 시작되었다. 더 멀리 떨어진 중국 문명 세계에서도 진시황제의 혁명적인 제국 창설 사업이 한나라 유방의 교묘한 정치적 수완에 의해 적당히 완화된 덕으로 훌륭하게 수습된 뒤 화폐 제도 채택의 기운이 무르익었다. 기원전 119년 중국 문명 제국 정부는, 훌륭한 직관에 의해 화폐의 재료는 구태여 금속에 한할 필요가 없다고 하는, 그때까지 아무도 깨닫지 못한 진리를 발견했다.

"황제(한무제)는 장안의 정원에 제국에서 한 마리밖에 없는 진귀한 흰 사슴을 기르고 있었다. 어느 대신의 진언으로 황제는 이 동물을 죽여서 그 가죽으로, 모조할 수 없을 것으로 생각되는 일종의 법정 지폐를 만들게 했다. 이들 가죽은 사방 한 자의 방형으로서 가장자리에 술이 달려 있고 무늬로 장식되어 있었다. 한 장에 동화(銅貨) 40만에 해당하는 엄청난 값이 매겨져 있었다. 황제에게 경의를 표하러 온 제후는 정금(正金)을 내고 이 가죽 조각을 한 장 사서 황제에게 줄 선물을 다시 그 위에 얹어 헌상해야 했다. 그러나 흰 사슴의 가죽은 양이 한정되어 있었으므로 곧 이 명안도 국고의 궁핍을 보충하는 데 도움이 되지 못했다."[*29]

유통 지폐의 발명이 효과적으로 이용된 것은 종이와 인쇄라는 중국 문명의 두 가지 발명과 맞물린 뒤였다. 807년과 809년에 국고에 보관하고 있던 대장(臺帳)과 일치하는 어음의 형태로 유통 지폐가 당나라에 의해 발행되었으나, 이러한 어음의 문자가 인쇄된 것이었다는 증거는 없다. 인쇄된 지폐가 확실히 발행된 것은 970년의 송나라 때 일이다.

화폐의 발명은, 사회적 파멸을 불러오는 인플레이션과 디플레이션의 변동과 고리대금업의 유혹 같은 폐해를 수반하기는 하나, 이 화폐를 발행한 정부의 피통치자에게 이익을 가져오게 한 것만은 의심할 여지가 없다. 그러나 좀더 큰 이익을 거둔 것은 분명히 화폐를 발행한 정부 자체이다. 화폐의 발행은 말하자면, 일종의 '선보이는 일'로써, 정부는 적어도 피통치자 가운데 활동적이고 총명하고 세력 있는 몇몇 사람들과 언제나 직접적으로 접촉하게 되며, 또 화폐의 출

---

* 29 Fitzgerald, C.P. : *China ; a Short Cultural History.*

현으로 정부의 신망이 자동적으로 올라갈 뿐 아니라 정부에게 절호의 선전 기회를 주기 때문이다.

외국의 지배 아래 강요된 정치적 속박에 분노를 품는 민중의 마음에까지도 화폐가 얼마나 커다란 효과를 미치는가 하는 것을 「신약 성서」 가운데 유명한 한 구절이 보여 주고 있다.

"저희가(그들이) 예수의 말씀을 책잡으려 하여 바리새인과 헤롯왕의 사람을 보내매, 와서 가로되 '선생님이여 우리가 아노니 당신은 참되시고 아무라도 꺼리는 일이 없으시니 이는 사람을 외모로 보지 않고 오직 참으로써 하느님의 도를 가르치심이니다. 카이사르에게 세를 바치는 것이 옳습니까? 옳지 않습니까?'

그런데 예수께서 그들의 교활한 속셈을 아시고 이르시되 '어찌하여 나를 시험하느냐? 데나리온(은전의 명칭) 하나를 가져다가 내게 보이라' 하시니 예수께서 가라사대 '이 초상과 글이 뉘 것이냐', 가로되 '카이사르의 것이니이다.'

이에 예수께서 가라사대 '카이사르의 것은 카이사르에게, 하느님의 것은 하느님께 바치라' 하시니 저희가 심히 기이히 여기더라."[*30]

이처럼 매우 불리한 정치적·종교적 환경 속에서도 화폐 발행권으로 인해 자동적으로 얻게 되는 정신적 이익은 조폐소 관리를 통해 부수적으로 얻게 되는 단순한 경제적 이익과는 비교가 안 될 만큼 로마 제국 정부에게 큰 가치를 지니는 것이었다. 화폐 위에 새겨진 황제의 초상 덕분에 로마 제국 정부는, 십계의 제2단계로서 단순히 로마의 지배를 불법으로 보고 있을 뿐 아니라 야훼가 석판에 새겨 모세에게 손수 건네주었다고 믿어지는 다음과 같은 명확한 명령을 소중하게 지키고 있는 유대인의 마음속에 어느 정도의 지위를 차지할 수가 있었다.

"너를 위하여 새긴 우상을 만들지 말고 또 위로 하늘에 있는 것이나 아래로 땅에 있는 것이나 땅 아래 물 속에 있는 것의 아무 형상이든지 만들지 말며 그

---

*30 〈마가복음〉 12 : 13~17, 〈마태복음〉 22 : 15~21, 〈누가복음〉 20 : 20~25 참조.

것들에게 절하지 말며 그것들을 섬기지 말라. 나 여호와 너의 하느님은 질투하는 하느님인즉……."*31

기원전 167년에 셀레우코스 왕조의 '현신왕(現身王)' 안티오코스 4세가 예루살렘의 야훼 신전 지성소에 올림포스의 제우스상을 놓았을 때 '미운 물건'*32이 '서 있어서는 안 될 곳에 서 있는'*33 것을 본 유대인의 경악과 분노는 굉장해서, 셀레우코스 왕조의 지배 흔적을 모두 없애버릴 때까지 이들의 분노는 가라앉지 않았다. 또 기원후 26년 로마 총독 본디오 빌라도가 황제의 초상을 단로마 군기를 헝겊으로 싸서 한밤중에 살그머니 예루살렘에 들고 왔을 때에도 유대인의 반대는 매우 거세서 빌라도는 하는 수 없이 분노를 일으킨 군기를 제거해야 했다.

그럼에도 바로 이 유대인들은 온순하고 얌전하게 카이사르의 화폐 위에 새겨져 있는 증오할 상을 단지 바라볼 뿐 아니라, 손으로 만지고 사용하고 벌고 저축한 것이다.

로마 정부는 곧 '세계적인 화폐'가 지니는 정책 수단으로서의 가치를 깨닫게 되었다.

"1세기 중엽 이후 로마 제국 정부는 그 이전의 정부에도, 또한 그 이후의 정부에도 거의 유례가 없는 일이지만, 화폐가 단지 같은 시대의 생활—그 시대의 정치적·사회적·종교적·예술적 지향—을 충실하게 반영하는 거울 역할을 할 뿐만 아니라, 멀리까지 이르는 독특한 선전 수단으로서의 가능성을 갖는 것임을 인식하고 있었다. 제정 시대의 화폐는 우표에서 시작하는데, 방송과 신문에 이르는 현대의 각종 뉴스 매체의 선전 기관에 상당하는 것으로 해마다 또는 달마다—아니 날마다라고 해도 좋을 만큼—나타나는 새로운 화폐와 화폐의 변화는 잇달아 일어나는 정치적 사건을 기록하며 위정자의 목적과 이데올로기를 반영하고 있다."*34

---

*31 〈출애굽기〉 20 : 4~5.
*32 〈다니엘서〉 11 : 31 및 12 : 11.
*33 〈마가복음〉 13 : 14.
*34 Toynbee, J.M.C. : *Roman Medallion*

상비군

세계 국가가 상비군을 필요로 하는 정도에는 커다란 차이가 있었다. 소수의 세계 국가는 전혀 상비군 없이 지낼 수 있었던 것으로 보이나, 그 밖에는 기동력을 가진 군대와 일정한 곳에 주둔하는 수비대 등 이 둘을 포함하여 경비가 드는 제도를 유감스럽지만 어쩔 수 없는 필요 수단으로 생각했다. 그러한 세계 국가의 정부는 짐스럽고도 이따금 위험을 가져올 우려가 있는 이 제도가 그들 앞에 제시하는, 당혹스러우며 때론 해결 불가능한 문제와 맞붙어야 했다. 그러나 지금 여기서 그러한 문제를 일일이 문제삼을 틈이 없다. 여기서는 이 절의 표제 아래 포괄되는 많은 문제들 가운데서 하나만—아마도 가장 흥미 있고 가장 중요할 뿐만 아니라, 또한 이 장 전체의 논지에 가장 적절한 문제를—취급하기로 하겠다. 그것은 그리스도 교회의 발달에 미친 로마군의 영향이다.

물론 그리스도 교회가 로마군의 가장 명백한, 또는 가장 직접적인 수익자였다는 것은 아니다. 모든 해체기 제국의 모든 군대에 의한 가장 뚜렷한 수익자는 그러한 군대에 편입된 이 문명의 소속자로 야만족이었다. 말기의 아케메네스 왕조가 그리스인 용병으로 직업적 기동 부대를 편성한 결과는 알렉산드로스 대왕에 의한 아케메네스 제국의 패배였다. 아바스 왕조 칼리프의 친위대와 로마 제국, 이집트 신제국의 상비군 사이에 투르크 야만족을 넣은 결과는 칼리프국에서의 투르크 야만족의 지배 기회와 지배력 확립, 로마 제국 및 서방 여러 지역에서의 튜튼 및 사르마티아 야만족의 지배 확립, 이집트에서의 힉소스 야만족의 지배 확립으로 나타났다. 군대의 의발(衣鉢)이 교회에 인계된다는 것은 놀라운 일이며, 더구나 예로부터 군대를 반대하는 입장을 취해 온 교회가 군대의 영향을 받는다는 것은 더욱더 놀랍다.

피를 흘리는 일, 따라서 군무에 복무하는 일에 신앙상으로 반대한다는 점에서 원시 그리스도 교도는 유대의 전통을 어기고 있었다. 그리스도 교도들은 그리스도가 승리를 얻어 재림하는 날이 가까이 다가오고 있다고 믿고 그날을 참을성 있게 기다리도록 배웠다.

기원전 166년에서 기원후 135년에 이르는 300년간 처음에는 셀레우코스 왕조의 지배에 대해, 다음에는 로마의 지배에 대해 몇 번이나 반란을 일으킨 유대인과는 전혀 다르게, 예수가 전도를 개시했을 때부터 로마 제국 정부와 그리스도 교회가 화해하여 동맹을 맺은 기원 313년까지의 거의 같은 기간 중에 그리스도

교도는 한 번도 박해하는 로마인에 대해 무기를 들고 반항한 일이 없었다.

로마군에 복역한다는 것, 이것은 그리스도 교도에게 있어 뛰어넘어야 할 장애물을 뜻했다. 복역하면 전장에서 피를 흘리지 않을 수 없을 뿐더러, 사형을 언도하고 그것을 집행할 의무와, 군인으로서 황제에게 절대의 충성을 서약할 의무, 황제의 수호신을 숭배하고 거기에 희생을 바칠 의무, 군기를 우상으로서 숭배할 의무, 이 밖에도 여러 가지 의무가 따르기 때문이다.

사실 병역에 복무하는 것을 초기 그리스도교의 교부들은 누구나 금지하고 있었다. 오리게네스가 그러했고, 테르툴리아누스가 그러했고, 락탄티우스마저도 콘스탄티누스 대제와의 화해가 성립한 뒤에 나온 저서 가운데에서 그것을 금지하고 있다.

로마군이 아직 지원병만으로 편성되고 있던 때부터―즉 디오클레티아누스 (제위 283~305)가 그때까지 이론일 뿐 실제로는 행해지지 않던 강제 징병 제도를 실시하자, 로마 제국 정부측으로부터 문제가 제기되기 400년 이상이나 전부터―이 그리스도 교회의 로마군 기피 경향이 허물어지기 시작한 것은 의미심장한 일이다. 기원 170년경까지는 이 문제에 대해 분쟁 원인이 되는 따위의 일은 피해온 것으로 생각된다. 그리스도교 신자인 일반 시민은 군대에 들어가는 것을 삼갔으나, 복역 중이던 이교도 병사가 그리스도교로 개종한 경우에 교회는 그 사람이 만기까지 복무를 마치고 군대가 요구하는 온갖 의미를 수행하는 것을 묵인했다. 교회가 이처럼 부드러운 태도로 임한 것은 교회가 처음부터 다른 변칙 상태, 이를테면 주인과 노예가 다 함께 그리스도 교도인 경우에도 노예 신분의 지속을 너그럽게 보아온―〈필레몬에게 보내는 편지〉*35가 성경에 들어있음은 이 점에서 의의가 깊다―것과 어쩌면 같은 이유에 의거하고 있었는지도 모른다. 이 시대 교회의 예측으로는 그리스도의 재림 때까지 남겨진 시간이 매우 짧기 때문에 개종한 노예의 신분인 채로 그 짧은 기간만을 보내게 될지도 모르는 것처럼 개종한 병사 또한 병사 신분인 채로 지내게 될지도 모른다고 생각되었다.

---

*35 빌레몬의 노예 가운데 오네시모라는 사람이 있었다. 이 노예가 주인에게서 도망쳐서 로마에 있던 바울을 의지하여 찾아와서 회개하고 그리스도 교도가 되었다. 바울은 이 오네시모를 골로새 교회의 유력한 회원인 빌레몬에게로 돌려보냈는데, 그때 오네시모의 일을 부탁한 편지가 '빌레몬에게 보내는 편지'이다.

3세기가 되면서 그리스도 교도들 자신의 지위가 올라가고 상류 계급의 개종자들이 생겨나면서 그리스도 교도들은 로마 사회에서 정치적으로 책임 있는 계급 속으로 잇달아 진출하기 시작함과 동시에, 로마군의 사회적 중요성에 의해 자신들에게 일어난 문제들을 이론적으로 해결하거나 군대를 가지고 있는 국가의 개종을 기다리지 않고 실질적으로 해결해 나갔다. 디오클레티아누스 시대에는 이미 로마군 안의 그리스도 교도가 어마어마한 수에 이르러 커다란 세력을 이루고 있었으므로, 303년의 박해는 처음에 군대 안의 그리스도 교도들에게만 행해졌을 정도였다. 실제로 서방의 여러 주에선 군대 안의 그리스도 교도 비율이 일반 시민들 사이의 그리스도 교도 비율을 웃돌고 있었던 것으로 생각된다.

　좀더 중요한 점은 그리스도교의 병역 금지가 아직 엄격히 지켜지던 시대에 로마군이 그리스도 교회에 미친 영향이다. 전쟁이 요구하는 영웅적 자질과 세상에서 받아들여지지 않는 종교의 신봉자가 발휘해야 하는 영웅적 자질 사이에는 공통점이 있다. 그래서 그러한 종교 전도자들 대부분은 전쟁의 기술과 수단에 관련된 어휘를 사용했다. 이 점에서 특히 두드러진 이가 사도 바울이었다. 그리스도 교회가 자신이 이어받은 유산의 소중한 부분으로서 보존해 온 유대교 전통에서 전쟁은 문자 그대로나 비유적 의미로나 신성시되고 있었다. 그리스도 교회는 문자 자체가 의미하는 전쟁은 부인했으나, 전쟁의 상징은 그대로 보존했다. 그러나 유대의 호전적 전통이 원시 그리스도 교회에 강한 문학적 영향을 미친 것과는 달리, 로마의 호전적 전통은 그리스도 교도 앞에 강렬한 인상을 주는 살아 있는 현실로서 모습을 드러냈다. 로마가 잇달아 비참한 정복을 행하고 또한 더 비참한 내전을 되풀이하고 있던 공화정 시대의 로마군은 해로운 증오의 대상이었는지는 몰라도, 약탈을 하는 대신에 급료를 받아 생활하며 헬라스 세계의 문명화한 내부를 망치지 않도록 야만족으로부터 로마를 지키기 위해 국경 지대에 주둔한 제정 시대의 로마군은, 로마 시민의 행복에 봉사하는 것을 당연히 자랑삼아도 좋을 '세계적'인 제도로서 로마인의 존경과 찬사와 사랑을 받았다. 서기 95년경 로마의 클레멘스(베드로)부터 세어서 4대째인 로마 교회의 수장(교황에 상당함. 재위 88~97년 경)은 그의 〈고린도 전서〉 가운데에서 다음과 같이 쓰고 있다.

"우리는 우리의 지배자를 섬기는 병사들의 행동을 본받자. 그들이 명령을 수행할 때의 규율 바름과 순종함과 온순함을 생각해 보라. 그들 모두가 장군·군단 사령관·백인대장(百人隊長)·부관 또는 그 이하의 사관이 아님에도 각자의 임무에 종사하는 병사는 누구나 황제와 정부의 명령을 수행하는 것이다."

클레멘스는 이상과 같이 그가 편지를 써 보낸 그리스도 교도에 대해 군대의 규율을 모범으로 할 것을 권하고 있으나, 그것은 교회 안에 질서를 세우려는 것으로 그리스도 교도는 신뿐만 아니라 교회의 상급자에 대해서도 복종할 의무가 있다고 말하고 있는 것이다. 그러나 그리스도 교회의 군사적 비유 표현형식의 진화 과정에 있어 '신의 병사'라는 표현은 주로 전도자를 가리키는 말이었다. 전도자는 시민 생활의 번거로움에서 해방되어야 한다(《디모데 후서》 2 : 4). 또한 병사가 납세자가 바친 세금에서 급료를 받는 것처럼 그는 교회로부터 생활 지원을 받을 권리가 있다.

그러나 교회의 여러 제도 발달에 대해 로마군이 어떠한 영향을 주었건 간에 그 영향은 로마의 관리 제도의 영향만큼 강하지는 않았다. 군대의 모범이 교회에 영향을 미친 것은 주로 관념이나 이상의 영역에서였다.

그리스도 교회의 입회식인 세례를 성 키프리아누스(3세기 카를름 타고의 추교)는 신병이 로마군에 입대할 때 하는 선서식에 비유하고 있다. 일단 그리스도의 병사가 된 이상 그리스도 교도는 '법대로'(《디모데 후서》 2 : 5) 싸우지 않으면 안 된다. 그는 탈주라는 용서할 수 없는 죄와 '직무태만'이라는 중대한 비행을 범해서는 안 된다. 사도 바울이 말한 '죄의 삯은 사망이다'라는 문구(《로마서》 6 : 23)를 테르툴리아누스는 군대 용어로 고쳐 써서 '직무 태만의 삯은 사망이다'라고 말했다.

그리스도 교도의 생활 예식과 도덕적 의무를 테르툴리아누스는 군대의 '잡역'에 비유하고 있다. 그의 용어에 따르면 금식은 보초 근무이며, 《마태복음》의 지기 쉬운 멍에는 '주의 가벼운 배낭'이다. 그리스도의 병사가 충실하게 임무를 다하면 제대할 때에 '하느님의 은사'(《로마서》 6 : 23)를 상으로서 받는다. 또 은사까지는 가지 않더라도 병사가 허물 없는 근무를 하고 있는 한 정해진 급여를 지급받을 기대는 할 수 있는 것이다.

십자가는 군기(軍旗)이며 그리스도는 총지휘관이다. 사실 베어링 굴드의 《나아가자 용사들》(유명한 찬송가)과 부스 대장의 《구세군》은 그리스도 교회 초창기에서 말이나 행동의 그 유례를 찾아볼 수 있다. 그런데 이러한 비유를 맨처음으로 암시한 군대는 로마 제국이 전혀 다른 목적에서 창설하고 유지한 비그리스도교적인 군대였던 것이다.

관리제도

세계 국가들은 그 관리 제도를 만들어내는 정도에서 매우 큰 차이를 나타냈다. 가장 공들여 관리 조직을 만든 것은 오스만 정부로서, 오스만 정부는 행정상의 필요 때문에 무릇 인간의 창의로 고안하고 인간의 결의로 해낼 수 있는 모든 수단을 다해 이미 단순한 직능 단체가 아닌, 엄중히 격리되고, 엄격한 규율에 복종하고 철저하게 '조건지워진', 마치 하나의 종교 단체와 같은 관리 조직을 만들어 냈다. 관리는 마치 순수 혈통으로 사육자와 조련사가 잘 훈련한 말이나 개나 매가 야생 동물들과는 전혀 다르듯이, 보통의 인간과는 다른 일종의 초인간적 아니면 인간 이하인 종족이 되어 버렸다.

세계 국가를 위해 관리 조직을 만드는 인간이 흔히 직면하는 문제는, 앞서 동란 시대 동안에 활개치고 다니던 귀족 계급을 어떻게 이용하는가 하는 문제와 같다. 이를테면 표트르 대제가 서유럽화 정책에 착수한 17세기 근대 러시아에는 무능한 귀족 계급이 있었으며, 프린키파투스(1인 원수제, 또는 제정, 기 원전 1세기~기원 3세기)가 만들어진 당시 로마 제국에는 매우 유능한 귀족 계급이 있었다. 표트르나 아우구스투스가 다같이 자기 제국의 귀족 계급을 '세계적'인 행정 조직을 만들기 위한 수단으로 이용했지만, 두 사람의 동기는 달랐다. 표트르가 고루한 귀족을 억지로 서유럽풍의 유능한 행정관으로 만드는 노력을 한 것과 달리, 아우구스투스가 원로원 계급을 협력자로 끌어들인 것은 꼭 그들의 도움이 필요했기 때문이 아니다. 그는 그들을 협력자로 함으로써 그 전임자인 율리우스 카이사르가 일부 이전 지배자 계급 사람들로부터 당한 것과 같은 운명을 피할 수 있다고 생각했기 때문이다. 아우구스투스와 표트르 대제가 전혀 다르게 직면한 이 문제는 제국 성립 이전의 귀족 계급을 정리하지 않으면 안 될 입장에 처한 제국 건설자를 때때로 사로잡는 두 가지 딜레마의 두 뿔이다. 만약에 귀족이 유능하다면 그들은 황제를 섬기는 것을 귀족의 수치라 하여 분개할 것이다. 반대로 귀족이 무능하다면 그들을 이용하는 독재자는 자신들의 도구가 무해하기는 하나 그대신 변변치 않아 쓸모가 없음을 발견할 것이다.

관리 조직을 편성할 때 제국 건설자가 필요로 하는 인재를 제공하는 것은 제국 성립 이전부터 있던 귀족 계급뿐만이 아니다. 그러한 높은 신분층만으로는 사병 없는 연대장만의 연대가 되고 만다. 연대 장교에 상당하는 법률가와 그 밖의 전문가로 이루어지는 중급 관리가 필요하며, 하사관에 상당하는 다수의 하급 관리도 필요하다. 때때로 세계 국가 건설자는 그의 본국의 필요를 채울 때에 운수 좋게도 이미 성립되어 있던 계급의 힘을 벌 수가 있었다. 영국령 인도 관리의 성격과 업적을 이해하기 위해서는 영국 행정 역사에서 그 바로 전 시기를 배경으로 살펴볼 필요가 있다.

"1833년 법령에 의해 공장 감찰 제도가 만들어진 것은 새로운 종류의 관리 조직 발달에 있어 하나의 단계를 긋는 것이었다. …… 관습 대신 과학을 도입하려는 벤덤의 열정은 행정 과정에서 특별한 기능을 필요로 하는 작업을 중시하자는 그의 지속적인 주장이 완전히 만족할 만한 결과를 얻었다. 그의 계획 아래 영국은 그 작업에 훈련받고 독립성을 갖춘 직원을 배출해냈다. 영국의 치안 판사와 달리 새로운 관리는 지식을 갖고 있었다. 프랑스의 감독관과 달리 그는 단순히 정부에 의해 만들어진 것이 아니었다. 영국인은 교양 있는 사람들의 독립성과 자존심을 지켜주며 이들을 이용할 수 있는 방법을 배웠던 것이다. ……먼저 이 유식한 계급의 주된 일은 '공업화된' 새로운 세계의 무질서에 빛을 밝히는 일이었다. 선거법 개정안 통과 직후의 세계 역사를 연구하는 사람은 누구나 지식을 찾아내어 계획을 입안하는 데 있어 법률가·의사·과학자·문인이 해낸 역할에 깊은 감명을 받지 않을 수 없다."[*36]

이와 같은 새로운 계급의 전문적 행정관이 인도로 건너갔다. 이런 사람들의 공적과 한계에 대해서는 뒷장에서 살펴보기로 한다.

아우구스투스는 황폐하고 혼란하고 피폐한 세계를 다시 일으켜야 할 책임을 맡고 그 필요에 대답하기 위해 새로운 관리 조직을 만들어 냈다. 이 아우구스투스의 위업에 필적할 만한 것은 그보다 150년 먼저 중국 문명 세계에서 이룩한 한(漢)나라 유방(劉邦)의 업적이다. 더구나 영속성을 기준으로 판단하

---

*36 Hammond, J.L. and Barbara : *The Rise of Modern Industry*.

면, 이 중국 문명 사회의 농촌 출신 지배자가 이룬 업적이 로마의 부유한 시민이었던 옥타비아누스의 업적에 비해 한결 훌륭했다. 아우구스투스의 조직은 성립 뒤 7세기만에 무너졌으나, 유방의 조직 체계는 적어도 1911년까지 이어져 왔다.

로마 제국 관리 제도의 결점은 오래된 원로원 귀족과 새로운 황제 독재 체제의 불일치를 보여주는 것으로, 아우구스투스의 타협책에 의해 그럭저럭 겉으로는 수습되었으나 문제점들이 근본적으로 해결되지는 않았다. 거기에는 완전히 격리된 두 가지 직계제가 있어서, 원로원 의원 신분의 관리와 그 이외의 관리가 저마다 떨어져 걸어가는, 서로 용납되지 않은 두 갈래의 승진 과정이 있었다. 이 분열 상태는 6세기에 원로원 계급이 모든 행정직 지위에서 따돌림을 당하면서 끝이 났다. 그러나 마침 그즈음 지방 도시의 자치 제도가 낡고 뒤떨어져서 일의 양이 엄청나게 늘어나 있었으므로 디오클레티아누스는 제국의 관리 정원을 증대할 필요에 몰리고 있었다. 그 결과 관리로 채용되는 인간에게 요구되는 사회적 기준이 낮춰졌다. 로마와 한나라의 관리 제도 역사의 비교를 통해 배우는 바가 많다. 한나라에서는 처음부터, 즉 질서가 회복된 뒤 6년이 지난 기원전 196년에 황제 자신이 지방 당국자의 재능을 시험해 관리 후보자를 선택하면 중앙 정부의 관리가 그 채택 여부를 결정하기 위해 수도로 보낼 것을 지령하는 포고 방식이 시행된 뒤, 신분에 관계없이 뛰어난 재능을 가진 자에 대해 관리 등용의 길이 열렸다.

이 새로운 중국 문명의 관리 제도가 최종적인 형태를 갖춘 것은 한나라 유방의 후계자인 한 무제(재위 기원전 140~87)가 유교 정전인 고전 문학의 문체로 글을 지어 그 무렵 유학자들이 만족할 수 있게 유교 철학을 해석하는 능력을 관리 후보자의 필수 자격으로 정했을 때였다. 기원전 2세기에 유교학자가 이처럼 교묘하게 제정의 협력자가 된 것은 공자 자신도 놀랄 만한 일이었다. 그러나 이 메마른 정치 철학 또한 관리자 전체의 생활 태도를 받쳐주는 정신적 지주로서, 디오클레티아누스 시대의 헬라스 문명 세계를 받쳐준, 단순히 문학적인 고전적 문화보다도 힘이 있었다. 그것은 매우 현학적이긴 했지만, 로마 관리들에게 결여되었던 전통적인 윤리를 중국 문명 사회의 관리들에게 제공했다.

한나라와 로마 제국은 본디의 사회적·문화적 유산을 바탕으로 관리 제도를 만들어냈으나, 표트르 대제는 그가 손을 댄 문제의 성격이 다르기 때문에 같은 방법을 따를 수는 없었다. 1717~18년에 걸쳐 그는 러시아 사람에게 새로운 서유럽식 행정 기술을 습득시키기 위해 몇 개의 관리 양성소를 만들었다. 스웨덴 인 포로를 교사로 데려오고 러시아의 견습생들이 프러시아식 교육을 받기 위해 쾨니히스베르크로 파견되었다.

표트르의 러시아 제국처럼 한 나라의 관리 제도가 외국 제도를 의식적으로 모방하여 만들어진 경우에는 마땅히 특별한 양성 기관을 만들 필요가 있으며, 모든 관리 제도에서 어떻든 이 정도의 필요는 생기게 마련이다. 잉카·아케메네스·로마·오스만 각 제국에서는 황실이 제국 행정의 중심인 동시에 행정관 그 자체를 양성하는 학교 구실도 겸하고 있었다. 이를테면 황실의 교육적 기능을 수행하기 위해 '시동단(侍童團)', 쉽게 말해 견습생 집단이 만들어졌다. 쿠스코의 잉카 제국 궁정에서는 정규 교육 과정이 만들어지고 차례로 시험을 받아 상급으로 올라가게 되어 있었다. 아케메네스 제국에서는 헤로도토스의 말에 따르면 페르시아 귀족 계급 소년 모두가 5세에서 12세가 될 때까지 궁정에서 오직 세 가지 기술만을 교육받았다. 그것은 말타기와 활쏘기와 진실을 이야기하는 일이었다. 오스만 궁정은 수도가 브루사에 있던 초기 시대에 시동 교육 제도를 만들었다. 술탄의 무라드 2세(재위 1421-1451)가 그 무렵의 수도 아드리아노플에 귀족 자제 학교를 설치한 것도 예로부터 행해져 오던 이런 방침에 따른 것이다. 그러나 그 후계자인 오스만 술탄 메메드 2세(재위 1451-1481)는 이미 이슬람교도 오스만 귀족의 자제가 아니라, 그리스도 교도인 노예를 관리로 채용한다는 전혀 새로운 길을 열었다. 그 가운데에는 서유럽 그리스도교 세계에서 온 배교자(背敎者)나 포로뿐 아니라, 파디샤(이슬람권국가의 군주) 자신의 그리스 정교도 백성들이 '공물'로서 바친 아이들도 포함되어 있었다. 이 색다른 제도에 대해서는 이미 앞에서 말했다(제3편 제9장).

오스만 제국의 파디샤들이 계획적으로 황실 노예들을 늘리어 빠르게 커가는 제국 정부의 손발로 만든 결과 자유민이 따돌림당하는 결과가 되었다. 이와 반대로 로마 황제들은 그 대신 카이사르의 측근 노예들을 이용하지 않을 수 없었으나, 제국 행정 제도 안에서 노예 출신자의 역할을 제한하는 조처를 취했다. 초기 로마제국 행정 제도에서 해방 노예의 거점은, 카이사르의 황실에서 운용되는 5가지 직무에서 발달한 다섯 개 행정부가 있던 중앙 정부였다. 그러나 전통적으로 해방 노예의 세력 범위였던 이러한 지위에까지 사람의 눈을 끌게 되자 곧 해방 노예는 그 자리에 머물고 있는 것이 정치적으로 불가능하게 되었다. 클라우디우스와 네로 아래에 있는 해방 노예 신분의 대신들이 권세를 마음대로 휘둘러 물의를 일으킨 결과, 플라비우스가의 황제들(베스파시아누·티투스·도미티아누스 세 사람)과 그 후계자 시대의 이러한 요직은 차례로 기사 신분을 가진 사람들에게로 옮겨 갔다.

이와 같이 로마 관리 제도의 역사에서 기사 신분, 즉 상인 계급이 하층 노예 계급과 원로원 귀족들을 밀어젖히고 세력을 얻게 되었으나, 이 계급이 경쟁 상대를 누르고 승리를 얻은 것은 기사 신분 관리들이 직무를 수행하면서 드러낸 유능함과 성실함으로 보아 마땅한 일이었다. 공화정 시대의 마지막 2세기 동안 착취와 징세와 고리대금으로 부와 권리를 거머쥔 계급이 이처럼 변신한 것은 아우구스투스의 제정에서 가장 주목할 만한 승리였다. 영국령 인도의 관리들도 상인 계급의 출신이었다. 그들이 본국에서 멀리 떨어진 낯선 풍토에서 직업을 찾은 동기 가운데 하나는 그들 자신의 개인적 이익을 위해 부업을 하여 잘 되면 한 몫 챙기자는 것이었다. 그리고 동인도회사가 너무나 쉽게 얻은 전승의 결과 돌연히 쇠퇴한 무굴 제국의 가장 부유한 지방에서 명목은 어찌되었든 실제적인 지배자가 됨과 동시에 사원들은 한동안 로마 기사 계급이 더 장기간에 걸쳐 보여준 것 같은 파렴치함을 드러내 터무니없는 이익을 탐하는 유혹을 이기지 못했다. 영국도 로마와 마찬가지로 약탈을 능사로 하는 이리 집단이 이제는 개인 이익에 따라 권력을 악용하는 것이 아니라, 커다란 정치적 권력을 행사하도록 명예를 누리는 행정 집단으로 바뀌었던 것이다.

이 영국령 인도의 관리국 성격이 향상된 이유 가운데 하나는, 동인도회사가 사원들을 그들의 어깨 위에 걸쳐진 새로운 정치적 책임을 지기에 어울리는 인간이 되게끔 교육하기로 결정했기 때문이다. 1806년에는 허트퍼드 성(런던 북쪽에 있는 도시)에 행정 사무 담당자로 예정된 견습생을 교육하는 대학을 열었다. 이 대학은 3년 뒤에 헤일리버리(헤트퍼드 근처에 있는 도시)로 옮긴 뒤에도 그 52년 존속 기간 동안 역사적인 역할을 다했다.

인도 통치가 동인도회사로부터 여왕의 손으로 이관되기 직전인 1853년 의회는 인도 관리들을 경쟁 시험에 의해 모집한다는 방침을 정했다. 그리고 이 결정에 따라 영국 각 대학과 그 무렵 영국에서 오래된 두 대학의 문이 이른바

'공립학교'와 그밖에 여러 학교의 졸업생들을 포함하는 좀더 넓은 범위의 지원자에게 열리게 되었다. 헤일리버리 대학은 1857년에 폐쇄되었으나, 이 대학이 존속한 52년이란 기간 동안 럭비로 이름이 알려진 아널드 박사(럭비 학교의 명교장으로서 이름이 높았음)를 배출했다. 그리고 그가 주장한 교육 이상은 그와 뜻을 같이하는 교사들에 의해 모든 공립학교로 퍼져갔다.

19세기 후반의 인도 관리는 거의 공립학교나 대학 재학 중에 서유럽인에게 있어 '고전'인 그리스·라틴어와 문학을 기본으로 짜여진 학문과 교리를 완전히 따른 것은 아니며 조금 막연했지만 감화력이 매우 강한 그리스도교적 삶의 가치들을 훈련받아 온 사람들이었다. 이러한 도덕적이고 지적인 훈련과 20세기나 더 먼저 창설된 뒤로 중국 관리가 되려는 자에게 여전히 요구되던 중국 문명의 유교적 고전 교육과의 사이에 유사점을 인정하는 것이 너무나 황당무계한 비교라고는 볼 수 없으리라.

다음에 세계 국가가 자기의 목적을 위해 만든 관리 제도의 주요 수익자가 누구냐는 문제를 생각해 볼 때, 가장 명백한 수익자는 말할 것도 없이 이 귀중한 유산을 이용할 만한 지성을 갖춘 이들 국가의 뒤를 잇는 후계 국가들이었다. 이들 후계 국가의 리스트에서 우리는 로마 제국의 후계자가 된 서유럽 여러 나라를 제외해야만 한다. 이러한 나라들은 자신들이 분열시킨 로마 제국의 관리 조직보다는 오히려 그들이 귀의한 교회로부터 한결 많은 것을 배웠기 때문이다. 그러나 곧 다음에 이어서 말하듯이 교회 자체가 로마 관리 제도의 수익자였다. 따라서 이 경우도 제도적 유산은 중간에 교회를 매개자로 하여 부분적으로 전해진 것이 된다. 혜택을 입은 후계 국가를 모두 열거하는 것은 생략하더라도 아주 최근에 성립한 인도 연방과 파키스탄을 영국령 인도 제국 관리 제도의 수익자로서 지적할 수가 있다.

그러나 가장 중요한 수익자는 교회였다. 그리스도 교회 성직자의 계층 조직이 로마 제국의 행정 조직을 기초로 만들어진 것임은 앞에서 말한 대로이다. 같은 기초를 이집트 '신제국'이 테베의 아몬레 제사장에게 통솔되는 범이집트 교회에 제공했으며, 또 사산 제국이 조로아스터 교회를 위해 제공했다. 아몬레의 제사장은 테베의 파라오를 본떠 만들어지고 조로아스터교의 모바트의 장(제사장)은 사산 조의 샤인샤(황제)를 본떴고, 교황은 디오클레티아누스 이후의 로마 황제를 본떠서 만들어진 것이다. 그러나 세속적 행정 기관이 교회에 가져온 공헌은 단순히 조직의 형태를 제공했을 뿐만 아니라 더 깊숙이까지 미치고 있다. 그러한 세속적 행정제도는 교회의 견해와 기풍에까지 영향을 미치고 있을뿐더러, 어떤 경우에는 그 지적·도덕적 영향이 오직 타산지석으로서 모범이 될 뿐 아니라 그러한 것을 몸에 익힌 인간이 속계에서 교회로 옮겨감으로써 전해졌다.

서유럽 가톨릭 교회의 발달에 결정적인 방향 전환을 가져오게 한 3명의 역사적 인물은 모두가 세속적인 로마 제국의 관리 출신자들이었다. 암브로시우스(아우구스투스를 그리스
_{도교로 개종시킨 사람})는 가장 높은 자리인 갈리아 총독까지 되었던 관리의 아들이었다. 그리고 미래의 성 암브로시우스는 아버지가 걸어 온 길을 밟아 리구리아(_{제노바}^{수도는}) 및 에밀리아(_{리구리아의 동쪽}^{에 인접한 지방}) 지방 지사 직책에 있던 기원 374년에 그 자신도 당황한 정도로, 사임의 허가를 얻을 틈도 없이 민중의 요망에 의해 어거지로 미래가 보장된 관직을 떠나 밀라노의 주교 자리에 앉게 되었다. 카시오도루스(_{무렵의 대저술가}^{백과 사전을 흔子})는 이탈리아 동고트의 테오도리쿠스 왕을 섬기며 그 긴 생애의 전반을 로마령 이탈리아의 행정관으로서 보냈다. 뒤에 그는 이탈리아의 장화 발끝에 해당하는 곳에 있던 그의 전원 땅을 몬테카시노의 성 베네딕투스 수도원을 따르는 수도원으로 바꾸었다. 신에 대한 사랑 때문에 전원에서의 심한 육체 노동에 종사한 베네딕트파 수사들이 발족 무렵 같은 동기에 의해 이교적인 고전과 그리스도교 교부의 저작을 베끼는 정신 노동을 행한 카시오도루스파와 결부되지 않았다고 한다면, 발생기의 서유럽 그리스도교 사회를 위해 그만한 공헌을 할 수가 없었으리라. 그레고리우스 대교황(540~604) 또한 로마 시 지사를 지낸 뒤 세속적인 공직을 버리고 카시오도루스를 본받아 조상 대대로 내려오던 로마의 저택에 수도원을 세웠다. 이 세 사람의 위대한 관리들은 모두가 교회에 대한 봉사 가운데 자기의 참된 사명을 발견하고, 관직에 있는 동안 익힌 재능과 전통을 교회를 위해 이용했던 것이다.

시민권

세계 국가는 맨 처음에 서로 다투는 몇 개의 지방 국가를 강제적으로 통일함으로써 출현하는 것이 상례이므로 지배자와 피지배자 간에 커다란 간격을 남긴 채 발족하는 경우가 많다. 한편으로는 전(前) 시대 지방 사회 지배자들 사이의 장기 생존 경쟁에서 살아남은 지배적 소수자에 해당하는 제국 건설자 집단이 있으며, 다른 한편으로는 정복된 다수의 민중이 있다. 또한 시간이 지남에 따라 피지배 다수자 사이에서 점차적으로 참정권을 얻게 되는 구성원이 비교적 커다란 비율을 차지하게 되는 일 또한 곧잘 볼 수 있는 현상이다. 그러나 이 과정에서 맨 처음 있었던 지배자와 피지배자 사이의 차별이 완전히 사라지는 일은 드물다.

참정권이 전면적으로 개방된—더구나 세계 국가가 성립한 지 겨우 20~30년 동안에—눈에 띄게 예외적인 경우를 중국 문명 세계에서 볼 수 있다. 중국 문명에 속한 세계 국가는 기원전 230~221년에 진나라의 경쟁 상대인 다른 6개 지방 국가를 정복하여 수립한 것이나, 진의 패권은 기원전 207년 한 나라 유방이 진의 서울인 셴양(咸陽)을 차지함과 동시에 종말을 고했다. 중국 문명의 세계 국가에서 모든 사람들이 정치적으로 연관된 것은 기원전 196년의 일로 볼 수 있다. 그렇다고 해도 이런 정치적 위업이 중국 문명 사회의 기본적인 경제적·사회적 구조를 하루아침에 바꿀 수가 없었던 것은 말할 나위도 없는 일이다. 중국 문명 사회는 세금을 바치는 농민 대다수가 특권을 가진 소수 지배 계급을 받드는 형태를 여전히 지속해 나갔다. 그러나 이때부터 중국에서 관리들의 천국에 들어가는 길은 실제로 사회적 계급에 관계없이 능력 있는 모든 인간에 대해 개방되었다고 말할 수 있다.

참된 사회적 통일은 오랜 기간에 걸쳐 작용하는 갖가지 역사적 힘에 의해 이루어지는 것이지, 단순히 법률상 동일한 지위를 주는 입법 조치가 행해졌다고 해서 갑자기 실현되는 것은 아니다. 영국령 인도의 유럽인과 유라시아인, 아시아인, 에스파냐령 서인도 제도의 유럽인과 크레올(서인도 제도에 이주한 에스파냐 인의 자손), 그리고 인디언은 저마다 동일한 군주의 신민으로서 동일한 지위가 주어졌지만, 어느 경우에도 지배자와 피지배자와의 사회적 거리를 감소시키는 데 이렇다 할 효과를 거두지 못했다. 이전의 특권적인 지배적 소수자를 본디 그의 피지배자였던 대중 속에 서서히 결합시킴으로써 최초의 거리를 없애는 데 성공한 대표적인 예는 로마 제국의 역사에서 찾을 수 있으나, 여기서도 단순히 법률적으로 로마 시민의 지위를 줌으로써 정치적 평등이 실질적으로 이루어진 것은 아니다. 212년 카라칼라 황제의 칙령 발표 뒤로 아주 조금의 예외 말고는 로마 제국 안에 사는 모든 자유로운 남자들이 로마 시민이 되었으나, 현실이 법률과 일치하기 위해서는 여전히 그 뒤 1세기 동안의 사회적·정치적 변혁을 필요로

했다.

　로마 제국이 프린키파투스*37 시대(제정 시대)부터 정치적 평등을 위해 움직이기 시작하여 마침내 디오클레티아누스 시대에 이른 정치적 평등주의의 궁극의 수익자는 물론 가톨릭 그리스도 교회였다. 가톨릭 그리스도 교회는 로마 제국의 이중 시민권이라는 훌륭한 착상을 차용했다. 그 이중 시민권은 어떻게 하면 시민이 각 도시국가에 대한 좁은 범위의 충성을 버리지 않음으로써 지방적 뿌리를 끊지 않는데다가 '보편적'인 국가사회(세계 국가로서의 통합 로마 제국)의 구성원으로서 그 이점을 누릴 수 있는가라는 문제를 해결한 법제상의 좋은 생각이었다. 그리스도 교회가 성장해 간 정치적 테두리인 프린키파투스 시대의 로마에서는 세계 도시 로마의 시민이면 누구나—실제로 수도에 살고 있는 소수의 사람 말고는—동시에 어디든 한 지방 자치 도시에 소속된 시민이었다. 이러한 도시는 로마의 정치 체제 안에 포함되어 있으나 자율적인 도시로서, 전통적 헬라스 문명 사회에서 도시 국가라는 자치 형식을 갖추고 있었다. 또한 그러한 도시 국가는 전통적으로 모국으로서 주민의 감정에 대해 커다란 지배력을 가지고 있었다. 차츰 수가 늘면서 퍼져가는 그리스도 교단은 이 로마의 세속적 본보기에 따라 지역적인 동시에 '국가적'이기도 한 조직으로서 하나의 집단 감정을 만들어 냈다. 개개의 그리스도 교도들이 충성을 바치는 지역 교회는 특정 도시의 지역 그리스도교 단체인 동시에 똑같은 관습과 교의에 따라 이들 지역 교회 모두가 가톨릭적, 즉 보편적인 그리스도교 단체 안에 소속되는 것이다.

---

*37 디오클레티아누스 황제 이전(284년 이전)의 로마 제국을 말하며, 이 제도는 '원로원 지도자'를 뜻하는 '프린켑스'라는 칭호를 가진 아우구스투스가 만든 것이다.

제7편 세계 교회

제26장 세계 교회와 문명의 관계

1. 교회의 해악

앞서 본 바와 같이 세계 교회는 문명의 쇠퇴 뒤에 이어지는 '동란 시대' 동안에 탄생해 그 다음에 나타나는 세계 국가의 정치적 틀 속에서 발전해 나아가는 것을 보았다. 또 나아가서는 전편에서 서술한 대로 세계 국가에 의해 유지되는 여러 제도에서 최대 수익자는 세계 교회임을 알았다. 따라서 차츰 기울어져 가는 세계 국가의 주도자들이 세계 국가 한가운데에서 세계 교회가 성장해 가는 것을 보고 달갑게 여기지 않는 것은 마땅하다. 그래서 세계 국가의 정부와 그 지지자들은 교회를 국가 쇠망의 원인이 되는 사회적 암으로 보았다.

로마 제국 쇠퇴기에 즈음하여 2세기 끝 무렵 켈수스(로마 철학자)가 쓴 '비판서'가 나온 뒤로 차츰 고조된 그리스도교에 대한 비난은 서유럽에서 로마 제국이 죽음의 고통을 맛보고 있었던 시기에 정점에 이르렀다.

그리스도교에 대한 반감은 416년 갈리아 태생의 이교도로서 제정 로마의 완강한 지지자였던 루틸리우스 나마티아누스가 귀향 도중 무인도에 그리스도교 수도사가 정착해 있는—정착해 있다기보다는 오히려 널리 퍼지고 있다고 그는 말하고 싶었으리라—한심한 광경을 보았을 때 그의 마음속에서 폭발했다.

> 점점 나아감에 따라
> 이번에는 카프라리아 섬이 바다 속에서 떠오른다.
> 더러운 섬,
> 빛을 피하는 인간으로 가득 차 있다.
> 그들은 스스로를
> 모나코스(그리스어로 수도사를 말함. 본래 '독재자'란 뜻)라 부르며,

사람 눈을 피해 홀로 있기를 바란다.

그들은 운명의 재앙을 두려워하며 운명의 선물을 피한다.

고통을 피하기 위해 고통 속의 삶을 택하는 자가 있을까?

불행이 두려워서 모든 행복을 거절하다니

이 얼마나 어리석게 병든 두뇌의 광기란 말인가.[1]

루틸리우스는 항해가 끝나기 전에 다른 섬에서 비참한 광경을 발견하고 마음이 상했는데, 또 다른 섬을 보고 더욱 우울해진다.

파도에 둘러싸인 고르곤이 바다 한가운데 떠올라

피사와 키르누스 사이에 모습을 드러낸다.

나는 그 절벽을 피한다.

얼마 전의 비통한 참사를 생각나게 하기 때문이다.

내 동포 한 사람이 여기서 산송장이 되어 죽었다.

바로 지난 번 일이지.

우리나라에서 신분 높고 재산도 있고 친척도 많은 어떤 이가

미치광이가 되어 사람도 세상도 버리고, 미신에 사로잡힌 망명자로서

이 섬에 수치스러운 은신처를 구했다.

이 불행한 사나이는 누추한 생활을 하면 영감이 떠오를 줄 믿고

기분 상한 신들이 가하는 채찍질보다 더 참혹한 채찍질을 자신의 생명에

가했다.

이 종파는 키르케(^{인간을 동물로 바꾸는}
^{그리스 전설 속 마녀})의 마약보다 효능이 약한 것일까?[2]

지난날에는 육신이 변질되었지만

이제는 인간의 머리가 바뀌어지는구나.

이 시 행간에는 여전히 이교에서 벗어나지 못하여 전통적인 헬라스 제신(諸神)들에 대한 숭배의 포기를 로마 제국 파멸의 원인으로 보는 귀족 계급의 정

---

*1 Rutilius Namatianus, C. : *De Reditu Suo,* Book I, Lines 439~46, trans. by Dr. G.F. Savage—
   Armstrong(London 1907, Bell).

*2 Ibid.

신이 엿보인다.

내리막길을 가고 있는 로마 제국과 오르막길을 오르고 있는 그리스도 교회 사이의 논쟁은 직접 관련이 있었던 그 무렵 사람들뿐만 아니라, 커다란 시간적 간격 너머로 이 사건을 깊이 생각하는 후세 사람들의 감정을 자극했다.

"나는 여기에서 야만과 종교의 승리를 서술했다"는 것이 기번의「로마 제국 쇠망사」에서 끝맺는 말인데, 이 간결한 표현으로 기번은 71장으로 이루어진 그의 저서 전체를 요약하고 있을 뿐만 아니라, 자신이 켈수스나 루틸리우스와 같은 생각을 하고 있음을 선언하고 있다. 기번의 견해로 보면 안토니우스 시대가 헬라스 사회의 역사 가운데 문화가 가장 높은 수준에 이른 시기이며, 그 문화의 높은 봉우리가 그 사이 문화의 골짜기에 해당하는 16세기 세월을 가로질러 우뚝 솟아 있었다. 서유럽 세계에서 기번의 조부모 세대 사람들은 간신히 그 골짜기에서 기어 올라와 과거 헬라스 사회 두 봉우리의 당당한 모습을 다시 바라볼 수 있는 다른 산의 오르막 위에 발판을 획득했던 것이다.

기번의 저서에 넌지시 함축되어 있는 이상의 견해를, 그 전문 분야에서 기번과 견줄 수 있는 지위를 차지하는 20세기의 인류학자가 명확히 표명하고 있다.

"거칠고 천한 잔인성과 정신적 원망이 묘하게 뒤섞인 '대모신' 숭배는, 이교 시대 말기에 로마 제국 전체에 퍼져 유럽 사람들에게 이국적 삶의 이상들이 스며들게 함으로써 고대 문명의 모든 조직을 서서히 잠식해 갔던 수많은 유사한 동방 종교 가운데 하나에 불과했다. 그리스·로마 사회는 개인이 사회에 종속한다는 것은 곧 국가에 종속하는 것이라는 사상 위에 세워져 있었다. 국가 전체의 발전을 행위의 최고 목표로 삼고 그것이 현세의 것이든 내세의 것이든 개인의 안전보다 더 위에 두었다. 시민들은 어린 시절부터 이러한 이기적이지 않은 이상들을 추구하도록 교육받았기 때문에 그 생애를 사회에 대한 봉사에 바치고 전체의 행복을 위해 목숨을 버릴 태세까지 갖추고 있었다. 만약 이 지고의 희생을 회피했다면 이는 그들에게 나라의 이익보다 개인 생활을 앞세운, 천한 행위로밖에 생각되지 않았다.

이 모든 것이 동방 종교의 보급으로 말미암아 완전히 바뀌고 말았다. 동방 종교는 모두 영혼과 신의 교제로써 얻어지는 영혼의 영원한 구제야말로 삶의 유일한 목적이며, 이 목적에 비하면 국가의 번영은 물론 그 존립조차 무의미한 것이 되고 만다는 사상을 불어넣었다. 이 같은 자기 본위의 부도덕한 가르침이 낳은 피할 수 없는 결과로서, 시민들은 차츰 사회 봉사에서 손을 떼고 자기의 종교적 정서에 몰두하게 되며, 현세의 삶을 가볍게 여겨 이것은 단지 좀더 나은 삶과 영생에 들어가기 위한 시련으로만 여기는 풍조가 생겨났다. 지상의 것을 멸시하고 천상을 관조하며 자기 자신을 잊는 경지에 이르는 성자와 은둔자가 민중 여론으로는 인류 최고의 이상이 되어, 이제까지의 자아를 잊고 국가를 위해 살고 죽기를 두려워하지 않는 애국적 영웅의 이상을 대신하게 되었다. 천상의 구름 속 '하느님 나라'를 본 인간의 눈에 지상 세계는 초라하고 경시해야 할 것으로 보였다.

이같이 삶의 중심이 현재에서 미래로 옮겨진 것인데, 이 때문에 저승이 아무리 커다란 이익을 얻었다 하여도 이승이 심한 손실을 입는 것은 거의 의심할 여지가 없는 것이다. 이로써 국가나 가족의 결속도 느슨해져 버렸다. 사회 구조가 개개의 요소로 분해해 버리고 이 때문에 야만 상태로 되돌아가는 성향이 생겼다. 문명이라는 것은 시민의 적극적인 협력과 나아가 개인적 이해를 전체 복리에 종속시키는 태도에 의해 비로소 가능해지기 때문이다. 사람들은 그들의 나라를 지키기를 거부하고 그들의 종족을 존속시키는 일마저 거부했다.

그들 자신의 영혼과 타인의 영혼 구제에 급급해 있었으므로 그들은 스스로 악의 원리로 바라본 이 물질 세계가 자기 주위에서 멸망해 사라져가는 것을 그저 방관하고 있었다. 이런 집착은 1000년간 계속되었다. 중세 말의 로마법, 아리스토텔레스 철학, 고대 예술 및 문학의 부흥을 계기로 유럽은 본디부터 지켜오던 생활과 행위의 이상, 그리고 좀더 건전한 남자다운 세계관으로 되돌아갔다. 장기에 걸친 문명의 정체는 끝났다. 동방 사상 침입의 조류는 마침내 방향을 바꾸었다. 그것은 아직도 후퇴하고 있다."*3

동방 사상의 조류는 1948년 이 부분을 집필하고 있었던 때에도 여전히 후퇴를 계속하고 있었다. 그런데 만약 지금 프레이저(영국의 인류학자)가 제4판을 내기 위해 그의 저서인 「황금가지」를 개정하려 했다면, 이 온화한 학자는 위의 도발적인 구절을 발표한 뒤로 41년 동안 유럽의 '본디부터 지켜오던 생활과 행위의 이상'으

---

*3 Frager, Sir J.G. : The Golden Bough. : *Adonis, Attis, Osiris : Studies in the History of Oriental Religion.*

로의 복귀가 나타낸 몇 가지 현상에 대해 도대체 뭐라고 말할지 궁금하다.

프레이저를 비롯하여 같은 생각을 가진 그의 동시대인들은 15세기 이탈리아에서 처음으로 모습을 나타낸 합리적이고 관용적인 일파에 속하는 서유럽 사회의 신(新) 이교주의자의 최후 세대가 되었다. 1952년에 이르는 동안 그들은 세속화된 서유럽 사회의 헤아릴 수 없는 심층에 나타난 악마적·감정적·폭력적인 후계자들에 의해 밀려나 자취를 감추고 말았다. 프레이저의 말이 알프레드 로젠베르크(납칠슨의선)의 음성을 타고 다시 퍼져나갔는데, 그것은 전혀 다른 반향을 가지는 것이었다. 그러나 로젠베르크와 프레이저가 둘 다 기번의 같은 명제를 제시했다는 사실에는 변함이 없다.

우리는 이미 이 '연구'의 앞부분에서 헬라스 사회의 쇠퇴가 실제로는, 그리스도교이든 그리스도교와의 경쟁에서 밀려난 다른 어떤 동방 종교이든 이들 종교가 침입하기 훨씬 전부터 시작되었음을 자세히 논했다. 이제까지의 조사에서는 고등 종교가 있음에도 무관하게 문명 사회가 사라질 수 있다는 결론에 이르렀으며, 이러한 비극은 여전히 일어날 가능성이 있다. 문제의 근본을 파헤치기 위해서 우리는 탐구 영역을 매크로코스모스(대우주)에서 마이크로코스모스(소우주)로, 과거의 역사적 사실에서 인간성의 영속적인 특질 쪽으로 옮기지 않으면 안 된다.

프레이저의 주장은, 고등 종교는 본질적으로 고쳐질 수 없을 만큼 반사회적이라는 것이다. 인간 관심의 초점이 문명이 지향하는 이상에서 고등 종교가 지향하는 이상으로 옮겨지는 동시에, 문명이 그 이동을 옹호함으로써 사회적 가치들이 손상된다는 주장은 정말일까? 정신적 가치와 사회적 가치는 서로 반대되는 것으로 갈등할 수밖에 없는 것일까? 개인 영혼의 구제를 삶의 가장 큰 목표로 받아들이면 문명의 구조는 침식당하게 되는 것일까?

프레이저는 이 물음들에 대해서 긍정적으로 대답하고 있지만, 만일 그의 대답이 옳다고 한다면 인생은 카타르시스(정화)가 없는 비극이라는 말이 된다. 이 '연구'의 필자는 그의 대답이 틀렸으며, 이는 고등 종교와 인간 양쪽의 본질을 오해하는 데에서 비롯한다고 믿는다.

인간은 자아를 갖지 않는 개미도, 비사회적인 키클로프스도 아닌 '사회적 동물'이므로 인격은 다른 인격과의 관계에 의해서만 표현되고 발달한다. 반대로 사회는 어느 개인과 다른 개인의 관계들 사이에 존재하는 공통의 기반일 따름이다. 사회는 개인의 활동 없이는 존재할 수 없으며 개인 또한 사회를 벗어나 존재할 수 없다. 나아가 인간과 인간의 관계 그리고 인간과 신과의 관계 사이에는 부조화가 있을 수 없다.

원시인의 영적 관념에서 부족민과 신들과의 사이에는 명백히 긴밀한 유대 관계가 있으며, 더구나 그 유대 관계는 부족민들 사이의 관계를 멀어지게 하기는커녕 그들을 사회적으로 가장 강력하게 결속시켜 주는 것이다. 신에 대한 의무와 이웃에 대한 의무 사이에 나타난 이러한 조화는 프레이저 자신이 원시적인 차원에서 조사하여 예증을 들고 있으며, 또 해체기 문명이 신격화된 제왕 숭배 가운데 새로운 사회 결속을 찾아내려 한 것도 이러한 조화가 가능함을 입증한다.

그렇다면 프레이저가 주장하듯 '고등 종교'에 의해 이 조화가 부조화로 바뀌는 것일까? 이론적으로나 실제적으로나 그 대답은 부정적인 것으로 보인다.

먼저 이론적으로 생각하건대, 아프리오리(선천적인 것)로서 인격은 정신적 활동의 주체라고밖에 달리 생각할 수 없다. 그리고 생각할 수 있는 유일한 정신적 활동 범위는 정신과 정신의 관계 속에 있다. 신을 추구함으로써 인간은 하나의 사회적 행위를 하는 것이 된다.

그리고 만일 신의 사랑이 그리스도에 의한 인류 구제라는 형태로 이 세상에서 행해진 거라면, 자신의 모습대로 인간을 창조한 신과 닮은꼴이 되려 하는 인간의 노력 가운데에는 마땅히 자기와 같은 인간들을 구제하기 위해 자기를 희생함으로써 그리스도의 모범을 따르려는 노력이 이어져야 한다. 따라서 신을 추구함으로써 자기 영혼을 구제하려는 노력과 이웃에 대한 의무를 다하려는 노력이 서로 대립한다는 것은 옳지 않은 말이다.

"네 마음을 다하고 목숨을 다하고 뜻을 다하여 주 너의 하느님을 사랑하라" 하셨으니 이것이 가장 크고 첫째 가는 계명이요, 둘째는 이와 같으니 "네 이웃을 네 몸과 같이 사랑하라."(《마태복음》 22 : 37~39)

세속적 사회에서 선의의 목적들은, 이러한 목적들을 직접적인 하나의 이상으로 추구하지 않는 세속적 사회보다 '지상에서 싸우는 교회'(현세에서 악과 싸우는 교회)에서 훨씬 더 잘 이루어진다. 다시 말해서 현세에서 개인 영혼의 정신적 진보는 실제로 다른 어떠한 방법에 의해서 이루어지는 것보다도 훨씬 많은 사회적 진보를 가져온다. 버니언의 비유에서는 '순례자'가 선행 생활에 들어가는 입구인 '작은 문'을 발견하게 된 것은 저 멀리 떨어진 지평선 위에 '반짝이는 빛'을 본 뒤의 일이었다.[*4]

그리고 우리가 지금 여기서 그리스도교적 표현을 사용하여 서술한 것은 다른 모든 고등 종교에서도 그대로 적용하여 해석될 수 있다. 그리스도교의 본질은 하나의 유형으로서 고등 종교 전체의 본질이다. 물론 보는 사람의 눈에 따라 신의 빛이 인간의 영혼 속에 비추는 이 갖가지 창들은 그 정도나 스며드는 빛줄기의 선택에 차이가 있을지 모른다.

이론에서 실제로, 즉 인격의 본질에서 역사적 기록으로 눈길을 돌리면, 종교가가 실제로 사회의 실제적 필요에 봉사한 것을 밝히기는 그리 어려운 일이 아니다. 아시시의 성 프란체스코·성 뱅상 드 폴·존 웨슬리·데이비드 리빙스턴 등의 예를 들면 새삼스럽게 증명할 필요도 없는 것을 밝히려 한다 하여 비난받으리라.

그래서 우리는 일반적 규칙을 벗어났다는 이유로 조소받는 사람들, '신에 도취한' 사람인 동시에 '반사회적'이며, 성자인 동시에 기인이고, 익살꾼에서부터 '가장 나쁜 의미의 선인'이라는 조롱을 받을 자격을 갖춘 사람들, 즉 사막에서 지낸 성 안토니우스(45년간 사막에서 관상 생활을 함)나 기둥 위에서 고행을 한 성 쉬메온(시리아의 고행자)과 같은 그리스도교 은자(隱者)를 예로 들어 보자.

분명히 이 성자들은 한 동료들과 떨어져 고독한 생활을 함으로써, '이승'에 머물며 뭔가 어떤 세속적인 직업에 몸담으면서 생애를 보냈을 경우에 그들 주위에 모일 것으로 생각되는 것보다 한결 넓은 범위의 사람들과 훨씬 활발한 관계를 맺었던 것이다. 그들은 그 숨어 살던 장소에서 현세를, 수도에 군림하는 황제보다도 더 효과적으로 지배했다. 이것은 신과의 교류를 개별적으로 구함

[*4] 「천로 역정」 제1부에 그려져 있는 크리스찬과 그 두 사람의 순례 여행은 아마 '종교적 개인주의'라고나 할 생활이다. 그러나 제2부에서는 이 불완전한 구상은 수정되어, 차츰 수가 늘어나는 순례자의 한패가 정신적 목적지를 향해 여행을 계속할 뿐만 아니라, 도중에 서로 세속적인 사회 봉사를 하기로 되어 있다. 이런 대조되는 점 때문에 녹스 선교사(현대 영국의 성직자)라는 사람은 제1부는 청교도인 버니언의 작품이 틀림없지만, 제2부는 '가짜 버니언'의 작품으로 영국 가톨릭교를 믿는 신앙심 깊은 어느 부인이 버니언의 이름을 훔쳐서 쓴 것이라는 기발한 주장을 펼치기도 했다.

으로써 신성함을 좇는 생활이 정치 활동을 통한 세속적인 사회적 봉사보다도 강력하게 세상 사람들을 움직이는 사회적 행동이었기 때문이다.

"동로마인의 금욕적 이상은 자신들이 처한 현실 세계로부터의 무익한 도피라는 말을 우리는 가끔 들어왔다. '자선자' 요한(알렉산드리아의 정교 총대주교)의 전기를 보면 위기에 처한 비잔틴인들이 어떻게 해서 동정과 구원을 얻을 수 있을 것으로 믿고 본능적으로 도움과 위로의 손길을 찾아 금욕 고행자에게로 달려갔는지 알 수 있다. ……비잔틴 시대 초기의 금욕주의에서 두드러진 특색의 하나는 그 사회 정의를 이루려는 열정과 가난한 자, 억압받는 자를 옹호하는 태도이다."*5

2. 과도기의 교회

이상 우리는 교회를 살아 숨쉬는 문명 조직을 마구 갉아먹는 암으로 보는 견해에 이의를 제기했다. 그래도 우리는 앞에서 인용한 글 마지막 부분에서 프레이저가 말하는 것, 즉 헬라스 사회 말기에 대단한 기세로 밀려든 그리스도교 물결이 근래에 와서 후퇴해 가고 있다는 점, 그래서 그리스도교 이후에 출현한 서유럽 사회가 그리스도교 이전 헬라스 사회와 같은 종류의 것이라는 점에 대해서는 동의를 표할 수 있다.

이 점에서 교회와 문명의 관계에 대한 제2의 가능한 견해, 예컨대 다음 구절에서 서유럽 사회의 어느 학자가 말하는 것 같은 견해가 생기게 된다.

"옛 문명은 운이 다했다. ……이에 반해 정통 그리스도 교도에게는 교회가 아론(모세의 형)과 같이 현세와 내세의 중간, 죽은 것과 살아 있는 것의 중간에 서 있었다. 그 상태에서 인간은 그리스도의 육체로서 영원한 삶을 목적으로 살아가며 그 목적으로 인해 일할 가치가 있는 것이었다. 게다가 교회는 로마 제국과 마찬가지로 현세에 존재하는 것이었다. 이처럼 교회의 관념은 그러한 중간 상태를 핵심으로 새로운 문명이 서서히 결정되어 가는 귀중한 정점이 되었다."*6

이 견해에 따르면 세계 교회의 존재 이유는, 죽게 될 운명에 처한 하나의 문

---

*5 Dawes, E., and Baynes, N.H. : *Three Byzantine Saints.*
*6 Burkitt, F.C. : *Early Eastern Christianity.*

명이 사라지고 다음 문명이 발생하기까지의 위험한 공백 기간 동안, 귀중한 생명의 씨앗을 보존함으로써 문명의 이름으로 불리는 사회의 씨를 끊이지 않게 하는 데에 있다. 즉 교회는 문명의 씨를 퍼뜨리며, 나비와 나비 사이를 연결하는 알·유충 및 번데기의 역할을 모두 한다는 말이 된다.

실제로 이 '연구'의 필자도 다년간 교회를 두둔한 교회의 역사적 역할에 대한 견해를 만족하게 여기던 것을 고백해야겠다.[7]

그리고 저자는 요즘도 교회를 암으로 보는 이 견해와는 달리 교회를 번데기로 보는 견해가 진실이라고 믿고 있다. 그러나 저자는 이것을 교회에 관한 진실 가운데 아주 작은 일부분일 뿐이라고 생각하기에 이르렀다. 아무튼 이제부터 검토를 하려고 하는 것은 진실의 한 부분에 해당하는 것이다.

1952년까지 여전히 생명을 유지하고 있는 문명을 살펴보면, 모두 그 배경에 세계 교회가 있고, 그곳을 매개로 한 세대 전에 일어난 문명의 자식 문명으로서 성립된 것을 알 수 있다. 서유럽 문명과 그리스 정교 문명은 그리스도 교회를 매개로 헬라스 문명의 자식 문명으로서 성립했다. 동아시아 문명은 대승 불교를 매개로 중국 문명의 자식 문명으로서 성립하고, 힌두 문명은 힌두교를 매개로 하여 인도 문명의, 또 이란 및 아랍 문명은 이슬람교를 매개로 하여 시리아 문명의 자식 문명이 되었다.

이들 문명은 모두 교회를 '번데기'로 삼았던 것이다. 또 앞의 이 '연구' 속에서 논한, 아직도 남아 있는 사라진 문명의 여러 가지 화석—예컨대 유대인이나 바리새 인 등—도 모두 교회의 껍데기 속에서 보존되고 있다. 이들 화석들은 실제 나비가 되지 못한 번데기 교회인 것이다.

어느 문명이 앞선 문명의 자식 문명으로서 태어나는 과정은 다음에 드는 실례를 보면 알 수 있듯이 세 가지 단계로 나뉜다. 이 단계는 번데기=교회라는

---

[7] 종교적으로 민감한 사람은 물론 이 견해에 만족하지 않고 오히려 우울한 기분에 빠질 것이다. "고전 문명의 붕괴와 함께 그리스도교는 예수 그리스도를 믿는 고매한 신앙이 더 이상 아니었다. 그것은 산산조각이 난 세계를 한데 잇는 사회적 시멘트 역할을 하는 종교가 되고 말았다. 따라서 이러한 자격으로 암흑 시대 뒤의 서유럽 문명이 다시 부활하도록 도왔던 것이다. 그리스도교는 오늘도 서유럽 사람들의 명목상의 신앙이 되고 있지만, 영리하고 활동적인 서유럽 사람들은 기독교의 이상에 대해 입으로만 경의를 표하는 일조차 점차 하지 않고 있다. 그리스도교의 미래를 도대체 누가 예언할 수 있겠는가."(Barnes, E.W. : *The Rise of Christianity*)

같은 견해로 보아 '수태기'·'임신기'·'분만기'라 이름 지을 수 있다. 이 3단계는 또 연대적으로 거의 구문명의 해체기·공백기·신문명의 발생기에 해당한다.

자식 문명 성립 과정의 수태기는 교회가 세속적 환경이 제공하는 기회를 포착할 때 시작된다. 그 세속적 환경의 특징 가운데 하나는, 성장기는 물론 동란 시대에조차 활기를 주고 있었던 제도나 생활 양식 대부분이 세계 국가의 출현에 의해 필연적으로 활동을 정지당한다는 사실이다. 세계 국가의 목적은 평온이다. 그러나 이 평온에 따른 안도감은 곧 욕구불만으로 바뀌어 버린다. 생명은 단지 정지하는 것만으로는 자기를 보존할 수 없기 때문이다.

이 같은 상황 아래서 갓 태어난 교회는 정체되어 있는 세속적 사회에 가장 절실하게 필요한 것을 제공함으로써 세력을 증대시켜 간다. 교회는 인간의 막혀 있던 에너지를 배출하기 위해 새로운 통로를 열어줄 수 있다.

"로마 제국에서 이교에 대한 그리스도교의 승리는······ 변론가에게 새로운 변론의 재료를 제공하고, 논리가에게 새로운 논쟁점을 제공했다. 그 가운데에서도 그리스도교는 사회의 온갖 부분에 끊임없이 작용을 미치는 하나의 새로운 원리를 낳게 했다. 그것은 침체된 대중을 마음속 깊숙이 흔들어 놓았다. 그것은 지나치게 커진 제국의 무관심한 민중 사이에서 격심한 민주 정신의 갖가지 열정을 불러일으켰다. 이단에 대한 공포는 억압된 의식이 하지 못하는 것을 이루었다. 이는 마치 양처럼 온순하게 압제자에게 이끌림당하는 일에 익숙해져 있던 인간을 열렬한 무리와 완강한 반역자로 바뀌게 했다. 오랫동안 잠잠해 있었던 웅변 소리가 다시 그레고리우스 설교단에서 울리기 시작했다. 필리피의 평원에서 사라진 정신이 아타나시우스나 암브로시우스 속에 되살아났다."*8

이것은 웅변적인 동시에 진실을 말하고 있다. 하지만 그 주제는 제2기, 즉 '임신기'를 말하는 것이다.

제1기, 승리에 앞선 투쟁 단계는, 로마 제국이 동란 시대의 불을 끄는 소화기로서 세계 국가의 지루한 평화를 강요하기 전 시대이며 그 조상들의 영예가 되고 비극이 되기도 한 무상의 희생을 바치는 즐거운 기회가 주어졌다. 이와 같이 '수태기'의 교회는 국가가 이미 해방시킬 수도, 이용할 수도 없게 된 에너지

---

*8 Macaulay, Lord : 'History', in *Miscellaneous Writings*.

를 교회 안에 받아들여 그 에너지의 배출구가 되는 새로운 통로를 터놓는다.

그 뒤 '임신기'의 특색은 교회 활동 범위의 두드러진 확대이다. 교회는 세속적 정치 분야에서 자기 재능을 드러낼 여지를 찾아낼 수 없었던 저명 인사들을 끌어들여 도움을 얻는다. 그러나 새로운 제도를 향해 눈사태처럼 사람들이 몰려들기 시작하면 그 속도와 범위는 해체기 사회의 붕괴 진행 속도와 비례하게 된다.

이를테면 해체기 중국 문명에서 대승 불교의 성공은 유라시아 유목민의 침입이 막혀 있었던 양쯔강 유역보다는 유목민들에게 침략당한 황하 유역 쪽이 훨씬 완벽하게 이루어졌다. 헬라스 문명 세계 해체기 동안 교회의 성공을 보면 4세기의 라틴화된 속주 주민들이 그리스도교로 한꺼번에 개종하고 정치의 중심이 콘스탄티노플로 옮겨지게 되어 서쪽의 여러 지방들이 신으로 모시는 신주가 사실상 포기된 시기와 일치한다. 같은 특징은 해체기의 시리아 세계에서 이슬람교의 발전, 해체기 인도 세계에서 힌두교의 발전 등에서도 그 예를 찾아볼 수 있다.

이슬람 신화의 색다르지만 표현력이 강한 비유를 빌려 말하면, 이 눈부신 발전 시기의 교회는 커다란 입을 벌리고 있는 지옥의 심연을 가로질러 낙원에 이르는 유일한 통로로서 면도날같이 좁은 다리 위를 확신에 찬 발걸음으로 건너간다. 예언자 마호메트의 화신인 숫양과 비교할 수 있다. 신앙 없는 자가 자기 발로 그 다리를 건너려는 모험을 하다가는 반드시 나락 속에 떨어진다. 이 다리를 건널 수 있는 것은 덕행이나 신앙의 보상으로서 운반하는 데 편리한 지복을 받은 진드기가 되어 숫양의 털에 달라붙는 것이 허용된 인간의 혼에 한정된다.

다리를 다 건넘과 동시에 교회의 전달 기능인 '임신기'가 끝나고 '분만기'에 들어간다. 바야흐로 교회와 문명의 역할이 거꾸로 되고, 그때까지 '수태기'에는 구문명에서 생명력을 흡수하고, '임신기'에는 공백 기간의 폭풍 속을 항해해 온 교회가 이번에는 자기 태내에 깃들인 새로운 문명에 생명력을 나누어 주게 된다. 우리는 이 창조적인 에너지가 종교와 정치의 세속적인 수로에까지 흘러드는 모양을 관찰할 수 있다.

경제에서는 '분만기'의 세계 교회가 신생 문명에 전한 가장 인상적인 현존 유산을 오늘날 서유럽 문명 세계의 경제적 용기 속에서 찾아볼 수 있다. 이 책을 쓸 무렵 서유럽 가톨릭 교회라는 번데기 속에서 세속적 사회가 오랜 동안에 걸쳐 빠져나간 뒤 이미 250년이나 지났으나 아직도 서유럽 과학 기술의 놀라운 거대한 기구가 서유럽 그리스도교 수도원 제도의 부산물이라는 것을 명백히 볼 수 있었다. 이 거대한 물질적 체계의 심리적 기초는 육체 노동의 의무와 존엄에 대한 신념, 즉 '노동은 기도'라는 믿음이었다.

노동을 천한 노예의 일로 알았던 헬라스 사회의 노동관에서 보면 이것은 혁명적인 방향 전환인데, 이러한 새로운 노동관이 확립된 것은 그것이 성 베네딕트 회칙에 의해 노동이 신성시되지 않았더라면 불가능했을 것이다. 이 기초 위에 베네딕트 수도회가 서유럽 사회 경제생활의 농업적 하부 구조를 쌓고, 그 하부 구조가 시토 수도회의 지적 항해자 활동에 의해 건설된 공업적 상부 구조의 바탕이 되었다.

그리고 수도사가 세운 이 농공업의 바벨 탑은 세속적인 이웃 사람의 마음속에 불러일으킨 선망이 조금씩 더해져서 마침내 그들은 손가락만 물고 있을 수 없게 되었다. 수도원에 의한 노동과 신념과 기도의 약탈이라는 것이 근대 서유럽 자본주의 경제 기원의 하나가 된 것이다.

정치의 영역에 대해서 말하면, 교황 제도는 지방 주권 국가와 세계 국가의 결점으로 인해 인류에게 피해를 주지 않고 둘의 이익을 동시에 줄 것을 약속한 그리스도교 공화국을 형성해 가는 과정이다. 교황제는 교회에서 대관식을 행함으로써 독립 왕국의 정치적 지위에 축복을 주고, 헬라스 사회 성장기의 정치 생활 속에 풍요한 결실을 가져온 다양성과 변화를 되찾았다. 동시에 헬라스 사회를 파멸에 빠뜨린 정치적 분립과 알력은 교황제가 로마 제국의 종교적 계승자로서 주장하는 압도적인 정신적 권위의 행사에 의해서 완화되고 억제되었다.

세속적인 지방 국가의 군주들은 종교적 목자의 지도 아래 보조를 맞춰 사이좋게 지낼 수 있게 되었다. 이 정치적·종교적 실험은 수세기 간의 시행착오 끝에 마침내 실패로 돌아갔으나, 실패의 원인은 교황제가 자기 성공에 도취해 정치적 무기를 부당하게 이용하면서 터무니없는 목적을 좇는 유혹에 굴복했기 때문이다.

발생기의 힌두 문명 정치 조직이 형성될 때에도 브라마 교단이 같은 역할을 맡아 했다. 브라마 교단은 그리스도 교회가 클로비스나 피핀(세운 프랑크족의 왕)에 대하여 행한 것과 같은 식으로 해서 토후국에 합법성을 부여했다.

다음으로 그리스 정교 세계의 그리스도 교회와 동아시아 문명 세계의 대승 불교의 정치적 역할을 조사해 보면, 이 두 사회의 종교는 다 함께 선행 문명의 세계 국가 망령이 불러일으켜 세웠으므로—수·당 제국은 한 제국의 부활이며, 동로마 '비잔틴' 제국은 그리스 정교 사회 본체로서 로마 제국의 부활이다—사회의 활동 분야가 제한된 것을 알 수 있다.

동아시아 사회에서 대승 불교는 함께 공존해 나아가며 민중의 정신적 욕구를 채우는 여러 종교 및 철학들 가운데 하나로서 새로운 지위를 발견했다. 이것은 그리 눈에 띄지 않는 형태였지만, 여전히 동아시아 사회의 생활 속에 스며들어 한국과 일본을 극동 문명의 생활 양식으로 문화적 전향을 시킬 때 중요한 역할을 했다. 이 경우 대승 불교의 역할은 헝가리·폴란드·스칸디나비아를 서유럽 그리스도교 세계 속에 끌어넣은 서유럽 가톨릭 교회나, 러시아에 그리스 정교 문명의 가지를 심어온 동방정교회의 역할에 견줄 만하다.

다음으로 '분만기'의 교회가 신생 문명에 대해 정치적 공헌에서 문화적 공헌으로 눈을 돌리면, 이를테면 정치적 활동 무대에서 쫓겨난 대승 불교는 문화의 영역에서 다시 효과적으로 자기를 주장했다. 대승 불교의 끈질긴 지적 잠재력은 부분적으로 원시 불교 철학에서 유산으로 이어받은 것이다. 이와 반대로 그리스도교는 고유의 철학 체계를 갖지 않고 출발했으나, 그 신앙을 이질적인 헬라스 사회 철학들의 지적 표현 형식에 따라 제시하지 않으면 안 될 상황에 빠졌다.

서유럽 그리스도교 세계에서는 그리스도교와 결부된 헬라스 사회의 학문이 12세기에 아리스토텔레스 철학이 공인되고 더 강화되면서 압도적으로 우세해졌다. 그리스도 교회는 대학을 세우고 후원해 서유럽의 지적 진보에 뚜렷한 공헌을 했다. 그러나 교회의 문화적 영향력이 가장 큰 공헌을 한 것은 예술 분야에서였다. 이는 너무나 분명한 사실이므로 새삼 설명할 필요도 없다.

위에서 우리는 교회가 어떻게 번데기 역할을 했는지에 대해 살펴보았다. 그런데 역사상 알려져 있는 모든 문명들이 서로 주고받는 관계를 한눈으로 동시에 바라보면, 대뜸 어떤 문명이 선행 문명의 자식으로서 태어날 때 반드시 교회가 번데기 역할을 하는 매개자가 된다고는 할 수 없음이 밝혀진다.

한 가지 예를 들면, 헬라스 사회는 미노스 '생각의 자식' 문명으로 태어났다. 그러나 미노스 세계의 내부에 발달하던 종교가 헬라스 사회의 번데기 역할을 하여 교회가 되었다는 증거는 없다. 또 제1기에 해당하는 초대 문명에서 내적 프롤레타리아 사이에 초보적 고등 종교가 발달하기는 했지만, 이들 초보적인 고등 종교가 그 다음에 나타난 문명의 번데기 역할을 할 수 있는 단계까지 아직 이르지 못했던 것은 분명하다.

손에 들어온 온갖 자료들을 조사한 결과, 제2대 문명—헬라스 문명·시리아 문명·인도 문명, 기타—이 선행 문명의 자식 문명으로 성립할 때 교회가 매개자가 된 것은 '하나도 없으며' 기존의 고등 종교는 '모두' 제2대 문명이 해체되어 가는 사회 내부에서 발달했다는 것, 하지만 제3기 문명의 일부가 이미 쇠퇴하고 해체해 가고 있는 시점에서—그리고 이 모두가 언젠가 그렇게 될지 모르지만—제2의 세계 교회가 태어날 믿을 만한 증거를 아직 보여주지 않고 있음은 사실이다.

따라서 우리는 다음과 같은 순서를 이끌어 낼 수 있다.

미개 사회→초기 문명(제1기 문명)→제2기 문명→세계 교회→제3기 문명

이 순서를 염두에 두면서 이제 우리는 도대체 교회란 어느 특정한 시기의 문명을 낳는 번식 수단에 지나지 않는 것인가, 또는 그 이상의 무엇인가에 대한 문제를 생각해 볼 수 있게 되었다.

3. 사회의 상위권으로서의 교회

새로운 분류

이제까지 우리는 문명이 역사의 주역이며, 교회의 역할은 문명의 방해물(암)이든 조력자(번데기)든 문명에 종속된 것이라는 가정 위에서 이론을 전개해 왔다. 그러나 만일 교회가 주역이며, 문명의 역사는 문명 자체의 운명을 기준으로 하는 것이 아닌, 문명이 종교의 역사에 영향을 끼친 결과라는 관점을 기준으로 살펴보고 해설해야 할지도 모른다. 이 생각은 기발하고 역설적으로 보일지 모르지만, 요컨대 성서의 총서 안에서 응용되고 있는 역사에 대한 접근 방

법이다.

이 견해로 보면, 우리는 문명의 존재 이유에 대한 이제까지의 가정을 수정해야 한다. 제2기 문명이 나타난 것은 자기 공적을 성취하기 위해서 또는 자기와 같은 종류의 제3기 문명을 낳기 위해서가 아니라, 완전히 자란 고등 종교가 태어나는 기회를 제공하기 위해서였다고 생각해야 한다. 그리고 이들 고등 종교가 발생하는 것은 제2기 문명의 쇠퇴와 해체의 결과이므로, 제2기 문명의 말기—이는 문명의 입장에서 보면 실패를 뜻하는 것이지만—야말로 문명이 종교의 탄생을 위해 존재했다는 관점에 대해 그 의미를 부여하는 시기이다.

같은 사고 방식에 따라 초기 문명도 같은 목적을 위해서 나타났다고 생각해야 한다. 그 후계자와 달리 초기 문명은 완전히 성숙한 고등 종교를 낳게 할 수는 없었다. 초기 문명에서 내적 프롤레타리아의 초보적 고등 종교—탐무즈·이시타르 숭배나 오시리스·이시스 숭배 등—는 끝내 꽃을 피우지 못했다. 그럼에도 이들 문명은 결국 그 내부에서 완전히 자라난 고등 종교가 제2기 문명을 낳음으로써 간접적으로 그 사명을 이룬 셈이 되며, 초기 문명이 낳은 초보적 종교는 제2기 문명이 고등 종교를 탄생시키는 과정에서 감응(感應, inspiration)을 주었다.

이같이 보면 잇달아 출현하는 초기 문명과 제2기 문명의 흥망은 이전에 다른 문제와의 관련에서 서술한 것처럼, 수레를 앞으로 나아가게 하는 회전 운동의 한 예가 된다. 그런데 왜 문명이라는 바퀴가 돌아감으로써 종교라는 수레를 앞으로 나아가게 하는가를 물어본다면, 종교는 정신적 활동이며, 정신적 진보는 아이스킬로스가 '파테이 마토스*⁹(고통에서 배우다)로 표현한 '법칙'을 따른다는 진리 속에서 찾아볼 수 있다.

정신 생활의 본질에 대한 이러한 직관을 그리스도교에서 마치 그 자매 종교인 대승 불교·이슬람교·힌두교가 마침내 꽃을 피우게 되기까지의 정신적 노력에 적용한다면, 우리는 탐무즈나 아티스·아도니스·오시리스의 수난이 그리스도 수난의 전조였음을 짐작할 수 있다.

그리스도교는 헬라스 문명의 쇠퇴로 일어난 정신적 고뇌 속에서 태어났다. 그러나 이것은 더 긴 이야기의 마지막 장이었다. 그리스도교의 뿌리는 유대교

---

*9 아이스킬로스의 비극 「아가멤논」 속에 나오는 말.

와 조로아스터교인데, 유대교와 조로아스터교는 한 시대 전에 일어난 제2기에 속하는 두 문명, 즉 바빌로니아와 시리아의 쇠퇴 결과로 생긴 것이다.

유대교의 발상지인 이스라엘과 유다 두 왕국은 시리아 문명 세계의 서로 싸우는 많은 지방 국가들 사이에 있었다. 그리고 이 두 세속적 국가가 멸망해 그 모든 정치적 야망이 사라짐으로써 유대교가 탄생했으며, 기원전 6세기, 즉 아케메네스 제국이 수립되기 직전 시리아 동란 시대의 최후 고난 시기에 '고난받는 종의 비가'(《이사야》 여러 곳, 특히 53장) 가운데 최고의 표현들을 만들어 냈다.

그러나 이것이 이야기의 시초는 아니다. 그리스도교의 근원인 유대교는 모세의 신앙 속에 그 뿌리를 내리고 있기 때문이다. 그리고 이스라엘과 유대의 종교 예언서 이전의 단계는 세속적 파국, 즉 이스라엘 자신이 전승한 이스라엘인을 내적 프롤레타리아 속에 포함시켰던 이집트의 '신제국' 붕괴의 결과였다. 같은 설화로서, 이스라엘 민족의 역사가 이집트에 수난받기 이전 수메르 문명 해체기의 어느 시기에, 아브라함이 '유일한 참된 신'에게서 계시를 받아 그 계시에 인도되어 파멸의 운명에 있는 수메르 제국의 수도 우르에서 탈출했다는 이야기를 전하고 있다.

이처럼 그리스도교가 절정에 달한 정신적 진보의 제1단계는 설화에서 역사가들이 알고 있는 최초의 세계 국가 붕괴와 결부되어 있다. 이 같은 관점에서 보면 그리스도교는 잇달아 일어난 세상의 환난을 견디어 내고 그저 살아남은 정도가 아니라, 그러한 환난으로써 축적된 자극을 이끌어 내어 정신적 진보의 절정에 이르렀음을 알 수 있다.

이처럼 문명의 역사가 다양성과 반복성을 지닌 것과는 대조적으로 종교의 역사는 단일성과 점진성을 가진 것처럼 보인다. 그리고 시간적 차원에서는 물론 공간적 차원에서도 이 둘의 차이는 나타나는데, 20세기에 살아남은 그리스도교와 다른 세 고등 종교 사이에는 동시대 문명들 사이에서보다도 훨씬 밀접한 유사성이 존재한다.

이 유사성은 신을 스스로 희생하는 구세주로 보는 그리스도교와 대승 불교 사이에서 특히 뚜렷이 드러난다. 이슬람교와 힌두교는 어떤가 하면, 이들 두 종교 또한 저마다 독특한 의의와 사명을 신에게 부여하고 있다.

이슬람교는 신의 유일성이 매우 약해져 있는 그리스도교와는 반대로 이 중요한 진리를 다시 강조했으며, 힌두교는 원시 불교의 철학 체계에서 인격의 존재가 분명히 부정되어 있는 것과는 반대로 인간의 헌신적 신앙을 바치는 대상으로서 신의 인격성을 다시 강조했다. 이들 4개의 고등 종교는 동일한 테마의 네 가지 변주곡이라 하겠다.

그러나 만일 그대로라면 적어도 유대교에서 비롯한 그리스도교와 이슬람교에서 이제까지 종교는 달라도 가르침과 계시는 오직 하나임을 깨달은 인간들은 매우 소수의 드문 정신을 지닌 자들에 한하며, 보통 사람들이 가진 견해는 그 반대였던 것은 무슨 까닭일까?

유대교 계통의 고등 종교들은 저마다 자기 쪽 창에서 스며드는 빛이 유일하고 완전한 빛이며 다른 자매 종교는 암흑 속은 아니더라도 모두 희미한 빛 속에 웅크리고 있다는 식으로 생각하고 있다. 각 종교 내부에서도 저마다의 종파가 그 자매 종파에 대해 또 같은 입장을 취한다. 그리고 이같이 서로 다른 교파가 서로의 공통점을 인식하고 상대편 주장을 용인하는 것을 거부하는 것은 불가지론자(不可知論者 : 인간은 신을 인식할 수 없다고 보는 사람, 유신론과 무신론 둘 다 배격함)에게 신을 모독할 기회를 주는 것이다.

이러한 한탄스러운 상태가 한없이 계속되느냐는 물음을 던질 때, 우리는 이 문맥 속에서 '한없이'라는 말 속에 내포되어 있는 의미를 상기할 필요가 있다. 즉 인류가 새로이 발견된 기술을 이 지구상의 생물을 절멸시키기 위해 사용하지 않는다면 인류의 역사는 이제 겨우 유아기일 따름이며, 앞으로도 계속 이어질 것이다.

이러한 관점에서 비추어 볼 때, 현재의 종교적 할거주의 상태가 한없이 계속된다는 것은 너무나 불합리한 일이다. 각종 교회나 종교가 서로 적대시하고 싸우면 킬케니의 싸우는 고양이와 마찬가지로 양쪽이 다 쓰러지든가 아니면 하나로 통일된 인류가 종교적 통일 속에 구원을 찾게 되든가 어느 쪽일 것이다. 그래서 우리는 가정이긴 하지만 그 통일이 어떤 성질의 것이 될 것인지 생각해 보기로 하자.

하등 종교는 그 본디 성질이 지역적인 것으로 부족 또는 지방 국가의 종교이다. 세계 국가의 성립과 함께 이들 종교의 존재 이유는 소멸되고 고등 종교 또는 그 밖의 다른 종교들이 사람들을 개종시키기 위해 경쟁하는 광대한 지역이 나타난다. 따라서 종교는 개인의 선택이 된다. 이미 이 '연구' 속에서 여러 번이나 말했듯이 로마 제국 내부에서 마침내 그리스도교의 손에 돌아간 수확물을 여러 종교들이 빼앗기 위해 서로 경쟁하는 것을 보았다. 지금 또 단일 경쟁의 무대—즉, 이번에는 전세계적으로 확대된—에서 여러 종교들이 동시에 전도 활동을 벌인다면 결말은 어떻게 될 것인가?

아케메네스·로마·쿠샨·한(漢)·굽타 등 제국 내부에서 저마다 나타난 이러한 움직임은 결과가 둘 중 하나가 될 가능성을 보여준다. 유일한 종교가 승리자가 되느냐, 또는 중국 문명 세계나 인도 문명 세계의 경우처럼 서로 경쟁하는 종교들이 공존하기로 상호 타협하느냐의 어느 쪽이다. 이 두 가지 결말은 언뜻 서로 다른 것처럼 보이지만, 실제로는 반드시 그런 것은 아니다. 승리자가 될 종교는 보통 경쟁 상대의 주요한 특징들 가운데 어떤 것을 흡수해 받아들임으로써 승리를 거두기 때문이다.

승리를 얻은 그리스도교의 판테온에서 마리아는 신의 위대한 어머니라는 변화된 모습으로 키벨레나 이시스의 특징을 다시 보여주고 있으며, 또 싸우는 그리스도에게서 미트라와 솔인빅투스의 모습을 볼 수 있다. 마찬가지로 승리를 얻은 이슬람교의 판테온에서는 추방되었을 신이 숭상받는 알라(정통파 칼리프, 최후의 사람)의 모습으로 변장하여 남몰래 숨어들었고, 또 금지되었을 우상 숭배가 메카에서 카바 신전의 창시자 자신에 의해, 성별된 흑석(黑石)*10의 주물 숭배로서 다시 나타났다.

그럼에도 이 두 가지 결말, 즉 유일 종교를 주장할 것인가 공존을 감수할 것인가의 차이는 매우 중대하여 20세기 서유럽화하는 세계의 자식들은 자기들의 결말에 대해 무관심할 수는 없다.

어느 결말이 가능성이 클까? 과거에 유대교 계통의 고등 종교가 경쟁 무대 위에 있을 때에는 불관용의 분위기가 팽배했으며, 이와 반대로 인도 문명의 기질이 우세할 때에는 공존 공영이 통칙이었다. 현재에도 위 물음에 대한 대답은, 고등 종교가 맞닥뜨리게 될 상대의 성향으로 결정될 것이다.

왜 그리스도교는 유대교의 신은 사람이라는 직관을 받아들이고 선언한 뒤에 이에 모순되는 질투심 많은 신에 대한 유대교의 개념을 다시 받아들이는가?

---

*10 순례자의 참회의 눈물로 또는 손을 댄 사람들의 죄로 인해 검게 변했다고 전해지는 성석(聖石).

그 이래 끊임없이 그리스도교가 커다란 정신적 타격을 겪고 퇴보하게 된 것은, 그리스도교가 카이사르 숭배와의 생사가 걸린 싸움 끝에 거둔 승리에 대해 치른 대가였다. 교회의 승리로 평화가 회복된 뒤에도 야훼와 그리스도의 부조화적인 결합을 해체하기는커녕 도리어 한결 강화시켰던 것이다. 승리의 순간에 그리스도교 순교자의 비타협적 태도가 더욱 거세어져서, 박해자에 대한 불관용적 종교가 되어 버린 것이다.

그리스도교의 이 초기 역사는 서유럽화하는 20세기의 정신적 전도에 불길한 전조를 나타낸다. 초기 그리스도교로부터 결정적인 패배를 당한 리바이어던(성경 《욥기》에 나오는 지상에서 가장 괴이한 동물) 숭배가—근대 서유럽 문명의 조직화와 기계화의 천재적 능력을 이용한 악마적인 교묘성으로—과거의 어떠한 사악한 압제자에 못지 않을 만큼 육체는 물론 영혼까지 노예로 만들려는 흉악한 전체주의 국가의 출현으로 재현되었기 때문이다.

서유럽화하는 세계에서 신과 카이사르의 싸움이 다시 시작되는 것이 아닌가 하고 여겨진다. 이러한 싸움에서 국가의 임무를 다한다는 도덕적인 영광이 있다. 그러나 정신적 위험을 감수해야 하는 역할이 다시 한 번 그리스도교에 지워질 것이다.

따라서 카이사르 숭배와의 두 번째 싸움에 의해 그리스도 교회가 첫 번째 퇴보에서 회복되지 못하는 사이에, 야훼 숭배로 되돌아가는 두 번째 퇴보를 할 우려가 있음을 염두에 둘 필요가 있다. 그러나 만일 그들에게 고통받는 그리스도의 사랑의 화신으로서 신의 계시가 마침내 돌같이 단단한 마음을 육(肉)의 마음으로 바꿀 것이라고 믿는 강한 신앙이 있다면, 그리스도의 계시에 따라서 카이사르 숭배뿐만 아니라 야훼 숭배로부터도 해방된, 정치적으로 통일된 세계에서 종교의 미래를 바라볼 용기가 솟아날 것이다.

4세기 마지막 무렵 승리를 거둔 교회가 교회에 가기를 거부하는 자를 박해하기 시작했을 때, 이교도인 시마쿠스(로마의 정치가·웅변가)가 항의를 했다. "오직 하나의 길을 더듬기만 해서는 그같이 위대한 신비의 핵심에 도달할 리가 없다." 이 구절을 보면 이교도 쪽이 그를 박해한 그리스도 교도보다 훨씬 그리스도에 가깝다.

자애(慈愛, charity)는 직관의 어머니이다. 그리고 인간성에는 신의 창조적 작품임을 증명하는 것으로서 결실이 풍부한 '다양성'이라는 각인이 찍혀 있는 이상, 인간이 '유일한 참된 신'에게 다가갈 수 있는 길이 하나뿐이라고 주장하는, 이러한 획일성은 있을 수 없다. 종교는 인간의 영혼이 신의 빛을 받아들이게 하기 위해 존재하는 것이므로, 신을 섬기는 인간의 다양성을 충실히 반영하는 것이 아니면 이 목적을 이룰 수 없다.

이처럼 현존하는 고등 종교의 하나가 제시하는 생활 태도와 신에 대한 관념은, 20세기 새로운 인간 지식 분야의 개척자들에 의해 그 특징이 점차 드러나고 있는 주요한 심리학적 유형의 하나에 일치하는지도 모른다. 만약 이들 각 종교가 수많은 인간이 함께 경험하게 되는 그 어떤 필요성을 충족시키는 것이 아니라면, 그토록 오랜 기간에 걸쳐 그토록 많은 인류의 마음을 사로잡는 데 성공한다는 것은 도저히 생각할 수 없는 일이다. 이같이 보면 현존하는 고등 종교의 다양성은 종교의 장애물이 아니며 다양한 인간 정신의 필연적 결과로서 나타날 것이다.

만약 이상과 같이 종교의 미래에 대한 견해에 사람을 믿고 복종케 하는 힘이 있다면, 여기에서 문명의 역할에 대한 새로운 견해가 열린다. 종교라는 수레가 움직여 가는 방향이 불변한다면, 주기적으로 되풀이되는 문명의 흥망성쇠는 종교적 변화와는 대조적인 동시에 종속적인 것인지 모른다. 지상에서의 탄생—죽음—탄생의 '슬픔의 윤회'에 따른 주기적 회전에 의해 종교라는 수레를 천국의 방향으로 진행시켜 가는 것이 문명의 목적이며, 여기에 문명의 의미가 존재하는지도 모른다.

이 관점에서 보면 초기 및 제2기 문명의 존재 이유는 명확히 설명되지만, 제3기 문명의 존재 이유는 한눈에도 모호해 보인다. 초기 문명은 그 쇠퇴기에 고등 종교의 바탕을 마련했고, 제2기 문명은 이 책 집필에도 한창 활동하고 있던 4개의 완벽한 고등 종교를 탄생시켰다.

제3기 문명에서 내적 프롤레타리아의 소산 가운데 간신히 볼 수 있는 새로운 종교는 이 책 집필 무렵 몹시 부진한 듯 보였다. 그리고 조지 엘리엇이 쓰고 있듯이 '예언은 인간의 오류 가운데 가장 쓸모없는 것'일지 모르지만, 이 새로운 종교는 결국 보잘것없는 것으로 판명되리라고 예언해도 무모한 일은 되지 않을 것 같다.

우리가 지금 제시하는 역사적 견해에 따라 생각할 수 있는 근대 서유럽 문명의 유일한 존재 이유는, 그리스도교와 그리스도교의 현존하는 세 자매 종교들이 문자 그대로 세계적 규모로 합류할 수 있도록 장소를 제공함으로써 이들 종교의 궁극적 가치와 신앙이 하나임을 깨닫게 하며, 인간의 집단적 자기 숭배라는 매우 질이 나쁜 형태의 우상 숭배 같은 일이 다시 일어날 경우에 이에 맞서는 것이다.

교회의 과거 의의

이 장의 앞 절에서 취한 견해는, 종교는 모두가 허구이며 인간이 바라는 것들을 담고 있을 뿐이라고 생각하는 사람들과 교회는 이제까지 늘 입으로 외는 신앙과는 전혀 반대되는 행동만 해 왔다고 비난하는 사람들 양쪽으로부터 한꺼번에 비난받을 염려가 있다. 앞엣 사람들의 견해에 대해 말하는 것은 이 '연구' 범위 밖의 일이므로 비난하는 사람들로부터의 공격에 한정하기로 하나, 우리의 비판자가 고발할 만한 것들을 잔뜩 가지고 있음은 이의 없이 인정한다. 이를테면 그리스도 교회의 지도자는 가장 초기로부터 최근에 이르는 동안 여러 시기에 유대인의 성직 지배와 바리새주의(종교적 형식주의), 그리스인의 다신교와 우상 숭배, 로마인의 유산인 법률을 방패삼아 기득권을 옹호하는 태도를 취함으로써 정도를 벗어나 교회의 창시자를 부인하는 것처럼 보인 적이 있었으며, 다른 고등 종교 또한 같은 비난을 면할 수는 없다.

이러한 실패는 빅토리아 시대의 어느 재치 넘치는 주교가, 성직자는 어째서 저런 바보들뿐이냐는 질문을 받고 대답한 다음과 같은 멋진 대답에 의해—물론 변명이 되지는 않지만—설명할 수 있다. "당신은 도대체 무엇을 기대할 수 있는가? 어쨌든 우리는 속물밖에 의지할 사람이 없으니 말일세." 교회는 성인이 아니라 죄인들로 이루어진 것이며, 어느 시대 어느 사회의 교회도 학교와 같은 것이어서, 교회가 소속해 있고 활동하며 존재의 모체가 되는 사회에 비해 그렇게 멀리 진보해 있을 수는 없는 것이다. 그러나 상대편은 또 한번 같은 비난을 되풀이하면서 우리 빅토리아 시대의 주교에게 불쑥 당신의 교회는 그 속물 중에서도 찌꺼기만을 고르지 않았느냐고 반박할지도 모른다.

서유럽 문명 세계의 정치적인 견해에서 반대자가 늘 꺼내는 그리스도 교회에 대한 비난의 하나는, 교회는 진보해 나아가는 수레 바퀴의 전진을 방해하는 기구 역할을 해 왔다는 것이다.

"17세기 이래 서유럽 그리스도교 세계에서 그리스도교 이후의 서유럽 문명이 발달해 감에 따라 교회가 세속주의의 확대와 신(新)이교주의로의 후퇴를 두려워한 것은 정당했으나, 쇠퇴해 가는 사회 제도와 신앙을 동일시한 것은 잘못이다. 그래서 '자유주의적' '근대주의적' '과학적' 오류에 대해 사상적 방어를 취함과 동시에 경솔하게도 정치적 복고주의에 빠져들어 봉건 제도·군주 제도·귀족 제도·자본주의와 그 밖의 구제도를 전반적으로 지지하는 동시에 공동의 적인 '혁명가'와 반그리스도교적인 정치적 반동주의자의 동맹자가 되었으며, 때로는 그의 앞잡이가 되기도 했다. 근대 그리스도교의 정치적 기록이 그리 훌륭하지 못한 것은 그 때문이다.

19세기에는 자유민주주의를 물리치기 위해 군주제 및 귀족 계급과 동맹을 맺었으며, 20세기에는 전체주의를 몰아내기 위해 자유민주주의와 동맹을 맺었던 것이다. 이처럼 그리스도교는 프랑스 혁명 이래 언제나 정치적으로 한 단계씩 시대에 뒤지고 있는 느낌이 있었다. 이것은 말할 것도 없이 근대 세계에서 그리스도교에 대한 마르크스주의의 비판의 요지가 되었다. 이에 대한 그리스도교의 대답은 아마도 붕괴해 가는 문명인 '가다라의 돼지 떼'가 맹목적으로 언덕바지를 뛰어내려갈 때(《마태복음》 8 : 28~34), 무리의 뒤에서 떨어지지 않게 따라가서 될 수 있는 대로 많은 돼지의 눈을 언덕 위쪽으로 돌리게 하는 것이 교회의 사명이라고 대답할 것이다."[11]

종교를 터무니없는 공상이라고 생각하는 사람은 이러한 비난과 또한 이 밖에 많은 비난을 듣고서 자신들이 이미 취하고 있던 견해에 한결 더 강한 자신을 갖게 될지도 모른다.

그러나 이 '연구'의 필자처럼 종교를 삶에서 가장 중요한 가치로 믿고 있는 사람은 자신이 가진 신념에 의해 원대한 견해를 갖게 되며, 비교적 짧다고는 하나 또한 먼 옛날의 안개 속에 사라져 가는 과거를 생각해냄과 동시에, 수소폭탄이나 그 밖에 서유럽 기술의 결작을 써서 행해질지도 모르는 인류의 자살 행위로 인해 역사가 단절되지 않는 한 거의 우리가 상상할 수 없는 영겁에까지 미칠 것이 틀림없는 미래를 바라보는 것이다.

---

* 11 Wight, ML : *A Study of History*.

감정과 이성의 갈등

신을 찾는 영혼은 어떻게 하면 종교의 본질을 그 우연적 성질에서 분리할 수 있는가?

전세계적인 범위로 통일이 이루어지고 있는 '세계'에서 어떻게 하면 그리스도 교도·불교도·이슬람교도·힌두 교도는 하나됨의 방향을 향해 한걸음 나아갈 수 있을까? 정신적 광명을 추구하는 이 구도자들 앞에는 그들의 선배가 이미 걸어왔으며 또 그리스도 탄생 이래 기원 20세기의 고등 종교가 맞닥뜨린, 종교적 계몽(enlightenment, 깨우침) 단계에 있는 이 험한 길만이 펼쳐져 있다. 원시 사회의 이교적 신앙에 의해 대표되는 단계에 비하면, 이들 4개 종교의 상대적 깨우침은 분명히 놀라운 진보를 보여 주고 있다. 그러나 그들은 이미 앞 시대 사람들의 노고 위에 편히 앉아 있을 수는 없다. 그들은 미해결인 채로 버려 둘 수 없는 감정과 이성의 갈등으로 고통을 당하고 있으며, 이 갈등은 정신적으로 더욱 앞서 나아감으로써만 해결할 수 있기 때문이다.

이 갈등을 해결하기 위해서는 그 갈등이 어떻게 발생했는가를 이해해야 하지만, 다행스럽게도 오늘날 감정과 이성의 갈등은 그 근본 원인이 뚜렷하다. 이는 근대 서유럽 과학이 고등 종교에게 준 충격으로 가속화된 것으로서, 근대 과학이 고등 종교를 앞지르기 시작한 시기는, 고등 종교가 아직 근대 과학적 견해를 갖고 있지 않았다 해도, 어차피 지금쯤은 시대에 뒤진 고물이 되어 있을 것으로 생각되는 많은 낡은 전통을 종교가 그대로 지니고 있던 단계에서였다.

그러나 이것은 종교와 합리주의가 부딪치게 된 최초의 예는 아니다. 적어도 두 가지 전례가 기록에 남아 있다. 비교적 연대가 가까운 쪽을 먼저 생각해 보면, 우리는 현존하는 4개 고등 종교가 저마다 그 역사의 초기에는 한 시대 전 형태의 합리주의와 만났으며, 그 모두가 합리주의와의 타협에 성공했음을 떠올릴 수 있다. 이들 종교 하나하나에 대해 오늘날 정통으로 여겨지고 있는 신학은 기성의 세속적 철학과 타협한 산물이며, 이미 그 사상의 유파가 당시 그 교회의 전도 활동 무대가 되어 있던 사회의 소수 교양 있는 사람들 사이에 지배적인 흐름이 되어 있었으므로 새 고등 종교는 그것을 거부할 수 없었을 뿐만 아니라 무시할 수조차 없었던 것이다. 그리스도교 신학과 이슬람 신학은 그리스도교와 이슬람교를 헬라스 철학의 용어를 빌려 말한 것이며, 힌두 신학은 힌두교를 인도 철학의 용어를 빌려 말한 것이다. 또한 인도 철학의 한 유파인 대승 불교는 철학의 성격을 유지하면서 종교로 바뀐 것이었다.

그러나 위의 내용이 이 이야기의 첫째 장은 아니다. 새 고등 종교가 철학을 인정해야만 했던 시대에 이미 철학은 고정된 사상 체계로서 이전에는 동적인 사상 운동이었다. 그리고 이 생기에 넘치고 활발하게 성장해 가는 청년기—이는 근대 서유럽 과학의 성장기에 비유되는 것이었다—의 그리스 철학과 인도 철학은 헬라스 문명과 인도 문명이 원시인으로부터 이어받은 이교적 종교와 만났던 것이다.

이 두 가지 선례는 얼핏 보아 우리를 마음 든든하게 해 주는 것처럼 생각된다. 만일 인류가 과거에 종교와 합리주의의 만남에서 두 번(즉, 헬라스시대에 철학과의 타협과 근대에 과학 문명과의 타협) 무사히 살아남은 경험이 있다면, 이것은 현재 만남의 결과를 예고하는 좋은 전조가 아니겠는가? 이에 대한 대답을 하자면 이전에 일어난 두 번의 만남에서 처음에는 오늘날 맞닥뜨린 것과 같은 문제가 일어나지 않았으며, 나중의 경우에도 문제는 그 시대, 그 장소의 목적에 알맞도록 잘 해결되기는 했으나, 그 일이 오히려 오늘날 20세기에 이르러 서유럽화하는 세계가 맞닥뜨린 가장 중요한 문제점이 되었다는 사실이다.

이제 막 눈뜨기 시작한 여명(黎明)기의 철학과 전통적인 이교가 만났을 때에는 감정과 이성을 화해시킨다는 것이 전혀 문제가 되지 않았다. 왜냐하면 이 둘이 갈등할 공통되는 논제가 없었기 때문이다. 원시 종교를 받아들이는 것은 신념이 아니라 행동인 것이며, 그 종교를 신봉하고 있느냐 않느냐는 것은 신념에 동의하느냐 않느냐에 의해서가 아니라 제사 행사에 참가하느냐 않으냐에 따라 판별된다. 원시 종교의 행사는 그 자체가 목적인 것이며, 행사를 행하는 인간에게는 그들이 행하는 종교적 의식의 저쪽에 이러한 의식에 의해 전해지는 진리를 탐구하려는 생각은 조금도 일어나지 않았으리라. 이러한 의식은 이를 실행하면 틀림없이 일어난다고 믿게 되는 실제적 결과 이상의 의미를 갖지 않는다. 따라서 이러한 원시 종교가 행해지고 있는 곳에 '진실'과 '거짓'으로 표현되는 지적 용어로 인간 환경을 분석하는 철학자가 나타난다 해도 철학자가 계속해서 전통적인 종교적 의무를 다하는 한 갈등은 일어나지 않는다. 더구나 그의 철학 가운데에는 그에게 그러한 종교 의식을 따르지 말라고 금하는 것은 아무것도 없다. 전통적 의식 가운데는 철학과 양립해서는 안 되는 요소는 전혀 포함되어 있지 않기 때문이다. 철학과 원시 종교는 서로 마주치기는 했으나 갈등은 일어나지 않았다. 적어도 이 통칙의 예처럼 눈에 띄는 사건이 하나 있기는 하나 잘 조사해 보면 사정이 다르다. 소크라테스는 이교의 박해를 받아 사형당한 철학 분야의 순교자는 아니었다. 그의 처형은 펠로폰네소스 전쟁에서 아테네가 패배한 뒤에 일어난 당파 간의 거센 정치적 분쟁의 여파를 받은 사건이었다. 만약에 아테네의 '파시스트당' 지도자(30인 참주의 한 사람인 크리티아스)가 그의 제자 무리 가운데 끼어 있지 않았다면, 소크라테스는 아마도 중국 문명의 이교적 세계에서 그와 동등한 지위를 차지한 공자처럼 침대 위에서 평화롭게 숨을 거두었으리라.

고등 종교의 등장과 함께 새로운 사태가 일어났다. 실제로 고등 종교는 이들 새로운 신앙이 처음으로 모습을 드러낸 사회에서 그 무렵 행해지던 갖가지 전통 제례 의식을 버리고 그 대부분을 다시 받아들였다. 물론 원시 종교의 잔영들이 고등 종교의 본질을 형성하는 것은 아니다. 고등 종교가 원시 종교와 구별되는 새로운 특색은, 예언자가 직접 신으로부터 받았다고 믿어지는 계시에 기초를 두고 있다는 점이다. 더구나 이 예언자들의 말은 철학자의 명제와 마찬가지로 '진리'냐 '거짓'이냐를 따지는 사실의 진술로서 제시되었다. 그와 동시에 '진리'의 정신적 영역으로 물음을 던지기 시작했다.

이때부터 예언자의 계시와 철학자의 이성이라는 2개의 독립적인 권위가 나란히, 지성의 활동 영역 전체에 대한 지배권을 요구하게 되었다. 따라서 이성과 계시는 전에 이성과 의식(儀式)이 공존했듯이 사이좋게 서로 상대의 영역을 침범하지 않고 공존하는 것이 불가능해졌다. 이제 '진리'는 저마다 절대적이고 배타적인 타당성을 주장하여 서로 갈등하는 2개의 형태로 나뉜 것처럼 보였다. 이 새롭고 난처한 상황에서 벗어날 수 있는 길은 두 가지밖에 없었다. 서로 다투고 병립하는 두 진리의 대표자가 타협하든가, 아니면 철저하게 싸워서 한 쪽이 다른 쪽을 쫓아내든가, 어느 한 가지 방법을 택해야 했다.

그리스 철학·인도 철학과 그리스도교·이슬람교·불교·힌두교의 계시가 서로 만났을 때에는 양쪽이 온화하게 타협해, 철학은 예언자의 가르침을 소피스트의 말로 바꿔 말할 수 있게 허락을 받은 대신 계시의 내용에 대해 철학 쪽에서 합리주의적 비판을 가하지 않는 것에 동의했다. 이 타협이 양쪽의 선의에 의해 이루어졌음은 의심할 필요가 없으나, 이것이 과학적 진리와 예언적 진리의 관계라는 문제에 참된 해결책을 제시하고 있지 않음은 틀림없다. 신학이라는 새로운 학문에 의한 두 진리의 표면적인 화해는 오직 말뿐인 것으로, 신념을 나타내는 표현들이 두 진리의 두 가지 의미를 처음 그대로 애매한 상태에 두고 있으므로 영속적인 것일 수가 없었다. 이 두 번째 갈등의 거짓 해결이 몇 세대를 두고 현재까지 전해져서, 오늘날 서유럽화해 가고 있는 세계에서 종교와 합리주의 사이에 일어나는 충돌이 해결되도록 돕기는커녕 오히려 방해하고 있다. '진리'라는 말이 철학자나 과학자가 쓰는 경우와 예언자가 쓰는 경우에, 같은 사실을 가리키는 게 아니라 2개의 다른 종류의 경험을 나타내는 동음이의어(同音異義語)라는 사실을 깨닫지 못한다면 참된 해결점은 찾지 못하리라.

위에서 말한 타협의 결과로서 조만간 다시 한 번 갈등이 일어날 것은 불 보듯 뻔한 일이었다. 계시의 진리가 과학의 진리를 나타내는 말로 표현되게 된 이상 과학자는 언제까지나 과학적으로 진실이라고 주장하는 교리 체계에 비판을 가하는 일을 삼가고 있을 수만은 없게 되었다. 한편 그리스도교 쪽에서도 그 교리가 합리적인 말로 표현되게 된 이상 본디 이성의 관할에 속하는 지식의 여러 영역에 대한 권위 행사를 자제할 수 없게 되었다. 17세기 근대 서유럽 과학이 헬라스 철학의 주문(呪文)을 뿌리치고 새로운 지적 경지를 개척하기 시작했을 때, 로마 교회가 맨 처음 한 일은 오래전부터 교회의 오랜 벗이었던 헬라스의 학문에 눈뜨기 시작한 서유럽 지성인이 가한 공격에 대해 금지령을 내리는 일이었다. 이는 그 무렵 천문학의 '지구 중심설'을 마치 그리스도교 신앙의 한 조항으로 보고, 갈릴레이의 프톨레마이오스 학설(천동설)의 수정을 신학적 오류인 것처럼 보는 듯한 조치였다.

1952년(본서 집필 무렵)까지 이러한 과학과 종교의 싸움은 300년에 걸쳐 이어져 왔다. 그리고 교회 당국자의 태도는 1939년 3월 히틀러가 체코슬로바키아의 나머지 지역을 멸망시킨 뒤에 영·불 두 정부가 취한 태도와 매우 비슷했다. 200년 이상 동안 교회는 과학이 교회로부터 잇달아 땅을 빼앗아 가는 것을 멍하니 바라보았다. 천문학·우주 진화론·연대학(年代學)·생물학·심리학 등이 차례로 탈취당하고 기성 종교의 가르침과 양립할 수 없다는 방침에 따라 재구성되었다. 게다가 이러한 종교 측의 손실이 언제 끝날지 짐작도 할 수 없었다. 교회 당국자들 가운데는 이러한 상황을 볼 때마다, 교회에 오직 하나 남은 희망은 철저하게 비타협적인 태도를 취하는 데 있다고 생각하는 사람들이 있었다.

로마 가톨릭 교회의 이 굳센 저항 정신은 1869~70년 바티칸 공의회의 교령(敎令)과 1907년 '모더니즘'에 대한 파문 선고 가운데 나타났다. 북아메리카 프로테스탄트 교회의 저항정신은 '성서주의파'의 펀더멘털리즘(제1차 대전 뒤에 성서의 내용을 문자 그대로 받아들이려는 운동)으로 나타났다. 이슬람 세계에서도 와하브파·이드리시파·사누시파·마흐디파 등 전투적인 복고주의 운동 가운데 그 모습을 나타냈다. 이러한 움직임은 강함이 아니라 오히려 무력함을 드러내는 징후들이라고 볼 수 있다. 이러한 현상들은 고등 종교가 스스로 자기 무덤을 파고 있는 것으로밖에 생각되지 않는다.

고등 종교가 영원히 인류의 믿음을 잃게 될지도 모른다는 것은 참으로 곤란한 일이다. 종교는 인간성의 본질적인 기능이다. 인간이 종교에 굶주리면 자신들이 겪고 있는 절망적인 고통에서 헤어날 수 없으므로 아무리 가망이 없는 곳에서라도 종교적 위안을 끌어내려고 한다. 그 전형적인 예는 고타마 싯다르타의 제자들이 붓다의 가르침을 공식화하려 한 최초의 시도인데, 접근하기 힘든 비인격적인 철학으로부터 '대승 불교'라는 종교를 끌어낸 경이적인 변형(메타모르포세이스) 작용이다. 그리스도 기원 20세기에 서유럽화되어 가는 세계에서 전통 종교의 영향을 차단당한 러시아인의 영혼 속에 마르크스주의의 유물론 철학이 스며들어간 것도 비슷한 변형 작용으로 생각된다.

불교가 철학에서 종교로 변형되었을 때 다행스럽게도 그 결과로 고등 종교가 되었으나, 고등 종교가 쫓겨났다면 하등 종교가 그 철학의 공백을 메울 염려가 있었다. 몇몇 나라에서 파시즘·공산주의·국가사회주의 등 새로운 세속적 이데올로기로 전향한 자들이 힘을 얻어 정권을 잡고 잔인한 박해 수단으로 그 이론과 실천을 강요했던 것이다. 그러나 이렇듯 노골적인 '집단적 권력'이라는 갑옷으로 무장한 인간의 해묵은 '자기 숭배'라는 병이 재발한 예만으로는 이 병이 실제로 얼마나 퍼져나갔는지 그 정도를 알 수는 없다. 가장 중대한 징후는 민주주의와 그리스도교를 내세우고 있는 여러 나라에서 주민의 6분의 5를 포용한 종교 인구의 5분의 4 정도가, 이제 사실상 애국심이라는 미명 아래, 음침하게 숨은 공동 사회를 신으로서 숭배하는 원시적 이교가 되어 버리고 말았다는 사실이다. 또한 이 '집단적 자기 숭배'라는 것이 우리에게 되돌아온 단 하나의 망령이 아닐뿐더러, 우리에게 씌워져 있는 과거의 왜곡된 망령들 가운데 가장 원시적인 것도 아니다. 현재 살아남아 있는 모든 미개 사회들과, 이에 못지않을 만큼 거의 미개한 서유럽 이외 여러 문명에 속한 모든 농민들—그 수는 현대 인류의 4분의 3에 이르고 있다─이 서유럽 문명 사회의 방대한 내적 프롤레타리아 안에 편입되어 가고 있다. 역사상의 전례에 비추어 이들 다수의 내적 프롤레타리아 신가입자들의 종교적 욕구를 여전히 만족시키고 있는 전통적인 종교적 관습들이, 그들의 세련된 지배자들의 공허한 마음 속에 침투할 가능성이 있다.

위에서 살펴본 대로라면, 과학이 종교에 대해 압도적인 승리를 얻는 것은 양쪽에게 다 불행한 일이다. 왜냐하면 이성과 종교 둘 다 인간성의 본질적 기능의 하나이기 때문이다. 1914년 8월까지 200~300년 동안 서유럽의 과학자들은 계속해서 새로운 발견을 해 나가기만 하면 세계는 더욱더 좋아지리라는 소박한 신념을 지켜 왔다.

> 과학자가 더 많이 발견해 주면
> 우리는 전보다 더 행복해진다.[*12]

그러나 이 과학자의 신념은 2개의 근본적인 오류를 내포하고 있었다. 그는 18~19세기에 서유럽 문명 세계가 비교적 행복했던 것은 과학의 진보 덕택이라고 잘못 생각했다. 또 이 새로이 실현된 행복이 영속되리라고 잘못 생각했다.

그러나 바로 눈앞에 다가와 있던 것은 '약속의 땅'이 아니라 '황무지'(T.S. 엘리어트 「황무지」 참조)였다.

실로 과학이 이룩한 인간 이외의 자연에 대한 지배는 인간에게 있어 자기 자신과의 관계, 이웃과의 관계 및 신과의 관계에 비하면 거의 문제가 되지 않을 만큼 하찮은 것이다. 인간은 지성만으로는 결코 만물의 영장이 될 수 없었을 것이다. 인간이 만물의 영장이 된 것은 인간 이전의 인간 선조들이 사회적 동물이 될 능력을 갖추고 있었기 때문이며, 원시인이 이 적당한 정신적 능력을 이용해 지성을 통해 협동적·누적적으로 일을 해가기 위해 불가결의 조건인 사회성의 기초를 몸에 익혔기 때문이다. 인간의 지적·기술적 업적이 인간에게 갖

[*12] H. Belloc의 뉴디게이트 상(해마다 옥스퍼드에서 주어지는 영시상(英詩賞). Sir Roger Newdigate에 의해 창설됨) 수상 작품을 본떠 만든 희작시 「Electric Light」에서 1890년대에 옥스퍼드 대학 당국이 이 제목을 붙였다고 한다.

는 중요한 의미는 업적 자체의 가치에 의해서가 아니라, 만약 그러한 업적이 없었으면 계속 회피할 수 있었을 갖가지 도덕적 문제에 직면하여 그것에 대처하지 않을 수 없게 한 점이다. 근대 과학은 이와 같이 매우 중대한 도덕적 문제를 제기했으나, 그 해결에는 아무것도 기여하지 않았으며 또한 할 수도 없었다. 인간이 대답해야 할 가장 중요한 문제는 과학이 전혀 도움을 줄 수 없는 문제이다. 이것이야말로 소크라테스가 우주에 생기를 주고 우주를 지배하는 정신적인 힘과 어울리기 위해 자연 과학의 연구를 포기했을 때에 가르치려고 한 교훈이었다.

우리는 이미 종교에게 무엇이 요구되는가 하는 것이 분명해졌다. 종교는 본디 전통적으로 종교의 관할에 속해 있던 부문을 포함해 마땅히 과학 영역에 속해야 할 지식 부문을 모두 과학에게 넘겨줄 각오를 해야 한다. 종교가 여러 가지 학문 영역을 지배해 온 것은 역사적 우연이었다. 그리고 종교는 그러한 학문 영역의 지배권을 포기함으로써 덕을 보았다. 종교의 할 일은 학문을 관리하는 게 아니라, 인간을 참된 목적으로 이끄는 일, 즉 신을 섬기고 신과의 교제에 들어가도록 이끌어 주는 일이기 때문이다.

종교가 천문학과 생물을 비롯해서 먼저 열거한 갖가지 학문을 과학에게 인도함으로써 득을 본 것은 의심할 여지가 없다. 심리학을 포기하는 것은 고통스러운 것처럼 생각되나 그마저도 고통스러운 것만큼 이로웠음이 밝혀졌다. 그것은 그리스도교 신학에서 이때까지 인간의 영혼과 그 창조자의 사이를 멀어지게 하는 가장 완강한 장벽이 되어 온 저 의인관(擬人觀 : 사람을 사물에 비기는 관점)의 베일을 어느 정도까지 없앨지도 모르기 때문이다. 만약에 그 일에 성공한다면 과학은 영혼으로부터 신을 빼앗아 가기는커녕 확실히 영혼을 그 여정의 무한한 저쪽에 있는 목적지에 한 걸음 다가가게 하는 것이 된다.

종교와 과학이 저마다 자기 영역을 지키고, 자신을 가져도 좋을 영역에서는 자신을 갖고, 겸허하게 행동해야 할 영역에서는 겸허하게 된다면 이 둘의 화해를 통해 좋은 분위기가 만들어질 것이다. 그러나 좋은 분위기가 만들어졌어도 실행이 따르지 않으면 아무 소용없다. 화해하고 싶다면 둘 다 어떤 방법으로든 협력해 그 실현에 노력해야 한다.

이전에 그리스도교와 헬라스 철학이 만나고 힌두교와 인도 철학이 만났을 때에는 양쪽 모두 이 같은 의의를 인식했다. 이 두 만남에서는 다 같이 철학 용어를 빌려 종교 의식과 신화에 신학적 표현을 준다고 하는 화해 수단에 의해 갈등을 극복했다. 그러나 앞에서 말한 대로 이런 화해 방법은, 어느 경우에도 영적 진리와 지적 진리의 관계를 잘못 판단한 데 기인한 것이었다. 이것은 영적 진리를 지적인 수단에 의해 나타낼 수 있다고 하는 그릇된 가정에서 출발한 것이다. 20세기의 서유럽화되어 가고 있는 세계에서 감정과 이성의 화해를 도모할 때에 결국 극단적인 실패로 끝난 이 실험을 교훈 삼아 우리는 같은 실수를 되풀이하지 않도록 조심해야 한다.

예를 들어 현존하는 4개 고등 종교에 대한 고전적 신학을 버리고 그 대신 근대 서유럽 과학의 표현 형식에 의해 기술되는 새로운 신학을 세울 수 있었다 해도 이 '곡예'의 달성은 단순히 이전 잘못의 되풀이가 될 따름일 것이다. 과학적으로 표현된 신학—그러한 신학을 생각할 수만 있다면—은 1952년에 불교·힌두교·그리스도교·이슬람교의 교도들 위에 무겁게 드리우고 있던 철학적 신학과 마찬가지로 마음에 차지 않는 일시적인 것이 될 것이다. 마음에 차지 않는 이유는 지성에서 나오는 말은 영혼의 직관적 인식을 전하는 데 불충분하기 때문이며, 일시적인 이유는 언제나 그 태도를 바꾸어 이전의 결론을 버리는 것이 지성의 본질적 장점이기 때문이다.

그러면 신학이라는 형태로서 공통의 장을 만들려다가 실패한 역사적 선례에 비추어 감정과 이성이 화해하려면 어떻게 하면 좋은가? 좀더 희망적인 방향으로 협력할 기회가 있을까? 필자가 마침 이 부분을 쓰고 있을 때 서유럽 사람들은 여전히 바로 얼마 전에 원자 구조를 분석함으로써 멋진 위업을 이룩한 자연과학의 잇따른 승리에 마음을 빼앗기고 있었다. 그러나 만일 인간 이외의 자연에 대한 인간의 지배가 1마일 진보하는 것이 자기 자신, 이웃 그리고 신과의 관계를 다룰 수 있는 능력의 1인치 향상보다 우리 인간에게 가치가 없다는 것이 진실이라면, 그리스도 기원 20세기에 서유럽인이 이룩한 모든 위업 가운데 앞으로 돌이켜보아 가장 크게 떠오르는 것은 인간성 인식의 분야에서 새로운 부분이 개척되리라고 단정하지 않을 수 없다. 현대 영국 시인의 날카로운 붓으로 쓴 다음 한 구절 가운데에서 그 한 줄기의 빛을 볼 수 있으리라.

땅 끝으로부터 지구를 등지고
새로이 발견된 세계의 소식을 가지고

바다 건너 유럽의 자그마한 한쪽 구석으로
돌아오는 배는 이제 없다……
그러나 모든 변화에도 아직도 여전히
공상이 뻗어갈 수 있는 세계가 하나 남아 있다.
멀리 떨어진 신비의 바다와 미지의 해안이 있고
바로 얼마 전 인간이 탐험을 시작한 세계
진기한 환영이 날뛰고 공포를 숨긴 안개가 자욱한 세계
뱃사람이 아니라 심리학자가 항해하는
적도도 위도도 극도 없는 세계……
인간의 영혼이라는 베일에 가려진 모호한 혼돈.*13

서유럽의 과학자가 새로운 심리학 영역에 갑자기 발을 들여놓게 된 것은, 부분적으로는 인간의 정신에 심각한 타격을 주는 강력한 무기들을 써서 두 번의 세계 전쟁을 겪었기 때문이다. 두 전쟁에 의해 제공된 전대미문의 임상적 경험 덕에 서유럽의 지성인들은 정신적 잠재 의식의 심연을 엿보고 나서 '지성은 이 깊이를 알 수 없는 정신이라는 심연의 표면에 어른거리는 도깨비불에 지나지 않는다'는 새로운 개념을 얻었다.

잠재 의식은 어린 아이나 미개인 또는 야수와 비교할 수 있는 동시에, 의식적 자아보다도 지혜롭고 정직하며 잘못을 저지르는 일이 적다. 그것은 조물주의 '정지 장소'에 해당하는 정지된 완전한 피조물의 하나인(괴테의 『파우스트』 및 『베르그송의 도덕과 종교의 두 원천』 가운데서도 보임) 것이다. 그러나 의식적 인격 쪽은 인간 영혼의 서로 다르나 분리할 수 없는 이 두 가지 인간 정신 기관을 만든 창조자, 즉 빼어나게 높은 차원의 존재를 닮았으나 매우 불완전한 유사물이다. 근대 서유럽인은 힘들여 잠재 의식을 발견하고서도 이것을 새로운 우상 숭배의 대상으로 할 뿐이라면, 그들과 신과의 사이에 새로운 장벽을 두는 것이 되어 신에게 다가갈 수 있는 새로운 기회를 놓치게 될 것이다. 여기에 분명히 하나의 기회가 주어지고 있다.

만일 과학과 종교가 신에게 다가갈 수 있는 이 기회를 붙잡아 서로 손을 잡고, 신의 변화무쌍한 피조물인 그 영혼의 의식적인 표면만이 아니라 잠재 의식

---

*13 Skinner, M. : *Letters to Malaya* III *and* IV.

의 심층까지 이해하려고 노력한다면, 그와 같은 협력이 성공했을 때에 어떤 성과를 얻을 수 있을까? 그 결과는 매우 눈부시고 훌륭할 것이다. 지성이 아닌 잠재 의식이야말로 인간이 정신 생활을 영위하는 기관이기 때문이다. 그것은 시·음악·시각 예술의 원천이며, 영혼과 신이 교류하는 통로이다. 이런 우리들의 마음을 사로잡는 정신적 탐험의 항해에서 첫째로 지향하는 목표는 감정 작용에 대한 직관을 추구하는 일일 것이다. 왜냐하면 '감정은 이성이 알지 못하는 사고 작용을 하고'(파스칼 「팡세」) 있기 때문이다. 두 번째 목표는 이성적 진리와 직관적 진리가 모두 저마다의 영역에서 참된 진리임을 확신하고 이 둘의 성질 차이를 탐구하는 일이 될 것이다. 세 번째 목표는 이성적 진리와 직관(감정)적 진리가 기초로 하는 근본 진리를 발견하는 일이다. 따라서 영혼 세계의 근간을 발견하려는 노력의 궁극 목표는 가장 깊숙한 곳에 사는 거주자, 곧 신의 좀더 완전한 모습에 이르는 일일 것이다.

불행하게도 신학자들이 무시한 교훈인 "신은 변증법 속에서 인간에게 구원을 주시지 않았다"*¹⁴고까지 말해야 할 사태에 이른 가르침은 복음서 안에서 되풀이되고 있다. "어린아이들을 용납하고 내게 오는 것을 금하지 말라. 천국은 이런 자의 것이니라. 하느님의 나라를 어린아이와 같이 받들지 않는 자는 결단코 들어가지 못하리라."(《마태복음》 19 : 14, 18 : 3. 〈누가복음〉 18 : 16) 이성의 관점에서 보면 잠재 의식은 이성이 도저히 흉내낼 수 없는, 겸허하게 신을 따르는 태도에서, 또한 이성이 도저히 받아들일 수 없을 만큼 비규율적이고 비논리적이라는 점에서 꼭 어린아이와 같다. 반대로 잠재 의식의 관점에서 보면 이성은 자연에 대한 놀라운 지배력을 얻은 대신 신에 대한 자신의 통찰력을 일상적인 삶 속으로 사라지게 함으로써 영혼을 배반한 비정한 현학자(衒學者)이다. 그러나 이성은 물론 신의 적이 아니며, 잠재 의식의 세계 또한 결코 자연의 테두리 밖에 있는 것은 아니다. 이성도 자연도 똑같이 신의 피조물이다. 이 둘은 저마다 부여받은 영역과 임무를 가지고 있는 것이며, 상대편의 영역 속에 부당하게 침입하는 것을 그만두면 서로 상대를 깎아내리며 중상할 필요는 없어진다.

---

*14 Ambrosius : *De Fide, Book* Ⅰ, ch. 5, 42.

교회의 미래 희망

그리스도 기원 20세기에 태어난 현대인의 가슴과 머리가 서로 화해할 수 있다면, 현대인들은 감정과 이성이 교회의 과거 의의에 대한 교회와 문명의 관계를 조사하는 연구의 마지막 단계에 들어가는 출발점이 되리라는 데에 일치된 견해를 취할 수 있을지도 모른다. 우리는 교회가 암이 아니라는 사실과 번데기의 역할도 우연에 불과함을 발견한 뒤에, 교회는 어쩌면 고차원적인 종(種 ; species)의 사회일지도 모른다고 생각해 그 가능성을 조사해 왔다. 이 문제에 대해 판단을 내리기 위해서는 교회의 과거가 교회의 장래성에 대해 어떤 빛을 던지는가를 조사해 보아야 한다. 그리고 여기서 먼저 첫째로 상기할 것은 역사적 시간을 척도로 하여 재어 보면, 고등 종교와 그 구체적 표현인 교회는 아직 매우 젊다는 사실이다. 빅토리아 시대 교회에서 곧잘 불리던 찬미가 일절에 다음과 같은 문구가 있다.

> 몇백 년 세월을 거듭하여
> 이제 곧 여행이 끝나려는 지금
> 그리스도 교회는 그의 길을 재촉하여
> 고향에 돌아가기를 바라고 있다.

어떤 목사가 두 번째 행을 '이제 겨우 여행이 시작된 지금'으로 바꾸어 부르도록 회중을 지도한 이야기가 기록에 남아 있으나, 이 목사의 지도는 필자가 이해하는 것과 완전히 일치한다. 문명은 미개 사회와 비교하면 겨우 어제 만들어진 것에 불과하며, 고등 종교의 교회 역사는 가장 오래된 문명의 절반도 되지 않는다.

교회가 문명과 미개 사회 어느 쪽과도 다르며, 세 가지 형태의 사회를 모두 포괄하는 부류에 속하는 별개의, 게다가 고차원적인 종(種)으로 여겨지는 교회의 특징은 무엇인가?

여러 교회들의 특징은 그들 모두가 '오직 하나의 참된 신'을 구성원으로 하고 있다는 점이다. 원시 종교에서 시작하여 고등 종교에서 이루어진, 이 인간과 '오직 하나의 참된 신'과의 교류는 미개 사회나 문명 사회 어느 쪽에서도 찾아볼 수 없는 몇 가지 장점을 사회에 제공한다. 그것은 인간 사회의 악폐

가운데 하나인 불화를 극복하는 힘을 준다. 그것은 또 역사의 의의라는 문제에 대한 해답을 준다.

불화가 인간 생활의 고질로 되어 있는 것은, 인간이 이 세상에서 맞닥뜨려야 할 모든 것들 가운데 인간만큼 두려운 것은 없기 때문이다. 인간은 사회적 동물이며 동시에 자유 의지가 주어진 동물이다. 이 두 가지 요소가 결부되어 있다는 것은, 인간만으로 이루어져 있는 사회에서는 끊임없이 의지 사이의 갈등이 일어나며, 인간이 마음을 돌이켜 냉철한 마음의 기적을 경험하지 않는 한 이 갈등은 인류의 자멸이라는 극단적인 경우에 이르게 될 수 있음을 뜻한다.

인간의 구제를 위해서 마음을 바르게 고쳐야 할 이유는, 인간의 만족할 줄 모르는 자유 의지로 인해 인간의 정신 능력이 신으로부터 멀어져갈 위험이 있기 때문이다. 행복인지 불행인지, 잠재 의식적 정신 수준 이상의 정신 능력이 주어져 있지 않았던 인간 이전 단계의 사회적 동물은 이 신으로부터 멀어질 위험에 빠질 우려가 없었다. 잠재 의식적 정신을 인간 이외의 온갖 동물이 그 순진함으로 인해 보증받고 있듯이 처음부터 신과의 노력을 필요로 하지 않는 조화를 유지해 가고 있기 때문이다.

이 소극적으로 행복한 음(陰)의 상태는 '신이 빛과 어둠을 나누어 준' 양(陽)의 운동으로 인간의 의식과 인격이 창조됨과 동시에 파괴되었다. 인간의 의식적 자아는 신의 선택된 그릇으로서 놀라운 정신적 진보를 이루도록 봉사할 수 있지만, 동시에 만일 신의 모습을 닮게 만들어졌다는 의식에 도취해 자기를 우상화한다면, 통탄스럽게도 타락할 가능성이 있다. 오만한 죄의 보답인 이 자살적인 자기 도취는 인격의 본질을 이루는 불안정한 균형 상태에서 영혼이 끊임없이 범하기 쉬운 정신적인 과오이다.

게다가 자아는 니르바나(열반 : ^{진리를 깨달아}_{번뇌가 없는 경지})의 음의 상태로 정신적 후퇴를 함으로써 자기에게서 도망칠 수는 없다. 인간이 구원을 찾아낼 수 있는 회복된 음의 상태는 무기력한 자아인멸이 아닌 긴장된 조화에 의해서 일어나는 평안이다. 영혼이 해야 할 일은 '어린아이다운 것을 버리고'(《고린도 전서》 13 : 11)난 뒤에 어린아이의 장점을 되찾는 일이다. 자아는 신에게서 받은 신의 의지를 씩씩하게 행해 신의 은총을 불러일으킴으로써 어린아이에게 볼 수 있는 것과 같은 신과의 화해를 이루어내야만 한다.

이것이 인간의 구원의 길이라면 인간은 진실로 어려운 길을 걷지 않으면 안 된다. 인간을 '호모사피엔스(지혜를가진 인간)'가 되게 한 위대한 창조적 행위는 이로 말미암아 인간이 '호모콘코르스(협력하는 인간)'가 되는 것을 결정적으로 어렵게 만들었다. 더구나 '호모파베르(물건을 만드는 인간)'인 사회적 동물은 자멸을 면하기 위해서는 아무래도 협력할 필요가 있었다.

인간의 타고난 사회성 덕분에 어떠한 인간 사회도 모든 인간을 포용할 가능성을 갖고 있다. 그러나 1952년에 이르기까지 아직 한 번도 사회적 활동의 모든 부문에서 전세계적인 인간 사회가 출현한 일은 없었다. 세속화된 근대 서유럽 문명은 근래에 와서 경제와 기술 부문에서 사실상 전세계적이 되었으나, 정치와 문화 부문에서는 아직도 거기까지 이르지 못했다. 그리고 두 번에 걸친 파괴적인 세계대전을 겪은 뒤로는 세계의 정치적 통일이 이제까지 문명의 역사에서 세계 통일이 이루어졌을 때에 늘 대가로서 치러왔던 그 참혹한 '녹아웃적 타격'(하나의 세력이 다른 세력을 모두 타도하여 살아남는 일) 없이 세계의 정치적 통일이 이루어질지 어떨지는 의심스러워졌다.

그러나 어떻든 인류의 통일이라는 것은 이 같은 난폭한 방법으로 이루어지는 것은 아니다. 그 통일은 오로지 신은 하나라는 신념에 바탕을 둔 행동에 따른 결과로서, 이 통일된 지상 사회를 '신의 나라'의 한 영역으로 봄으로써만 실현되는 것이다.

현대 서유럽의 한 철학자는 '신의 나라'라는 열려진 사회와, 모든 문명에 의해 예시되는 닫혀진 사회 사이에는 엄청나게 큰 간격이 있으며, 정신적 비약을 하지 않으면 도저히 이 큰 간격을 극복할 수 없음을 말하고 있다.

"인간은 본디 아주 작은 사회에 알맞도록 만들어진 것이다. 원시 사회가 그러한 사회였음은 일반적으로 인정되고 있다. 그러나 덧붙여 두어야 할 것은 문명이 조성되는 데 여전히 불가결한 조건이었던 습관들을 깨닫지 못한 채 원시인의 영혼은 그 뒤에 숨겨져 있다는 것이었다. ……문명인이 원시인과 다른 것은 거의 문명인이 후천적으로 얻은 지식과 습관의 거대한 집적 때문이다. 자연인적 요소들은 후천적으로 획득된 특성 아래 파묻혀 있지만, 거의 변화하지 않은 채 존속하고 있다. …… "자연은 내쫓아도 뛰어 되돌아온다"(호라티우스의 말)는 말은 틀린 것이다. 자연은 결코 쫓아낼 수 없기 때문이다. 자연은 늘 거기에 있는 것이다. …… 후천적으로 얻은 특성은 옛날에 사람들이 상상한 것처럼 유기체 속에 들어가 유전되는 것이 아니다. …… 원시적 성질은 눌리어 있지만, 여전히 의식의 심층에 존재해 있으며…… 가장 문명화한 사회에서도 더없이 왕성한 생명력을 유지하고 있다. …… 우리의 문명 사회는 본디 우리가 존재하는 사회와 다르지만, 한 가지 본질적인 점에서 엇비슷한 데가 있다. 이 둘은 똑같이 폐쇄된 사회이다. 물론 문명은 우리가 본능적으로 적응해 있는 작은 집단에 비하면 범위가 매우 드넓지만, 또한 일부 인간들만을 포함시키고 다른 인간들은 제외한다는 동일한 특징을 갖고 있다. 아무리 큰 국가라도 국가와 인류 사이에는 유한과 무한, 폐쇄와 개방이라는 엄청난 차이가 있다.

폐쇄된 사회와 개방된 사회, 도시와 인류의 차이는 단지 정도의 차이뿐만 아니라 종류의 차이가 존재한다. 국가의 연대는 무엇보다도 먼저 다른 국가에 대해서 자기를 방위할 필요에 바탕을 두고 있다. 사람들이 자국민을 사랑하는 것은 타국민을 사랑하지 않기 때문이다. 이는 원시적 본능이며 문명의 겉껍질 아래 아직도 살아 숨쉬고 있다. 오늘도 우리는 우리의 가까운 친척이나 이웃에 대해서는 자연스럽게 애정을 느끼는 반면, 인류애라는 것은 인위적으로 길러지는 애정이다. 우리는 가까운 사람들에게는 사람이 직접 다가갈 수 있지만, 인류에게는 간접으로 다가갈 수 있을 뿐이다. 왜냐하면 종교가 인간을 인류애로 이끄는 것은 단순히 신을 통해서뿐이며, 또 철학자가 우리에게 인격의 존엄을 가르치고 모든 인간의 권리를 존중하라고 가르치는 것은 그저 이성을 통해서뿐이기 때문이다. 우리는 가족과 국가를 지나 단계적으로 인류의 개념에 이르는 것은 아니다."[15]

신의 관여 없이 인류의 통일은 있을 수 없다. 이와는 달리 이 천상의 안내가 빠져버린다면, 인간의 타고난 사회성이 불화에 빠질 뿐만 아니라 '오직 하나의 참된 신'을 구성원으로 갖고 있지 않은 사회에서는 자기에게 주어진 역할을 다하려 해도 사회적 동물인 인간은 필연적으로 어려움에 부딪히게 된다. 또 인간은 자신의 사회성이 요구하는 도덕적 필요를 따라 행동하는 일에 성공하면 할수록 한층 더 심각한 형태로 나타나는 비극적 난관에 시달리게 된다.

---

[15] Bergson, H. : *Les Deux Sources de la Morale et de la Religion.*

그 난관이란 인간이 자기를 실현하는 사회적 활동은 시간적으로나 공간적으로 지상에서의 개인적인 삶의 범위를 넘어선다는 것이다. 따라서 역사는 역사에 참여하는 개개인의 입장에서만 보면 '백치의 무의미한 헛소리'*16이다. 그러나 얼핏 무의미해 보이는 이 '소동과 분노'*17도 인간이 역사 속에 '오직 하나의 참된 신'의 작용의 한 부분을 인정할 때 정신적 의미를 가지게 된다.

이처럼 문명은 일시적으로는 이해 가능한 연구 영역일지 모르지만, 도덕적으로 견딜 수 있게 하는 유일한 행동 영역은 '신의 나라'이다. 그리고 지상에서 '신의 나라' 시민이 될 기회는 고등 종교에 의해 인간의 영혼에 주어진다. 실제로 인간은 현재 삶에 단편적이고도 짧은 기간 동안 참여하는 과정에서 스스로 신의 조수 역할을 맡아할 때 구원받으며, 신이 주도적 역할을 함으로써 거의 무가치한 인간의 노력에 신성한 가치와 의미가 주어지게 된다.

그리고 이 역사의 구원이라는 것은 인간에게 더없이 소중한 것으로, 현재 세속화한 근대 서유럽 세계의 그리스도교 신앙을 버렸다고 스스로 주장하는 합리주의자들도 실은 은밀히 그리스도교적 역사 철학을 계속 지니고 있는 것이다.

"성서와 복음, 천지 창조 이야기, 그리고 신의 나라에 대한 선언을 믿었기 때문에 그리스도 교도는 역사 전체의 종합을 시도할 수가 있었던 것이다. 그 뒤로 행해진 같은 종류의 시도는 모두 중세를 종합적으로 통일시킨 초월적인 목적을 신에 대체되는 여러 가지 내재적 힘들로 바꾸어 놓은 것일 따름이다. 그 시도는 거의 같으며, 최초에 이러한 시도를 생각해낸 것은 그리스도 교도이다. 역사 전체에 분명한 설명을 내리고 이로써 인류의 기원을 설명하고 인류의 목적을 제시하려 했던 것이다.

데카르트 철학의 전반적인 체계는 전능한 신의 관념 위에 기초를 두고 있다. 어떤 의미에서 자기를 창조하는 신, 수학적 진리를 비롯한 모든 영원한 진리를 창조하는 신은 또한 무(無)에서 우주를 창조하고 이를 꾸준한 창조 활동으로 유지시킨다. 계속적인 창조 활동이 행해지지 않으면 신의 의지가 깃들지 못함으로써 만물은 다시 무로 돌아가고 만다. …… 라이프니츠의 경우를 생각

---

*16 *17 위의 두 구절은 모두 「맥베드」에서 인용함.

해 보라. 그의 체계에서 본디 그리스도교적인 요소를 제외하고 나면 그 뒤에 뭐가 남을까? 그의 근본 문제, 곧 사물의 근거와 자유롭고 완전한 신의 우주 창조에 대한 주장도 남지 않을 것이다. …… 기묘하고도 주목할 만한 것은, 현대인은 라이프니츠가 주저 없이 했듯이 이제 신의 나라나 복음에 호소하지는 않지만, 이것은 그들이 마침내 그 영향으로부터 벗어났기 때문이 아니다. 그들 대부분은 자신들이 잊으려고 한 것에 기대어 살아가고 있다."[18]

끝으로, 이 '연구' 속에서 서술한 미메시스(모방)의 위험을 물리치는 희망이 되어 주는 것은 '오직 하나의 참된 신'을 숭배하는 사회뿐이다. 문명의 사회적 구조에서 '아킬레우스의 발뒤축'은 앞에서 말한 대로 민중을 지도자에게 복종시키기 위한 '사회적 훈련'으로서 미메시스에 의존하는 점에 있다. 미개 사회의 성격이 변화를 거쳐 문명이 일어날 때, 즉 음(陰)의 상태에서 양(陽)의 활동으로 전환할 때 민중은 그들의 미메시스를 그들의 선조로부터 동시대의 창조적 인물들에게로 전환시킨다.

그러나 이같이 하여 열리는 사회적 진보의 길은 죽음의 문으로 치닫게 될 우려가 있다. 어떠한 인간도 그 창조력에는 한계가 있으며, 더구나 그 한계 내에서조차 그야말로 주의와 경계를 요하기 때문이다. 피할 수 없는 실패로 인해 환멸에 부딪히게 되면, 신용을 떨어뜨린 지도자는 잃어버린 권위를 유지하기 위해 힘에 호소하는 일이 많다.

'신의 나라'에서 이러한 위험성은 미메시스의 방향을 다시 한 번 전환시킴으로써, 즉 세속적 문명의 일시적 지도자로부터 인간의 모든 창조성의 근원인 신에게 돌아감으로써 제거된다.

신을 모방하는 인간의 영혼은 이전의 지도자가 아무리 신과 같이 훌륭한 인간이라 해도 인간을 모방하는 어리석음에 빠지지 않으며, 또 이제는 단순한 지배적 소수자가 되고 만 저 반항적 프롤레타리아의 부도덕성에도 결코 빠져들지 않는다. 그러나 인간 영혼과 '오직 하나의 참된 신'의 교류는 노예와 폭군 사이의 복종 관계처럼 타락할 걱정은 없다. 어느 고등 종교에서도 정도의 차이는 있겠지만 '힘의 신'의 관념이 '사랑의 신'의 관념으로 바뀌어 가고 있기

---

*18 Gilson, E. : *The Spirit of Medieval Philosophy*.

때문이다. 그리고 사랑의 신이 십자가에 못박혀 죽음으로써 그리스도의 모방 안에서는, 죄 많은 인간을 모방할 때 뒤따르게 되는 비극이 일어나지 않는다.

제27장 교회에 끼친 문명의 역할

1. 서곡으로서의 문명

앞 장의 연구로써 고등 종교의 구체적 표현인 온갖 교회들이 '신의 나라'를 지상에 옮겨놓은 근사물이며, 유일무이한 신의 나라를 상징하는 여러 종류의 사회가 정신적으로 고차원적이라는 확신을 얻었다면, 우리는 여기서 힘을 얻어 우리의 최초 가정—역사의 주역은 문명이며 교회의 역할은 종속적이라는 것—을 반대로 하는 시도를 해봄직하다. 문명을 기준으로 교회를 다루는 대신 대담하게 교회를 기준으로 문명을 다룬다는 새로운 방법을 써 보기로 하자. 이렇게 하면 사회의 암은 문명을 대신하는 교회가 아니라 교회를 대신하는 문명이 되는 셈이다. 또 앞서 우리는 교회를, 하나의 문명이 다른 문명을 낳게 하는 중개 역할을 하는 번데기로 생각했으나, 이제는 그 어버이 문명은 교회 출현의 서곡이며, 자식 문명은 모처럼 도달한 좀더 높은 정신적 수준으로부터의 역행으로 생각해야 하리라.

이 같은 주장의 정당성을 검증하기 위해 '그리스도 교회'의 발생을 다루어, 세속적 의미와 용법에서 종교적 의미와 용법으로 말이 전용되는 예로서 사소하나마 뜻깊은 증거를 들어 본다면, 우리는 이 언어적 증거가 그리스도(메시아, 즉 구세주)교에서는 세속적인 서곡이 종교적인 주제로 흐른 것이며, 또 이 서곡에 해당하는 부분은 헬라스 세계 국가를 건설한 로마인의 정치적 사업은 물론 헬라스 문명 전체라는 견해를 지지하고 있음을 알 수 있다.

그리스도 교회의 명칭 그 자체가 아테네 도시 국가에서 정치적 목적으로 열리는 시민 총회를 나타내기 위해 사용되었던 용어를 빌려온 것이다. 그러나 이렇게 차용한 '에클레시아'(정치집회 또는 민회)라는 말에 교회는 로마 제국의 정치 체계를 나타내는 이중의 뜻을 부여했다. 그리스도교의 용법으로 'ecclesia'는 각 지방의 그리스도 교도 집단을 뜻함과 동시에 세계 국가를 뜻하게 되었다.

그리스도 교회(지방 교회와 세계 교회 둘 다)는 '평신도(laity)'와 '성직자(clergy)'

'두 종교 계급'으로 나누어지며, '성직자'는 다시 갖가지 '계급(orders)' 체계로 나누어지는데, 이 때 필요한 명칭은 또한 그리스어와 라틴어의 세속적인 뜻을 가진 기존 어휘에서 가져와 사용했다.

그리스도 교회의 '평신도'는 그리스어의 고대 그리스어 'laos'로 표현되었는데, 이 말은 권력자에 대비되는 민중을 가리키는 말이었다. '성직자'의 명칭은 그리스어인 'klêros'에서 왔다. 이 말의 일반적인 뜻은 '할당'이지만, 법률적으로 특수화되어 어떤 인간에게 할당된 세습 가능한 소유지를 뜻하게 되었다. 그리스도 교회는 이 말을 받아들여 그리스도 교도들 가운데 전문 성직자로서 신에게 봉사하도록 자기 사명을 할당받은 사람들을 가리키게 했다. 성직자 계급을 뜻하는 'orders(라틴어로 ordines)'라는 명칭은 로마의 정치적 특권 계급을 가리키는 명칭—이를테면 원로원 계급(Senatorial Orders)이라는 식으로—을 채용한 것이다. 가장 높은 계급에 속하는 성직자는 '주교(그리스어로 episcopoi, 영어로 bishop)'라고 불렸다.

그리스도교의 성서는 단순히 'ta biblia'—그리스어로 '책'의 복수형—라고 하든가, 아니면 로마의 세제 용어로서 예부터 사용된 라틴어의 'scriptura(본디 뜻은 '문자로 씌어진 것')'라는 말로 쓰였다. '성서(testament)'는 구약과 신약으로 나뉘어 있는데, 그리스어로는 'diathêkai', 라틴어로는 'testamenta'로 불렸다. 구약·신약 두 성서는 신이 인류에 대해 전후 두 번으로 나누어 지상에서 인간의 삶을 어떻게 정하느냐 하는 일에 대해 그 '의지와 약속'을 선언한 증서나 계약서에 해당한다고 생각되었기 때문이다.

초기 그리스도 교회의 엘리트들이 행한 수행은 'ascêsis(영어로 '수도자'를 뜻하는 ascetic은 여기서 비롯했다)'라 했는데, 이 말은 본디 올림피아 경기나 기타 헬라스 사회의 경기에 참가하는 경기자의 육체적 단련을 가리키는 말이었다. 4세기에 순교자가 되기 위한 수행 대신에 은수사(隱修士)가 되는 수행이 이루어짐과 아울러 법정과 원형 경기장에서 대중 앞에 서는 대신 사막에서 홀로 사는 고통을 견디게 된 이 새로운 그리스도교 경기자는 본디 철학적 묵상에 전념하기 위해서, 또는 견디기 힘든 중세 시대의 제도에 반항하여 실생활에서 은퇴한 인간을 가리키는 그리스어 '아나코레테스(anachorêtês)'에서 따온 용어로 불리게 되었다. 이 말은 특히 이집트에서 신과의 접촉을 구함과 동시에 속세적 삶의 사악함에 반대해 사막에 은둔한 열렬한 그리스도교 신자에게 적용되게 되었다(사막은 그리스어로 erêmos, 그 주민은 erêmites이며, 이 말이 '은둔자'라는 뜻의 영어의 eremite 또는 hermit의 원형이 되었다). 이들 독거자들(그리스어로 monachoi, 이 말에서 '수도사'를 뜻하는 영어의 monks가 나왔다)이 그 문자 명칭 그대로의 뜻과는 달리, 엄격한 규율 아래 집단 생활을 하게 됨과 아울러 이 창의적인 용어의 모순—'독거자 단체'(그리스어로는 monastêrion)—으로 말미암아 세속적인 사용으로 사계법정(四季法廷)과 상업회의소 이 두 가지 뜻을 갖고 있던 라틴어 conventus라는 이름으로 불리게 되었다.

교회의 정기적 집회에서 저마다 비공식으로 이루어졌던 행사가 고정적으로 엄격한 의식이 됨과 동시에 이 '공식 예배(liturgy)'는 기원전 5~4세기 아테네에서 실제로는 특별 부가세를 뜻하는 말로서, 명칭만은 마치 자발적 기부나 되는 것처럼 꾸민 경비 부담을 나타내던 말을 빌려 '레이투르기아(leitourgia)'라 불리었다.

이 예배식에서 가장 중요한 의식은 성찬식이었는데, 참석자는 빵과 포도주로 성찬(시크라멘툼)에 참여함으로써 그리스도 안에, 또 그리스도와 함께 있음을 생생히 체험했다. 이 그리스도교의 성찬을 나타내는 말은 신병이 로마군에 입대할 때 선서를 하게 했던, 이교적 로마 의식의 명칭에서 따온 것이다. 성찬 배수에서 최고조에 달하는 성찬식(영어로 Holy Communion)은 그리스어(koinônia)의 형태에서나 그 라틴어(communio)에서 사회적 공동체에 참가하는 일, 또는 특별히 정치 단체에 가입하는 일을 뜻한 말에서 따온 것이다.

이처럼 물질적인 뜻에서 정신적인 뜻이 생겨난 것은 앞서 이 '연구'에서 우리가 '에테르화(영성화)'라 부르며 성장의 한 징후로 인정한 과정의 한 예이다. 앞에서 본 그리스어와 라틴어의 '에테르화' 예는 얼마든지 쉽게 찾아볼 수 있으며, 이는 헬라스 문명이 확실히 '복음의 준비' 과정으로서, 헬라스주의의 존재 이유를 그리스도교의 서곡 역할에서 찾음으로써 적어도 우리가 유망한 연구 과정에 발을 내디뎠음을 충분히 말해주고 있다. 이렇듯 문명의 생애가 현재 살아 있는 교회의 서곡 역할을 했다고 보았을 때, 선구자 역할을 한 그 문명의 죽음은 결코 불행한 재난이 아닌 순탄한 결말이라고 생각할 수 있다.

2. 퇴보로서의 문명

위에서 우리는 문명의 역사를 기준으로 교회 역사를 살펴보는 서유럽인의 습관적 태도를 버리고 그 반대되는 관점을 채택한 경우 역사가 어떻게 달라 보이는가를 조사해 보았다. 그 결과 제2기 문명은 현재 살아 있는 고등 종교의 서곡으로서, 문명은 쇠퇴와 해체에 의해 실패의 낙인이 찍힌 것이 아니라, 고등 종교의 탄생을 돕는 역할을 이행함으로써 성공을 거두었다는 견해를 얻게 된다. 이것으로 미루어 보면, 제3기 문명은 선행 문명의 폐허 속에서 나타난 고등 종교로부터의 퇴보라고 생각해야 할 것이다. 사멸한 문명의 세속적인 실패가 그 뒤에 계속된 정신적 결과에 의해 보상되었다고 판단해야 한다면, 교회라는 번데기에서 나와 자신의 세속적 생활을 개시한 현존 문명의 성공 또한 마찬가지로 영혼의 생활에 어떤 영향을 미쳤는가를 기준으로 판단해야 할 것이다. 그런데 그 영향은 명백히 해로운 것이었다.

중세 서유럽의 '그리스도교 국가'로부터 출현한 근대 서유럽의 세속적 문명을 시험적으로 택하여 이 장의 앞부분에서 행한 방법에 따라, 먼저 의미와 용법이 변화한 말들을 증거로 들면 사실을 명백히 하는 데 도움이 될 것이다. 먼저 성직자(cleric)라는 말을 예로 들면, 성직에 있는 clerk(옛날에는 목사 또는 사제, 현재는 교회 집사)이 있는 동시에, 영국에서는 하급 사무를 보고, 미국에서는 판매대 밖에서 손님을 응대하는 지위가 낮은 세속적인 clerk(영국에선 관청이나 회사 사무원, 미국에선 점원)이 있다. 전에는 영혼을 신에게로 '향하게 하는' 일을 뜻하던 'conversion(귀의)'라는 말이 지금은 석탄이 전력으로 바뀌는 'conversion(전환)'이라든가, 4부 이자인 공채가 3부 이자인 공채로 'conversion(환산)' 되는 문맥으로 보편화되었다. 우리는 '영혼의 치료(cure)'라는 말은 좀처럼 들을 수 없게 되었지만, 약품을 사용해서 행하는 '몸의 치료(cure)'라는 말은 들을 수 있다. 그리고 '성스러운 날(holy day)'은 '휴일(holyday)'이 되어 버렸다. 이것은 모든 언어의 비영성화, 곧 사회의 세속화를 나타낸 데 불과하다.

"프리드리히 2세는 위대한 교회 정치의 창설자 인노켄티우스(3세)의 피후견인이었다. 그는 총명한 인간이어서 그의 제국 구상 안에 교회가 반영되어 있는 것은 놀라운 일이 아니라 할 수 있다. 역대 교황들이 '베드로의 세습 재산'으로써 손에 넣으려고 탐냈던 이탈리아-시칠리아 국 전체가 이 재능이 풍부한 군주의 이를테면 '아우구스투스 세습 재산'이 되었다(로마의 아우구스투스는 삼두 정치 동안에 카이사르의 유산을 둘러싼 대립에서 승리하고 1인 집정관이 됨). 그리고 그는 교회의 정신적 통일 속에 흐르고 있던 세속적 성향에 관용을 베풀어 이를 기초로 새로운 제국을 구축하려고 했다. …… 우리는 프리드리히의 이 탈리아-로마 국가가 갖는 의의를 충분히 파악할 필요가 있다. 그것은 이탈리아 전역을 포함하는 강대한 지배이며 잠시 동안이지만 같은 정권 아래 게르만·로마·오리엔트 지역을 하나의 국가 속에 통일하고 있었다. 세계 황제인 프리드리히 자신이 이 국가의 지배자이며, 대전제군주로 로마의 왕관을 이어받을 최후의 군주였다. 그의 권한은 바르바로사(붉은 수염의 왕인 프리드리히 1세)처럼 독일 왕권과 손을 잡고 있었을 뿐 아니라, 오리엔트-시칠리아의 전제군주와도 손잡고 있었다. 위와 같은 내용을 파악해 보면, 스칼라·몬테펠트로·비스콘티·보르지아·메디치 가문 등 르네상스 시대의 전제 군주는 모두 극히 사소한 특징에 이르기까지 프리드리히 2세의 후예이며, 이 '제2의 알렉산드로스'의 후계자임을 알 수 있다."[1]

호엔슈타우펜가(家)의 프리드리히 '후계자' 명단은 그리스도 기원 20세기인 오늘날까지 연장할 수 있다. 그리고 근대 서유럽 세계의 세속적 문명은 그 한 측면에 있는 그의 정신에서 출발한 것으로 보아도 될 것이다. 교회와 세속적 군주와의 싸움에서 잘못은 모두 한쪽에만 있다고 주장하는 것은 물론 어리석은 일이지만, 여기서 말하려는 것은 '그리스도교 세계'의 태내에서 세속적 문명이라는 괴물이 태어난 것은 종교가 정치의 한 부분이 되어 있던 헬라스 문명의 '절대' 국가 제도가 부활했기 때문이라는 점이다.

제3기 문명이 교회의 태내에서 탄생할 때, '어버이' 문명에 해당하는 제2기 문명의 부활이라는 것이 제3기 문명의 발전을 위해 불가결한 수단이 되는 것일까? 힌두 문명의 역사를 보면 이런 경우에 해당하는 마우리아 제국이나 굽타 제국 부활의 사실은 인정할 수 없다. 그런데 인도에서 중국으로 눈을 돌려 동아시아 문명 본체의 역사를 보면 여기에는 확실히 로마 제국의 부활과 특히 놀랄 만큼 닮은꼴로서 수나라와 당나라에 의한 한 제국의 부활이 인정된다. 다른 점이 있다면 이 중국 문명의 제국의 부활은 '신성 로마 제국'에 의한 헬레니즘의 부활보다 훨씬 성공적이었으며, 그리스 정교 사회의 영역에서 비잔틴 제국에 의한 헬레니즘 부활과 비교해 보아도, 대단히 큰 성공을 거두었다는 점일

---

*1 Kantorowicz, E. : *Frederick the Second*.

것이다.

우리가 당면한 연구의 중요한 목적은 그 역사에서 선행 문명의 부활을 가장 철저하게 행한 결과인 제3기 문명 또한 동시에 선행 문명이었다는 점이다. 빈사 상태에 있던 헬라스 문명 세계가 그리스도교의 포로가 된 것과 마찬가지로, 완전히 빈사 상태인 중국 문명 세계를 포로로 할 것처럼 보이던 대승 불교는 동아시아에서 중국 문명 멸망 뒤 공백 기간인 가장 비참한 시기에 전성기에 들어갔으나, 그 뒤로는 빠르게 쇠퇴해 갔다. 이렇게 보면 우리는 사멸한 문명의 부활은 살아 있는 고등 종교로부터의 퇴보를 뜻하며, 부활이 철저하게 이루어질수록 퇴보는 더욱 크다는 결론을 내리게 된다.

제28장 지상에서 응전에 대한 도전

앞 장에서 우리는 교회의 태내에서 출현하는 세속적 문명은 선행 문명으로부터 여러 가지 요소를 도움받아 자신의 목표를 향해 밀고 나가는 경향이 있음을 관찰했다. 그러나 우리는 여전히 새로운 목표를 향한 이탈의 기회가 어떻게 생기게 되는지 조사해 볼 필요가 있다. 명백히 이 '재난의 시작'은 세속적 문명 탄생의 대가를 치른 교회의 어떤 결점이나 잘못된 조처 속에서 찾아야 한다.

교회가 직면하는 한 가지 난제는 교회의 존재 이유 그 자체에 있다. 교회는 현세에서 '신의 나라'를 세우기 위해 '지상'에서 싸우는 것이지만, 이 사실은 교회가 종교적인 사항 이외에 세속적인 문제까지도 취급해야만 하며, 또 교회 자체를 지상에서 하나의 제도로 조직화해야 함을 뜻한다. 이처럼 완강히 저항하는 환경 속에서 신의 사업을 하기 위해서는 교회가 그 영묘한 몸에 이 조악한 '제도'의 껍데기를 부득이 걸치게 되지만, 사실 이것은 교회의 정신적 본성에 맞지 않는 것이다. 그러나 현세에서 그 정신적 사업을 수행하기 위해 아무래도 세속적 문제를 다루지 않을 수 없으며 이 때문에 '성인(聖人)들의 교류'를 위해 그 제도를 도구로 사용해야 할 이 지상의 전초지에 재난이 엄습하는 것은 전혀 놀라운 일이 아니다.

이런 종류의 비극에서 가장 유명한 예는 힐데브란트 교황의 통치사인데 우리는 앞서 이 '연구'에서 힐데브란트가 불가피한 원인·결과에 연속적으로 이끌려 몰락하는 과정을 관찰했다. 그는 신의 충실한 종이 되려면, 성직자들을 성적(性的)·금전적 부패로부터 끌어내는 노력에 자신을 바쳐야 했다. 성직자들을 개혁시키려면 교회 조직을 바짝 죄어야만 했다. 그런데 봉건 시대에는 교회의 기능과 국가의 기능이 복잡하게 뒤얽혀 있었으므로, 교회가 만족할 만한 조처를 취하면 아무래도 국가의 영역을 침해하게 되고, 국가는 마땅히 이에 대해 분개했다. 이처럼 분쟁이 일어나게 되면 처음에는 성명전(聲明戰)으로 그쳤으나, 얼마 지나지 않아 양쪽 모두가 갑자기 '돈과 대포'를 수단으로 해서 싸우는 무력전이 되고 말았다.

힐데브란트 교회의 비극은 교회가 교회의 본디 임무를 수행하려는 노력의 부수적 결과로, 세속적인 일에 휘말려 세속적인 방책을 받아들여야 할 처지에 쫓김으로써 정신적 퇴보가 촉진된 뚜렷한 예이다. 그러나 정신적으로 파괴적인 세속화로 이끄는 '넓은 길'이 또 하나 있다. 교회는 교회 자체의 표준에 따라 행동하기 때문에 오히려 정신적 역행에 빠질 위험을 불러온다. 신의 의지는 세속 사회의 올바른 사회적 목적 속에 부분적으로 나타난다. 따라서 그 세속적인 이상은 그 이상 그대로를 최종 목표로 하는 인간보다는 한층 더 높은 목표를 지향하는 인간이 훨씬 성공적으로 이룰 수 있다.

이 법칙의 작용을 나타내는 두 가지 전형적인 예는 성 베네딕투스와 그레고리우스 교황의 업적이다. 이들 두 성자는 모두 서유럽 수도원 생활의 향상이라는 정신적 목적에 심혈을 기울여 교회를 만들고자 했다. 그런데 이 두 비세속적 인간이 그들의 정신적 사업의 부산물로서 세속적인 정치가들이 결코 해내지 못한 거대한 경제적 기적을 이룩했다. 그들의 경제적 위업은 그리스도교 사가나 마르크스주의 사가로부터 칭찬을 받을 것이다. 그러나 만일 이런 칭찬이 저 세상에 있는 베네딕투스와 그레고리우스의 귀에 들어갔다면 이 성자들은 "모든 사람이 너희를 칭찬하면 화가 있도다"(〈누가복음〉 6 : 26)라는 스승의 말을 상기하고 갑자기 불안해했으리라. 그리고 만일 그들이 다시 이 세상에 나타나 그들 자신의 눈으로 그들이 지상에 살아 있는 동안 행한, 직접적으로는 종교적이었던 노력의 경제적 성과가 결과적으로 불러일으킨 도덕적 결과를 볼 수 있었다면 그들의 불안은 마침내 고뇌로 바뀌고 말았으리라.

난처하게도 '신의 나라'의 정신적 노력으로 얻게 되는 부수적인 물질적 성과가 반드시 정신적 성공을 증명하는 것은 아니라는 사실은 우리를 당황하게 한다. 물질적 성과는 성급한 힐데브란트적인 인물이 정치와 전쟁에 휩쓸려 파멸케 하는 경우보다도 한결 잔혹한 방법으로 정신적 지도자를 빠뜨리는 함정인 것이다. 성 베네딕투스 시대로부터 교회 모든 제도를 약탈한 이른바 '종교 개혁'에 이르기까지 1000년간 유지해 온 수도원 제도의 역사는 잘 알려진 사실이며, 프로테스탄트나 반그리스도교적 이들 저술가들의 말을 모두 믿을 필요는 없다. 다음 인용은 명백히 반수도원 제도적 편향을 가진 현대의 어떤 저술가로부터 취한 것이지만, 그의 서술은 일반적으로 종교 개혁 직전 수도원 제도에 있어 최악의 시기라고 인정되고 있는 시기에 대해 말하는 것은 아니라는 점에 주목할 필요가 있다.

"수도원장과 수도사 사이에 나타난 간격은 주로 부의 축적에 의해 생긴 것이다. 시간이 흐름에 따라 수도원의 속령은 엄청나게 커져서 수도원장은 자기 토지의 관리와 이에 따르는 모든 잡무에 완전히 전념하게 되었다. …… 각 수도원은 각기 고유의 수입과 고유의 임무를 지니는, 사실상 독립된 몇 가지 부문으로 나뉘었다. …… 톰 데이비드 노울즈가 말하고 있듯이 '윈체스터·캔터베리·세인트 올번스와 같이 학문적 관심 또는 예술적 관심이 강했던 수도원 말고는 이 같은 일이야말로 능력 있는 모든 수도사가 열중한 일이었다'. …… 관리 능력을 가졌으면서도 그 재능을 발휘할 재산을 지니지 못한 사람들을 위해, 광대한 토지를 지닌 수도원은 충분히 그 재능을 드러낼 기회를 주었다."*1

그러나 성공한 실업가로 전락한 수도사가 정신적 퇴보의 가장 치명적인 형태를 대표하는 것은 아니다. 현세에서 '신의 나라' 시민을 노리며 기다리는 최악의 유혹은 정치에 뛰어드는 일도 아니며, 실업계로 빠져드는 일도 아닌, '지상에서 싸우는 교회'가 불가피하면서도 불완전한 이 지상의 제도를 우상시하는 일이다. '가장 선량한 자의 부패가 최악의 것이다'라고 말한다면, 우상화한 교회야말로, 사람들이 리바이어던(구약성서 《욥기》에 나오는 바다 속 거대한 영생동물)으로 숭배하는 우상화한 인간 개미떼보다도 더 해로운 최악의 우상이다.

---

*1 Moorman, J.R.H. : *Church Life in England in the Thirteenth Century.*

교회가 스스로를 진리의 전당일 뿐만 아니라, 완전하고 뚜렷한 형태로 제시된 모든 진리의 유일한 전당이라고 잘못 생각하는 한, 이런 우상 숭배에 빠지는 위험에 처하게 된다. 특히 교회가 이 아베르노(지옥의 입구로 알려져 있다)의 내리막길에 발을 내디딜 가능성이 커지는 것은 뭔가 심한 타격을 겪은 뒤이며, 특히 그 타격이 교회 자체의 성원에 의해 가해진 경우이다. 가톨릭이 아닌 사람이 볼 때 그 전형적인 예는 남쪽 가톨릭계가 반종교 개혁 운동을 한 트리엔트공회의(1545~63)에서 로마 가톨릭 교회의 태도였다. 그 뒤부터 본서 집필이 이루어질 때까지 400년 동안 가톨릭 교회는 교황 제도라는 투구와 성직 계급 제도라는 흉갑으로 엄중히 무장한 채 긴장된 자세로 경계를 계속해 왔다. 그리고 계속 반복적인 리듬으로 되풀이되는 엄격한 예배 의식으로 마치 군대처럼 신에게 '받들어 총' 식의 경례를 해 왔다. 이 제도적 중장비의 잠재의식적인 목적은 동시대에서 현세의 세속적 제도 가운데 가장 완강한 것을 능가하여 영속하는 데에 있었다. 20세기의 가톨릭 비평가는 트리엔트공회의 이전의 가톨릭 교회에 있던 가장 가벼운 장비에 대해서도 참지 못했던 프로테스탄트의 태도는 너무 이른 것이었음을, 400년의 프로테스탄트 역사에 비추어 설득력 있게 주장할 수 있으리라. 그러나 이러한 판단은 교회의 거추장스러운 장비를 버리는 일이 사람을 승복시키는 힘이 있다 하더라도 언제나 그것이 잘못임을 증명하지는 못하며, 또 트리엔트공회의가 그런 장비를 강화시킨 일이 잘못이 아님을 증명하지도 못한다.[2]

---

[2] 주1에 말한 구절을 포함해 『역사의 연구』의 이 편 전체가 타이프 원고 형태로 저자의 친구 마틴 와이트 씨에게 보내졌다. 이 연구서의 완본에는 그가 기고한 많은 비평이 실려 있는데, 그 가운데 다음과 같은 비평이 포함되어 있다. "로마 가톨릭의 비평가라면 여기서 당신에게 당신이 잘 인용하는 말을 사용하여 '끝을 보라'고 당부할 것이다." 위의 한 구절은 전체가 앞지른 논의이며, 실제로는 아직 거기까지 가 있지 않다. 트리엔트공회의 이후로 로마 교회는 20세기에 와서 어느 때보다도 활발한 영향력을 갖고 있음은 사실이 아닌가? 로마 교회는 명백히 침체기에 있었던 1870년에 저항적인 행위로 교황불가류성(敎皇不可謬性)을 교의에 포함시킨 데 대해, 1950년에는 자신만만하게 성모승천(聖母昇天)의 교의를 덧붙임으로써 세속적인 서유럽 문명 세계를 한층 더 어이없게 만들 수 있었던 것이다. 마찬가지로 이 책이 씌어질 무렵 트리엔트공회의로 무장한 로마 교회는 신이교적(新異敎的)인 전체주의적 공산주의 국가에 도전해 저항할 수 있는 힘을 가진 유일한 서유럽 제도가 될 가능성이 있었던 것이 아닌가? 그리고 이 일은 모스크바가 바티칸을 특별한 공포와 증오의 눈으로 바라보고 있다는 사실에 의해 뒷받침되고 있지 않은가? 만일 그렇다면 공룡의 등에 비유함은 적절치 않으며, 오히려 오랫동안 잘 견디어 냈던 공성(攻城)에 비유함이 옳을 것이다. 가톨릭 역사

위에서 우리는 고등 종교로부터 퇴보해 세속적 문명이 무익한 반복에 이르게 되는 원인 몇 가지를 지적했다. 그리고 어느 경우에나 재난이 촉발되는 것은, '냉혹한 필연'이나 그 밖에 외부의 힘에 의해서가 아니라, 현세 인간의 본성 속에 본디 포함되어 있는 '원죄' 때문임을 발견했다. 그러나 고등 종교로부터의 퇴보가 원죄 때문이라면, 우리는 이와 같은 퇴보가 피할 수 없는 것이라는 결론을 내려야 한단 말인가? 만일 퇴보가 불가피하다면, 지상에서의 도전이 손을 쓸 수 없을 정도로 심각하기 때문일 것이며, 어느 교회나 끝내는 그 도전에 대항할 수 없게 될 것이다. 그리고 이 결론은 교회는 짓궂게 반복되는 문명을 위해 짧은 시기 동안 번데기 역할만을 할 뿐 별다른 능력이 없다는 견해로 우리를 되돌아가게 만들 것이다. 그러나 과연 이것이 최후에 해야 할 말인가? 신으로부터 나와 현세로 흘러드는 빛이, 영구히 이해할 수 없는 암흑에 압도될 운명에 있다고 단념하기 전에, 우리는 다시 한 번 고등 종교의 출현에 의해 이 세상에 초래된 일련의 정신적 광명으로 돌아가보기로 하자. 과거의 정신적 역사에 일어난 이런 사건들이 지상에서 싸우는 교회가 빠지기 쉬운 퇴보에서 정신적으로 회복할 수 있는 가능성을 열어줄지도 모른다.

앞서 지적했듯이 인간의 정신적 진보라는 길 위에 순서대로 늘어서 있는 아브라함·모세·예언자·그리스도라는 이름이 기록된 이정표들은 모두가 세속적 문명 과정의 조사자가 도로가 파괴되어 교통이 두절되었다고 보고하는 부분에 서 있다. 그리고 사실이 지적하는 바에 따라 우리는 이 인간 정신 역사의 상승점과 세속 역사의 하강점이 일치한다는 사실은 인간의 지상 생활을 지배하는 '법칙'의 하나라는 것을 확신할 수 있게 되었다. 그렇다면, 세속 사회의 쇠퇴에 따르는 종교적 위업은 정신적 진보인 동시에 정신적 회복이기도 할 것이다. 물론 이것은 전통적 설명으로는 회복으로 다루어지고 있다.

이를테면 아브라함이 신의 부름을 받은 것은, 히브리 전설에서는 자부심 많은 인간이 신을 무시하고 바벨탑을 세운 뒤에 일어난 사건으로 다루고 있다. 모세의 사명은 신의 선택된 백성들을 정신적으로 불행한 이집트의 향락으로부터 구출하는 운동으로 다루어지고 있다. 이스라엘과 유대의 예언자들은 이스

의 트리엔트공의회 시대를 돌이켜본다면, 마치 프랑스 항복일로부터 '계획 공격 개시일'까지의 영국사에서 처칠 시대에 해당된다고 생각할지도 모른다. 그렇다면 당신은 너무나도 빨리 결과를 예측하고 있는 것이다. "끝을 보라."

라엘 백성에게 야훼가 준 '젖과 꿀이 흐르는 땅'을 개발해 물질적 성공을 거둔 뒤 이들이 빠져든 정신적 타락에서 회개하도록 설득하는 일을 사명으로 했다. 그리스도의 수난은 세속적 역사가의 눈으로 보면 헬라스 사회 동란 시대의 모든 고뇌를 한 몸에 이어받은 형태로 보이나, 복음서에 나타난 그리스도의 임무는 그 무렵 바리새파의 형식주의와 사두가이파의 물질주의, 헤롯당의 적당주의, 젤롯파의 광신에 의해 그 정신적 전통을 더럽히고 있던 유대인의 선조, 즉 이스라엘 백성과 신이 주고받은 계약을 전인류에게 퍼뜨리기 위해 신 자신이 개입한 것으로 다루어지고 있다.

이렇게 본다면 위와 같은 네 가지 기회주의로부터 정신적 광명이 나타난 것은, 세속적 재난과 더불어 정신적 쇠퇴 뒤에 일어난 현상이었다. 그리고 이것은 결코 우연의 연속이 아니라고 생각해도 좋다. 앞서 이 '연구'에서 보았듯이 물질적으로 어려운 환경이 세속적 대사업의 온상이 되는 경우가 많다고 한다면, 이로 미루어 정신적으로 어려운 환경은 종교적 노력을 촉구하는 자극이 될 것이다. 정신적으로 어려운 환경이란 물질적 번영을 위해 영혼의 소망이 질식당하고 있는 상태이다. 이때 대중의 감각을 완전히 마비시키는 현세적 번영의 독기는 정신을 민감하게 하며 불굴의 영혼을 자극하고 현세의 매혹에 과감히 반항케 하는 것이다.

20세기의 세계에 종교로 복귀하는 일은 정신적 진보가 되는 것인가, 아니면 주지한 바대로 인생의 냉엄한 사실에서 불가능한 도피를 하려고 하는 비겁한 시도인가? 이 물음에 대한 답은 정신적 성장의 가능성에 대해 어떻게 생각하는가에 달려 있다.

우리는 앞서 세속적인 근대 서유럽 문명이 세계 안에 퍼져 있으나 이 상태가 머지않아 정치적 형태로 옮겨지고, 지구 표면 전체는 자연적 경계가 없는 한 국가 속에 포함됨으로써 마침내 세계 국가의 이상을 실현하는 정치 조직이 성립할 것이라고 말했다. 같은 맥락에서, 이 같은 정치 조직 속에 현존하는 네 가지 고등 종교의 신봉자들 또한 저마다 그때까지 서로 다투어 왔던 자신들의 종교 체계에 대한 새로운 인식, 즉 '지복 직관'(至福直觀 : 천사와 성자가 천국에서 친밀하게 신을 보는 일)의 저마다 다른 부분들은 '오직 하나의 참된 신'에 이르는 여러 갈래 길에 불과하다는 인식에 도달할 가능성을 생각해 보았다. 그때 우리는 역사에 현존하는 모든 교회가 결국 이 다양성 있는 통일의 구체적 표현으로 힘을 합쳐 한 지상에서 '싸우는 교회'가 될지도 모른다는 생각을 비쳤다. 만일 그렇게 되었다고 가정하면, 이것은 천상의 왕국이 지상에 세워진 것으로 될 수 있을까? 20세기에서 이 물음은 피할 수 없는 물음이다. 그것은 세속적인 이데올로기의 대부분이 저마다 어떤 종류의 지상 낙원을 목표로 하고 있기 때문이다. 필자의 견해로 그 대답은 부정적이다.

부정적인 답을 하는 분명한 이유는 사회의 본성과 인간의 본성에 의해 나타난다. 사회는 개개의 인간 활동을 위한 공통된 기반에 지나지 않으며, 인간은 선과 마찬가지로 악을 저지를 수 있는 능력도 선천적으로 가지고 있다. 만일 우리가 상상한 것 같은 이 하나밖에 없는 지구에서 '싸우는 교회'가 성립했다 하여도 인간의 원죄는 사라지지 않을 것이다. 현세는 '신의 나라'의 한 부분이지만, 이는 자칫하면 반란을 일으킬 장소이며, 본디의 성질로 보아 언제까지나 반란의 장소로 남아 있을 것이다.

제8편 영웅시대

제29장 비극의 과정

1. 사회적 장벽

인심을 끌어왔던 창조적 소수자가 가증스러운 지배적 소수자로 타락하게 되면 그동안 성장해 왔던 문명이 쇠퇴하기 시작하면서, 그 하나의 결과로서 성장기 동안 그 문명이 비추어 주는 온갖 문화의 빛을 받아 모여들었던 주변 원시 사회의 이주자들도 떠나게 된다. 이전 이주자들은 미메시스(모방)라는 형태로 예찬하던 호의적 태도에서 전쟁이라는 형태로 폭발하는 적대적 태도로 바뀌어 버린다. 그리고 그 전쟁은 두 가지 다른 결말 가운데 어느 한쪽으로 나타난다.

지형적 조건에 따라 공격적인 문명이 한 번도 닿아 본 적 없는 바다라든가, 건너 본 적 없는 사막이라든가, 넘어 본 적 없는 산맥이라든가 이러한 자연의 경계에까지만 나아갈 수 있는 '지형'이 전선으로 펼쳐져 있을 때 야만족은 결정적으로 예속될 수 있다. 그런데 이 같은 자연적 경계가 없는 곳에서는 지리적 조건이 때때로 야만족에게 이롭게 작용한다. 퇴각하는 야만인들 뒤로 끝없이 작전 지역이 펼쳐진 경우에 이동해 가는 전선은, 전선과 공격자의 작전 기지와의 거리가 멀어지게 되는 문제점 때문에 조만간 반드시 공격군 문명의 군사적 우세가 약화되기 마련이다.

이 선을 따라 기동전에서 승패가 나지 않은 채 교착전으로 바뀌어 적과 아군이 모두 고정된 진지에 틀어박혀 바로 코앞에서 서로 고함을 지르며 생활하게 된다. 이는 마치 문명의 쇠퇴에 의해 불화가 일기 전에 문명의 창조적 소수자와 마침내 귀순자가 될 야만족이 서로 이웃해 생활하고 있던 상태와 비슷하다. 그러나 양쪽의 심리적 관계만큼은 결코 적대 관계로부터 이전처럼 서로 창조적인 영향을 미치는 상태로 돌아가지는 않으며, 지리 조건에 따른 이전의 문화적 교류 또한 회복되지 않는다.

성장기 문명은 외부로부터 내부의 매혹적인 지역에 쉽게 들어가도록 허용된 드넓은 문지방 지대를 넘어 차츰 주변의 야만족 속에 녹아들어갔다. 우호 관계가 적대 관계로 바뀌는 동시에, 이 도체 작용을 해 왔던 문화적 문지방 지대(리멘, limen)가 절연체 작용을 하는 군사적 '경계(리메스, limes)'로 바뀐다.

이 변화가 영웅 시대를 낳게 하는 여러 조건의 지리적 표현이다.

영웅 시대란 요컨대 고정된 '리메스' 형성에 뒤따라 일어나는 사회적·심리적 결과인데, 앞으로 우리의 임무는 이 과정을 더듬어 가는 일이다.

이 임무의 배경으로서 갖가지 세계 국가의 리미테스(리메스의 복수형), 지역에 마주 향해 있던 야만족 전투 단체를 관찰할 필요가 있겠지만, 우리는 이미 이 '연구'를 통해 살펴봄으로써 이들 전투 단체가 종파 종교와 서사시 분야에서 이룩한 특이한 업적에 대해서 이야기한 바 있다. 앞으로의 연구에서는 이 앞 과정을 다시 되풀이함이 없이, 예증이 필요한 경우 수시로 그것을 이용하기로 하겠다.

군사적 '리메스'는 이제까지 열려 있던 골짜기를 막은 큰 둑에 비교해 보아도 좋으리라. 이 같은 제방은 자연에 도전하는 인간의 기술과 능력을 보여주는 거대한 기념물이긴 하지만, 매우 불안정한 것이다. 왜냐하면 자연에 대한 도전이란, '곡예'를 감행하면 인간이 반드시 그 보복을 받기 마련이기 때문이다.

"이슬람교 아랍족 전설에 따르면, 옛날 예멘에 마리브 댐이라 불린 엄청나게 큰 수리 시설이 있었다. 여기에서는 예멘의 동쪽 산에서 흘러 떨어지는 물이 드넓은 저수지에 모였다가 거기서 광활한 지역의 관개용 수로로 끌어들여지고, 집약 경작에 생명을 주어 조밀한 인구를 유지하고 있었다. 그런데 이 전설에 따르면, 그 뒤 이 댐은 파괴되어 모든 것을 황폐화시키고 이 지방 주민을 엄청난 참상에 빠뜨렸으며, 이 때문에 많은 부족들이 다른 지방으로 옮겨간 것으로 전해진다."[1]

이 이야기는 아랍족이 아라비아 반도에서 나와 거센 기세로 퍼져나가 마침내는 톈산(天山) 산맥과 피레네 산맥을 넘어 민족 이동을 하게 된 배경의 최초

---

[1] Caetani, L. : *Studi di Storia Orientale*.

충격을 설명하기 위해서였는데, 이것을 다른 경우에 비유하자면 모든 세계의 온갖 '리메스'에 해당된다. 이 군사적 댐의 파괴라는 사회적 재액은 피할 수 없는 비극인가, 아니면 피할 수 있는가? 이 물음에 대답하려면 우리는 한 문명과 그 문명의 외적 프롤레타리아 사이에 자연적 교통로를 차단함으로써 일어나는 사회적·심리적 결과를 분석해야 한다.

둑을 쌓음으로써 일어나는 최초의 효과는 물론 그 제방 위쪽에 저수지가 만들어진다는 일이다. 그러나 저수지는 아무리 커도 한계가 있으며, 자기 집수 (集水) 지역의 용량 이상으로 물을 저장할 수는 없다. 둑 바로 위의 수몰된 지대와 훨씬 멀리 떨어진 높고 물에 잠겨 있지 않은 고지대 사이에는 뚜렷한 차이가 생길 것이다.

앞에서 우리는 '리메스'의 영향권 안에 사는 야만족의 생활과 더 멀리 떨어진 오지 원시인들의 여전히 잠든 것 같은 생활 사이에 나타나는 대조적인 차이를 비교했다. 슬라브족은 프리페트 소택지에서 2000년 동안이나 태평하게 원시 생활을 이어갔다. 그 동안 아카이아족이 유럽의 경계 지방인 '미노스 해양 왕국' 가까이 오고 있을 때 이들은 두려움에 떨었고, 이어 튜튼족이 유럽에서 로마 제국의 물의 경계선에 가까이 오고 있을 때 같은 경험을 했다.

'저수지' 지대의 야만족이 그처럼 놀라며 두려움에 떨게 되는 것은 무슨 까닭인가? 또 그들은 늘 정해 놓고 그 뒤에 '리메스'를 돌파하는데, 그 에너지는 어디서 오는가? 우리의 비유를 동아시아의 지리적 환경에 두고 살펴보면 이러한 물음에 대한 해답을 찾을 수 있다.

우리의 비유로 '리메스'를 상징하는 가공의 댐이 오늘날 중국의 섬서성(陝西省 ; 산시성)과 산서성(山西省 ; 산시성) 지역의 현재 만리장성이 가로지르고 있는 지역 어딘가 높은 계곡에 만들어졌다고 가정하자. 차츰 양을 늘리며 이 댐의 상류 쪽으로 밀려드는 수많은 수역의 궁극의 원천은 어디인가? 물론 물은 댐의 상류에서 흘러오겠지만, 궁극의 원천은 다른 곳에 있다. 댐과 분수령과의 거리는 그리 멀지 않고, 또 분수령의 배후에는 건조한 몽골 고원이 펼쳐져 있기 때문이다. 사실 궁극의 공급원은 댐의 위쪽이 아닌 아래쪽, 몽골 고원이 아닌 태평양에서 찾아볼 수 있다. 태평양 물이 태양에 의해 수증기로 바뀌어져 동풍을 타고 불어 온다. 그리고 이 지점에서 싸늘한 공기와 닿아 응축해서 비가 되어 집수 지역에 뿌려지는 것이다.

'리메스'의 야만족측에 축적된 정신적 에너지는, 경계선 밖에 사는 야만족 자신의 작은 사회적 유산이 기여한 부분은 보잘것없는 것이며, 대부분은 자신의 사회적 유산을 보호하기 위해 제방을 쌓아올린 저 방대한 문명에서 끌어낸 것이다.

이 정신적 에너지의 변형은 어떻게 해서 생기는 걸까? 하나의 문화는 분해하여 새롭게 재구성된다. 이 '연구'의 다른 부분에서 문화의 사회적 방사는 빛의 물리적 방사와 비교되었는데, 우리는 이제야말로 그때 우리가 도달한 다음과 같은 법칙을 떠올릴 필요가 있다.

첫 번째 법칙, 완전한 문화의 빛은 완전한 광선과 마찬가지로 저항체를 지날 때 회절(回折)하여 구성 요소의 스펙트럼 현상과 같이 분산된다.

두 번째 법칙, 문화를 퍼뜨리는 사회가 이미 쇠퇴해 해체기에 들어가면, 이질적인 사회와 부딪치지 않더라도 회절이 생긴다. 성장기 문명은 그 문화적 구성 요소—경제적 요소·정치적 요소 및 엄밀한 의미의 '문화적' 요소를 포함하는—가 서로 조화를 이루는 문명이라고 정의할 수 있다. 같은 원리로 해체기 문명은 이 세 가지 요소가 부조화 상태에 빠져 있는 문명이라고 정의할 수 있다.

세 번째 법칙, 완전한 문화의 빛이 지니는 속도와 침투력은 이를 분산시켰을 때, 경제적·정치적 그리고 '문화적' 요소가 나타내는 각각 다른 속도와 침투력의 평균치라는 점이다. 경제적 요소와 정치적 요소는 회절하지 않는 완전한 문화보다 퍼져 나가는 속도가 빠르며, '문화적' 요소는 더 느리게 퍼져 나간다.

이와 같이 군사적 '리메스'를 사이에 끼고 해체기 문명과 이방의 외적 프롤레타리아 사이에서 문명의 분산은 그 내용이 몹시 빈약해진다. 경제와 정치, 즉 무역과 전쟁을 제외한 거의 모든 교류가 끊어진다. 더구나 무역도 여러 이유로 차츰 제한되고 전쟁은 더욱더 뺄 수 없는 고질적인 것이 되어간다. 이 같은 험악한 형세 아래서 만약 어떤 선택적인 미메시스가 일어난다면, 그것은 야만족 자신의 창의에 기인한 것이다.

즉 이들은 이러한 요소들을 받아들임에 있어, 모방한 것의 불유쾌한 출처를 감추는 방법으로 창의적 모방을 보여준다. 남의 것을 자기 것인 듯 고쳐 만든 흔적이 뚜렷하게 보이는 모방과, 거의 새로운 창작이라 불러도 좋은 모방 등에 대한 예는 이미 앞서 이 '연구'에서 들었다. 여기에서는 '저수지' 지대의 야만족이 인접 문명의 고등 종교를 이단의 형태로 받아들이든가(이를테면 고트족의 아리우스파 그리스도교 이단처럼), 또는 인접 세계 국가의 제정을 부족의 법률로서가 아니라 군사적 권력에 바탕을 둔 무책임한 왕정의 형태로 받아들이는 경향, 다른 한편으로는 야만족의 독창적 창조 능력이 영웅 서사시에서 드러난다는 점을 떠올리는 것만으로 충분하다.

2. 압력의 축적

군사적 경계의 설치로 만들어지는 사회적 제방은 댐 건설에 의해 만들어지는 실제 제방과 같은 자연 법칙을 좇는다. 댐 위쪽에 축적된 물은 댐 아래쪽 물과 같은 수위를 회복하려고 한다. 물리적인 댐을 지을 때 댐 건설자는 안전판을 사용해 필요에 따라 개폐할 수 있는 수문을 설치한다. 군사적 경계를 설치하는 정치가도 이 안전 장치를 잊지 않는다.

그러나 이 경우 안전 장치는 단지 헛되이 대홍수를 촉진하는 기능을 할 뿐이다. 사회적 댐의 관리에 있어서는 방수량의 조절에 의해 압력을 완화하는 것이 불가능하다. 댐을 파괴하지 않는 한 저수지 물을 방출할 수가 없다. 댐 위쪽 물은 우기와 건기의 변화되는 날씨에 따라 늘기도 하고 줄기도 하는 것이 아니라 계속 늘기만 하기 때문이다.

공격과 수비 세력의 힘겨루기에서는 반드시 최후의 공격 세력이 승리를 차지할 수밖에 없다. 기회는 야만족을 편든다. 그러나 경계선 밖의 야만족이 제방을 뚫고 호시탐탐 노리던 해체기 문명의 영토 안에 쳐들어가기까지는 훨씬 오랜 시간이 걸린다. 이 긴 기간 동안에 야만족들의 정신은 그들을 못들어오게 막고 있었던 문명으로부터 깊은 영향을 받아 변화를 겪게 된다. 그리고 이 시기는 경계선이 무너지고 야만족이 진격하는 '영웅 시대'의 필요불가결한 서막이 된다.

경계 장벽의 건설은 결국 그 건설자들에게 불행한 결말을 가져오는 온갖 사회적 힘을 불러일으킨다. 경계선 밖의 야만족과 모든 교류를 끊는 정책은 실행 불가능하다. 제국 정부가 어떤 결정을 하든 상인·개척자·모험가 그리고 그밖에 다른 사람들이 이익에 끌리어 경계선을 넘는 것은 피할 수 없는 일이다. 이 세계 국가의 변경 주민이 영역 외 야만족과 제휴하려는 경향의 뚜렷한 예는 로마 제국과 4세기 말엽 유라시아 초원에서 나온 유라시아 유목민인 훈족의 교류에서 찾아볼 수 있다.

훈족은 매우 용맹한 야만족이며, 또 로마 제국의 유럽 변경지역에 세력을 떨친 것은 매우 단기간이었음에도 세 가지 주목할 만한 우호적 교류의 사례가 그 무렵에 대한 단편 이야기 속에 짧은 삽화적 사건으로 기록되어 있다.

그 중에서도 가장 놀랄 만한 것은 판노니아(도나우 강 오른쪽에 있었던 로마령. 오늘날 형가리와 거의 같은 지역.)의 로마 시민 오레스테스—이 사람의 아들이 서로마 제국의 마지막 황제라는, 그다지 좋지 않은 이유로 유명한 로물루스 아우구스툴루스이다—의 경우인데, 오레스테스는 잠시 동안 유명한 훈족 장군인 아틸라의 비서로 고용되어 있었다.

완전한 통제가 불가능한 경계선을 넘어 밖으로 유출되는 갖가지 물질 가운데 아마 가장 중요한 것은 무기일 것이다. 문명이라는 무기고에서 제조된 무기를 이용하지 않았다면, 야만족은 효과적인 공격을 할 수 없었을 것이다. 1890년경 이후 영국령 인도 제국의 북서 국경지대에서 "소총 및 탄약이 야만족 지역에 유입됨에 따라…… 이 국경전의 양상이 완전히 바뀌고 말았다."[2]

그리고 국경선 바깥 지역의 파탄인과 발루치인이 일찍이 최신식 서유럽 소형 무기를 손에 넣은 방법은 국경선 안쪽 영국령 인도 부대에서 계획적으로 훔쳐낸 것이지만, "몹시 우려된 것은 페르샤 만에서 한창 무기 거래가 행해지게 된 일로서, 더구나 이러한 무기 반출은 부시르와 무스카트(둘 다 페르샤 만의 항구)에서 처음 영국 무역상의 손으로 이루어졌다."[3]

이는 국경 밖의 야만족과 거래하는 제국 영국민의 사적 이해 관계가 야만족의 침입을 막으려는 제국 정부의 공적 이해 관계를 방해하는 사례를 뚜렷하게 보여준다.

그러나 국경 밖의 야만인은 그저 가까운 문명에서 배운 훌륭한 전술을 실행하는 것만으로 만족하지 않는다. 그들은 이따금 그것을 개량시킨다.

그 예로 카롤링거 제국과 웨섹스 왕국의 해상 경계선에서 스칸디나비아 인 해적은 신생 서유럽 그리스도교 사회 쪽 바다에 인접한 대륙의 변경 주민 프리지아인에게서 습득한 조선과 선박 조종 기술을 교묘히 이용해 재해권을 장악하고, 그들의 피해자가 된 서유럽 그리스도교 제국의 해안 또는 강을 따라 거슬러 올라간 공격전에서 주도권을 잡았다.

---

[2] Davies, C.C.: *The Problem of the North-West Frontier, 1890~1908.*
[3] 같은 책.

강을 공격해 올라가 배를 사용할 수 없는 한계 지점에 다다르자, 그들은 차용했던 무기를 다른 것으로 바꾸어 훔친 말을 타고 전쟁을 이어 나갔다. 그들은 프리지아 제도의 항해술은 물론 프랑크의 기병 전술에도 숙달해 있었다.

기병 전쟁의 오랜 역사에서 보면, 야만인이 문명 세계로부터 얻은 군마를 이용해 이를 제공한 문명에 공격을 가한 가장 극적인 예가 신대륙에서 발견된다. 신대륙에는 콜럼버스 그 뒤로 서유럽 그리스도교 사회의 침입자들이 말을 가져오기 전까지 말이 알려지지 않았다.

구대륙 유목민에게는 생존 방식이 되어 온 목축 생활이 신대륙에는 아직 존재하지 않았으므로, 미시시피 강 유역의 대평원은 목축에 이상적인 장소였음에도 여전히 힘들게 뛰어다니며 짐승을 쫓는 미개 인종의 사냥터가 되고 있었다.

말을 이용하기에 이상적인 신대륙에 늦게나마 말이 들어옴으로써 이주자와 원주민의 생활에 커다란 영향을 미쳤다. 말이 이 두 사회에 미친 영향이 거의 혁명적이었음은 공통적이지만, 그 밖의 점에서는 다른 양상이 나타났다.

텍사스·베네수엘라·아르헨티나의 평원에 도입된 말은, 150세대에 걸친 농경 생활자의 후손들이 유목 축산가로 바뀌는 동시에, 에스파냐 총독이 지배하는 신에스파냐와 결국 뒤에 아메리카 합중국이 된 영국 식민지 경계선 밖의 대평원에 사는 인디언 인종은 기동성을 가진 기마병으로 바뀌었다. 이들 경계선 밖에 사는 야만족은 차용한 무장으로 최후의 승리를 얻지는 못했지만, 최종적인 패배의 시기를 늦출 수는 있었다.

19세기 북아메리카 초원의 인디언들은 수입된 말의 도움을 받아 평원의 소유권을 다툼으로써, 침입자인 유럽인의 무기 가운데 하나를 마침내 본디 소유자에게 맞서는 수단으로 삼았다. 이와는 달리 이미 18세기에 삼림 지대 인디언들은 유럽의 소총을 기습과 매복 전투에서 이용하고 있었다. 인디언에게 이로운 조건을 제공해 준 삼림을 은신처로 삼은 이 전술에 그 무렵 유럽의 전술이 감히 맞설 수는 없었다. 그들을 상대로 밀집 대형(隊形), 빈틈 없는 전개, 일제 사격 등의 전술을 펴보려고 할 수도 없었으며 실제로 실시해 보았자 파멸을 부를 뿐이었다.

총포 발명 이전 시대에서도 북유럽의 라인 강 건너편 삼림 지대에 사는 야만족(게르만족,
지금의 북일)은 자신들을 공격해오는 침략 문명 무기를 삼림 지대라는 조건에 잘 활용해, 이를테면 기원후 9년 토이토부르크 숲의 싸움*4에서 로마군에 결정적인 타격을 주었다. 로마군은 이미 부분적으로 개간되어 경작되고 있던 갈리아 지방은 정복했으나, 그 무렵 아직 삼림으로 뒤덮여 있던 게르마니아를 차지하는 데에는 실패했던 것이다.

그 결과 로마 제국과 북유럽 야만족 사이에 다음 4세기 동안 고정된 경계선을 바라보면, 자연스럽게 이러한 상황들을 이해할 수 있다. 그것은 북유럽 경계 저쪽에 최후의 빙하기 이래 군림해 온 삼림이 여전히 버티고 있어, 지중해에서 라인과 도나우 두 강에 이르는 로마 군단의 북상 진격에 길을 열었던 '호모아그리콜라'(농경인)의 활동을 완전히 봉쇄해 버리는 선이었다.

불행하게도 유럽 대륙을 횡단하는 선 가운데 로마 제국에서 가장 긴 경계선 전역에 야만족 침입을 막기 위해 배치된 로마 제국 군대는 그 뒤로 경계선 저쪽의 야만족 군사력이 커감에 따라 이에 대항하기 위해 끊임없이 병력을 늘려야만 했다.

이 책을 쓸 무렵 인간이 살고 오갈 수 있는 지구 전표면이 거의 모두 서유럽화되어 가는 세계에 여전히 남아 있는 지방 국가의 야만족들과 대치한 국경지대에서는, 이미 근대 서유럽 문명 공업 기술이 먼저 침투해 과거의 적을 동맹자로 만들어 버렸다. 숲은 먼 옛날에 칼의 희생물이 되어 쓰러지고 초원 지대는 자동차나 비행기로 내부에까지 침입할 수 있게 되었다. 그러나 야만인의 또 한 사람의 동맹자인 산은 가장 골치 아픈 존재였다. 야만성을 지키고 고집하는 고지 주민들은 공업화한 서유럽 문명의 군사 기술이 낳은 새로운 무기들을, 필사적인 저항에서 그들이 행동하는 지역에 알맞도록 새로이 이용하는 점에서 놀라운 독창성을 보여주었다. 이런 필사의 저항 곡예로 인해 에스파냐령 모로코와 프랑스령 모로코를 나누는 경계선에 걸쳐진 고지에 사는 리피족은 기원후 9년에 토이토부르크의 숲에서 케루스크족과 그 인접 야만족이 바루스(로마 장군)의 3개 군단을 전멸시켰을 때와 같은 대승을, 1921년 안왈에서 에스파냐 군과의 전투에서 거두었으며, 또 1925년에는 프랑스령 북서 아프리카 정부를 뿌리째 뒤흔들어 놓았다. 같은 교묘한 수단으로 와지리스탄(파키스탄의 서북 국경 지방)의 마흐수드족은 1849년에 영국인이 이 야만족과 대치한 국경

*4 바루스가 이끄는 로마군은 독일의 언덕지대 토이토부르크 숲에서 게르만족과 싸워 크게 패하고 바루스 자신은 자살했다.

지대를 시크 교도로부터 인계받은 뒤, 1947년에 이 골치 아픈 유산을 파키스탄에게 넘김으로써, 미결 상태에 있던 인도 서북 국경 문제에서 벗어날 때까지 전후 98년 동안 영국인 손에서 되풀이하여 이루어진 진압의 시도를 끝내 좌절시켰다.

1925년의 리피족의 공격은 프랑스령 모로코의 실제 점령 지역과 아프리카 본토의 프랑스령을 연결시키는 긴 회랑 지대(回廊地帶)를 단절할 뻔했다. 아슬아슬하게 실패한 리피족의 계획이 만일 성공했다면, 지중해 남안의 프랑스 식민지 전체를 위기로 몰아넣었을 것이다. 이에 필적하는 큰 이해 관계가 걸린 것으로, 영국령 인도 정부는 1919~20년 마흐수드 야만족과 영국령 인도 제국군 간의 와지리스탄 전투에서 위기에 처해 있었다. 이 전투에서도 리피 전쟁의 경우와 마찬가지로 야만족의 전투력은 근대 서유럽 문명의 무기와 전술을 서유럽인이 정식으로 사용하기에는 부적당한 지역에 교묘히 활용한 그 기술에 있었다. 1914~18년 제1차 세계대전의 전쟁터가 되었던 유럽에서 조직적인 거대 군단들이 평지 작전에서 사용하는 정교하고 값비싼 장비는 깊숙한 산 속에 매복한 원주민들을 상대로 한 싸움에서는 그리 효과적이지 못했다.*5

1919년의 마흐수드족이나 1925년 리피족처럼, 싸움 잘하는 국경 밖 야만족을 상대로 비록 결정적인 것은 아니더라도 승리를 얻으려면, 위험에 처한 '리메스'의 배후에 있는 권력은 인원이나 장비, 또는 비용 측면에서도 조금의 전투 장비만 가지고 쇠파리 떼처럼 성가시게 공격해 오는 상대편에 맞서서 너무나 불균형적인 큰 노력을 기울여야 했다. 야만족들은 효과적인 응전을 위해 더는 삭감할 수 없는 최소한의 인원과 장비를 사용했기 때문이다. 실제로 1881년에 글래드스턴이 '문명의 자원'이라 부른 것은 이런 종류의 전쟁에서는 도움이 될 수 있는 것만큼이나 거의 같은 정도로 장애가 될 수도 있다.*6 영국령 인도군

---

*5 마찬가지로 1808~14년의 반도전쟁(웰링턴이 영국군을 이끌고 프랑스군을 이베리아 반도에서 쫓아낸 전쟁) 뒤에 역전의 용사들은 1814년 뉴올리언스 싸움에서 이전에 나폴레옹군을 격파했을 때와 똑같은 전술을 여러 번 사용해서 싸우다가 유럽인들과 싸우기 위해 채택한 '변경 개척자' 전법으로 대항한 앤드루 잭슨(영미전쟁 때 남부 의용군 사령관, 제7대 미 대통령)에 의해 힘없이 참패당했다.

*6 '문명의 자원은 고갈되지 않는다'고 하는 것은 글래드스턴이 하원에서 한 연설 중에 한 말인데, 이는 아무리 아일랜드 민족주의자가 선동과 범죄 행위를 마음대로 주물러도 마침내 영국 정부의 적이 아니란 사실이 밝혀지리라는 뜻이었다. 그러나 그의 말은 빗나갔다. 40년

의 기동성은 우세를 유지하기 위한 대량의 기계 장비에 의해 오히려 해를 입었다. 또한 과중한 장비가 방해되어 영국령 인도의 군대가 재빨리 효과적으로 적을 처부술 수 없었을뿐더러, 처음부터 마흐수드족은 거의 공격당할 목표가 되지 않았다. 토벌군의 목적은 응징을 해야 하는데, 도대체 그같은 부족들을 응징하려면 어떻게 해야 될까? 그들을 궁핍으로 몰아넣어야 할 것인가? 그들은 이미 궁핍 상태에 있으며, 그 상태를 바람직하게 여기지는 않았지만, 자연스러운 일로 받아들이고 있었다. 그들의 생활은 이미—토머스 홉스의 '자연 상태'의 묘사 속에 나오는 말 그대로—고립·빈곤·불결 상태에 더해 야수적이고 무뚝뚝하기까지 그 이상 더 나쁜 상태로 만든다는 것은 거의 불가능한 일이었다. 만일 가능하더라도 그들은 그것을 그다지 마음에 두지 않을 것이 아닌가? 우리는 앞서 이 '연구'에서 이런 무심한 면과 관련지어 말했듯이, 원시적인 사회체제는 고도의 물질 문명을 누리는 사회체제보다 회복이 쉽고 빠르다는 사실이다. 그것은 하등 동물인 지렁이와 마찬가지로 반동강 나도 예사롭게 전처럼 살아간다. 그러나 우리는 적어도 이제까지 문명에 대한 공격을 퍼부어 마지막 성공에까지 이른 적이 없는 리피족과 마흐수드족의 이야기에서 벗어나 비극이 종막에까지 간 경우의 과정을 조사해야 할 것이다.

국경 지방의 전쟁이 차츰 격렬해지면 이에 따른 군사력 증강이 요구되는데, 그같은 전쟁이 격화되면 문명 세계의 경제에 더욱더 무거운 세 부담을 지워 문명 세계를 약화시킨다. 그러나 이에 반해 야만족의 군사적 욕망은 더욱 자극을 받는다. 이를테면 경계선 저쪽의 야만인이 본래대로 순수하게 미개인으로 남아 있었더라면, 그들 에너지의 대부분은 평화를 위한 노력에 바쳐졌을 것이다. 따라서 그들의 평화적 노동으로 생산한 산물을 응징으로 파괴할 때는 좀 더 큰 위압적 효과를 올릴 수 있었으리라. 원시 상태에 있었던 사회가 인접 문명으로부터 정신적으로 소외된 결과의 비극은, 야만인들이 국경 전쟁에 전념하기 위해 이전의 평화로운 생업을 등한시하게 된 사실이다. 이들은 처음에는 자체 방위를 위해, 나중에는 종래와는 다른 더 활기찬 삶의 방식을 택해—경작하고 수확하기 위해 칼과 창을 들고 나와 국경 전쟁에 전념하게 된다.

국경 전쟁의 교전자 양쪽에서 가져다 주는 물질적 결과에서 나타나는 이 같

뒤에 '문명'은 마침내 고갈 상태를 시인했고, 아일랜드 자유국 성립을 인정하는 조약에 서명했다.

은 뚜렷한 차이는, 도덕적 측면에서 이 둘 사이에 나타나는 큰 차이, 게다가 더욱더 증대하는 차이 속에 반영된다. 해체기 문명세계 인간에게 끊임없이 이어지는 국경 전쟁은 차츰 늘어나는 경제적 부담을 뜻한다. 이에 반해 호전적인 야만족들에게는 국경 전쟁은 무거운 짐이 아닌 때마침 찾아온 좋은 기회이며, 근심사가 아닌 마음을 들뜨게 하는 일이다.

이와 같은 상황 아래에서 '리메스'의 건설자이며 동시에 피해자이기도 한 문명 세계가 수수방관으로 파멸을 기다리는 대신, 최후의 수단으로서 적대 세력인 야만족을 자기 편에 끌어들이는 고육책을 강구하는 것은 이상한 일이 아니다. 그러나 '리메스'의 붕괴를 막기 위해 취해지는 이 방책은 국경의 붕괴를 피하려 했던 편법이 오히려 파국을 서두르는 결과가 될 뿐임을 앞부분에서 살펴보았다.

형세가 사정없이 국경 밖 야만족에게 이롭게 기울어져 가는 것을 막으려고 노력했던 로마 제국 역사에서, 야만족에 의해 야만족을 견제하는 정책이 실패하게 된 것은—황제 테오도시우스 1세의 치세에 반감을 품은 비평가의 말을 믿어도 좋다면—야만족에게 로마의 전쟁 기술이 전해지는 동시에 로마 제국의 약점이 알려졌기 때문이었다.

"이제 로마 군대의 군기는 땅에 떨어지고, 로마인과 야만인과의 구별이 모두 사라지고 말았다. 양쪽 병사가 대열 속에서 완전히 뒤섞였다. 부대의 병적부에서조차 이미 이동 사항이 똑바로 기입되지 않게 되어 있었기 때문이다. 따라서 '야만인'의 탈주자(국경 너머에 있는 야만족 전투 부대로부터 로마 제국 군대로 도망쳐 온)는 로마 부대에 입대한 뒤 제멋대로 고향에 돌아갔다가 형편이 좋을 때 다시 나와서 복무했으며, 비복무 기간에는 다른 사람을 보내어 자기 대신 근무하게 할 수 있었다. 이처럼 로마군 속에서 널리 퍼지게 된 극단적인 무질서는 야만족에게 그대로 알려지게 되었다. 늘 그랬듯이 문호가 개방된 채 자유로이 드나들 수 있었으므로 탈주자들은 야만족에게 자세한 정보를 전할 수 있었기 때문이다. 야만족들이 내린 결론에 따르면, 로마는 기강이 문란해 있어 마치 공격해 달라고 스스로 요청하고 있는 것 같아 보였다."*7

＊7 Zosimus : Historiae.

이 같은 소식을 접한 용병들이 집단적으로 자기 편을 배반하고 적과 손을 잡으면 이미 흔들리는 제국에 때로 최후의 일격을 가할 수 있음은 마땅한 일이다. 그러나 우리는 왜 그들이 고용주에게 반기를 드는지 그 이유를 설명할 필요가 있다. 그들의 개인적 이해 관계가 그들의 직업적 의무와 일치하지 않았기 때문인가?

지금 그들에게 지급되는 보수는 옛날에 이따금 습격해 탈취했던 약탈물보다 더 수익이 높고 또 확실하다. 그렇다면 왜 반역으로 돌아선단 말인가?

그에 대한 해답은 이렇다. 야만인 용병들은 고용주의 제국을 배반함으로써 그 자신의 물질적 이익을 포기하는 행위를 하게 되는데, 이는 무슨 특별한 의미가 있어서 그렇게 하는 것은 아니다. 인간은 주로 '경제인'으로서만 행동하는 일은 좀처럼 없으며, 반역자가 되는 용병의 행동은 어떠한 경제적 고려보다도 강한 충동에 따라 결정되는 것이다.

명백한 사실은 그들은 자신에게 급료를 제공하고 있는 제국을 미워하고 있다는 점이다. 야만인 쪽에서 볼 때 제국과의 정신적 간격은 자신들이 방위 임무를 맡은 문명 세계와의 보증되지 않은 거래에 의해서도 영원히 개선될 수 없는 것이다. 그 문명이 아직 사람을 끄는 성장기의 행복한 시대에 자신들의 선조 야만족들이 보인 것 같은 존경과 미메시스(모방)의 태도는 그들에게서 사라져 버렸다. 실제로 미메시스의 흐름의 방향은 오래전에 역전되어, 바야흐로 문명이 야만인으로부터 외경의 눈으로 보여지는 게 아니라, 야만인 쪽이 문명 세계로부터 외경의 눈으로 우러러 보여지는 것이다.

"초기 로마의 역사는 비범한 일을 한 평범한 사람들의 역사라고 묘사되었다. 후기 로마 제국에선 뭔가 조금이라도 틀을 벗어난 일을 하려면 비범한 인간을 필요로 하게 되었다. 따라서 로마 제국이 여러 세기 동안 평범한 인간을 양성하고 훈련하는 일에 전념해 왔다면, 그 말기의 비범한 인물—스틸리코(반달 족 출신의 최고 사령관)나 아에티우스(로마의 장군, 뒷날 총사령관) 같은 인물—은 차츰 야만인 속에서 구하게 되었다."*8

---

*8 Collingwood, R.G., and Myres, J.N.L. : *Roman Britain and the English Settlements.*

3. 대변혁과 그 결과

제방이 무너지면 댐 위쪽에 고여 있던 많은 물은 한꺼번에 급경사진 아래쪽으로 거세게 쏟아져내려 바다로 흘러드는데, 이 오랫동안 막혀 있던 물의 방출은 삼중의 대재난을 불러일으킨다.

먼저 첫째로, 홍수는 무너진 제방 아래쪽 경작지에 인간이 만들어 놓은 것들을 파괴한다. 둘째로, 생명을 주는 힘을 가진 물이 인간이 바라는 용도에 쓰이지도 못한 채 바다로 쏟아져들어가 사라지고 만다. 셋째로, 한꺼번에 물이 쏟아져 저수지가 텅 비게 되면 강가는 잔뜩 말라 버리고 이제까지 뿌리를 박고 있던 식물이 말라 죽는다. 요컨대 둑이 건재한 동안은 결실을 가져왔던 물이 둑이 무너짐으로써 억제력이 없어지자마자, 물이 스며든 땅이든 고인 땅이든 상관없이 황폐화되고 만다.

인간과 물리적 자연의 싸움에 대한 위와 같은 일화는 군사적 경계선이 무너졌을 때 그 결과로 나타나는 현상에 대한 알맞은 비유가 된다. 이때 그 결과로서 생기는 사회적 대혼란(군사 경계선의 붕괴)은 관련된 모든 것들을 파멸로 몰고 간다. 그러나 재해의 정도는 실제 댐의 붕괴와 같지 않으며, 또 예상과도 다르다. 왜냐하면 주된 피해자는 멸망한 세계 국가의 사람들이 아니고, 승리를 얻은 것같이 보이는 야만족 자신이기 때문이다. 야만인들이 승리한 순간이 그들의 패배의 시기가 된다.

이러한 역설을 어떻게 설명하면 좋을까? 그것은 군사적 '리메스'가 문명의 방파제 역할을 다하고 있었을 뿐만 아니라, 동시에 공격적인 야만인들 자신에게는 바로 그들의 가슴속에 스며 있는 악마적인 자기 파괴의 힘으로부터 그들을 지켜냄으로써 신의 뜻에 의한 안전 장치 역할을 해 왔기 때문이다. 앞에서 말했듯이 '리메스(경계선)' 바로 눈앞에 있는 것에 대해 국경 지방 야만인들이 불쾌감을 갖는 이유는, 그들이 본디 간직하고 있던 원시적인 경제와 여러 제도들이 국경 안의 문명 세계가 일으킨 정신적 에너지에 의해 붕괴되었기 때문이다. 또한 그 해체 에너지는 성장기 문명과 개방적이며 매혹적인 '리메스' 저쪽 문명에 귀의한 미개 인간 사이에, 좀더 충실하고 결실로 가득 찬 교류를 제재하는 장벽을 넘어 전해지는 것이기 때문이다.

더욱이 이것도 앞에서 말한 바지만, 야만인은 문명의 영역 밖에 갇혀 있는 동안 적어도 이같이 흘러드는 이질적인 정신에너지의 일부를, 어떤 것은 여러 문명 제도의 재판(복사판)으로, 어떤 것은 야만인 자신의 새로운 창작으로서 정치·예술·종교의 각 분야에 걸친 여러 문화적 산물로 전환하는 데 성공한다.

둑이 존속해 있는 동안 야만인이 입은 심리적 동요는 일정한 한도 안에서 억제되었으므로 완전히 도를 지나치는 일은 없다. 그리고 이 야만인을 구하는 억제 요소는 그가 계속 파괴하고 있는 '리메스'의 존재에 의해 제공되는 것이다. 군사적 '리메스'는 그것이 존속하는 한 어느 정도까지 미개인이 원시적 관습의 껍질을 깨고 변경 야만인으로 전향하는 동시에 잃어버린 이전의 원시적 규율을 대체하는 역할을 다한다. 군사적 '리메스'는 야만인의 노력을 끊임없이 일정한 표준으로 유지해, 다해야 할 임무와 이루어야 할 목표, 그리고 맞서 싸워야 할 곤란한 상황들을 제공함으로써 그들을 단련시키는 것이다.

군사적 '리메스'의 갑작스런 붕괴에 의해 이 안전 장치가 사라지게 되면, 규율이 무너지는 동시에 야만인은 자신에게는 힘에 겨운 곤란한 임무를 수행할 필요에 쫓긴다. 이때 변경 야만인들이 선조 미개인보다 영리하고 교활한 동시에 좀더 잔인하다면, 경계선을 뚫고 쳐들어가 멸망한 제국의 유기된 영토를 차지하고 후계 국가를 세우는 이 후기 야만인들은 전보다도 한결 도덕적으로 타락하게 된다.

아직 군사적 경계가 유지되고 있을 무렵에는 노략질에 의해 손에 넣은 전리품을 소비하면서 일하지 않고 방탕과 태만의 나날을 보냈지만, 그 대가로 그들의 노략질이 유발한 응징적 토벌에 대비해 더 많은 수고와 어려움을 참고 견디어야 했다. 그런데 군사적 '리메스'가 무너져버리자, 언제까지나 놀며 환락에 빠져 있어도 정벌을 받을 우려가 없다. 앞서 이 '연구'에서 말했듯이 문명국의 야만인들은 썩은 고기와 구더기를 먹는 콘도르와 같이 불행 속에 빠져들어간다.

만약 이상의 비유가 지나치다고 여겨진다면 그 가치를 이해하지 못하고 문명의 폐허 속에서 날뛰는 승리에 도취한 야만인의 무리들을, 과도하게 성장한 20세기 도시 사회 문제의 하나인 불량 청년들의 집단에 비교해도 좋다.

"군사적 경계가 무너진 뒤, 야만 사회에 나타나는 특질은 사춘기 청소년들의 자질과 비슷하다. …… 그러한 사회의 뚜렷한 특징은 부족의 규칙―사회적·정치적·종교적—으로부터 해방된다는 점에 있다. …… 영웅 시대 일반의 특징은 유아기나, 성인기의 특징이 아니다. 전형적인 영웅 시대의 인간은 오히려 청년에 비교해야 할 것이다. …… 부모의 생각이나 통제력 범위를 벗어나 너무 자라버린 청소년의 예를 보자. 교육을 받은 적이 없고 순박하기만 한 부모 아래서 자란 젊은이가, 학교나 그 밖의 장소에서 외부 영향을 받아 여러 가지 일을 알게 된 뒤에 자기 주위의 사람들을 내려다보는 것을 발견할 수 있다."*9

원시적 야만인 부족 사이에서 원시적 관습이 힘을 잃으면, 종래 혈연 집단이 행사해 온 권력은 '코미타투스', 즉 한 사람의 우두머리에게 충성을 맹세한 모험자 집단의 손으로 넘어간다. 문명이 그 세계 국가 속에서 외관상 권위를 유지하고 있는 동안은 그 야만족의 무장과 그 '코미타투스'가 이따금 완충 국가의 역할을 다하는 일이 있다. 4세기 중엽에서 5세기 중엽에 걸쳐 로마 제국의 라인 강 하류 변경 지대를 수호하는 임무를 맡았던 살리계 프랑크족의 역사가 그 한 예다.

그러나 멸망한 세계 국가의 옛 영토 내부에 야만족 정복자가 건설한 후계 국가의 운명들을 살펴보면 야만인의 빈약한 정치적 역량이 낳은 이 변변치 못한 산물(후계 국가)이, 세계 국가 지배자의 정치 수완으로서도 어쩔 도리가 없었던 무거운 짐을 짊어지고 문제를 해결하는 임무를 도저히 감내할 수 없음을 보여주고 있다.

야만족 후계 국가는 파산한 세계 국가의 떨어진 신뢰에 의지해 맹목적으로 그 소임을 맡지만, 정권을 잡은 이 야만족들은 그들 내부에서 치명적인 어떤 배신 행위가 일어나 도덕적 시련을 겪으면서, 피할 수 없는 파멸을 재촉하게 된다. 무장한 폭도 집단의 무책임한 군사 지도자에 대한 변하기 쉬운 충성만을 기초로 한 정치 조직은 마침내 실패로 끝나고 마는데, 이는 문명을 시도한 사회를 통치하는 도덕성이 결핍되어 있기 때문이다. 미개인의 혈연 집단이 야만인의 '코미타투스(1인의 군사 지도자에게 충성하는 집단)' 속으로 해체되어 들어간 뒤에 이번에는 곧 그 '코미타투스'가 이질적인 피지배자들 속에서 빠

---

*9 Chadwick, H.M. : *The Heroic Age.*

르게 해체되어가는 현상이 일어난다.

문명국에 침입한 야만인들은 그 침입이 불러일으킨 피할 수 없는 결과로서 도덕적 파탄을 겪게 되지만, 그들이 전혀 정신적인 노력없이 운명에 굴복하는 것은 아니다. 그 노력의 흔적은 신화나 종교적 의식이나 행위 기준을 쓴 그들의 문학 작품 속에 남아 있다. 어디서나 볼 수 있는 대표적 신화는 괴물이 지키고 있는 보물을 영웅이 손에 넣기 위해 이 초자연적인 적과 싸워 끝내 승리를 얻는다는 이야기이다. 이것이 베오울프와 그렌델 및 그렌델의 어머니가 싸우는 이야기, 지그프리트와 용과 싸우는 이야기, 페르세우스가 고르곤의 목을 친 뒤에 안드로메다를 잡아먹는 바다의 괴물을 죽여 안드로메다를 아내로 삼은 이야기 등에서 공통 주제로 되어 있다. 그런 주제가 야손이 금빛 양털을 지키는 큰 뱀을 물리친 이야기, 헤라클레스가 케르베로스(머리가 셋이고 꼬리는 뱀인 지옥문을 지키는 개)를 생포한 이야기 속에도 주제가 들어 있다. 이 신화는 야만인들이 '리메스'의 바깥쪽 불모의 땅에서 장벽의 붕괴에 의해 열어젖혀진 축복의 세계 속으로 껑충 뛰어들었으므로, 정신(프시케)의 잠재 의식적 심층에서 해방된 악마적 정신으로부터 인간의 정신적 보물인 이성적 의지를 구출해 내려는 야만인 자신의 내적 노력을 외적으로 표현한 것으로 생각된다. 사실 이러한 신화는 군사적으로 승리를 얻었으나 정신적으로 괴로워하고 있는 야만인이 파괴적인 마음의 병을 치료하고자 시도하는 주술 행위 의식을 문학적인 이야기로 번역한 것인지도 모른다.

영웅 시대 특유의 상황에 따른 특수한 행위 기준이 나타나는 과정에서, '리메스'라는 물질적 장벽의 소멸에 따라 패배한 문명의 지배자가 된 야만족의 영혼 속에서, 해방된 악마의 파괴 활동에 대해 다른 방법으로 도덕적 한계를 두려는 시도가 이루어진다. 그 뚜렷한 예로 호메로스의 서사시에서 볼 수 있는 아카이아인의 '아이도스(수치심)' 및 '네메시스(분노)' 사상과, 유명한 옴미아드 왕조의 역사적인 '힐름(계획적 자제)' 등이 있다.

"'아이도스'와 '네메시스'의 큰 특징은 일반적으로 인간에게 명예란 인간이 자유로울 때, 즉 강요나 강제가 없을 때에만 일어난다는 점이다. 한 무리의 인간이 …… 오래된 구속에서 탈출해 동료 가운데서 그 누구도 두려워하지 않는 주먹깨나 쓰는 난폭한 남자를 우두머리로 선출했다고 가정하자. 그러면 당신은 처음에는 그러한 인간은 무엇이나 마음대로 자기 머릿속에 떠오르는 대로 행동을 하리라고 생각할 것이다. 그러나 머지않아 당신은 실제로는 무법자처럼 마구 행동하는 야만인 속에 뭔가 불안을 느낀 듯한 행위가 나타남을 발견한다. 그 전에 그런 무법자적 행위를 한 일이 있다면 그는 그런 자신을 '후회하고' 계속 그 일을 괴로워한다. 아직 그런 행위를 하지 않았다면 그는 그런 행위를 행하기를 '삼간다'. 더구나 그것은 누군가가 그에게 강요해서도 아니며 또 어떤 특정한 결과가 그의 몸에 닥친 것도 아닌, 정말 그가 '아이도스'를 느끼기 때문이리라.

'아이도스'는 당신이 당신 자신의 행위에 대해 느끼는 감정이며, '네메시스'는 당신이 타인의 행위에 대해 느끼는 감정이다. 아니면 흔히 그것은 타인이 당신에 대해 느끼리라고 당신이 상상하는 것이다. …… 그러나 누구도 지켜보는 사람이 없다고 상상해 보자. 당신이 잘 알고 있듯이 그러한 행동은 '네메시스'의 감정을 느끼게 하는 대상인 '네메세톤' 즉 '네메시스'를 느낄 만한 일임에 변함이 없다. 단지 그곳에 그것을 느껴줄 사람이 없을 뿐이다. 그러나 만일 당신 자신이 자기가 한 행위를 싫어하여 그에 대해 '아이도스'를 느낀다면 당신은 누군가 또한 당신을 싫어하거나 비난하고 있으리라고 의식하게 된다. …… '대지'도 '물'도 '공기'도 모두 살아서 바라보고 있다. 즉 '테오이'(신들)나 '다이모네스'(영혼)나, '케레스'(죽음의 여신)로 가득 차 있다. …… 당신을 보았고, 당신이 한 일에 대해 당신에게 심한 분노를 느끼는 것은 이런 존재들이다."*10

호메로스의 서사시에 묘사된 것을 보면 미노스 문명 몰락 뒤의 영웅 시대에서 '아이도스'와 '네메시스'의 감정을 불러일으키는 행위는 겁쟁이·거짓말·위증·불경(不敬), 그리고 무력한 자에 대한 잔혹 또는 배신을 뜻하는 행위였다.

"그 사람에게 나쁜 행위를 했느냐 안 했느냐 하는 문제와 관계없이, 다른 사람들보다도 더 '아이도이오이' 한 자, 즉 좀더 많이 '아이도스'의 대상이 되는 일정한 종류의 사람들이 있다. 그 앞에 나아가면 수치심·자의식·경외감(敬畏感), 또는 보통 때보다 예의바르게 행동해야 한다는 강한 의식을 느끼게 하는 사람

---

*10 Murray, Gilbert : *The Rise of the Greek Epic*

들이 있다. 그럼 주로 어떠한 인간이 이 같은 '아이도스'를 불러일으킬까? 물론 왕·장로·현자·군후(君侯)·사절—수치심을 느끼게 하는 왕과 장로들—등이 이에 속한다. 이 사람들은 모두 당신이 자연히 존경심을 품게 되는 사람들이며, 그 사람에게 잘 보이느냐 나쁘게 보이느냐 하는 일이 현세에서 중대한 의의를 갖는다. 그러나 …… 말하자면 좀더 깊이 '아이도스'를 불러일으키는 사람들…… 그 앞에서 당신의 무가치함을 더 강하게 의식하게 만드는 사람들, 그 사람에게 잘 보이느냐 나쁘게 보이느냐 하는 일이, 설명하기는 어려우나 훨씬 더 중요한 의미를 갖게 하는 이들은 전혀 다른 사람들이다. 즉 지상의 권리를 빼앗긴 자, 상처 입은 자, 무력한 자, 특히 모든 인간 속에서 가장 의지할 곳 없는 죽은 자들이다."*11

'아이도스'와 '네메시스'가 사회 생활의 모든 부분에 작용하는 것과 달리 '힐름'은 정치가의 덕에 작용한다.*12 그것은 '아이도스'와 '네메시스'에 비하면 일부러 꾸민 것 같아 보이는 점이 많으며, 따라서 그만큼 사람들을 끌지 못한다.
'힐름'은 겸손한 표현이 아니다. 즉

"그 목적은 오히려 상대편을 부끄럽게 하는 일이다. 자기가 윗사람인데도 일부러 아래쪽으로 나와 상대편을 당황케 하고, 위엄 있고 침착한 태도를 자랑스럽게 드러내어 상대편을 놀라게 해 주는 일이다. …… '힐름'은 사실 대부분 아랍인 특성이 그러하듯 허세나 부리며, 남에게 보이기 위한 덕으로, 실질보다 겉치레를 중시하는 편이 우세하다. …… '힐름'의 평판을 들으려면 품위 있는 몸짓을 한다든가, 그럴듯한 말을 한다든가, 약간의 대가를 치르면 된다. …… 이것은 특별히 아랍인의 사회처럼, 모든 폭력 행위에 대해 가차 없이 보복을 발하는 무정부적인 환경에 안성맞춤인 덕이었다. …… 무아위야의 뒤를 이어받은 옴미아드 칼리프들에 의해 실행된 '힐름'은 아랍인들에게 정치 교육을 실행하는 과정에서 그들의 임무를 용이하게 했다. 그들의 군주들을 위해 사막의 무정부적 자유를 희생하는 데 따른 괴로움을 완화하며, 제국을 통치하는 압제의 손에 비로드 장갑을 껴서 가능한 한 허리를 낮추는 겸허한 지배자를 따르게

---

*11 같은 책.
*12 Lammens, S.J., Père H. : *Études sur la Règne du Calife Omaiyade Mo'âwia Ier.*

했다."*13

　'힐름'과 '아이도스'와 '네메시스'의 본질을 훌륭하게 묘사한 위의 특징들은 이러한 행위 기준들이 영웅 시대의 특수한 상황에 얼마나 잘 받아들여졌는가를 나타내고 있다. 그리고 이미 앞에서 비쳤듯이 만일 영웅 시대가 본질적으로 과도적 단계라면, 이 시대의 도래와 퇴거를 나타내는 가장 확실한 증거는 이 시대 특유의 이상이 나타나고 또 사라지는 일이다. '아이도스'와 '네메시스'가 차츰 모습을 감추게 되면 동시에 그 소멸은 절망적인 외침을 불러일으킨다. '고통과 비탄이 운명적으로 죽을 수밖에 없는 인간들에게 돌아갈 몫이다. 그리고 인간에게는 악의 시대를 막아 줄 어떠한 방책도 남아 있지 않으리라.'*14 헤시오도스는 '암흑 시대'의 인간들을 지탱해 온 이 희미한 빛의 소멸이 영구적 암흑의 도래를 알리는 전조라는 착각에 사로잡혀 스스로 마음을 괴롭히고 있는 것이다. 그는 등불을 끄는 것이 낮으로 돌아가는 전조임을 깨닫지 못했던 것이다. 사실 '아이도스'와 '네메시스'의 소멸과 복귀를 비유하자면, 태어나는 새로운 문명의 작은 징조가 보기에는 그다지 매력적이 아니나 사회적으로 좀더 건설적인 다른 덕을 퍼뜨림으로써 기존의 덕은 더는 지상에 머물 필요가 없게 되어 저 천상으로 다시 올라가는 것이다. 헤시오도스가 그 시대에 태어난 일을 한탄하고 있는 '흑철기 시대'는 실제로 살아 있는 헬라스 문명이 죽은 미노스 문명의 폐허 속에서 출현하기 시작한 시대이다.

　또 선대의 옴미아드 왕조 칼리프들의 통치 비결이었던 '힐름'을 이미 필요로 하지 않게 된 아바스 조 칼리프들은, 로마 제국의 시리아에서 '리메스'를 소멸시키려던 옴미아드 왕조의 곡예에 종지부를 찍고, 시리아 문명의 세계 국가를 부흥시킨 정치가였다.

　야만인의 발길이 붕괴한 '리메스'를 일단 넘어서면 야만인의 영혼을 포로로 하는 악마는 추방하기가 매우 어렵다. 악마는 그의 포로가 된 야만인이 바로 그와 맞서 싸우기 위해 몸에 익혀 온 덕을 타락시키려고 계획하기 때문이다. 우리는 마담 롤랑(프랑스 혁명 중의
지롱당 지지자)이 자유에 대해 언급한 것과 같은 말을 '아이도스'에 대해서도 할 수 있다. 즉 '그대의 이름으로 얼마나 많은 죄악이 저질러졌는

---

*13 같은 책.
*14 Hesiod : *Works and Days*.

가!' 야만인들의 명예욕은 '싫증을 모르는 탐욕스런 야수처럼 포효한다.'*15 대
규모적인 잔학 행위라는 것은 역사와 전설에서 영웅 시대에 나타나는 뚜렷한
특징이다. 이런 흉악 행위가 이루어지고 도덕이 파괴된 야만 사회는 그런 범죄
에 익숙해져서 그 두려움에 대해 완전히 둔감해졌으므로, 시인은 무장의 공적
을 영구히 전하는 임무를 행할 때 그들 시에 나오는 주인공의 성격을 흉악하
게 함으로써, 그 무용담(武勇談)을 과장한다면 범하지 않았을지도 모를 죄를
주인공에게 예사롭게 씌우고 있다. 또한 영웅들이 무서운 잔학 행위를 행하는
것은 그들의 공공연한 적에 대해서만은 아니다. 트로이를 약탈하는 두려움은
아트레우스가(家)의 불화(여기서의 불화란 아가멤논 아내의 배신, 부정한 아내의 남편을 살해, 아가멤논의 아들 오레스데스가 아버지의 복수로서 어머니를 살해한 일련의 비극을 가리킴)에서 비롯된
두려움에 미치지 못한다. 이렇게 그리스처럼 갈등 속에서 싸우는 '가문들'은 오
래 계속될 리가 없다.

　　표면상으로는 전능의 지위에서 갑자기 전락하는 것이 영웅 시대 야만인 강
대국의 특유한 운명이다. 그 뚜렷한 사례로 아틸라가 죽은 뒤 훈족의 쇠퇴와
겐세릭(반달 왕국의 건설자)이 죽은 뒤 반달족의 쇠퇴 등이 있다. 이들 예와 또
그 밖에 역사적으로 입증되는 예는 아카이아족의 정복 물결이 또한 같은 모양
으로 트로이를 정복한 뒤에, 세력의 약화로 살해당한 아가멤논 장군이 범아카
이아족을 통솔하는 최후의 전사였다는 전설에 신빙성을 준다.

　　이들 전사들이 아무리 광대한 지역에 그 정복의 손길을 뻗칠 수 있었다 해
도 제도를 창조하는 능력은 결여되어 있었다.

　　샤를마뉴만큼의 경험을 쌓아 비교적 문명화한 전사가 지배하는 제국일지
라도, 그러한 제국의 운명에서 그와 같은 창조의 무능력을 극적으로 보여주고
있다.

　4. 환상과 현실
　　앞장에서 서술한 것이 진실이라면, 영웅 시대에 내려지는 평가는 엄격한 것
이 되지 않을 수 없다. 아무리 관대한 평가를 내린다고 해도 그것은 무익한 탈
선이었다고 단정해야 할 것이니, 더욱이 엄격한 재판관이라면 극악 무도한 범
죄 행위로 선고할 것이다.

---

*15 Gronbech, V. : *The Culture of the Teutons.*

무익하다는 평가는 신(新)야만 시대의 도래를 알리는 험악한 공기를 느낄 무렵까지 살아 있던 빅토리아 시대의 한 문인이 쓴 다음과 같은 아름다운 시구에 잘 나타나 있다.

저 금발의 전사, 키 큰 고트족의 발자취를 더듬어 보자.
호박(琥珀)을 뿌려놓은 듯한 발트 해의 바닷가,
비스툴라의 추운 목초지인 그들의 음산한 고향에서
푸른 눈의 동족(同族)을 데리고 나와
부정 없는 늠름한 기력이 넘쳐흘러 소문에 들은
미지의 약속지로 이르는 길을 찾고
붉은 제국의 엉킨 수술(繡−)을 찢어내고
제국의 넓은 옷자락을 짓밟아
제국의 군대를 물리치고 황제의 목을 베고
아테네와 로마를 약탈하고 제국의 도시들을 불살랐다.
카이사르를 물리칠 때까지
그들은 로마가 통치했던 세계를 지배했다.
그러나 이 3세기간에 걸친 약탈과 유혈
비정한 마음과 무자비하고 잔인한 행동은
땅 위에 아무것도 남기지 않았다.
…… 고트인이 강했던 것은 파괴력뿐이었다.
그들은 글을 쓰거나 만들 줄 몰랐으며
생각하거나 창조하지도 않았다.
다만 밭에 독보리와 병든 밀이 무성하여
그것을 베어 조금의 칭찬을 들었을 뿐
그 밖에 그들은 어떠한 것도 흔적을 남기지 않았다.*16

15세기 동안의 긴 간격을 두고 내려진 이 시에 대한 소극적 판결에서는 '미노스 해양 왕국'의 후계자가 된 야만족이 가져온 도덕적 황폐 속에서도, 아직

---

* 16 Bridges, Robert : *The Testament of Beauty.*

도 살아 있음을 절실히 느끼고 있었던 헬라스 사회의 시인 헤시오도스는 그러한 평가에 도저히 만족할 수 없었을 것이다. 이전의 시대는 단지 무익했을 뿐만 아니라 그야말로 범죄 행위였다는 것이 헤시오도스의 고발의 요지이다. 그의 판결은 몹시 엄격하다.

"아버지이신 제우스는 또 세 번째 인종을 만들었다. 그것은 '백은(白銀) 인종'과는 전혀 다른 물푸레나무 줄기(창 자루에 쓰였다)로 창조한 강하고 난폭한 '청동 인종'이었다. 그들의 즐거움은 한심한 아레스의 기술(아레스는 그리스의 군신. 로마의 마르스에 해당한다)과 휴브리스(오만)의 죄를 행하는 일이었다. 빵을 먹어본 일이 없지만, 그들의 가슴 속 심장은 아다만트(금강석)처럼 강해 그 누구도 가까이 다가갈 수 없었다. 그들의 힘은 강대하고, 튼튼한 어깨에서 뻗어 나온 그들의 팔은 아무도 정복할 수 없었다. 갑옷이며 투구며 집도 청동으로 되어 있고 청동으로 땅을 일구었다(흑철은 아직 없었다). 이 청동을 사용한 인간들은 스스로의 손에 의해 쓰러졌으며, 이름도 없었고, 싸늘한 하데스(명부(冥府))의 썩어 버린 집으로 가버렸다. 그들의 넘치는 사기에도 죽음이 그들을 암흑의 손으로 잡아끌어, 그들이 남긴 것이라고는 오직 태양의 밝은 빛뿐이었다."*17

야만인들이 어리석은 범죄 행위를 함으로써 스스로 불러들인 극심한 고통들에 대해서 후세의 심판을 보면, 헤시오도스의 시 속에 있는 위의 구절을 그대로 최후의 말로 해두어도 좋을 듯싶으나, 헤시오도스 자신은 더 계속해서 다음처럼 말하고 있다.

"그 인종이 아직 지구상에 살고 있을 때, 이번에는 크로노스의 아들 제우스의 손에 의해 만물의 어머니인 대지 위에 네 번째 인종이 만들어졌다. 이 인종은 좀더 선량하고 좀더 올바른 신인(神人)이며, 이 끝없는 대지 위에 존재했던 반신반인(半神半人)이었다. 이 인종은 나쁜 전쟁과 가공할 전투에 의해서 멸망했다. 어떤 자는 오이디푸스의 아들들을 위해 싸우다가 카드모스 나라(테베)의 7개 문이 있는 성 밑에 쓰러졌고, 또 어떤 자는 머리털이 아름다운 헬레네를 구출하기 위해 배를 타고 대해를 건너 트로이 정벌의 길에 나섰다. 거기에

---

* 17 Hesiod : *Works and Days.*

서 그들은 최후의 결전을 벌이다가 죽음의 품에 안기어 자취를 감추었다. 그러나 소수의 몇 사람은 크로노스의 아들 제우스의 관용으로 오래 살아남아 있다가 인간 세상을 떠나 땅 끝에 사는 것이 허용되었다. 지금도 아직 그들은 오케아누스(바다의 신)가 흘려보내는 듯한 흐름의 소용돌이치는 바닷속, 축복받은 자의 섬에 아무런 근심 없이 살고 있다. 행복한 영웅들이여! 그대들을 위하여 풍요로운 들판은 해마다 세 번 수확하는 꿀처럼 달콤한 결실을 맺게 한다."[*18]

이 구절은 바로 앞의 구절과, 아니 이 전후에 나오는 인종들 전체와는 어떤 관계에 있을까? 이 일화는 두 가지 점에서 이전의 인종들과 단절 상태를 나타낸다.

첫째로, 여기에서 다루어지고 있는 인종은 앞에 나오는 황금 인종·백은(白銀) 인종·청동 인종, 또는 뒤에 나오는 흑철(黑鐵) 인종과 달리 금속에 비유되어 있지 않은 점이 독특하다.

둘째로, 저마다 다른 네 인종은 대가 이어지면서 모두 가치가 떨어지는 순서로 배열되어 있다. 그뿐만 아니라 처음 세 인종의 사후 운명은, 그들 인종의 지상 생활에 일치해 있다. 황금 인종은 "위대한 제우스의 뜻에 따라 선량한 영혼(다이모네스·에스트로이) 즉 지상 '위'에서 죽어야 할 인간을 수호하고 부(富)를 내려주는 영이 되었다." 그것보다 뒤떨어지는 백은 인종은 그래도 아직 "죽어야 할 운명의 인종들 가운데 이 땅 '밑에' 사는 축복받은 자의 이름을 얻었다. 그들은 영예의 점에서 선령에 이어 제2위를 차지하지만, 또한 존경을 받고 있다." 그런데 청동 인종의 경우, 그들의 사후 운명은 기분 나쁜 침묵에 싸여 전혀 서술되어 있지 않다.

이런 목록에서 네 번째의 인종은 점점 가치가 떨어져 사후에는 지옥에 떨어뜨려진 자의 형벌을 마땅히 받게 될 성싶다. 그런데 예상 외로 적어도 그들 가운데 선택된 소수자는 사후 엘리시움(그리스 신화에서 영웅이 사후에 생활하는 낙원)에 옮겨져 그곳 지면 위에서 황금 인종과 같은 생활을 한다는 것을 발견한다.

청동 인종과 흑철 인종 사이에 신인(神人)을 둔 것은 분명히 후대의 발상이어서, 시의 연속 양상과 균형, 의도를 파괴한 결과가 되고 있다. 왜 헤시오도스

[*18] 같은 책.

는 이런 서투른 일화를 넣을 생각을 했을까? 그 해답은 여기에 서술된 것처럼 신인(神人)의 모습이 시인과 그 독자의 상상력 위에 또렷한 인상으로 남아 있기 때문이다. 요컨대 신인이라는 것은 수수한 헤시오도스적 사실의 언어가 아니라 매혹적인 호메로스적 환상에 바탕을 두고 다시 한 번 되풀이된 청동 인종의 묘사일 따름이다.

사회적으로 보면 영웅 시대는 어리석은 오류이며 범죄이지만, 정서적으로 보면 이것은 하나의 위대한 경험이며, 몇 대 동안이나 야만족 선조를 막고 있었던 장벽을 단번에 돌파해 무한의 가능성으로 나아가는 장렬한 경험이다. 오직 하나의 근사한 예외를 빼고 그 가능성은 모조리 '사해(死海)의 과일'(실재하지 않는 것, 허망한 꿈)이 된다. 그러나 사회적·정치적인 면에서 야만족의 실패가 완전하면 할수록 역설적으로 이들 시인의 창작 활동은 성공에 이르게 된다. 예술에서의 성공보다는 실패 쪽이 가치가 큰 이유는, '성공한 이야기'는 도저히 비극의 경지에 다다를 수 없기 때문이다.

민족 이동으로 일어난 흥분이 승리에 도취한 정복자의 영혼 안에서 도덕적 부패로 타락해 가는 과정은, 야만족의 시인을 뒤흔들어 그 영웅들의 사악함과 어리석음에 대한 기억들을 불후의 노래로 바꾸어 놓게 한다. 야만인 정복자는 실생활에서는 불가능했던 빛나는 성공을 이 같은 시의 마법 세계에서 대신 얻게 되는 것이다. 사라진 역사는 불후의 로맨스가 된다. 영웅시의 매력에 사로잡힌 후세의 찬미자는 사실상 한 문명의 죽음과 그 후계자의 탄생 사이에 보잘것없는 막간 촌극에 지나지 않았던 이 시대를—이 '연구'에서 사용하는 용어 가운데 하나로서 어느 정도 비꼬는 뜻으로 받아들여—'영웅 시대' '영웅들의 시대'로 착각한다.

이러한 착각의 포로가 되는 최초의 희생자는, 위에서 말한 대로 '영웅 시대' 다음에 오는 '암흑 시대'의 시인이다. 나중에 뒤돌아보면 분명한 것처럼 '후속 시대'는 암흑을 부끄러워할 이유가 없다. 왜냐하면 암흑은 야만족이 뿌려놓은 불씨가 모든 것을 태우고 꺼진 상태이기 때문이다. 타버린 지표를 두꺼운 재의 층이 덮고 있는데, 암흑 시대는 영웅 시대와 달리 결국은 창조적인 시대로 밝혀진다. 때가 무르익으면 새로운 생명이 나타나고 회분을 내포한 기름진 옥토를 부드러운 녹색의 새싹으로 덮게 된다.

헤시오도스의 시는 호메로스의 시에 비하면 매우 산문적이지만, 봄의 복귀를 알리는 전조의 하나이다. 그러나 동트기 전의 암흑을 충실히 묘사한 이 연대기 작가는 바로 앞 시대의 밤하늘에 타오른 화재에 감동해 태어난 시에 현혹되어, 호메로스가 그린 공상적인 신인의 모습을 역사적 진실이라 믿었던 것이다.

청동 인종의 묘사에서 호메로스적인 공상을 재현함과 동시에 야만인의 정체를 서슴없이 폭로하고 있는 점을 생각하면, 헤시오도스가 그런 착각에 사로잡힌 것은 이상하다. 그러나 이런 모순 관계가 있든 없든 영웅 신화의 내적 증거를 조사하면 그 밤하늘에 타오른 찬연하고 멋진 불길은 허구임이 판명된다. 인공적인 조명을 모두 끄고 한낮의 햇빛 아래 이 거친 전투와 흥에 도취된 환락의 시적 이상화를 잘 조사해 보면, 영웅은 청동 인종과 같은 사악한 생활을 했고, 똑같이 참혹한 죽음에 임했음이 판명되며, 발할라(북극 신화의 天堂)도 마찬가지로 불길한 장소임을 알 수 있다. 발할라로 들어갈 자격을 얻은 전사는, 실제로는 그들이 용감하게 마주하여 싸웠던 악마들과 동일 인물이다. 그리고 그들은 서로 죽이고 지상에서 모습을 감춤으로써 이 세상에서 그들이 초래한 악마의 전당을 없애 그들 자신을 제외한 모든 인간들에게 행복한 결말을 불러온다.

헤시오도스는 야만족 서사시의 광채에 속은 최초의 사람이었는지도 모르나, 결코 그 마지막 사람은 아니었다. 계몽된 사회인 19세기의 어떤 사이비 철학자(고비노를 말함)는 건전한 야만인인 '북유럽 야만인종'의 피를 '쇠약한 사회'의 혈관에 주입하면 젊어지는 영약이 된다는 신화를 세상에 알렸다. 그리고 이 원기 왕성한 프랑스 귀족의 정치적·지적 유희가 한결 더 큰 형태로 악마적인 독일 신야만주의 예언자의 인종 신화(나치즘)로 탈바꿈한 것을 볼 때, 우리는 더욱더 가슴이 아플 뿐이다. 플라톤은 그의 '공화국'에서 시인을 추방하지 않으면 안 된다고 주장했는데, 현실적 역사 작가와 진화하려는 제3제국 건설자 간의 인과 관계를 더듬어 감에 따라 플라톤의 주장은 생생한 의미를 지닌다.

그러나 야만족 침입자가 결과적으로 후세를 위해 보잘것없는 공헌을 하게 된 경우도 몇 가지 있다. 즉 제1기 문명에서 제2기 문명으로 넘어갈 때, 마치 그 뒤 제2기 문명에서 제3기 문명으로 넘어갈 때 (문명의 나비를 낳지 못한) 번데기 교회가 연결 역할을 한 것처럼, 야만족 침입자가 멸망한 문명과 새로 태어나는 후계자 사이의 연결 구실을 다한 예가 있다. 이를테면 시리아 문명과 헬라스 문명은 그 앞의 미노스 문명과 이 미노스의 외적 프롤레타리아에 의해서 연결되어 있고, 히타이트 문명은 그 앞의 수메르 문명과, 또 인도 문명은 그 앞의 인더스 문명(단 인더스 문명이 수메르 문명과 별개의 생명을 갖고 있었다고 가정한다면)과 같은 관계에 있다.

이와 같이 해서 제공된 공헌이 보잘것없는 것임을 번데기 교회의 역할과 비교하면 뚜렷해진다. 교회는 내적 프롤레타리아 전투 단체를 낳게 하는 외적 프롤레타리아와 마찬가지로 해체하는 문명으로부터의 심리적 분리에 의해 생겨나는 것인데, 내적 프롤레타리아 쪽이 분명히 풍부한 과거의 유산을 획득하여 그것을 후세에 전한다. 이러한 것은 서유럽 그리스도교 문명이 헬라스 문명에서 이어받은 것과 헬라스 문명이 미노스 문명에서 이어받은 것을 비교하면 확실해진다.

그리스도 교회는 포화점에 이르기까지 헬라스 문명의 요소를 흡수했다. 그런데 호메로스 서사시의 시인들은 미노스 사회에 대해서 아무것도 몰랐다. 그들은 영웅 시대를 무중력의 '진공 속에' 두고 말하고 있으며 독수리에 비길 영웅들이—그들은 이 영웅들을 자랑스럽게 '도시 약탈자'라 부르고 있다—한데 모여 썩은 고기의 향연을 벌이고 있는 거대한 송장에 대해서는 이따금 우연히 언급하고 있을 따름이다.

이와 같이 관찰해 보면, 아카이아인들과 또한 그들과 동시대로서 마찬가지로 문명의 중계자 역할을 한 다른 야만족들의 공헌은 차츰 줄어들다가 제로에 가까워지는 듯이 보인다. 실제로 그것은 어느 정도의 가치를 가지고 있었을까? 그 실제 가치는 이 불안한 야만족의 중계에 의해 선행 문명의 자식 문명으로서 성립된 제2기 문명들과 그 이외의 다른 제2기 문명들의 운명을 비교하면 저절로 뚜렷해진다.

제2기 문명 가운데에서 선행 문명의 외적 프롤레타리아를 매개로 성립된 것 말고는 모두 선행 문명의 지배적 소수자를 매개로 성립된 것이다. 최초 문명의 내적 프롤레타리아가 낳았으나 이제 막 싹트는 단계에 있던 고등 종교에서는 중계자 역할을 하는 교회가 아직 나타나지 않았으므로 이 밖의 방법으로 성립된다는 것은 있을 수 없다.

따라서 제2기 문명에는 외적 프롤레타리아를 매개로 선행 문명에 연결되는 것과, 선행 문명의 지배적 소수자를 매개로 연결되는 것 이 두 가지 그룹이 있는 셈인데, 이 두 그룹은 다른 점들에서도 서로 완전히 반대되는 두 축을 이루

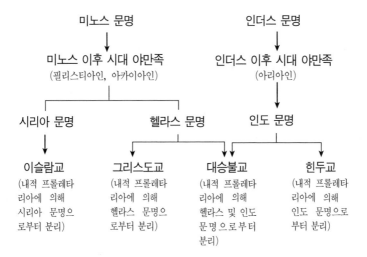

미노스 문명 → 미노스 이후 시대 야만족 (필리스티아인, 아카이아인)

인더스 문명 → 인더스 이후 시대 야만족 (아리아인)

시리아 문명

헬라스 문명

인도 문명

이슬람교
(내적 프롤레타
리아에 의해
시리아 문명으
로부터 분리)

그리스도교
(내적 프롤레타
리아에 의해
헬라스 문명으
로부터 분리)

대승불교
(내적 프롤레타
리아에 의해
헬라스 및 인도
문명으로부터
분리)

힌두교
(내적 프롤레타
리아에 의해
인도 문명으로
부터 분리)

고 있다.

앞의 그룹 즉 외적 프롤레타리아에 의해 연결된 제2기 문명은 선행 문명과의 차이가 너무 커서 부자 관계의 존재 자체가 의심스러워진다. 뒤의 그룹은 선행 문명과의 연결이 너무 밀접해 별개 문명이라 보아야 할지 어떨지가 문제가 된다. 현재 알려져 있는 뒤의 그룹들은 수메르 문명과 별개의 문명으로도 또 그 연장으로도 볼 수 있는 바빌로니아 문명과, 마야 문명과 비슷한 관계에 있는 유카텍 문명 및 멕시코 문명 이렇게 세 가지가 있다.

위의 두 그룹을 선별한 뒤에는 이 두 그룹 사이에 존재하는 또 하나의 차이점에 눈길을 돌리자. 어버이 문명과의 관계가 특히 밀접한 문명을 '초자 문명(初子文明)'이라 이름짓는다면, '초자 문명' 그룹에 속하는 제2기 문명의 그룹(또는 초기 문명이 말라죽은 줄기)은, 다른 한쪽 그룹에 속하는 문명 즉 변경의 위협자에 의해 결속된 제2기 문명—헬라스 문명·시리아 문명·인도 문명 등—이 성공한 것과 반대로 모두 실패했다. '초자 문명'에서 그 문명의 생명이 다하기 전에 세계 교회를 낳은 것은 하나도 없다.

앞서 우리가 도달한, 잇달아 나타나는 사회 유형의 연대 순서는 이와 동시에 점차 가치가 증대하는 순서이며, 고등 종교가 이제까지 다다른 최고의 극한점이라는 결론을 상기한다면, 제2기 문명(제3기 문명이 아니고)의 중개자 역할을 한 야만족은 고등 종교의 발전에 기여했다는 명예를 얻게 된다. 이 같은 논지에 대해서는 위의 표로서 가장 명료하게 나타낼 수 있다.

[보주(補註)]
기괴한 여성의 지배

영웅 시대야말로 정말 남성의 시대라고 생각될지도 모른다. 이 시대가 힘의 시대였음은 증거로써 나타나고 있지 않은가? 그렇다면 멋대로 구는 사나운 힘과 맞닥뜨렸을 때 여자는 어떻게 하면 완력이 센 남자를 물리칠 수 있을까? 이 선험적 논리는 영웅시 속에 이상적으로 묘사된 모습뿐만 아니라 역사적 사실에 의해서도 논박을 당한다.

영웅 시대에 일어난 큰 재난 등은 여인의 손에 의해 이루어졌다. 겉보기에 여자의 역할이 수동적인 경우조차 그러하다. 로자문트(게피드)에 대한 알보인(롬바르디아 왕국의 왕)의 생각지도 않은 욕망이 게피드 멸망의 원인이었다고 한다면, 트로이의 약탈은 헬레네에 대한 파리스의 염원을 이루기 위해 일어났다고 생각해도 좋으리라. 그러나 흔히 볼 수 있는 것은 여자가 공연히 이간자가 되고 그 악의의 꼬임에 넘어간 영웅들이 서로 죽이는 예다. 결국 도나우 강변의 에첼(아틸라를 말함) 궁전에서 살육이라는 형태로 종말을 고하는 브룬힐트와 크림힐트 사이의 전설적인 싸움은 실제로 일어난 브룬힐트(트브네하우를 가리킴)와 그녀의 적 프레데군트 사이의 싸움과 완전히 일치하고 있다. 이 불화가 원인이 되어 로마 제국의 후계 국가인 메로빙거 왕조에 40년 동안 내란이 일어났다.

영웅 시대에서 여자가 남자를 좌우하는 힘을 갖고 있었음을 나타내는 사례는, 악의적으로 남자들에게 내란을 일으키도록 부추기는 경우에 한정되는 것만은 아니다. 일생을 두고 경외심을 품어야 할 자식에게 도덕적 지배력을 미친 점에서 불후의 이름을 남긴 알렉산드로스의 어머니 올림피아스나, 무아위아의 어머니인 힌드만큼 역사상에 깊은 흔적을 남긴 여자는 없다. 그러나 확실한 역사적 기록에서 고네릴이나 리건(리어 왕의 큰딸과 둘째딸), 맥베스 부인과 같은 여자를 살펴본다면 얼마든지 그 예를 들 수 있다. 이 현상은 아마 두 가지 방향으로 설명할 수 있으리라. 하나는 사회학적 설명이며 또 하나는 심리학적 설명이다.

사회학적 설명으로는, 영웅 시대는 사회적 공백 기간으로서 미개 생활의 전통적 습관이 파괴되었는데도 아직 신문명 또는 신생 고등 종교에 의해 새로운 '관습의 외형'이 이뤄지지 않았다는 사실에서 찾을 수 있다. 이 과도적인 상태에서 사회적 공백은 남녀 간의 본질적인 차별까지 무시하는 철저한 개인주의로 가득 차 있다. 어떠한 구속도 받지 않는 개인주의가 이 시대의 남녀 감정과 사상이라고는 도저히 생각하기 어려운, 근대의 여권 확장 운동이 낳은 결과와 거의 차이가 없는 결과를 가져왔음은 주목할 만하다. 다음으로 이 문제를 심리학적으로 보면, 야만족이 서로 살육하는 생존 경쟁에서 승리를 쟁취하는 수단은 폭력이 아니라 집요함, 복수심, 잔인성, 교활함, 배신행위 등이나, 이러한 성질은 남녀의 죄 많은 인간성 속에 매우 풍부하게 자리잡고 있다.

영웅 시대의 지옥 속에서 '기괴한 지배력'을 행사하는 이 여자들은 과연 여걸인가, 악녀인가, 아니면 희생자인가를 묻는다면 뚜렷한 해답을 얻을 수 없다. 명백한 일은 도덕적으로 어느 면으로나 해석할 수 있는 이 여자들의 비교적인 성격이 시(詩)에는 안성맞춤인 제재가 된다는 점이다. 미노스 문명 멸망 뒤의 영웅 시대가 유산으로 남긴 서사시들 가운데 가장 사랑 받은 장르의 하나는, 전설 속 여장부의 죄와 수난의 이야기를 차례차례 시적 회상의 형태로 말하는 '여인 열전'이었음은 말할 나위도 없다. 만일 이러한 시를 통해 그 무서운 경험을 전하는 역사 속 여인들이 뒷날 빅토리아 시대에 한 시인(테니슨)의 상상 속에서 이러한 회고담에 기원을 둔「미녀들의 꿈」이라는 시집을 나오게 하리라고 미리 알고 있었다면, 아마 그들은 얼굴을 찡그리며 쓴웃음을 지었으리라. 그들에게는「맥베스」제1막 3장(3인의 마녀가 등장하는 장면)의 분위기 쪽이 훨씬 마음 편하게 느껴졌을지도 모른다.

제9편 문명의 공간적 접촉

제30장 연구 영역의 확장

《역사의 연구》를 쓰기 시작하면서 맨 처음 세운 가설은, 역사에 나타난 여러 문명들은 저마다 그 자체로 이해 가능한 연구 영역을 이룬다는 것이었다. 만일 이 가설이 문명의 모든 역사 영역에 통하는 것이라면 아마 지금쯤 문명화 작업은 이미 완성되었으리라.

그런데 실제로 문명의 발생·성장·쇠퇴를 살펴보고 있는 동안에는 문명 하나하나가 이해 가능한 단위이지만, 해체기가 되면 그렇지 않음을 알았다. 한 문명의 역사가 직면한 이 최후 국면을 이해하기 위해, 우리는 연구 범위를 그 문명의 영역 밖에까지 확대해 외부 힘의 영향을 살펴보아야만 했다. 그 뚜렷한 예를 하나만 들면, 로마 제국은 시리아 문명에서 영감을 받은 그리스도교 사회에 헬라스 문명이라는 요람을 제공했다는 것이다.

서로 다른 문명의 만남이 고등 종교의 발생에서 수행하는 역할의 중요성은 이것이 역사 지리학 상식의 하나가 되어 있다는 사실만으로도 분명해진다. 고등 종교의 발상지를 지도 위에 표시해서 조사해 보면, 구세계의 전 육지 표면 가운데 비교적 작은 두 지역과 그 주변에 집중하는 것을 알 수 있다. 하나는 옥수스(중앙아시아 하 지역)–약사르테스 강 유역이다. 또 하나는 시리아 지역으로서 넓은 의미로 볼 때 이는 북부 아라비아 초원 지대와 지중해, 아나톨리아 고원과 아르메니아 고원의 남사면에 둘러싸인 곳이다.

옥수스–약사르테스 유역은 동아시아 문명 세계에 퍼져나간 형태로 볼 때 대승 불교의 발상지이며, 또 그 전에 조로아스터교가 발생한 곳이기도 하다.

시리아에서는 그리스도교가 갈릴리에서 바리사이파 유대교의 한 변종으로서 처음 나타난 뒤, 안티오키아에서 헬라스 문명 세계로 퍼져갔던 형태를 갖추었다. 유대교와 그 자매 종교인 사마리아파는 남부 시리아에서 발생했다. 마론

파의 그리스도 단의설(單意說 ; 성육신(成肉身)의 그리스도는 신인양성(神人兩性)을 갖추고 있으나, 오직 하나의 의지(意志)를 가지고 있다는 설)과 이슬람교 시아파의 하나로 하킴(파티마조 칼리프)을 신으로 숭배하는 드루즈교도 중부 시리아 지역에서 발생했다.

우리의 시야를 좀더 넓혀 인접하는 지역까지 살펴보면, 고등 종교의 발상지가 지리적으로 집중하고 있음이 한층 더 분명해진다. 홍해를 둘러싸는 높은 지대를 따라 시리아 남쪽으로 길게 뻗어 있는 헤자즈(히자즈) 지방 안에, 이슬람교라는 새로운 종교로 발달한 그리스도교 이단설의 발상지가 포함되어 있다. 또 옥수스-약사르테스 강 유역의 관찰 범위를 같은 모양으로 확대해 보면 인더스 강 유역에 대승 불교가 처음 나타났을 때의 그 발상지가 발견되며, 갠지스 강 유역 중부에서는 원시 불교와 불교 이후의 힌두교 발상지를 찾아볼 수 있다.

위의 사실을 어떻게 설명하면 좋을까? 옥수스-약사르테스 강 유역과 시리아의 특징을 조사하여 그것을 비교해보면, 이 두 지역이 모두 자연적으로 온갖 방향에서 오는 교통을 어느 방향으로든지 마음대로 연결시킬 수 있는 '교차로' 역할을 한 교통의 요충지임을 알 수 있다.

이 시리아 '교차로'에서는 나일 유역에서 오는 길, 지중해에서 오는 길, 유럽 남동쪽 내륙에 있는 아나톨리아에서 오는 길, 티그리스-유프라테스 유역에서 오는 길, 아라비아의 초원 지대에서 오는 길이 서로 만나고 있었다. 마찬가지로 중앙아시아 '교차로'에서는 티그리스-유프라테스 유역에서 이란 고원을 지나 오는 길, 인도에서 힌두쿠시의 고개를 넘어오는 길, 동아시아 방면에서 타림 분지를 경유하여 오는 길, 이제는 다 말라 버려 띄엄띄엄 점재하는 카스피 해·아랄 해·발하시 호에 옛 자취만을 남기고 있는 '제2 지중해' 대신 나타나 그 전도성(傳導性)을 이어받은, 인접한 유라시아 초원 지대에서 오는 길이 서로 만나고 있었다.

자연이 교통의 요충으로서 설계한 이 두 지역은 가장 오래된 문명이 출현한 이래 실제로 5~6000년 동안 여러 번 되풀이하여 그 요충지 역할을 다하여 왔다. 시리아는 잇달아 수메르·이집트의 두 문명, 이집트·히타이트·미노스의 세 문명, 시리아·바빌로니아·이집트·헬라스의 네 문명, 시리아·그리스 정교·서유럽 그리스도교의 세 문명, 그리고 마지막으로 아랍·이란·서유럽의 세 문명이 서로 만나는 무대가 되었다. 옥수스-약사르테스 강 유역도 마찬가지로 잇달아 시리아·인도의 두 문명, 시리아·인도·헬라스·중국의 네 문명, 시리아·동아시아의 두 문명이 서로 만나는 무대가 되었다.

이러한 만남의 결과, 이 두 지역은 여러 다른 문명들을 가진 세계 국가들 속에 포섭되었다. 그리고 이곳에서 특히 활발한 문명의 교류가 행해진 것은 고등 종교의 발상지 거의 대부분이 그 범위 내에 집중해 있다는 사실을 설명해 준다.

위의 증거에 바탕을 두고 우리는 고등 종교를 연구함에 있어서 이해 가능한 영역은 적어도 단일한 문명의 범위보다는 커야 한다는 '법칙'을 세울 수 있다. 왜냐하면 그것은 둘 또는 그 이상의 문명이 서로 만난 지역이어야 하기 때문이다.

지금 여기에서 문제삼고 있는 만남은 공간적 차원의 접촉이며, 만나는 문명은 가정상 서로 동시대 문명이어야 한다. 하지만 '문명의 공간적 접촉'이라는 이 9편의 주제에 들어가기 전에 문명은 시간의 차원에서도 서로 접촉했다는 것, 그리고 이 시간적 접촉에는 두 가지 종류가 있음을 눈여겨 보자. 시간적 접촉의 한 종류는 서로 전후해서 나타나는 두 문명 사이의 부자 관계로, 이것은 이 '연구'에서 쉬임없이 언급해 왔던 문제이다.

또 하나는 성장한 문명과 오래전 사멸한 선행 문명의 '망령' 사이에 나타나는 관계이다. 우리는 이 종류의 만남을, 19세기 프랑스의 한 저술가가 이 역사적 현상의 한 특수한 예—결코 이것이 유일한 예는 아니지만—를 지목하기 위해 만든 명칭을 써서 '르네상스(문예의 부활)'라 부르기로 하자. 문명의 시간적 접촉은 다음 편에서 살펴보기기로 한다.

제31장 동시대 문명의 만남

1. 작업 계획

동시대 문명의 만남을 살펴보는 과정에서 우리는 복잡한 미로에 맞닥뜨리게 된다. 따라서 이 미로에 뛰어들기 전에 편리한 입구를 찾아내는 일이 현명한 방법일 것이다.

우리가 처음 우리의 문화 지도 위에서 소재를 알아낸 문명의 수는 21개였다.

만일 고고학적 발견의 진전에 따라 인더스 문화를 수메르 문명과 별개 사회로 간주하고, 또 상은(商殷) 문화를 중국 문명의 선행 문명으로 여겨도 좋다면, 그 수는 모두 23개로 늘어난다. 그런데 시대가 겹쳐진 일이 없는 두 문명은 물론 여기서 우리가 문제삼고 있는 종류의 만남을 한 일이 없을 것이기에, 그것을 제외하더라도 동시대 문명 사이의 (횡적) 만남의 수는 (종적) 문명 자체의 수에 비해 훨씬 커질 가능성이 있음은 자명한 일이다.

이미 여러 번 서술해 온 바와 같이, 문명에는 3대(代)가 있다. 만일 제1세대의 문명이 모두 동시에 사멸하고, 제2대째의 문명도 그처럼 사멸하고 말았다면, 공간적 차원에서 만남의 연결은 아주 간단해질 것이다. 예를 들어 모든 것이 제1대 문명인 A·B·C·D·E 다섯 문명 가운데 어떤 문명도, 제2대 문명인 F·G·H·I·J와 관계 없이 제1세대 문명 사이의 만남만 생각하자는 것이다. 그러나 물론 현실적으로는 어려운 일이다. 과연 수메르 문명은 젊고 혈기 왕성한 제2대 문명의 어느 것과 만나기 전에 무사히 지하에 매장되었을지도 모르지만, 제1세대 문명 가운데에서 마치 티토누스처럼 오래 살아간 이집트 문명은 전혀 다른 경과를 더듬었다.

이른바 '근대기'에 들어가기까지는 다행히도 어떤 요인에 의해 동시대 문명 사이의 실제 만남이 수학적 최대치에 이르지 못한 것은 공간 자체가 너무 크든가 또는 접근을 허용하지 않는 그러한 성질 때문에 만남이 일어나지 않은 경우가 있었다. 이를테면 구세계 문명과 신세계 문명의 만남은, 서유럽 그리스도교 문명이 그 역사의 '근대기'(1475~1875)에 대양 항해술을 터득하기 전까지는 일어날 수 없었다.

이 위업 달성은 역사의 한 시기를 계획하는 경계표로서, 우리가 탐구하게 된 역사의 미로로 들어가는 입구를 발견하는 실마리를 던져 줄 것 같다.

15세기 서유럽의 항해자들은 해양 항해술을 배우고 익혀, 지구 표면의 인간이 거주하고 있고 또 거주할 수 있는 모든 땅에 물리적으로 접근할 수 있는 수단을 얻었다. 그 결과 서유럽 이외의 모든 사회에서 차츰 서유럽의 영향이 커다란 사회적인 힘이 되어 갔다. 한편, 서유럽의 압력이 증대함에 따라 이들 사회는 혼란 상태에 빠졌다.

처음 한동안은, 서유럽 사회만큼은 서유럽 사회가 세계의 다른 부분에 불러일으키고 있는 혼란을 벗어나 고유의 생활을 유지하는 듯이 보였다. 그런데 이

《역사의 연구》의 필자가 살아 있는 동안 서유럽 문명과 동시대 다른 문명 간의 만남 가운데 하나가 서유럽 사회 자체의 지평선상에 먹구름을 던지게 되었다.

이와 같이 서유럽 세계와 다른 세계와의 충돌이 서유럽 정세에 있어서 지배적인 역할을 하게 된 것이 최근 서유럽 근세사의 새로운 특징이다. 1683년 오스만이 두 번째로 '서유럽의 문'인 빈(Vienna)을 공격하는 데에 실패한 뒤로 1939~45년 제2차 세계대전에서 독일이 패전할 때까지 서유럽은 전체적으로 세계의 다른 부분을 압도하는 강대한 힘을 가지고 있었기에, 서유럽 열강은 실제로 그들 자신의 우방 말고는 누구도 고려할 상대가 없었다. 그런데 이 서유럽의 세력 독점은 1945년으로 종말을 고했다. 그것은 1683년 이후 처음으로 비(非)서유럽적 성격의 강국이 다시 무력 외교 주역의 하나가 되었기 때문이다.

소련과 공산주의 이데올로기 그리고 서유럽 문명 사이의 관계에는 모호한 점이 있는 게 사실이다. 소련은 17~18세기에 걸쳐 자발적으로 서유럽풍의 생활 양식으로 바꾸었고, 그 뒤로 서유럽에서 일반적으로 받아들여지는 규칙을 지킨다는 묵인 아래 서유럽 제국 간의 게임에 한몫 끼어, 표트르 대제의 러시아 제국 정치를 이은 후계자이다.

또 공산주의는 본디 자유주의나 파시즘과 마찬가지로 근대 서유럽 사회에서 그리스도교의 대안으로서 발생한 세속적 이데올로기의 하나이다. 따라서 소련과 미국 간의 세계 제패 경쟁과 공산주의와 자유주의와의 사상적 경쟁은 여전히 서유럽 문명 사회의 대내적인 문제라고 할 수 있다.

그러나 다른 면에서 보면 소련은 그 선행자인 표트르 대제의 러시아 제국과 마찬가지로 러시아 그리스 정교 사회의 세계 국가가 편의적인 의장으로서 채용한 서유럽풍의 의복을 걸치고 존속해 있는 나라라고 여길 수도 있다. 같은 관점에서 보면, 공산주의는 그리스 정교의 이데올로기적 대안으로 볼 수도 있다. 자유주의가 아니라 공산주의를 선택한 것은 자유주의가 서유럽 문명의 정통 신앙인 데 대해 공산주의는 서유럽에서 태어난 것임엔 틀림없지만 서유럽인의 눈에는 진저리나는 이단으로 보일 수 있다.

어떻든 간에 1917년 러시아 공산주의 혁명의 한 결과로서 러시아인의 반(反)서유럽적인 경향을 다시 강화시켰다는 것, 또 소련이 최후에 남은 세계 양대 강국의 하나가 됨으로써 이제까지 약 250년 동안 같은 문화를 공유하는 강국 간의 집안 싸움에 한정되어 있던 정치적 경쟁에 다시 문화적 충돌이 일어났음이 명백해졌다.

더욱 주목해야 할 것은, 러시아인은 이같이 아득한 옛날에 패배하여 단념한 것처럼 보였던 서유럽화에 대한 투쟁을 재개함으로써 그로부터 31년쯤 뒤에 중국인이 배운 모범을 미리 보여 주었고, 이윽고 일본인이나 힌두 교도·이슬람 교도는 물론 동유럽의 그리스 정교 문명 체제, 그리고 콜럼버스 이전의 세 문명이 자취를 감춘 신대륙 문명과 같이 서유럽 문명에 짙게 물들여진 사회조차도 이 러시아의 예를 따르게 될지도 모른다는 것이다.

위에서 서술한 여러 점에서 보아 근대 서유럽 문명과 현존하는 다른 문명과의 만남을 조사해 가는 것이 좋지 않을까 생각한다. 다음은 마땅한 순서로서 초기의 서유럽 그리스도교 문명, 즉 이른바 '중세'의 서유럽 그리스도교 문명과 동시대 인접 문명과의 만남을 조사하기로 하자. 그리고 그 뒤에 이미 절멸된 문명 중에서 서유럽 문명이 동시대 다른 문명에 미친 것과 같은 문명을 골라내기로 하자.*1 서유럽인 이외의 다른 관찰자들은 서유럽 선박이 최초로 그들의 해안에 접근한 순간을 서유럽 문명의 '근대' 출발점의 시기로 여길 것이다. 비서유럽인의 눈에는, '생명이 물에서 나왔다'는 어떤 학설의 가설처럼 바닷물에서의 기원이 시작된 것으로 보였다. 이를테면 동아시아 문명의 학자들은 명대에 서유럽인들을 처음 보았을 때, 새로운 사람들을 그들이 직접 도착했던 장소와 겉으로 드러난 문화 수준을 근거로 '남만인', 즉 남쪽 바다에서 온 야만인이라 이름지었다.

곳곳에 모습을 나타낸 서유럽의 항해자들은 그들의 돌연한 출현에 당황한 사람들의 눈에 변화무쌍한 존재로 비쳤다. 최초 상륙 때에 그들은 그때까지 알려지지 않은 무해하고 보잘것없는 바다 생물처럼 보였으나, 곧 잔인한 바다 괴물의 정체를 드러냈으며, 최후에는 그들의 본거지인 해상에서와 마찬가지로 육지에서도 민첩하게 돌아다니는 수륙양생적(水陸兩生的) 약탈자임이 밝혀졌다.

근대 서유럽인 자신의 관점에서 보면, 서유럽의 근대 시기는 그들이 '중세적' 그리스도교 규율을 그 시대 상황이 감당할 수 없게 된 것을 신이 아닌 그들 자신에게 감사한 순간부터가 근대의 시작이다. 이 희망에 찬 발견이 처음으

---

*1 이 방침에 따라 저자는 이 뒤에 수많은 만남의 예에 대해서 서술하고 있는데, 이 책에서는 그 가운데 아주 대표적인 것만 선택하기로 했다.

로 행해진 것은 이탈리아였는데, 알프스 저쪽의 서유럽 사람들 대다수가 이탈리아화해 갔던 시대는 대서양 연안 주민들에 의해 대양이 정복된 시대였다. 이 두 역사적 지표를 염두에 둘 때 우리는 서유럽 문명 역사가 시작된 시기를 15세기의 마지막 4반세기로 자신있게 단정할 수 있다.

그런데 바야흐로 근대 서유럽 사회와 서유럽 세계 이외의 나머지 부분들의 만남에 대해 고찰하자면, 이국의 장막이 올려진 뒤 흐른 4세기 반이라는 세월이 아쉽게도 너무 짧아 우리는 아직 결말이 나지 않은 이야기를 다루고 있음을 알게 된다. 이는 이전에 일어난 같은 종류의 사건들의 역사를 뒤돌아보면 곧 명백한 사실임이 드러난다.

이 책을 쓰고 있는 현재까지의 근대 서유럽 문명이 동시대 다른 문명에게 영향을 준 역사와 헬라스 문명이 히타이트·시리아·이집트·바빌로니아·인도·중국의 여러 문명 사회에 영향을 준 역사를 구분하고 또 그 시간적 길이를 비교해 보기 위해 기원전 334년 알렉산드로스가 헬레스폰토스를 건넜던 사실과 1492년 콜럼버스의 대서양 횡단을 같이 놓고 보자.

이렇게 보면 근대 서유럽 문명 역사에서 콜럼버스가 대서양을 횡단한 뒤로 460년이 지난 1952년은, 헬라스 문명의 역사에서는 겨우 서기 126년에 해당될 뿐이다. 이 서기 126년의 수년 전에 황제 트라야누스와 그의 고등 판무관인 플리니우스(비티니아 총독)가 속주인 비티니아(소아시아 북서부)와 폰투스 지방의 힘이 미약한 한 종파였던 그리스도 교도의 처우에 대해서 편지를 주고받은 일이 있다. 도대체 누가 그 뒤에 있을 그리스도교의 승리를 예측할 수 있었을까?

위와 같은 역사적 대비는 1952년 서유럽 문명과 나머지 다른 문명과의 갈등을 관찰하는 서유럽 연구자의 눈으로 볼 때 미래를 예측하기가 얼마나 어려운가를 보여 주고 있다.

이 책이 쓰인 20세기에는 헬라스 문명과 그 동시대 문명의 만남은 아득한 옛날의 일이며, 따라서 역사가는 그 역사를 처음부터 끝까지 더듬어 갈 수 있게 되는데, 그렇다면 그 끝은 어디에서 발견되는 것인가? 그것은 12세기까지 거슬러 올라갈 수 있다. 그즈음 동아시아 문명 세계와 시리아 문명 세계가 다 함께 헬라스 문명의 영향에 대해 의심할 여지 없이 활발하게 반응을 보이고 있었기 때문이다. 동아시아 문명 세계에서는 시각 예술이 여전히 그리스 예술의 영향을 받아 생기를 띠게 되었고, 시리아 문명 세계에서는 아리스토텔레스의 철학과 과학이 아라비아어를 매개로 하여 여전히 오리엔트의 사상가들에게 자극을 주고 있었다.

위에서 열거해 온 여러 가지 점들—그것은 다른 근거들에 따른 예로써 얼마든지 정교하게 보충할 수 있지만—은 우리에게 동시대사를 쓰는 일이 불가능하다는 교훈을 새삼 떠오르게 한다. 그러나 그와 함께 동시대사를 쓴다는 일은 역사가라면 으레 시도하고자 하는 불가능한 일의 하나이다. 그래서 이러한 점을 충분히 인식하면서, 또 독자에게 필요한 사항을 알린 다음 우리의 당면 과제인 이 '불가능'한 시도, 즉 우리의 동시대사 집필에 손대어 보기로 한다.

2. 계획에 따른 작업

(ㄱ) 근대 서유럽 문명과의 만남
근대 서유럽과 러시아

노브고로드 공국이 모스크바 대공국과 합병해 러시아 정교 사회의 세계 국가가 성립된 것은 1480년대 일로서, '근대' 서유럽 문명 역사의 개막 시기와 거의 일치한다. 그러나 러시아인은 이미 그 전부터 '서유럽 문제'에 익숙해져 있었다.

그것은 14~15세기에 폴란드와 리투아니아를 지배하면서 러시아정교회의 영토가 광대한 지역으로 확장되었기 때문이다. 폴란드·리투아니아 이 두 왕국은 1569년에 통합되었는데, 16~18세기 사이에 폴란드-리투아니아 연합 왕국에 사는 러시아인에 대한 서유럽 문명의 영향력은 러시아정교를 믿는 교도들 일부가 로마 카톨릭 교회에 합류했기 때문에 한층 더 강화되었다. 지주 귀족들은 대부분 제수이트회 선교사들에 의해 개종되었는데, 이와 달리 농민들 대부분은 (교황의 권위를 인정하면서도 그리스정교의) 전통적 의식과 교리 대부분을 보존하도록 허용한 합동 동방카톨릭 교회의 신도가 되었다.

한편이었던 러시아 동방정교로부터 이렇게 분리된 백러시아인들과 우크라이나인들을 지배하려는 모스크바와 서유럽 간의 '불가피한 투쟁'은, 1939~45년 제2차 세계대전이 끝난 뒤로 그들 가운데 최후까지 남은 자가 좋든 싫든 다시 한 번 러시아의 울타리 안에 들어올 때까지 계속되었다.

그러나 본디 러시아의 속령으로 뒤에 서유럽화한 이 경계 지역은, 러시아와 근대 서유럽의 만남이 일어난 주요한 무대는 아니다. 폴란드가 되비추어 주는 근대 서유럽 문화의 빛은 극히 미약한 것이어서 러시아인의 영혼에 깊은 감동을 줄 만한 힘을 갖지 못했다.

결정적인 만남에서 서유럽측의 주역이 된 것은, 이탈리아 인에게서 서유럽 문명 세계의 지도자 지위를 이어받은 대서양 연안의 해양 국가 사람들이었다. 이 지배적 그룹 속에 발트 해 동쪽 해안의 러시아 직접 인접국이 포함되게 되었다. 그러나 물론 발트해 연안 여러 지방의 독일인 귀족들과 시민 계급이 그 수에 어울리지 않게 커다란 영향을 러시아인의 생활에 미친 것은 사실이지만, 러시아 제국 정부가 서유럽 문화를 채택하기 위해 계획적으로 열어놓은 문을 통해 들어온 대서양 국가들의 영향이 그보다 훨씬 컸었다.

이 교류의 극적 줄거리는 서유럽의 앞선 기술력과, 정신적 독립을 끝까지 지키려는 러시아인의 결의 사이에 끊임없는 작용과 반작용을 일으키며 진행되어 갔다. 러시아의 비할 바 없는 사명에 대한 러시아인의 확신은, '제2의 로마'인 콘스탄티노플의 전통을 잇는 자는 러시아라는 신념에 있었다. 그리스도교 정통의 유일한 계승자, 유일한 성채라고 하는 모스크바의 자부심은 1589년에 독자적인 모스크바 총주교구가 설치되었을 때에 절정에 이르렀는데, 이것은 바로 이미 중세 서유럽의 침략을 받아 아주 작아져 있던 러시아 영토가 근대 서유럽 기술의 첫 승리에 의해 위협받기 시작한 시기에 해당한다.

이 도전에 대해서 러시아인들은 두 가지 다른 반응을 보였다. 첫째, 전체주의적인 '열광자'의 반응으로, 그 전형은 광신적인 '옛 신도들'의 한 무리이다. 둘째, 철저한 '헤롯주의'(외국 문화를 자진해서 채택하는 태도)로서 그 천재적 대표는 표트르 대제이다.

표트르 대제의 정책은 러시아 제국을 그리스 정교 사회의 세계 국가에서 근대 서유럽 문명 세계의 교구국의 하나로 바꾸는 일이었다. 이 표트르 대제의 정책을 순순히 받아들임으로써 러시아인들은 다른 국민들과 같은 대열에 끼는 것을 마침내 체념하고 침묵 속에 정통 신앙의 성채라는 유례없는 사명을 짊어진 사회, '옛 신도들'이 말하는 인류 미래의 희망을 잉태한 유일한 사회라는 모스크바의 주장을 포기한 셈이 된다.

표트르의 정책은 200년 남짓한 동안에 얼핏 성공한 것처럼 생각되었으나, 그것은 끝내 러시아 국민들로부터 마음에서 우러나오는 전폭적인 지지를 얻지는 못했다. 1914~18년 제1차 세계대전 동안 러시아의 군사적 노력이 비참한 실패로 끝남으로써, 표트르의 서유럽화 정책은 200년 이상에 걸쳐 실시되어 왔음에도 확실히 비러시아적이었을 뿐만 아니라 성공하지 못했음이 뚜렷하게 증명되었다. 그것은 기대 밖의 일이었다. 바로 이 같은 상황 아래, 그동안 오래 억눌려 온 러시아 운명의 특이성에 대한 주장이 공산주의 혁명으로 다시 세력을 회복했다.

러시아 공산주의는 러시아의 운명에 대한 이 억제할 수 없는 감정, 근대 서유럽 기술에 대항하기 위한 어쩔 수 없는 필요를 조화시키려는 시도였다. 이것은 서유럽에 널리 행해지고 있는 자유주의에 반항하는 이데올로기라고는 하지만, 러시아가 이같이 근대 서유럽이 낳은 이데올로기를 받아들이게 된 것은 근대 서유럽에 대항해 비길 데 없는 최고 유산의 계승자라는 러시아의 주장을 다시 강력히 내밀기 위한 고육지책이었다.

레닌과 그 후계자들은 서유럽 자체의 무기만을 택하여 서유럽과 싸우는 정책은 단지 물질적인 무기만을 생각하는, 성공 가망이 없는 정책이라는 것을 알아차린 것이다.

근대 서유럽의 놀라운 성공 비결은 정신적인 힘과 세속적인 힘의 멋진 협력이었다. 근대 서유럽 기술이 만든 돌파구는 근대 서유럽 자유주의 정신의 진입로가 되었다. 서유럽에 대한 러시아의 반격이 성공을 거두려면 러시아는 자유주의와 동등하게 싸울 수 있는 신념의 전사가 되어야 한다. 이 신념을 무기로, 러시아는 그 고유의 문화적 전통이 서유럽적인 것도 러시아적인 것도 아닌 현재 사회의 모든 것을 일체 정신적인 것으로 새로 체계화시키려면 서유럽과 싸워야 한다. 아니, 그것만으로 만족하지 않고 대담하게 싸움을 적의 진영으로 끌고 들어가 서유럽 사회의 본거지에서 러시아의 신념을 선전해야 하리라. 이 점은 이 '연구' 뒷부분에서 다시 한 번 다루어야 할 문제이다.

근대 서유럽과 그리스정교 사회본체

그리스 정교 사회가 근대 서유럽 문화를 받아들인 것은 러시아가 근대 서유럽 문화를 받아들인 시기였다. 둘 다 서유럽화의 움직임은 17세기 말에 시작되었다. 또한 그것은 그때까지 오랫동안 계속되었던 적대적 태도로부터의 급격한 반전을 뜻했다. 이처럼 두 경우에 그리스 정교도들의 태도를 변화시킨 것은, 그

전에 서유럽에서 이른바 종교 전쟁의 여파로, 서유럽인의 심각한 환멸을 불러일으킨 편협한 종교적 열광으로부터 비종교적·관용적 근대 서유럽 문화로의 심리적 변화가 일어났기 때문이었다. 그러나 정치면에서는, 이 두 별개의 그리스 정교 문명의 서유럽화 움직임은 서로 다른 과정을 밟았다.

그 무렵 두 그리스 정교 사회는 세계 국가의 지배에 복종하고 있었다. 그러나 러시아의 세계 국가가 러시아 자체가 낳은 것인 데 반하여 그리스 정교 사회 체제의 세계 국가는 외부의 오스만투르크인에 의해 강요당한 것이었다. 따라서 러시아에서의 서유럽화 움직임은 기존 제국 정부의 강화를 목적으로 하여 차르(황제) 지위에 있는 혁명적 천재에 의해 위에서 아래로 진행된 것이다. 한편 오스만 제국에서 서유럽화 운동의 궁극적 목적은 오스만 정권을 뒤집어 엎고 세르비아인·그리스인, 그 밖에 오스만의 지배 아래 그리스를 믿는 사람들의 정치적 독립을 회복하는 데 있었으며, 군주의 정책에 따른 것이 아닌 개인들의 사적인 계획에 의해 아래에서 위로 추진되었다.

17세기 그리스도정교도들의 서유럽에 대한 태도가 혁명적으로 변화한 것은 러시아인보다도 세르비아인이나 그리스인에게 있어서 한층 커다란 심정의 변화를 의미했다. 이것은 그때까지 서유럽에 대한 이들의 적의의 강도를 비교하면 명백해진다.

그리스인은 그리스도 기원 13세기에, 제4차 십자군 전쟁에서 '프랑크'가 반세기 동안 그들에게 강요한 이른바 '라틴 제국'에 반대해 무력 반항을 시도했다. 15세기에 그들은 정교회와 카톨릭 교회의 결합에 대해 심의했는데, 1439년의 피렌체 공의회에서는 이 결합이 서유럽의 힘을 빌려 침략자 터키에 반항하는 유일한 기회를 제공할 것임에도 이를 받아들이지 않았다. 그들은 로마 교황에 굴복하느니 황제에게 굴복하는 편이 그래도 낫다고 여긴 것이다. 1798년에도 콘스탄티노플계 신문은 다음과 같은 그리스 정교회 총주교의 성명을 싣고 있다.

"콘스탄티노플의 마지막 황제들이 동방 교회를 로마 교황에 예속시키려고 했을 때, 신은 특별한 관심을 가지고 그리스인이 동방의 이단으로 빠져들지 못하게 막고 또한 서유럽 제국의 정치 권력적 침공을 막아내는 정교회의 옹호자로서 오스만 제국을 출현시켰다."*2

그러나 이 전통적인 '광신자'적 주장은 이미 약 100년 전에 결정적인 변화를 선택했던 승산 없는 문화적 투쟁 그 뒤로 최후의 반격이 되었다. 정교회의 문화적 귀속지를 그들의 지배자인 오스만으로부터 그들의 이웃인 서유럽인으로 바꾼 최초의 시기는 심리적으로 중요한 의미를 갖는 복장의 변화로 알 수 있다. 그리고 이 복장의 역사가 제공하는 증거는 문화적 증거에 의해 뒷받침된다. 1660년대에 아직 오스만화(化)라는 것은 라이예의 사회적 야심이 겨냥한 목표였는데, 그즈음 콘스탄티노플의 영국 대사관에 근무하고 있던 예리한 외교관 폴 라이코트 경이 관찰한 바에 따르면 다음과 같다.

"그리스인이나 아르메니아인들이 얼마나 투르크인의 풍속을 모방하고 싶어하며, 될 수 있는 대로 그것에 다가가려 하는지, 또 어떤 특별한 경우 그리스도교도임을 드러내지 않고 사람 앞에 나가는 것이 허용되었을 때 그들이 얼마나 자랑스러워하는지를 지혜로운 사람이라면 눈여겨 볼 가치가 있다."*3

그런데 그리스 정교회의 루마니아 귀족으로, 1710년 포르트(터키 왕정)에 의해 몰다비아공(서북쪽 사이에 있는 공국)에 임명되고, 이듬해 러시아로 도망간 데미트리우스 칸테미르의 초상화에서는 주머니가발, 상의와 조끼, 폭이 좁은 칼*4을 볼 수 있다. 이와 같은 복장의 변화는 물론 그것에 대응하는 사고 방식 변화의 외적 징후였다.

이를테면 칸테미르는 서유럽의 라틴어·이탈리아어·프랑스어를 읽고 쓰는 능력을 갖추고 있었다. 그리스인으로서 투르크 정부에 봉사한 그리스 정교도의 파나리오트는,*5 오스만 정부가 이미 도저히 무력으로 무찌를 수 없게 된 서유럽 제국과 절충안을 이끌어내기 위해 채용한 지략이 뛰어난 외교관들이었다.

─────────────

*2 Finlay, G. : *A History of Greece, from its conquest by the Romans to the present time, B.C. 146 to A.D. 1864*

*3 Rycaut, Sir P. : *The Present State of the Ottoman Empire.*

*4 뒷머리가 드리워진 부분을 명주 주머니에 싸듯이 한 가발. 주머니가발은 18세기 영국에서 유행한 것이며, 몸집이 가느다란 양날 칼은 17~18세기 서유럽에서 널리 유행했다.

*5 파나리오트 헬라스인은 콘스탄티노플의 파나르 지구에 거주했던 헬라스인을 가리킨다.

이들은 18세기에 투르크인들로부터 서유럽 생활 양식에 익숙해 있다는 이유로 인정받아 등용되었다.

18세기 오스만 제국의 지배 아래 있었던 정교도들이 맛본 고뇌는 주로 붕괴에 처한 오스만 제국의 실정 때문이었다. 그런데 이와는 대조적으로 서유럽 그리스도교 세계에서는 종교 회의가 시작되어 행정 능력의 진보와 정치적 계몽 시대의 여명을 알리고 있었다.

카톨릭을 신봉하는 합스부르크 왕국은 왕국 내의 비카톨릭 교도를 더 이상 박해하지 않게 되었다. 따라서 오스만 제국의 난민으로, 헝가리 합스부르크 왕국의 전 오스만 영토에 정착한 세르비아인 정교도들은 근대 서유럽 문화를 세르비아(동유럽)인 전체에 침투시키는 정신적 매개체가 되었다.

서유럽의 문화적 영향이 침입한 제2의 경로는 베네치아를 통한 것이었다. 베네치아는 1669년까지 4세기 반에 걸쳐 그리스 정교를 신봉하는 크레타 섬을 차지하고 있었고, 이보다는 기간이 짧았으나 유럽 대륙의 그리스 일부 지방을 지배했던 일이 있다.

서유럽화를 촉진한 또 다른 힘은 콘스탄티노플에서 근무하던 서유럽 제국의 외교 사절들인데, 그들은 그 유명한 모든 공동체에 비영토적 자치권을 인정하는 오스만의 고전적 정책을 이용해서 저마다 하나의 작은 독립국(주권 내의 주권)을 이루었다. 그리고 오스만 제국 내에 체류하는 자국민은 물론 그들의 관청에 근무하는 오스만의 신민들에 대해서까지 지배권을 행사했다.

또 다른 경로로는 서유럽 문명 내부에서 멀리 런던·리버풀·뉴욕 근처까지 진출하여 기반을 닦은 그리스 상인 사회를 통한 것이었다.

위의 해륙 양면 경로를 거쳐 정교 사회의 체제 속에 흘러들어갈 근대 서유럽 문명의 영향이 외래 세계 국가 지배 아래 생활하는 사회에 힘을 미쳤던 것이다. 그래서 근대 서유럽의 생활 양식을 채택하려는 시도는 정치면에서 행해지기 전에 먼저 교육면에서 행해졌다. 파리에서의 아다만디오스 코라이스와*6 빈에서의 부크 카라지치*7 등의 학술적인 작품들은 카라조르제*8와 밀로쉬

---

*6 코라이스(1748~1833)는 현대 그리스어 정화 작업, 그리스 고전 출판에 주력한 헬라스인.

*7 카라지치(1787~1864)는 세르비아 언어학자로 세르비아 문장어와 정자법을 확립하고 민요·민화를 수집했다.

*8 조르제(1762~1817)는 1804년 투르크에 저항하는 반란을 일으킨 세르비아인.

오브레노비치*⁹의 반란에 앞섰다.

19세기 초에는 유럽의 오스만 제국령 여러 지역들이 어떤 종류의 서유럽화적 변화를 이루리라는 것을 확실히 예언할 수 있게 되었다. 그러나 그 변화가 어떤 형태로 나타날 것인가 하는 점은 아직 불분명했다.

1821년에 앞서 1세기쯤 사이에 '정교 총주교'(정교 교회 우두머리로서의 콘스탄티노플 총주교)의 측근이었던 파나리오트 그리스 인은 로마 제국의 망령인 동로마 제국의 부활이라는 낡은 꿈을 버리고 오스만 제국을 마치 표트르 대제가 러시아를 러시아 제국으로 바꾸어 놓았듯이, 도나우 강을 중심으로 한 합스부르크 왕국 같은 그 무렵 서유럽의 다민족 '계몽 군주국'으로 바꾸어 놓는다는 새로운 꿈을 품게 되었다. 파나리계 그리스인이 이 같은 큰 뜻을 품게 된 것은 일련의 정치적 성공에 힘을 얻었기 때문이다.

총주교를 팽창해 가는 오스만 제국의 동방정교를 신봉하는 라이예(오스만령의 정교도 소수 민족)의 공인 수장으로 만드는 데 있어서, 술탄은 콘스탄티노플 황제에게 굴복한 일이 없는 그리스도 교도들을 지배하도록 정치적 권력을 콘스탄티노플 총주교에게 부여했다. 이러한 권한은 17세기 아랍인의 시리아·이집트 정복에서도 없었으며, 그 뒤 17~18세기에는 이슬람교도 자유민들의 활약에 따라서 파나르의 정치 세력이 한층 확장되었다.

1566년 슐레이만 대제가 사망한 뒤 약 100년 동안에 이슬람교도 자유민들은 자신들이 파디샤의 노예 가족 협력자로서 오스만 제국의 정치에 참여하는 것을 받아들이지 않을 수 없게 했다. 그리고 이 정치적 승리의 여세를 몰아 그리스인 라이예를 자기 편으로 끌어들였다. 따라서 오스만 그리스인의 뛰어난 능력을 제국을 위해 이용할 목적으로 궁정 통역관 및 함대 통역관의 직제가 설치되었는데, 이것은 그 뒤로도 이어졌으며, 다른 정교도 라이예들을 제쳐놓고 그리스인을 우대하는 여러 가지 방책이 강구되었다.

1821년까지 반 세기 동안 그리스인 거주 지역에 사는 그리스인들은 그들이 오스만 제국에서 그 무렵 독일 국왕 겸 신성 로마 제국 황제인 요제프 2세가 도나우의 합스부르크 왕국에서 독일인을 위해 확보해 주려고 노력했던 것과 같은 종류의 권세를 획득하는 것은 쉬운 일이라고 생각했는지 모른다.

---

*9 오브레노비치(1780~1860)는 조르제의 반란에 참여했으며, 그의 망명 뒤 투르크군을 쳐부순 다음 독립하여 세르비 공이 되었다.

그런데 실은 이 무렵 이미 그리스인 세력의 주도권은 서유럽에 이어 일어난 혁명적인 사건의 반향에 의해 손상을 입었다. 서유럽은 그때까지 지배적 정치 이념이었던 계몽 군주제가 바뀌고 빠르게 민족주의가 득세해 갔다. 그리고 민족주의적 이상에 눈뜬 오스만 제국에 있던 그리스인 이외의 정교도 라이예들은 이슬람교 투르크인의 지배 대신 파나리오트 그리스인의 지배가 수립되는 것을 기뻐하지 않았다.

이를테면 도나우 지방 여러 공국의 루마니아인이 그러했는데, 그들은 1821년까지 110년간 이들 지방에서 오스만 제국의 파나리오트 그리스인의 지배에 복종해 왔지만(그리스인이 왈라키아·모르다 비아 등의 총독에 임명되었다), 1821년에는 힙실란디(그리스 독립 운동 결사의 우두머리)가 투르크에 반기를 들었을 때 오스만의 지배로부터 해방을 바라는 그리스 정교도의 동지로서 함께 투르크계 그리스인의 지도 아래 무기를 들고 그의 산하에 결집하자는 호소에도, 그 호소에 귀를 기울이지 않아 마침내 반란을 실패로 끝나게 했다.

파나르인의 '위대한 구상'이 좌절된 것은, 서유럽적 생활 양식을 채택하는 데 희망을 걸게 된 오스만 제국의 많은 민족을 포함하는 정교도들이 자기들을, 프랑스·에스파냐·포르투갈·네덜란드처럼 특정 종교가 아닌 특정 국어로써 '같은 나라 사람들'을 통일해 '외국인'으로부터 구별하는 표지를 삼아 그리스·루마니아·세르비아·불가리아·알바니아·그루지야 등과 같은 교구적 국가군으로 분류하겠다고 선언했기 때문이다.

그러나 19세기 초에 외래의 근대 서유럽식 정치 형태의 모형은 식별하기 어려웠다. 오스만 제국 내에는 동일한 언어를 말하고 있는 지방은 거의 없었고, 또 초보적인 형태이든 어떤 형태이든 간에 국가의 체제를 갖춘 지방도 거의 없었다. 혁명적인 근대 서유럽의 방식에 맞추기 위해서 행해진 철저한 정치 지도 개편은 수백만이라는 다수의 인간에게 불행을 가져왔다. 그리고 민족주의적 원칙에 바탕을 두어 정치적으로 조직화하는 일이 더욱더 곤란한 지역 및 주민에 대해 잇달아 강제적인 폐합이 이루어짐에 따라 주민에게 가해지는 고통은 더욱 광범위해지고 심해졌다. 이 무서운 이야기는 1821년에 그리스 민족주의자들이 모레아 지방의 오스만 이슬람교 소수 민족을 학살한 일에서 시작되어 1922년에 서부 아나톨리아로에서 그리스 정교도 소수 민족이 대거 탈출한 일에까지 소름끼치는 사례가 많았다.

이와 같은 역경 속에 태어난 그리스 정교 사회의 소규모 민족 국가들은, 물론 서유럽화의 방향을 더듬는 러시아 제국이 근대 서유럽에 대해서 한 세계 국가적 역할처럼, 또는 동로마 제국이 중세 서유럽의 그리스도교 세계에 대해 한 역할처럼 해 보이겠다는 엉뚱한 야심을 품을 수는 없다. 이러한 나라들의 빈약한 에너지는 좁은 지역을 둘러싼 국지적인 분쟁에 다 써버려 이들 나라들은 가장 심한 증오를 서로 상대편에 대해 품게 되었다.

외부 세계에 대한 이들 나라들의 입장은, '오스만의 평화' 성립 직전의 수세기 동안 지속되었던 이들 선조의 처지와 엇비슷했다. 오스만령 이전 시대의 그리스인·세르비아인·불가리아인·루마니아인은 이들과 마찬가지로 그리스도교를 신봉하는 중세 서유럽인의 지배에 복종하느냐, 아니면 오스만의 지배에 복종하느냐 하는 문제에 맞닥뜨렸다. 오스만 이후 시대에 이들 민족이 맞닥뜨린 문제는 세속적인 근대 서유럽 문명의 사회체제와 합체하느냐, 아니면 처음에는 표트르 대제의 러시아에, 나중에는 공산주의 러시아에 굴복하느냐의 여부가 문제였다.

1952년에는 이들 러시아 이외의 정교 민족 대부분은 현실적으로 러시아의 군사적·정치적 지배 아래 있었다. 오직 그리스와 유고슬라비아만 예외였다. 그리스에서는 소련과 미국이 둘 다 그리스인을 앞잡이로 이용해서 싸웠는데 서로간에 선전 포고가 없는 '전후의 전쟁'에서 러시아는 패배했다. 유고슬라비아는 그 뒤 러시아의 헤게모니(술리자·우두머리
가 가지는 권력)를 팽개치고 미국의 원조를 받아들였다.

그러나 러시아의 세력 아래 있는 나라들에게 러시아의 권력이 간접으로 행사되어 있음에도, 러시아 정부의 대리인으로서 이러한 나라들을 지배하고 있는 소수 공산주의자들 말고는 모든 인간이 러시아의 패권주의를 꺼리고 싫어한다는 것은 명백했다.

이 러시아 세력에 대한 반항은 새삼스레 시작된 것은 아니고, 러시아에 공산주의 혁명이 일어나기 훨씬 이전인 19세기에 러시아인과 루마니아·불가리아·세르비아 세 나라와 관련된 역사사에서 그 예증을 찾아볼 수 있다.

이를테면 1877~78년 러시아—투르크 전쟁 직후 러시아는 투르크 군에게 패할 운명에서 구해 준 세르비아, 도브루자 지방을 내준 루마니아, 그중에서도 특히 러시아의 무력을 내세워 무에서 창조를 이뤄 준 불가리아에 대해서 언제까지나 세력을 휘두를 수 있으리라 기대했다. 그리고 그 뒤에 일어난 일들을 살펴보면, 그때까지 종종 또 많은 다른 장소들에서 증명된 바와 같이 국제 정치에는 은혜 따위란 존재하지 않는다는 사실이 입증되었다.

정교가 여전히 러시아의 국교이며, 고대 슬라브어가 여전히 러시아·루마니아·불가리아 및 세르비아 정교회의 공통된 예배 용어로서 통하던 시대에, 러시아 이외의 정교 국가들이 러시아에 대해 반감을 품고 있었던 것은 언뜻 의외로 생각될 것이다. 러시아가 이들 민족과의 교섭에서 같은 슬라브 민족에다가 같은 정교 신앙으로 맺어져 있다는 것이 왜 이처럼 러시아에 이익을 주는 바가 적었던 것일까? 더구나 러시아는 이들 민족이 오스만의 사슬에서 벗어나기 위해 싸웠을 때 효과적인 지원을 해 주지 않았던가?

이 의문에 대한 대답은 오스만 제국의 정교도들이 서유럽의 매력에 사로잡혔다는 사실과, 가령 러시아가 그들의 마음을 끌었더라도 그것은 러시아가 같은 슬라브 민족의 나라라든가, 또는 같은 정교를 신봉하고 있다든가 하는 이유에서가 아니라, 자신들이 염원하는 서유럽화의 선구자였기 때문이라는 사실에서 찾을 수 있을 것이다. 그러나 러시아의 실정을 잘 알면 알수록 표트르 체제 아래서 러시아의 서유럽풍 겉치장이 얼마나 얄팍한 것인가를 서유럽화를 지향하는 비러시아계 민족들은 더욱더 통감했다. "러시아인을 한 껍질 벗기면 타타르인의 정체가 나온다"는 이치였다.

많은 문헌에 따르면, 오스만 제국의 그리스도교 민족들 사이에서 러시아의 문화적 위신이 절정에 달한 것은 예카테리나 여제(재위 1752~96년) 시대이며, 그 뒤로는 러시아가 오스만 제국에 대한 내정 간섭을 강화해, '압제로 고통받는 그리스도교 민족들' 사이에 옹호자 역할을 자청했던 러시아의 성격이 널리 알려짐에 따라 차츰 내리막길로 향해 갔음을 증명할 수 있다.

근대 서유럽과 힌두 문명 세계

힌두 세계가 근대 서유럽과 만났던 때의 사정은 몇 가지 점에서 그리스 정교 사회 체제가 같은 경험을 했을 때와 매우 비슷하다. 이 두 문명은 이미 세계 국가의 단계에 들어가 있었고, 또 정치 체제는 이란 이슬람교 문명에 속하는 외래 제국 건설자들에 의해 강요당하는 상황이었다.

무굴 제국 시대의 인도에서도, 오스만 제국 시대의 그리스 정교 세계에서처럼, 이슬람 지배에 복종하고 있었던 백성들은 근대 서유럽 문명이 지평선상에 모습을 나타내기 전까지 그들 지배자의 문화에 심취하고 있었다. 그러나 두 지역 주민들은 모두 그 뒤 서유럽 사회의 세력이 눈에 띄게 늘어나고 이슬람 사회의 세력이 쇠퇴해 감에 따라 새로이 떠오르는 별에 마음을 빼앗기게 되었다. 그러나 이러한 유사성들은 이에 못지않은 차이점들을 두드러지게 드러낸다.

이를테면 오스만 제국의 정교도들이 서유럽에 마음을 돌릴 때는 앞서 중세 서유럽 사회와 만난 불행한 경험에서 오는 전통적인 반감을 극복해야만 했다. 그런데 힌두 교도들은 같은 모양의 문화적 방향 전환을 함에 있어, 잊어야 할 불행한 기억을 갖지 않았다. 1498년 바스코 다가마(포르투갈의 항해자)가 캘커타에 상륙했을 때를 기점으로 시작되는 힌두 세계와 서유럽의 만남은 실제로 이 두 문명 사회 사이에 일어난 최초의 접촉이었다.

만남 이전보다 훨씬 중요한 차이점들이 이어서 나타났다. 그리스 정교 사회의 역사에서 이 외래의 세계 국가는 멸망할 때까지 그것을 건설한 이슬람 교도의 손에 장악되어 있었으나, 무굴 제국은 이 제국을 세운 티무르 왕조 무장들의 무능한 후계자들이 통일을 유지할 수 없게 된 뒤에, 영국 실업가들의 손에 의해 재건되었다.

이들 영국 실업인들이 악바르의 후임으로 들어앉게 된 것은, 만일 자신들이 먼저 손을 쓰지 않으면 서유럽인이 인도에서 사업을 영위하는 데 불가결한 조건인 법과 질서 체제가 경쟁 상대인 프랑스에 의해 재포장될 듯한 형세를 눈치 챘기 때문이다.

이렇게 해서 힌두 세계의 서유럽화는 인도가 서유럽의 지배를 받는 시기 가운데 가장 중대한 단계에 들어갔다. 따라서 인도에서는 근대 서유럽 문화의 수용 경로가 러시아의 경우와 마찬가지로 위에서 아래로 미쳐갔던 것이며, 오스만 치하의 그리스 정교 사회처럼 아래에서 위를 향해 행해진 것은 아니었다.

이와 같은 상황에서 힌두 사회의 브라만과 반야(왕일/계급) 두 카스트 계급은 러시아를 제외한 정교 사회의 역사에서 투르크계 그리스인이 못다 한 역할을 힌두 사회의 역사에서 다하는 데 성공했다. 인도의 모든 정치 체제 아래에서 국정을 담당하는 장관의 자리에 앉는 것은 브라만 계급의 특권의 하나로 되어 있었다. 인도 문명 세계와 그 자식 문명인 힌두 사회에서도 그러했지만, 무굴 왕조 이전의 이슬람교도 지배자나 무굴인들 스스로도 그들 대신 들어앉은 힌두 국가들의 예를 따르는 편이 좋다는 것을 알았다. 브라만 계급 출신들이 이슬람교도 지배자를 섬기는 장관 이하의 관직을 차지하게 되면서 이 외래자의 지배에 대한 힌두인들의 반감을 누그러뜨릴 수 있었다. 영국령 인도 정부 또한 무굴 왕조와 같은 반감 완화의 방법을 따라서, 영국인의 경제 활동도 반야로 된 계급에 대해 같은 기회를 제공했다.

인도의 통치권이 영국인의 손에 넘어간 하나의 결과로서, 영국인이 페르시아어 대신 영어를 인도 제국의 공용어로 하며, 또 고등 교육의 수단으로서 페르시아어나 산스크리트어로 된 서적보다는 서유럽어로 씌어진 서적을 우선한 정책은 힌두 사회의 문화사에서 표트르 대제의 서유럽화 정책이 러시아의 문화사에 미친 것과 같은 정도의 커다란 영향을 미쳤다. 양측 모두 세계 국가의 독재적 정부에 의해 명령으로 서유럽적 생활 양식을 따르게 되었다.

상층 카스트에 속하는 힌두인들은 영국령 인도의 관리가 되기 위한 필수 조건으로 인도 정부가 정한 서유럽식 교육을 받게 되었다. 실업과 정치의 서유럽화에 따라 인도에는 대학 교수와 변호사라는 서유럽적인 자유 전문직이 생겼으며, 사기업에 기초를 두는 서유럽화한 실업계에서도 가장 유리한 자리를 유럽에서 온 영국인들만 독점할 수는 없었다.

힌두 사회에 출현한 이 새로운 요소(영국인)들이 오스만 지배 아래 정교 세계에서의 투르크계 그리스인들처럼, 세계 제국의 지배 아래에서 생활하며, 세계 제국을 건설한 외래자들로부터 그 제국을 이어받아, 그 무렵 유행한 국가 형태에 따라 서유럽화하고 있는 세계 지방 국가의 하나로 탈바꿈하려는 희망을 품게 된 것은 피할 수 없는 일이었다.

18세기에서 19세기로의 전환기에 그리스인들은 오스만 제국을 18세기적인 계몽 군주국으로 변혁시키는 것을 꿈꾸었는데, 서유럽화를 지향하는 힌두 세계의 정치적 지도자들은 19세기에서 20세기에로 전환기에 변화된 서유럽의 정치 사상에 경의를 표하며, 영국령 인도 제국을 민주주의적인 서유럽식 민족 국가로 고치는 훨씬 어려운 과제를 스스로 떠맡았다. 필자가 이 부분을 쓸 때는, 1947년 8월 15일에 인도의 통치권이 영국인의 손에서 인도인의 손에 넘어간 지 채 5년도 지나지 않았을 때인 만큼 아직 이러한 시도의 결과가 어떻게 될 것인가를 예측하기에는 시기가 너무 일렀다.

그래도 이미 영국인이 인도 아대륙(亞大陸)에게 준, 아마 가장 귀한 선물인 정치적 통일을 될 수 있는 대로 유지하려는 노력에서, 힌두인의 정치적 수완은 호의를 보낸 외국인이 기대한 이상의 성공을 거두었다고 말할 수는 있었다. 사태 진전을 지켜보던 많은 영국인은, 영국령 인도 제국 멸망 뒤 이 대륙 전체가 '발칸화'한다고 예견했지만, 이는 들어맞지 않았다. 단지 하나, 힌두인의 입장에서 보아 통일의 손상을 입은 것은 '파키스탄의 분리'였다.

인도의 이슬람 교도가 파키스탄의 독립을 고집한 동기는 그들 스스로가 약하다는 자각에서 온 불안감 때문이었다. 그들은 18세기 무굴 제국이 칼로 위협하여 얻은 지배권을 칼의 힘에 의해 유지할 수 없었다는 사실을 잊지 않았다.

또 만일 영국의 무력 간섭에 의해 인도 정치사의 진로가 바뀌지 않았다면, 같은 이유로 무굴 제국의 옛 영토의 태반이 마라타족(인도 중부에서 서부에 걸쳐 사는 힌두족의 한 갈래)이나 시크 교도의 힌두 후계 국가의 소유가 되어 있으리라는 것을 알고 있었다. 그리고 또 인도 무굴 제국의 이슬람 교도들이 영국령 인도 시대에 끊임없이 되풀이된 힌두 교도들과의 분쟁에서 영국인들이 중재자 역할을 하면서 칼이 아닌 펜으로 경쟁하게 했을 때에도 힌두 교도에게 뒤졌다는 사실을 알고 있었다.

이상의 이유에서 인도의 이슬람 교도들은 1947년에 그들만의 독립된 후계 국가를 세울 것을 고집했던 것인데, 그 때문에 생긴 인도의 분할은 19세기 오스만 제국의 분할이 초래한 비극적 결과를 재현할 우려가 있었다.

지리적으로 뒤섞여 있는 민족을 지역적으로 별개의 민족 국가로 나누려고 하면 행정적 관점에서 보나 경제적 관점에서 보나 참으로 못마땅한 경계선을 긋는 것이 된다. 비록 이 희생을 참아냈다 하더라도 경계선 반대쪽엔 수많은 사람들이 소수 민족으로서 남겨지게 된다. 낭패한 수백만 난민들이 집과 재산을 버리고 도망쳐, 힘들고 고된 길 위에서 증오를 품은 적에게 습격당하면서 겨우 생면부지의 땅에 맨몸으로 도착해 처음부터 다시 생활을 시작해야 한다.

더욱 난처하게도 인도와 파키스탄 국경의 일부에선 카슈미르의 귀속을 둘러싸고 선전 포고 없는 국경 충돌이 일어났다.

그러나 1952년까지의 상태에서는 델리와 카라치 두 정부의 노력이 효과를 거두어 인도는 오스만 제국이 더듬은 치명적인 길을 걷는 것은 면했다. 따라서 이 책을 쓰고 있을 때 인도의 앞날은 단기적인 정치적 관점에서 보면 전반적으로 밝은 것이었다. 만약 여전히 근대 서유럽의 영향이 힌두 세계에 중대한 위험을 불러일으킬 우려가 있다고 한다면, 그 위험은 정치적인 부분이 아니라 생활의 근거인 경제 부분이나 심층에 해당하는 정신적인 부분에서 일어난다고 해야 할 것이며, 이러한 점에서 위기에 맞닥뜨리게 될지도 모른다.

힌두 세계가 걱정할 서유럽화의 뚜렷한 위험은 두 가지이다. 첫째, 힌두 문명과 서유럽 문명에는 공통된 문화적 배경이 거의 없다. 둘째, 외래 근대 서유럽 문화의 지적 내용을 습득한 힌두인은 막대한 수의 무지하고 빈곤한 농민들을 뒤로 한 지극히 소수의 사람들에 불과하다. 따라서 서유럽 문화 침투 과정이 이 수준에서 멈출 리가 없음을 예측해 볼 때, 그 밑에 있는 농민 대중에게 영향을 미치기 시작하면 반드시 거기에서 새로운 혁명적 결과를 일으키게 될 것이다.

힌두 사회와 근대 서유럽의 문화적 차이는 단순히 다르다는 정도가 아니라 아주 서로 대립하는 것이다. 근대 서유럽이 그 문화적 전통을 세속적인 형태로 바꾸고 거기에서 종교를 배제한 데 대해, 힌두 사회 쪽은 사실 광적인 신앙의 비난 즉 '지나치게 종교적'이라는 비난을 받을 만큼—도대체 이 욕지거리가 뜻하고 있는 바와 같이 인간의 가장 중요한 일에 지나치게 전념하는 것 같은 일이 사실 있는지 없는지는 문제지만—그토록 철저하게 종교적이었으며 지금도 또한 그렇다. 이 열렬하게 종교적인 가치관과 의식적으로 세속적인 가치관의 대립은 종교보다 훨씬 심각하다.

이 점에서 힌두교·이슬람교·중세 서유럽 그리스도교 이 세 문화는, 근대 서유럽의 세속적 문화보다도 서로 일치하는 데가 많다. 이 공통된 종교성에 바탕을 두어 힌두 교도는 동벵갈 지방의 이슬람 교도나 고아 지방의 로마 카톨릭 교도의 예에서 보듯이 참기 어려운 정신적 긴장을 경험하는 일 없이 이슬람교나 로마 카톨릭교로 개종할 수가 있었던 것이다.

이와 같이 힌두인이 종교를 통해 외래 문화에 접근할 능력을 갖고 있음이 밝혀진 것은 주목할 만한 일이다. 왜냐하면 종교성이라는 것이 힌두 문명의 가장 큰 특징이라면, 다음으로 뚜렷한 특징은 초연주의(超然主義 ; aloofness)이기 때문이다. 실제 이 초연주의는 정신 생활의 지적 부문에서 세속적인 근대 서유럽식 교육을 받아 인도인의 정치·경제 생활을 근대 서유럽적 바탕 위에 다시 세우는 일에 참가한 힌두 교도들에 의해 극복되었다.

그러나 이 불행한 인텔리겐차(지성인 여기서는 힌두인)는 자기 영혼의 분열이라는 대가를 치르고 유익한 공헌을 한 것이다. 영국령 인도 제국이 낳은 힌두인 인텔리겐차는 현실적으로 머릿속에서는 서유럽 문화에 친숙해졌지만, 마음속에서는 어디까지나 이에 대해 초연한 태도를 유지하고 있었다. 이러한 불일치는 인도가 독립을 얻어 서유럽식의 민족 국가가 되어서도 낫지 않는 뿌리 깊은 정신적 병이 되었다.

서유럽식 교육을 받은 힌두 교도들의 완고한 정신적 초연주의에 대응해서 영국령 인도 제국에서 힌두인의 인텔리겐차가 협력해야 했던 서유럽인 지배자들의 정신적 초연주의도 차츰 강화되어 갔다. 콘월리스(영국의 군인)가 행정 개혁의 명을 받고 총독으로 부임한 1786년부터 영국의 정치 권력이 동인도회사로부터 여왕에게로 넘어간 1858년 사이에 유럽에서 태어난 영국인 지배 계급의 태도에는 커다란 변화가 일었다. 전반적으로, 인도에서 태어난 피지배자에 대한 이들의 태도에는 난처한 변화가 일어났다.

18세기에 인도 체류 영국인들은 권력 남용의 악습까지 포함해 인도의 풍습을 좇았고, 그들이 속이고 학대한 인도인들과 개인적 친분 관계를 맺어왔다. 그런데 19세기 동안에 그들은 두드러진 도덕적 회복을 보였다. 벵갈의 초대 영국인 지배자들은 갑자기 손에 들어온 권력에 도취하여 잔뜩 수치스러운 행위를 저질렀으나, 이제 그 권력은 개인의 욕심을 채우는 기회로서가 아니라 공공으로부터 위임받은 것으로 여겨져야 한다고 인도의 영국인 관리에게 요구하는 새로운 도덕적 청렴 이상에 의해 멋지게 극복되었다.

그러나 영국 관리의 도덕적 갱생에 따라 인도 체류 영국인들과 인도인들 사이의 개인적 교제는 차츰 그림자를 감추고, 지나치게 인간적으로 인도화한 영국인 '나보브'(인도에서 한 재산 잡은 만한 유럽인을 말함)는 직무상 나무랄 데 없고 개인적이며 접근하기 어려운 영국 관리로 바뀌었다. 이 영국 관리들은 생애를 바치고 일해 왔으나 1947년, 끝끝내 그곳을 고향으로 삼을 수 없었던 인도에 이별을 고하고 말았다.

이전의 서로 융합된 개인적 교제가 왜 이처럼 불행히도 그 유익한 영향이 가장 필요한 시기에 모습을 감춘 것일까? 이 변화는 물론 몇 가지 원인으로 말미암은 것이다. 먼저 첫째로, 좀 더 뒤에 나타난 영국인 인도 관리들은 아마 직무 수행상 도덕적 청렴을 지키려면 아무래도 초연한 태도를 취해야 할 수밖에 없었다고 변명할 것이다. 사회적 관계에서 신처럼 초연할 수 없다면 어떻게 직무에서 신처럼 행동할 수 있겠는가?

두 번째의 그다지 감탄할 수 없는 변화의 원인은 아마 정복자로서의 우월감이었을 것이다. 1849년, 아니 1803년에는 이미 인도에서 영국인이 차지한 군사적·정치적 세력은 18세기에 비해 눈에 띄게 강대해져 있었다. 이 같은 두 가지 원인의 작용에 대한 분석은, 인도와 영국 사이의 사회적·문화적 관계의 역사를 연구하는 20세기 영국의 학자가 예리하게 설명하고 있다.

"세기(18세기)가 끝나감에 따라 차츰 사회적 분위기에 변화가 생겼다. 그때까지 빈번히 행해진······ 서로 향응(響應)하는 습관이 그림자를 감추고 인도인과 친분 관계를 맺는 일이 사라졌다. ······ 정부의 요직은 영국에서 임명을 받고 온 사람들이 차지했고, 정부 계획은 한층 더 제국주의적이 되어 그 태도는 거만하고 초연적(超然的)인 것이 되었다. 이슬람교도 나와브(인도의 이슬람교도 유력자)와 유복한 영국인, 외교적 수완에 뛰어난 판디트(인도인 학자)와 영국인 학자와의 교제에 한때 중개 역할을 했었던 밀접한 간격이 불행히도 차츰 커져가기 시작했다.······ '우월감'을 가지게 되면서 인도를, 나쁜 제도 때문에 국민이 부패되어 있을 뿐만 아니라 본질적으로 가능성이 전혀 없는 나라로 보게 되었다.

행정의 정화(淨化)가 인종적 간격의 증대와 동시에 이루어진 것은 인도에서 인도인과 유럽인과의 관계의 한 아이러니이다. ······ 부패한 동인도회사의 직원이 부패하고 치부하던 시대, 농민이 압제를 받았던 시대, 현지의 여성들과 향락에 빠졌던 시대는 동시에 또 영국인이 인도 문화에 흥미를 품고 페르시아어로 시를 쓰며 판디트나 마울비나 나와브들과 사회적으로 대등하게 개인적 친분 관계를 맺은 시대였다. 콘월리스의 비극은 부패의 악폐를 없앰과 동시에 인간 관계에서 뿌리 깊은 악습으로 작용해 온 사회적 불균형을 뒤집은 일이었다. ······ 콘월리스는 고위 관직에서 인도인을 모두 축출하고 새로운 지배 계급을 만들었다. 부패는 뿌리 뽑혔으나 그 대가로 평등과 협력이 희생되었다. 그 무렵 일반적인 견해와 마찬가지로, 그가 보는 바로는 이 두 가지 조처 사이에 필연적인 관련이 있었다. "내가 확신하는 바로는 힌두스탄(북부 지방)의 원주민들은 한 사람도 남김없이 부패되어 있다"고 그는 말했다. ······ 콘월리스는 영국인의 부패는 충분한 봉급을 주면 해결될 것이라고 생각했으나, 인도인의 부패에 대해서도 같은 조처를 강구한다면 적어도 인도인이 호의로 맞아들이는 이익이 있으리라고는 생각해 보지도 않았다. 그는 악바르의 만사브다르(급여 체계에 따른 군사·행정상의 관료 제도)에 따라, 인도인을 제국의 관리로 삼는 일을 생각해내지 못했다. 인도인에게 특별한 훈련과 알맞은 급료를 주어 평등한 대우·승진·표창으로 장려했더라면 그들은 무굴 제국의 관리들이 황제에게 충성했듯이 동인도회사에 충성스럽게 일 했을 것이다."*10

세 번째, 교류가 소원해진 원인은 인도와 영국 간의 교통이 빨라졌기 때문에 영국인이 몇 번이고 본국과의 사이를 오가며, 심리적으로 영국에 거주하게 된 일이다.

그러나 그 어떤 원인보다도 아마 더 강력했다고 생각되는 네 번째 원인이 있으니, 인도에 체류하는 영국인들은 희생자이지 창설자가 아니었다는 것이다. 뒷날 영국인의 초연한 태도에 분노하는 인도인들은, 영국인이 인도를 찾아오기 약 3000년 전부터 이 아대륙은 카스트 제도라는 성가신 존재를 짊어지고 온 점, 힌두 사회가 이전의 인도 문명 사회로부터 이어받은 이 해악을 한층 더 강하게 한 점, 영국인들이 사라진 뒤에도 그들이 오기 전이나 마찬가지로 인도 국민들은 여전히 인도인 자신이 만든 이 사회적 해악으로 인해 괴로움을 받게 되리라는 점 등을 생각했다면, 침입자에 대해서 좀더 관대한 기분을 가질 수 있을 것이다. 오랜 인도 역사 전체를 배경으로 살펴보면, 150년간에 걸친 영국의 지배 기간 동안 영국인들이 발달시킨 초연주의는 이 인도 풍토병의 가벼운 발작이라는 진단을 내릴 수 있으리라.

후대 영국인이 끼친 초연주의의 악영향은 영국의 인도 지배가 끝나면서 사라질지 모르나, 영국이 남긴 유산인 영국의 행정 제도가 인도 농민의 삶의 질을 개선하고, 미래에 대해 큰 기대를 품게 한 일은 영국인 관리의 뒤를 이어받은 힌두인 위정자들에게 무거운 짐이 될지도 모른다.

'영국인에 의한 평화' 아래에서 인도의 천연 자원은 철도 건설이라든가 관계 시설이라든가 특히 유능하고 양심적인 제도들에 의해 여러 가지 방법으로 개발되었다. 인도의 농민은 그들의 통치자였던 영국인이 떠나갈 무렵에야 겨우 근대 서유럽 기술의 물질적 성과와 그리스도교 정신에 바탕을 둔 근대 서유럽 민주 제도의 정치 이상을 알아채고, 그들 조상 전래의 빈약함을 인지해 그 정당성과 필연성에 의심을 품게 되었다.

그러나 그와 동시에 이 같은 꿈을 품기 시작한 인도의 농민들은 여전히 어

---

*10 Spear, T.G.P. : The Nabobs : *A Study of the Social Life of the English in Eighteenth Century India.*

린아이들을 계속 낳아 최저 생활로 겨우 목숨만 유지하게 함으로써 그들의 꿈을 이루기 어렵게 가로막고 있다. 영국의 개발 사업에 의한 식량 공급 증가는 농민 개개인의 생활을 향상시키는 대신 농민의 수를 증가시켰을 뿐이다. 분할 전 인도 전체의 인구는 1872년에 2억 600만 명이었으나 1931년에는 3억 3811만 9154명, 1941년에는 3억 8899만 7955명으로 늘어나 아직도 인구는 계속 늘어나고 있다. 영국인의 뒤를 인수한 힌두 교도들은 이미 무능의 여지가 허용되지 않는 정치적 유산을 어떻게 처리했을까?

과잉 인구의 전통적인 해결 방법은 기근·전염병·내란·전쟁 등에서 살아남은 자들이 다시 관습적인 낮은 수준에서 전통적인 생활을 영위할 수 있도록 인구를 줄이는 방법이었다. 인도의 독립 운동에 전념한 마하트마 간디는 필요한 야만적 수단들을 피하면서 맨더스적 목적을 달성하려고 했다.

간디는 인도가 여전히 서유럽화된 세계의 경제적 촉수에 붙잡혀 있는 한, 비록 정치적 독립을 얻을지라도 그것은 이름뿐인 해방일 따름이란 것을 내다보았다. 그래서 기계로 만들어진 면제품의 사용 반대 운동을 시작해 이 바니안나무(무성한 무근이 촉수처럼 드리워진 인도산 나무)와 같은 세계 경제의 뿌리에 상당하는 기술에 정확하게 도끼를 내리쳤다. 그의 운동이 완전한 실패로 끝난 것은, 그 무렵 이미 인도가 발을 뺄 수 없을 만큼 서유럽화된 세계 경제 속에 얽혀 있었기 때문이다.

인도의 인구 문제가 정치가가 무시할 수 없는 위기에까지 이르게 되면 인도 국정의 책임을 짊어진 힌두 정치인들은 서유럽화된 세계의 도덕적 풍조에 눌리어 인도적인 해결을 추구하지 않으면 안 되게 될 것이다. 만일 그와 같은 서유럽적 사상을 품은 힌두 정치인들이 추구하는 정책이 실패한다면, 그것에 대항해 러시아적 만능약 처방이 틀림없이 고려될 것이다.

왜냐하면 공산주의 러시아는 서유럽화의 길을 걷는 인도와 마찬가지로 그 나라의 문화적 과거에서 억압된 농민들의 문제를 이어받긴 했지만, 인도와는 달리 이미 이 도전에 대해서 독자적인 방법으로 응했기 때문이다. 이 공산주의적 방식은 인도의 농민들이나 인텔리겐차(지식인)들에게는 너무 냉혹하고 너무 혁명적인 것인만큼 자진해서 따르지 않을지도 모른다. 그러나 불행히도 언젠가는 전래의 숙명적인 인구 감소 방법으로서 공산주의적 프로그램이 인도 정부의 정책 일정에 오를 가능성도 있다.

근대 서유럽과 이슬람 문명 세계

서유럽사의 근대기가 시작될 무렵, 등을 맞대고 있던 두 이슬람 사회가 서유럽 사회나 러시아 사회에서 구세계의 다른 지역으로 가는 일체의 육상 교통로를 가로막고 있었다. 아랍 이슬람교 문명은 15세기 말에도 계속 지브롤터 해협에서 세네갈에 이르는 아프리카 대서양 연안 일대를 휩쓸고 있었다. 따라서 서유럽 그리스도교 세계는 열대 아프리카에 달하는 육로를 차단당했지만, 아랍 문명이 미치는 여파는 사하라 사막에서 수단 초원 지대의 북부에 이르는 경로뿐만 아니라, 인도양에서 동해안의 '사와힐' 지방에 이르는 경로를 통하려 '검은 대륙'에 밀려들고 있었다. 실제로 인도양은 아랍 사회의 호수나 마찬가지여서 이집트 중개 상인을 상대로 하는 베네치아의 무역상들은 이 수역의 출입이 막혀 있었다. 그 반면, 아라비아의 선박만큼은 수에즈에서 소팔라(동아프리카
카의 항구)에 걸쳐 아프리카 연안을 마음대로 항해했을뿐더러 인도양을 횡단하여 인도네시아에 도달해 이 열도의 힌두교를 이슬람교로 바꿔 놓고, 다시 동쪽으로 진출해 남부 필리핀의 이교를 받드는 말레이계 주민을 개종시킴으로써 서태평양에 거점을 확보했다.

같은 무렵, 이란의 이슬람 문명은 한층 더 견고한 전략적 요점이라 생각되는 지역을 영유하고 있었다. 오스만 제국 건설자들은 콘스탄티노플·모레아 지방·카라만(14~15세기 동남 아나톨리
아의 이슬람 투르크의 수도)·트레비존드(동북 아나톨
리아의 항구)의 각 지점을 차지했다. 또 크리미아의 제노아 식민지를 탈취해 흑해를 오스만 제국의 호수로 만들었다. 다른 투르크 어계 이슬람교 민족들은 이슬람의 세력 범위를 흑해에서 볼가 강 중류 지역까지 확대했다. 그리고 이 서부 경계선을 등지고 이란 문명 세계는 동남 방향으로 중국 서북의 간쑤성(甘肅省)·산시성(陝西省)까지, 또 이란과 힌두스탄을 넘어 벵골 지방과 데칸 반도까지 확대되었다.

이 광범위한 이슬람 문명에 의한 교통 차단은, 갇힌 두 그리스도교 사회의 개척자 집단에게도 도전이 되어 그에 상응하는 정력적인 응전을 불러일으켰다.

서유럽 그리스도교 세계의 대서양 연안에 사는 사람들은 15세기 초에는 대삼각 범선을, 뒷날에는 종범선(從帆船)이 다소 섞여 있었으나 3개의 마스트와 횡범(橫帆) 장치를 지니고 있어 몇 달 동안 항구에 들르지 않고도 항해를 계속할 수 있는 신형 외양(外洋) 항해용 범선을 고안해냈다. 포르투갈 항해자들은 이 같은 배를 타고 시험적 항해를 떠나 1420년경에 마데이라 제도(諸島), 1432년에 아조레스 제도를 발견한 뒤, 1445년에는 베르데곶($^{\text{아프리카 서부 대서양 연안의}}_{\text{가장 돌출한 부분에 있는 곶}}$)을 돌아 대서양에 면하는 아랍 연안을 우회하는 데 성공했다. 그리고 1471년에는 적도에 도착했으며, 1487~88년에는 희망봉을 돌아 1498년 인도 서안의 캘커타에 상륙했다. 1511년에는 말라카 해협을 지배하고 다시 서태평양에 진출해, 1516년에는 광둥, 1542~43년에는 일본 연안에 자기 나라 국기를 휘날리는 데 성공했다. 삽시간에 포르투갈인들은 아랍인들의 손에서 인도양의 '해양권'을 탈취한 것이다.

이처럼 포르투갈인 개척자들이 아랍 이슬람 세계의 남쪽을 우회하여 동방으로 서유럽 문명 세계를 넓혀가는 동안, 나룻배를 젓는 카자흐인들 또한 이란 이슬람 세계의 북쪽을 우회하여 동쪽을 향해 파죽지세로 러시아 세계의 경계를 넓혀갔다. 그들의 진출에 도움이 되어 준 것은 1552년, 모스크바 제국의 황제(차르) 이반 4세에 의한 카잔 정복이었다. 카잔은 이란 이슬람 세계의 동북단 요새였으나 이 요새가 함락된 뒤로, 유목 전투 인종인 카자흐에게는 친숙한 삼림과 빙설 말고는 어떠한 장애도 없었다. 이들 러시아 그리스 정교 세계의 개척자들은 우랄산맥을 넘어 시베리아 수로를 따라 동쪽으로 진출, 1638년에 태평양에, 그리고 1652년 3월 24일 만주 제국의 동북 변경 지역에까지 이르렀다. 이 새로운 경계선에 다다를 무렵, 팽창하는 러시아 세계는 이란 문명 세계뿐만 아니라 유라시아 초원 지대 전체의 바깥쪽을 포위하고 있었다.

이처럼 이란 사회와 아랍 사회가 합류하여 성립한 이슬람 문명 세계는 고작 1세기도 되지 않는 단기간에 간단히 남북으로 우회당했을 뿐 아니라, 주위마저 완전히 포위당해 버렸다. 16세기 말부터 17세기로 넘어 가는 시기에는 이미 그 압박의 끈이 완전히 피해자의 목둘레에 감겨 있었다. 그러나 놀라운 일은 이슬람 세계가 이처럼 단시일 안에 금방이라도 교살당할 것 같은 상태로 빠져든 일이라기보다는 오히려 이슬람의 적과 이슬람 교도들 자신이 이 상황을 알아차리고 어떤 행동을 취할 때까지 대단히 오랜 시간이 경과했다는 사실이다. 즉 서유럽과 러시아는 겉으로 보기에 도저히 손댈 수 없을 것같이 보이는 미끼에 여간해선 덤벼들려 하지 않았고, 또 이슬람 교도 쪽도 절망적으로 보이는 상태를 벗어나기 위해 어떤 행동을 일으키지 않았다.

1952년 당시까지도 '다르-알-이슬람'($^{\text{'이슬람의 집'을 뜻하는 아라비아어. 이슬람 세계를 뜻함. 이교}}_{\text{도의 세계는 '싸움의 집'을 뜻하는 '다르-알-하르브'라고 함}}$)은 중심에서 멀리 떨어진 몇 지방을 빼앗겼을 뿐 대체적으로 고스란히 남아 있었다.

이집트에서 아프가니스탄, 터키에서 예멘에 달하는 중앙 부분은 외국의 정치적 지배는 물론 모든 통제를 모면해 왔다. 이집트·요르단·레바논·시리아·이라크 등 여러 나라는 1882년과 1914~18년의 대전 중에 차례로 영국과 프랑스 제국주의에 굴복했으나, 그 뒤 독립을 되찾았다. 현재도 아랍 세계의 중심부에 대한 위협이 남아 있다고 하면, 그것은 서유럽 제국의 위협이 아니라 시온주의자들의 위협이다.

이슬람교 여러 민족의 '서유럽 문제'에 대한 태도를 이해하는 단서는 세 가지로 나타난다. 근대 서유럽 문화의 충격이 그들 삶에서 가장 중요한 문제가 되었을 때 이슬람 세계 사람들은—그 역사에서 같은 위기를 만난 러시아인들과 마찬가지로, 오스만 제국의 정교 그리스도 교도들과는 달리—정치적 자주성을 지니고 있었다. 그들은 또 위대한 군사적 전통의 계승자로서, 그 군사적 전통이야말로 이슬람 문명의 가치를 보증해 준다고 보고 있었다. 따라서 뒤에 그들이 자랑으로 삼는 군사력의 쇠퇴가 반박할 수 없는 패전의 논리로써 증명된 일은 그들에게 참으로 뜻밖의 굴욕적인 사건이었다.

이슬람 교도는 자신들의 용감성을 과신하는 그러한 고질적인 태도 때문에, 1683년 빈 공략이 실패한 것을 계기로 그들의 군사력이 쇠퇴해 가고 있음을 전혀 알아차리지 못했는데, 그 사실을 뼈아프게 깨닫게 된 것은 약 100년 뒤의 일이었다. 1768년 오스만 제국과 러시아 사이의 전쟁이 일어난 뒤 러시아가 발트 해에서 건조한 함대를 보내어 공격하려 한다는 소식을 들었을 때도 투르크인들은 발틱 함대가 실제로 도착할 때까지 발트 해와 지중해 사이에 직통 항로가 있음을 도저히 믿으려 들지 않았다. 그로부터 30년 뒤에 맘루크의 무장 무라드 베이는 베네치아의 상인으로부터 나폴레옹의 몰타 섬 점령이 이집트 원정의 전조일지 모른다고 들었을 때도 여전히 그 경고를 어리석은 망상이라며 웃음을 터뜨렸다.

18세기부터 19세기로 넘어갈 때 오스만 세계는, 1세기 전 러시아 세계가 위에서 아래를 향한 서유럽화의 움직임이 일어난 것처럼 근대 서유럽과의 전쟁에 패한 뒤 군대의 개혁이 이루어졌다. 오스만 정책과 표트르 정책은 적어도 한 가지 중요한 점에서 서로 달랐다. 표트르 대제는 천재적인 통찰력으로써 서유럽화 정책은 '전부가 아니면 전무'라야만 한다는 것을 알아차렸다. 그리고 그의 정책을 성공시키기 위해서는 그것을 단순히 군사 부분뿐만 아니라, 생활의 모든 부문에 걸쳐 적용시켜야 한다는 것을 깨달았다. 사실 앞서 말했듯이 러시아의 표트르 체제는 도시 상부 구조 계층의 서유럽화에 성공했을 뿐, 농민 대중에게까지는 영향을 미칠 수 없어 결국 그 벌로 정권을 공산주의에 넘기게 되었다. 표트르 대제의 문화 운동이 완전히 목적을 이루지 못하고 좌절된 것은 표트르 대제의 판단에 잘못이 있어서가 아니라 러시아의 행정 기구에 충분한 추진력이 부족했기 때문이다.

이와 달리 터키에서는 1768년 러시아-터키 전쟁 발발에서 1918년 제1차 세계대전이 끝날 때까지 1세기 반 동안 마지못해 오스만 군대를 서유럽화하는 정책을 받아들여야 했던 정부 당국자들은 차례차례 그들 방침의 잘못을 폭로하는 쓰디쓴 경험을 맛보았음에도, 이질적 문화 요소를 받아들임에 있어 부분적으로 취사 선택을 할 수 있다는 환상을 계속 품어 왔다. 이 기간 동안 오스만이 조금씩 얼굴을 찡그리면서 마신 서유럽화의 약에 대해 판정을 내린다면, '매회마다 너무 양이 적었고 때가 늦었다'는 혹평을 내릴 수밖에 없다. 1919년이 되자 겨우 무스타파 케말과 그 동지들이 표트르식 본을 받아 철저하게 서유럽화 정책에 들어가게 되었다.

무스타파 케말에 의해 세워진 서유럽화한 터키 민족 국가는 본서 집필 무렵 훌륭히 목적을 이룬 것처럼 보였다. 반면에 이슬람 세계의 다른 지역에서는 아직 이에 필적할 만한 위업이 이루어지지 않았다. 19세기의 초반에 알바니아의 모험가 메메드 알리에 의해 수행된 이집트의 서유럽화는 같은 세기 투르크의 술탄들이 시도하고 이행한 것에 비하면 훨씬 철저한 것이었지만, 그의 후계자 시대에 형편없이 되어 결국 본래 문명과 이를 모방한 문명 양쪽으로부터 가장 나쁜 특징만을 드러냄으로써 서유럽 문명과 이슬람 문명의 혼혈아가 되어 버렸다. 훨씬 뒤떨어진 반야만적 왕국에서 무스타파 케말의 흉내를 내려 했던 아프가니스탄의 아마눌라가 했던 시도는 보는 사람에 따라 비극으로도 또 희극으로도 보일 수 있지만, 하여간 실패의 평을 모면할 수 없는 실험이 되어 버렸다.

그러나 20세기 중엽을 지난 오늘날의 세계에서 아마눌라의 시도와 같은 지역적인 실험의 성패 여부가 이슬람 세계의 미래를 결정하는 것은 아니다. 적어도 가까운 미래에 이슬람 세계의 앞날 이슬람 세계를 둘러싼 서유럽과 러시아 세계 사이에 일어나는 세력 분쟁의 결과에 따라 결정될 것이다. 서로 다투는 이 두 세계 사이에서 이슬람 세계는 내연 기관의 발명 이래 주요 물자가 된 석유의 공급원으로서, 또 주요 교통로로서 그 중요성을 더해 가고 있다.

이슬람 세계는 그 안에 구세계의 최초 4대 문명 가운데 세 군데나 포함하고 있다. 그리고 지금은 사라진 그들 문명 사회가 전에는 다루기 어려웠던 나일 하류와 티그리스–유프라테스·인더스 강 유역으로부터 차지한 농업적 부(富)는 근대 서유럽의 치수(治水) 방법을 적용함으로써 이집트와 펀자브 지방에서는 증가하고, 이라크에서는 어느 정도까지 옛 상태로 회복되었다. 그러나 이슬람 세계의 경제 자원에 부가된 가장 중요한 요소는 이제까지 농업적으로 대수로운 가치를 지니지 않았던 지역에 석유라는 지하자원이 발견되어 이용하게 된 일이다. 이슬람 이전의 시대에 조로아스터 교도가 불을 떠받들기 위해 불을 계속 붙여 종교적 용도에 이용하고 있던 자연 분출 유정(油井)이 앞으로 유망한 경제 자원이 될 가능성이 있음을 1723년 표트르 대제는 투기자의 눈으로 꿰뚫어 보고 있었다.

이 천재적 직감으로 바쿠(러시아 제국의／유전 도시) 유전의 상업적 개발이 이루어지게 된 것은 150년 뒤의 일이었으며, 그 뒤 잇달아 석유자원이 발견되면서 바쿠는 이제 이라크의 쿠르디스탄, 페르시아의 바크티야리스탄(이란 서남부의／고원 지대)을 지나 동남쪽으로, 전에는 완전히 무가치하다고 여겼던 아라비아 반도 여러 지역에 펼쳐진 황금 사슬 가운데 하나일 뿐이라는 사실이 드러났다. 이렇게 일어난 석유 쟁탈전의 결과는 긴박한 정치적 정세를 낳았다. 왜냐하면 러시아가 획득한 카프카스의 유전 지대와 서유럽 제국이 획득한 페르시아 및 아랍 제국의 유전 지대는 서로 사격권 안에 있기 때문이다.

이 같은 긴장 상태는 이슬람 세계가 다시 세계의 교통 요충지로서 그 중요성을 더해 가면서 한층 강화되었다. 러시아·대서양 주변의 서유럽 세계와 인도·동남아시아·중국·일본 등을 연결해주는 가장 짧은 노선은 모두가 이슬람 세계의 육지나 바다 또는 하늘을 지나는 것이다. 교통 지도상으로도, 석유 분포도에서 보는 것과 마찬가지로 소련과 서유럽은 서로 접근하고 있어 갈등의 위험을 안고 있다.

근대 서유럽과 유대인

근대사에서 서유럽 문명의 인류가 최종적으로 어떠한 판결을 내린다 하더라도 근대 서유럽인이 두 가지 부끄러운 범죄를 저질러, 씻어 낼 수 없는 더러운 오점을 남긴 것만은 명백한 사실이다. 그 범죄 가운데 하나는 아프리카에서 흑인을 데려다 신대륙 농원에서 노동을 시킨 일이며, 또 하나는 유대인 디아스포라(조국을 잃고 여러 곳에 흩어져 살아가는 민족)를 유럽 본토에서 멸종시킨 일이다.

서유럽 문명 세계와 유대인 사회가 맞닥뜨리면서 일어난 이 비극은 원죄와 특수한 사회적 환경이 서로 작용한 결과이다. 우리가 할 일은 이 후자의 현상을 명백히 하는 데 있다.

서유럽 그리스도교 세계와 충돌했던 유대인 사회는 예외적인 사회현상을 담고 있다. 그것은 다른 모든 문명 형태에서는 사라져 버린 화석화한 문명의 유물이었다. 유대인의 고국인 유대는 시리아 문명 사회의 한 지방 국가로서, 헤브라이인·페니키아인·아람인·필리스티아인 등 여러 사회 가운데 하나였다. 그러나 유대의 자매 공동체 사회들이 시리아 문명 사회의 인접 문명인 바빌로니아 및 헬라스 문명과 연달아 충돌하면서 치명적인 결과로서 그 국가 조직뿐만 아니라 민족으로서의 독자성마저 잃은 데 반해, 유대 민족은 같은 도전을 받게 되자 새로운 집단 생활 방식을 만들어 내고 국가와 국토를 잃었음에도 다수를 차지하는 이민족 사이에 섞여 다른 나라의 지배를 받으면서 디아스포라로서 살아남을 수 있었다. 그러나 이 예외적으로 성공한 유대인의 반응은 사상 유일무이한 예는 아니다. 역사상 이슬람 세계와 그리스도교 세계의 유대인 디아스포라에 해당되는 예로서는 인도의 파르시인 디아스포라를 들 수 있는데, 이것 또한 같은 시리아 문명 사회의 화석화한 유물이다.

파르시인은 시리아 문명으로 전향한 이란인 생존자로, 시리아 문명 사회에 아케메네스 제국이라는 세계 국가를 수여하고 살아남은 이란 민족이다. 바리새인 사회는 유대인 사회나 마찬가지로 국가와 국토의 상실이라는 비운을 이겨낸 의지의 기념비적 인물들이다. 또 바리새인들이 조국을 잃은 것 또한 시리아 문명 세계가 인접 문명 사회와 충돌한 결과였다. 135년까지 3세기에 걸쳐 침입해 온 헬라스 사회를 쫓아내려다 실패로 끝난 유대 민족과 마찬가지로 파르시인의 조상인 조로아스터 교도들도 헛된 노력의 희생물이 되었다. 그리고 유대인의 경우에 벌을 과한 것은 로마 제국이었으나, 조로아스터교 이란인의 경우에 그것은 기원 7세기에 침입해 온 원시 이슬람교 아랍족이었다. 각 역사에서 이 같은 비슷한 위기에 처했을 때, 유대인과 파르시인은 새로운 제도를 만들고 새로운 활동에 전문적으로 종사함으로써 그 독자성을 보존했다. 그들은 종교적 율법을 한층 더 엄격히 하여 사회적 결속을 유지했으며, 또 선조의 땅에서 쫓겨나 망명한 사람들은 경제적 곤궁에서 벗어나기 위해 농업 대신 상업이나 기타 도회적 직업의 특수 기능을 발달시켰다.

사라진 시리아 문명이 뒤에 남긴 화석은 이 같은 유대인과 파르시인 디아스포라만은 아니다. 그리스도교가 성립한 뒤부터 이슬람교가 성립될 때까지 그 동안에 나타난 여러 반헬라스적 그리스도교 이단설은 네스토리우스파와 그리스도 단성론이라는 '화석'을 남겼다. 민족이 전부터 속해 있던 나라를 잃고 자기 땅에서 쫓겨났음에도 종교적 계율과 영리 기업이 짝을 이루어 생존에 성공한 문명 사회 또한 시리아 사회에 한정되어 있는 것만은 아니다. 오스만 외래 정권의 지배에 복종한 그리스 정교 교인들 또한 거의 유민화했으나, 그들은 사회 조직과 경제 활동에 변화를 줌으로써 이에 응했다. 그 결과, 그들은 앞서 말한 유형의 디아스포라와 거의 다름없는 상태가 되었다.

실제로 오스만 제국의 '밀레트' 제도(비이슬람교 소수 민족의 종교적 공동체)는 아시리아 군국주의의 공격을 받아 시리아의 국가 조직이 분쇄되고 시리아의 모든 민족이 뒤섞인 뒤에, 시리아 문명에 자연히 발생한 공동체적 사회 구조가 좀더 조직화된 것에 지나지 않는다. 아시리아의 침략 결과 시리아 문명 사회는 지리적으로 격리된 몇몇 지방 국가들의 집합이라는 형태 대신 지리적으로 얽혀 연결된 몇몇 공동체의 조직 형태를 취하게 되었다. 이 형태의 조직 국가는 시리아 문명 사회에서 그 후계자인 이란과 아랍 이슬람 사회에 인계되었으며, 그 뒤 다시 이란 이슬람 민족 가운데 하나로서 오스만의 지배에 복종해 온 그리스 정교 사회의 강요를 받은 것이다.

위와 같은 역사적 전망에서 보면, 서유럽 그리스도교 세계가 만난 유대인 디아스포라가 결코 전혀 유례없는 독특한 사회적 현상이 아니었음은 틀림없다. 뿐만 아니라 유대인 디아스포라는 서유럽 이슬람 세계 전체를 통해 표준적인 유형이 되었던 공동체 형태의 한 본보기이며, 서유럽 그리스도교 세계뿐만 아니라 이슬람 세계 곳곳에 퍼져 있었던 것이다. 따라서 유대인 사회와 서유럽 그리스도교 세계의 비극적 만남에서 특수한 사회적 배경이 어느 쪽에서 비롯된 것인가를 살펴보면 유대인의 특수성 정도는 서유럽 문명의 특수성 속에서도 구할 수 있지 않는가 하는 의문을 마땅히 품게 된다. 이런 의문을 품고 서유럽 역사의 과정을 바라보면, 확실히 그것은 모두가 유대인과 서유럽인 사이의 역사에 중대한 관련을 갖는 세 가지 점에서 특수성이 인정된다.

첫째로, 서유럽 문명 사회는 지리적으로 격리된 몇 개 지방 국가의 집합이라는 형태를 갖추고 있었다. 둘째로, 서유럽 문명 사회는 농민과 지주로 형성된 완전한 농촌 사회에서 서서히 직인과 시민 계급으로 이루어진 완전한 도시 사회로 변화해 갔다. 셋째로, 민족주의적이고 중산 계급적인 근대 서유럽 사회는 중세에 비교적 눈에 띄지 않는 상태에 있다가 갑자기 머리를 쳐들고 삽시간에 전세계를 압도하게 되었다.

반유대주의와, 그리스도교라는 하나의 공동체 이상을 나누는 서유럽 문명 사회 사이에 나타나는 내적 관련성은 이베리아 반도의 유대인들의 디아스포라 역사에서 찾아 볼 수 있다.

로마인과 서고트인의 관계는 587년 후자인 아리우스파 그리스도교가 카톨릭으로 개종함으로써 화해가 이루어진 동시에, 서고트 왕국에서는 통일된 그리스도교 사회와 (그리스도교 사회의 통일성 때문에) 한층 더 특수성이 두드러지게 된 유대인 공동체 사회와의 사이에 긴장 상태가 나타나기 시작했다. 이 긴장이 차츰 도를 더해 간 것은 계속 선포된 반유대인적 법령인데, 이는 같은 시기에 노예를 주인의 학대에서 보호하는 서고트의 인도주의적인 법령과 뚜렷한 대조를 보여주고 있다. 이 두 종류의 법률이, 한쪽은 도덕적으로 향상하고 다른 한쪽은 타락했는데 이것은 둘 다 교회가 국가에 영향을 미쳤다는 증거이다. 이 같은 상황에서 결국 유대인은 북아프리카의 같은 종교인들과 공모하여 이슬람 아랍인의 중재를 받았다. 물론 아랍인은 유대인의 초청이 없어도 개입했을지도 모른다. 그리고 그 뒤 500년간(711~1212년) 이베리아 반도에 이슬람 정권이 이어졌으나, 이 정권에서 자치권을 인정받은 유대인 디아스포라는 '특수 민족'은 아니었다.

사실 아랍인의 이베리아 반도 정복에 따른 사회적 효과는, 정복자가 시리아 문명 세계로부터 가지고 온 횡적으로 분화한 사회 구조를 이 땅에 다시 세움으로써 유대인 사회를 또 한 번 정착시킨 점에 있었다. 그러나 이슬람 정권의 붕괴와 함께 이베리아 반도에서 유대인 디아스포라의 행복한 생활은 종지부를 찍었다. 안달루시아(이베리아 반도의 에스파냐 남부 지역)의 옴미아드 왕조 칼리프국 영토를 정복한 중세 카톨릭의 야만적 정복자들은 하나의 공동체 이상, 다시 말해 그리스도교 세계라는 이상 실현에 전념하기 시작해, 1391년에서 1497년 사이에 유대인은 국외로 망명하든가, 아니면 그리스도교로 개종하든가 어느 한 길을 택해야 했다.

내부에 생활하는 이질적인 유대인에 대한 서유럽 그리스도교 세계의 특수한 냉대의 정치적 동기가 된 하나의 공동체 국가 건설의 이상은 머지않아 경제적·사회적 발전에 의해 강화되었다.

서유럽 문명 사회의 발상지는 헬라스의 도시 문화가 뿌리를 내릴 수 없었던 헬라스 세계의 외곽 지역이었다. 로마 제국이 서방 여러 속주에 원시적 농업을 기초로 세운 도시 생활의 상부 구조는 발전의 자극이 되기는커녕 오히려 무거운 짐이 되었던 것이다. 그리고 이 외래의 로마인에 의해 세워진 상부 구조가 스스로의 무게에 못 이겨 붕괴된 뒤 서유럽은 헬라스 문명이 아펜니노 산맥 _(이탈리아를 관통하는 산맥)을 넘고 티레니아 해를 건너 전파되기 전의 낮은 경제적 수준으로 되돌아갔다. 이 특수한 경제적 약점은 두 가지 결과를 불러왔다. 먼저 제1 단계에서는 서유럽 그리스도교 세계에 유대인 디아스포라가 침투해 들어왔다. 그리고 그들은 이 농촌 사회에 비록 '루리타니아'(농촌 사회)라 해도 없어서는 안 될, 그러면서도 아직 '루리타니아'가 스스로 만들어 낼 수 없었던 최소한의 상업상의 경험과 조직을 제공함으로써 서유럽에서 생계를 세우는 기회를 발견했다. 제2 단계에서는 서유럽 그리스도교 '이방인'(유대인이 본 다른 민족)이 유대적 영리 사업에 숙달하여 스스로 유대인처럼 되는 야망을 품게 되었다.

시대가 흐름에 따라 서유럽 '이방인'들의 의지력은 차츰 초인적으로 이 유대적 경제 목적에 집중되게 되었으며, 또 눈부신 성과를 거두어 갔다. 20세기에는 경제 능력의 증대를 목표로 오랜 행진을 계속해 나아가는 서유럽 여러 민족의 뒤를 따라서 동유럽인들 또한, 근대화라 불러도 무방하고 '유대화'라 불러도 무방한 이 운동의 선구자가 되었던 북이탈리아인이나 플랑드르인이 1000년 전에 이룬 변화를 경험하고 있다. 서유럽 역사에서 이 사회의 근대화를 나타내는 징후는 모든 일을 샤일록 _(셰익스피어의 희곡 '베니스의 상인'에 나오는 유대인 고리대금 업자)처럼 처리할 수 있는 능력을 가진 뒤 샤일록을 추방하는 일에 열중하는 안토니오 _(샤일록의 채무자) 계급의 출현이었다.

이 유대인과 서유럽의 '이방인' 간의 경제적 투쟁은 3막으로 나뉘어 이루어졌다. 제1막에서 유대인은 꼭 필요한 사람인 동시에 미움을 받는 사람이었으나, 유대인에 대한 이방인의 박해는 '이방인'이 유대인 없이는 경제 생활을 영위해 나갈 수 없었으므로 일정한 한도 내에 억제되어 있었다. 제2막은 서유럽 여러 나라에서 계속 새로 나타난 '이방인' 부르주아들이 충분한 경험과 수완과 자본을 획득하여 각국에서 저마다 유대인의 자리를 빼앗을 수 있게 되었다고 생각하는 것과 동시에 시작되었다. 이 단계에서—영국에서는 13세기, 에스파냐에서는 15세기, 폴란드와 헝가리에서는 20세기에 이 단계에 이르렀다—'이방인' 부르주아들은 자신들이 새로이 획득한 세력을 이용해 경쟁 상대인 유대인을 쫓아내는 데 성공했다. 제3막에서는 바야흐로 확고한 지위를 확보한 '이방인' 부르주아들은 이미 완전히 유대적 경제 기술의 대가가 되었으므로 유대인과의 경쟁에 질지도 모른다는, 전통적으로 품어왔던 두려움 때문에 유대인의 능력을 그들의 국민 경제에 보탬이 되도록 다시 참여시켜서 얻게 되는 경제적 이익을 포기하지 않아도 되었다. 이런 방침 아래 토스카나 정부는 1593년 그 뒤로 에스파냐와 포르투갈에서 신분을 숨기고 도망친 유대인을 레그혼에 정착하도록 허용했으며, 네덜란드는 이미 1579년 이래 유대인에게 문호를 개방하고 있었다. 또 1290년에 유대인의 축출을 감행했던 영국도 1566년에 유대인의 입국을 다시 받아들였다.

서유럽 근대사에서 유대인의 경제적 해방에 이어 그 무렵 서유럽 그리스도교 세계의 종교적·이념적 혁명의 결과로 유대인의 사회적·정치적 해방이 이루어졌다. 프로테스탄트 종교 개혁은 하나로 통합된 카톨릭 교회의 적대적 태도를 물리치고, 17세기 영국과 네덜란드의 망명 유대인들은 이들 프로테스탄트 국가들의 적인 로마 카톨릭의 박해당한 피해자로서 환영을 받았다. 그 뒤 유대인들은 일반적으로 카톨릭 국가나 프로테스탄트 국가 어디에서나 똑같이 신앙의 자유를 얻었다. 1914년에는 인간 활동의 모든 영역에서 유대인의 표면적인 해방이, 구폴란드-리투아니아 연합 왕국의 러시아 제국에 병합된 지역을 제외한 근대 서유럽 세계 모든 지역에서 공식적으로 이루어졌다. 이 단계에서의 유대인 문제는 유대인 사회와 그리스도교 사회가 서로 자진하여 상대와 결합하기를 원하는 형태로 해결되어 가리라고 생각되었을 것이다. 그러나 그 기대는 예상 밖이었다. 해피 앤드로 끝나는 3막극이라 생각되었던 것이 이제까지의 어느 막보다도 무서운 4막째로 접어든 것이다. 어디가 잘못된 것일까?

하나의 장애는 서유럽의 '이방인'과 유대인 사이에서 표면적인 법률상 장벽이 철거된 뒤에도 심리적인 벽이 남아 있는 일이었다. 여전히 눈에 보이지 않는 게토(_{유대인} 거주구) 안에 서유럽의 '이방인'들은 유대인들을 가두어 놓았고 유대인 쪽에서도 여전히 서유럽의 '이방인'들로부터 자신들을 격리시키고 있었다. 표면적으로 통일된 사회 안에서 미묘하게도 유대인들은 여전히 자신들이 소외된 인간임을 깨달았고, 서유럽 '이방인' 쪽에서는 유대인들 사이에 여전히 자기들만의 비밀 결사 조직이 있어 통일된 사회의 모든 성원이 동등하게 누려야 할 이익을 독차지하려는 유대인들의 집단 이기심을 깨닫게 되었다. 양쪽이 다 종전대로 이중의 행위 기준을 따랐다. 즉 자기 동료에게는 성실히 대했으나 이미 없어졌을 사회적 경계의 맞은쪽에 있는 사람들에게는 낮은 기준을 적용했다. 이처럼 옛날 그대로의 불공평한 악습이 새로운 위선으로 덮여 있었으므로 서로 상대를 전처럼 무섭게 보지는 않았으나 전보다도 한층 더 경멸해야 할 인간으로 보게 되었으며, 또 양쪽이 다 사태를 전만큼 번거롭게 보지는 않았으나 전보다도 한결 분노를 느끼게 되었다.

어느 지역의 주민 속에 포함되어 있는 유대인의 수적 비율이 갑자기 불어난 곳에서는 반드시 반유대주의가 다시 고개를 들었는데, 이 사실은 양자의 관계가 매우 불안정했음을 나타내고 있다.

이러한 경향은 1881년 이래 러시아 제국의 구 폴란드─리투아니아 지역에서 러시아인의 박해로 다수의 유대인이 이주해 온 런던과 뉴욕에서 1914년까지 두드러지게 나타났다. 또 1918년 뒤로 오스트리아의 게르만 지역과 독일연방공화국에서 이 경향이 심해진 것도, 제1차 세계대전 중에 구폴란드령 갈리시아 및 '유대인 지역'(러시아에 병합된 구폴란드─리투아니아령에서 특히 다수의 유대인이 거주한 지역)의 동부 지방에서 많은 유대인들이 이주해 온 결과였다. 이 독일의 반유대주의는 독일 국민 나치스의 집권을 도운 큰 힘이 되었다. 그 뒤 나치스가 행한 유대인 대량 학살에 대해서는 새삼스레 말할 것까지도 없다. 그것은 다 알다시피 소름이 끼치는 일이며, 그처럼 민족적 규모의 극도의 흉악함이 드러난 일은 사상 유례 없는 일이다.

근대 서유럽의 내셔널리즘은 동시에 두 방면에서 서유럽 문명 세계 속의 유대인 디아스포라(유랑민)에 대해 두 가지 측면에서 공격을 가했다. 그것은 서유럽의 내셔널리즘의 매력과 압력을 유대인의 입장에서 보면 한 시대 전의 19세기 자유주의와 관련된 개인적 서유럽화와 대조되는 것으로서 서유럽화의 집단적 형태라고 말할 수 있는 것이다.

개개의 유대인을 유대교를 믿는 서유럽 부르주아로 바꾼다는 서유럽화의 이상과 마찬가지로, 반면에 유대인 디아스포라 전체, 또는 그 일부분을 같은 유대인들만으로 이루어지는 지방 민족 국가 속에 결집한다는 이상 또한 서유럽 유대인들의 해방에 따르는 것이었으며, 이는 그들이 각 시대에 서유럽 이상의 영향을 받을 정도로 현실적이었음을 보여준다. 그와 동시에 시오니즘 운동은 그 창시자인 테오도어 헤르츨(1860~1904, 오스트리아의 유대인 작가, 「유대인의 나라」)이 증언하고 있듯이 서유럽의 '이방인'들 사이에서 자유주의를 대신해 빠르게 힘을 얻은 내셔널리즘 때문에 개인적 동화의 길이 벽에 부딪히는 것이 아닌가 하는 불안의 표현이기도 했다. 유대인의 시오니즘 운동과 독일인의 새로운 반유대주의 운동이 일어난 지역—즉 1918년 이전 오스트리아 제국의 독일어가 쓰이던 여러 지역—에 발생한 것은 우연이 아닐 것이다.

역사의 우울한 아이러니 속에서 이보다 더 구제하기 힘든 인간성을 명백히 드러내 보여준 것은 없다고 생각되는 예를 들자면, 새로운 민족주의자로 전향한 유대인들이 그들 민족이 견디어 온 수많은 박해 속에서도 가장 무서운 박해를 만난 직후에, 팔레스타인에 거주하고 있던 아랍인들에 대해 단순히 유대인의 조국에 살고 있는 것이 괘씸하다는 이유만으로, 나치의 박해로부터 배운 것을 이제는 자기들보다도 약한 민족을 박해하는 데 악용한 점이다. 이스라엘의 유대인들은 나치를 흉내내어 팔레스타인의 아랍인들을 강제 수용소나 가스실에서 몰살하는 데에까지는 가지 않았다 하더라도, 50만 이상의 아랍인들로부터 그들이 아버지대로부터 살며 경작해 온 땅과 가지고 도망갈 수 없는 재산들을 몰수해 그들을 난민으로 궁지에 몰아넣었던 것이다.

시온주의적 실험의 한 결과는 전에 이 '연구' 앞부분에서 말한 사항—서유럽의 '이방인'들과 오랜 동안 관계를 맺어온 유대인들의 특징은 서유럽 문명 세계의 유대인 디아스포라가 놓인 특수한 경우의 결과이지, 특수한 인종적 유산에서 온 것이 아니라는 것—을 증명한 일이었다. 시온주의의 패러독스(역설)는 유대인 공동체를 건설하기 위해 초인적인 노력을 기울임으로써 개별적으로 유대교를 믿거나 또는 '불가지론자'의 서유럽 시민이 되는 길을 선택한 유대인과 마찬가지로 유대인 사회를 효과적으로 서유럽의 '이방인' 세계로 결국 동화시킨 일이다. 과거의 유대인은 디아스포라였다. 그리고 모세 율법의 엄수나 상업 및 금융업에서 뛰어난 능력을 가진 유대인 특유의 기풍이나 판례는 유대인이 오랜 동안 지리적으로 분산해 있던 사회에 기적적인 생존 능력을 주던 사회적 부적을 만들어 왔던 것이다. 자유주의자와 시온주의자 양쪽을 포함한 근년의 유대인 서유럽화주의자들은 이 역사적 과거와 결별하려고 하고 있다. 그 중에서도 시온주의와의 결별이 한층 더 철저하다. 시온주의자는 미국이나 남아프리카 연방, 오스트레일리아를 건국한 근대 서유럽 프로테스탄트 개척자들을 본받아, 토지에 정착한 새로운 국가를 건설하기 위해 집단적으로 디아스포라를 청산하고 '이방인'적 사회 환경에 동화해 갔다. 그들의 운동이 그들 자신의 성서에서 영감을 얻은 것이라면, 그 영감은 율법이나 예언자의 글이 아닌 〈출애굽기〉나 〈여호수아〉 속의 이야기로부터 유래하는 것이다.

이러한 정신을 바탕으로 그들은 단연코 열광적인 정신 노동자 아닌 육체 노동자로, 도시 거주자 아닌 농촌 거주자로, 중개인 아닌 생산자로, 금융업자 아닌 농업 경영자로, 소매상 아닌 군인으로, 순교자 아닌 테러리스트로 탈바꿈하려 하고 있다. 그들은 새로운 역할에 있어서도 지난날의 역할과 마찬가지로 놀라울 만한 끈기와 탄력성을 드러내고 있다. 그러나 이스라엘 국민들—팔레스타인의 유대인들은 현재 스스로 그렇게 부르고 있지만—의 미래는 좀더 두고 봐야 할 것이다. 주위를 둘러싸고 있는 아랍계 여러 국민들은 자신들 속에 파고든 침입자를 쫓아낼 결의를 굳히고 있는 것처럼 보인다. 그리고 '비옥한 초승달 지대'의 아랍계 여러 국민들의 수는 이스라엘 국민들보다 훨씬 많다. 그러나 적어도 현시점으로 봐서 그들의 수적인 우세는 활동력과 능력의 열세로 서로 상쇄되고 있다.

게다가 바야흐로 모든 문제가 세계적인 문제로 되어 가고 있는 오늘날 소련과 미국은 결국 중동에서 자신들의 이해관계가 어느 쪽에 걸려 있다고 보겠는가? 소련에 대한 답은 예측하기 어렵다. 미국에 대해서는, 오늘날까지 취해 온 팔레스타인 정책의 결정적 요인은 미국 국민 속의 유대계 요소와 아랍계 요소 사이의 부(富)와 인구 및 세력의 심한 불균형에 있었다. 유대계 미국인들에 비하면, 아랍계 미국인들은 레바논 출신의 그리스도교 아랍인들을 포함한다 해도 무시해도 될 만큼 그 수가 적다. 미국 시민 사회에 뿌리박고 있는 유대인들은 그 수에 어울리지 않게 큰 정치 세력을 지니고 있다. 그것은 이들이 뉴욕에 집중하고 있으며, 뉴욕은 미국 민주 정치의 투표 획득 경쟁에서 가장 중요한 주의 가장 중요한 도시이기 때문이다. 몇몇 미국의 냉소적인 관찰자들이 믿고 있듯이 주의나 절조 등은 아무래도 좋으나, 다만 표를 모으기만 하면 되는 미국의 '이방인' 정치가들의 이해 타산만으로는 제2차 대전이 끝나고 몇 년 동안 위기에 처했을 때 미국 정부가 이스라엘에게 준 광범한 원조를 완전히 설명할 수 없다. 이 정책은 단순히 냉철한 국내 정치상의 이해 관계뿐만 아니라 이를 초월한 이상주의적이면서도 다분히 실정에 어두운 국민적 감정의 반영이었다. 유럽의 유대인들이 나치로부터 받은 고통에 대해 미국인들이 동정하게 된 것은 그들이 일상 생활에서 유대인들과 접할 기회가 많았기 때문이었다. 이에 반해, 미국에는 아랍인들은 거의 없었으므로 팔레스타인에서의 아랍인들이 겪는 괴로움은 미국인들에게 그다지 절실히 느껴지지 않았다. '그 자리에 없는 사람들은 늘 나쁜 사람 취급을 받기 마련이다.'

근대 서유럽과 동아시아 및 토착 아메리카 문명

이제까지 살펴본 바와 같이 근대 서유럽 문명과 만난 현존 문명들은 모두 근대 서유럽 문명과의 충돌에 의해 영향을 받기 이전에 이미 서유럽 사회와 접촉한 경험을 지닌 문명들이다. 힌두 사회 또한, 비교적 가벼운 것이었으나 어쨌든 전에 한 번 접촉한 일이 있다. 이와 달리 남북 두 아메리카 대륙에서는 근대 서유럽의 개척자적 항해자가 그 해안에 도달하는 순간까지 서유럽의 존재가 전혀 알려지지 않았으며, 중국과 일본에서도 거의 알려져 있지 않았다. 따라서 서유럽의 사절단들을 처음에는 의심하지 않고 맞았으며, 그들이 가지고 온 신기한 것들은 사람들의 마음을 끌었다. 그러나 남북아메리카와 동아시아는 서로 완전히 다른 경로를 거쳤다. 동아시아 문명은 어려운 사태의 처리에 성공했으나, 북아메리카의 문명은 보기 좋게 실패한 것이다.

중앙아메리카 및 안데스 문명 세계를 정복한 에스파냐인들은 형편 없는 무기를 가지고 있었으며 자신들을 의심하지 않았던 희생자들을 무력으로 압도했다. 에스파냐 정복자들은 토착 문화를 유지하고 있던 사람들을 몰살시키고 외래의 지배적 소수자가 되었다. 그리고 그들은 에스파냐의 경제·종교 종사자들에게 이들 농원 경영자 겸 전도자로서의 권한을 허용함으로써, 즉 로마 카톨릭교로 개종시키는 일을 사업의 일부로 한다는 조건으로 농민의 노동력을 마음대로 이용하는 일을 허용해 줌으로써 원주민 농촌 주민을 서유럽 그리스도교 사회의 내적 프롤레타리아의 지위로 떨어뜨렸다. 그럼에도 본서 집필 무렵 이들 토착 문화는 마치 시리아 문명 사회가 1000년 동안 헬라스 사회의 지배에 복종한 다음에 다시 모습을 나타내어 재구성되었듯이, 앞으로 언젠가는 어떤 형태로든 재현되지 않는다고 단언할 수 없었다.

이에 반해 중국과 일본의 동아시아 사회는 처음에는 자신들의 무지로 인해 위험한 상황에 빠졌으나 힘겹게 벗어났다. 그들은 서유럽 문명을 저울에 달아 보고 그것이 기대에 어긋나는 것임을 알게 되자 쫓아낼 결심을 했고, 계획적인 쇄국 정책 실시를 위해 필요한 힘을 모으는 데 성공했다. 그러나 그것으로 끝이 난 것은 아니었다.

중국인과 일본인들은 최초에 자신들 앞에 나타난 서유럽의 모습을 보고 관계를 끊는 것만으로 그들의 '서유럽 문제'를 최종 처리할 수는 없었다. 퇴짜를 맞은 서유럽은 그 뒤 모습을 바꾸어 다시 한 번 동아시아에 모습을 나타냈고 이번에는 종교 대신 기술을 선물로 가져왔다. 그래서 동아시아의 두 문명 사회는 이 새로운 서유럽 사회의 기술을 받아들여 스스로 내 것으로 만드느냐 또는 그것에 굴복하느냐의 어느 길을 선택해야 할 처지에 빠지게 되었다.

이렇게 동아시아와 근대 서유럽이 만나는 과정에서 중국인과 일본인이 취한 행동은 어떤 점에서는 비슷하고 어떤 점에서는 달랐다. 두드러지게 비슷한 점은, 극의 제2막에서, 세속화한 근대 서유럽 문화의 수용이 중국에서나 일본에서나 최초에는 아래에서 위로의 운동으로서 행해진 일이다. 중국의 만주 왕조 제국(청조)이나 일본의 도쿠가와 막부나 둘 다 러시아의 표트르 제국과는 달리 주도권을 잡지 못했다.

그런데 같은 막의 다음 장면에서 일본은 중국과 달리 표트르적 방법으로 이행했다. 이에 반해 제1막, 즉 16세기에는 동아시아의 두 사회가 처음부터 다른 방향을 더듬었다. 처음에는 시험적으로 받아들였다가 나중에 금지하게 된 16~17세기 종교적 형태의 근대 서유럽 문화를 수용할 때의 주도권은, 계속해서 중국에서는 위에서 아래로, 일본에서는 아래에서 위로 미쳐갔다.

과거 4세기 동안 동아시아 두 사회의 근대 서유럽에 대한 반응을 그래프에 그대로 표시하면, 일본의 곡선은 중국의 곡선보다 훨씬 급한 커브를 그릴 것이다. 전후 두 번에 걸쳐 서유럽 문화를 맞아들였을 때에도, 또 그 중간의 배외기에 문호를 폐쇄했을 때에도 중국인은 일본인만큼 철저한 방법은 취하지 않았다.

16세기 말에서 17세기 초 전환기에 아직 완전한 정치적 통일이 성립되어 있지 않았던 일본은 해외에서 들어온 무자비한 외국인 정복자로부터 정치적 통일을 강요당할 위험에 맞닥뜨렸다. 1565~71년의 에스파냐에 의한 필리핀 점령, 1624년의 네덜란드에 의한 타이완 점령은 일본에도 일어나게 될지 모를 운명을 그대로 예고하고 있었다.

이와 반대로 광대한 아대륙인 중국은 그 무렵 서유럽인 해적들의 내습을 그다지 두려워할 필요가 없었다. 아직 기계화되어 있지 않았던 바다로부터의 서유럽인 침략자들은 아무리 귀찮아도 정복자가 될 가능성은 없었다. 중국 제국 정부가 진정으로 우려해야 했던 위험은 육로를 거쳐 행해지는 유라시아 대초원으로부터의 침략 위험이었는데, 그 대륙 내부로부터의 위험도 명나라가 기력 왕성한 반(半)야만적인 만주족에게 넘어진 17세기 중엽까지 200년 동안은 대륙 내부로부터의 위험은 나타나지 않았다.

중국과 일본의 이러한 지리적·정치저 사정의 차이에 따라, 중국에서는 로마 카톨릭교 탄압이 17세기 말까지 이어졌고 더구나 그것은 정치적 우려의 결과가 아니라 신학적 논쟁의 결과였던 데 비해, 일본에서는 때를 넘기지 않고 결단적인 로마 카톨릭교 금지 조치가 취해져 일본과 서유럽 문명 세계와의 관계는 단 하나 네덜란드를 통한 실로 이어져 있을 뿐 다른 것은 아주 단절되고 만 것이다.

새로 수립된 일본의 신정부가 잇달아 취한 탄압 조치는 1587년 모든 서유럽인 그리스도교 선교사들의 국외 추방을 명한 히데요시(秀吉)의 포고에서 시작되어, 1636~39년 일본인의 해외 여행과 포르투갈인의 일본 체류를 금지한 여러 법령에서 정점에 달했다.

중국과 마찬가지로 일본에서의 쇄국 정책 철폐 운동도 아래에서 위로 영향을 주었는데, 이는 근대 서유럽 과학 지식에 목말라 있었기 때문이다. 이 운동의 선구자들 대부분은 1853년의 이른바 '메이지 유신'이 일어나기 바로 전에 1840~50년의 탄압 때 서유럽 기술에 대한 신념 때문에 목숨을 잃었다. 일본에서의 운동은 완전히 세속적인 것이었다. 그런데 이와 반대로 중국의 19세기 운동은 마치 포르투갈 상인들과 함께 로마 카톨릭 선교사들이 일본에 찾아왔듯이, 영국이나 미국의 상인들과 함께 중국에 찾아왔던 프로테스탄트(기독교) 선교사들의 활동과 결부되어 있었다. 그리고 중국에서는 이 프로테스탄트 선교사들의 영향이 그 뒤에까지 계속되었다. 국민당 창시자인 쑨원(孫文)은 프로테스탄트로 개종한 사람의 아들이며, 마찬가지로 프로테스탄트 신자인 중국인

일가―쑨원 부인인 쑹칭링(宋慶齡), 그 동생이자 장제스 부인인 쑹메이링(宋美齡), 그 오빠인 쑹쯔원(宋子文)―가 국민당의 그 뒤 역사에서 가장 중요한 역할을 하게 된 것이다.

일본과 중국의 서유럽화 운동은 양쪽 모두 견고한 기반 위에 세워진 토착세계 국가를 타도하고 그것에 대체되는 새로운 정치 체제를 세운다는 대단한 일을 이룩하지 않으면 안 되었는데, 일본의 서유럽화주의자들이 중국의 서유럽화주의자들보다는 빈틈없이 빠르고 유능했다. 페리 제독의 함대가 일본 영해에 모습을 나타낸 지 15년이 채 지나지 않았을 때 그들은 난국에 대처하지 못했던 도쿠가 정부를 타도했을 뿐만 아니라, 그것에 대신하는 전면적인 서유럽화 운동을 위에서부터 아래로 수행할 실력을 갖춘 새로운 정치 체제를 수립함으로써 훨씬 어려운 일을 해냈다.

중국인은 이 일의 소극적인 부분을 이루는 데에만 118년이나 걸렸다. 1793년 마카트니 경(최초의 베이징 주/재 영국 외교대표)을 대표로 하는 영국 외교 사절단의 베이징 도착은 그보다 60년 뒤 페리 함대가 에도 만(江戶灣)에 도착한 것 못지않게 서유럽 세력의 증대를 나타내는 뚜렷한 증거였다. 그럼에도 중국에서 '앙시앵 레짐'(구체제)이 타도된 것은 겨우 1911년이 되어서였다. 게다가 구체제를 대체하게 된 것은 효과적인 서유럽화 정책을 수행할 신체제가 아닌 무정부 상태였으며, 이 무정부 상태는 4반세기 동안(1923~48), 자유주의적 서유럽화 운동을 방침으로 하는 국민당이 정권을 장악하고 있었음에도 마침내 극복되지 못했다.

이 차이의 크기는 1894~95년의 청·일 전쟁 발발 그 뒤로 50년간 일본의 중국에 대한 군사적 우세의 정도로 측정할 수 있다. 이 반세기 동안 중국은 군사적으로 일본의 손아귀에서 농락되었다. 물론 이 싸움은 끝에 가서는 중국 전국토를 실제로 정복하기엔 도저히 일본의 힘이 미치지 못한다는 사실이 명백해졌으나, 만일 일본의 군사 기구가 미국의 힘으로 분쇄되지 않았더라면 중국인은 결코 혼자만의 군사력으로 중국의 서유럽화 열쇠인 항만이나 공업 지대 또는 철도를 일본인의 손에서 도로 빼앗을 수 없었으리라는 것도 마찬가지로 명백해졌다.

그러나 20세기 후반이 시작될 무렵에는 일본의 토끼와 중국의 거북은 거의 동시에 같은 불행한 지점에 다다르고 있었다. 일본은 서유럽 제국 가운데 가장 강대한 나라의 군사 점령 아래 복종하고 있었으며, 중국은 혁명에 따른 무정부 상태에서 그 정반대인 공산주의 정권의 철의 지배로 나아가고 있었다.

공산주의를 서유럽적인 것으로 보느냐 또는 반서유럽적인 것으로 보느냐 하는 것은 별도(이 점은 이미 이 '연구'에서 논한 바 있다)로 하더라도 어떻든 간에 그것은 동아시아 문화의 입장에서 볼 때 외래의 이데올로기였다.

두 동아시아 사회와 근대 서유럽이 두 번째 만남의 최초 국면에서 이와 같이 불행한 결말을 맺은 것은 무슨 까닭인가? 중국의 경우나 일본의 경우나 다 같이 불행의 근원은, 먼저 힌두 세계에 대한 서유럽의 영향을 고찰했을 때 언급한 아시아와 동유럽 사이의 공통된 미해결 문제 안에 남겨져 있었다.

태곳적부터 어린아이를 낳을 수 있는 데까지 가능한 한 많이 낳는 것이 습관이 되어 있는 생활에 겨우 새로운 사상이 들어와 종래의 생활에 불만을 품게는 되었지만, 아직도 경제적 향상의 가능성이 실현되기 위해서는 아무래도 경제 혁명과 사회 혁명, 특히 심리 혁명의 대가를 치러야 한다는 사실을 직시하지 못하는 원시적인 농민에게 서유럽 문명은 어떠한 영향을 주었던 것일까? '아말테이아의 뿔'*11에서 풍요한 것을 끌어내기 위해서 이들 원시적인 농민은 그들의 전통적인 토지 이용법과 토지 보유 제도를 근본적으로 개혁하는 동시에 산아 제한을 하지 않으면 안 되었으리라.

도쿠가와 시대에 일본이 그 정치적·경제적 생활을 안정시킬 수 있었던 것은—이 시대를 통해 안정되어 있던 동안에는—그 바탕이 되는 인구가 안정되어 있었기 때문이다. 인구는 낙태나 영아 살해를 비롯하여 갖가지 수단으로 늘 거의 3000만 명 선에서 유지되고 있었다. 도쿠가와 막부가 무너지자 부자연스럽게 얼어붙어 있던 일본의 사회체제가 풀리기 시작한 뒤 인구는 갑자기 늘어나기 시작했다.

정치 및 경제의 변화와는 달리, 무제한의 산아 재개는 서유럽의 영향으로 생긴 것이 아니라 도쿠가와 시대의 모든 것을 얼어붙게 하는 분위기 속에서 심리적 '곡예'로 말미암아 억제되었던 농촌 사회의 전통적 관습을 되찾았기 때문이다. 그러나 동시에 행해진 서유럽화는, 사망률을 낮춤으로써 이 원시적 관습을 되찾은 결과 일어난 인구 증가를 더욱 부채질했다.

＊11 아말테이아는 크레타 섬에 숨은 어린 제우스를 염소 젖으로 기른 요정, 또는 제우스에게 젖을 준 염소라고도 함. 제우스는 그 요정 또는 염소에게 무엇이든 바라는 것이 나오는 '풍요의 뿔'을 주었다.

이 같은 정세 아래 일본은 팽창하든가 또는 파열하든가 어느 하나의 길을 택하지 않으면 안 되었다. 그리고 실행 가능한 팽창 방법은 세계의 여러 나라들을 설득해 일본과 무역을 하게 하든가 아니면 필요한 영토와 자원과 시장을 무력으로 빼앗을 수밖에 없었는데, 그 본디 소유자들은 군사적으로 약했기 때문에 군사적으로 서유럽화한 일본의 침략으로부터 자기 재산을 지킬 수 없었던 것이다.

1868년부터 1931년까지 일본의 대외 정책 역사는 이 두 가지 정책 사이를 오가는 동요의 역사였다. 전세계에 걸쳐 강화되어 간 경제적 내셔널리즘이 차츰 일본 국민을 무력 침략의 방향으로 몰아세웠는데, 1929년 가을 월스트리트를 덮치고 순식간에 온 세계에 퍼져갔던 경제 태풍의 무서운 경험을 겪게 되었다. 이 대공황이 있고 거의 정확하게 2년 뒤인 1931년 9월 18~19일 밤에 일본은 평톈(奉天)에서 1945년 8월 15일에야 끝이 난 대규모 침략 전쟁의 포문을 열었다.

중국인들은 한 무리의 비좁은 섬 안에 갇혀 있지 않고 광대한 아대륙에 널리 퍼져 있었으므로 인구 문제는 일본만큼 절박하지 않았고, 그리하여 일본처럼 냉혹한 방법으로 해결하려고 하지 않았다.

그럼에도 먼 미래의 일을 생각하면 그것은 또한 마찬가지로 중대한 문제이며, 이 문제에 대처할 책임은 바야흐로 중공 독재자들의 어깨에 걸려 있다.

이 공산주의에 의한 중국의 사상적 정복은 거의 300년간에 걸쳐 추진되어 왔던 동아시아 문명 사회 전체에 대한 러시아의 공격 가운데 가장 최근의 일이었다. 초기 단계에 대해서 서술하는 것은 생략하지만, 19세기에 일본이 아직 경쟁 상대로서 문제가 되지 않았던 시기에 러시아와 서유럽 제국은 빈사의 중국 제국의 송장을 서로 다투어 갉아먹는 침략자로 모습을 드러냈다. 이 단계에서 문제는, 마치 봄베이와 캘커타가 인도에서 영국 제국주의의 성장점이 된 것처럼 홍콩과 상하이가 중국에서 영국 제국주의의 성장점이 될지 어떨지 하는 것인 듯 여겨졌다.

한편 러시아는 1860년 블라디보스토크의 주권을 획득하고 1897년에는 훨씬 가깝고 한결 중요한 뤼순(旅順) 항의 조차권을 획득했다. 이 러시아의 노력을 1904~05년의 러·일 전쟁으로 중도에서 좌절시킨 것이 일본이었다. 제1차 세계대전이 끝남과 동시에 러시아는 언뜻 수습이 어려워 보이는 무정부 상태에 빠졌고, 한편 일본은 승리를 얻은 서유럽 제국 연합의 이른바 동맹국으로서 거의 아무것도 하지 않고 터무니없는 막대한 이익을 얻었다.

그런데 제정 러시아가 할 수 없었던 일을 이제까지 우리가 이 '연구' 속에서 어떤 형태로든지 여러 번 만난 이유들—'펜이 칼보다 강하다'는 진부한 격언으로 표현되는 매우 평범한 역설에 귀착시킬 수 있는 이유들—로 말미암아, 러시아 공산주의가 멋지게 해치웠다. 마르크스 공산주의의 세속적 복음은 차르 전제 정치가 갖지 못했던 심리적 매력을 러시아에 부여했다. 그 때문에 소련은 다른 제국과 마찬가지로 중국에서도 강력한 '제5열'을 가질 수 있었던 것이다. 공산주의화한 러시아가 필요한 도구를 또는 도구의 일부를 제공하면, 중국의 러시아 공산주의 예찬자들은 바로 러시아를 위해 러시아의 일을 해 줄 것이 틀림없다.

근대 서유럽과 동시대 문명, 이 두 만남의 특징

지금까지 서술해 온 만남의 비교에서 나오는 가장 중요한 결론은 '근대 서유럽 문명'이라는 표현 속의 '근대'라는 말을 '중산 계급'이라는 말로 바꿔놓으면 내용이 한결 정확해지며 구체적이 된다는 것이다. 서유럽 여러 나라는 사회의 주요 요소가 될 힘을 갖춘 부르주아가 나타나자마자 '근대'로 들어섰다. 우리가 15세기 말부터 시작되는 서유럽 사회 역사의 새로운 장을 '근대'로 여기는 것은 그 무렵부터 서유럽의 선진 제국에서 중산 계급이 지배력을 갖기 시작했기 때문이다.

따라서 서유럽 역사의 근대기가 이어지는 동안 이 문명에 속하는 나라들이 얼마만큼 서유럽화할 수 있느냐 하는 것은, 그들이 서유럽의 중산 계급적 생활 양식에 얼마만큼 동화할 수 있느냐 하는 데 걸려 있는 셈이다. 아래로부터 위로 이루어진 서유럽화의 예를 조사해 보면, 예컨대 그리스 정교도와 중국인, 일본인의 기존 사회 구조 속에 이미 중산 계급적 요소가 있어, 이들 요소를 매개로 힘이 작용한 것을 알 수 있다.

이와 반대로 서유럽화의 과정이 위에서 아래로 진행한 예로서, 위로부터의 명령으로 피지배자를 서유럽화하는 일에 들어간 독재자들은 토착민들 사이에서 자연 발생적인 중산 계급의 출현을 기다리고 있을 틈이 없어 이를 대체해 줄 인위적인 인텔리겐차(智識)를 만들어야 했다.

이렇게 해서 러시아나 이슬람 세계나 힌두 세계에 출현한 인텔리겐차는 물론 그들을 만들어 낸 자들에 의해 서유럽 중산 계급의 지식과 교양이 그대로 주입되었다. 그러나 러시아의 예가 보여 주듯이 이러한 서유럽식 지식과 교양은 일시적 임시 변통의 꾀에 그칠 염려가 있다. 본디 표트르 제정이 러시아를 중산 계급적 서유럽 사회의 일원으로 만들기 위해 만든 러시아의 인텔리겐차들은 1917년 혁명 훨씬 이전부터 이미 마음속에서 차르 정부와 서유럽의 부르주아적 이상 이 둘에 대해 반기를 들고 있었다. 러시아에서 일어난 것과 같은 일이 다른 나라의 인텔리겐차들에게도 일어나지 않는다고는 말할 수 없다.

따라서 러시아의 인텔리겐차가 이미 행한 반 부르주아적 성향으로의 방향 전환을 참고로, 비서유럽 제국의 인텔리겐차와 비서유럽적 환경 속에서 역할을 짊어지게 된 서유럽 중산 계급 사이의 유사점과 차이점을 살펴보는 것도 무익한 일이 아닐 것이다.

이 둘의 역사에 공통된 한 가지 특색은 이들이 모두 자신들에게 안정된 삶을 살게 해준 사회의 영역 밖에서 온 자들이었다는 점이다. 서유럽 문명 사회는 앞에서 말한 대로 처음에 '암흑 시대'로부터 나타났을 때에는 농촌 사회였다. 그리고 그 농촌 사회에서의 도시적 삶의 추구는 밖에서 흘러들어온 것이어서 그 가운데 어떤 것은, 나중에 이방인의 중산 계급이 출현하기에 이르기까지 '이방인'(유대인 이외의 민족) 자신이 유대인이 될 희망을 안고 '비유대인 디아스포라(꿋꿋으로 흩어진 유대인)'라고 불렸다.

근대 서유럽의 중산 계급과 동시대의 인텔리겐차에게 공통되는 또 하나의 경험은 다 함께 이들 둘 다 본디의 고용주에게 반기를 듦으로써 마침내 지배권을 획득했다는 것이다. 영국·네덜란드·프랑스, 그리고 그 밖에 서유럽 제국의 중산 계급은 자신들을 보호해 주고 힘을 증대하여 준 군주 정치와 뜻하지 않게 대체되면서 정권을 잡게 되었다.*12 이와 마찬가지로 근대 후기 비서유럽 제국의 인텔리겐차는 계획적으로 자신들을 만들어 서유럽화 정책을 추진하는 독재자들에게 맞서 권력을 잡았다.

제정 러시아·오스만 제국 말기 및 영국령 인도 제국의 역사에서 이 공통된 에피소드를 전체적으로 살펴보면, 세 가지 경우에서 모두 인텔리겐차의 저항이 일어났을 뿐만 아니라 저마다 인텔리겐차의 저항이 절정에 달한 것 또한 거의

---

*12 이를테면 튜더가가 하원에게 부여한 권한이 스튜어트가를 타도하기 위해 이용된 것은 영국사의 통설로 되고 있다.

같은 시간이 경과한 뒤였음이 밝혀진다.

러시아에서 실패로 끝난 1825년 12월 혁명은 표트르 체제에 대한 인텔리겐차의 선전 포고였는데, 이 해는 표트르 대제가 실제로 정권을 장악한 1689년부터 헤아려 136년 뒤에 해당한다. 인도에서 정치적 '불안'이 표면화한 것은 벵골에 영국의 지배권이 확립된 지 140년이 좀 못 되는 19세기 말의 일이었다. 오스만 제국에서는 1908년 '통일진보위원회'(^{청년튀}_{르크당})가 술탄인 아브드-알-하미드 2세(^{재위 1876}₋₁₉₀₉)를 타도했는데, 이것은 오스만 제국 정부가 1768~74년 대 러시아 전쟁에서 패전해 충격을 받아 처음으로 상당수의 이슬람 국민들에 대해 근대 서유럽식 군사 기술 교육을 시작했을 때부터 헤아려 134년 후에 해당한다.

그러나 위의 유사점에 대해 적어도 한 가지 뚜렷한 차이점이 눈에 띤다. 근대 서유럽의 중산 계급은 그들 사회의 토착 요소로서 지배적인 위치에 있었다. 그들은 심리적인 면에서 '나의 집'에 있었던 것이다. 이와는 달리 인텔리겐차들은 '벼락 성공한 자'들인데다 외부에서 온 사람들이라는 이중의 단점을 짊어지고 있었다. 이들은 자연히 발달한 것이 아니라 외래의 근대 서유럽과 부딪친 그들 사회의 낭패의 산물이며 징후였다. 그것은 강함의 상징이 아니라 약함의 상징이었다.

인텔리겐차 자신들도 이 불쾌한 차이를 느끼고 예민해져 있었다. 이들은 자신들의 임무로 정해진 사회적 봉사를 행함으로써 자신들이 봉사하는 사회의 이질적 분자가 되었다.

자기가 수행하는 일이 환영받지 못하고 있다는 직감과 그들의 사회적 처지에 늘 붙어다니는 갖가지 모순에서 생기는 피할 수 없는 신경의 긴장이 서로 맞물려, 이들의 마음속에는 이들의 선조인 동시에 재화(災禍)의 근원이며, 이들의 동경의 대상인 동시에 공포의 대상인 서유럽 중산 계급에 대한 울적한 증오가 만들어졌다.

인텔리겐차를 매혹하여 한 개의 유성으로 만들어 버린 이 해적 태양에 대한 인텔리겐차의 애증어린 고뇌는 카툴루스 비가(悲歌) 속에서 잘 나타나 있다.

나는 너를 미워하는 동시에 사랑한다.
왜 그럴까? 너는 물을 것이나 나는 모른다.

다만 나는 그렇게 느끼며, 그 때문에 괴로워한다.

비서유럽 제국의 인텔리겐차가 서유럽 중산 계급에 대해 가지는 증오의 강렬함으로 말미암아, 우리는 이들이 서유럽 중산 계급이 이루었던 위업에 필적하는 거대한 과업을 이루어낼 힘이 없음을 예감하고 있다는 것을 알 수 있었다. 이들을 불쾌하게 만든 이 예감이 이제까지 사실에 의해 뒷받침된 전형적인 예는 1917년에 일어난 두 차례에 걸친 러시아 혁명 가운데 첫 번째 혁명(2월 혁명)에서 러시아의 인텔리겐차가 제정 러시아의 잔해를, 19세기 서유럽식 의회주의 입헌 국가로 개조한다는 비현실적 사명을 이루는 데 완전히 실패한 사실을 들 수 있다.

케렌스키 정권이 실패한 것은 '짚이 없이 벽돌을 만들려고 했기'(《출애굽기》 5 : 7) 때문에, 즉 의지할 수 있고 견실하고 유능하고 유복하고 경험이 풍부한 중산 계급이 없이 의회주의 정치 체계를 만들 임무가 주어졌기 때문이다. 이와 반대로 레닌은 그 무렵의 상황에 맞는 정치 체제를 만드는 일에 들어갔기 때문에 성공했다.

레닌의 전연방 공산당은 실제로 전례가 아예 없는 것은 아니었다. 이슬람 사회의 역사 가운데에 오스만 파디샤(황제)의 노예 가족이나 사파비 왕조를 지지하는 키질바쉬 결사(사파비 왕조에 충성을 맹세한 오스만 제후의 총칭), 상대의 무기를 이용해 무굴 제국의 세력과 싸울 목적으로 만들어진 시크 교도의 칼사(시크파 제10대 구루가 만든 군대) 등의 전례를 볼 수 있다. 이러한 이슬람 사회나 힌두 사회의 결사 안에서 이미 러시아 공산당의 성격을 뚜렷이 엿볼 수 있다.

레닌의 독창성은 이러한 강력한 정치 수단을 다시 만들어냄으로써, 서유럽의 고안물을 습득하는 동시에 서유럽의 정통 이데올로기를 배척하여, 비서유럽 사회가 근대 서유럽에 대항하는 능력을 갖추게 하려는 특수한 목적에 처음부터 이용한 점에 있다.

레닌의 1당 독재 체제의 성공은 수많은 모방자들의 출현으로 말미암아 입증된다. 공산주의를 표방하며 공산주의자라 자칭하는 모방자들은 그만두기로 하고, 터키를 훌륭하게 부흥시킨 무스타파 케말 아타튀르크가 세운 정권과 이탈리아의 무솔리니 정권, 독일의 히틀러 나치 정권 세 가지를 지적하는 것만으로도 충분하리라. 이들 비공산주의적 일당 독재 체제 안에서 사회적 파국을 불러일으키지 않고 평화로운 추이에 의해 자유주의적인 서유럽식의 2대 정당제로 전환하는 데 성공한 것은 터키의 새로운 체제뿐이었다.

(ㄴ) 중세 서유럽 그리스도 문명과의 만남
십자군의 성쇠

'십자군'이란 명칭은 보통 교황의 뜻에 따라 교황의 축복을 받고 그리스도교 왕국을 획득·유지하거나 되찾기 위해 예루살렘으로 나아가는 서유럽의 원정군이란 뜻으로 사용된다. 여기서는 이 명칭을 좀더 넓은 뜻으로 사용해 서유럽 그리스도교 사회가 중세 시대에 변경 지역에서 행한 모든 전쟁을 포함하기로 한다. 따라서 시리아뿐만 아니라, 에스파냐에서 이슬람 세력과의 싸움, 같은 그리스도교 사회로서 대립 관계에 있는 동로마 제국과의 싸움, 동북 변경 지대에서 이교도 야만족을 상대로 하는 싸움 등이 모두 포함되게 된다. 이런 싸움을 모두 '십자군 전쟁'이라 불러도 무방한 까닭은, 이 싸움에 참가한 전사들이 의식적으로 자기는 그리스도교 세계의 확장을 위하거나 방위를 위해 싸우고 있다고 생각했기 때문이며, 더구나 이것은 전적으로 위선적인 구실만은 아니었기 때문이다. 초서도 아마 이 말을 이렇게 넓은 뜻으로 사용하는 데 대해 찬성할 것이다. 「캔터베리 이야기」의 '프롤로그' 속에서 최초의 등장 인물로 묘사되는 기사는 어쩌면 젊었을 무렵에 크레시와 포아티에 싸움(통 다영·불 간의 전쟁)에 참가했을지도 모를 역전의 용사인데, 이 인물을 창조한 작가 초서는 이 기사를 서유럽 지방 국가들 사이의 내분에 결부시킨다는 생각은 조금도 하지 않았다. 그 대신 이 기사는 그라나다로부터 현재의 러시아·프러시아·리투아니아 등에 이르는 서유럽 그리스도교 사회의 변경 각지를 전전한 용사로서 묘사되고 있다. 초서는 이 기사를 '십자군 전사'라고는 부르지 않았으나, 명백히 그리스도교를 지키기 위해 싸운 전사라고 생각하고 있었다.

침략적인 서유럽 그리스도교 사회가 다른 문명에 미친 영향을 분석해 나아가기 전에 우리가 먼저 해야 할 일은 이 중세의 영토 확장 전쟁에 대한 전반적인 과정을 설명하는 일이다.

11세기에 등장한 중세 서유럽 사회의 출현은, 15세기 말부터 16세기 초에 걸친 근대 서유럽 사회의 출현과 마찬가지로 갑작스러운 일이었다. 그리고 중세 서유럽 사회의 진출이 최후에 좌절된 것도 그 최초의 성공과 마찬가지로 갑자기 일어났다. 이를테면 13세기 중엽(13세기 끝무렵)[설잘근을] 중국에서 총명한 관찰자가 구세계의 서쪽 끝에 나타나 정세를 지켜보았다면, 그는 아마 이슬람 세계와 '로마니아'(동로마 제국령 그리스 정교 세계)에 침입한 서유럽인들이 곧 이 지역에서 추방될 운명에 있었음을 도저히 짐작할 수 없었을 것이다. 마찬가지로 만일 이 관찰자가 300년 전에 찾아왔다 해도, 위에서 본 두 세계가 얼마 안 가 이 교양 있는 방문자가 속해 있는 '외쿠메네'(그리스어, 사막·극지 등을 제외한 인간이 거주할 수 있는 지역) 서쪽 끝의, 그때까지 후진적이고 미개했던 주민들로부터 침략을 당하리라고는 짐작할 수 없었을 것이다. 그는 아마 헬라스 문명의 흐름을 짐작케 하는 두 그리스도교 사회와 그리스도교의 한 이단설이라 해도 좋을 이슬람 교도로 개종하는 과정에 있던 시리아 문명을 구별할 수 있게 되자마자, 지중해와 그 주변의 지배권을 다투는 이 세 문명 가운데 가장 가망성이 있는 것은 그리스 정교 사회며, 가장 가망성이 없는 것은 서유럽 그리스도교 사회라는 결론에 이르렀을 것이다.

재산, 교육, 행정 능력, 군사력 등 어느 것을 기준으로 비교해 보아도 10세기 중엽의 우리 관찰자는 그리스 정교 사회를 최상위에 두고 서유럽 그리스도교 사회는 최하위에 두었을 것이다. 그 무렵 서유럽 그리스도교 사회는 농업 사회여서 외래적 요소에 의한 것의 영향으로 생겨난 도시에서도 화폐 유통이 드물었던 것에 비해 그리스 정교 사회에서는 그즈음 크게 일어난 상공업을 기초로 화폐 경제가 이루어지고 있었다. 서유럽 그리스도교 사회에는 성직자 계급만 쓰고 읽을 수 있었으나, 그리스 정교 사회에서는 고등 교육을 받은 비성직자 지배 계급이 있었다. 서유럽 그리스도교 사회는 샤를마뉴가 신 로마 제국을 세우려다 실패한 뒤 무정부 상태로 되돌아갔으나, 마찬가지로 8세기에 시리아인 레오 쉬루스가 동방 그리스 정교 세계에 만든 신 로마 제국은 여전히 번성하여 옛 로마 제국이 7세기에 원시 이슬람 아랍족에게 정복당해 잃은 토지를 되찾기 시작하고 있었다.

이슬람 교도의 정복이 육지에서는 식어가기 시작한 뒤에도 해상에서는 한동안 이어졌으며, 두 그리스도교 사회는 모두 9세기에 마그리브[*13]의 이슬람교도

---

*13 '마그리브'라는 말은 아랍어로 '서쪽'을 뜻하는 말이지만, 이슬람 세계에선 아프리카 서북쪽 어깨에 해당하는 지역, 오늘날의 튀니지·알제리·모로코를 포함하는 지역을 그렇게 불렀다. 이 '소아프리카'는 사실상 섬과 같으며, 지중해에 의해 유럽과 격리됨과 동시에 사하라 사막에 의해 열대 아프리카(아프리카 본토)와 완전히 격리되어 있다.

해적들에게 무척 시달렸다. 그런데 그리스 정교 사회는 그 도전에 응해 이슬람 교도의 손에서 크레타 섬을 탈환한 데 비해, 서유럽 그리스도교 사회는 그에 필적할 만한 응전을 한 기록이 없다. 그뿐만 아니라 이슬람교도 침략자들은 그 무렵 여전히 리비에라 지역으로부터 내륙으로 침입하여 알프스 산맥 통행로에 출몰하고 있었다.

우리가 가정해 놓은 중국인 관찰자에게 이를 요구하는 것은 무리한 일이지만, 더 날카로운 눈을 가진 사람이라면 겉으로는 드러나지 않은 몇 가지 진실을 내다볼 수 있을 것이다. 그리스 정교 사회는 겉으로는 아주 당당해 보였으나, 그 안에는 온갖 치명적인 약점이 잠재해 있음을 알았을 것이다. 또 서유럽 그리스도교 사회는 지중해에서는 전혀 힘을 드러내지 못했으나 다른 곳에서는 스칸디나비아 야만족이나 마자르 야만족의 공격에 맞서 용감하게 싸운 사실을 눈여겨보았을 것이다. 이슬람 교도들에 맞서서도 이미 서유럽 그리스도교 세계의 경계선은 이베리아 반도에서 조금씩 경계선을 넓혀가기 시작하고 있었다. 10세기의 서유럽 그리스도교 사회는 경쟁 상대인 다른 두 문명과 달리 성장기에 있었다. 그 정신적 성채는 수도원 제도이며, 10세기에 일어난 클뤼니의 베네딕트파 수도원 생활 혁신 운동은 그 뒤 서유럽 문명 사회에서 종교적인 것과 세속적인 것의 구별 없이 모든 사회적 개혁의 원형이 되었다.

10세기 서유럽 그리스도교 사회의 생명력을 나타내는 이 같은 징후들이 보이기는 했으나 11세기 서유럽 사회는 그것만으로는 도저히 놀라울 만한 에너지의 폭발—그 속에는 두 인접 문명 사회에 대한 침략이라는 창조적이지도 않고 감탄할 수도 없는 신통치 않은 사건도 포함되어 있었지만—을 설명할 수 없다. 서유럽 그리스도 교도들은 노르망디와 데인로 지역의 스칸디나비아 인 이주자들을 개종시킨 여세를 타고, 이 이주자들의 본국인 스칸디나비아의 야만족 전사들을 그리스도교도의 동료로 끌어들였으며, 나아가 헝가리와 폴란드의 야만족까지도 개종시켰다. 클뤼니의 수도원 개혁은 교황 힐데브란트의 지도 아래 모든 교회 조직의 개혁으로 발전해 갔다. 이베리아 반도에서의 진출이 가속도적으로 빨라짐과 동시에 남이탈리아의 동로마 제국령 및 이슬람 교도의 지배 아래 있던 시칠리아 섬의 정복이 이루어졌으며, 나아가서 (결국 이것은 실패로 끝났지만) 아드리아 해를 건너 동로마 제국의 심장부에 공격의 방향을 잡게 되었다. 공세가 절정에 이른 것은 제1차 십자군 원정(1095~99년) 때였으며, 시리아의 안티오키아와 에뎃사(유프라테스 강 맞은쪽)에서 예루살렘과 아즐라(홍해로 통하는 아카 바 만의 머리 부분)에 이르는 지역을 이슬람 세계로부터 빼앗아 그곳에 일련의 서유럽 그리스도교 제후의 나라들을 수립했다.

그리고 지중해 해역에서 중세 서유럽 그리스도교 세력이 마지막으로 실추된 것은 동아시아로부터 온 우리 관찰자가 제1차 십자군 뒤로 150년 만에 다시 이 역사의 무대를 볼 수 있었다 하더라도 마찬가지로 뜻밖의 사건이었을 것이다. 왜냐하면 그 무렵 서유럽의 침략자들은 시리아에서 노출된 전초 지점들을 거의 전부 잃고 있었던 것이다. 그런 반면, 이베리아 반도의 이슬람교도 영토는 그라나다 주변에 약간의 땅만이 남게 되었으며, 한편 시리아에서의 손실에 화가 난 서유럽 인들은 유럽의 동로마 제국 각지를 습격하고 정복했다. 프랑크인 군주들은 콘스탄티노플에서 로마 황제의 지위와 명칭을 가로채고 있었다. 저 멀리 동방에는 강대한 몽골 제국이 일어났는데, 서유럽 그리스도교 사회의 공상가들은 이 새로운 세계 강국의 지배자들을 서유럽 그리스도교로 개종시켜 이슬람 세계의 후방을 공격하게 하려는 꿈을 품게 되었다. 교황이 파견한 선교사들은 멀리 카라코룸까지 찾아갔다. 마르코 폴로가 '쿠빌라이 칸'의 궁전으로 향한 것도 그로부터 얼마 지나지 않아 일어난 일이었다.

그러나 그 노력은 헛수고로 끝나고 우리가 가정한 중국인 관찰자에게 부여된 시점 직후(1261년)에, 소란스러웠던 콘스탄티노플의 '라틴 제국'은 무너지고 그리스 정교 제국—비록 헬라스인이 아니라 오스만 투르크인이 실권을 쥐게 되었지만—이 다시 일어났다. 서유럽 그리스도교 사회는 이번에는 그 침략의 방향을 동북 변경 지역으로 바꿨다. 시리아에서 철수한 튜튼 기사단은 이교도인 프러시아인과 라트비아인, 에스토니아인을 정복하여 비스툴라 강(폴란드 중부) 지역에 행운을 걸었다. 그러나 중세 초에 행한 진출이 확대되어 중세 말기까지 유지된 것은 이베리아 반도와 남이탈리아와 시칠리아 섬뿐이었다. 중세 서유럽 그리스도교 세계가 그 범위를 남쪽과 동쪽으로 확대하고, 어버이 문명의 헬라스 사회에 속해 있던 모든 지역을 포함시키려는 시도는 이렇게 실패로 끝났다. 중세 서유럽 그리스도교 사회가 가지고 있던 부(富), 인구, 지혜 등을 생각하면, 그 이외의 결과를 기대한다는 것은 무리한 일이었다.

중세 서유럽과 시리아 문명 세계

중세 서유럽 그리스도 교도들이 11세기에 시리아 문명 세계에 대해 공격을 시작했을 무렵, 시리아 주민들은 그들이 소속하는 공동 사회의 신앙에 의해 이슬람교와 이슬람교 출현 이전의 (그리스도교에서 헬라스적 요소를 제거하려는 시리아인의 영혼적 노력을 대표하는) 갖가지 그리스도교 이단설 즉 그리스도 단성론이나 네스토리우스파 등으로 나뉘어 있었다. 한편 아리우스파가 로마 제국의 여러 지방을 정복한 튜튼족 대부분의 종교가 되었듯이, 이슬람교는 아랍 정복 직후 승리한 야만족들의 두드러진 종교가 되었다. 8세기 이슬람 교도에 의한 정복에서부터 11세기 말 제1차 십자군에 이르는 기간 동안 여러 이유로 피정복 민족들 사이에 이슬람교로 개종하는 경향이 나타났는데, 이 과정은 이 기간이 끝난 다음에도 계속되었다. 십자군은 완만한 이행을 급격한 전면적 개종으로 변화시켰으나 아무것도 가져다주지는 못했다. 죽은 시리아 문명 세계의 폐허 속에서 아랍 및 이란이라는 새로운 이슬람 문명 사회가 나타난 것이다.

이슬람 교도들과 그리스도 교도들이 겉으로는 서로 상대를 '무신앙자'의 범주 속에 넣었던 일과 또 이 두 광신적이고 배타적인 유대 종교의 지지자들이 오랫동안 싸우고 있던 일을 생각하면, 양측의 전사들이 서로 품었던 존경의 정도 그리고 중세 서유럽 그리스도교 세계가 시리아 문명 세계를 통해 흡수한 문화적 성취의 양과 중요성에 대해 놀랄지도 모른다. 아라비아 시(詩)의 정신과 기법이 프로방스의 음유 시인에 의해 로마어로 서유럽에 전해지고 그리스의 철학 사상이 이슬람 학자들을 통해 아랍어로 서유럽에 전해졌다.

칼(劍)의 영역에서, 대두하는 양측 전사들이 서로 공명하게 된 것은 뜻하지 않은 친근성이 있음을 발견했기 때문이다. 안달루시아(에스파냐 남부 해안지방)의 전장에서 안달루시아의 이슬람 교도들과 그 경계 맞은쪽에 있는 이베리아의 그리스도교 민족들이 때로 서로에 대해 느낀 친밀감은, 이베리아의 그리스도 교도가 피레네 산맥 맞은쪽에 있는 같은 그리스도 교도들과의 사이에서 느끼는 것보다도, 또는 이베리아의 이슬람 교도들이 북아프리카의 같은 교도들과 사이에서 느끼는 것보다도 더 가까운 것이었다. 시리아 전장에서 칼리프국 영토를 침략하는 동안 이슬람교로 개종한 투르크 야만족들은, 로마 제국을 침략하는 동안 그리스도교로 개종한 그들의 선조들과, 그 무렵 문명의 정도에 있어 자신들과 큰 차이가 없었던 그리스도교 기사들에게 전혀 동질감을 느끼지 못하는 것은 아니었다. 사실, 프랑크인의 공격에서 앞장 섰던 노르만인들은 셀주크 인들과 마찬가지로 야만족으로 살다가 개종한 지 얼마 되지 않는 그리스도 교도들이었다.

펜(pen)의 영역에서, 이슬람 세계(다르-알-이슬람)에서 십자군이 일시적으로 차지한 시리아의 모든 지역과 영속적으로 차지한 시칠리아 및 안달루시아의 모든 지역들은, 죽음에 임박한 시리아 문명 세계의 정신적 보물들을 중세 서유럽 그리스도교 세계로 전하는 문명의 전달자가 되었다. 그리스도교의 전통적인 광신적 태도와는 너무도 달리, 팔레르모와 톨레도를 정복한 서유럽 그리스도 교도의 마음을 일시적으로 사로잡은 종교적 관용과 지적 호기심을 불러일으키는 즐거운 분위기는 초기 이슬람교가 본디 지녔던 점이었다. 그러나 이 좋은 환경 속에서 그 뒤 2세기 간에 서유럽인이 이슬람 민족과 유대인으로부터 받아들인 문화의 보물들 속에 포함된 것은 시리아 문명과 동시에 헬라스 문명에 기원을 두는 것이었다. 시리아 문명 사회는, 아랍어를 라틴어로 번역하여 12세기 서유럽의 스콜라 철학자가 이용하게 된 진위가 섞인 아리스토텔레스 저작의 창조자가 아니라 단순한 중개자에 불과했다.

수학과 천문학과 의학의 분야에서는, 헬라스인들로부터 이 학문을 배운 시리아계 네스토리우스파 그리스도 교도들과, 네스토리우스 교도들로부터 이 학문을 배운 아랍계 이슬람 교도들은 단순히 그들 선배인 헬라스인의 업적을 보존하고 숙달했을 뿐만 아니라, 인도의 학설까지도 받아들여 독자적인 일을 수행했다. 이런 분야에서 중세 서유럽 그리스도교 세계는 그 무렵 이슬람 교도 과학자들로부터 이슬람교 연구의 성과와 동시에 이슬람 교도가 인도로부터 배운 소위 '아라비아 수학'의 체계를 이어받았다.

이번에는 학문의 영역에서 시의 영역으로 눈을 돌려 보자. 멸망해 가는 시리아 문명의 대표자인 안달루시아의 이슬람 교도들로부터 전해져 그 뒤 서유럽 문명의 근대기에 이르기까지, 서유럽 시의 한 유파가 이루어 온 모든 문학적 업적의 원동력이 된 귀중한 보물은 본디 아랍인에 의해 창조된 것으로, 이것은 서유럽 시의 한 유파를 창시한 프로방스 음유시인의 사상이나 이상 그리고 시형과 운율이 안달루시아의 이슬람 교도에서 비롯한다는 설이 사실이라는 가정 아래 그러하다.

과학 분야에서 근대 서유럽은 이슬람 교도들로부터 이어받은 유산을 한결 능가하는 진보를 이룩했다. 그러나 젊고 감수성이 예민한 중세 서유럽 그리스도교 사회의 상상력에 시리아 문명이 미친 영향은 이제까지도 건축 영역에서 이른바 고딕 양식 건조물로 눈에 띄게 뚜렷이 나타나 있다. 이 '고딕' 건축이 옛 것을 좋아하는 18세기의 취미가 붙여놓은 불합리한 명칭(고트족과는 사실상 아무런 관계도 없으므로)임에도, 오늘날에도 아르메니아의 교회나 셀주크의 대상(隊商) 숙소 폐허에 남아 있는 모델들을 본뜬 것임을 말해 주고 있다. 20세기 서유럽의 여러 도시에는, 시리아 문명 세계의 건축 양식에서 영향을 받은 중세 서유럽의 건축 혁명 결과, 종래의 로마네스크 양식을 대신한 고딕 양식 대사원들이 높이 솟아 있다.

중세 서유럽과 그리스 정교 사회

이 두 그리스도교 사회는 인접한 이슬람 사회들과의 관계 이상으로 서로 사이가 더 나빠졌다. 불화는 이 두 사회가 함께 헬라스 문명이 낳은 자식 문명 사회라는 역사적 사실의 마땅한 귀결이었다. 7세기 말 동시에 출현한 바로 그때부터, 다시 말해 양자 관계가 결정적으로 결렬된 1182~1204년의 비극적 연대*[14]를 기준으로 500년이나 전부터 이미 이 두 사회는 기질의 차이와 이해 충돌로 사이가 나빠지기 시작했다.

이해의 충돌은, 남동 유럽과 남부 이탈리아의 세력 싸움에서 절정에 이르렀는데, 이 싸움은 이 둘이 서로 자기 쪽이야말로 그리스도교 세계 교회·로마 제국·헬라스 문명의 유일하고 정당한 계승자라 주장하면서 양보하지 않았기 때문에 한층 격한 양상을 드러냈다.

정치적 분쟁은 종교적 논쟁으로 가장해 일어나는 일이 많았다. 이를테면 8세기 때 동방 그리스 정교 사회의 성상(聖像) 숭배 문제를 둘러싼 논쟁에서 로마 교황은 동로마 제국 정부의 성상 파괴 정책에 반대 입장을 취했으나, 사실 그 의미를 캐어보면 중부 이탈리아에 흩어져 남아 있었던 동로마 제국령의 주민들을 대신해 롬바르디아인에 맞서기 위한 (콘스탄티노플에서는 얻지 못한) 군사 원조를 알프스 건너 쪽 샤를마뉴의 조부 칼 마르텔에 이어 부왕 피핀에게

---

*14 불화를 돌이킬 수 없는 것으로 만든 세 가지 잔학 행위는 1182년 동로마 제국에서 살던 프랑크인 대학살, 1185년 보복을 위해 내습한 노르만인 원정군의 살로니카 공략, 1204년 프랑크-베네치아 연합 원정군의 콘스탄티노플 공략(제4차 십자군)을 말한다.

요청하는 정치적 결단을 보인 제스처에 불과했다.

또 11세기 중엽 무렵 로마와 콘스탄티노플에서 나란히 일어난 예배식 통일 운동이 충돌했을 때에도 이 1054년의 동서 양 교회 분열이라는 결과를 불러일으킨 종교적 분쟁은, 종교적으로는 교황에게 복종하고 있었으나 동시에 남 이탈리아 주민의 귀속을 둘러싼 정치적 싸움이었다. 물론 이 두 경우에 있어서도 두 그리스도교 사회는 완전한 결렬까지는 가지 않았다.

이상 두 가지 종교적·정치적 충돌 가운데 나중 사건이 일어나고 40년 뒤에 해당하는 10세기말 제1차 십자군 때, 그 무렵의 동로마 황제 콤네누스 알렉시우스 1세는 십자군의 영지내 통과에 대해 극도의 정치적 불안과 개인적인 불쾌감을 느꼈음에도 그의 딸이며 역사가였던 안나 콤네나가 전하는 바에 따르면, 그의 군대에게 같은 그리스도 교도의 피를 흘리게 하는 것을 용서하지 않았다. 안나의 말에 의하면 알렉시우스가 아나톨리아를 지나는 십자군 호위의 임무를 맡기 위해 로마군을 파견한 동기의 하나는 십자군이 투르크군에게 괴멸당하는 것을 막기 위해서였다.

이처럼 동로마 황제 알렉시우스(재위 1081 1118)는 마지못해 십자군을 용인했는데, 그 손자인 마누엘 1세(재위 1145~80)는 적극적으로 프랑크인과 교제하여 그 풍습을 채택하는 데 열중하게 되었다. 또 동서 두 그리스도 교회의 고위 성직자와 동로마 제국의 위정자 가운데에도 어떻게든지 두 그리스도교 사회의 결렬을 회피하려고 노력한 사람이 있었다.

그렇다면 1182~1204년에 결국 두 그리스도교 사회가 결렬하고 그 뒤로 차츰 사이가 나빠져 마침내 15세기에 이르러 그리스 정교가 서유럽 그리스도교 사회 교황의 종교적 지상권을 승인하기보다는 오히려 투르크인에게 정치적으로 굴복하는 편이 낫다고 생각하게 된 것은 무슨 까닭인가? 확실히 이때 로마 교회 측에서 제출한 조건들이 엄중한 것이었던 탓도 있었다. 그러나 파국의 궁극 원인은 이미 700년 또는 1000년이나 전(약 5세기 말 그리스 정교의 동로마 제국 성립 시기)부터 나타나기 시작했던 두 문화의 차이가 차츰 커져간 사실에서 찾아보아야 할 것이다. 사태를 한층 악화시킨 사정으로는 앞서 이 장에서 말했듯이 실력 및 장래성의 측면에서 본 두 그리스도교 사회의 우열이 11세기에 이르러 갑자기 뜻하지 않게, 더구나 크게 역전한 사실을 들 수 있다.

이 정치적 경제적 운명의 역전이 가져온 결과의 하나는, 그 뒤 양쪽이 다

상대를 불구대천의 원수로 보게 된 점이다. 그리스 정교도들의 입장에서 보면, 프랑크인들은 운명의 장난으로 주어진 힘을 주저하지 않고 이용해 '벼락 성공을 거둔 자'였으며, 프랑크인들의 눈으로 보면 비잔티움의 교인들은 재능도 없고 힘도 없는 주제에 괜히 거만만 떠는 관료들이었다. 헬라스인에게 라틴인(주로 프랑스·이탈리아·에스파냐·포르투갈 등지의 아리안족)은 야만인이었고, 라틴인에게 헬라스인은 '레반틴'화—다시 말해 지중해 연안의 시리아·레바논·이스라엘 사람들처럼—이질화되어 가고 있었다.

프랑크인과 비잔틴인이 서로 품고 있던 혐오의 감정을 입증하는 문헌은 헬라스인과 라틴인에게도 많지만, 그 가운데 양쪽의 대변자를 한 사람씩 골라 몇몇 부분을 인용해 보기로 하자. 프랑크인의 비잔틴인에 대한 편견의 증거로는, 롬바르디인의 크레모나 사제(司祭) 리우트프란드(Liutprand ; 922?~972)가 968~969년에 로마 황제 오토 2세(신성로마 황제)의 사절로 동로마 제국의 궁정에 파견되었을 때의 보고를 인용할 수 있으며, 비잔틴인의 프랑크인에 대한 편견의 증거로는 제1차 십자군 원정 기간 동안 프랑크인들에게 불쾌감을 나타냈던 그리스 황녀인 동시에 역사가였던 안나 콤네나의 말을 인용할 수 있다.

리우트프란드 사제는 자신에게 맡겨진 외교적 임무를 수행하면서 어려운 일이 많았지만, 거기다 한술 더 떠 그를 못 견디게 했던 것은 그리스 정교 사회의 일상 생활이 하나에서 열까지 못마땅한 점이었다. 왕궁에서 그에게 할당된 저택은 늘 너무 덥거나 너무 추웠다. 더구나 그 불유쾌한 집 안에서 그와 그의 수행원은 보안 경찰의 감시 아래 갇혀 있었다. 상인에게는 속아 넘어가고, 술을 마실 수도 없었으며, 음식도 먹을 만한 게 못 되었다. 가난한 헬라스인 사제들은 거의 손님에게 불친절했다. 침대는 돌처럼 딱딱했고 요와 베개도 없었다. 그는 이임하게 되자 마치 학생들처럼 화풀이로 그의 집 벽이나 테이블 위에 라틴어로 된 육각운의 시(詩)로 욕설을 마구 갈겨 썼다. 즉 '전에는 번창했으나 지금은 기아에 허덕이고 믿을 수 없고 거짓말쟁이인데다 기만에 차고 욕심쟁이고 굶주리고, 인색한 무지의 도시'의 최후를 바라보는 기쁨을 기록하고 있다.

리우트프란드가 황제 니키포로스(재위 963~69)나 그 대신들과 나누는 대화는 양측의 심한 독설로 열기를 띠었다. 리우트프란드가 쏜 공격의 화살 가운데 가장 효과적이었던 것은 "이단을 낳은 것은 헬라스인들이며, 그것을 퇴치한 것은 서유럽인들이었다"는 말이었다.

확실히 그러하다. 헬라스인들은 몇 세기 동안 지식으로서 신학상의 지엽적인 문제들을 연구하여 불행한 결과를 초래한 데 비해, 라틴인들은 법률가로서 그런 하찮은 일에 몰두하는 끈기를 가지지 않았기 때문이다. 968년 6월 7일 공적인 연회 석상에서 동서 양 제국이 주장하며 양보하지 않은 '로마인'이란 명칭의 문제가 계기가 되어 두 그리스도교 사회의 대표 사이에 계속 감돌고 있던 반감이 일시에 타올랐다.

"니키포로스는 대답을 할 기회도 주지 않고 다음과 같은 모욕적인 언사를 덧붙였다. '너희는 로마인이 아니고 롬바르드인이다.' 그는 말을 더 계속하려고 나에게 몸짓으로 잠자코 있으라는 표시를 했으나 나는 그만 화가 나서 뜻밖에도 이렇게 말했다. '로마인이란 이름의 기원인 로물루스는 형제 살인자이며, 매춘부의 자식—즉 정당한 결혼 수속을 밟지 않은 야합으로 태어난 아이—이며, 빚을 갚지 않은 부채자, 도망친 노예, 살인범, 기타 중대 범죄자를 숨겨 준 일은 누구나 다 아는 역사적 사실이다. 그들은 이들 범죄자를 숨겨주고 로마인이라 이름 붙였다. 이것이 당신들의 황제, 당신들이 '세계 지배자'라 부르는 사람들의 선조가 된 훌륭한 귀족인 것이다. 그런데 우리는—'우리'란 롬바르드인(랑고바르드인)·색슨인·프랑스인(프랑크인)·로렌인·바이에른인·스바벤인(슈벤인)·부르군트인을 통틀어 말하는 것이지만—로마인을 철저하게 경멸하고 있으며, 우리의 적에 대해 욕을 할 때는 다만 한 마디 '로마인아!' 하면 되는 것이다. 왜냐하면 우리가 쓰는 이 한 마디 말 속에 야비·겁쟁이·욕심쟁이·타락·불성실, 기타 모든 악덕이 포함되어 있기 때문이다.'"[*15]

동로마 황제의 말에 화가 난 리우트프란드는 뜻밖에도 모든 '로마인'에 대해 황제와 공통된 반감을 품고 있는 튜튼어(게르만어)를 쓰는 서유럽 여러 국민들과의 연대 의식을 선언한 것이다. 이 뒤에 이루어진 조금은 부드러운 분위기의 회담 때 니키포로스는 라틴인과 튜튼인을 통틀어 '프랑크인'이라 불렀는데, 이는 홧김에 퍼부은 리우트프란드의 말을 정당화시켜 주었다. 리우트프란드는

---

*15 *Liutprandi Relatio de Legatione Constantinopolitanâ.*

지적 교양면에서 라틴인 중에서도 라틴인이었다. 그는 라틴어로 옮겨진 그리스 고전에도 능통하였으나, 공통된 헬라스 문화의 배경을 갖고 있음에도 같은 문화를 계승하고 있는 같은 시대의 헬라스인들에 대해 조금도 친근감을 느끼지 못했다. 이 10세기의 이탈리아인과 헬라스인들 사이에 이미 큰 간격이 벌어졌음에 비해 리우트프란드와 그의 고용주인 색슨인 사이에는 그런 간격이 없었다.

위에서 인용한 리우트프란드의 보고는 의심할 여지도 없이 그 무렵 동서 두 그리스도교 사회의 관계를 명백히 보여주는 것과 동시에 리우트프란드라는 인간의 성격을 잘 나타내고 있다. 만일 그가 묘사하고 있는 황제의 풍모에 대한 천한 회화를 다시 인용했다면, 그의 사람 됨됨이가 한결 더 분명하게 드러났을 것이다. 이 롬바르드인 사제는 비천한 인간이었으며 사실 그에게 투여된 비잔틴의 진주는 모조 진주였는지도 모르지만, 그는 그 사실을 밝히려다 그 자신이 진짜 돼지임을 드러내고 있는 셈이다. 비잔틴 사회가 그 무렵의 프랑크인들에 비해 얼마나 뛰어났는가 하는 것은, 리우트프란드의 '보고'와 안나 콤네나가 그리고 있는 북구인 모험자 보헤문드(제1차 십자군에 참가하여 안티오키아에 영토를 획득했다)에 대한 객관적이고 개성적인 묘사를 대조해보면 알 수 있다. 안나는 보헤문드를 금발의 야수(로마시대에 금발인을 천시하는 풍조가 있었다)로 표현했는데, 그가 그 호전적 태도와 배신과 야심으로 안나의 아버지 니키포로스 황제에게 끼친 괴로움은, 니키포로스가 리우트프란드와 그 고용주인 색슨인 황제에게 끼친 괴로움과는 비교도 안 될 만큼 큰 것이었다. 안나는 이 북유럽인의 표본과도 같은 훌륭한 몸집에 대한 정밀한 묘사—'그들 몸은 폴리클레이토스(기원전 5세기 후반에 활약했던 그리스의 조각가)의 표준 비율을 그대로 재현하고 있었다'고 쓰고 있다—에 앞서 먼저 아낌없는 찬사를 보내고 있다.

"그와 같은 인간은 루마니아의 어디를 뒤져도 찾아볼 수 없었다. 야만인이든 헬라스인이든 그와 어깨를 나란히 할 수 있는 자는 없었다. 물론 그의 모습을 보면 누구나 놀라겠지만, 그는 그 모습을 말로만 들어도 깜짝 놀랄 정도의 전설적 인물이었다."

이 여성적인 웅변은 뒷부분에 가시가 내포되어 있다.

"자연은 그의 가슴 속에서 끓어오르는 강력한 에너지를 분출시키도록 그에게 당당한 숨구멍을 제공했다. 이 인간의 용모에는 어딘가 마음이 끌리는 구석이 있었음을 시인하지 않을 수 없으나, 동시에 그 매력은 전체적인 분위기로부터 받는 무서운 인상으로 말미암아 손상되었다. 맹수와 같은 잔인함이 이 사람의 온몸에 뚜렷이 새겨져 있다. …… 그의 얼굴 표정 어딘가에, …… 또 마치 사자가 포효하는 것처럼 들리는 그의 웃음 속에 잔인함이 드러난다. 그의 내적이거나 외적인 모습은 사나움과 욕망이 언제나 그의 가슴속에 요동치고 있음을 보여준다. 그리고 이 두 격정은 쉼없이 전쟁이라는 수단을 통하여 그 배출구를 찾고 있는 것이다."

이와 같이 참으로 흥미진진한 당시의 대표적인 한 프랑크인의 묘사와 서술은 너무나 생생하다는 점에서 거의 필적할 만한 것이었는데, 이것은 안나가 제1차 십자군이 그리스 정교 사회로 내습한 데 대한 기술의 서문에서 소개한 프랑크 세계 전체의 모습이다.

"프랑크인의 대군이 다가왔다는 정보를 받은 알렉시우스 황제는 몹시 걱정했다. 그는 프랑크인의 억제하기 어려운 충동적 성질과 쉽게 변하는 성질, 피암시성이나 그 밖에 서유럽 야만인(케르토이)의 1차적, 2차적 특성을 잘 알고 있었다. 그는 또 이들 야만인이 물릴 줄 모르는 탐욕 때문에 어떤 구실이라도 발견하면 태연하게 협정을 파기한다는 사실을 잘 알고 있었다. 이상이 프랑크인에 대한 일반적인 평이며, 이는 그들의 행위로 완전히 뒷받침되었다. …… 결과는 예상보다 더 심했고 무서운 것이었다. 아드리아 해안과 지브롤터 해협 사이에 사는 모든 야만족을 포함한 서유럽 전체가 유럽의 모든 지방을 거쳐 아시아 쪽으로 대이동을 시작했다."

제1차 십자군이 그의 지역을 지날 때 알렉시우스 황제가 입은 최대의 고통은 둔감하고 분별없는 이들 성가신 불청객들의 방문으로 인해 이 바쁜 위정자의 귀중한 시간을 계속 빼앗기는 일이었다.

"아직 날이 밝기 전부터, 또는 적어도 해가 뜰 무렵부터 왕좌에 앉아 서유럽 야만인으로서 알현을 희망하는 자는 누구든지 주 중에 날마다 무제한으로 만날 수 있다는 것을 알리는 것이 알렉시우스의 관례였다. 그 직접적 동기는 그들에게 청원할 기회를 주려고 했기 때문이었지만, 궁극적인 동기는 그들과의 회담으로 생기는 갖가지 기회를 이용하여 자기가 원하는 정책으로 그들을 교묘하게 끌고 가기 위해서였다. 이들 서유럽 야만족의 호족들은 침착하지 못한 국민성을 지니고 있으며, 뻔뻔스럽고 충동적이고 욕심이 많고 자제심이 부족해, 자신들을 유혹하는 어떤 욕망도 참지 못하고 마지막 가장 곤란한 일을 당하게 될 때에는 매우 시끄럽게 소란을 피우며, 그 시끄러운 정도에 있어서는 그야말로 세계 기록의 보유자라고 말할 수 있었다. 또 그들은 황제와의 알현을 악용하는 점에 있어서 전형적인 규율이 결여되어 있었다.

어느 호족이나 자기가 원하는 대로 얼마든지 많은 부하들을 데리고 황제 앞에 나왔다. 알현을 희망하는 호족들은 끊임없이 차례를 기다리고 긴 행렬을 이루었다. 더 곤란한 일로는 일단 발언할 기회를 얻게 되면, 그들은 아티카의 옛 변론가가 지켜야 했던 것과 같은 시간의 제한을 두지 않았다. 어느 호족이나 자기 마음대로 필요한 만큼 오랫동안 황제와 말을 계속했다. 하여간 그들은 이야기를 장황히 늘어놓았으며, 황제에 대한 경의나 시간 관념이 통 없었고, 옆에 앉아 있는 시종관의 눈치도 보지 않았으므로, 누구를 막론하고 알현의 차례를 기다리고 있는 뒷사람을 위해 시간을 남겨야겠다는 생각을 하는 자는 없었다. 그들은 한없이 지껄여대며 계속 자기 주장만을 내세우는 것이었다.

서유럽 야만인의 수다스러움과 탐욕과 진부함은, 국민성을 연구하는 사람들이라면 누구나 아는 사실이다. 그러나 불행히도 직접 그것을 경험한 사람들은 이들의 성격에 넌더리를 냈다. 알현 도중에 어둡기 시작하면 가엾게도 하루 종일 식사할 틈도 없이 시달린 황제는 옥좌에서 일어나 거실 쪽으로 걷기 시작했다. 그러나 이처럼 노골적인 태도를 보여도 야만인들은 여전히 성가시게 달라붙어 그를 놓으려 하지 않았다. 그들은 서로 상대편을 젖혀놓고 황제와 이야기를 하려고 했다. 더구나 순번을 다투는 이 싸움은 아직 알현 순번이 되지 않아 기다리고 있는 자들만이 하는 것이 아니라, 이미 낮에 알현을 마친 자들까지 또 찾아와서 이것저것 구실을 붙여 다시 한 번 황제와 이야기할 기회를 얻으려고 했다. 그동안 가엾게도 황제는 일어선 채로 자신을 둘러싸고 떠들어대는 야만인 무리들의, 바벨 탑의 전설 같은 혼란한 수다를 참으며 듣고 있어야만 했다. 이 헌신적인 희생자가 많은 사람의 질문에 하나하나 붙임성 있게 대답하는 모습은 볼 만한 구경거리이기는 했지만, 시간 관념이 없는 수다는 끝이 없었다. 왜냐하면 시종관인 한 사람이 야만인의 입을 막으려고 하면, 반대로 황제가 시종관의 입을 막았기 때문이다. 황제는 프랑크인이 화를 잘 낸다는 사실을 알고 있었기 때문에 사소한 일로 화를 내게 하여 로마 제국에 커다란 손해를 가져오게 되지나 않을까 두려워했기 때문이다."

이 만큼 서로 심한 반감을 품고 있었으므로 두 사회가 문화적 영향을 서로 미치게 된다는 것은 도저히 있을 수 없다고 생각할지 모른다. 그런데 십자군은 프랑크-이슬람 제국뿐만 아니라 프랑크-비잔틴 제국과도 문화 교류를 촉진시켰다.

중세 서유럽 그리스도 교도들은 아랍어로 번역된 그리스의 문헌 가운데 철학과 과학에 관련된 것들을 이슬람 교도들로부터 획득한 뒤에는, 보존되어 있었던 모든 원어 '고전'들을 받아들여 헬라스 문명의 보고(寶庫)를 완성시켰다. 동방이 서방에서 얻은 문화적 부채는 더욱 예상 밖의 것이었다.

13세기에 콘스탄티노플과 모레아 지방을 차지한 프랑크인들은, 같은 무렵 중국을 정복한 몽골인들이 중국인들에게 그랬듯이, 피정복자인 헬라스인들에게 뜻하지 않게도 주목할 만한 문화적 공헌을 하게 된 것이다.

중국에서는 유학자가 일시적으로 실각하는 동안 그때까지 햇빛을 보지 못하고 파묻혀 있었던 민중 문학이 살아 있는 속어로 사람들 사이에 알려지면서 뒤늦게 중국인들의 사회 생활 표면에 떠오르는 기회를 얻었다. 고대 중국 문명에서 고전에 맹종하는 유교 사상에 굳어져 버린 관리들이 문화적 탄압 정책을 행하고 있는 동안에는 민중 문학이 그토록 활기를 띤 적이 없었다.

야만인 지배에 복종한 그리스 정교 사회에서도 작은 규모이긴 하지만, 같은 이유로 민중적인 서정시와 서사시가 꽃을 피웠다. 〈모레아 연대기〉를 쓴 모레아 태생의 프랑크인 작가는 그의 모국어인 그리스어를 사용해 고전 문학의 속박에서 완전히 해방된 액센트를 주로 한 시의 형식(고대 그리스 시의 운율은 음절의 길이를 주로 하는 것이었다)을 표현했는데, 이것은 19세기 초 그리스 시의 출현을 예고하는 것이었다.

중세 서유럽 그리스도교 사회와 동시대의 그리스 정교 사회 사이에 서로 주고받은 모든 선물들 가운데서 가장 큰 역사적 의의를 갖는 것은 동로마 제국에 의해 구현되고 있던 절대 독재 국가라는 정치 체제로서, 이 체제는 서유럽에 전해져 11세기에 노르만인들이 칼의 힘으로 동로마 제국의 옛 영토 아풀리아와 시칠리아에 세운 서유럽 후계 국가의 정치 체제로서 채택되었다. 이 제도가 호엔쉬타우펜 가의 프리드리히 2세(나폴리·십 칠리아 왕) 손에 구현되었을 때 찬반에 관계없이 모든 서유럽인들의 주목을 받았다. 이 '세계의 경이'(프리드리히 2세를 말함)는 노르만인들의 외척을 통해 시칠리아 왕국을 계승했음은 물론, 서로마 왕국의 황제(신성로 마 황제)이기도 했던 천재적인 인물이었기 때문이다. 이 거대한 리바이어던 전체주의가 그 뒤 20세기의 '전체주의' 국가로 나타날 때까지 더듬은 과정에 대해서는 이미 앞서 말했던 대로이다.

(ㄷ) 초대 및 제2대 문명의 만남
알렉산드로스 이후 헬라스 문명과의 만남

알렉산드로스 이후 헬라스인들의 눈으로 헬라스 사회의 역사를 살펴보면, 알렉산드로스 시대는 분명히 과거와의 단절과 새로운 시대의 시작을 가름하는 분기점이었다. 이것은 마치 근대 서유럽인들의 눈으로 근대 서유럽 사회의 역사를 살펴보았을 때, 15세기 말에서 16세기 초에 걸쳐 잇달아 새로운 결별로 가름된 시기가 명확히 '중세'에서 '근대'로의 이행을 가름하는 시기로 나타난 것과 같다.

어느 경우에나 새로운 시대 사람들이 현재와 비교해 과거의 가치를 낮게 보는 가장 명백한 이유는, 군사적 정복이라는 형태로 이루어진 인간에 대한 지배력 그리고 지리적 탐험과 과학적 발견이라는 형태로 나타나는 자연에 대한 지배력 이 두 가지 힘을 포함한 의미의 세력이 급격히 증대한 때문이었다. 마케도니아가 아케메네스 제국을 넘어뜨린 위업은 에스파냐가 잉카 제국을 넘어뜨린 위업과 마찬가지로 유쾌한 사건이었다. 그러나 그것만이 아니었다.

기원전 3세기의 헬라스 사회인이든 16세기의 서유럽인이든, 만일 그 새로운 시대 의식을 뒷받침하는 감정을 설명하도록 요구받았다면, 아마 그가 속하는 사회의 물질적 세력이 증대했다는 의식보다는 그 정신적 시계가 확대되었다는 의식 쪽을 훨씬 더 중시했을 것이다. 마케도니아인들이 대륙을 개척하고 포르투갈인들이 대양을 정복하여 그때까지 전설로만 들어왔던 인도의 발견이 큰 선풍을 불러일으켰을 때, 어느 경우에나 힘의 의식은 불가사의한 별세계가 눈앞에 나타남으로써 놀라움이라는 의식으로 완화되어 좀더 고차원적으로 드높아졌다.

헬라스 문명 세계에서 아리스토텔레스와 그 후계자들의 과학적 발견이 회오리바람을 불러일으키고, 또 서유럽 문명 세계에서 헬라스 사회 문화의 '르네상스'가 큰 바람을 불러일으켰을 때에도 힘의 의식은 또한 마찬가지로 인간의 우주에 대한 이해가 더해갈수록 한층 더 뚜렷해지는 의식 즉, 인간은 상대적으로 무지하며 따라서 무력한 것이라는 의식에 의해 완화되었다.

이 두 시대의 유사점은 또 다른 데에서도 들 수 있다. 우리는 근대 서유럽이 온 세계에 끼친 영향을 알고 있다. 그래서 이 점에 대해서는 알렉산드로스 이후의 헬라스 문명이 초라하게 보인다고 무심코 믿어버릴 염려가 있다. 그러나 사실은 그렇지 않다. 알렉산드로스 시대 이후로 헬라스 문명은 마침내 시리아·히타이트·이집트·바빌로니아·인도 및 중국의 각 문명 사회, 즉 같은 시대에 구세계 문명이 잔존해 있는 모든 사회와 만난 것이다.

그러나 한 가지 중요한 상이점이 있는 것에 주목해야 한다. 근대 서유럽 문명이 동시대 문명에 미친 충격을 조사했을 때, 우리는 서유럽 문명이 종교를 포함하여 전체 문화를 퍼뜨리고 있었던 근대 전기와, 그 문화에서 종교적 요소를 제거하고 세속적인 요소만을 퍼뜨린 근대 후기를 구별할 필요를 느꼈다. 알렉산드로스 시대 이후로 헬라스 문화 전파의 역사에는 그와 같은 종교적 요소에 의한 시대 구분은 찾아볼 수 없다. 왜냐하면 헬라스 문명은 서유럽 문명에 비해 지적으로 조숙했기 때문이다. 헬라스 문명은 초기부터 그다지 종교적 요소가 없었으며 알렉산드로스 시대가 시작되는 만 1세기 이전에 이미 완전히 종교적 과도기 상태에서 벗어나 있었다.

이 헬라스 문명으로부터의 정신적 해방 위기에서 헬라스인들은 야만적인 올림포스 신들의 법석대는 품행에 정이 떨어졌고, 또 피와 흙을 신성시하는 '지신(地神)' 숭배로서 정신적으로 좀더 깊으면서도 동시에 좀더 어두운 종교적 삶에도 관심을 가졌으나 곧 정신적 양식에 대한 맹렬한 갈망을 느끼게 되었다. 군사적·지적 정복의 진전에 따라 알렉산드로스 시대 이후의 헬라스인들이 비(非)헬라스 사회의 종교들과 접촉하게 되면서 헬라스인들은 성직자들의 기만에 대해 경멸하기보다는, 오히려 그 같은 값진 진주를 가짐으로써 혜택을 받고 있는 사람들을 부럽게 생각하는 마음이 더 많았다. 헬라스 문명 세계는 자신들이 종교적 공허 속에 있음을 알아채고 불안을 느끼게 되었다.

헬라스 문명이 군사면뿐 아니라 지적인 면에서도 사로잡은 사회의 종교에 대해 알렉산드로스 이후에 정복한 헬라스 세계 정복자가 취한 수용적 태도는, 침략적인 헬라스 문화가 다른 6개 문명 사회에 영향을 줌으로써 중대한 종교적 결과를 일으키는 하나의 원인이 되었다. 이러한 종교적 결과를 그 역사적 배경에서 바라보기 위해서는 알렉산드로스 이후 헬라스 문화의 성쇠를 조사할 필요가 있다.

마케도니아와 로마인 군사 침략자들의 첫째 목적은 그들의 희생자를 경제적으로 착취하는 일이었다. 그러나 그들이 표면에 내건 헬라스 문화의 보급이라는 훌륭한 목적이 거짓만이 아니었다는 점은 그 목적이 입으로만 아니라 실제 행동으로 꽤 이행된 점에 의해 밝혀졌다.

헬라스 문화라는 정신적인 부를 나누어 주겠다는 약속을 지키기 위해서 정복자인 헬라스인들이 사용한 가장 주요한 수단은 헬라스 문명 세계 이외의 땅에 헬라스의 시민 즉, 식민자들이 중심이 되어 주위에 헬라스 문화의 빛을 퍼뜨리는 도시 국가를 세우는 일이었다. 이 정책은 알렉산드로스에 의해 웅대한 규모로 시작되어, 그 뒤 하드리아누스 황제까지 약 4세기 반에 걸쳐 마케도니아 및 로마의 후계자들에 의해 계속 진행되었다.

그러나 대체로 선의의 정복자인 헬라스 사회가 행한 헬라스 문화의 보급보다 더 한층 주목할 만한 것은 비헬라스 사회인의 자발적 모방이며, 그 결과 알렉산드로스 시대 이후의 헬라스 문화는 헬라스 군대에 점령된 일이 없는 지역, 또는 점령되었더라도 알렉산드로스가 죽고 나서 알렉산드로스 시대의 후퇴기에 포기된 지역을 평화적으로 정복했다.

그리스의 과학과 철학이 기원전 마지막 세기부터 기원후 첫 세기 동안 힌두쿠시 산맥에 걸쳐 있던 박트리아 제국의 후계자 쿠샨 왕국에 이식되어 열매를 맺은 것은 헬라스 사회에 의한 군사적 정복이 끝난 뒤의 일이었다. 그리고 시리아 문명 세계가 그리스의 과학과 철학에 자발적인 관심을 보이기 시작한 것도 또한 헬라스 사회의 지배에서 벗어나 네스토리우스파 및 단성론이란 이단설의 형태로 독자적인 그리스도교를 만들어 내고, 시리아어를 고유의 학문적 표현 수단으로 한 뒤의 일이었다.

헬라스 사회의 정복자가 발자취를 남기지 않았던 지역에 헬라스 문화가 평화적으로 침투한 것 또한, 군사적 지배가 사라진 뒤에 행해진 헬라스 문화의 예술적·학문적 정복과 같은 교훈을 남겨준다. 그리고 이 헬라스 문명의 예가 전하는 교훈들은 동시대 문명들의 만남을 전반적으로 연구할 수 있도록 도움을 준다. 그 도움의 빛은 이 '연구'의 필자와 동시대 역사가들의 눈에 뚜렷이 보인다.

이것은 현재 행해지고 있는 근대 서유럽 문명과 다른 여러 문명과의 만남에 대한 지식이 헬라스 문명 역사의 현존하는 얼마 안 되는 기록과는 비교가 안 될 만큼 막대한 양에 이르는 상세한 자료가 뒷받침하고 있음에도, 미래에 대한 인간의 무지라는 철의 장막으로 인해 도중에서 뚝 차단되어 있는 것과는 반대로, 헬라스 문명 역사의 이미 지나간 미래는 처음부터 끝까지 모두 알고 있기 때문이다.

동시대 문명 사이의 문화적 교류에 있어 완력이 쓸모없는 것임이 알렉산드로스 시대 이후의 헬라스 문명 역사에서 이미 뚜렷해졌듯이, 근대 서유럽 문명의 역사에서도 미래에 언젠가 다시 입증될는지의 여부는 1952년으로서는 아직 뭐라 대답할 수 없는 문제였다.

더욱이 이 수수께끼의 의문부호가 역사 학도에게 상기시켜 주는 것은, 그에게서 시대적으로 가장 거리가 가깝고 가장 자료가 풍부하며, 가장 잘 알려져 있는 역사적 사건이기 때문에 도리어 인간의 역사 전체의 동향과 성격을 탐구하려는 목적에서 볼 때 가장 적은 빛을 던져 준다는 것이다. 그보다는 시대적으로 훨씬 멀고 자료가 적은 헬라스 사회와 다른 사회들과의 만남의 역사가 이 점에 대해, 특히 문명의 만남이 종교적 측면에서 가져오는 결과에 대해서 가르쳐 주는 바가 더 많은 것으로 생각된다.

20세기의 서유럽 역사가에게 분명한 것은 5세기 중국 문명 세계가 헬라스 예술을 자발적으로 수용한 일과, 9세기 시리아 문명 세계가 헬라스 과학 및 철학을 자발적으로 수용한 일이 이미 마케도니아 및 로마 군대의 정복과 맞먹는 운명을 더듬었다는 점이다. 알렉산드로스 시대 이후로 헬라스 문명과 동시대 문명 사이의 학문 및 예술의 교류는 군사 및 정치적 교류와 마찬가지로 완전히 끝난 이야기가 되어 버렸다.

이와는 반대로 이들 만남의 결과가 홀연히 20세기 인류의 삶에 영향을 미치고 있음이 확실해지는 것은, 현대의 인류 가운데 압도적 다수가 그리스도교·이슬람교·대승 불교·힌두교의 4대 종교 가운데 어느 하나를 믿고 있다는 사실 때문이다. 그리고 이들 종교의 역사적 출현은 지금은 절멸한 헬라스 문명의 경우와 마찬가지로, 이미 절멸한 동양 여러 문명들과의 만남에 의해 일어난 사건들로 거슬러 올라갈 수 있기 때문이다.

만일 앞으로 살펴보게 될 인간 역사의 과정에 따라, 고등 종교의 구체적 표현인 세계 교회가 인간의 최종 목표를 향해 나아가는 데 있어 문명보다도 더 적절한 수단이 됨을 입증할 수 있다면, 알렉산드로스 시대 이후의 헬라스 문명과의 만남은 일반적 역사 연구의 주요한 주제에 대해 근대 서유럽 문명과의 만남이 투사할 수 없는 빛을 던져주게 될 것이다.

알렉산드로스 이전의 헬라스 문명과의 만남

알렉산드로스 이전의 헬라스 사회를 주역으로 연극이 상연된 무대는 그 뒤로 약 1800년이 지나 중세 서유럽 그리스도교 사회를 주역으로 극이 상연된 무대와 같은 지중해였다. 더욱이 두 극에는 양쪽 다 세 사람의 배우가 무대에 올랐다. 알렉산드로스 이전 헬라스 문명의 경쟁 상대로서 둘을 들자면 자매 문명인 시리아 문명 사회와, 타우루스 산맥의 요새에 틀어박혀 생명을 유지하고 있다가 일찌감치 사라져버린 히타이트 문명 사회의 화석화한 유물이다. 지중해역의 지배권을 둘러싸고 이들 문명 사이의 경쟁에서 시리아 사회를 대표한 사람들은 페니키아인들이며, 히타이트 사회를 대표한 사람들은 자신들이 발판을 획득한 해외 영토에서 그리스어로는 티레니아인, 라틴어로는 에트루리아인이라는 이름으로 헬라스 세계에 알려진 항해자들이었다.

기원전 8세기에 시작된 이 3파전(헬라스 문명과 시리아 문명, 히타이트 문명)의 경쟁 목표(무대)는 세 지역이었다. 하나는 서지중해 연안 지대인데, 문화적으로 뒤떨어진 이들 지역 주민들은 서로 다투어 침입해오는 세 문명 사회의 어느 것과도 대항할 수가 없었다. 다음은 흑해 연안 지대로, 이 지역은 유라시아 초원 서쪽의 넓은 만(灣: 대초원이 흑해 북쪽 해안을 향해 남쪽으로 뻗어 있는 부분)으로 통해 있고, 거기에서 다시 초원 지대인데다 서북 가장자리이고 경작에 알맞은 흑토 지대에 다다를 수 있었다. 셋째는 훨씬 옛날부터 집약 농업이 행해지고 있었던 이집트인데, 이집트 문명은 그 무렵 아주 노쇠해버려 이 문명 사회들의 침입을 막으려면 다른 힘을 빌려야 하는 형편이었다.

무엇보다 명백한 점은 지리적 이점이었다. 이 세 지역의 쟁탈전에서 헬라스인은 그 경쟁 상대의 어느 것에 비해도 유리한 점을 몇 가지 갖고 있었다. 헬라스 사회의 작전 기지였던 에게 해는 지중해 동단의 에트루리아인과 페니키아인의 기지보다는 서지중해에 가까웠고, 흑해에는 더 가까웠다. 더욱이 헬라스인은 인구면에서 또 다른 이점을 갖고 있었다.

헬라스인의 인구는 헬라스 문명 역사의 전쟁 시기에 저지대 지방이 고지대 지방을 정복한 결과로서 증가 일로를 달리고 있었다. 그 때문에 생긴 식량난이 헬라스인의 해외 진출에 폭발적인 자극을 주어, 그들은 해외 각지에 무역 거점을 설치한 뒤 잇달아 급속히, 또한 집중적으로 헬라스인 농업 이민을 여러 고장에 정착시켜 그 새로운 세계를 '마그나 그라이키아'(대(大) 그리스, 특히 이탈리아의 그리스 식민지를 그렇게 부른다)로 바꾸고 말았다. 우리의 부족한 자료가 나타내는 바로는 에트루리아인이나 페니키아인이 그 무렵 이들에게 필적할 만한 인원을 동원할 수 없었던 것으로 보인다. 좌우간, 사실 어느 쪽이건 헬라스인과 대항해 식민 활동에 의한 새로운 세계를 획득할 수 없었던 것만은 분명하다.

헬라스인이 갖고 있었던 셋째 이점은 첫째 이점과 마찬가지로 그들이 차지하는 지리적 위치에 따른 결과였다. 즉 세 문명 사이에 지중해 쟁탈전이 시작된 시기는 마침 아시리아의 군국주의가 단기간 내에 최대 영토를 확장한 최후이자 최악의 활동을 시작한 시기에 해당하며, 아시아 대륙에 사는 페니키아인과 에트루리아인은 아시리아의 공격을 받을 위험에 맞닥뜨리고 있었는데, 헬라스인은 다행히도 멀리 떨어진 서쪽에 살고 있었으므로 그 위험에서 벗어나 있었다.

이러한 약점들이 있었던 것을 생각해 볼 때, 페니키아인과 에트루리아인이 그와 같이 잘 대항한 점은 참으로 주목할 가치가 있다. 흑해 쟁탈전에서 그들은 예상대로 완전히 패배했다. 흑해는 헬라스 문명 세계에 둘러싸여 호수처럼 되어 버렸다. 그리고 유목민이던 킴메르족과 스키타이족이 마구 날뛴 뒤 초원지대가 평온으로 돌아갈 시기에 흑해의 지배자인 헬라스인과 유라시아 초원 서쪽 드넓은 만의 지배자였던 스키타이족 사이에 유리한 통상 관계가 맺어져, 흑토 지대에 사는 스키타이족의 지배 아래에 있는 정착 농민들이 재배한 곡류가 스키타이 왕족 취향에 맞게 만들어진 그리스의 사치품들과 교환할 목적으로 해로를 거쳐 에게 해 지역의 헬라스 도시 주민들의 식량으로 수출되었다.

서지중해에서의 싸움은 더 오래 지속되어 많은 곡절이 있었으나 마침내 여기서도 헬라스인의 승리로 끝났다.

세 가지 목표 지역 가운데 이집트는, 헬라스인들이 지리적 근접이라는 장점을 갖지 않았던 유일한 지역이었으나, 그 이집트를 목표로 하는 비교적 단기간의 경쟁에서도 마찬가지로, 헬라스인은 기원전 7세기에 파라오—해방자 프삼메티쿠스 1세(제26왕조,
초대 파라오)—정부에게, 기원전 658~651년 나일 강 하류 지역에서 아시리아의 주둔군을 내쫓을 수 있도록 이오니아와 카리아(아나톨리아의
서남쪽 지방)의 용병을 제공함으로써 보기 좋게 목적을 이루었다.

기원전 6세기 중엽에 헬라스인들은 지중해 지배를 목적으로 하는 해상 쟁패전에서 승리를 얻었을 뿐만 아니라 대륙에서도 서남아시아의 아시리아 제국을 잇는 계승자가 될 가능성이 뚜렷해졌다.

프삼메티쿠스의 헬라스인 용병이 이집트에서 아시리아군을 몰아낸 약 반세기 전에, 센나케리브(고대 아시리아의
왕, 기원전 704~681)는 그의 영토인 킬리키아(현재 터키
의 지방') 연안에 침입해 온 '바다에서 온 헬라스 용병'의 대담무쌍한 바람에 크게 화를 내고 있었다. 또 네부카드네자르의 친위대인 시인 알카이우스(레스보스
의 시인)의 형제였다는 이유로 그 이름과 사적이 전해져 오는 레스보스 태생의 안티메니다스 말고도 더 많은 헬라스인 군인들이 공명을 노리며 종사하고 있었다면, 아시리아 제국의 후계 국가인 신바빌로니아도 이집트의 예처럼 헬라스인 용병을 고용하고 있었던 게 아닌가 생각된다. 또 알렉산드로스의 아케메네스 제국 정복 이전에 아케메네스 왕조 자체가 다수의 헬라스인 용병들을 고용하고 있었다.

실제 역사 연대보다는 2세기 빨리 '알렉산드로스'가 역사 무대 위에 등장해도 좋을 듯한 형세였다. 그러나 실제 무대에 등장한 것은 가공의 알렉산드로스의 선구자가 아니라 실제의 키루스 대왕이었다.

기원전 6세기 이집트 및 서남아시아에서 헬라스인들의 희망은 기원전 547년경 키루스의 리디아 제국 정복에서 시작하여 기원전 525년경 캄비세스의 이집트 정복 때까지 20년이 될까말까한 사이에 완전히 사라지고 말았다. 이 두 사건 가운데 더 기습적이고 또 더욱 통렬했던 것은 아나톨리아의 서해안을 따라 흩어져 있는 헬라스 도시 국가들을, 친숙한 리디아의 지배 주권 대신 기풍이 다른 페르시아의 지배 아래 복종시킨 키루스의 정복 쪽이었다.

그러나 캄비세스의 이집트 정복은 헬라스인들에게 다시 이중의 타격을 주었다. 그것은 '헬라스인 용병'의 군사적 명성을 떨어뜨리는 동시에 이집트에서 헬라스인들의 상업적 이익이 페르시아인들의 손에 넘어가게 했다. 더욱이 페르시아 제국 건설자가 시로페니키아인들에게 베풀어준 주목할 만한 갑작스런 이익들에 의해서 헬라스인들은 아케메네스조(페르시아 제) 치하에서 한층 불리하게 되었다.

아케메네스 왕조는 유대인을 바빌론의 유폐 신세에서 본국으로 돌려보내고, 그들이 정치적으로 대단치 않은 사원(寺院) 국가를 선조 전래의 도시 예루살렘을 중심으로 건설하도록 허락했다. 그와 같은 방침에 따라 지중해 연안의 시로 페니키아 도시에 자치권을 주었을 뿐만 아니라 아케메네스 왕조의 주권 아래에 있는 다른 시리아 민족들을 지배할 권리를 주어, 이들 도시를 헬라스 문명 세계의 가장 강력한 도시 국가와 적어도 대등한 지위에 두었다.

경제면에서 시로페니키아인이 얻은 이익은 한층 대단한 것이었다. 그들은 시리아의 지중해안에서 내륙을 향하여 믿어지지 않을 만큼 멀리, 농경인의 동북 전초 지점에 해당하는 유라시아 대초원 지대에 면한 소그디아나까지 퍼지는 대국가의 한 연방에 끼었던 것이다.

한편 그동안 서유럽에 페니키아의 식민지가 출현하여 부와 권세에서 본국인 시리아의 도시를 뛰어넘게 되었는데, 이는 마치 20세기 근대 서유럽 사회의 대서양 너머에 건설된 최대 '식민지' 미국이 자신들을 이민보낸 본국이었던 유럽 제국을 넘어선 것과 같다. 페니키아인들이 세운 카르타고는 앞장서서 페니키아를 반격했다. 헬라스 사회의 입장에서 볼 때, 만일 그것이 훨씬 뒤에 일어난 오랜 전쟁의 명칭(페니키아를 카르타고인들은 포에니라 불렀다)이 없었다면, 그야말로 바로 '제1차 포에니 전쟁(기원전 264~241)'이라 이름지을 만한 페니키아의 반격이었다.

결과는 결정적이지 못했다. 그러나 기원전 6세기가 끝나기 전에는 헬라스 문명 세계의 확대는 모든 방면에서, 위협에 직면한 경쟁 상대의 문명 사회 구성원들의 연합 세력에 의해 저지되었다고 해도 좋다. 기원전 6세기 이후는 그때까지 유동적이었던 헬라스 문명 세계와 시리아 문명 세계 사이의 동서양 경계선이 아케메네스 왕조와 카르타고의 양 제국 건설자가 그은 선으로 고정될 것처럼 생각되었다.

그런데 이 균형은 기원전 5세기가 시작되자 곧 깨지고 말았다. 즉 역사상 가장 유명한 전쟁의 하나가 일어나기 직전의 단계에 와 있었던 것이다. 이 뜻하지 않은 불행한 결과를 역사가는 도대체 어떻게 설명하면 좋을까? 헬라스의 역사가라면 재난의 원인을 어떤 오만(휴브리스)의 행위, 몰락에 앞서는 우쭐거림, 신들이 멸망시키려고 하는 인간에게 주는 일종의 광기 속에서 구했을지도 모른다. 주로 인간적인 수준에서 연구를 추진하는 현대의 서유럽 역사가라도 이 초자연적 설명에 이의를 제기하는 것을 삼갈 것이다.

싸움이 재개된 인간적인 원인은 아케메네스 왕조의 정치적 과오에서 비롯되었다. 그리고 이러한 과오는 이전에 비참한 꼴을 당해 완전히 의기소침해 거의 저항을 나타내지 않았던 주민을 아주 넓은 범위에 걸쳐 순식간에 정복한 제국 건설자가 하기 쉬운 오해에서 비롯된 것이었다. 그러한 경우, 제국 건설자는 최후에 등장해서는 매우 손쉽게 수확하기 전에 무자비한 가래의 날로 흙을 부수어 준 선인에게 빚을 지고 있음을 잊고 이러한 성공을 순전히 자기 능력 덕분이라고 믿는 경향이 있다.

그리고 자신은 무적이라는 이 그릇된 신념이 낳은 자기 과신을 믿고 아직 기운이 빠지지 않고 뜻밖으로 왕성한 저항 정신과 능력을 나타내는 민족을 공격하여 스스로 재앙을 불러온다. 와해된 인도 무굴 제국의 버려진 영토를 정복한 영국인들이 1838~42년 아프가니스탄에서 입은 재난이 바로 그것인데, 영국인들은 괴로움을 겪은 일이 없는 동이란의 고지 주민들이 5세기 동안 외래 정권의 지배라는 비참한 경험을 한 뒤 다시 1세기 동안 무정부 상태의 고뇌를 맛보게 되어 완전히 녹초가 되었던 인도 아대륙의 주민들처럼 순순히 굴복할 것이라고 가볍게 생각했던 것이다.

아마도 키루스는 그때까지 리디아의 종주권을 인정하고 있던 소아시아의 여러 헬라스 도시 국가들을 복종시켜 리디아령 영토 정복을 완수했을 때, 이로써 최종적으로 결정된 서북 국경을 후계자에게 넘겨 줄 수 있으리라고 생각했던 것이다.

그러나 아폴론이 리디아 왕인 크로이소스에게 경고했다고 전해지는, 할리스 강(터키 중부 북쪽에서 흑해로 흘러 드는, 지금의 키질 이르마크 강)을 넘으면 나라를 쳐부수겠다는 말을, 크로이소스를 정복한 뒤 키루스가 이 강 반대쪽에 멈추어 섰을 때 키루스에게 건네기만 했어도 긴 안목으로 보면 적중한 셈이 되었으리라. 왜냐하면 키루스는 리디아 제국을 정복했기 때문에 뜻하지 않게 그의 후계자에게 헬라스 문명 세계와의 분규의 씨를 남기게 되어 그것이 끝내 아케메네스 제국에 치명상이 되었기 때문이다.

키루스는 리디아를 정복한 뒤, 아나톨리아 연해까지 지역을 넓혀 리디아와의 사이에 있던 경계선(할리스 강)을 없애 버렸다. 다리우스는 독립을 유지하고 있는 헬라스의 나머지 도시국가들과 바다를 경계로 두는 것이 언짢아 헬라스 전체를 자기의 주권 아래 복종시킴으로써 그 경계를 없애려고 생각했다. 기원전 493년 아시아에서 헬라스인들의 반란을 진압한 뒤에 그는 곧 유럽인들 헬라스 쪽에 대한 작전을 개시했다. 그 결과는 오늘날까지 마라톤(기원전 490)·살라미스(기원전 480)·플라타이아(기원전 479)·미칼레(기원전 479)에서 역사적 승리로 기억하고 있는 일련의 역사적 패배였다.

다리우스는 그의 지배 아래 있었던 아시아의 헬라스인 반란에 대한 보복을 하기 위해 유럽의 동족과 공범자들을 토벌할 결심을 했는데, 이 때문에 7년 반란(기원전 499~493)을 51년 전쟁(기원전 499~449년)으로 발전시켰으나, 이 전쟁이 끝났을 때 아케메네스 왕조는 서아나톨리아 연해 지역을 잃었다. 같은 시기에 시칠리아의 헬라스인들에 대한 카르타고 공격 또한 침략자들의 한층 비참한 패배로 끝났다. 헬라스인들은 이 육상의 승리에 이어, 이탈리아 서해안 나폴리의 서쪽에 위치한 쿠마이 해상에서도 승리를 거두었다.

이상은 헬라스인끼리 피로 피를 씻어 싸운 아테네 대 펠로폰네소스 전쟁이 일어난 숙명적 연대인 기원전 431년의 지중해 정세였다. 헬라스 문명 사회의 내부에서 시작된 이 전쟁은 헬라스 문명의 쇠퇴를 가져왔다. 이 전쟁은 도중에 몇 번인가 짧은 휴전 기간이 있었지만, 기원전 338년 마케도니아의 필립포스 왕이 매듭을 짓기까지 싸움은 끝없이 계속되었다. 물론 헬라스 사회의 내전은 그들의 경쟁 도시국가(아테네와 스파르타)들이 가지는 자살적 광기의 허점을 찌르고 싶게 하는 억제하기 힘든 유혹을 카르타고와 아케메네스 두 왕조에게 불러일으켰다.

이 유혹에 지고 만 카르타고는 거의 얻은 바가 없었으나, 페르시아는 꽤 많은 성공을 거두었다. 그러나 그들의 성공은 오랫동안 이익을 가져오지는 않았다. 헬라스 내전이 가져온 하나의 결과는 헬라스인들이 전쟁 기술의 대가가 된 일이며, 헬라스 사회의 신무기들이 마케도니아와 로마의 무장에 의해 헬라스 문명 세계의 숙적에게 넘어가자마자, 아케메네스 왕조와 카르타고 두 제국은 무너지고 말았다.

이처럼 헬라스 문명 사회의 인접 문명에 대한 군사적·정치적 침략은 앞에서 다루었듯이 전보다도 더 광범위하게 이루어졌다. 그러나 알렉산드로스 시대 이후의 헬라스 문명은, 이전의 헬라스 문명과 마찬가지로 지속적으로 문화 정책을 펼치며 평화적 정복을 꾀했다.

시칠리아 원주민들은 헬라스인의 무력 정복에는 온 힘을 다해 저항을 시도했으나, 헬라스인의 언어와 종교와 예술은 스스로 받아들였다. 카르타고(현재 북아프리카의 튀니스만)의 이른바 '나무 커튼' 뒤에서 그리스 상인의 침입을 허락지 않았던 '폐쇄지역'에서까지 카르타고인들은 자기들 스스로 만들 수 없는 매력 있는 그리스 제품들을 수입하고 있었다. 이것은 마치 나폴레옹 시대의 프랑스 정부가 베를린 칙령에 의해 겉으로는 영국 상품 불매 정책을 취하면서, 나폴레옹군 장병용으로는 몰래 영국제 장화며 외투를 수입하고 있었던 사정과 비슷하다.

아케메네스 제국 아래에서 서부 여러 지역 출신 주민들이 헬라스화가 된 것은 이 제국이 출현하기 훨씬 전부터 아시아의 헬라스인 도시국가들로부터 리디아 왕국을 경유하여 이루어지는 헬라스 문화의 전파가 시작되고 있었기 때문이다. 크로이소스는 헤로도토스의 저작 속에서 열성적인 헬라스주의자로 묘사되고 있다. 그러나 알렉산드로스 이전의 헬라스 문명이 가장 알찬 성과를 불러온 문화적 정복은 이탈리아 서해안의 에트루리아인들과 다른 비(非) 그리스계 민족들 사이에 이루어진 것이었다. 에트루리아인들은 로마 제국 건설자의 지배에 따르기 전부터 헬라스 문화를 받아들여 헬라스인이 되었다. 그래서 로마인들은 그들 자신의 헬라스 문화를 대부분 이웃에 있는 에트루리아인들을 통해 간접적으로 받아들인 것이다.

로마의 헬라스화는 말할 나위도 없이 헬라스인이 이룩한 문화적 정복 가운데에서 가장 중요한 것이었다. 로마인들은 그 기원이야 어떻든 간에 그들의 북쪽에 사는 이탈리아 서해안의 에트루리아인 이주자들과 남쪽에 사는 이탈리아 서해안의 헬라스인 이주자들 그리고 론 강 델타 부근에 사는 맛실리아(훗날의 마르세유)의 헬라스 문명 개척자들로부터도 헬라스인이 다하지 못한 임무를 이어받았다.

이탈리아의 헬라스인들이 오스크 야만족의 반격에 굴복하고, 에트루리아인들이 켈트 야만족의 반격에 굴복한 뒤에 로마인들은 라틴화된 헬라스 문화를 아펜니노 산맥·포 강·알프스 너머로 넓히고, 마침내 그것을 도나우 강의 델타(살갗주)에서 라인 강 어귀에 이르는 지중해와 도버 해협 너머 영국에 심었다.

보리와 독보리

이상과 같은 동시대 문명의 만남에 대한 개관으로, 우리는 이들 만남이 낳은 결과 속에서 풍요한 결실을 가져오는 것은 평화적 사업, 즉 문화적 전파 또는 교류뿐이며 유감스러운 일이기는 하지만 둘 또는 그 이상의 문화가 부딪쳤을 때 일어나기 쉬운 파괴적이고 비참한 싸움에 비해 창조적이며 평화적인 교류는 매우 드물다는 사실을 알게 되었다.

다시 한 번 이 분야를 잘 살펴보면, 폭력의 피해를 입는 일 없이 풍요한 결실을 가져온 것처럼 보이는 평화적 교류의 한 예로 인도 문명과 중국 문명 사이의 교류가 눈에 띈다. 대승 불교는 두 사회가 싸움을 벌이는 일 없이 인도 문명으로부터 중국 문명 세계로 전해졌다. 이 역사적인 결과를 낳은 교류가 평화적인 것이었음은 4~7세기에 걸쳐 말라카 해협과 육로로는 타림 분지를 거쳐서 불교 전파자들이 인도에서 중국으로, 불교 순례자들이 중국에서 인도로 항해한 사실에 의해 증명되고 있다. 그러나 두 통로 가운데 이용자가 많았던 육로 쪽을 잘 조사해 보면, 이 통로는 인도 문명이나 중국 문명의 평화적 사업에 종사하는 사람들에 의해 개척된 것은 아니며, 침략적인 헬라스 문명의 선구자 역할을 한 박트리아 왕국(지금의 아프가니스탄 북부·우즈베키스탄 지역, 그리스·이란·인도인이 섞인 독립 왕국)의 헬라스인들과 이들의 후계자가 된 쿠샨(기원전후~5세기 중반까지 북인도의 왕조) 야만족에 의해 개척되었다. 또 이 길을 만든 것은 군사적 침략을 위한 것이었으며, 박트리아 왕국은 인도의 마우리아 제국을, 쿠샨족은 중국의 한제국을 침략하기 위한 길이었음이 밝혀졌다.

정신적으로 풍요한 결실을 가져온 동시대 문명의 만남에서 군사적 충돌의 증거가 전혀 없는 것을 구하려 들면, 제2대 문명(헬라스 문명 이후)의 시대보다 더 먼 과거의 이집트 문명이 힉소스족의 침략에 자극을 받고 다시 일어나, 이미 다 된 수명을 부자연스럽게 끌고 나가게 되기 전의 시대로 눈을 돌려야 한다. 그 시대, 즉 기원전 22~21세기부터 18~17세기에 이르는 시기에 이집트 문명의 세계국가인 중왕국과 수메르 문명 세계국가인 수메르 제국과 아카드 제국이 나란히 번갈아 가며 양국을 잇는 육로에 해당하는 시리아를 지배했으나, 우리가 알고 있는 바로는 그 시대에 무력 충돌을 한 일이 없다. 평화적으로 이루어진 이 접촉은 동시에 특별한 성과는 보이지 않으며, 우리가 구하는 것을 찾으려면 더 먼 과거를 들여다볼 필요가 있다.

문명의 역사에서 이처럼 초기 단계를 살펴봄에 있어, 근대 서유럽의 고고학적 발견으로 많은 지식이 축적되었지만, 그래도 아직 20세기의 역사가는 역사의 미명 속에서 암중모색하고 있다. 그러나 이러한 가운데에서도 우리는 이집트 사회의 정신 생활 속에서 대단히 중요한 역할을 하게 된 이시스와 오시리스 숭배를 찾아볼 수 있다. 이것은 비통함과 동시에 위안을 주는, 슬픈 표정의 아내나 어머니 그리고 고통스러워하는 남편이나 아들의 모습이 이시타르와 탐무즈라는 이름 아래 가장 이른 해체기 수메르 문명 세계의 선물이라는 우리의 잠정적인 결론을 떠올릴 수 있다.

다른 모든 종교의 전조가 된 그러한 숭배가 그 뒤 일어난 수많은 동시대 문명의 만남을 방해하는 싸움과 유혈을 불러오지 않고, 그대로 처음 출현한 사회에서 동시대 문명의 자식들에게 전해진 것이 사실이라면, 우리는 현세의 인간끼리 만나는 문명의 만남이 역사 위에 드리운 구름 속에서 무지개(《창세기》 9 : 14)를 엿본 셈이 되리라.

제32장 동시대 문명의 만남의 과정

1. 만남의 연쇄

동시대 문명 사회의 만남은 개별적으로가 아니라 연쇄적으로 일어날 수도 있음은, 기원전 5세기 헤로도토스가 그 무렵에 일어난 아케메네스 제국과 대륙 유럽 쪽 그리스의 독립 도시국가들 사이의 싸움을 보면서 발견한 사실이다. 헤로도토스는 자기의 이야기를 이해시키기 위해서는 그전에 일어난 역사적 사건을 배경으로 말하지 않으면 안 된다는 사실을 깨닫고, 이 관점에서 그리스와 페르시아 사이의 싸움(기원전 480년, 페르시아의 그리스 원정이 실패)은 인과 관계로 연결되어 있으며 일련의 같은 성격이 충돌한 가장 새로운 사건이란 것을 알았다. 침략을 받은 피해자는 단지 자기를 방어하는 것만으로는 만족하지 않는다. 방어에 성공하면 이번에는 반격하려 한다.

사실 이와 같은 맥락으로써 헤로도토스가 쓴 극작품의 처음과 마지막은 지식이 풍부한 현대 독자들에게는 깨달음을 주기보다는 오히려 우스꽝스럽게 보인다. 왜냐하면 그 줄거리는 젊고 아름다운 여자들이 차례차례 유괴되는 내용이기 때문이다. 처음에 불화의 씨를 뿌리는 것은 페니키아인으로(이 이야기의 필자가 헬라스인이므로 마땅히 예측 가능한 방법이지만), 헬라스인인 이오(강의 신 이나코스와 멜리아 사이에서 태어난 딸)를 유괴한다. 헬라스인은 그 보복으로서 페니키아의 에우로페(페니키아의 티로스 왕의 딸)를 유괴한다. 다음으로 헬라스인은 콜키스(흑해의 동쪽 나라)의 메디아(콜키스 왕의 딸)를 유괴한다. 이어서 트로이인이 그리스의 헬레네를 유괴하고, 그 보복으로 헬라스인이 트로이를 포위 공격한다. 이것은 참으로 어처구니없는 이야기이다. '이 여인들이 그럴 마음이 없었다면 유괴당할 리가 없다'는 것은 뚜렷한 사실이며, 어쨌든 파리스는 그의 애인(헬레네)을 데리고 갈 수 없었을 것이다. 그리고 트로이인이 만일 그럴 수 있었다면 10년이나 저항을 하기보다는 그 대신 처음부터 헬레네를 넘겨 주었으리라 생각되기 때문이다. 적어도 헤로도토스의 매력 있는 특색 가운데 하나인 합리주의에 짖궂게 냉수를 끼얹자면 전설은 이렇게 보인다. 어쨌든 헬라스인이 트로이 전쟁을 일으킴과 동시에 아프로디테(사랑의 여신)를 대신해 아레스(전쟁의 여신)가 사건의 진행을 지배하게 된다. 그리고 우리는 일련의 부녀 유괴 사건에 대해 아무리 회의적인 태도를 취한다 해도, 그리스·페니키아의 만남을 그리스·페르시아 전쟁을 포함하는 만남과 연결된 초기의 1막으로 보고 있는 점에 대해 헤로도토스가 깊은 통찰력을 나타냈음을 인정하지 않을 수 없을 것이다.

우리는 이 페르시아 전역에 이르기까지의 연쇄적 사건들에 대한 우리 자신의 견해를 새삼스레 말할 필요는 없으며, 앞으로 헤로도토스 이후의 시대에 이르는 공격과 반격의 연결고리를 더듬어 가면서, 그것이 결국 어디까지 이르고 있는가를 살펴보기로 하자.

페르시아의 그리스 침략이 큰 실패로 끝난 것은 이 침략 행위가 침략자 머리 위에 내린 제1회분의 벌에 불과했다. 궁극적인 네메시스(복수)는 아케메네스 제국을 정복함으로써 형세 역전을 도모했던 마케도니아 왕 필립포스의 결정이었다. 그리고 페르시아 왕국의 크세르크세스가 아버지 다리우스의 뜻을 실행에 옮기려다 완전히 실패한 것과 대조적으로, 아버지의 정치적 유지를 이어받아 그것을 훌륭하게 실현한 필리포스의 아들 알렉산드로스 대왕에 의해 새로운 극의 첫 막이 열렸다. 기원전 4세기 알렉산드로스에 의해 아케메네스 제국이 무너지고 기원전 3세기 로마에 의해 카르타고 제국이 무너짐으로써, 헬라스 문명 사회는 타르테소스(에스파냐에 있었던 항만 도시)로 무역을 하러 항해를 떠나거나, 또는 이집트나 바빌로니아에 용병으로 가기를 꿈꾸던 6세기 그리스 모험가들의 가장 야심만만했던 꿈의 영역을 훨씬 뛰어넘는 광대한 지역으로 세력을 뻗어 나갔다.

그러나 이 알렉산드로스 이후의 헬라스 사회에서 이루어진 침략의 대성공은 마침내 오리엔트 지역에서 피해자의 반동을 불러일으켰다. 그리고 이 반동은 서서히 성공을 거두었는데, 알렉산드로스가 다르다넬스 해협을 건넌 지 1000년 뒤, 즉 7세기 초까지 잇단 전격 작전으로 여전히 로마 제국 또는 그 후계 국가의 압박에 대한 반란과 왕국 확립에 분투하던 서고트족은 시리아에서 에스파냐에 이르기까지 지배 영역을 확장했다. 하지만 기원 8세기 초에 시리아 문명 세계에 속해 있던 모든 지역을 해방시킨 원시 이슬람교 아랍족이 알렉산드로스가 확장한 영토를 없었던 것으로 되돌림으로써 오랫동안 한쪽으로 기울었던 균형을 간신히 바로잡았다.

시리아 문명의 세계 국가가 아케메네스와 카르타고 두 제국의 옛 영토를 포함하는 아랍 칼리프국으로서 다시 일어남과 동시에 이 만남의 연결사슬들은 종말을 고해야 했다. 그런데 불행히도 헬라스 문명의 침략으로 희생된 시리아 문명 사회의 복수를 이행한 아랍인은 불법 침입한 침략자를 그 지역에서 추방하는 일만으로 만족하지 않았다. 그들은 다리우스의 잘못을 되풀이하면서, 특별히 그들의 국경이 지키기 힘든 것이어서 이쪽에서 후퇴하지 않으면 저쪽에서 밀고 들어올 형편임에도 역공세로 밀고 나아갔다. 아랍인은 673~77년과 717년에 두 번에 걸쳐 타우루스 산맥의 자연적 경계선을 넘어 콘스탄티노플을 포위 공격했다. 732년에는 피레네 산맥의 자연적 경계선을 넘어 프랑스로 침입하고, 다시 다음 세기에는 바다의 자연적 경계선을 넘어 크레타 섬·시칠리아 섬 및 아풀리아를 정복하고 론 강에서 가릴리아노 강에 이르는 서유럽 그리스도교 세계의 지중해안에 교두보를 세웠다. 이런 무법한 침략은 마침내 네메시스를 초래하게 되었다.

8~9세기 이슬람 교도의 침략으로 잠재적 에너지에 불이 붙은 중세 서유럽 그리스도교 사회의 폭발적인 반동은 십자군이라는 형태로 나타났으며, 마땅히 예측되는 일이지만 이 십자군이 이번에는 십자군으로 인한 피해자의 반동을 촉발시켰다. 살라딘(아랍비아의 아유 브 왕조의 시조)을 비롯한 그 전후의 이슬람교 옹호자들은 프랑크인 십자군 전사들을 시리아에서 추방했으며, 또 오스만인들은 그들을 '로마니아'로부터도 추방함으로써 그리스 정교가 수행치 못했던 사업을 완수했다. 오스만 황제인 '정복자' 모하메드 2세(재위 1451~81)가 해체기의 그리스 정교 사회에 이슬람적 세계국가를 제공하는 그의 필생의 사업을 수행했을 때, 다시 한 번 균형

이 회복된 지점에서 싸움을 중단할 기회가 찾아왔으나 그 기회도 물리치고 말았다. 8~9세기의 아랍인 이슬람 교도들은 프랑스·이탈리아, 그리고 기타 지역에서 이유 없이 서유럽 그리스도교 사회로 침입했으므로 십자군이라는 중세 서유럽의 맹렬하지만 결국은 실패로 끝난 반격을 불러일으킨 것처럼, 16~17세기의 터키인 이슬람 교도들 또한 불필요한 침입을 계획하고 도나우 강을 쳐 올라가 서유럽 사회의 본거지로 가까이 다가붙어 갔다. 이때 일어난 서유럽의 반동은 그때까지 없었던 독창적이면서도 놀랄 만한 형태를 취하여 이루어졌다.

오스만 제국의 신월(터키 동부의 일명 비옥한 초승달 지)(역. 즉, 메소포타미아 문명의 기원지)의 양끝에 의해 서유럽 그리스도교 세계가 거의 완전히 포위당하게 되었을 때, 서유럽인들은 막다른 골목이 되어 버린 지중해에서 손실을 회복하고 그들의 에너지를 새로운 방면으로 쏟고자 대양 정복에 나선 결과 마침내 세계의 지배자가 되었다. 그리고 이처럼 놀라운 성공을 거둔 서유럽의 응전은 20세기 중엽을 지나온 오늘날의 관찰자 입장에서 보면 반드시 또 그에 대한 응전, 그것도 하나가 아닌 여러 개의 응전을 야기시켰던 것으로 생각된다. 우리는 이오 또는 에우로페의 유괴에서 출발하여 꽤 먼 길을 걸어왔으나 아직도 종착점에 이르지 못하고 있다.

2. 응전의 다양성

문명의 만남을 살펴보고 알게 되는 분명한 점은, 특히 우리가 대표적인 예로 취급했던 만남의 연결사슬들을 살펴보면 한층 더 뚜렷이 알 수 있다. 그것은 만남이 일어날 경우, 거의 언제나 한쪽이 공격자가 되고, 다른 한쪽은 공격의 희생자가 된다는 점이다. 그러나 이상과 같은 표현은 도덕적 판단을 포함하고 있기 때문이며 도덕적으로 무색 투명한 '작용자'와 '반작용자'라는 표현을 사용하든가, 또는 이 '연구'의 첫머리에서 사용했던 낯익은 표현을 빌려서 '도전하는 쪽'과 '도전을 받는 쪽'이라고 말하는 편이 좋을지도 모른다. 이런 식으로 도전 받은 사회가 나타낸 반응 또는 응전의 종류를 살펴 분류하는 일이 이 절의 목적이다.

첫 작용자의 공격이 너무나 압도적인 나머지 공격당한 쪽이 효과적인 저항을 나타내지 못한 채 복종을 하게 되거나, 전멸당하게 되는 경우를 생각할 수 있다. 불운하게도 문명과 만난 수많은 미개 사회들 근대 서유럽인들이 마우리티우스 섬에 나타남과 동시에 전멸한 도도새처럼 멸망해 버렸다. 도도새보다 어느 정도 행복했던 미개 사회도 인간 '동물원' 또는 지정 보존 구역 안에서 인류학자의 연구 자료가 되어 근근이 생명을 유지하고 있는 형편이다. 그러나 우리가 문제로 삼고 있는 것은 문명이며, 이미 앞서 그 이유를 말했듯이 어떤 문명도—중미나 남미 대륙의 약하디약한, 언뜻 보기에 재기불능의 상태로 파괴된 듯이 보이는 문명조차도—이러한 운명에 빠졌다고는 단정할 수 없다. 그러한 운명 또한 마치 시리아 문명 사회가 1000년간 헬라스 문명 사회의 지배 아래 매몰되어 있다가 다시 모습을 나타내어 생명을 되찾았듯이 오랜 가사 상태에서 소생하는 날이 오지 말라는 법은 없다.

공격을 받은 문명이 나타내는 갖가지 반응에서 먼저 최초로 반작용을 일으키게 한 작용과 같은 수단으로 보복을 하는 반격의 예를 들어 보기로 하자. 반격의 가장 뚜렷한 형태는 폭력에 대해 폭력으로 답하는 일이다. 예컨대 침략적인 이란 이슬람 교도의 군국주의로 인해 희생자가 된 힌두 교도들과 그리스 정교도들은 스스로 전투 태세를 취함으로써 보복을 했다. 시크 교도들과 마라타족 무굴인들에 대한 보복, 그리스 및 세르비아 민족주의자들의 오스만에 대한 보복도 그러하다. 역사상 군사적으로 열세한 쪽이 공격자의 군사 기술을 배워 반격한 예는 얼마든지 있다.

러시아의 표트르 대제는 그의 군대가 나르바에서 스웨덴의 카를르 12세 (재위 1697-1718)에게 비참한 패배를 당했을 때 "그가 우리에게 그를 이겨낼 방법을 가르쳐 줄 것이다"라는 말을 했다고 전해지고 있다. 그가 실제로 그렇게 말했는가의 여부는 큰 문제가 아니며, 사실상 말한 대로 되었음을 이야기하고 있다. 즉 카를르가 가르쳤고 표트르가 배웠는데, 마침내 카를르가 지고 말았기 때문이다.

표트르의 정치 체제에서 후계자가 된 공산주의자들은 표트르보다 한 수 앞선 응전을 했다. 러시아의 공산주의자는 제2차 세계대전 중에, 그리고 그 뒤에 연달아 러시아의 적국이었던 서유럽의 독일과 아메리카 대륙의 공업 기술과 군사 기술을 배우는 것만으로 만족하지 않으며, 물적인 힘으로 싸우는 구식 방법 대신 '이데올로기'적 선전을 주요 무기로 해서 싸우는 새로운 싸움의 형식을 생각해냈다. 공산주의자가 국제 사회의 실력 정치 무대에 들고 나온 '선전'이란 수단의 신무기는 그 이용자가 무(無)에서 창조한 것은 아니다. 그것은 먼저 고등 종교의 전도자(십자군)에 의해 만들어졌고, 다음으로 근대 서유럽의 상인 사회에 의해 (산업혁명) 상품의 판로 확장 목적에 합치되도록 개조된 것이다.

공산주의자의 선전은 경비를 아낌없이 투자해 '시장 조사'에 모든 노력을 기울이는 현대 서유럽의 상업 광고술과 거의 같은 정도의 열정이었으나, 상업 광고와는 별도로 가장 중요한 결과를 목표로 삼고 이를 실현했다. 그것은 정신적으로 기아 상태에 있는 서유럽인의 영혼 속에 오랜 동안 잠자고 있던 열광적 신앙을 일깨웠다. 그리고 영혼의 양식 없이는 살아갈 수 없는 사람으로서, 서유럽인들은 그것에 굶주리고 있었으므로 공산주의자가 그들에게 하는 말을 신의 말인지, 반그리스도의 말인지 생각할 겨를도 없이 통째로 삼켜 버렸다. 공산주의는 그리스도교 시대가 사라진 현대 인간들에게 '마땅히' 불신할 '저 세상'의 유토피아에 대한 '어린아이 같은' 향수를 버리고, '실존하지 않은' 신을 믿기보다는 실존하는 인류에게 그 충성된 마음을 바치고 인류를 위해 모든 능력을 기울여 지상 천국의 실현에 노력하기를 요구한다. '냉전'이란 요컨대 물적 군비면의 도전에 대해 선전으로 맞대결하는 응전을 말한다. 그런데 공산주의는 결코 구식의 군사적 도전이 불러일으킨 최초의 비군사적 응전은 아니다.

공산주의 러시아의 '정신적' 응전이 서유럽인에게 준 정신적 감명은—만일 다시 그 사실을 상기할 필요가 있다면—이미 물질적인 힘을 발휘하는 무기로 완전히 무장된 제국주의적 강국에게 이데올로기적 선전은 보조적 무기에 불과하다는 사실을 상기하면 꽤 줄어들 것이다. 이제 힘에 대한 보복으로서 힘을 사용하지 않기로 한 경우를 살펴보기로 하자. 여기서도 또한 그것을 뭔가 도덕적으로 뛰어난 것으로 생각하는 것은 잘못이다. 그 경우를 살펴보면, 대개는 충분한 힘을 발휘하기가 불가능했거나, 아니면 폭력적 반항을 시도하여 실패했거나 둘 중에 어느 하나임이 밝혀진다.

군사적 도전에 대한 평화적 응전에서 주목해야 할 예는 시리아 문명 사회가 아케메네스 왕조 시대에 세계 국가의 지배자가 된 이란 야만족을 문화적으로 전향시켜 바빌론(_{의 략칭}) 문명 세계를 포위하게 된 사실이다. 이처럼 이란인의 영혼을 사로잡음으로써 정복자인 바빌로니아인들을 이겨낸 시리아 문화의 전파자들은 군사적 모험가도 아니요, 상업적 모험가도 아니었다. 그들은 아시리아나 바빌로니아의 무장들이 (그들이 사랑하는 조국 이스라엘이나 유대의 군사적·정치적 세력 회복을 영원히 불가능하게 하기 위해) 국외로 강제 추방시킨 이스라엘·유대 '유민'이며 정복자들의 눈짐작은 조금도 어긋남이 없었다. 그러나 바빌로니아 문명의 군국주의자들에게 희생된 시리아인들이 마침내 압제자의 손에서 주도권을 빼앗게 된 데 대한 반응은 압제자가 전혀 생각지도 못했던 사항들이었다. 압제자는 문화면에서 역공의 가능성을 전혀 고려하지 않은 채, 만일 이들 국외 추방자가 피추방자의 의지에 반해 무리하게 데리고 가지 않았다면 결코 찾아가는 일이 없었으리라 생각되는, 문화적 전파가 가능한 지역으로 시리아인들을 이주시킨 것이다.

이처럼 이방인 사이에 살게 된 시리아 문명의 디아스포라가 주위의 이방인에게 문화적 영향을 미치게 하는 데 노력한 동기는 그 민족의 독자성을 지키려는 의도에서였다. 그런데 유대인을 비롯한 그 밖의 유민의 역사에서는 이 같은 역공이 그 반대로 고립주의 형태를 취하여 나타나는 경우가 많았다. 그리고 박해에 대한 응답으로서의 고립주의는 반응을 불러일으키는 작용과, 이와 관계없이 별개로 움직이는 반작용이 서로 다른 종류를 형성한다. 이 고립주의 정책이 가장 단순한 형태로 나타나는 것은 그 거주지가 우연히 자연의 요새가 되어 있는 사회에 이 정책이 실행되는 경우이다.

섬나라에 사는 일본인 사회는 산업 혁명 이전의 서유럽 사회를 처음으로 만났을 때 포르투갈인 침입자들에 대해 그와 같이 응전했으며, 또 거의 같은 무렵에 산간의 요새를 지키던 아비시니아인들이 같은 침략자에 대해 이같은 응전을 해서 성공한 예가 있다. 티벳 고원 또한 절멸한 인도 문명 사회의 화석인 탄트라 대승 불교를 위해 거의 완전히 외부로부터 차단된 요새를 제공했다. 그러나 이런 지리적 요인의 도움을 받은 물리적 고립주의는 역사적 흥미면에서 도저히 디아스포라의 생존을 위한 반응으로 나타나는 심리적 고립주의와 비교가 되지 않는다. 디아스포라는 주위의 이민족이 그들을 도와주기는커녕 이 민족의 뜻대로 하려는 상태에 놓인 지리적 환경 속에서 이 위협에 대처해야 하기 때문이다.

이 같은 고립주의는 어디까지나 소극적인 방법이며, 그것이 조금이나마 성공을 거둔 경우는 주로 가장 적극적인 다른 반응을 수반하고 있음을 알 수 있다. 디아스포라의 삶에서 심리적 고립주의는 이를 실행하는 동시에 인간이 경제면에서도 자신들에게 열려 있는 어느 정도의 기회를 이용할 수 있도록 특별한 재능을 발달시키지 않으면 실행 불가능할 것이다. 경제 전문 분야에 대한 뛰어난 재능과 전통 율법 준수, 이 두 가지야말로 디아스포라(그리스어. 팔레스타인을 떠나 살면서 유대교 규범을 지키는 유대인들 또는 그 거주지)가 자신들이 침범할 수 없는 국경선이나 군사력을 대신하여 인위적으로 취한 방법이었다.

외국인 세력의 침입으로 큰 타격을 받아 디아스포라처럼 절망적인 궁지로 몰린 사회에서는 문화적인 면에서의 역습이라는 방법이 사용되었다. 오스만 치하의 그리스 정교 라이예 층과 무굴 치하의 힌두교 라이예는 칼로 정복한 지배자에 대해 펜으로 반격하여 형세를 뒤바꾸는 데 성공했다. 인도 및 그리스 정교 세계의 이슬람 교도 정복자들은 그들이 과거에 거둔 군사적 승리의 환영 때문에 눈이 어두워 그들의 왕국이 분할되고 프랑크인의 손으로 돌아간 역사 다음 단계의 현실을 볼 수 없었다. 그런데 라이예는 서유럽 사회가 승리를 얻으리라 예측하고 새로운 사태에 자기를 적응시킨 것이다.

그러나 이제까지 힘의 도전에 대한 이 모든 비폭력적 응전은 모두 고등 종교를 낳게 한 더없이 평화적이며 동시에 더없이 적극적인 응전에 가려져 있었다. 헬라스 문명 사회가 동시대의 동방 문명들에 대해 가한 압력은 그 응답으로서 키벨레 숭배·이시스 숭배·미트라교·그리스도교·대승 불교를 출현케 했다. 또 바빌론 문명 사회가 시리아 문명 사회에 가한 군사적 압력은 유대교와 조로아스터교를 출현시켰다. 그러나 이 같은 종교적 응전은 하나의 문명이 다른 문명으로부터 도전을 받았을 때 대처하는 여러 응전의 방법을 조사하는 우리로서는 당면한 연구 범위를 벗어나는 것이다. 왜냐하면 이처럼 두 문명의 만남으로 더 새로운 고등 종교가 나타나게 되면서, 이 새로운 배우의 출현은 다른 배역과 다른 구성을 가지는 새로운 극의 시작을 뜻하게 되기 때문이다.

제33장 동시대 문명의 만남의 결과

1. 실패로 끝난 공격의 여파

동시대 문명들 사이에 만남의 결과는 서로 만난 두 문명의 평화를 어지럽게 하는 경우가 많다. 특히 성장기 문명이 성공적으로 공격을 물리칠 때처럼 가장 바람직한 상황 아래에서도 그러하다. 그 전형적인 예는 아케메네스 제국의 공격을 격퇴한 뒤에 헬라스 사회가 받은 영향이다.

이 군사적 승리로 가장 먼저 나타난 사회적 결과는 헬라스 문명에 자극을 주어 헬라스 문명이 모든 활동 분야에서 일시에 꽃을 피운 사실이었다. 그런데 그 뒤 50년도 되기 전에 똑같은 만남의 정치적 결과는 위기로 나타났다. 헬라스는 맨 처음에 그 자극을 회피하는 데 실패했고, 이어 다시 힘을 회복하는 데 실패하면서 그 재난에 따른 위기가 절정에 이르렀다. 살라미스 해전 이후로 헬라스가 겪은 정치적 재난의 원인은, 살라미스 해전의 결과로 문화가 융성하게 된 원인과 같은 것인데, 이는 아테네의 갑작스럽고 눈부신 대두였다.

이 '연구'의 다른 부분에서 말했듯이 페르시아 전쟁 이전 시대의 헬라스는 도시 국가들이 저마다 경제적으로 자립 단위를 이루고 있던 그때까지의 경제 체제를 특수화와 상호 의존을 방침으로 하는 새로운 경제 체제로 바꿈으로써 경제 혁명을 일으켰으므로, 확대 불가능한 국토에 수적으로 늘어가는 주민들을 먹여 살릴 수 있게 되었다. 이 경제 혁명(무역)에서 결정적 역할을 한 것이 아테네였다.

그러나 새로운 경제 체제는 같은 차원의 정치 체제 테두리 안에서 다스려지지 않는다면 유지해 나갈 수가 없다. 따라서 기원전 5세기 말 이전부터 어떤 형태로든 경제 체제에 걸맞는 정치적 통일을 실현하는 일이 헬라스 문명 세계에 가장 임박한 사회적 필요로 등장했으며, 이는 솔론(아테네의 경제혁명가로서 경제원칙 제정)과 페이시스트라토스의 아테네가 아니라, 킬론과 클레오메네스의 스파르타에 의해 해결될 것처럼 보였다.

불행하게도 아시아의 헬라스뿐만 아니라 유럽의 헬라스마저 아케메네스 왕조의 지배 아래 두려고 기도한 다리우스의 운명적 결의에 의해 헬라스가 위기에 맞닥뜨리자 스파르타는 아테네에게 주인공의 자리를 양보했다. 그 결과 통일에 의한 구제를 필요로 했던 헬라스는 세력이 거의 맞먹는 두 구제자의 등장으로 괴로워하게 되었다. 그 결과가 아테네 대 펠로폰네소스 전쟁과 이에 따른 여러 재난들이었다.

헬라스 문명 세계의 후계자인 그리스 정교 사회 또한 그 발생기에 아랍 칼리프국의 형태로 재건된 시리아 문명 사회에 맞서 얻은 더한층 놀라운 승리 뒤에 이러한 정치적 대립의 재난에 휩싸였다. 아랍인들이 673~677년에 콘스탄티노플의 정치적 명령을 기도한 뒤에 그리스 정교 사회는 아나톨리아(오스만 제국;지금의 터키)군과 아르메니아(터키 북동부;이란 북서부 지역)군이 패권을 다퉈 내란을 일으킬 우려가 있었고, 잘못하다가는 자멸할 단계에 있었다. 이를 무사히 수습한 것이 동로마 황제인 레오

3세와 그의 아들 콘스탄티누스 5세(^{재위 719})의 뛰어난 정치적 수완이었는데, 그들은 대립하는 두 경쟁 세력들로 하여금 단일의 동로마 제국과 합병하여 불화를 해소하도록 설득했다.

동로마 제국은 스스로를 죽은 로마가 부활한 것으로 선전하고 있었으므로, 그들의 충성심은 뿌리칠 수 없는 호소력을 가졌다. 그러나 이처럼 망령을 부활시켜 난국을 수습하면, 반드시 그 응보를 받아야만 한다. 생긴 지 얼마 안 되는 나약한 그리스 정교 사회에 절대 독재제 정권이라는 무거운 짐을 짊어지게 함으로써 시리아인 레오 시루스는 이 사회의 정치적 발전을 어둡게 했으며 마침내 치명적인 방향으로 이끌었다.

다음으로 실패로 끝난 공격이 승리를 얻은 응전자가 아닌, 격퇴된 공격자의 역사에 미치는 여파의 예들을 살펴보면, 공격자가 그 뒤에 만나는 도전은 한층 더 심해짐을 알 수 있다.

예컨대 히타이트 민족은 기원전 14~13세기에 실패로 끝난 아시아의 이집트령을 정복하려다 힘이 완전히 약화되었고, 그 뒤 미노스 문명 멸망에 이은 민족 이동에 휩쓸려 타우루스 산맥에 있는 몇 개의 화석적 소사회 형태로 남게 되었다. 시칠리아 섬에 있는 헬라스인들이 경쟁 상대인 페니키아인들과 에트루리아인들에 대한 공격에 실패한 뒤에 그들에게 나타난 여파는 어느 정도 나은 편이어서, 그들은 정치적으로는 무능해졌지만, 예술과 학문 분야의 활동은 손상되지 않았다.

2. 성공적인 공격의 여파

(ㄱ) 사회체에 미치는 영향

우리는 앞의 '연구' 가운데서 동시대 문명이 만났을 때, 공격을 가한 문명의 압력이 공격당한 쪽의 문명 사회에 자신의 문화적 영향을 침투시키는 데 성공하는 경우에는 두 문명이 모두 이미 해체기에 들어가 있음을 보았다. 그런데 해체기의 징표 중 하나로서 창조력을 잃어버린 사회는 단순한 지배자가 되어버린 소수자와, 이제 단순한 지배자로 영락한 그전 지도자들로부터 정신적으로 분리되어 나온 프롤레타리아, 이 둘로 나뉨을 이야기했다.

인접 문명의 사회 안에 문화적 영향을 침투시키는 데 성공한 문명 사회 내부에 이미 사회적 분열은 일어나고 있을 수도 있다. 그리고 바라지 않던, 뜻하지 않은 성공의 결과로 말미암아 나타나는 가장 뚜렷한 사회적 증상은, 내적 프롤레타리아의 분리에 따른 문제의 심각성이라 하겠다.

프롤레타리아는, 이를테면 그것이 순수한 내부적 결과라 하더라도 본질적으로 취급하기 힘든 사회적 요소이다. 하물며 외래자를 받아들여 그 수적 세력이 증가하고 그 문화 형태가 다양화된다면 더욱더 취급하기 어렵다. 역사는 외래적 프롤레타리아의 수가 증가함으로써 일어나게 되는 문제의 복잡성을 원하지 않았던 제국들의 뚜렷한 예로 몇 가지 제공한다.

로마의 아우구스투스 황제는 신중을 기했다. 그의 군대에게 로마의 영토를 유프라테스 강 너머까지 넓히려는 시도를 의도적으로 반대했던 것이다. 오스트리아의 합스부르크 제국 또한 마찬가지로 18세기 중엽과 그 뒤 제1차 세계 대전의 전반에, 즉 독일군이 연전연승의 기세를 올리던 기간 중에 영토를 동남 방향으로 넓히게 될 경우에, 그렇지 않아도 이미 잡다한 요소를 내포하고 있는 국민 내부에 슬라브적 요소를 더하게 되는 일을 꺼렸다. 미국도 제1차 세계대전이 끝난 뒤에 완전히 다른 방법으로, 즉 1921년과 1924년의 입법 조치로 해외 이민 수를 과감하게 삭감함으로써 같은 목적을 달성했다.

이와는 달리 19세기 미국 정부는 유대인 소설가 이스라엘 장윌이 '도가니(the melting pot)'라는 이름을 붙인 낙천적인 원칙에 충실했었다. 즉 모든 이민은, 적어도 유럽의 이민자들은 곧 미국의 참다운 애국자로 바꿀 수 있으리라고 예상했다. 아울러 미국의 광대한 국토는 산업 인구가 부족하므로 '많으면 많을수록 좋다'는 원칙을 세워서, 오는 자는 모두 다 받아들였다.

그런데 제1차 세계대전 뒤에 좀더 어두운 관점이 힘을 얻게 되자 '도가니'는 이미 능력의 한계를 넘어서고 있는 것처럼 느껴지게 되었다. 이처럼 외국인 프롤레타리아의 육체를 거부한다고 해서 그것으로 과연 외국인 프롤레타리아의 사상—이른바 '위험 사상'—을 몰아낼 수 있는가 하는 것은 물론 별개의 문제로서, 이 물음에 대한 대답은 부정적이었다.

침략에 성공한 문명이 지불해야 할 사회적 대가는, 희생자가 된 피침략자의 이질적 문화가 침략한 문명 사회의 내적 프롤레타리아의 삶 속에 파고들어 가면서, 이미 벌어진 내적 프롤레타리아와 지배적 소수자 사이에 생긴 정신적 간격을 한층 더 크게 하는 것이다.

로마의 풍자 시인 유베날리스는 2세기 초에 쓴 시에서 시리아의 오론테스 강이 티베르 강으로 흘러들어가고 있다고 전한다. 온 세계에 그 영향을 미친 근대 서유럽의 생각에는 단순히 오론테스 강과 같은 작은 강뿐만이 아니라 갠지스 강이나 양쯔 강처럼 큰 강이 맞은편 대륙 끝 또는 바다 건너 템스 강이나 허드슨 강으로 흘러들어가며, 한편 도나우 강은 그 흐름의 방향을 거꾸로 하여 서유럽 문명에 전해 준 루마니아인이나 세르비아인, 불가리아인, 헬라스인의 문화적 충적토를 상류의 빈에 있는 가득 넘치는 '도가니' 속에 쌓아올렸다.

성공한 공격이 공격받은 문명의 사회체에 미치는 영향은 더 복잡하지만, 또한 마찬가지로 해로운 것이다. 한편 우리는 본래의 사회체 속에서는 무해하거나 유익했던 문화 요소가 그것이 침투한 이질적인 사회체 속에서는 반대로 파괴적인 영향을 일으킨다는 사실, 즉 '어떤 사람에게는 약이 되는 것도 다른 사람에게는 독이 될 수 있다'는 속담으로 요약된 법칙이 존재함을 발견한다. 한편 우리는 어느 하나의 고립된 문화 요소가, 공격받은 사회의 삶 속에 침입하는 일에 성공하면 이에 이끌려 같은 원천에서 나온 다른 요소가 침입하는 경향이 있음을 발견한다.

국외로 흘러나가 이질적인 사회적 환경 속에 침입하는 문화 요소의 파괴적인 작용에 대해서 우리는 이미 몇 가지 예를 보았다. 이를테면 서유럽 문명 세계 특유의 정치 제도는 여러 비(非)서유럽 사회에 비극을 낳게 했다. 서유럽 정치 사상의 본질적 특징은 지리적 근접이라는 물리적 우연성을 정치적 결합의 원칙으로 삼아야 한다고 주장하는 점에 있었다.

우리는 먼저 서유럽 그리스도교 사회의 발생기에 그러한 지리적인 정치적 결합 이상이 서고트 왕국에 나타나서 그 나라의 유대인 디아스포라의 삶을 참기 힘든 것으로 만들었음을 알았다. 이렇게 서고트 왕국에 밀려든 재난은 강력한 근대 서유럽 문화의 영향이 계속 각 방면에 가한 압력에 의해 한층 더 강화되었다. 특히 새로운 민주주의 정신이 지방 국가에 의해 구현되다가 종래의 영토 주권제도(한 나라의 영토 안에 다른 나라의 주권 침입을 불허하는 제도)에 가한 재난은 더했다. 이 서유럽 특유의 정치 사상을 받아들임으로써 서유럽 그리스도교 문명의 본국을 제외한 세계 각지는 괴롭힘을 당하게 되었다.

우리는 앞서 1918년까지의 100년 동안 도나우·합스부르크 왕국이 언어적 내셔널리즘 때문에 분열한 사실을 말했다. 이러한 정치 지도(地圖)의 혁명적 변화는 또 18세기 말에 합스부르크가·호엔촐레른가·로마노프가 3제국에 의해 분할된 옛 폴란드-리투아니아 연합 왕국의 외국 지배 아래 복종하고 있던 여러 민족에게 일시적 해방을 가져왔으나, 그것이 과연 행복했는지는 의심스럽다.

구연합 왕국을 분할한 3제국이 1918년 붕괴된 뒤에 폴란드는 1772년 무렵의 국경을 특권이 주어진 폴란드 국민의 '레벤스라움'(생활 터전) 울타리로 재건하려는 과대 망상적 야망을 품었기 때문에 본디 1569년에 설립된 초민족 국가, 즉 폴란드인의 피지배자가 아니고 협력자였던 리투아니아인들과 우크라이나인들의 거센 저항을 불러일으켰다. 그 뒤 몇 년에 걸쳐 언어적 내셔널리즘이라는 악령에 선동된 이 세 민족의 끈질긴 증오심은 가장 먼저 1939년 독·소 양국에 의한 새로운 분할의 구실을 마련했고, 마지막에는 털이 곤두서는 듯한 섬뜩한 경험 끝에 1945년 세위진 러시아 공산주의의 지배에 복종하는 구실을 마련했다.

전통적인 서유럽 문명 제도(도시국가적 데/모크라시 제도)의 근대 서유럽적 형태(내셔널리즘)가 서유럽 문명 세계의 동유럽 변경 지역에 가져온 공산주의 국가들의 재난보다 더 비극적이었던 까닭은 같은 내셔널리즘의 바이러스가 오스만의 정치체제에 미친 영향이었다.

왜냐하면 18세기 폴란드-리투아니아의 비실제적인 무정부 상태나 오스트리아의 변덕스런 계몽 군주제에 비해, 오스만 제국에서 시행되어 오던 밀레트 제도는 직업 단체와 비슷해, 영토가 서로 뚜렷이 구분된 서유럽보다는 오히려 지리적으로 섞여 사는 여러 민족 공동체로 이루어진 나라에 적합한, 실행 가능한 정치 제도를 찾아내려는 공통 과제의 해결책으로서 내셔널리즘보다 한결 뛰어난 제도였기 때문이다.

이 오스만 제국의 밀레트를 비틀어 잘라내고 저마다 다른 주권을 가진 독립된 민족 국가로 개조한 과정에 대해서는 이 편(篇) 앞부분에서 말한 대로이므로 여기서 또 한 번 반복할 필요는 없으리라.

여기서는 다만 영국령 인도 제국이 인도와 파키스탄이라는 서로 반목하는 두 '민족' 국가로 나뉘었으며, 영국의 위임 통치지였던 팔레스타인 또한 서로 갈등하는 이스라엘과 요르단의 두 나라로 나뉨으로써 일어나게 된 여러 참혹한 행위들도 오스만이 겪은 일과 같은 결과라 할 수 있는데, 이는 지리적으로 섞여 지내는 민족이 이제까지 밀레트로 조직되어 있었기에 사이좋게 생활할 수 있었던 사회적 환경 속에 침입한 서유럽 사회의 내셔널리즘 사상이 유해한 결과를 불러일으킨 예를 지적하는 것으로 충분하다.

　문화 요소가 본디의 구조에서 떨어져 나와 이질적인 사회적 환경 속에 들어 갔을 때에 드러내기 쉬운 파괴적인 힘들의 예는 또한 경제면에서도 엿볼 수 있다. 예컨대 서유럽 산업주의의 도입으로 생긴 혼란은 동남아시아에서 특히 두드러졌는데, 동남 아시아에서는 끈질기게 파고드는 서유럽의 경제 기업들이 촉진시킨 외래 산업 혁명이 경제적 용광로에 필요한 인간 연료를 수집하는 과정을 겪으면서 사회적으로 아직 단련되어 있지 않은 여러 민족의 지리적 혼합이라는 결과를 불러왔다.

　"근대 세계의 곳곳에서 경제력이 자본가와 노동자, 공업과 농업, 도시와 농촌의 관계를 긴장으로 몰고갔다. 그러나 근대 동양에서는 인종적 분열이라는 요소가 첨가되어 긴장이 한층 더 커졌다. …… 외래 동양인은 유럽인과 원주민 사이에 완충 역할을 함과 동시에 원주민과 근대 세계 사이에 장벽이 되고 있다. 능력 만능주의가 아시아 대륙에 거대한 서유럽식 마천루를 세웠으나 원주민은 지하실에 갇히는 신세가 되어 버렸다. 같은 나라에 살면서도 그 빌딩은 다른 세계, 즉 원주민은 들어갈 수 없는 근대 세계에 속해 있었다. …… 이 이중 경제 구조 안에서의 경쟁은 서유럽 세계보다도 훨씬 격렬하다. '이곳에서는 동질적인 서유럽의 여러 나라보다도 더욱 철저한 물질주의·합리주의·개인주의가 널리 퍼져 있으며 경제라는 하나의 목적에 전적으로 몰입하는 경향이 있다. 과거로부터 서서히 발달해 왔으며 아직도 수많은 뿌리에 의해 과거와 결부되고 있는 자본주의 세계이다. 이는 여러 자본주의 국가에서는 상상도 할 수 없을 정도의 전형적인 자본주의적 교환과 시장에 완전히 마음을 빼앗겨 자나 깨나 장사 일만 생각하고 있는 자본주의 세계이다'[1] …… 이처럼 이들 속국은 외관은 서유럽식으로 개조되었으나, 실은 생산을 위한 경제 조직으로 개조된 것이지 사회 생활을 위한 것은 아니었다. 중세적인 국가가 갑자기 근대적인 공장으로 바뀐 것이다."[2]

*1 Dr. Boeke, J.H. : 'De Economische Theorie der Daulistische Samenleving' in *De Economist*.
*2 Furnivall, J.S. : *Progress and Welfare in Southeast Asia*.

문화의 전파와 수용에 대한 제2의 '법칙'은 문화를 전파하는 사회에서 성립되어 있던 문화 형태가 문화를 받아들이는 사회 안으로 전파되는 과정에서 먼저 구성 요소들로 나뉜 다음 재조립되고 통일되어 재현될 경향이 있다는 것이다. 이러한 경향은 대립하는 경향을 보이며 공격을 받은 사회의 저항과 싸워야 하는데, 이 저항은 일반적으로 단순히 앞서 말한 과정의 속도를 둔하게 할 뿐이다.

이 곤란한 침투 과정이 서서히 진행되고 마침내 포위진을 편 미디안(아랍비아서
국가로, 이스라엘을 지배했으나 이스
라 엘이 미디안쪽을 싸워 물리쳤다)의 대군이, 남김없이 포위된 이스라엘 방어선 내부로 파고든 것과 같은 결과가 되는 것을 볼 때, 그 참기 어려운 고통을 가져오는 기적에 대해 경탄해야 할 점은, 물론 낙타의 통과를 가로막는 바늘 구멍의 방해(《마태복음》 19 : 24)가 아니라 바늘 구멍을 빠져나가려는 낙타의 집요함이다. 침투하는 문화 요소는 나누어질 수 있을 것으로 생각될지 모르나 실은 그렇지 않으며, 하나를 넣으면 다른 것도 계속 들어오게 마련이다.

사실 공격을 받는 문명 사회는 언뜻 보기에 너무나 사소해 해로워 보이지 않는 외래 문화 요소라 해도 일단 침입을 허락하면 여러 요소들이 쉬임없이 들어올 우려가 있다는 점을 모르는 것만은 아니다. 우리는 이미 공격당한 문명 사회가 일시적으로 점령할 틈조차 주지않고 공격자의 공격을 물리치는 데 성공한 두세 가지 역사적 만남에 대해 말했다. 이 같은 공격을 물리치고 드물게 승리를 거둔 비타협적인 쇄국정책들은 실패로 끝나는 경우가 더 많았다. 우리는 이 정책을 '성지'에서 헬라스 문화를 완전히 물리치거나 또는 쫓아내려던 유대인 무리의 이름을 따서 '젤롯주의'라고 이름 붙였다.

젤롯의 기질적 특색은 감정적이고 직관적이라는 것인데, 그러나 이 정책은 냉정한 합리적 근거에 따라 실행되는 경우도 있다. 그 다음의 태도를 나타내는 전형적인 예는 일본과 서유럽 세계 사이의 교류 단절이다. 이것은 충분히 숙고한 뒤 히데요시와 히데요시의 후계자인 도쿠가와 막부에 의해 1638년까지 51년 동안 서서히 수행되었다.

그보다도 더 놀라운 것은 외부로부터 격리된 후진적인 아라비아의 한 지방에 있는, 구폐를 지닌 지배자가 침투해 들어오는 이질적인 문화 형태의 여러 요소들 모두가 본디부터 서로 의존 관계에 있음을 알아차리고서 비슷한 추리 과정을 거쳐 유사한 결론에 이른 점이다.

합리주의적인 젤롯의 생각을 유감 없이 나타내고 있는 것은 1920년대 자이디파(시아파의 한 분파)의 이맘(이슬람교 국가의 종교적 지도자)과 사나(예멘의 수도)의 야흐야가 1914~18년의 제1차 세계대전 동안 영국의 보호령 아덴의 일부를 차지하고 있었는데, 이를 평화적으로 반환하도록 설득하기 위해 파견된 영국 사절단과 가진 회담이다. 마지막 회견 때 그 사명이 목적을 이룰 수 없음이 뚜렷해지자, 영국의 사절은 화제를 바꾸려고 이맘에게 그의 신식 군대가 참으로 군대다운 모습을 갖추었다고 칭찬했다. 이맘이 그 비위맞추는 말을 듣고 좋아하는 것을 알자 그는 계속해서 이렇게 말했다.

　　"참, 당신은 다른 서유럽 제도도 받아들이시겠지요?"
　　"아뇨, 그럴 생각은 없습니다" 이맘은 웃으며 말했다.
　　"아, 그렇습니까? 그건 이상하군요. 왜 그런지 이유를 듣고 싶습니다."
　　"다른 서유럽 제도는 좋아하지 않기 때문입니다" 이맘은 이렇게 말했다.
　　"그래요, 그건 이를테면 어떤 제도입니까?"
　　"글쎄요. 의회가 그렇습니다" 이맘은 이어서 말했다. "저는 제 마음대로 정치를 하고 싶습니다. 의회 같은 것이 있으면 성가실 뿐이지요."
　　"아, 그 일이라면 안심하십시오" 영국인 사절은 말했다. "내각책임제라는 것은 서유럽 문명의 기구에 꼭 필요한 부분은 아닙니다. 이탈리아를 보십시오. 이탈리아는 그것을 그만두었습니다. 그런데 이탈리아는 서유럽에서 가장 큰 나라들 가운데 하나입니다."
　　"그건 그렇다 치고, 다음은 술 문화 말씀인데요" 하고 이맘은 말했다. "저는 술을 우리 나라에 받아들이고 싶지 않습니다. 다행히 현재 우리 나라에선 전혀 볼 수 없습니다."
　　"물론입니다" 영국인 사절은 말했다. "그런데 그 일이라면 안심하십시오. 술 또한 서유럽 문명에 없어서는 안 될 부속물은 아니지요. 미국을 보십시오. 미국은 술을 받아들이지 않았습니다. 그런데 미국 또한 서유럽 대국의 하나입니다."
　　"하여간" 이맘은 이야기가 끝난 것을 알리기라도 하듯 다시 한 번 웃음을 지으며 말했다. "저는 의회나 술 같은 그런 종류의 것은 좋아하지 않습니다."

이 이야기의 교훈은 이맘이 날카로운 통찰력을 나타내는 가운데 오히려 무언중에 그 목적의 약점을 드러내고 있는 점에 있다. 그는 그의 군대에 서유럽 문명의 초보적인 여러 기술 형태를 받아들임으로써 이미 중대한 결과를 가져올 발단을 소개한 셈이다. 결국 예멘인의 알몸을 완전히 서유럽식 기성복으로 감쌀 수밖에 없는 처지로 밀어넣는 문화 혁명에 들어간 것이다.

이런 때에 이맘이 그와 동시대인 힌두 사회의 마하트마 간디를 만났다면, 이 힌두의 성인 정치가로부터 자신의 이상과 같은 말을 들었을지도 모른다. 간디는 그의 동료 힌두인들에게 옛날처럼 무명을 손으로 짜도록 호소했는데, 그렇게 함으로써 확실히 그는 힌두인에게 서유럽 문명 경제의 거미줄에서 탈출하는 길을 시사한 것이다. 그러나 간디의 정책은 두 가정(假定) 위에 서 있었으며, 그 정책이 목적을 이루기 위해서는 그 두 가정이 옳다는 사실이 밝혀져야 했다. 첫 번째 가정으로, 힌두인들은 이 정책에 필연적으로 따르는 경제적 손실을 참고 견디는 각오를 해야 한다는 점이었다. 그러나 물론 그들에게 그런 각오는 되어 있지 않았다. 이를테면 간디가 동포의 경제적 무욕(無慾)에 대한 기대에 실망하지 않았다 하더라도, 그의 정책은 두 번째의 맹목적인 잘못된 가정으로 말미암아, 다시 말해서 침입해 오는 문화의 정신적 특질을 오인함으로 인해서 실패로 끝났을 것이다. 간디는 근대 후기 서유럽 문명 속에서 기술이 종교의 지위를 빼앗은 세속적 사회 구조만을 보았다. 그는 자기가 행하고 있는 현대적인 정치 조직·홍보·선전 수단의 교묘한 이용이 그가 공격하는 방직 공장과 마찬가지로 '서유럽 산물'이므로 방직공장이 그의 바람대로 사라지더라도 그러한 수단들은 그대로 남을 것임을 생각지 않았던 것 같다.

그러나 우리는 한 발자국 더 나아가 생각해 볼 필요가 있다. 왜냐하면 간디 자신이 서유럽에서 온 문화적 영향의 산물이었기 때문이다. 간디의 '영혼(soul force)'을 자유롭게 해방시켜 준 정신적 사건은 그의 영혼 깊숙한 곳에서 일어난 힌두교의 정신과 프렌드회의 생활에서 구현되고 있는 그리스도교 복음 정신의 만남이었다. 성인 마하트마 간디는 이맘과 완전히 같은 운명에 놓여 있었다.

일반적으로 문명의 만남에 있어 공격당한 쪽이 예를 들어 밀려드는 문화의 선구적 요소들이 그 사회 속에 침입해 들어오는 것을 막는 데 단 한 번이라도 실패한 경우, 그 문명이 살아남을 유일한 기회는 심리적 혁명을 행함에 있다.

그 문명은 이제까지의 젤롯적인 태도를 버리고 그와 반대인 '헤롯주의'적 전술, 즉 공격자 자신의 무기를 사용해 공격자와 싸우는 전술을 받아들임으로써 자신을 구해낼 수 있다.

오스만과 근대 후기 서유럽 사회와의 만남을 예로 들면, 가능한 한 서유럽화를 적게 행하려 한 술탄 압드—알—하미드 2세의 정책은 실패했으나, 근년에 와서 가능한 한 많은 서유럽화를 행하려던 아타튀르크의 정책은 실제적인 구제 방법을 제공했다. 어떤 사회가 군대만을 서유럽화하고, 그 밖의 분야에서는 종전대로 해 나갈 수 있다는 생각은 헛되고 무익한 것이다. 그러한 헛된 생각은 이미 표트르 체제 아래 러시아, 19세기의 터키, 메메트 알리 시대의 이집트를 예로 입증되고 있다.

이는 단순히 서유럽화된 군대가 서유럽화된 과학과 공업 교육과 의학의 뒷받침을 필요로 한다는 뜻만은 아니다. 첫째로 군대의 사관들 자신이 특별히 그들의 전문 기술을 배워 익히기 위해 해외에 유학했을 때 전문 기술과 관계없는 서유럽 사상도 함께 습득하게 된다. 사실 위에서 든 세 나라의 역사는 모두 군대 우두머리들이 '자유주의' 혁명의 선두에 섰다는 역설적인 특색을 나타내고 있다. 1825년에 실패로 끝난 러시아의 12월 혁명, 1881년 실패로 끝난 이집트의 아라비아 파샤(1839~1911)를 지도자로 하는 혁명, 그리고 실패는 아니지만 시작한 지 10년도 되기 전에 파탄이 온 1908년의 터키 통일·진보위원회의 혁명이 바로 그것이었다.

(ㄴ) 영혼의 응전
인간성의 결핍

동시대 문명이 서로 만나서 생긴 사회적 결과로부터 심리적 결과로 시선을 돌리면, 여기서도 '작용자'와 '반작용자', 공격자와 피공격자라는 상반된 역할을 맡은 각 문명에 대한 영향을 별도로 살펴보는 것이 편리하다. 더구나 만남에 있어 주도권을 잡는 것은 공격하는 쪽이므로 먼저 작용자에 대한 영향을 살펴보는 게 가장 좋은 방법일 것이다.

외래 문명 사회에 침입하는 데 성공한 침략 문명을 대표하는 인간들은 자기가 다른 인간들과 다르다는 점을 신에게 감사하는 바리새인의 휴브리스(오만)에 빠져들 경향이 짙다. 지배적 소수자는 정복된 다른 문명 사회로부터 자기의 내적 프롤레타리아로 편입된 사람들을 인간 이하의 '패배견'처럼 취급하기 쉽다. 이 특수한 성질의 휴브리스에 따라다니기 마련인 네메시스(복수)는 참으로 모순된다 말할 수 있다.

일시적으로 자기 마음대로 할 수 있는 동류의 인간을 때때로 패배견으로 취급함으로써 '승리견'은 그가 부인하려고 하는 진실을 무의식중에 시인하게 된다. 그 진실이란 인간의 영혼은 모두가 창조자인 신의 눈으로 보면 평등하다고 하는 네메시스인 것이다. 동류의 인간으로부터 인간성을 빼앗으려는 인간이 얻는 유일한 결과는 그 자신의 인간성을 잃는 일이다. 그러나 보여지는 인간성의 전부가 한결같이 증오해야 할 것만은 아니다.

비인간성 가운데 가장 죄가 가벼운 형태는, 종교가 지배적 요소로 되어 있는 문명이 침략에 성공했을 때 그 문명의 대표자가 짓는 죄이다. 그와 같은 사회에서 패자의 인간성을 부정하는 것은 패자의 종교적 가치를 부정하는 형태를 취한다. 그리스도 교도가 지배자가 되면 세례를 받지 않은 패자에게 이교도의 낙인을 찍고, 이슬람 교도가 지배자가 되면 할례를 하지 않은 무신앙자에게 낙인을 찍는다. 그러나 동시에 패자는 승자의 종교로 개종함으로써 그 열등성이 제거된다고 인정하게 되며, 사실상 많은 경우 승자는 이렇게 하는 것이 그 자신의 이익에 위배될 때라 하더라도 이 구제를 이루기 위해 노력해 왔다.

교회가 전인류를 포용할 가능성을 보인 것은, 중세 그리스도교 사회의 시각 예술에서 3인의 마기(Magi ; 그리스도 탄생시에 동방에서 예배 온 3명의 박사) 가운데 한 사람을 흑인으로 묘사한 관습에 의해 상징적으로 표현되었다. 또 대양 항해술에 숙달해 현존하는 다른 모든 인간 사회와 접촉하게 된 근대 초기의 서유럽 그리스도교 사회에서는 트리엔트공의회에서 정해진 바대로, 에스파냐와 포르투갈인 '콘키스타도레스(정복자)'들이 피부색에 관계 없이 로마 카톨릭 신앙에 귀의한 원주민과도 혼인을 비롯한 모든 사회적 관계를 차별 없이 맺을 수 있도록 허용함으로써 교회의 세계성을 증명해 보였다.

페루나 필리핀을 정복한 에스파냐인들은 자기들의 언어를 전달하는 일보다 종교를 전달하는 일에 한결 열정적이었다. 그들은 피정복자의 토속어를 카톨릭교의 예배 의식과 문학 용어로 발전시킴으로써 카스틸랴어(표준 엑스 파냐어)에 저항하는 힘을 이들 언어에 심어 주었다.

이처럼 그 종교적 신념의 성실함을 나타낸 점에서 에스파냐인이나 포르투갈인 제국의 건설자에게 먼저 편승한 것은 이슬람 교도들이었으며, 그들도 이슬람교로 개종한 사람들과 인종의 차이를 무시하고 혼인 관계를 맺었다. 그러나 이슬람 교도는 한 걸음 더 나아간 태도를 보였다.

이슬람 사회는 코란의 원전 속에 나타나 있는 내용에 따라, 이슬람 이외의 여러 종교가 불충분한 것이기는 하지만 종교적 진리를 부분적으로 나타내는 진정한 계시로서 인정한다는 태도를 계승했다. 처음에는 유대 교도와 그리스도 교도에게 주어졌던 이 승인이 뒷날 조로아스터 교도와 힌두 교도에게도 확대되었다.

그런데 이슬람 교도들은 같은 이슬람교 내부에서 일어난 '수니파'와 '시아파' 사이의 종교 대립에 맞닥뜨리게 되면 이처럼 이해력 있는 태도를 취하지 못했다. 이 점에서 그들은 그리스도 교도가 '초기 교회' 시대와 '종교 개혁' 시대를 가리지 않고 이 같은 사태에서 보여 주었던 듯한 융통성 없는 태도를 취했다.

다음으로 승자가 패자의 인간성을 부정한 예로써 피해가 적은 형태는, 전통적 종교의 굴레에서 벗어나 세속적인 것에 가치를 두게 된 사회에서 패자의 문화적 가치를 부정한 일이다. 2세대 문명의 문화적 침략 역사에서 헬라스 세계에 속하는 인간과 그렇지 않은 인간, 즉 헬라스인과 '바르바로이'(야만인) 사이에 선 하나가 그어진 것은 바로 이러한 의미를 담고 있다.

근대 후기 서유럽 사회에서 이렇게 인류를 문화적 이분법으로 구분하는 태도는 18세기 북아메리카 인디언과 19세기 마그리브인(아프리카 서북부 프랑스령의 모로·코·알제리아 등 원주민의 총칭), 베트남 인, 20세기 사하라 사막 이남 아프리카 흑인들과의 관계에서 프랑스인들이 보인 태도 가운데 그 예를 볼 수 있다. 네덜란드인들 또한 인도네시아의 말라야 여러 민족들과의 관세에서 같은 태도를 취했다. 또 '잠베지 강 이남의 모든 문명인에게 평등한 권리를!'이란 슬로건을 만든 세실 로즈(영국의 남아프리카 식민지 정치가)는 이 때문에 네덜란드어나 영어권 남아프리카인들의 마음속에 같은 문화적 이상(理想)의 불을 타오르게 하려고 했던 것이다.

그러나 남아프리카에서 이러한 이상주의의 불은, 1910년 남아연방이 성립된 뒤에 문화나 종교의 우수성이 아닌 인종적 우수성을 이유로 같은 국내에 사는 반투계·인도네시아계·인도계 아프리카인들에 비해 자신들이 우월하다고 주장하는 남아연방 네덜란드인들의 편협하고 과격한 내셔널리즘이 나타남으로써 꺼져 버리고 말았다.

프랑스인들은 그와는 반대로 그들의 문화적 신념을 철저하게 하여 이를 정치에 반영시켰다. 예컨대 알제리에서 1865년 그 뒤로 완전한 프랑스 시민의 지위를 획득하면 자동적으로, 민법 가운데 가장 중요한 부분인 인권법을 포함하는 프랑스 민법의 적용을 받게 된다는 조건에 따라 이슬람교를 믿는 알제리 원주민에게 완전한 프랑스 시민권이 주어지게 되었다.

이처럼 근대 후기 서유럽 문화의 한 형태로서 프랑스 문화를 잘 배우고 익힌 모든 사람에 대해 정치적·사회적 문호를 완전히 개방한다는 이상을 내건 프랑스인들의 동기가 성실했음은, 프랑스의 명예를 지킴과 동시에 제2차 세계대전의 경과에 적지 않은 영향을 미친 한 사건으로 증명되었다.

1940년 6월 프랑스가 항복한 뒤, 비시정권과[*3] 항전 프랑스 운동 가운데 어느 한쪽이 프랑스 제국의 여러 아프리카 영토를 자기 편으로 끌어들이는 일에 성공하느냐 하는 것이 중대한 문제로 대두되었다. 이 중대 시기에 프랑스령 적도 아프리카의 차드 지방 총독은 니그로 아프리카계의 프랑스 시민(펠릭스 에부에)이었다. 프랑스 문화를 받아들여 프랑스인이 된 흑인 총독은 항전 프랑스 운동을 지지하는 태도를 결정함으로써 그 직책을 훌륭하게 다하였으며, 그때까지 런던에만 근거를 두었던 이 운동이 비로소 프랑스 제국에서도 확고한 발판을 마련하게 했다.

승자와 패자 사이에 경계선을 긋는 문화적 기준은 물론 비난받을 일이지만, 이것이 종교적 기준처럼 인류의 두 부분 사이를 구별하는 넘을 수 없는 도랑을 파놓는 정도의 것은 아니다. 이교도는 개종하면, '야만인'은 시험에 합격하면 이 선을 넘을 수 있다. 승자가 결정적으로 타락하는 것은 패자에게 '이교도'나 '야만인'이란 꼬리표를 붙이기 때문이 아니라 '원주민'이란 꼬리표를 붙이기 때문이다.

승자가 다른 문명 사회의 성원들에게 본국의 '원주민'이란 낙인을 찍는 것은, 말하자면 원주민들의 정치적·경제적 무가치를 주장함으로써 인간성을 부인하는 셈이 된다. 즉 승자는 무언중에 발견자가 찾아와서 자기 소유로 해 주기를 기다리던 미개척지의 '신세계' 사람들을 '원주민'이라 부름으로써 인간 아닌 동식물과 같은 취급을 하고 있는 것이다.

[*3] 제2차 세계대전 중 1940년 7월부터 1942년 11월에 걸쳐 프랑스 중부의 비시에 임시 수도를 두고 페탕 원수를 수상으로 하여 성립된 전시 내각. 나치스에 협력하는 정책을 취했다.

그러한 전제를 세운다면, 이들 '동식물'은 해로운 금수나 잡초로 취급해 절멸시키거나 또는 천연 자원으로서 보존되고 이용하는 등 자기들 마음대로 해도 좋다는 뜻이 된다.

우리는 앞서 때로 정착 주민을 정복해 지배권 확립에 성공했던 유라시아의 유목민 집단이 이런 불길한 철학의 실행자임을 알았다. 동류의 인간을 사냥한 짐승이나 가축처럼 취급한 점에서 오스만 제국 건설자들은 프랑스 제국 건설자들이 그 피정복자를 야만인으로 취급한 것과 마찬가지로 냉혹했고 철저했다. 그리고 해방되지 않은 프랑스 피정복자들의 삶이 오스만의 라이예보다 한결 나은 것은 사실이지만, 그와 동시에 오스만의 인간 목자들이 (인간 양의 번견(番犬)이 되도록) 훈련시킨 인간 가축들이 프랑스의 관리 또는 학자가 되는 데 성공한 '진화된' 아프리카인들보다도 그 재능을 드러내는 데 한층 더 빛났다는 점 또한 사실이다.

근대 후기에 서유럽 문명 사회를 해외로 확대한, 프로테스탄트 신앙을 품은 영어권의 서유럽인 개척자들은 인간을 '원주민' 취급한다는 그 유목민 제국 건설자와 같은 죄를 범한 최악의 죄인이었다. 그들이 이 낡은 범죄를 되풀이하면서 가장 나빴던 점은 오스만보다도 한결 타락해, '원주민'에게 '열등 인종'의 낙인을 찍음으로써 '원주민'이 정치적·경제적으로 무가치하다는 주장을 확고부동하게 하려던 일이었다.

승자가 패자에게 찍는 네 가지 낙인 가운데 이 열등 인종이라는 낙인이 무엇보다 악질적인 것인데, 이에 대해서 세 가지 이유를 들 수 있다.

첫째, 그것은 패자가 아무런 자격도 없는 인간으로서 무가치하다는 점을 주상한다. 이와 반대로 '이교도' 및 '야만인' '원주민'이란 명칭은 상대를 손상케 하는 것임에는 틀림없으나, 단순히 어떤 특정한 인간적 자질의 부족함을 주장하며, 이에 따라 어느 특정한 인간적 권리를 주지 않는 것에 불과하다.

둘째, 이처럼 인류를 인종적으로 둘로 가르는 일은 종교적 구분이나 문화적 구분, 정치적·경제적 구분과는 달라서 이 둘 사이에 넘을 수 없는 도랑을 파놓는다.

셋째, 인종적 낙인은 종교적 낙인이나 문화적 낙인과 달라(특히 이 점에 관해서는 정치적·경제적 낙인과 다름이 없으나) 피부색이나 코의 생김새처럼 인간성에서 가장 피상적이고 전혀 무의미한 측면을 골라내어 이것을 차별의 기준으로 삼는다는 것이다.

젤롯주의와 헤롯주의

다음으로 공격을 받는 쪽의 응전을 조사해 보면 서로 반대되는 두 응전 방식 가운데 어느 하나를 선택하는 것처럼 생각되는데, 우리는 이미 이 두 가지 방식에 대해 「신약성서」에 나오는 이야기에서 명칭을 가져와 붙였고, 이 '연구'의 여기저기서도 사용해 왔다.

그 무렵 모든 사회 활동 분야에 걸쳐 헬라스 문화는 유대인 사회에 심한 압박을 해왔다. 유대인은 어느 쪽을 보나 헬라스 사회에 동화하느냐 않느냐 하는 문제를 회피하거나 무시할 수가 없었다. 젤롯파는 침략자를 피해 고유한 유대적 전통의 정신적 성채 속에 틀어박히려는 자들로 이루어져 있었다. 그들을 움직인 신념은 선조 전래의 전통을 철저하게 그대로 지켜 나가면, 방심하지 않고 지킨 그들 정신 생활의 원천으로부터 침략자를 무찌르는 초자연적 힘이 주어진다는 확신이었다.

한편 헤롯파는, 얼마 전 마카베오 왕국에 병합된 이방인 거주 지역 이두마이아 출신들로, 그 출신 관계와 개인적 재능이 잘 어울려 이 문제에 대해 비교적 치우치지 않는 견해를 가질 수 있었던 현실적 정치가의 지지자들로 이루어져 있었다. 헤롯 대왕의 정책은 유대인이 그들이 피할 수 없는 사회 환경, 즉 헬라스화해 가는 세계 속에서 자신의 기반을 확보함으로써 조금이나마 안락한 생활을 꾸려 나갈 능력을 지닐 수 있도록, 현명하고 실제적인 목적에 필요한 모든 교양을 헬라스 문화로부터 배우게 하려는 것이었다.

헤롯주의의 유대인은 사실 그 시대 훨씬 전부터 있었다. 알렉산드리아에 이주한 유대인 사회가 자발적인 헬라스화를 시작한 것은 이 도시를 창설한 알렉산드로스가 죽은 직후, 유럽 여러 야만족의 도가니 역할을 하는 도시가 아직 요람기에 있을 무렵이었다. 또 구릉 지대의 유대에서도 헤롯주의 정책의 창시자라고도 할 수 있는 제사장 요수아-야손이 기원전 160년 이전에 젊은 동료들을 그리스풍의 체육장에서 보기 흉한 나체 모습을 하고, 그리스풍 '페타소스' (그리스에서 전령이나 여행자가 썼 던 운두가 낮고 차양이 넓은 모자) 의 넓은 차양으로 머리를 감추는 천박하고 우스꽝스런 모습을 하도록 부추기면서, 젤롯주의자의 눈에 악마의 행동으로 보이는 일에 몰두하고 있었다. 그래서 이 야손의 행동이 그 무렵의 젤롯주의자를 자극하여 저 〈마카베오서〉(의 회후 2서) 에 기록되어 있는 것 같은 반발을 불러일으켰다.

유대의 젤롯주의는 기원후 70년 로마가 예루살렘을 공략했을 때에도 쓰러지지 않았으며, 135년 결정적인 두 번째 공략을 해왔을 때에도 무너지지 않았다. 랍비(유대교)의 요하난 벤 자카이는 이 도전에 대해 유대인 사회에 확고하게 고정된 유대 민족의 제도적 틀과 무저항적이면서 완고한 심리적 태도로 응전케 했다. 그리고 이 때문에 유대인 사회는 정치적으로 무력한 디아스포라라는 무른 점토로 만든 집에 살면서 그 고유한 민족적 생명을 유지할 수 있었던 것이다.

그러나 헬라스 문명의 도전을 받아 이렇듯 둘로 나뉜 것은 시리아 여러 민족 가운데 유대인만도 아니며 또 동방 문명 가운데 시리아 문명 사회만도 아니다. 기원전 2세기에 시칠리아 섬에서 시리아인 농원 노예의 젤롯주의적 폭동이 일어난 것에 비해, 다음 제정 시대의 로마에서는 헬라스화한 다수의 시리아인 해방 노예의 헤롯주의적(타문명을 수용) 유입으로 균형을 이루게 되었다.

그와는 달리 헬라스 사회의 지배적 소수자가 사회적 제휴를 거부하지 않은 시리아 사회의 부유 계급 및 유식자층의 헤롯주의에 대해 젤롯주의적 잡역에 동원된 것은 유대교를 비롯해 기타 시리아 사회의 고등 종교들인데, 이들 종교는 세속적 문화 투쟁을 수행하는 수단이 됨으로써, 종교적 관점에서 보면 잘못 판단된, 신성함을 더럽히는 수단이 되었다.

조로아스터교·네스토리우스파 그리스도교·단성론 그리스도교·이슬람교 등 4가지 종교가 모두 유대교의 발자취를 좇아 이 정신적으로 유해한 것을 따름으로써 종교의 정도에서 이탈했다. 그러나 이들 사도에 빠진 종교 운동 가운데 나중의 셋은 마침내 그 종교 용어 속에 헬라스 문명의 철학 및 과학, 그리고 여기에 가미된 고전까지 받아들인다는 헤롯주의적 행동을 함으로써 젤롯주의적 탈선의 빈자리를 메웠다.

다음에 중세 서유럽 그리스도교 사회와 만난 사회에 나타난 심리적 반응을 바라보면, 우리는 역사상 그야말로 철저하게 헤롯주의를 실행한 자로서 서유럽 문명의 맨 초기에 가장 눈부신 문화적 승리를 한 결과로서, 서유럽 그리스도교 사회의 생활 양식의 대표자이며 선전자, 즉 노르만인이 된 본디 이교도인 스칸디나비아의 야만족 침략자들을 발견한다.

노르만인들은 카롤링거 왕조 제국의 심장부에 해당하는 갈리아 지방 일부를 절취하여 얻은 후계 국가의 로만어 사용 원주민의 종교뿐만 아니라 언어와 시까지 받아들였다. 노르만인이 헤이스팅스 싸움에 말을 타고 나갈 때, 동료 기사들의 사기를 고무시키기 위해 목청을 돋우었던 '타이유페르'라는 프랑스식

이름을 가진 노르만인 음유 시인은 그들에게 북유럽 어로 〈거사가(巨事歌)〉를 들려 준 것이 아니라, 프랑스어로 〈롤랑의 노래〉를 들려 준 것이다.

또 잉글랜드의 '정복왕' 윌리엄이 고립·낙후된 지방을 검으로 얻은 다음 고압적 수단으로 (초기 단계에 있던) 서유럽 그리스도교 문명의 성장을 촉진시키기 전에 다른 노르만인 모험가가 그리스 정교 세계와 이슬람 세계로부터 아폴리아·칼라브리아·시칠리아를 빼앗고, 서유럽 그리스도교 세계의 범위를 반대 방향으로 넓혀 나갔다. 그리고 더 주목해야 할 현상은 본국에 머물고 있던 스칸디나비아인들이 서유럽 그리스도교 문화를 헤롯주의적으로 받아들인 일이었다.

외래 문화에 대한 북유럽인의 수용적 태도는 서유럽 그리스도교 문화의 경우에만 그치지 않았다. 비잔틴과 이슬람 예술 및 모든 제도가 시칠리아의 노르만인들에게 미친 영향을 보아도 그렇고, 아일랜드의 오스트만 및 서부 열도의 북유럽인 이주자들이 극서 그리스도교 켈트 문화를 흡수한 일, 드네프르 강 및 네바 강 유역의 슬라브 야만족을 정복한 스칸디나비아계 러시아인들이 정교 그리스도 문화를 채용한 일 등에서도 이 같은 태도가 인정된다.

중세 서유럽 그리스도교 사회와 만난 다른 사회에서는 헤롯주의적 운동과 젤롯주의적 운동이 좀더 균형잡힌 형태로 나타나 있다. 예컨대 이슬람 세계의 십자군에 대한 젤롯주의적(배타주의적 경향) 반응은, 서유럽 그리스도교 사회의 생활 양식으로 전향한 킬리키아의 아르메니아인 단성론 신자들의 노르만인과 흡사한 헤롯주의적 태도에 의해 어느 정도까지 상쇄되었다.

이 두 가지 서로 반대되는 심리적 반응은 또 그리스 정교 세계와 힌두 세계가 침략적인 이란 이슬람 문명과 각각 만난 역사에서도 인정된다. 오스만 제국의 지배 아래 있었던 그리스 정교 사회에서는 대다수가 선조 전래의 종교를 버리지 않고, 차라리 외래 정권에 복종하는 희생을 치름으로써 그들 교회의 독립을 유지하려고 했다. 그러나 이 젤롯주의는 종교적 요소마저도 사회적·정치적 야심 때문에—이슬람 교도가 된 소수자에 의해—그 기세가 부분적으로 꺾인 데다가, 그리 중요하지는 않으나 지배자의 언어를 익히고 지배자의 복장을 본뜨는 등 사소한 일에서는 훨씬 많은 사람들이 헤롯주의에 굴복했다.

무굴 제국의 이슬람 왕조에 대한 힌두인들의 반응도 거의 같은 방향을 더듬었다. 그러나 인도에서 정복자의 종교로 각별히 개종한 것은 동벵골 지방 주민들인데, 이들은 사회적으로 억압당해 오다가 바로 얼마 전에 훨씬 대규모적인 형태로 이교(이슬람교)에서 힌두교로 개종했다. 이들의 자손이 20세기에 파키스탄의 고립된 동부 지역을 만들어 내게 된 것이다.

근대 서유럽 사회와 그 동시대 문명과의 만남에 대해 이미 본편 첫 장에서 그 개요를 기술했는데 우리들을 사로잡고 있는 심리적 관점에서 그 기록을 한 번 더 살펴보면, 우리는 그 모든 점에 있어서 젤롯주의와 헤롯주의가 서로 대립하는 움직임이 번갈아 나타나 충돌함을 발견한다. 그 가운데에서도 특히 눈에 띄는 예로는 동아시아 사회에서 일본의 경우를 들 수 있다.

일본 도쿠가와막부는 초기에는 헤롯주의를 받아들이다가 어느 순간 노선을 바꾸어 서유럽과의 교류를 단절시킴과 동시에 엄격한 젤롯주의의 단계로 들어갔다. 그러나 소수의 헤롯주의자들은 1868년의 메이지(明治) 유신 뒤에 가까스로 세상에 다시 모습을 드러내게 될 때까지 200년 이상 몰래 외래 신앙을 지켜오며 비밀 그리스도 교도로서 충성되게 남아 있었다.

그런데 메이지 유신 조금 전에 이들 소수 헤롯주의자들의 세력은 도쿠가와 초기에 이은 제2의 다른 헤롯주의적 운동에 의해 강화되었다. 이것은 숨은 과학자의 활약을 뜻하는 것으로, 그들은 그 무렵 세속화된 근대 후기 서유럽 문명의 새로운 과학을 네덜란드인들을 통해 몰래 연구하기 시작했다. 메이지 유신 이후 이 새로운 형태의 헤롯주의가 일본의 정책을 지배함으로써 마침내 세계를 놀라게 하는 성과를 거둔 것이다.

그러나 가장 새로운 단계는 과연 완전히 헤롯주의적이었을까? 이 점에서 우리는 우리가 택한 비교 항목에서 한쪽이나 어쩌면 양쪽 모두에 포함되어 있는 어떤 종류의 애매함과 맞닥뜨린다.

젤롯주의 쪽은 목석이 분명하다. 그것은 '헬라스인이 보낸 두려워할 선물'(헬라스인이 트로이에 보낸 목마를 말함)을 거부하는 일이다. 하지만 그 수단들은 여러 가지가 있다. 마카베오류의 공공연한 전쟁이라는 적극적 방법으로부터 자기 격리라는 소극적 방법—이는 일본의 경우처럼 정부 정책으로서 쇄국의 형태로 이루어지거나 분산된 유대인식 사기업(私企業)에 의해 특수한 민족의 특수성을 유지하고자 하는 개개인의 행동으로 나타나도 상관없다—에 이르는 갖가지 수단이 있다.

한편 헤롯주의 쪽은 수단이 뚜렷하다. 그것은 종교이건, 발전기이건, '헬라스인의 선물'을 받아들이는 일이다. 그러나 목적은 무엇인가. 모든 헤롯주의자 가운데에서도 가장 철저한 헤롯주의자였던 스칸디나비아인·북유럽인·노르만인의 경우, 그들의 목적은―그것은 아마 무의식적으로 추구된 것일 테지만, 어쨌든 효과적으로 이루어졌다―자신들이 맞닥뜨린 문명과의 완전한 융합이었다. 노르만인들이 놀랄 만한 속도로 개종, 지도권 획득, 소멸의 단계를 통과한 일은 중세 서유럽사에서 누구나 다 아는 사실이다.

앞서 이 '연구' 속에서 우리는 동시대의 관찰자 아풀리아의 윌리엄이 쓴 다음 두 줄의 시구를 인용한 일이 있다.

　　그들은 그들의 규범에 합치되는 관습과 언어를
　　그들 자신의 것으로 전환시켜 하나의 인종이 되려고 한다.

그러면 헤롯주의의 목적은 늘 그러했던가? 헤롯대왕의 정책을 올바르게 해석하면 헤롯주의 명칭의 근원이 되었던 영웅은―그 생각은 다른 예를 검토했을 때 지적했듯이 잘못된 것이었지만―이른바 동종요법적(同種療法的)으로 조금씩 헬라스 문화를 받아들이는 일이 유대 민족의 존속을 확보하는 최선의 방법이라고 믿은 것이다. 그래서 근대 일본의 헤롯주의는 확실히 노르만인의 방법보다도 헤롯이 취한 정책에 가까웠다. 근대 일본의 정치적 지도자는 기술적 혁명으로 일본을 서유럽식 강국으로 만드는 것 말고는 일본 사회가 독립국가로서의 정체성을 지켜 나갈 수 없다는 견해를 가졌다. 즉 헤롯주의적 수단에 의해 젤롯주의적 목적을 추구했던 것이다.

이 진단을 지지한 증거는 기술면에서 서유럽화를 추진한 일본 정부가 1882년에 국가의 신도 조직을 공적으로 규정해 법령을 제정한 사실에서 보여진다. 이 법령의 취지는 불교가 건너오기 이전의 이교를 부흥시키고, 이를 일본의 민족·사회·국가를 신격화하는 수단에 이용하려 했던 것이다. 그 때문에 태양 여신의 신성한 후예인 황실에 대한 복고적 숭배 형식이 부활되었다. 이것은 현인신(現人神)인 만세일계(萬世一系)의 천황을 국민 전체의 세습적 신으로 받아들여 현세에서 숭배하도록 규정한 것이다.

최초에는 참으로 단순한 이분법이라고 생각되는 우리의 두 단어가 막상 실제로 그것을 적용하려고 하면 곤란을 겪게 된다는 것은 어느 예를 보나 인정할 수밖에 없다. 이를테면 시오니즘 운동은 어느 쪽에 넣으면 좋을까?

시온주의자들의 생각은 명백히 젤롯주의적 전통 신앙만을 엄격히 지키는 퓨리턴적 유대인으로부터 탈피해 유대인 국가를 세울 수 있는 '약속의 땅'으로, 즉 신 자신만이 시기를 택해 실현하는 권한을 갖고 있는 이 (실재하는) 땅으로 복귀하고자 하는 것이었으며, 그 물리적 복귀를 자기들의 주도권에 의해 힘으로 이루어질 수 있다고 생각하는 것은 불경한 죄라 하여 반대했다.

그와 동시에 이 운동은 헤롯주의적 동화론자(同化論者)들로부터도 확실히 비난을 받았는데 이들은 유대인을 '특수한 민족'이라 믿는 비합리적 신앙을 한탄했고, 정도의 차이는 있지만 어느 것이든 유대적 신앙은 다른 신앙과 마찬가지로 이미 그 임무가 끝난 번데기라 생각해 근대 후기의 자유주의적 주장을 받아들였다.

20세기에 가장 중요한 두 인물, 레닌과 간디도 마찬가지로 우리를 당황케 하는 수수께끼를 제공한다. 왜냐하면 두 사람 모두 로마나 야누스신과 마찬가지로 동시에 양방향으로 얼굴을 돌리고 있는 것처럼 보이기 때문이다.

두 사람의 저작에서 서유럽과 서유럽이 만들어 낸 온갖 것들에 대한 늘 같은 투의 한없는 욕은 얼마든지 주워 모을 수가 있다. 그러나 둘의 가르침은 서유럽 문명 전통의 여러 요소—레닌의 가르침은 마르크스에서 유래되는 유물론의 전통이며, 또 간디의 가르침은 조지 폭스(프렌드회, 즉 퀘이커파의 창시자)의 추수자에 의해 전해진 그리스도교의 전통으로—로 가득 차 있다. 간디는 힌두 사회의 카스트 제도를 비난하고 있으나 이 점에서는 그가 국수주의적 경제 운동을 펼쳐 나가고 있는 동안에도, 너무나 비수용적인 힌두 세계에 서유럽적인 복음을 전해 주고자 했음을 보여주는 것이다.

공격을 받은 문명 사회의 정치 체제 안에서 그 구성원이 취할 수 있는 두 가시 방침으로서 이 경우의 젤롯주의와 헤롯주의는 이 논의의 처음에 든 몇 가지 단순한 예들—거의 너무 지나치게 단순화한 예들—말고는 자기 모순에 빠져 구별이 애매해지는 것처럼 생각된다. 그러면서도 우리가 이 두 가지 태도의 논의를 시작한 것은 사회적·정치적 방침으로서가 아니라, 개인 영혼의 응전으로서였다는 점을 기억해야 한다. 영혼의 응전으로서 본 경우 이 두 가지 태도는 우리가 '복고주의' 및 '미래주의'라 이름붙이고, 앞서 이 '연구' 속에서 쇠퇴기를 거쳐 해체기에 들어간 문명에서 나타나는 '인간 영혼의 분열'을 살펴봤을 때 검토를 가한 두 가지 반응의 예로 보아도 된다.

그때 우리는 복고주의의 정의를 어떻게 내렸는가 하면, 고난의 시대를 보내는 동안 먼 옛날일수록 한층 더 통절하고 애석하게 그리는—그리고 대부분 비역사적으로 이상화되는—하나의 행복한 상태로 돌아가고자 하는 시도라고 말했다. 이 정의는 뚜렷하게 젤롯주의를 포함한다. 같은 부분에서 우리는 복고주의의 특색에 대해 다음처럼 말했다.

"이제까지 알아본 복고주의의 예는 거의 모두가 실패했거나, 실패라고까지는 할 수 없어도 헛수고에 그치는 경향이 있었는데, 그 이유를 발견하기는 그다지 어렵지 않다. 복고주의자는 바로 그의 성향 때문에 과거와 현재를 조화시키는 노력을 꾸준히 해야 한다. 과거와 현재가 서로 대립함으로써 양립이 불가능하다는 사실이 생활 속에서 복고주의의 약점인 것이다. 복고주의자는 어느 방향을 택하든 순탄치 않은 딜레마에 빠져 있다. 현재를 고려하지 않고 과거로 돌아가려 한다면, 계속 전진하여 멈출 줄 모르는 현실적 삶의 힘이 그가 만든 약한 건축물을 박살내고 말 것이다. 한편 과거를 회복하는 일을 현재를 원활히 이끌어 가는 일보다 가치있게 여기지 않는다면, 그의 복고주의는 겉으로 시늉만 내는 가짜라 말할 수밖에 없다."[*4]

복고주의(젤롯주의적)와 같은 맥락에서 미래주의는 알 수 없는 세계인 미래 속으로 뛰어듦으로써 불쾌한 현재로부터 도피하려는 시도라고 정의를 내렸으나 이 방법 또한 실패를 불러온다.

헤롯주의는 어떤가 하면, 그것은 다른 문명 사회 제도와 정신을 가져와 모방하는 것으로, 잘 받아들인다 해도 그리 신통치 않은 물건을 서툴게 다시 손질한 것에 지나지 않으며 잘못되면 서로 맞지 않는 요소의 물건들을 부조화스레 모아 놓은 것이 되고 만다.

복음주의
'젤롯주의도, 헤롯주의도 똑같이 자기 파탄을 불러온다'는 것이 문명들의 만남 그 뒤의 정신적 결과를 물었을 때 역사의 신탁이 알려주는 최후의 말인가? 만일 그것이 최후의 말이라고 한다면 인류의 앞길은 암담한 것이 된다.

---

*4 본 역서 제5편 문명의 해체 제19장 정신의 분열 7 복고주 593쪽 참조.

왜냐하면 우리가 하는 이 문명의 시도는 도저히 오를 수 없는 가파른 언덕을 기어오르려는 실행 불가능한 시도라는 결론을 내릴 수밖에 없기 때문이다.

이 중요한 시도는 앞서 한 말을 떠올려 보면, 인류가 인류 역사의 중대한 단계에서 방향 전환을 이룬 뒤에 뒤따르는 온갖 어려움들을 인간의 본성 안에 잠재된 상상력·대담성·융통성 등 여러 능력을 드러내 극복하게 해준 새로운 출발점이었다. 미메시스의 능력을 에피메테우스*5적으로 뒤를 향해 인습에 물든 연장자나 선조들을 보고 발휘했기 때문에, 오랫동안 진보를 멈춘 상태의 미개인은 이제 막 사회적으로 꼭 필요한 능력을 갖추고 앞을 헤쳐 나가는 개척자로서 그 모습을 드러내며, 창조적 인격으로 방향을 바꿈으로써 다시 프로메테우스적 약진을 하게 되었다.

그렇다면 후대의 연구자는 자문할 수밖에 없는데, 이 새로운 운동은 이들 미개 시대 문화적 영웅들의 후예를 대체 어디까지 데리고 가려는가? 또 이 운동이 힘이 빠져 정지되었을 때 그들은 그 영웅들의 숨겨진 정신적 에너지를 끄집어내어 다시 한 번 창조적 행위를 반복할 수 있을까? 만일 이 마지막 물음에 대한 대답이 부정적이라면, 문명의 과정에 있는 미완성된 인간의 앞날은 어둡다고 말할 수밖에 없다.

젤롯주의자는 뒤를 돌아보는 인간이다. 헤롯주의자는 스스로를 앞을 보고 있는 줄로 알지만, 실제로는 옆을 보면서 옆 사람의 흉내를 내려고 하는 인간이다. 이것으로 이야기는 끝난 것일까?

만일 문명의 역사가 이야기의 전부라면 이것으로 끝이 난 것인지도 모르지만, 문명을 이루려는 인간의 시도가 인간과 신의 영원히 계속되는 만남에 대한 이야기의 한 장에 불과한 것이 아니라면, 끝난 것은 아니라고 말하는 게 아마 올바른 대답일 것이다. 〈창세기〉에 나와 있는 홍수 설화에서 아담의 자손이 거의 전멸하다시피한 대홍수 뒤에 하느님은 노아와 노아를 구한 뱃사람에게 "다시는 물이 모든 혈기 있는 자를 멸하는 홍수가 되지 아니할찌라"(〈창세기〉 9 : 15) 이렇게 약속하셨다. 우리는 사실 복고주의와 미래주의의 실패를 기록할 때 제3의 가능성을 이미 발견했다.

뭔가 내부로부터의 새로운 역동적인 힘이나 또는 창조적인 움직임에 의해

---

*5 프로메테우스의 동생. 형의 이름이 '선견'을 뜻하는 데 비해 '뒤에 하는 생각' 또는 '후회'를 뜻하고 있다.

도전받는 경우에 살아 있는 개인 또는 사회는 그 도전 때문에 반드시 앞서 우리가 '이상'이라고 이름붙인 기존의 상태를 언제까지나 계속해서 쇠퇴시키든가, 아니면 혁명을 폭발시켜 쇠퇴시키든가 해서, 결국 무익한 선택을 해야 한다는 법은 없다. 낡은 질서와 새로운 출발 사이에서 서로 적응해 가장 높은 수준의 조화에 이를 수 있는 구원의 중간 길이 열려 있다. 사실 이 '연구'의 문명의 성장을 이야기한 부분에서 우리가 분석한 과정이 바로 그것이었다.

마찬가지로 이미 기정 사실이 된 쇠퇴의 상태가 우리 삶에 도전해 올 경우에, 운명의 손에서 살기 위해 싸움의 주도권을 되찾으려고 노력하는 개인 또는 사회는 똑같이 현재로부터 도피해 과거 속으로 뛰어들거나 아니면 아직 이르지 않은 미래 속으로 뛰어드는, 무익한 선택을 반드시 하여야 한다는 법은 없다. 이 경우에도 초연히 물러난 뒤에 다시 변화를 꾀하는 중간 길이 열려 있다.

쇠퇴기 문명이 창조적 탄생에 도전하는 방법에 대한 이 추상적인 표현이 실질적인 내용을 담으려면, 우리가 넓은 뜻으로 사용해 온 명칭의 기원, 즉 젤롯주의자들과 헤롯주의자들이 저마다 막다른 골목에서 길을 찾아 헤매고 있던 기원후 1세기의 로마 제국 벽촌 한구석에 다시 한 번 눈을 돌려, 이 두 파의 어느 한 쪽이 아니라, 그들과 동시대의 한 인간에게 주의를 집중하면 된다.

바울은 이방인 거리의 타르수스에서 바리새인으로서 문화적 고립주의자로 자랐다. 그리고 동시에 같은 장소에서 그리스식 교육을 받고 로마 시민이 되었다. 따라서 젤롯주의적인 길과 헤롯주의적인 길 둘 다 그의 앞에 열려 있었던 셈인데, 그는 젊었을 때에는 젤롯주의를 택했다. 그러나 다마스커스로 가는 길에서 본 환영 때문에 처음에 선택한 젤롯주의를 떠났을 때, 그는 헤롯주의자가 되지는 않았다. 이 두 가지 길을 다 넘어선 창조적인 길이 그때 그에게 계시된 것이다.

그가 로마 제국을 이리저리 바쁘게 설파하고 돌아다닌 것은 헬라스 문화에 대비되는 유대 문화도 아니었거니와, 유대 문화에 대비되는 헬라스 문화도 아닌, 서로 대립하는 두 문화의 정신적 부를 편견에 치우침 없이 양쪽 모두를 활용하는 새로운 생활 태도였다. 이 복음의 길에는 앞을 가로막는 어떠한 문화적 국경도 있을 수 없었다. 왜냐하면 그리스도 교회는 우리가 이제까지 그 상호 만남을 살펴본 문명들과 같은 종류에 속하는 새로운 사회가 아니라 종류를 완전히 달리하는 정신적·창조적 사회였기 때문이다.

[보주]
'아시아' 와 '유럽' —사실과 공상

헤로도토스는 그의 역사 서설 속에서 아케메네스 왕조가 헬라스인에 대항해 싸움을 걸게 된 동기에 대해 페르시아 측의 관점을 설명하고 있다. 그의 말을 빌리면, 페르시아인은 피의 원한을 이어받았다고 믿고 있었으므로 헬라스인에 맞서서 트로이를 포위하고 약탈하는 방법으로 복수를 해야 할 의무를 지니고 있다고 생각하고 있었다. 즉 트로이와 페르시아 사이의 두 전쟁은 '유럽'과 '아시아' 간에 역사적으로 연속된 원한에 의해 생긴 사건이라는 것이다. 말할 나위도 없이 역사적 사실로 보면, 페르시아인들은 전혀 그러한 의무를 느끼고 있지 않았다. 그들은 호메로스를 배운 적이 없었으므로, 예를 들어 트로이 전쟁이 실재적인 역사적 사건이었다 하더라도 아마 트로이 전쟁에 대해서는 몰랐을 것이다. 또 트로이인과 페르시아인 사이에 같은 '아시아인'이라는 연대감이 있었다고 가정하는 헤로도토스의 설도 역사적으로 근거가 없음은 두 말할 필요도 없다. 이 설이 얼마나 황당무계한가는, 그와 똑같은 방법으로 미국의 독립전쟁을 유럽과 미국 사이의 역사적 원한으로 상정하고, 다리우스(그리스 본토 정복을 시도한 아케메네스 왕조의 왕)에 해당하는 워싱턴이, 아가멤논에 해당하는 코르테스(1519년에 멕시코를 정복한 에스파냐 인)가 앞서 행한 멕시코 공략 같은 복수를 해야겠다는 생각으로 '유럽'에 대해 한 것이라고 설명한 것을 보면 잘 알 수 있다.

그럼에도 헤로도토스가 꾸며낸 말이 흥미와 중요성을 지니는 까닭은 '유럽'과 '아시아'가 서로 세력을 다투어 대립한다는 생각을 퍼뜨렸기 때문이며, 이는 지금도 우리 지도상에 우랄 산맥이라는 대수롭지 않은 산줄기를 따라 길게 두 대륙으로 흔적을 남기고 있다. 이것은 헤로도토스가 처음으로 생각해낸 것은 아니다. 왜냐하면 기원전 472년에 만들어진 아이스킬로스의 「페르시아인」 속에서 이미 '아시아'라는 명칭이 페르시아 제국의 일반적 동의어로서 쓰이고 있기 때문이다. 그러나 '유럽과 아시아 사이의 원한'에 대한 생각은 헤로도토스의 저작 전체를 지배하면서 통일성을 주고 있는 주제인데, 기원전 5세기의 이런 헬라스 사회적 공상이 그 뒤 널리 유행하게 된 것은 주로 그의 비범한 필력에 따른 것이다.

이 같은 공상이 생겨난 것은 어떤 상상력이 풍부한 헬라스인이 헬라스 사회에서 옛부터 사용되어 왔던 '유럽'과 '아시아'라는 두 지명에 혁명적인 변화의 뜻을 주어 그 지명을 항해자의 해상 지도로부터 정치 평론가의 정치 지도와 사학자의 문화 지도로 옮겨 실었을 때였다. 이 상상력의 움직임은 알맞은 것이었다고는 볼 수 없다. 항해자가 지중해와 흑해 간의 일련의 수로 양안을 구별한 것은 마땅한 일이었으며 또 유용한 일이었다. 그러나 이 일련의 수로가 정치적 경계와 일치한 것은 기원전 547~513년(페르시아 제국 건설기, 제국의 판도가 지중해와 흑해 이남으로 경계지워져 유럽과 구분됨)과 386~334(마케도니아가 동방 원정으로 페르시아와 그리스 세계의 판도 확립)을 전후한 2회의 단기간을 제외하고는 인간의 역사가 시작된 이래 이 책이 집필될 때까지 한 번도 없었다. 지중해와 흑해를 항해한 항해자의 눈에 비친 두 '대륙'이 서로 다른 문화의 영역과 일치했나 하는 점에 대해서 역사가는, 폭이 허드슨 강과 비슷하나 아마존 강보다는 좁은 보스포루스와 헬레스폰투스(현재의 다른 다넬스 해협) 이 두 해협의, 아주 붙어 있다고 해도 좋을 정도의 양안에 사는 '아시아인'과 '유럽인' 사이에 두드러진 문화적 차이가 있었던 시기를 지적할 수가 없었다.

헬라스 사회의 항해자가 그의 세력권인 에게 해에서 자신의 자유로운 활동영역과 동쪽으로 경계를 이루는 대륙을 지적하기 위해 사용한 '아시아'라는 명칭은 카이스테르(오늘날의 소(小) 멘데레스 강) 유역의 늪지를 가리키는 그 무렵의 국지적 명칭에서 비롯한 것 같다. 최근의 고고학적 발견은 이 명칭이 히타이트의 공적 기록에 실려 있는 기원전 13세기 경 서아나톨리아 지방 소국의 명칭이었음을 뚜렷이 했다.

그리스어의 어휘 속에 들어 있는 히타이트어 명칭은 이 아시아라는 명칭뿐이 아니었을지도 모른다. 그리스어로 '왕'을 뜻하는, 명백히 비(非) 그리스어적인 '바실레우스'라는 말은 실제로 존재했던 히타이트 왕 '비야실리스'라는 이름에서 유래하는 것으로 추측되고 있다. 이 왕은 아카이아인 해적이 처음으로 팜필리아(터키 남서부의 고대지방)의 연해 지방과 접촉한 시기에 해당하는 기원전 14세기에 유프라테스 강변의 카르케미시에 도읍을 정해 통치했던 왕이다. 만일 이 어원설이 올바르다면 바실레우스라는 말은 카를로스 대제, 즉 샤를마뉴라는 이름에서 비롯되었음이 알려져 있는 몇 가지 슬라브계 언어에서 '왕'을 뜻하는 '크랄'에 해당하는 말이 되는 셈이다. '유럽'이라는 명칭의 기원은 매우 불분명한 점이 많다. 그것은 어쩌면, 태양이 서쪽으로 지는 어두운 곳을 뜻하는 페니키아어 '에레브'(아랍어로 '서쪽'을 뜻하는 Gharb(아르브)에 대응된다)가 그리스어에서 변형된 것인지도 모른다. 또 만일 페니키아의 항해자에게서 빌려 온 말이 아니라 그리스어 고유의 말이라면, 섬에 비해 '넓은 면을 가진' 육지라는 뜻이었는지도 모른다. 그리고 또 소의 화신이었기 때문에 '넓적한 얼굴'을 지녔던 여신(제우스에 유혹
된 예우로페)의 이름인지도 모른다.

기원은 문제삼지 않더라도 이 두 명칭으로 항해자는 대륙을 섬과 구별하고 있었다(즉 수로가 끊기게 되어 배를 버려두고 떠나야 하는 대륙과 수로로 우회하여 더 앞으로 나아갈 수 있는 섬을 구별하고 있었다). 지중해·흑해·에게해에서 바라본 대륙의 아시아측 또는 유럽측 해안을 따라 조금씩 북상하면서 그는 차례차례 세 해협—다르다넬스·보스포루스·케르치 해협—을 통과해 갔다. 그러나 케르치 해협을 지나고 아조프 해를 횡단해 돈 강을 배로 항해할 수 있는 곳까지 거슬러 올라가면, 마주 보는 대륙이 이미 구별되지 않는 지점에 달한다. 유라시아 초원의 유목민이건 카르파티아 산맥의 동쪽 사면에서 알타이 산맥의 서쪽 사면에 걸쳐 퍼져 있는 흑토 지대의 유라시아 농민이건 흑해의 북쪽 대륙에 살고 있는 육상 생활자에게는 유럽과 아시아의 구별이 전혀 무의미한 것이었다.

유럽과 아시아의 구별은 근대 서유럽 문명이 헬라스 문명 세계로부터 이어받은 유산 가운데 가장 유용성이 적은 것 중의 하나이다. 교실에서 가르쳤던 '유럽 러시아'와 '아시아 러시아'의 구별은 언제나 무의미한 것이었지만 해로울 것도 없었다. 그러나 그와 병행하는 '유럽 터키'와 '아시아 터키'의 구별은 많은 혼란된 생각을 낳게 하는 원인이 되었다. 문명의 분포 범위에서 사실상의 경계선은 이런 고리타분하게 꾸며낸 말과는 아무 관계도 없다. 의심할 여지가 없는 지리적 현실로 존재하는 것은 우리가 유라시아 대륙이라 부르는 한 대륙일 뿐이다. 또 이것은 너무도 크고 불규칙한 형태를 지니고 있으므로 편의상 몇 개의 아대륙으로 나눌 수 있다. 그 아대륙(subcontinent : 인도·그린
란드 따위) 속에서도 히말라야 산맥이 육지의 경계선으로 되어 있어 가장 구획이 확실한 것은 인도이다. 유럽 또한 하나의 아대륙임에는 틀림없으나 유럽 육지의 경계는 인도의 것과는 달라, 예부터 늘 '리메스'(섬으로서
의 경계)라 하기보다는 오히려 '리멘'(의식의 경계)이었으며 우랄 산맥(러시아 중부 동유럽 평원과
서시베리아 저지 사이의 산맥)의 서쪽 멀리에 있다는 것은 확실한 사실이었다.

제10편 문명의 시간적 접촉

제34장 르네상스 개관

1. 서론—르네상스의 개념

'르네상스*¹'라는 말은 사멸한 헬라스 문명이 서유럽 그리스도교 문명 사회의 특정한 시대와 장소, 곧 중세 말의 북부 및 중부 이탈리아에 미친 영향을 가리키는 것인데, 처음 이 용어를 사용한 사람은 프랑스의 저작자인 E.J. 들레클뤼즈(1781~1863)였다. 죽은 문명이 현존하는 문명에 영향을 미친 것은 이것이 결코 역사상 유일한 예는 아니다. 여기서 우리는 이 말을 그 같은 현상 전체를 나타내는 일반적 명칭으로 해석하여 그 현상을 살펴보기로 하자.

이 때 우리는 우리가 의도하는 것 이외의 것을 포함하지 않도록 주의해야 할 것이다. 보통 '르네상스'라고 하면 미술과 문학 두 가지 영역에 한정해서 사용하는 것인데, 이 두 영역에서의 헬라스 문화가 이탈리아에 들어온 것은 비잔틴 학자들과의 접촉을 통해서이며, 그것은 물론 죽은 문명과의 시간적 만남이 아니라 우월한 문명의 흔적이 묻어 있는 살아 있는 문명과의 공간적 만남으로, 이 '연구'의 9편에서 논한 문제에 속한다.

또 '그리스 문명이 알프스를 넘고' 이탈리아의 르네상스가 프랑스를 비롯한 알프스 너머 서유럽 여러 나라의 미술과 문학에 영향을 미친 것도 그것이 직접 '고대' 그리스에서 온 것이 아니라, 동시대의 이탈리아를 통해 온 것이므로 엄밀하게 말해 르네상스(재생)가 아니라, 어떤 문명 사회가 먼저 받아들인 다음 같은 문명권의 다른 사회에 전달한 것에 불과하다. 따라서 '성장' 문제에 속하는 것으로 이는 이 '연구'의 제3편에서 다룬 사항이다.

그러나 이상의 논리적 구별은 조금은 지나치게 엄밀한 경향이 없지 않다. 단

---

*1 '재생'이란 뜻으로, 매튜 아놀드가 1845년에 영어 표기를 처음 시작했다고 옥스퍼드 사전에 나와 있다.

실제적으로도 사멸한 문명과의 직접적 만남이라는 뜻에서의 '순수한' 르네상스와, 위에서 말한 것 같이 이른바 불순물이 섞인 르네상스를 구별하는 것은 힘들고 불필요한 일이다.

탐구를 시작하기 전에 르네상스에는 현재와 과거의 만남이 있는데 이것은 다른 두 형태와 구별되어야 함을 인식해야 한다. 하나는 죽어 가고 있거나 죽은 문명과 그의 태아 또는 유아 후계자와의 사이에 있는 '부자' 관계이다. 이것은 이미 논의한 문제로서 어버이와 자식의 비유에서도 암시되어 있듯이 정상적이고 필연적인 현상이라 보아도 무방하다. 이와 반대로 르네상스는 제구실을 할 수 있게 성장한 문명과 오래전 사멸한 그 어버이 문명의 '망령'과의 만남이다. 이런 것은 흔히 있는 현상이지만, 비정상적이라고도 말할 수 있으며, 또 조사해 보면 때로 유해하다는 것을 알 수 있다.

르네상스와 구별해야 할 또 다른 형태의 현재와 과거의 만남은, 우리가 복고주의라고 부르는 현상인데 그것은 복고주의자 자신이 속하는 문명 사회 이전의 발전 단계로 되돌아가고자 하는 시도이다.

이상 세 가지 형태의 현재와 과거의 만남 사이의 구별 말고도 분명히 해두어야 할 점이 있다. '부자' 문명의 관계에 있어 접촉하는 두 사회는 아주 다른, 실제로 서로 반대되는 발전 단계에 있음이 틀림없다. 어버이 문명이 노쇠한 해체기의 사회라면, 자식 문명은 태어난 지 얼마 안 되어 '응아, 응아 울고 젖을 토하는' 갓난아기이다. 다음으로 복고 움직임이 일어나고 있는 사회는 명백히 현재 그 사회가 놓인 상태와는 아주 다른 상태에 열중하고 있는 것이다. 다르지 않다면 굳이 되돌아갈 필요는 없을 테니 말이다.

그런데 르네상스가 시작된 사회는 자식 문명이 어버이의 망령을 부를 때 현재 그 자식이 머물러 있는 단계와 같은 발전 단계에 있었던 때의 어버이 망령을 불러내는 경우가 많다. 이는 마치 햄릿이 성벽에서 아버지의 망령을 만날 때 '은백이 섞인 흑갈색' 수염을 한 아버지이거나, 햄릿 자신의 나이와 같은 때의 아버지 망령을 만나는 것과 같은 일이다.

2. 정치적 사상과 제도의 르네상스

중세 말기 이탈리아에서의 헬라스 문명의 르네상스는 문학이나 예술보다는 정치적인 분야에서 서유럽 사회에 오래 영향을 미쳤다. 더욱이 이러한 정치적 영향은 예술에 대한 영향보다 더 오래 지속되었을 뿐만 아니라 한 걸음 앞서 나타났다. 그것은 롬바르디아의 모든 도시가 주교의 통제를 벗어나 시민에 대한 의무를 책임지는 치안위원회 관할의 자치 조직(코뮌)으로 이행된 시기에 시작되었다. 11세기의 이탈리아에 부활된 그리스의 도시 국가 제도는 이탈리아 문화가 알프스 너머 서유럽 그리스도교 세계의 모든 지역에 전파됨에 따라 서유럽 봉건 군주국 국민들에게도 마찬가지 영향력을 미치게 했다. 초기의 좁은 범위에서, 나중에는 넓은 영역에까지 이 헬라스 문명 부활의 영향은 같은 것이었다. 겉으로 나타난 효과로서 입헌 정치 제도에 대한 예찬을 널리 퍼뜨리며 이 입헌 정치 체제에 대한 헬라스의 명칭은 '민주주의'로 불리게 되었다. 하지만 이 입헌 정치를 이행하는 데에는 어려움과 실패가 뒤따랐다. 최초에는 이탈리아의 도시 국가들에서, 뒤에는 좀더 광대하고도 유해한 규모로 혼란이 일어났으며, 헬라스의 유산인 폭군의 등장에 길을 열어주게 되었다.

800년의 성탄절에 샤를마뉴가 성베드로 사원에서 교황 레오 3세로부터 로마 황제의 왕관을 전해 받았을 때 헬라스 문명의 또 다른 망령이 중세 무대 위에 나타났다. 이 관례 또한 그 뒤 긴 역사를 갖게 되었다. 이러한 이름만의 황제들 가운데 누구보다도 가장 열정적이며 현학적인 헬라스 문화의 심취자는 작센의 오토 3세(재위 983~1002)로서, 그는 정부 소재지를 그 무렵 동서 그리스도교 사회의 공유 영역인 손바닥 만한 땅에 불과한 로마로 옮겼다. 오토 3세가 예전의 로마 제국 수도에 자리를 차지한 목적은 서유럽 그리스도교 사회를 속여온 허약한 허수아비로서의 로마 황제의 힘을, 비잔틴 제국의 부에 힘입어 강화하기 위해서였다. 다른 곳에서 말한 바와 같이, 오토 3세가 일찍 서거한 뒤에 무산된 이 실험은 그로부터 200년 뒤 호엔쉬타우펜가의 프리드리히 2세라는 천재에 의해 좀더 유리한 상황 아래서 되풀이되어 놀라운 결과를 가져왔다.

그로부터 여러 세기가 지난 뒤 루소는 플루타르크적인 헬라스 문화를 보급시켰다. 그 결과 프랑스 혁명 지도자들은 솔론(아테네의 경제제도 입법자)이나 리쿠르고스(스파르타의 대법전 확립)를 증거로 내세우는 데에 지칠 줄을 몰랐으며, 또한 그들의 부인들이나 집정관에게 이른바 '고전적' 옷차림을 하게 했다. 나폴레옹 1세가 '집정관'이란 칭호에 만족하지 않고 자신을 그보다 더 높은 '황제'라 칭하며, 또한 자신의 대를 이을 후계자에게 '로마 왕'의 칭호를 내린 것은 마땅하지 않을까? 이 칭호는 중세 서유럽의 '신성 로마 황제' 물망에 오른 그 후보자들이 로마에서 교황에 의해 대관식이 치러질 때까지(물론 후보자들 대부분은 이 신성한 의식을 받을 수가 없었다) 잠정적으로 사용한 칭호였다. 이 칭호는 매우 자연스러운 과정이었다. 제2대 나폴레옹(이른바 나폴레옹 3세)은 자신이 실제로 썼는지, 아니면 다른 사람에게 쓰게 했는지는 확실치 않으나, 그의 이름으로 카이사르의 전기를 냈다. 마지막에 히틀러도 베르히테스가덴에 있는 마법에 걸린 바르바로사 왕의 신성한 동굴 위 돌출한 바위산에 저택을 짓고, 합스부르크가의 박물관에서 훔쳐 온 샤를마뉴의 왕관을 수장하고 망령의 망령에 대해 경의를 표했다.

그러나 서유럽 그리스도교 사회의 군주 제도 주위에는 또 하나의 좀더 인자한 망령이 돌아다니고 있었다. 800년의 성탄절에 프랑크 왕이 교황에게서 황제관을 전해받아 로마 황제가 됨으로써 서유럽에 로마 제국이 형태상으로 부활되었으나, 이와 같은 군주의 즉위에 대해 종교적 승인을 준다는 관습은 헬라스 사회의 역사에는 전례가 없다. 그러나 이날 로마에서 거행된 대관식에 아주 적합한 전례는, 751년 스아송(^{파리의 동북}_{에 있는 도시})에서 오스트라시아의 집사장 피핀이 교황 자카리아스(^{재위}_{741~52})가 보낸 성 보니파키우스(^{672~}₇₅₄)에 의해 대관식과 부유성사를 받고 프랑크 왕이 된 의식 속에서 찾아볼 수 있다. 서고트족 시대의 에스파냐에서 이미 관례가 되어 있던 이 서유럽 교회의 성스럽고 특별한 배려 아래 왕위에 오르는 성화(聖化) 의식은 〈사무엘〉과 〈열왕기〉에 기록되어 있는 대로 이스라엘 관습의 부활이었다.

예언자 사무엘에 의한 다윗 왕의 성화 의식, 사제 사독과 예언자 나단에 의한 솔로몬 왕의 성화 의식은 서유럽 그리스도교 사회에서 모든 국왕 및 왕비의 대관식이 따른 전례이다.

3. 법률제도

로마법은 초기에 로마 국민의 필요를 충족하기 위해서, 나중에는 헬라스 사회 전체의 필요를 채우기 위해서 유스티니아누스 대법전이 성립되기까지 10세기 동안 서서히 고심 끝에 완성되었으나, 로마법이 지배하던 사회 생활 양식이 붕괴됨에 따라 빠르게 좌초하여 시대가 흐르면서 그대로 폐기된 사실은 이미 앞에서 말한 바이다. 이는 헬라스 문명 세계의 서쪽뿐만 아니라 동쪽에서도 마찬가지였다. 그 뒤 법률과 정치에서 새로운 생명의 징후가 나타나기 시작했다. 살아 있는 사회에 살아 있는 법을 마련하려는 움직임이 최초에 취한 형식은 8세기 무렵 사람들의 머리 위에 높이, 마치 노아의 방주처럼 사멸되어간 헬라스 문화의 장대한 궁전 지붕 위에 올려놓여 있던 로마법을 부활시키는 모양새는 아니었다.

새로이 탄생된 동서 두 그리스도교 사회는 어느 쪽이나 처음에는 그리스도교를 표방하는 국민들을 위해, 그리스도교 법률을 만들어 내려고 시도함으로써 신의 섭리에 대한 신앙이 진실되고 꾸밈이 없음을 증명했다. 그러나 두 그리스도교 사회는 모두 이 새로운 출발을 시험한 뒤에, 처음에는 그리스도교 사회가 유대 사회로부터 물려받은 성서 가운데 포함되어 있는 모세 율법을, 다음에는 유스티니아누스 법전 가운데 화석화된 형태로 남아 있는 로마법을 부활시켰다.

그리스 정교 사회에서 그리스도교적 법률 제정은 동로마 제국의 시리아 왕조를 창시한 레오 3세와 그 아들 콘스탄티누스 5세의 공동 치하 시대인 740년에 '그리스도교 법전'이 공포됨으로써 시작되었는데, 이는 '그리스도교의 원칙을 적용함으로써 제국의 법 체계를 변화시키려는 계획적인 시도'였다.*2 그러나 새로운 그리스도교적 법률의 탄생은 불가피하게 유대 율법의 부활을 가져왔는데, 그리스도 교회는 그리 달가워하지 않으면서도 성서의 정전(正典) 안에 포함시키기로 한 것이다. 그것이 모세적인 것이었는지, 그리스도교적인 것이었는지 간에, 시리아 태생의 두 황제에 의해 세워진 법체계는 차츰 복잡성을 더해 가는 비잔틴 사회의 실정에 맞지 않게 되었다. 그래서 870년 이후 마케도니아 왕조의 창시자인 바실리우스 1세(동로마 황제, 재위 867~886)와 그 뒤를 이은 아들들 및 후계자들은 "이사우리아 왕조(초대 황제 레온의 출생지가 소아 시아로서 시리아 왕조라고도 한다)가 선포한 어리석고 졸렬한 법률을 전면적으로 거부하고 폐기한다" 선언했다. 이같이 선인들을 철저하게 비방하고 욕한 마케도니아 황제들은 유스티니아누스 법전을 부활하는 데 온 힘을 다했다. 그리고 그들은 마치 건축 영역에서 19세기 고딕 양식을 부활시킨 사람들이 그들 스스로를 진정한 고트족이라고 믿었던 것처럼, 이 마케도니아 황제들은 이렇게 함으로써 자신들이 부활시킨 법률이 참다운 로마적인 것으로 굳게 믿고 있었다. 그러면서도 모든 부활이나 부흥에 따르는 난점은 사물의 본질상 '본래의 것'이 될 수 없다는 점이다. 그것들은 마담 튀소 진열관(런던)에 있는 납세공 인

---

*2 Gibbon, Edward : *The History of the Decline and Fall of the Roman Empire.*

형이 이것을 관람하기 위해 회전문을 통해 입장하는 살아 있는 사람과 다른 것과 마찬가지다.

서유럽 그리스도교 사회에서도 처음에는 그리스도교적 법률을 새로이 만들어 내려는 노력이 행해지면서 곧 모세와 유스티니아누스의 망령이 차례로 나타나는 과정을 더듬게 되는데, 서유럽의 무대에서 레오 시루스의 역할을 해낸 것은 샤를마뉴(카를로스 대제)였다.

"카롤링 왕조의 법률은 …… 서유럽 그리스도교 세계에 새로운 사회 의식이 나타났음을 가리킨다. 그때까지 서유럽 모든 왕국의 법률은 낡은 야만 시대의 부족법에 그리스도교적 요소를 부가적으로 덧붙인 것이었다. 비로소 과거와의 연결이 완전히 단절된 그리스도교 세계는 이제야말로 교회와 국가의 모든 사회적 활동 영역을 포괄하여 그리스도교 정신이란 유일한 기준에 따라 판단하는 고유한 법률을 제정하게 되었다. 이것은 게르만 민족의 전례에 따른 것도, 로마인의 전례에 따른 것도 아니다."[3]

그러나 서유럽 그리스도교 사회에서도 그리스 정교 사회의 경우처럼 모세의 망령이 사도들이나 복음서 필자들이 남긴 자취를 따라 바로 뒤따라왔다.

"카롤링거의 황제들은 신의 율법을 신의 백성들에게 선언한 「구약성서」의 왕이나 사사(士師)들과 같은 정신으로 그리스도 교도인 그들의 국민 전체에 법률을 부여했다. 카타울프는 카를로스 황제 집정 초기에 황제에게 보낸 편지에서 '황제는 지상에서 신을 대리하는 자'라고 말하고, 신의 법을 지키는 것을 배우라고 명했는데, 그 가르침의 내용인즉 왕이 되는 자는 사제가 보관한 책에서 율법의 사본을 만들어 언제나 그것을 자신의 몸 가까이 두고 신을 두려워하며, 신의 율법을 지킬 수 있도록 또한 그의 마음이 동포를 얕보고 거만하지 아니하며, 계율을 떠나 오른쪽으로나 왼쪽으로나 굽혀지는 일이 없도록 끊임없이 그것을 읽을 것을 명하고 있는 「구약성서」〈신명기〉 17 : 18~20의 가르침을 정치의 지침으로 하도록 권고하고 있다."[4]

---

*3 Dawson, Christopher : *Religion and the Rise of Western Culture.*
*4 Dawson, Christopher : *Religion and the Rise of Western Culture.*

그러나 동유럽 그리스정교 사회처럼 서유럽 그리스도교 사회에서도 부활한 모세는 부활한 유스티니아누스에게 지고 말았다. 1045년 콘스탄티노플에 공립 동로마 제국 법률학교가 세워졌는데, 이에 호응하여 서유럽 그리스도교 세계에서는 11세기 동안 볼로냐(^{이탈리아}_{북동부})에 자생적으로 유스티니아누스의 「로마 대전」 연구를 목적으로 하는 자율적인 대학이 등장했다. 그리고 서유럽 그리스도교 세계에서 부활된 로마법은 부활된 로마 제국의 버팀목 역할을 끝내 하지는 못했지만, 그와는 다른 서유럽 땅에 또 하나 이전 헬라스 사회의 정치 제도를 부활시켜 독립된 지방 주권 국가를 육성한다는 목적에 크게 도움이 되었다.

　볼로냐 대학을 비롯해 그곳에서 갈려 나온 모든 대학에서 교육을 받은 로마의 법학자들은 실패로 끝난 서유럽의 '신성 로마 제국'이 아닌 유능한 서유럽 지방 주권 국가의 행정 담당자가 되었다. 그리고 이 제도가 차츰 서유럽 그리스도교 문명 본래의 사회 구조 가운데 가능성으로 잠재해 있던 다른 모든 정치 조직의 형태를 누르고 승리를 차지하게 된 원인의 하나는 이러한 사람들이 그 전문 영역에서 유능함을 드러냈기 때문이다.

　볼로냐의 로마법학자들이 북부 및 중부 이탈리아의 여러 도시에 그 뛰어난 능력을 발휘해 이러한 도시들이 주교의 지배를 폐하고 자치 도시로서의 기능을 할 수 있도록 행정 담당자들을 제공한 것과 병행하여, 그라티아누스(^{이탈리아 교회}_{법학의 시조})의 백과전서적 「법령집」(데크레툼) 간행 뒤 '카노니스트'(^{교회법}_{학자})들은 볼로냐학파의 세속적인 법학을 보충하는 교회법이라는 연구 부분을 수립했다. 교회법 학자들은 본디 목적한 것과는 다르게 세속적인 지방 국가의 발달에 기여했다. 그들이 실제로 이룩한 사업은 참으로 역사의 우울한 아이러니 가운데 하나였다.

　교황청은 교황 권력의 경쟁 상대이자 세속적 권력인 신성 로마 제국과의 설전의 도구로서 교회법 학자들을 이용했다고 말할 수도 있겠으나, 더 정확히 말하자면 오히려 교회법 학자들 쪽이 교황청을 차지했다고 해야 할 것이다. 프리드리히 바르바로사에 맞서서 교회의 성역을 지킨 알렉산데르 3세(^{재위}_{1159~81})를 비롯해, 정치 영역에서 교황 절대제가 어떤 의미를 갖는가의 어느 한 부분을 나타낸 인노켄티우스 3세(^{재위 1198}_{~1216}), 위대한 '세계의 경이'(^{프리드리히}_{2세를 지칭})에 대항해 조금도 지지 않는 완강한 철면피다움을 나타낸 인노켄티우스 4세(^{재위}_{1243~54}), 그리고 강대한 군주국인 프랑스 및 영국과 충돌해 비참한 꼴을 당한 보니파키우스 8세

(재위 1235경~1303)에 이르는 저명한 교황들 모두와 그 사이의 빈틈을 메운 그리 저명하지 못한 교황의 대부분은 신학자(즉 신의 연구자)가 아니라 카노니스트였다. 그 첫째 결과는 신성 로마 제국의 몰락이며, 둘째 결과는 교황 제도의 붕괴였다. 그 뒤 교황제는 프로테스탄트의 분리라는 파국 뒤에 다시금 생기를 되찾을 때까지 그 법률 지상주의가 부른 도덕적·종교적 명예 실추에서 본디 모습대로 되돌아갈 수는 없었다. 신성 로마 제국의 몰락과 교황제도의 실패가 서유럽에서 지방 국가 진출의 길을 열었던 것이다.

4. 철학

이 분야에서는 거의 같은 시대에 유라시아 대륙 양끝에서 일어난 2개의 르네상스가 있었다. 하나는 중국 문명의 자식에 해당하는 동아시아 문명 사회에서 중국 문명 가운데 유교 철학(기원전 5세기경 춘추 시대의 공자가 시작)의 부활이며, 또 하나는 서유럽 그리스도교 사회에서 헬라스 문명 세계의 아리스토텔레스 철학이 부활한 일이다.

첫째의 예로 유교 철학은 사실 그 철학을 낳은 문명 사회와 함께 사멸한 것이 아니고, 다만 잠시 동안 동면하고 있었을 뿐이었다. 죽지 않았던 것이 '망령'으로서 다시 나타남은 있을 수 없는 일이기에 제외해야 할지도 모른다. 확실히 이 이의에는 일리가 있음을 인정해야겠으나 무시하기로 한다. 622년에 당나라 황제 태종이 행한 관리 등용 방법으로서 유교 경전의 국가 시험 제도 부활이 뜻하는 것은 르네상스의 본질적인 특색을 갖추고 있었다는 사실과 동시에, 중국 문명이 멸망한 뒤의 공백 기간 동안 유교와 일심동체로 보여지던 세계 국가의 붕괴로 그들의 위신이 손상되었을 때에 도교와 불교가 정치의 영역에서 유교를 대신해 세력을 떨칠 기회가 있었음에도 그 기회를 놓친 사실을 제시하는 것이기 때문이다.

이 대승 불교의 정치적 실패와, 그리스도 교회가 서유럽에서 정치적 기회를 놓치지 않고 성사시킨 성공과의 대조는 그리스도교에 비하여 대승 불교가 정치적으로 무능한 종교였음을 나타낸다. 대승 불교는 진 제국 붕괴 뒤 약 3세기 동안 북부 중국 지방 제후들의 비호를 받았지만, 그 전에 쿠샨 왕조의 카니시카 왕(재위 140~170)보다도 유력한 비호를 받은 경우와 마찬가지로 모처럼의 그런 기회를 이용할 수 없었다. 그러나 동아시아 문명 세계에서 대승 불교와 유교의 만남이 정치에서 정신적인 부분으로 옮겨가자마자 둘 사이에 거의 피를 본 적이 없던 싸움의 귀추는 전혀 반대가 되었다. 이 문제에 대해 오늘날의 어느 중국인 권위자는 "신(新)유학자들은 도교도나 불교도 자신들보다도 한층 더 충실하게 도교와 불교의 근본 사상을 유지하고 있다"*5고 말한다.

동아시아 문명 역사에서 중국 유교 철학의 르네상스로부터 서유럽 그리스도교 문명 역사의 헬라스 문명인 아리스토텔레스 철학의 르네상스로 눈을 돌리면, 여기서는 극의 줄거리가 전혀 다른 방향으로 전개되는 것을 발견한다. 신유교주의는 정신적으로 대승 불교에 굴복했지만 이와 반대로 신아리스토텔레스주의는 교회의 공식 견해에 따르면, 아리스토텔레스는 이교도였음에도 그리스도 교회의 신학을 지배하게 되었다. 어떤 경우건 그 본디의 가치 말고는 취할 점이라곤 없는 경쟁 상대에게 권력을 쥐고 있는 쪽이 지고 만 것이다. 동아시아 문명의 경우 철학적인 정부가 외래 종교의 정신에 굴복하고, 서유럽 문명의 경우 국교의 지위를 부여받은 교회가 외래 철학의 정신에 굴복한 것이다.

서유럽 그리스도교 세계에 침투한 아리스토텔레스의 망령은 동아시아 문명 세계에 살아 있는 대승 불교와 마찬가지로 놀라운 지적 세력을 발휘했다.

"서유럽 문명을 그리스의 상속자와 후계자로 만든 비판 정신과 멈출 줄 모르는 과학적 탐구 정신을 서유럽이 얻은 것은 '로마의 전통으로부터'가 아니었다. 이 새로운 요소가 나타난 시기는 15세기 이탈리아의 르네상스 및 그리스 학문이 부활한 때라고 보는 것이 보통이나, 서유럽 문명의 참다운 전환기는 3세기 이전으로 거슬러 올라가야 한다. …… 이미 아벨라르(프랑스의 철학자·신학자)나 솔즈베리의 존(영국의 종교가·저작가) 시대의 파리에서 변증법과 철학적 사유의 정신이 '서유럽' 그리스도교 세계의 지적 분위기를 바꾸기 시작했다. 그 뒤로 수준높은 학문들은 논리적 토론 방법, 다시 말해 가장 위대한 대표자들마저도 중세 서유럽 철학의 형식을 일반적으로 규정짓는 질문과 공개 토론 방법에 의해 지배받게 되었다. 로베르 드 소르본(소르본대 학 창시자)은 '토론의 이(齒)로 꼭꼭 씹혀지지 않은 지식은 완전한 지식이라고 할 수 없다'고 말한다. 그리고 가장 명백한 것으로부터 가장

---

*5 Fung Yu-lan : *A Short History of Chinese Philosophy.*

심오한 것에 이르는 모든 문제들을 이렇게 논의하는 경향은 두뇌의 기민성과 사고의 정확성을 가져왔을 뿐만 아니라 그 가운데에서도 특히 서유럽 문화와 현대 과학의 성립에 많은 공헌을 세운 자유로운 비판 정신과 방법적 회의(懷疑)를 발전시켰다."[*6]

이와 같이 서유럽 사상의 형태 및 정신에 대해서까지 영원한 흔적을 남긴 아리스토텔레스의 망령은 그 실질적 내용에도 상당 기간 영향을 주었다. 그리고 이면에 남긴 흔적은 그다지 영속적인 것은 아니었지만, 그래도 그것을 완전히 씻어 없애는 데는 장기간에 걸친 힘든 정신적 투쟁이 필요했다.

"'중세 서유럽인의 눈에 비친' 우주 전체의 모습 가운데에는 그리스도교적인 요소보다도 아리스토텔레스적인 요소가 더 많이 포함되어 있다. 이 이론 가운데 교회적인 냄새가 나는 것처럼 생각되는 점—천국의 등급, 회전하는 천구, 유성을 움직이는 지적 존재, 원소의 귀천 구별, 천체는 불후의 제5 본질로 이루어져 있다는 견해만 해도 아리스토텔레스와 그 후계자들의 권위에 의거해 그렇게 믿어지고 있었던 것이다. 실제로 16세기에 타도해야만 했던 것은 프톨레마이오스가 아니라 오히려 아리스토텔레스였으며, 코페르니쿠스 학설의 크나큰 장애물이 되었던 것도 바로 아리스토텔레스였다."[*7]

17세기 서유럽 사회 고유의 지적 특성이 다시금 머리를 들어 '베이컨적' 방법에 따라 자연계의 탐구를 시작하게 된 교회 신학은 완전히 아리스토텔레스 철학에 갇혀 옴짝달싹할 수도 없는 상태가 되어 있었기에, 「신약성서」에 나타나 있는 그리스도교의 가르침과는 아무런 관계가 없음에도 과학적 이단설을 제창했다는 이유로 지오다노 브루노는 과학적 이단자로 목숨을 빼앗겼고 갈릴레오는 교회의 비난을 받았다.

17세기 알프스 너머 서유럽 과학자나 철학자들이 스콜라 학파의 아리스토텔레스 맹종—베이컨은 아리스토텔레스를 스콜라 철학자의 '독재자'라 부르고 있다—을 공격하기 이전에 이미 15세기의 이탈리아 인문주의자들은 그들

---

*6 Dawson, Christopher : *Religion and the Rise of Western Culture.*
*7 Butterfield, H. : *The Origins of Modern Science.*

의 라틴어가 서투름을 공격했다. 그러나 아리스토텔레스적인 신학은 고전 문체 전문가들의 냉소를 조금도 받아들이지 않았다. 딴은 이들 비판자들은 뛰어난 아리스토텔레스 학자인 던스 스코터스의 이름을 따서 오늘날의 '저능아(dunce)'라는 경멸적인 어휘를 만들어 냈지만, 이 말은 본디 두뇌가 뒤떨어지는 사람을 뜻하는 게 아니라 시대에 뒤떨어진 쓸모없는 학문에 어리석게 매달리는 사람을 뜻했다. 그러나 본서를 쓰고 있는 오늘날은 인문주의자가 욕설을 들을 차례가 되고 말았다. 자연과학과 기술이 전성하는 20세기 오늘날, 일찍이 우세를 자랑하던 '고전학파'의 수가 차츰 줄어듦에 따라 이제 남은 무리들이야말로 'dunces'라고 보여질 우려가 있다.

5. 언어와 문학

살아 있는 언어는 영어의 language라는 말 그 자체가 라틴어의 혀를 뜻하는 말에서 비롯되었다는 사실에도 나타나 있듯이, 본디 소리내어 하는 말의 한 형태이며 문학은 말하자면 그 부산물인 것이다. 그런데 사멸한 언어와 문학이 부활될 때에는 이 둘의 관계가 거꾸로 된다. 언어의 습득은 단순히 문학을 읽기 위한 힘든 필요조건에 지나지 않는다. 'vocative, mensa, table' 등 새로운 어휘를 익히는 것은 어둠 속에서 테이블 다리에 발끝이 부딪쳤을 때 우리의 감정을 나타내기 위한 것이 아니라, 베르길리우스나 호라티우스, 또는 그 밖의 라틴 고전을 읽는다는 훨씬 먼 곳의 목표를 이루기 위해, 매우 작은 최초의 한 걸음을 내딛는 것이다. 우리는 라틴어로 이야기하려고는 하지 않으며, 라틴어를 쓰려고 하는 것은 '고대'의 거장들 작품을 한결 제대로 맛보기 위해 그렇게 하는 것뿐이다.

아득한 옛날 내버려진 문학적 제국을 다시금 영유하기 위해 요구되는 첫째 일은, 살아 있는 정치적 제국의 자원을 동원하도록 요구할지도 모르는 거대한 작업이다. 문학적 르네상스의 최초 단계를 대표하는 전형적인 것들은 군주의 요구에 응하는 한 무리 학자들이 힘을 모아 편찬하는 시집·문집·사전, 또는 백과사전 등의 종류이다. 그리고 그와 같은 공동의 학문적 사업을 후원하는 군주들은 많은 경우 정치적 르네상스의 소산인 부활된 세계 국가의 지배자들이었다. 이 유형의 사람들 가운데 한층 눈에 띄는 이들로는 아슈르바니팔(앗시리아 제국의 왕), '궁전 태생이 아닌' 콘스탄티누스, 명나라의 영락제(永樂帝), 청나라의 강

희제(康熙帝)와 건륭제(乾隆帝) 등 다섯 사람을 들 수 있는데, 이 중에서 뒤의 네 사람은 모두 지금 말한 바와 같이 군주였다. 이처럼 '죽은' 고전 문학의 남아 있는 저작을 수집하고 편집하여 주석을 달아 출판하는 일은 동아시아 문명 사회에 부활된 중국 문명의 세계 국가 황제들이 그들의 모든 경쟁 상대들 사이에서 가장 뛰어났다.

하긴 아슈르바니팔이 수메르와 아카드 고전 문학을 모은 이 두 점토판 문고는, 니네베의 유적 발굴 도중에 현대의 고고학자들이 점토 몇 장을 발견했을 때, 이 두 아시리아 서고의 수집이 흩어져 더러 빠져 있음을 알게 되었으나 대체 어느 정도로 큰 것이었는지 짐작할 수도 없었다. 학문을 사랑하는 이 황제가 죽은 뒤 아마도 16년밖에는 지나지 않은 기원전 612년 이 불길한 도시가 습격을 받아 약탈당했을 때 여기저기로 흩어져 버렸기 때문이다. 아슈르바니팔의 장서는, 836년부터 841년까지 당 제국의 수도였던 장안에서 쉽게 볼 수 있는 그런 찰흙이 아니다. 딱딱한 돌 위에 수고롭게 새겨 1세기 뒤에 주석을 달아 130권으로 편찬한 중국 문명의 고전인 유교 경전보다도 그 규모가 큰 것이었는지도 모른다.

그러나 우리는 커다란 확신을 갖고 주장하건대 아슈르바니팔의 장서 가운데 포함되어 있던 설형 문자의 수는 목록을 제외하고 1만 1095권으로, 2만 2877권에 이르는 명나라 제2대(실은 제3대) 황제인 영락제가 1403~1407년 간행한 장서 가운데 포함되어 있던 한자의 수에 훨씬 미치지 못했다고 추측할 수 있다. 이에 비하면 동로마 황제인 콘스탄티누스 포르피로게니투스(재위 기간 AD 912~959)가 수집한 헬라스의 고전은—서유럽인들은 이것으로도 심히 놀라지만—대단한 것이 못된다.

이와 같은 예비적인 작업 단계에서 이번에는 자신이 노력을 기울인 고전 문학을 흉내내어 모작을 한다는 학자의 관점으로 생각을 옮겨가면, 622년에 그 제도가 부활되어 1905년 폐지될 때까지 경과한 1283년 동안 중국의 관리 등용 시험 지원자가 중국 문명의 고전 문체로 쓴 논문 분량과, 15세기 이래 이 책을 쓰고 있는 현재까지 서유럽 문명 세계의 학자나 학생들이 쓴 라틴어나 그리스어 산문 및 시의 작품 분량 가운데 어느 쪽이 많은가를 정하는 일은 통계학자에게 맡길 수밖에 없다. 그러나 부활된 고전어를 본격적인 문학적 목적에 쓰는 일은 서유럽이든 동아시아 사회이든 역대의 비잔틴 역사가들에게는 도저히 당하지 못한다. 비잔틴 역사가로는 부활된 아테네 지방 그리스어인 코이네어(헬라스 세계에 널리 쓰이게 된 공통어적인 그리스어)를 문학적 표현 수단으로 쓴 10세기 레오 디아코노스나 12세기 안나 콤네나와 같은 거장들이 있다.

독자의 생각에는 아마 문학의 르네상스에 대해 이제까지 우리가 말해 온 것이, 르네상스라면 첫째로 머리에 떠오르는, 단순히 '르네상스'라는 이름으로 불리는 저 이탈리아의 문예 부흥에는 들어맞지 않는다고 생각되었을 것이다. 분명히 중세 말기 이탈리아에서의 헬라스 문학 르네상스는 로렌조 디 메디치와 같은 유력한 후원자가 있었지만 거의가 조직화되지 않은 학자들의 자발적인 운동이었다. 15세기의 교황들, 그 가운데에서도 특히 니콜라스 5세의 후원을 과소 평가해서는 안 된다. 이 교황은 몇백 명의 고전학자와 고대 사본 필사자들을 고용해 호메로스의 라틴 운문 번역에 1만 굴덴을 들였으며, 9000권의 문헌을 수집했다. 그러나 이른바 '르네상스' 시대로부터 서유럽 문명의 역사를 수세기 거슬러 올라가보면 오늘까지 보아온 예와 매우 유사한 사실을 찾아볼 수 있다. 이로써 우리는 사멸된 문명의 세계 국가를 부흥한 샤를마뉴가 아슈르바니팔과 영락제, 그리고 콘스탄티누스 포르피로게니투스와 거의 같은 지위를 차지하는 자임을 알 수 있다.

실패로 끝나기는 했으나, 서유럽 그리스도교 세계에서 헬라스 문학을 다시 일으키려 한 최초의 시도는 서유럽 그리스도교 문명의 탄생과 같은 시대에 행해졌다. 영국 교회는 7세기 말, 그리스 정교 세계가 이슬람 문명에 의해 정복되자 망명해 온 헬라스인 타르소스의 대주교 테오도로스에 의해 조직되었으며, 서유럽에서 그리스 문화의 르네상스 예언자로서 역할을 다한 사람은 노섬브리아인인 비드 부주교(영국 교회사 5권을 썼다)였다. 또 한 사람의 노섬브리아 사람인 요크 앨퀸은 비드가 뿌린 씨를 샤를마뉴의 궁정으로 가지고 갔다. 이 운동이 스칸디나비아에서 밀고 들어온 야만주의에 압도되어 도중에서 사라지기 전에 이 운동의 개척자들은 라틴어로 옮겨진 헬라스 문화의 부흥에 손을 댔을 뿐더러 충분치는 못하지만 어느 정도 그리스어의 지식도 가지고 있었다. 앨퀸은 샤를마뉴의 비호 아래 프랑크 왕국에 아테네의 망령을 불러오려는 원대한 이상을 꿈꾸었지만, 이것은 덧없는 한때의 꿈으로 끝났다. 그리고 서유럽 그리스도교 문명이 이른바 '9세기의 암흑'에서 탈출해 다시금 모습을 나타내기 시작했을 때 맞아들인 망령은 헬라스 고전 문학의 망령이 아니라, '아리스토텔레스와 그의 철학[*8]의 망령이었다. 앨퀸의 꿈은 수세기 동안의 스콜라 철학 전성 시대를 지난 뒤에 이루어졌다.

여기서 잠깐 쉬면서 앨퀸과 그와 뜻을 함께하는 사람들의 희망이 어째서 이처럼 몇 세기나 뒤에 이뤄졌는가를 생각해 보면, 이 '연구' 앞편에서 취급한 문명의 공간적 만남과 지금 여기서 살펴보고 있는 시간적 만남 사이에 다른 점이 하나 있음을 발견하게 된다. 그 시대 문명과의 공간적 만남은 공간적 충돌이며, 이 충돌은 보통 우발적인 사건들로 나타난다. 군사적 용맹이라든가 새로운 항해 기술의 발달이라든가 초원 지대의 건조화와 같은, 문화와는 직접 관계가 없는 사항이 원인이 되어 하나의 문명 사회가 다른 문명 사회에 덤벼들어 우리가 말한 바의 문화적 결과들을 불러일으키기도 한다. 이와 반대로 과거와 현재 문명의 시간적 만남(여기서는 르네상스)은 망령을 불러내는 하나의 주술과 같다. 주술자는 주술의 요령을 완전히 익히기 전에는 솜씨 있게 망령을 불러낼 수가 없다. 바꾸어 말하면, 서유럽 그리스도교 사회는 자기 집을 찾아온 사람을 맞아들이기에 알맞는 상태가 될 때까지 헬라스 문화의 망령 또는 손님을 받아들일 수가 없었던 것이다. 헬라스 사회의 문학 서고는 물리적으로는 언제나 그 자리에 놓여 있었다. 하지만 서유럽인들이 그 속에 들어 있는 내용을 완전히 읽어 소화하는 능력을 가지게 되기까지는 그것을 펼쳐 보아도 효과적인 도움을 얻지 못했다.

이를테면 서유럽 '암흑 시대'의 가장 어두운 시기에서도 서유럽 그리스도교 사회는 물리적으로 베르길리우스의 저작을 소유하지 못하거나 그의 문장을 해부할 만한 라틴어 지식을 가지고 있지 못했던 것은 아니다. 그런데도 7~14세기 말까지 적어도 8세기 동안은 만약 '이해한다'는 기준을 베르길리우스가 전하려 했던 의미를 파악하는 능력으로 본다면, 그리고 베르길리우스와 같은 생각을 품고 있던 같은 시대 사람들이나 후세의 성 아우구스티누스 세대 무렵까지의 사람들이 그 시대에 맞게 이해하고 의미를 파악하는 능력으로 생각한다면, 헬라스 시대에 베르길리우스가 쓴 시는 서유럽 그리스도교 사회의 아무리 뛰어난 학자라도 이해할 수가 없었다. 이탈리아의 헬라스 르네상스 부흥 창시자인 단테조차도 베르길리우스의 시에 대해 묘사하기를, 만약 역사적으로 실

[*8] Chaucer의 「캔터베리 이야기」의 프롤로그 속에 나오는 '옥스퍼드의 학자'가 밤마다 머리맡에 놓고 읽은, 또는 그렇게 하기를 원했던 게 바로 이 책이었다.

재한 인물인 베르길리우스가 그 시를 보았다고 한다면, 자신이 쓴 작품이라고 는 생각하지 않고, 그 시를 쓴 이는 오르페우스 같은 존엄하고 신비적 인물로 착각할 것으로 묘사하고 있다.

마찬가지로 서유럽 문명 사회는 헬라스 문명 말기의 학자 보에티우스(^{『철학의 위안』의 저자로 유명})의 뛰어난 라틴어 번역으로 전해진 아리스토텔레스의 철학적 저서 번역판 을 가지고 있지 않았던 때는 한 번도 없었다. 그럼에도 보에티우스의 번역은 그가 사망한 해로부터 6세기 동안 서유럽 그리스도교 사회의 가장 날카로운 사상가들조차도 이해할 수가 없었다. 서유럽 그리스도 교도들이, 가까스로 아 리스토텔레스를 받아들일 준비가 되었을 때 그들은 먼 길을 돌아 아라비아 번 역본을 통해 아리스토텔레스를 받아들였다. 6세기 서유럽 그리스도교 사회에 아리스토텔레스의 라틴어 번역본을 제공한 보에티우스는 조카의 열세 번째 생 일에 T.S. 엘리엇의 시집을 선물했는데, 그는 의도는 나쁘지 않았으나 분별이 모자란 여느 삼촌들과 같았다. 조카는 잠깐 책장을 뒤적여 보더니 자기 책꽂 이 구석에 처박아 놓고는, 우리가 마땅히 상상할 수 있듯이, 그 책에 대해 까맣 게 잊어버리고 만다. 6년 뒤에—한 인간의 청년기로 짧게 비유해 볼 때 문명에 있어서는 몇 세기에 맞먹는—조카는 옥스퍼드의 학생으로서 이 시들과 재회 하고, 완전히 그 매력에 사로잡혀 B.H. 블랙웰사(^{옥스퍼드에 있는 서점})에서 이 시집을 사들인 다. 그런데 휴가 때 집에 돌아와보니 똑같은 책이 버젓이 자기 책장에 놓여 있 는 것을 보고 깜짝 놀란다.

이탈리아의 헬라스 문예 부흥에 주요한 부분이었던 그리스 문학의 걸작품들 도 베르길리우스나 아리스토텔레스의 경우와 마찬가지로 비잔틴 세계 곳곳에 있는 서고에 들어 있었다. 서유럽 그리스도교 사회는 적어도 11세기 그 뒤로 비잔틴 세계와 긴밀한 접촉을 유지해 왔다. 13세기 전반에는 프랑크인 정복자 들이 현재 콘스탄티노플과 그리스를 점령하고 있었다. 그러나 그때에는 성지 탈환이 주된 관심사였으므로 문화적으로 그곳에선 아무것도 일어나지 않았다. 서유럽에서는 아직도 '고전'은 그야말로 '돼지 목의 진주'식의 어울리지 않는 것 이었기 때문이다. 이에 대한 설명으로서 이러한 접촉은 서로 적대적인 관계에 서 일어난 것이며, 따라서 서유럽인들은 헬라스 문명의 문헌을 보관한 서고에 대해서도 호의를 갖지 않았을 것이라고 말하는 사람이 있을지도 모른다. 그러 나 이에 대해서는 '르네상스'의 전성기에 속하는 15세기에도 또한 정치·종교의 접촉은 수용적이기보다는 적대적이었다고 대답해야 할 것이다. 이로써 문화적 결과에 이 같은 차이가 생긴 이유들은 명백하다. 죽은 문화의 부활(르네상스) 은 수세대의 시간적 차이는 있으나 그 자식 문명 사회의 수준이 선행 문명이 부흥했을 그 무렵 만큼의 문화 수준에 도달했을 때 비로소 일어나는 것이다.

　다음에 서유럽 그리스도교 세계 및 중국의 문화적 르네상스를 조사해 보면, 17세기 서유럽인들의 영혼과 19세기 말에서부터 20세기 초 중국인들의 영혼을 사로잡은 근대 서유럽 문명이라는, 방자하고도 오만한 이질적인 침입자에 의해 타도될 때까지 르네상스가 세력을 떨쳤던 것을 알 수 있다. 서유럽 문명 사회 는 밖으로부터의 간섭을 받지 않고 헬라스 문화의 망령과 맞서 싸웠다. 그러나 17세기 말에서부터 18세기 초에 걸쳐서 스위프트가 「책의 전쟁」이라고 이름지 은 팜플렛 전쟁(^{'고대인'과 '근대인'의 어느 쪽}
이 뛰어났는가를 논쟁한 것)의 대세가 대체로 어느 방향으로 흐르고 있었 는가를 나타내주고 있다. 문제는 서유럽 문화가 오직 '고대인'에 대한 회고적인 예찬과 모방에 몰두해 한 점 위에 멈추어서도 좋은가, 아니면 '고대인'을 그대 로 내버려 둔 채 미지의 방향으로 돌진해 갈 것인가에 대한 것이었다고 생각된 다. 이에 대한 답은 오직 하나일 것이며, 실은 이 질문 자체가 또 하나의 이전 문제를 미해결 상태로 두고 있다. 그것은 과연 '고대인'의 회고적 예찬과 모방 (우리는 이것을 가장 넓은 의미에서의 '근대'
서유럽의 고전 교육'이라고 일컬을 수 있다)이 '근대 사회' 발전에 방해가 되었는가 하는 문제이다.

　방해 여부에 대한 답은 문명의 '고대인'에게 유리하다. 헬라스 문화 연구의 선구자 가운데 몇 사람, 예를 들어 페트라르크나 보카치오는 이탈리아 문학의 발달에 주동적 역할을 했다. 헬라스 연구의 부활은 모국어 문학의 진보에 방 해가 된 것이 아니라 오히려 새로운 힘을 불어넣었다. 에라스무스는 키케로식 의 훌륭한 라틴어에 정통했으나 그것이 동료 서유럽인들에게 모국어의 문학적 계발을 포기하도록 이끌어 가지는 않았다. 이를테면 16세기 영국의 헬라스 문 화 연구와, 같은 세기의 끝무렵에 한꺼번에 꽃이 피어 비할 데 없이 찬란한 영 국 시 사이에 문화적 인과 관계를 올바르게 평가하기는 불가능하다. 셰익스피 어의 '짧은 라틴어와 더 짧은 그리스어'(^{셰익스피어에게 바친 벤}
존슨의 시에 나오는 시구)가 과연 그의 극작에 도움 을 주었을 것인지는 아무도 대답할 수 없다. 밀턴은 라틴어나 그리스어에 탐닉 했지만, 만일 그가 그 어느 쪽도 알지 못했다고 가정한다면, 「실낙원」이나 「투사 삼손」 등의 걸작은 태어나지 않았을 것이다.

6. 시각예술

사멸된 문명의 시각 예술은 후계 문명의 역사 속에서 곧잘 부활한다. 우리는 그 실례로서, '고왕국' 시대의 조각과 회화 양식이 2000년이 지난 기원전 7~6세기 사이스 왕조 시대(프사메티쿠스 1세가 연 왕조) 말기 이집트 문명 세계에서 부활한 예와, 수메르 문명의 양각 기법이 기원전 9~7세기 바빌론 문명 세계에서 부활한 예, 기원전 5~4세기 아티카의 걸작에서 그 어느 것보다도 훌륭한 본보기를 볼 수 있는 헬라스 문명의 세밀화 양각 기법이 기원 10~12세기 비잔틴 시대에 '디프틱'(성찬대 위에 세우는 돌로 접는 병풍식 장식 회화)의 세밀한 상아 조각에서 부활한 예를 들 수가 있다. 그러나 이러한 시각 예술 부흥의 세 가지 예는 그것이 일어난 범위의 규모로 보나 그때까지의 양식 구축의 철저한 상황으로 미루어 보더라도, 중세 말기 이탈리아에서 최초로 나타나 다른 서유럽 제국으로 퍼진 서유럽 그리스도교 세계 헬라스 문명의 시각 예술 부흥에는 미치지 못한다. 그러나 죽은 헬라스 문명의 시각 예술 망령은 건축·조각·회화 세 분야에 걸쳐 일어나 저마다 다른 분야에서 부활된 양식이 재래 양식을 완전히 없애버리고 말았다. 그래서 이 세력의 힘이 다했을 때 이른바 하나의 예술적 진공 상태가 나타나 서유럽 예술가들은 오랫동안 매몰되었던 그들의 고유한 특성을 어떤 형식으로 표현하면 좋을지 갈피를 잡지 못했다.

서유럽 사회 시각 예술의 세 영역(건축·조각·회화)의 역사를 말할 때에 저마다의 영역에 대해 저 '내 집으로 돌아와 보니 깨끗이 청소되고 수리되었더라'(《마태복음》 12 : 44, 〈누가복음〉 11 : 25)와 같은 기묘한 이야기를 하지 않을 수 없다. 그 가운데 가장 이례적인 사건은 헬라스 양식인 둥글게 파는 조각이 부활된 조각 영역에서는 서유럽 고유의 양식이 승리한 일이었다. 그것은 이 조각 영역에서는 본래의 서유럽 양식을 대표하는 북부 프랑스 조각가들이 헬라스 예술이나 이집트 예술, 대승 불교 예술의 가장 뛰어난 작품에 지지 않는 걸작품들을 만들어 내고 있었기 때문이다. 이와 반대로 회화 영역에서 서유럽 미술가들은 앞서 간 형제 그리스도교 사회인 그리스 정교 사회보다 성숙한 미술로서 독립적인 위치를 차지할 수가 없었다. 또 건축 영역에서는 로마네스크 양식—후대에 붙여진 이 명칭이 가리키는 바와 같이 선행 문명인 헬라스 문명의 가장 늦은 시기에 이어받은 양식으로, 그 변형이 고딕 양식이다—이 앞에서 말한 대로 외부로부터 침입해 온 아바스 및 안달루시아 이 두 칼리프국 시대 시리아 문명 세계에서 발생한 고딕 양식에 의해 이미 압도되고 말았기 때문이다.

20세기의 런던 시민은 두 번 패배(조각 이외의 분야에서)를 맛본 서유럽 고유의 시각 예술과 그에 공격을 가한 시리아·헬라스 사회의 시각 예술이 서로 사투를 벌인 흔적이 지금 여전히 웨스트민스터 사원 부속인 헨리 7세의 예배당 건축과 조각 속에 화석화하여 대치하고 있음을 볼 수 있다. 지붕의 둥근 천장은 머지않아 숨을 거두려는 고딕 양식 말기의 걸작이다. 또한 하늘로 뻗친 '지극히 높은 곳'에서, 아래쪽 무덤(헨리 7세와 그의 왕비 및 제임스 1세의 묘)에 있는 이탈리아 헬라스 양식의 세 브론즈상을 내려다보는 수많은 석상들은 알프스 서쪽의 서유럽 그리스도교 세계 고유의 조각 양식을 대표하는 것으로, 그 얼어붙은 입술 사이로 소리 없는 '백조의 노래'(죽음 직전에 부르는 노래)를 부르고 있다. 가운데에 있는 것은 토리지아니(1472~1522)의 헬라스풍 걸작이며, 피렌체로부터 영국으로 온 이 명인은 그의 원숙한 솜씨를 과시하고자 일부러 먼 곳까지 찾아와 주위의 보잘것없는 환경은 마치 안중에도 없는 듯이, 알프스 저 너머 곳곳에서 관광객들이 자신의 작품을 보고 놀라 눈이 휘둥그레질 것이 틀림없다고 확신하고 스스로 만족스러운 듯 주위를 둘러보고 있다. 현재 우리는 벤베누토 첼리니(이탈리아의 조각가)의 자서전에서 이 토리지아니라는 사나이가 '매우 존대한 인간'이었다는 것, 또한 그가 늘 '영국 야만인들 사이에서 가장 훌륭한 업적'에 대해 자랑하고 있었음을 알고 있다.*9

이와 같이 런던에서 16세기 초까지―그리고 옥스퍼드에서는 17세기 전반까지―계속 세력을 떨치고 있던 '고딕 양식' 건축이 북부 및 중앙 이탈리아에서는 훨씬 오래전에 자취를 감추었으며, 더욱이 그곳의 고딕 양식은 한 번도 알프스 저쪽의 먼 유럽처럼 결정적으로 로마네스크 양식으로 바뀐 일이 없다.

건축 영역에서 헬라스 문화의 부활(르네상스)로 인해 서유럽의 독자적인 예술적 자질의 불모화는 산업 혁명이 낳은 고통에서 어떠한 수확도 거둘 수 없었다는 사실이 확인되었다. 철강을 낳은 산업 기술의 변화는 헬라스 건축 전통의 쇠퇴기에 서유럽 건축가들에게는 더없이 응용 범위가 넓은 새로운 건축 재료를 제공하기는 했다. 그런데 서유럽 건축가들은 철강업자로부터 철강을 제공받아 다시 새로이 시작해야 할 절호의 기회를 만났으면서도, 헬라스 양식의 부

---

*9 Benvenuto Cellini : *Autobiography*, English Translation by J.A. Symonds.

활 위에 '고딕' 양식의 부흥을 거듭하는 외에 이 다시없는 진공 상태를 메울 보다 좋은 방법을 생각해 낼 수 없었던 것이다.

철강의 속되고 나쁜 성질을 부끄럽게 여기고 이를 감추기 위해 '고딕' 양식의 베일을 씌우기를 그만두고 그 자체로 철강을 이용하려고 시도한 최초의 서유럽인은 전문적인 건축가가 아닌, 상상력이 풍부한 비전문가였다. 그 사람은 미국인이었지만, 그 역사적 건조물을 지은 장소는 허드슨 강변이 아닌 보스포루스 해협의 기슭을 내려다보는 곳이었다. 로버트 대학의 핵심 건물—'정복자' 메메트의 '유럽 성'(콘스탄티노플) 위에 우뚝 선 해믈린 홀—이 사이러스 해믈린에 의해 세워진 것은 1869~71년의 일이었다. 그러나 해믈린이 뿌린 씨가 북아메리카와 서유럽에서 열매를 맺게 된 것은 20세기에 들어와서이다.

이때 회화와 조각의 영역에서도 서유럽의 독자적인 예술적 자질의 불모화는 뚜렷했다. 단테와 같은 시대인 지오토의 세대로부터 500년 이상 동안, 아케이크 시대 이후 시기인 헬라스 사회 시각 예술의 자연주의적 이상을 무조건적으로 받아들인 근대 서유럽 회화는 빛과 그림자가 만들어 내는 시각적 인상을 표현하는 갖가지 수법을 차례로 발견해 왔으나, 장기간에 걸친 이 비범한 예술적 기교에 의해 사진의 효과를 내려는 노력은 사진술 그 자체의 발명으로 말미암아 헛수고로 끝났다. 이와 같이 근대 서유럽 과학의 비정한 처사로 배신을 당한 화가들은 '라파엘 전파(前派) 운동'을 일으켜 먼 옛날에 내버렸던 비잔틴 회화로 돌아가려 했다. 마침내 과학이 그들에게서 훔쳐내어 사진가에게 주었던 종래의 사실적 세계 대신에, 정복해야 할 하나의 새로운 심리적 세계로서 탐구할 것을 생각해냈다. 그리하여 그림물감에 의한 단순한 시각적 인상이 아닌 정신적 경험을 있는 그대로 회화적으로 표현한다는, 전적으로 새로운 방법을 개척한 계시적인 서유럽의 화가 무리가 출현했다. 또 서유럽의 조각가들도 자신의 표현 수단을 가지고 그 한계 내에서 회화와 같은 흥미 있는 탐구를 시작했다.

7. 종교적 이상과 제도

그리스도교와 유대교의 관계에서 유대 교도들의 눈에는 그리스도교가 아주 분명하게 경멸해야 할 대상이었지만, 그리스도 교도들의 눈에는 애매한 점들이 많아 이 때문에 그들의 양심은 당황하지 않을 수 없었다. 유대교에서 보면 그리스도 교회는 유대교 배교자들의 한 갈래이며, 그리스도교 자체의 성서 부록으로 붙인 공인되지 않은 외경을 보아도 분명한 것처럼 이들 바리새파의 반역자들은 주저 없이 바리새인의 이름을 남용하고 그 방침을 잘못 이해함으로써 불행한 갈릴리 태생인 바리새인의 가르침을 배반한 것이다. 유대교에서 보면, 헬라스 사회를 사로잡고 그리스도교의 기적이라고 일컬어진 것은 결코 '신의 역사'는 아니었다. 이방인처럼 인간의 어머니 몸에서 태어난 신의 아들로서 그 추종자들로부터 추앙받는 유대교 랍비가 죽은 뒤에 얻은 승리는 앞서 같은 종류인 디오니소스나 헤라클레스와 같은 전설적인 반신반인이 획득한 것과 같은, 신비스런 생명의 이교적 성공이었다. 유대교도들은 자신들이 만일 목적을 이루고자 굴욕을 참고 그리스도교처럼 타락했었다면, 그리스도교보다도 먼저 세계를 정복했으리라고 자랑했다. 그리스도교는 유대 경전의 권위를 부인한 일이 없음에도—사실 유대교 경전과 그리스도교 경전은 한 책에 모아져 있지만—유대교에서 보면 그리스도교는 유대교의 가장 중요한 원칙이 되어 있는 십계의 제1계와 제2계, 다시 말해서 유일신과 우상 숭배 금지를 어김(성모와 성자의 존위를 인정, 미노스의 여신에서 유래한 것으로 보여짐)으로써 정복을 용이하게 했다. 그래서 그리스도교의 겉껍질 아래로 똑똑히 들여다보이는, 여전히 뉘우치지 않는 헬라스 사회의 이교주의를 앞에 두고 어디까지나 주의 영원한 말씀의 증인이 되리라는 것이 유대인의 목표가 되었다.

그리스도교의 눈부신 성공을 태연히 동요하는 빛을 띠지 않고 계속 바라보던 유대인들은 이 '참을성 있는 마음 속으로부터의 경멸'(매튜 아놀드식의 나오는 문구)로 그리스도교도를 당황케 했는데, 그 이유는 그리스도 교도들이 이론적으로는 유대교의 유산인 유일신과 우상 거부를 충실히 지지하면서도 실제로는 유대인들이 비난한 대로 그리스도교로 개종한 헬라스 사회의 다신교와 우상 숭배에 양보했기 때문이다. 그리스도 교회가 유대교의 경전을 다시금 그리스도교의 「구약성서」로서 신성화한 것은 그리스도교의 양심을 찌를 수 있도록 그리스도교의 갑옷 위에 약점의 구멍을 뚫어 놓은 것이었다. 「구약성서」는 그리스도교를 떠받드는 초석의 하나였다. 그러나 삼위일체의 교의나 성자 예찬도, 게다가 성자뿐만이 아니라 삼위일체의 신 그 자체의 회화 및 조각에 의한 표현 또한 그리스도교의 초석이 되어 있었다. 그리스도교 호교론자(護敎論者)들은 그리스도 교회의 헬라스적 예배가 유대교의 교리와 양립할 수 없다는 유대 교도들의 비웃음에 어떻게 대답할 수 있을까? 또 이러한 유대 교도들의 비난이 이유가 될 수 없다는 확신을 그리스도 교도들에게 납득시킬 수 있는 대답이 필요했다. 이러한 비난이 그리스도 교도들의 가슴에 와닿게 된 것은 자신이 마음속으로 남모르게 안고 있던 죄의식이 그로 인해 눈뜨게 되었기 때문이다.

4세기에 헬라스 사회의 이방인들이 모두 하나로 뭉쳐 명목상 그리스도교로 개종한 뒤 그리스도 교도와 유대 교도 사이의 논쟁은 그리스도 교회 내부의 논쟁에 눌려 한때 세력이 약해졌지만, 이 낡은 신학적 논쟁은 5세기 끝무렵에 팔레스타인과 유대인 공동체 사회에서 시작된 유대교의 엄격한 정화 운동 결과 6세기와 7세기에 또다시 불타올랐다. 유대교 내부에서 유대 교회당 벽면 장식을 관대하게 보는 그리스도교적 이완을 배격하는 운동이 유대교와 그리스도교 전선에 반향을 미치게 한 것이다. 그러나 그리스도 교회 내부의 이와 똑같은 성상 지지파와 배격파의 논쟁에 눈을 돌리면, 우리는 이 논쟁의 지속성과 편재성(遍在性, 널리 퍼져 있음)에 놀라게 된다. 이 '불가항력적 논쟁'이 그리스도교 세계 거의 모든 지역에서, 또 거의 모든 세기를 통해 일어났음을 우리는 안다. 여기서 교회 내에 성화(聖畫)의 전시를 금지한 엘비라공의회(300~311년 경)의 제36카논(교회 법칙)을 시초로 하는 수많은 사례를 길게 열거할 필요는 없을 것이다.

7세기에 들어서자마자 역사의 무대 위에는 화려하게 등장한 새로운 배우로 말미암아 기존 요소에 새로운 요소가 더해졌다. 그리스도교가 유대교의 태내에서 태어난 것과 마찬가지로 또 하나의 종교가 유대교의 태내에서, 더욱이 이쪽은 완전히 자라난 형태로 태어났다. 이슬람교는 유대교보다도 더욱 철저한 열광적인 일신교 신봉자였으며 우상을 반대하는 입장을 취하는 종교였다. 그리고 이슬람교도가 군사면에서 거둔 눈부신 성공과 마침내 포교에서 거둔 성공이 그리스도교 세계에 고려해야만 할 새로운 문제를 제공했다. 마치 공산주의자들이 거둔 군사·선교 면에서의 승리가 근대 서유럽인들에게 전통적인 서유럽 사회 조직과 경제 조직의 재검토를 촉구했듯이, 야만적인 이슬람교 아랍 정복자들의 승리는 오랫동안 그리스도교의 '우상 숭배' 문제를 둘러싸고 연기를 피우고 있던 논쟁에 새로운 기름을 끼얹었다.

726년 동로마 황제 레오 시루스의 우상 파괴령으로 말미암아 그때까지 오랫동안 무대의 가장자리를 맴돌고 있던 유대교의 우상 배격주의 망령이 무대의 중앙으로 나섰다. 정치 권력을 이용하여 위로부터 종교적 부활(르네상스)을 강요하려던 이 계획은 실패로 끝났다. 교황청은 민중의 '우상 숭배'적 반정 운동을 열심히 지지했으며, 이로써 비잔틴의 지배에서 벗어나는 방향으로 큰 발걸음을 내딛었다. 그 뒤 서유럽에서는 성은 그다지 엿보이지 않지만, 샤를마뉴가 레오 시루스의 방침에 따르려다가 교황 하드리아누스 1세(재위 772~95)에게 단호히 거절당했다. 서유럽에 유대교의 부활이 실현된 것은 그로부터 8세기 가까운 세월이 지난 뒤였다. 그리고 그때는 아래로부터 위로 향하는 운동으로서 일어났으며, 레오 시루스의 역할을 대신 해낸 것은 마틴 루터였다.

서유럽 그리스도교 세계의 프로테스탄트 종교 개혁에서 부활한 유대교의 망령은 우상 반대주의만은 아니었다. 유대교의 안식일 엄수주의는 동시에 로마 가톨릭 교회로부터 독립하자는 분리주의자들의 마음을 사로잡았다. 유대교 요소와는 다른 이 요소의 부활을 설명하는 것은 약간 곤란하다. 왜냐하면 바빌론 유수(기원전 586년 바빌론이 예루살렘을 약탈하고 함락한 뒤에 수많은 유대인들을 강제로 바빌론으로 끌고 간 사건) 그 뒤로 유대인들이 안식일을 극단적으로까지 엄격히 지킨 것은 특수한 민족의 도전에 대한 특수한 응전이며, 유대인 디아스포라가 그 집단 생활을 유지해 가기 위한 수단이었던 것이다. 프로테스탄트가 겉으로 내건 목적은 원시 그리스도 교회의 소박한 예배 의식으로 되돌아가는 일이었다. 그러나 이 점에 대해 우리는 그들이 원시 그리스도교와 유대교의 차이를 망각하고 있음을 본다. 이러한 '성서주의 그리스도 교도'들은 복음서 속에 예수가 안식일의 금기에 도전한 구절이 많이 나옴을 알지 못한 것일까? 그들이 특히 존경하는 바울이 모세의 율법을 부인하여 물의를 자아냈던 일을 깨닫지 못했던 것일까? 이유는 독일·영국·스코틀랜드·뉴잉글랜드와 그 밖의 나라에서 이러한 종교적 열성 신자들이 가장 강력한 르네상스의 포로가 되어 버려, 마치 열광적인 이탈리아의 예술가나 학자들이 '모조 아테네인'이 되기에 열중했던 것처럼 '모조 유대인'이 되기에 열중했기 때문이다. 그들이 세례 때 자기의 아이에게 「구약성서」에 나오는 전혀 튜튼족답지 않은 이름을 세례명으로 지어 주는 행위는, 사멸되어 버린 세계를 되살리는 일에 대한 열광적인 증상을 보여주는 하나의 징후였다.

우리는 이미 은연중에 서유럽 프로테스탄티즘이 유대교 부흥에 적용한 제3의 요소를 들었다. 이것은 성상을 우상으로 숭배하는 대신 성전을 우상시하는 성서 숭배이다. 성서가 저마다 다른 민족 고유 언어로 번역되어, 다른 책을 거의 읽지 않는 서민들이 대대로 쉬임없이 성서를 읽음으로써, 단순히 신앙이 두터운 프로테스탄트 또는 퓨리턴뿐만 아니라 서유럽인들 전체가 많은 문화적 이익을 얻은 것은 틀림없는 사실이다. 그 때문에 각국의 자국 문학이 헤아릴 수 없을 만큼 풍부해졌으며 민중 교육 또한 촉진되었다. '성서 이야기'는 그 종교적 가치 여하에 관계없이 이를 뛰어넘어 인간적 흥미를 끄는 점에서, 서유럽인들의 고유한 원천으로부터 얻어지는 어떠한 이야기보다도 훌륭한 민간 설화가 되었다. 교양이 높은 소수의 사람들은 성서를 비판적으로 연구함으로써 더 높아진 수준의 비평 수업을 받았으며, 실제로 적절한 때에 온갖 학문 분야에 응용할 수 있었다. 그와 동시에 성서 숭배의 도덕적·지적 네메시스는 프로테스탄트의 성서 맹종으로 나타났다. 그 무렵 성직자들의 지배를 받고 있던 트리엔트 체제의 가톨릭교는 성서 맹종을 피하고 있었다. 서로 다른 종교적 역사적 가치들을 다양하게 다룬 사적의 집성이라기보다는 오히려 잡다하게 끌어모아 놓은 것이 더욱더 명료하게 증명해 주듯이 「구약성서」를 어디까지나 틀림이 없는 신의 말씀으로 보려는 태도는, 매튜 아놀드가 그와 같은 시대인 빅토리아 왕조의 품행 방정한 중산 계급에 대해 '히브리화(떠돌이화)의 역류'를 다시 조장한다고 비난했듯이, 사리에 어두운 우매함을 종교적으로 부추긴 것이었다.

제11편 역사에서의 자유와 법칙

제35장 여러 가지 문제

1. 법칙의 의미

1914년까지 100년 동안 서유럽인들은 이제부터 다루려는 법칙 문제에 대해 거의 괴로워하지 않았다. 왜냐하면 두 가지 해답이 가능했는데, 어느 것이나 다 그들에겐 매우 만족스러운 것으로 생각되었기 때문이다.

인간의 운명이 초인간적인 법칙에 지배되고 있다면, 그 법칙은 참으로 안성맞춤인 '진보'의 법칙이다. 만일 이와는 반대로 그 같은 법칙이 없다고 한다면, 자유롭고 총명한 인간 활동에 의한 다른 법칙으로 같은 결과를 얻으리라고 생각하게 될 것이다. 그들은 그렇게 생각하고 있었다.

그런데 20세기 중엽으로 접어든 오늘날 사정은 뚜렷이 달라졌다. 과거에 이미 여러 문명이 붕괴되었으며, 또 근대 서유럽인이 세운 거대한 마천루에 불길한 균열이 나타나고 있는 것도 우리는 알고 있다. 1919년 출판된 독단적인 저작 『서유럽의 몰락』 중에서 오스발트 슈펭글러가 세운 것 같은 '법칙'에 따라 서유럽 문명도 또 그전 문명과 같은 운명을 더듬어야 할까, 아니면 우리의 잘못을 고치고 우리 자신의 운명을 스스로 개척해 나아가는 자유를 가지게 되는 것일까?

이 문제를 풀어가기 위해 먼저 해야 할 일은 여기서 '법칙'이라는 말이 대체 무엇을 뜻하는가를 명확히 규정해 두는 일일 것이다.

여기에서는 우리에게 너무나 익숙해진, 인간이 만든 법에 대해 말하려는 것이 아니다. 우리가 지금 여기서 다루려는 '초인간적 법칙'은 인간 생활을 지배하는 한 쌍의 규칙이라는 점에서는 우리가 잘 알고 있는 인간이 만든 '제도'와 비슷하나, 인간이 만든 것이 아니며 또 인간이 마음대로 바꿀 수 있는 것이 아니라는 점에서 그러한 법과는 다르다.

앞서 이 '연구' 가운데에서 지적했듯이(제5편 제19장) 이 법칙의 관념은 형이상학적으로 해석되는 과정에서, 언뜻 보기에 반대되는 두 개념 가운데 어느 한쪽으로 치우치기 쉽다. 우주를 지배하는 형이상학적 법칙은 획일적이어서 인간이 마음대로 바꾸거나 고칠 수 없으므로 그것은—무정하고 냉혹한—자연의 비인격적 법칙이다.

이 두 가지 개념은 어느 것이나 다 우리에게 위안을 주는 부분과 공포를 느끼게 하는 부분을 갖추고 있다. '자연 법칙'의 두려운 점은, 이것을 바꿀 수 없는 일인데, 이 점을 해결해야 하는 문제가 남아 있다. 이 법칙은 변경할 수 없는 것이므로, 인간의 지력으로 대처할 수 있다. 자연에 대한 지식은 인간의 지적 능력으로 파악할 수 있으며 이러한 지식이야말로 곧 인간의 힘인 것이다. 인간은 자연의 법칙을 알고 있으며, 자연을 자기 목적에 맞게 이용할 수 있다. 이 일에서 인간은 놀라울 만한 성공을 거두었다. 인간은 현재 원자까지 분열시켰다. 그러나 그 결과는 어떠한가?

죄를 깨닫고 신의 은총의 도움을 받지 않는다면, 속죄할 수 없다고 믿는 영혼들은 다윗처럼 '주의 손에 빠지기를'(《사무엘하》 24 : 14) 원한다. 인간의 죄를 있는 그대로 심판하고 벌하는 일이 '자연 법칙'의 최후 심판인데, 이 '자연 법칙'의 냉혹함을 이겨내는 길은 '신의 법칙'의 지배를 받아들이는 일밖에 없다. 인간은 이처럼 정신적 귀의처를 바꾸는 대가로, 자연의 지배자로서 물질적 만족을 주며 동시에 정신적 부담을 안겨주는, 정확하고 제한적인 지적 지식을 잃게 되는 것이다.

"살아 계신 하느님의 (심판의) 손에 빠져 들어가는 것은 무서운 일입니다"(《히브리서》10 : 31)라고 하는 것이 만일 신의 정신이라고 한다면, 그것은 신이 인간에게 어떠한 판단을 내리는가 하는 것은 예측할 수도 물어볼 수도 없기 때문이다. 신의 법칙에 호소하는 이상, 인간은 확실함을 버리고 희망과 두려움을 품지 않으면 안 된다. 의지의 표현으로서의 법은 어찌해 볼 수 없는 자연의 획일성과는 완전히 반대인 정신적 자유에 의해 생명이 주어진다. 따라서 자의적(恣意的)인 법이 사랑을 동기로 하여 생겨나는 수도 있고 증오를 동기로 삼아 생기는 수도 있다.

신의 법칙에 몸을 맡길 때 인간의 영혼은 신의 법칙 속에 자기가 들어가는 것을 깨닫게 되는 경향이 있다. 따라서 인간이 품는 신의 관념은 이런 아버지

신의 관념에서 폭군으로서의 신의 관념에까지 이른다. 이 두 가지 견해는 어느 것이나 다 인간의 상상력으로는 그 이상 바랄 수 없는 것처럼 생각되나 의인적으로 포착된 인격신의 이미지와 아주 흡사한 것이다.

2. 근대 서유럽 역사가들의 반법칙주의

'신의 법칙' 관념은 바빌로니아와 시리아 문명 역사의 도전에 대한 응전으로서, 이스라엘과 이란 예언자들이 영혼의 노력으로 탄생시킨 것이며, 한편 '자연 법칙'의 개념을 전형적인 형태로 말하고 있는 것은 인도 문명 세계와 헬라스 문명 세계의 해체를 지켜본 철학자들이었다. 그러나 '신'과 '자연'이라는 이두 사상의 유파는 서로 논리적으로 일치시킬 수 없는 것은 아니어서, 이 두종류의 법칙이 동시에 병행해 움직이는 일을 충분히 생각할 수 있다.

'신의 법칙'은 어느 한 인격적 존재의 지성과 의지에 의해 추구되는 유일 불변의 목표를 계시한다. '자연의 법칙'은 차축을 중심으로 하여 회전하는 수레바퀴처럼 반복되는 운동의 규칙성을 나타낸다. 만일 수레 목공의 지적창조 행위에 의해 생겨난 것이 아니고, 아무런 목적없이 영원히 회전하는 수레바퀴가 있다고 하면, 그 반복 운동은 참으로 헛된 것이리라. 그리고 이것이야말로 정말 '슬픈 생존의 수레바퀴'가 공허 속에서 영원히 회전하고 있다고 본, 인도 문명과 헬라스 문명의 철학자가 끌어 낸 비관적인 결론이었다.

현실 생활에서는 수레 목공이 없으면 수레바퀴는 존재할 수 없으며, 또한 수레의 운전자가 수레바퀴의 계속 되풀이되는 회전 운동에 의해 수레를 목적지까지 가게 하기 위해 수레바퀴를 만들고 바퀴를 수레에 다는 일을 의뢰하지 않는다면, 수레 목공은 존재하지 않는다. '자연의 법칙'들은 신이 자신의 수레에 맞추어 고정시켜 놓은 수레바퀴들로 묘사될 수 있다.

우주 전체의 삶이 '신의 법칙'으로 지배되고 있다는 신념은 그리스도교 사회와 이슬람교 사회가 모두 유대교로부터 이어받은 유산으로서, 두드러지게 유사하면서도 완전히 독립적으로 성립된 두 천재의 저작 아우구스티누스의 「신국론(神國論)」 그리고 이븐 할둔의 「베르베르 민족사」 서론에 잘 표현되어 있다. 아우구스티누스에 의해 전해진 유대교적 역사관은 1000년 이상에 걸쳐서 서유럽 그리스도교 사회의 사상가들에게 마땅한 일로 받아들여져 1861년에 나온 보쉬에의 「세계사 강론」은 이에 대한 최후의 권위 있는 대변자가 되었다.

　근대 후기의 서유럽인들은 이 신을 우주의 중심으로 보는 역사 철학을 거부했는데 그 이유는 설명이 가능한 마땅한 일이기도 했다. 즉 보쉬에가 말하고 있는 역사관을 잘 분석해 보면, 그리스도교에 맞지 않으며 또 상식과도 맞지 않음을 알게 되었기 때문이다. 이 역사관의 결함을 역사가로서 또 철학자로서 저명한 20세기의 저술가 R.G. 콜링우드가 남김없이 폭로하고 있다.

　"그리스도교의 입장에서 씌어진 역사는 아무래도 보편적·섭리관적·계시적·종말론적으로 되지 않을 수 없다. …… 역사 속에 객관적 계획이 있는 것을 어떻게 아느냐고 묻는다면, 중세의 역사가는 아마 계시에 의해 안다고 대답했으리라. 그러한 대답은 그리스도가 하느님에 대해 인간에게 계시한 것 가운데 일부분이었다. 그리고 이 계시는 과거에 신이 행한 일을 이해하는 열쇠를 주었을 뿐 아니라 신이 미래에 행하려 하는 일을 계시한 것이다. 그리스도교의 계시는 이처럼 시간을 뛰어넘은 영원한 관점에서 과거의 창조로부터 미래의 종말에 이르는 세계 역사 전체의 전망을 우리에게 부여한 것이다. 따라서 중세의 역사학은 신에 의해 예정되고, 계시를 통해 인간에게 예지된 일로써 역사의 종말을 기대하고 있었다. 즉 중세의 역사학은 스스로 자체 속에 종말론을 포함하고 있었던 것이다. 중세 시대에는 신의 객관적 목적과 인간의 주관적 목적이란 완전히 대립하는 것이며, 신의 목적은 인간의 주관적 목적에 관계없이 어느 일정한 객관적 계획을 인간의 역사에 강압적으로 수행케 하는 형태로 나타난다고 보았다. 이러한 생각은 인간의 목적이 역사의 진행에 어떠한 영향을 미치는 것이 아니며, 역사의 방향을 결정하는 유일한 힘은 신성이라는 사상으로 필연적으로 이끌어진다."[1]

　이처럼 그리스도교의 계시를 잘못 해석하고 있었으므로 중세적 사상을 탈피하지 못했던 근대 초기의 서유럽 역사가들은 근대 후기에 와서 과학적 독단론과 불가지론적 회의주의 양쪽으로부터 공격을 받게 되었다. 이들 역사가(콜링우드 등)의 말을 인용하면 "미래를 예측할 수 있다고 생각하는 오류에

---

[1] Collingwood, R.G. : *The Idea of History.*

빠졌다." 그리고 "어떻게 해서든지 역사의 전체적인 계획을 찾아내려는 열망에 사로잡혀 있었는데, 더구나 그 계획은 신의 계획이지 인간의 계획이 아니라고 믿고 있었기에 그들은 역사의 본질을 역사 밖에서 구하며, 신의 계획을 발견하기 위해 인간의 행동을 외면하는 경향이 있었다."

"따라서 인간 행동의 실제적인 세부 사항은 그들에게 상대적으로 그다지 중요치 않은 것으로 되었고, 역사가의 가장 소중한 임무, 즉 실제로 일어난 사실을 발견하는 일에 무한한 노력을 기울이는 일을 게을리했다. 따라서 중세의 역사 기술(記述)은 비판 방법에 있어서 그처럼 약점을 드러내게 되었다. 이 약점은 우연한 것이 아니었다. 이것은 학자가 이용할 수 있는 전거나 사료가 한정되어 있었기 때문은 아니었다. 그들이 할 수 있는 일이 한정되어 있었기 때문이 아니고 하고자 한 일이 한정되어 있었기 때문이다. 그들은 역사적 사실의 정밀한 학문적인 연구를 원한 것은 아니다. 그들이 원한 것은 신의 속성에 대한 정밀한 학문적 연구 …… 역사의 과정에서 확실히 이제까지 일어난 일과 또 앞으로 틀림없이 일어날 일을 선험적으로 단정하는 힘을 주는(a priori) 신학이었다. 따라서 중세의 역사 기술은 단순히 학구적인 역사가—즉 사실의 정확함 이외에는 아무 데도 관심을 두지 않는 역사가—의 관점에서 보면 단순히 뜻에 차지 않을뿐더러 고의로 잘못된 생각 위에 서는 것이며 배격해야 할 것으로 보인다. 일반적으로 단순히 역사의 본질에 대한 학구적 관점 위에서 있던 19세기 서유럽 역사가들은 이러한 신학적 역사관을 동정심이 없는 극단적인 태도라고 본다."*²

이처럼 중세적인 역사관에 대해 적의를 품은 것은, 그 평온한 생활을 반영하듯 자기만족에 빠진 불가지론 위에 도사리고 있던 19세기의 역사가들만은 아니다. 그보다 앞선 시기나 그 뒤에 나타난 역사가들도 심한 적의를 나타냈다.

먼저 후자부터 말한다면, 피지배자에게 '5개년 계획'을 강제하는 인간 독재자들에 의해 계속 궁지로 몰리는 것과 같은 불유쾌한 경험을 맛보게 하고 있

──────────
*2 같은 책.

는 20세기의 세대는 독재자적인 신이 그들에게 '6000년 계획'을 부과하고 있다고 말하는 설(說)에 대해서 구역질이 날 만큼 혐오를 품을 것이다. 또 18세기의 서유럽인들은 바로 앞 시대의 사람들이 중세적인 사상을 아주 소중히여기고 있었기 때문에 종교 전쟁의 고뇌를 맛본 일을 알고 있는 만큼 보쉬에 (아우구스티누스의 유)(대교적 역사관을 표방)의 설을 그저 단순히 어리석고 유행에 뒤떨어진 미신이라고 처리해 버릴 수는 없었다. 그들에게 그것은 참으로 '적'이며 '저 수치스러운 놈을밟아 없애라'는 것이 바로 볼테르 시대의 암호였다.

이 점에 있어서는 신이 영국 하노버가의 왕과 마찬가지로 군림하되 통치는하지 않는다면, 신의 존재를 인정해도 좋다는 입장을 취하는 이신론자(理神論者)와, 이른바 '자연의 독립 선언' 전문(前文)으로서 신의 존재를 부인한 무신론지 시이에 본질적인 차이는 없었다. 그 뒤로 변경하기 힘든 '역사의 강'의흐름인 자연의 법칙은 완전히 움직일 수 없는 것인 동시에 또 완전히 이해할수 있는 것으로 되어 갔다. 그것은 뉴턴의 자동 조정을 행하는 우주의 시대이며, 또 페일리(영국의 신학자)의 시계 태엽을 다 감자마자 그 일을 끝낸 '시계제작자로서의 신'의 시대였다.

이처럼 '신의 법칙'은 근대 후기의 서유럽인이 그 법칙의 세계로부터 탈피해나옴으로써 암흑의 미망으로서 버려졌다. 그러나 과학자들은 이 신이 추방당한 영지를 차지하려고 했을 때 '자연의 법칙'이 통용되지 않는 영역이 하나 있는 것을 발견했다.

과학은 인간 이외의 자연을 설명할 수 있었고, 다른 포유류 신체의 움직임과 아주 비슷한 인체의 움직임을 설명할 수도 있었다. 그러나 동물로서가 아니라 문명의 과정에 있는 인간으로서의 인류 활동에 맞닥뜨리면 과학은 뒷걸음질을 쳤다. 과학의 법칙에 따르지 않는 혼돈에 부딪힌 것이다. 20세기 영국소설가로서 계관 시인이 된 사람(1930년에 계관 시인이 된 존 메이스필드를 가리킴)이 'one dammed thing after another'(계속 일어나는 불길한 일)의 머리글자를 따서 'Odtaa(오드타)'라 이름붙인 무의미한 사건의 연속이었다. 과학은 이것을 이해할 수 없었기 때문에그즈음에서 이것은 과학자만큼 야심적이 아닌 역사가의 손으로 넘겨졌다.

18세기 형이상학적 지도 제작자들은 우주를 둘로 나누었다. 그들이 그은경계선 한쪽에는 '자연 법칙'의 효력을 좀더 신뢰할 수 있게 지적 노력을 거듭함으로써 인간이 차츰 가까이 다가갈 수 있는 질서 정연한 비인간적(물리적)

사상의 영역을 두고, 다른 한쪽에는 혼돈된 인간의 역사 영역을 두었다. 그리고 이 후자의 영역으로부터는 차츰 정확하게 기록되어질 수 있으나 무엇 하나 '증명'할 수 없으며 그렇다고 흥미 있는 말만 끄집어 낼 수도 없다고 생각했다. 누군가(그것은 미국의 자동차 제조업자 헨리 포드라고 한다)가 "역사는 엉터리다" 말한 것은 바로 이 뜻에서 한 말이었다.

18세기 이후 이 책을 쓰고 있는 오늘에 이르기까지, 역사의 중요한 특징은 성공의 정도에 차이는 있을망정 최초 역사가들에게 위임된 영역에 속하는 갖가지 분야, 예컨대 인류학·경제학·사회학·심리학 등의 분야를 과학이 병합해 간 일이다. 역사가들은 점차로 작아져 가는 그들의 영역 안에서, 끝없이 전진을 계속하는 과학이 아직 발을 들여놓지 않은 부분에서 방해받지 않고 여전히 태연하게 그들의 '사실을 발견'하는 일을 계속하고 있다.

그러면서 서유럽인의 근본적인 신앙은 언제나 우주는 법칙에 따르는 것이지 혼돈에 빠져 있는 것은 아니라는 신념이었다. 그리고 이신론이건 무신론이건 이러한 신념의 근대 후기적 형태는 우주를 지배하는 법칙은 '자연 법칙'의 체계라는 믿음이었다.

자연 법칙의 적용 범위는 실제로 확대일로를 더듬어 왔다. 과학의 역사에 위대한 이름을 남기고 있는 사람들은 언뜻 혼돈처럼 보이는 외적 현상 아래 감춰진 질서를 꿰뚫어 본 사람들이었다. 예를 들어 뉴턴이나 아인슈타인이나 다윈을 유명하게 한 업적은 이러한 혼돈 속에서 질서를 찾는 작업에서 이룩된 것이다.

이들 지적 정복자들이 그 이상으로 정복의 범위를 넘어서는 안 될 작전 영역의 한계를 도대체 누가 그을 수 있단 말인가? 우주의 한 부분—문명의 과정에 있는 인간에 의해 차지되고 있는 중심적 부분—만이 인간 이상의 어떤 확실치 않은 권력자에 의해 다른 침입이 허용되지 않는 장소로서 존재를 유지해 가고 있으며, 예정된 혼돈이 잠시 보류되어 있다고 선언하는 일은 신앙지상주의적인 역사가들을 만족시킬는지는 모르나 착실한 과학 신봉자들에게는 신성모독으로 여겨질 것이다.

사실 근대 서유럽의 역사가들은 20세기 중엽의 어느 저명한 역사학자가 인정하고 있듯이, 그들이 생각하는 만큼 신앙지상주의자들은 아니다.

"어느 세대의 사람들은 일반적으로 그들이 살고 있는 시대의 역사를 어떤 가정된 테두리 안에 넣고 바라보며 뒤이어 일어나는 사건들을 일정한 유형으로 분류하거나, 때로는 거의 백일몽같은 일시적이고 틀에 박힌 주형 속에 부어 넣고 있음을 알지 못한다. 그들은 자기 생각이 틀에 박힌 견해로 속박되어 있음을 전혀 의식하지 못할 때가 많다. 다른 세계와 접촉했을 때나, 태어나면서부터 일반적으로 용인되어 있는 테두리 안에 갇혀 있다가 새로운 세대가 나타나면 비로소 그 테두리의 협소함이 누구의 눈에나 뚜렷해진다. …… 역사가를 비롯해 그 밖의 학자들이 만일 그리스도교적이 아니라 해도, 그들이 특정한 입장에 치우치거나 특정한 주의에 근거하지 않고 전혀 무전제로 역사를 논하게 될 것으로 상상하는 것은 잘못이다. 다른 영역과 마찬가지로 가장 맹목적인 역사가들은 자기가 채택한 전제를 검토하는 능력이 부족하기 때문에 자기는 어떠한 전제도 갖고 있지 않다고 생각한다."[3]

이것이야말로 쇠사슬에 매어져 있으면서도 쇠사슬을 깨닫지 못하는 죄수의 모습이며, 이런 점에서 보아 저자는 글의 훌륭함과 그 서문의 뛰어남으로 인해 신앙지상주의적 불신의 전형적인 어록이 된 한 구절을 다시 한 번 인용하지 않을 수 없다(제5편 제19장 참조).

"어떤 지적 흥분에 …… 나는 도저히 떠들어 댈 수가 없었다. 나보다도 훨씬 총명하고 학식이 풍부한 사람들이 역사 속에 하나의 줄거리, 하나의 리듬, 하나의 미리 정해진 모형을 확인하고 있다. 그러나 그러한 조화는 나의 눈에는 보이지 않는다. 나의 눈에 보이는 것은 다만 파도가 차례로 밀려오듯이 마찬가지로 순서대로 일어나는 돌발 사건이 뒤따라 보일 뿐이다. 유일한 사실이기 때문에 결코 일반적·통례적 결론이 용납되지 않는 하나의 중대한 사실이 보일 뿐이다. 그리고 역사가에게 안전한 준칙은 인간의 운명이 전개되는 동안의 우연한 것, 예견할 수 없는 인자의 장난을 인정하라는 것이다."[4]

그런데 이와 같이 역사는 '차례로 일어나는 불길한 사건의 연속'에 지나지 않는다는 교리의 신봉자임을 공공연하게 선언하고 있는 역사가가 그 저서를

---

*3 Butterfield, Herbert : *Christianity and History.*
*4 Fisher, H. A. L. : *A History of Europe.*

「유럽사」라고 이름지음으로써 그와 동시에 거의 다른 것과 구별되지 않는 하나의 '대륙' 역사를 인류 전체의 역사로 간주해 하나의 미리 정해진 모형에 묶어버린 것이다. 그리고 그가 이 근대 후기 서유럽 역사가들의 관습에 따르게 된 것은, 무의식중에 서유럽 역사가들 사이에 널리 행해지고 있는 '역사가의 종교' 신앙 조항을 받아들이고 있기 때문이다. '유럽의' 실재를 믿는 데 필요한 무의식중의 두뇌 활동은 참으로 섬세한 잔손질이 가는 것으로, 이런 바탕 위에 씌어진 논문의 수는 적어도 39편(토인비는 원판 제9권에서 그 가운데 9가지를 골라서 비판하고 있다)은 될 것이다.

제36장 자연 법칙에 대한 인간 생활의 복종

1. 개관
개인의 사생활

우리의 연구 목적으로서 '자연 법칙'이 문명의 과정에 있는 인간의 역사 속에 들어가 있는지의 여부가 전혀 미지수라는 가정에서 출발하기로 하자. 따라서 우리는 인간 생활의 여러 가지 부분을 일일이 조사해 가는 가운데 이 문제에 대해서 좀더 확실한 답변을 할 수 있는지 없는지를 검토할 필요가 있다. 처음에 현대의 역사가가 사회라는 이름 아래 놀라운 성과를 올리고 있는 개인의 일상 생활부터 조사해 가는 것이 좋을 것이다.

여기서 문명의 역사를 지배하는 법칙을 발견하려 할 때 우리는 어려움을 겪게 될까봐 걱정하지 않아도 된다.

기록되어 있는 문명의 수는 20개 안팎뿐이므로 일반적인 결론을 끌어내기에는 너무 적고, 더욱이 그 중 몇몇에 대한 우리의 지식은 매우 단편적인 것이다. 그런데 개인은 몇백만 단위로 헤아릴 수 있으며, 또 그 행동에 대한 면밀한 통계적 분석이 현대 서유럽 사회에서 행해지고 있다.

현실적인 사람들은 이러한 통계 자료를 근거로 자신들의 명성뿐만 아니라 영리를 목적으로 한 예측을 해왔다. 산업계나 상업계를 지배하는 사람들은 확신을 가지고 어느 시장 어느 정도의 상품 공급을 소화할 것인지 미리 예측한다. 때로는 이 예측이 빗나가는 수도 있지만 들어맞는 경우가 많다. 그렇지 않으면 벌써 오래전에 파산했어야 할 것이다.

개인의 삶에 역사의 평균적 법칙을 적용할 수 있음을 가장 명확하게 나타내는 사업은 보험업이다. 물론 우리는 지금 여기서 우리가 사용하고 있는 의미에서 인간의 일상 생활에 '자연 법칙'이 들어맞는다는 증거로 삼기 위해 성급하게 온갖 종류의 보험을 인용하는 것을 삼가야만 한다. 생명 보험은 인간 몸의 장래에 대한 것이며, 몸의 생리학은 틀림없이 과학의 영역에 속하는 것이다. 그러면서도 동시에 인간의 정신은 몸에 대해 얼마쯤 있음은 부정할 수 없다. 수명은 주의 깊게 생활함으로써 늘어날 수도 있으며, 영웅처럼 보이려고 분별없이 행동하거나 지나치게 동물적 본능에 탐닉하다가 줄어들 수도 있기 때문이다. 선박과 화물을 대상으로 하는 해상 보험도 마찬가지로 불가항력적 요소로 인해 현재로서 조금은 다스리기 어려운 점이 있기도 하지만, 과학이 또한 이 기상학 부문과 밀접한 관계가 있다. 그러나 도난 보험이나 화재 보험을 보면, 보험 회사는 분명히 인간적인 특질인 범죄성과 조심성의 부족에 평균적 법칙을 적용하는 도박을 하고 있는 것처럼 보인다.

근대 서유럽 사회의 경제 생활

물자 공급자와 고객과의 거래에서, 수요·공급의 변동에 따라 인정되는 통계적 패턴이 호황과 불황의 교대 형태로 나타난다는 것은 이미 알려진 사실이다. 그러나 이 경기 순환의 패턴은 이 책을 쓰고 있는 현재 아직 보험 회사가 새로운 부문을 설치해 경기 변동에서 생기는 큰 위험에 대비해 보험료를 정할 결심을 할 만큼 정밀하게 대책이 마련되어 있지 않다. 그러나 학자들의 연구에 의해 이미 이 문제에 관련된 많은 사실이 알려져 있다.

산업화된 서유럽 사회 학문의 역사에서 주기적 순환 현상은 통계학적으로 확인되기 이전에, 사회 현상을 직접 관찰하는 과정에서 경험적으로 발견되었다. 경기 변동에 대한 최초의 저술은 1837년 영국인 저술가 S.J. 로이드(영국의 은행가. 뒷날 오버스톤 경이 뒤따랐다)가 행한 것이다. 1927년 최초로 출간한 저서에서 미국의 시장경제 순환 연구가 W.C. 미첼은 "경기 순환의 특징은 경제 조직의 발달에 따라 변화할 것"이라는 신념을 밝혔다. 또 한 사람의 미국 학자 W.L. 소프가 비통계학적 증거에 의해 편찬한 「사업연대기」에 근거해 미국 학자 F.C. 밀즈 또한 '단기' 경기 순환의 평균 파장은 산업화의 초기 단계에서는 5.86년, 그 다음의 급속한 과도기에는 4.09년, 그 뒤의 비교적 안정된 시기에 6.39년이란 계산을 산출해냈다.[1]

다른 경제학자들은 다른 경기 순환을 제창하고 있으며, 그 가운데 몇 가지는 더 긴 파장을 갖는다고 생각하고 있다. 또 다른 학자들은 그 '파상 곡선'은 차츰 기복이 작아지고, 평형 상태로 가라앉는 경향을 나타낸다고 주장했다. 이 점에 대해서는 학자들 사이에 의견 일치가 없고 사실상 연구는 요람기에 있는 셈이다. 우리는 이 이상 깊이 추구할 필요는 없다. 우리가 말하고 싶은 것은 산업 혁명이 영국에 일어난 지 200년도 되기 전에, 서유럽 경제학자들은 인간 특유의 여러 성질이 작용하는 경제 부문의 방대한 자료로부터 지배적인 법칙을 끌어내는 일에 들어가게 되었다는 사실이다.

지방국가 간의 세력 다툼—'세력 균형'

경제학자들이 자신들의 연구 결과를 이용해 경제사에 타당한 법칙의 작용을 탐구하고 있다는 사실을 알았으니, 이번에는 정치 활동 영역에 눈을 돌려 거기서도 같은 일이 이루어질 가능성이 있는가를 조사해보기로 하자. 그리고 정치 영역 가운데에서도 특히 근대 서유럽 세계 지방 국가의 세력 다툼과 전쟁에 대해 살펴보자.

서유럽 문명 역사의 근대기는 15세기 말 알프스 배후 지방의 국가 조직이 이탈리아화되면서 시작되었다고 볼 수 있다. 따라서 우리는 4세기여 기간 동안을 당면한 연구의 재료로 이용하기로 한다.

'초등학생이라도 다 알고 있듯이'—이것은 역사가 매콜리의 낙관적인 견해지만—영국인들은 영국이 섬나라이며 비교적 외적의 공격을 받을 위험이 적은 점을 이용해 거의 100년 주기로 4회에 걸쳐 서유럽 그리스도교 사회에 세계 국가를 세우려고 했거나, 또는 전통적인 말로 하면 '세력의 균형을 파괴하려' 했던 대륙의 세력을 처음에는 물리치고 무너뜨리는 데에 협력했다.

첫 번째 적은 에스파냐(에스파냐 무적함대, 1588년)였으며, 두 번째는 루이 14세 때의 프랑스(블렌림 전, 1704년), 세 번째는 혁명과 나폴레옹의 프랑스(워털루 전투, 1815년), 네 번째는 빌헬름 2세 때의 독일(제1차 세계 대전 종료, 1918년)과 그 뒤 힘을 회복한 히틀러 시대의 독일(노르망디의 싸움, 1944년)이었다.

---

[1] Mills, F.C. : in *The Journal of the America Statistical Association*.

영국인 관점에서 본다면 명백히 주기적인 시간적 간격을 볼 수 있다. 또한 시간이 지날수록 싸움의 격렬한 정도나 교전 범위에 있어서도 차츰 전보다 커져가는 네 개의 '대전'이 일어난 것이다.

첫 번째 싸움은 대서양 여러 나라—에스파냐·프랑스·네덜란드·영국—들과의 문제였다. 두 번째 싸움에는 중부 유럽의 여러 나라가 가담했고, 또 만일 러시아스웨덴 전쟁을 '에스파냐 왕위 계승 전쟁'에 따른 여파로 본다면, 러시아도 이에 포함된다. 세 번째의 대전(^{나폴레}_{옹 전쟁})에는 러시아가 주요 교전국으로서 참가했고, 또 '1812년 전쟁'(^{이 해부터 1815년까지 미국과, 나폴레옹에게 봉}_{쇄 되어 있던 영국과의 사이에서 싸움이 벌어졌다})을 나폴레옹 전쟁의 여파로 본다면, 이 전쟁에는 미국도 포함된다. 네 번째 대전에는 미국이 주요 교전국으로서 참가했으며, 이 싸움의 세계적 규모는 뒤이어 일어난 두 전쟁을 각각 제1차 세계 대전 및 제2차 세계 대전이라 부르게 된 사실에서도 잘 알 수 있다.

근대 서유럽 사회의 세계 국가가 수립되는 것을 막기 위해 행해진 이 4개의 대전쟁들은 저마다 앞뒤에 일어난 전쟁 사이에 약 1세기라는 시간적 간격들이 있다. 그런데 이러한 대전과 대전 사이에 긴 3세기를 조사해 보면, 각 세기마다 서유럽 그 중앙 지역의 독일 제패를 목적으로 한 전쟁, 또는 그 사이사이에 부가적으로 일어난 전쟁, 또는 국가들끼리 무리지어 맞서는 연합 전쟁 등이 일어나고 있음을 알 수 있다. 이 전쟁들은 주로 중부 유럽 국가들 사이의 문제였으므로 영국은 그 어느 쪽에도 너무 깊이 개입하지 않았고, 그 가운데에는 전혀 개입치 않은 것도 있다. 따라서 이 전쟁들은 반드시 '초등학생(물론 영국의 초등학교 학생이란 뜻이다)이라도 다 알고 있는' 역사적 사실이라고는 볼 수 없다.

세 기간 사이사이에 일어난 전쟁들 가운데 최초의 것은 30년 전쟁(1618~48년)이며, 두 번째는 대체로 프러시아의 프리드리히 대왕이 일으킨 여러 전쟁(1740~63년)으로 이루어졌고, 세 번째는 다른 전쟁도 포함되어 있으나 비스마르크와 관계 있는 것으로 연대는 1848~71년으로 보아야 한다.

최후로 이 4막의 극(^{비잔틴과 바그다드 패권을 놓}_{린 독일을 영국이 막아선 전쟁})에는 서곡이 딸려 있는데, 에스파냐의 필립 2세(^{재위}_{1556~98})와 함께 막이 오르는 게 아니고, 2세대 가량 전의 합스부르크가와 발로아가(^{프랑스}_{왕가}) 사이의 '이탈리아 전쟁'(^{이탈리아 패권을 둘러싼 프}_{랑스와 독일 사이의 전쟁})과 함께 시작된다고 할 수 있다. 이탈리아 전쟁은 완전히 헛수고로 끝났으면서도 불행한 결과를 낳은 전쟁으로서, 프랑스 왕 샤를 8세(^{재위}_{1483~98})가 이탈리아를 침략하면서 막이 올랐다. 그리고 이 침략이 이루어진 1494년이란 연대는 때로 교육자들에 의해 중세기 말과 근대 초기를 구별하는, 편리하고 움직이지 않는 경계선으로 이용되어 왔다. 이는 에스파냐에 남아 있던 최후의 이슬람 지역이 그리스도교에게 정복되고, 또 콜럼버스가 서인도 제도에 상륙한 해로부터 2년 뒤에 해당한다.

근대 및 근대기 서구 역사에서의 전쟁-평화 주기의 계속적 발생

형　세	서곡 (1494~1568)	제1정규주기 (1568~1672)	제2정규주기 (1672~1792)	제3정규주기 (1972~1914)	제4정규주기 (1914~　)
①주기예고 전　쟁 (전주곡)			1667~8(1)		1911~12(2)
②대　전	1494~1525 (3)	1568~1609 (4)	1672~1713 (5)	1792~1815 (6)	1914~45 (10)
③휴식기	1525~36	1609~18	1713~33	1815~48	
④보조전쟁 (에필로그)	1536~59(7)	1618~48	1733~63(8)	1848~71(9)	
평　화	1559~68	1648~72	1763~92	1871~1914	

(1) 루이 14세의 스페인령 네덜란드 공격.

(2) 1911~12(터키·이탈리아 전쟁) ; 1912~12(터키·발칸 전쟁)

(3) 1494~1503, 1510~16 및 1521~25.

(4) 1568~1609, (스페인·합스부르크가 왕국) ; 1562~98(프랑스)

(5) 1672~78, 1688~97 및 1702~13.

(6) 1792~1802, 1803~14 및 1815.

(7) 1536~38, 1542~44, (1544~46 및 1549~50, 영국 대 프랑스), (1546~52, 신성 로마 제국 안의 프로테스탄트 제후 쉬말칼트 동맹 대 카를르 5세) 및 1522~59.

(8) 1733~35, 1740~48 및 1756~63.

(9) 1848~49, 1853~56, 1859, (1861~65, 미합중국 남북 전쟁 ; 1862~67, 프랑스의 멕시코 점령), 1864, 1866 및 1870~71.

(10) 1939~45에 재발한 대전의 전초로서 1931년 만주에서 시작된 일본의 중국 공격 ; 1935~36의 이탈리아·아비시니아 전쟁 ; 1936~39의 스페인 내란 ; 1936년 3월 7일의 라인란트에서의 운명적인 1일작전(이 무혈 침략이 1939~45 대살육의 원인이 된다)을 들 수 있다.

이제까지 말한 일은 표면상의 형태로 묶어 구별해낼 수 있으나, 알렉산드로스 이후 헬라스 문명의 역사 및 공자 이후 중국 문명 역사의 '전쟁-평화' 주기를 조사해 보면, 거기에도 구조와 시간적 간격에 있어 근대 서유럽 문명 역사에서 인정되는 점과 이상할 만큼 비슷한 역사적 패턴을 볼 수 있다.

문명의 해체

근대 서유럽 사회에서 전쟁의 주기적 반복 패턴을 돌아보면, 우리는 그것이 단지 수레바퀴가 공허 속을 네 번 회전하여, 그때마다 본디 위치로 되돌아온 것이 아니라는 점을 알게 된다. 수레바퀴는 동시에 매우 위험한 방향을 향해 굴러나와 있는 것이다. 한편으로는 전후 네 번에 걸쳐 여러 나라들이 동맹을 맺음으로써 무척 강대하다고 우쭐대는 한 나라에 대항하고 자기를 방어하여, 마침내 오만이 파멸의 근원이 됨을 그 나라에게 깨닫게 해 준 사건이었다.

또 한편으로 이것은 주기적 반복의 패턴 그 자체로부터는 알아낼 수가 없으나 초보적인 역사의 지식이 있으면 누구나 명백히 알 수 있듯, 네 번 반복된 각 대전이 앞의 전쟁보다도 한결 더 범위가 확대되면서 물질적으로나 도덕적으로나 파괴력도 증대된 사실이 분명 존재한다. 다른 사회, 예컨대 헬라스나 중국 사회의 역사에서 이 같은 전쟁의 종말은 서로 다투고 있던 자기의 말이 하나만 빼놓고 모두 장기판에서 사라지고 그 살아남은 오직 하나의 세력이 세계 국가를 세운다는 결과로 끝났다.

지방 국가 간 생존 경쟁의 지배적 경향으로 판명된 이 주기적 리듬에서 나타난 자기 청산이라는 현상은 앞서 문명의 해체를 살펴봤을 때 보았다. 명백하고 긴밀히 결부되어 있는 두 과정의 리듬(생존 경쟁과 해체) 사이에 이 같은 유사함이 있는 것은 결코 뜻밖의 일은 아니다. 해체의 시초가 되는 쇠퇴를 고찰했을 때 해체의 동기·징후 또는 원인을 살펴보면, 때로 그 문명 사회를 이루고 있는 지방 국가들 사이의 관계가 드물게 폭력으로 불거지면서 심한 전쟁으로 발발함을 알았다.

서로 항쟁하는 몇 개의 지방 국가가 일소되어 단일 세계 제국이 나타남과 아울러 폭력의 폭발이 완전히 정지하는 것처럼 보이다가도, 내전 또는 사회적 동란과 같은 새로운 형태로 재발하는 수가 많다. 따라서 해체의 과정은 일시적으로 저지되기는 하나 여전히 계속된다.

우리는 또 문명 해체의 과정이 지방국가들 사이의 전쟁과 마찬가지로 잇달아 규칙적인 파동 형태로 진행됨을 관찰했다. 그리고 수많은 예들을 통해 살펴본 결과, 해체를 향해 나아가는 지배적 경향인 '패배-다시 일어남'의 순환적 리듬은 문명 해체에 저항하는 운동과 오랫동안 싸워 마침내 승리를 얻는 과정에서, (문명의 쇠퇴로부터 시작되어 문명의 결정적 사멸로 끝나는 이 역사적 여행을 완수함에 있어) '패배-다시 일어남-악화-다시 일어남-악화-다시 일어남-악화'라는 3박자 반의 리듬을 나타내는 경향이 있음을 확인했다.

최초의 패배와 함께 쇠퇴한 사회는 동란 시대로 들어간다. 동란 시대는 최초의 재기(再起, 다시 일어남)에 의해 일단 수습되나 머지않아 전보다도 더 맹렬한 두 번째의 발작이 일어난다. 이 악화 뒤에 세계 국가의 성립이란 형태로 나타나는, 전보다도 오래 이어지는 제2의 재기가 계속된다. 이번에는 이 재기가 다시 악화와 회복을 한 번씩 경험하고, 이 최후의 회복 뒤에 결정적인 죽음이 찾아온다.

지금까지 실제로 일어난 예로 판단하면, 사회 해체의 드라마는 세력 균형의 드라마보다도 한결 정확하고 규칙적인 구성에 따라 진행한다는 점을 알 수 있다. 그리고 세계 국가의 일대기를 검토해 보면—역사의 과정이 외부 사회의 충격에 의해 방해받지 않는 경우에는—최초의 쇠퇴로부터 세계 국가 성립까지의 패배-재기-악화보다 효과적인 재기의 과정에 약 400년의 기간이 필요하며, 그 뒤에 계속되는 세계 국가의 성립으로부터 그 사멸까지의 재악화-최후의 재기-종국적 와해까지 마찬가지로 같은 기간이 필요하다.

그러나 세계 국기는 쉽게 죽는 것이 아니므로, 로마 제국은 378년(아우구스투스가 1인 집정제국을 수립하고 나선 쪽 400년에 해당한다) 아드리아노플의 파국이*² 있은 직후, 사회적으로 뒤떨어져 있던 서북 여러 지역에서는 붕괴했으나 중부 및 동북 여러 지역에서는 565년 유스티니아누스의 몰락이 있은 뒤에야 비로소 같은 운명을 밟았다. 한(漢) 제국 또한 184년 두 번의 타격*³을 입고 그 뒤 '3국'(위·촉·오)으로 분열했으나 결정적으로 사멸되기 전 짧은 기간 동안 진(晉) 제국(280~317년)으로 명맥을 유지했다.

---

*2 황제 워렌스가 서고트족과 아드리아노플에서 싸워 크게 패하고 전사했다.
*3 영제의 중평 원년(184)에 해당함. 이 해에 황건적 장각의 난이 일어났다.

문명의 성장

문명 사회의 해체로부터 문명 사회의 성장으로 눈을 돌리면, 우리는 전에 이 '연구' 속에서 성장이 해체와 마찬가지로 주기적 리듬 운동을 나타낸다는 사실을 떠올릴 수 있으리라. 도전이 성공적인 응전을 불러내고, 다음에는 그 응전이 다른 도전을 불러오는 식으로 성장은 일어난다.

이 과정은 무한히 반복되어도 좋을 듯이 보이지만, 역사적 사실로 보면 이 책을 쓰고 있는 현재까지 나타난 문명의 대부분은 그것을 불러낸 도전에 대해 유효한 응전을 했으나 또 다른 응전에 맞서서 (새로운 도전을 낳는) 유효하고 본질적인 응전을 이어가는 것은 한계가 있었으므로 성장을 유지해 나갈 수 없었다.

예컨대 우리는 헬라스 문명의 역사에서, 최초의 무정부적 야만 상태가 도시 국가라는 새로운 정치 제도의 형태로서 효과적 응전을 불러 일으켰음을 알았다. 또 이 응전의 성공이 다음에는 경제면에서 인구 과잉이라는 새로운 도전을 불러일으킨 사실을 말했다. 이 제2의 도전은 효과가 같지 않은 여러 차례의 다른 응전을 불러냈다.

스파르타의 응전은 인접한 헬라스 도시 국가들의 식량 생산지를 무력에 의해 병합한다는 것이어서, 이는 큰 재난을 불러일으켰다. 코린트와 칼키스의 응전은 식민 정책을 실행하여, 서부 지중 해역의 후진 민족에게서 빼앗은 토지들을 헬라스인들에게 주어 새로운 해외 경작지를 재배하게 함으로써 일시적인 효과를 거두었다. 그러나 영속적인 효과를 올린 것은 아테네의 응전이다. 아테네는 헬라스 사회의 지리적 확대가 전쟁 상대인 페니키아인과 에트루리아인의 저항으로 저지되자, 곡물을 수확하는 농업에서 현금을 수확하는 농업으로 경제혁명을 이룩하여^(수출 상품의 공업화 생산), 그 팽창된 헬라스 세계의 총생산량을 증대시킨, 지속적으로 효과적인 응전도 있었다.

이 경제적 도전에 대해 성공한 응전이 이번에는 앞서 보았듯이 정치면에서의 도전을 불러일으켰다. 바야흐로 경제적으로 서로 의존하게 된 헬라스 문명 세계는 '세계적'인 규모의 법률과 질서를 갖춘 정치 체제를 필요로 하게 된 것이다. 개개의 고립된 좁은 평지에서 자급 자족적 농업 경제 발달을 이끌어 온 재래의 지방 도시 국가 체제는 이미 경제 구조가 하나로 통합된 헬라스 사회의 정치 구조로서 부적당했다. 이 제3의 도전에 대해 시기에 맞는 정치제도적 응전이 이루어지지 않았기 때문에 헬라스 문명의 성장은 도중에 중단된 채 쇠퇴기로 들어간 것이다.

서유럽 문명의 성장기에서 우리는 계속된 도전에 대해 성공적인 응전을 함으로써 제1, 제2의 도전 뿐만 아니라 제3의 도전에도 적절하게 해오며 헬라스 문명의 경우보다 오래 계속되고 있다.

최초의 도전은 헬라스 문명이 처했던 상황과 같은 공백 시대의 무정부적 야만 상태에서 일어났다. 그러나 응전 방법은 달랐는데 힐데브란트 교황제(교황의 통치적 전권 주창)라는 세계적인 교회 제도가 만들어졌다. 그리고 이 응전이 제2의 도전을 불러일으켰다. 즉 교회의 통일을 실현한 성장기의 서유럽 그리스도교 사회는 이번에는 정치적·경제적으로 유능한 지방 국가 제도를 필요로 하게 되었다.

이 도전은 이탈리아와 플랑드르 지방에서는 헬라스 사회의 도시 국가 체제를 부활하는 방법으로 극복되었다. 그러나 이 해결법은 일부 지역에서는 충분히 도움이 되었으나, 광대한 영토를 지니는 봉건 군주국의 요구는 채울 수가 없었다. 이탈리아와 플랑드르에서 도시 국가 체제에 의해 이루어진 서유럽 사회의 정치적·경제적 생활의 유능한 지방 기관을 만들어 낸다는 문제의 해결은 다른 서유럽 여러 나라에서도 가능한 것이었을까? 그리고 이탈리아와 플랑드르에서 얻은 것과 같은 효과를 전국적인 규모로도 얻을 수 있었을까?

앞서 본 바와 같이 이 문제는 영국의 경우 먼저 정치에서 중세 이후 알프스보다 먼 서유럽 여러 나라에서 행하여 온 의회 제도를 활용하고, 그 뒤 경제 분야에서 산업 혁명을 실시함으로써 해결되었다. 그러나 이 서유럽 사회의 산업 혁명은 헬라스 사회의 역사에서 아테네의 경제 혁명과 마찬가지로 지방분권적인 경제의 자급 자족 체제를 서로 의존하는 세계 경제 체제로 바꾸게 되는 결과를 낳았다.

이로써 서유럽 문명은 세 번째 도전에 대한 응전에 성공한 결과로서 헬라스 문명이 두 번째 도전에 성공한 뒤에 그랬듯이 또 다시 새로운 도전을 맞닥뜨리게 되었다. 20세기 중엽에 이르러 서유럽인들은 이 정치적 도전에 대해 아직 적절한 응전을 하지 못한 채, 그 위협을 절실히 느끼게 되었다.

위의 두 문명, 즉 헬라스 문명과 근대 서유럽문명 성장의 대략적 관찰에서도 아주 뚜렷하게 보여주듯이, 사회적 성장을 실현시키는 '도전과 응전'의 맞물리는 연쇄고리들 안에서 이 두 문명은 서로 연결 숫자가 일치하지 않는다. 기록이 잘 되어 있는 다른 모든 문명의 역사를 살펴 보아도 이 결론이 정당하다.

따라서 우리가 당면한 연구의 최종적인 결론은, 문명 해체사에서는 '자연 법칙'의 작용이 두드러진 반면, 문명 성장사에서는 그다지 뚜렷하지 않다는 것이다. 우리는 다음 장에서 이 사실이 결코 우연이 아닌, 성장 과정과 해체 과정 사이의 본질적인 차이에서 비롯한다는 점을 밝히고자 한다.

운명을 막아낼 갑옷은 없다*4

문명의 역사 속에 움직이는 '자연 법칙'을 조사한 결과, 우리는 이들 법칙이 나타나는 주기적 리듬이 힘의 균형을 이루지 못한 두 경향의 싸움으로 생겨난다는 점을 발견했다. 한쪽의 지배적 경향이 결국 완강한 반대 경향의 반복적 저항 시도를 물리치고 승리를 얻게 된다. 이 두 경향의 싸움이 패턴을 결정한다. 끝까지 패배를 인정하지 않고 저항을 계속하는 약한 쪽의 집요함이 일련의 주기 운동의 형태로 충돌을 반복케 하며, 한편 강한 쪽의 우세한 힘이 늦든 빠르든 이 주기 운동의 연속에 종지부를 찍는다.

이 같은 관점에서 우리는 지방 국가 간의 생존 경쟁이 한쪽은 세력의 균형을 정복하려고 싸우고, 다른 쪽은 그것을 유지하려고 싸우는 3회 또는 4회의 전쟁 주기를 거쳐 언제나 마지막에 가서는 균형이 무너지는 결말로 끝나는 것을 보아왔다. 마찬가지로 쇠퇴한 사회가 해체해 가는 경향과 본디 건강 상태로 되돌아가려는 역행적인 노력 사이의 투쟁이 마침내 문명의 사멸이라는 결말로 끝나는 것을 보아왔다.

산업화된 서유럽 문명 사회의 경제 생활에서 '자연 법칙'의 작용을 살펴볼 때 시장 경제 순환 연구분야의 전문가들에 따르면, 이러한 반복 운동은 언제나 호전된 일정한 방향으로 흘러가면서 흐름의 표면에 잔잔한 물결로 나타나다가 마침내 이들 파동적 변동은 종말을 알리리라 추측하고 있음을 알았다.

또한 우리는 같은 문제와 관련해, 이전에 해체기 문명과 그 문명의 외곽에서 저항하는 야만족 전투 단체의 싸움이 기동전에서 세계 국가의 경계선(리메스)을 따라서 교착전이 되어 버리면, 시간이 지남에 따라 주로 경계선을 방비하는

---

*4 17세기 영국 극시인 James Shirley의 Death the Leveller 중의 한 구절.

쪽이 불리해지고 공격하는 야만족 쪽이 유리해져서, 마침내는 기존 문명의 둑이 무너져 야만의 홍수가 그때까지 있었던 사회 구조를 지도 위에서 사라지게 한 사실을 떠올릴 수 있다.

지금까지 말한 것 모두가, 인류 역사에 나타나는 순환 운동은 수레바퀴의 물리적 회전과 마찬가지로 그 단조로이 반복되는 원운동에 의해 좀더 긴 리듬을 가짐으로써 마침내 다른 운동—그것은 이들 순환 운동과는 달리 조금씩 일정한 방향으로 진행되는 운동으로서, 끝내 목적지에 이르게 되며, 목적지에 도달함과 동시에 순환 운동의 반복을 끝낸다—을 불러일으킨다는 우리의 보다 일반적인 진리의 예증이 된다.

그러나 이렇게 한 경향이 반복되어 다른 경향에 대해 거두는 승리를 '자연 법칙'의 예증이라고 해석할 만한 근거는 없다. 경험적으로 관찰된 사실을 반드시 움직일 수 없는 숙명의 결과였다고 볼 수는 없다. 이런 경우 예증의 책임은 불가지론자 쪽에 있는 게 아니라 결정론(숙명론)자 쪽에 있다. 독단적이며 사실에 입각하지 않은 결정론을 주장한 슈펭글러는 이 점을 잊고 있었다.

아직 해결되지 않은 채 남겨진 역사의 법칙과 자유의 문제를 선입견 없이 취급하기 위해 의논을 먼저 진행해가기 전에, 어느 하나의 경향이 차례로 시도되는 저항을 누르고 마침내 승리를 차지하게 된 다른 몇 가지 예들을 살펴 보기로 하자.

이런 힘들이 서로 다투며 해결되는 과정에서 슈펭글러는 '운명의 손'을 인정하고 있는데, 그의 피할 수 없는 운명론의 옳고 그름을 떠나서 그는 거의 그 독단적 이론을 밝히는 노력을 하고 있지 않다. 우리는 먼저 서남아시아에서 헬라스 사회의 무력 지배로 생긴 정세를 살펴 보자.

이 우세한 헬라스 사회의 지배는 7세기 아랍 이슬람교 세력에게 타도될 때까지 1000년 가까이 계속되었는데, 헬라스 문화는 타우루스 산맥 이남에서는 그 전초 지점의 역할을 다한 몇몇 헬라스인 도시, 또는 헬라스화한 도시들에서 여전히 시리아 문화나 이집트 문화를 굳세게 지켜 나아가는 농촌 지역에 대해 미약한 영향력을 미치는 이국적인 외래 문화의 영역을 벗어날 수는 없었다. 헬라스 문화 귀의자들을 대대적으로 받아들이는 능력이 실제로 시험대에 오르게 된 것은 셀레우코스 왕조의 헬라스 정책 수행자인 현신왕 안티오코스 에피파네스(재위 기원전 175~163, 슈스)(로를 신의 화신이라 부름)이다. 그는 예루살렘을 안티오키아와 마찬가지로 헬라스화하려고 했지만, 이 문화적·군사적 기획의 완전한 실패는 마침내 이 침입 문화가 완전히 사라지리라는 것을 예고했다. 그 뒤 헬라스 문화가 여전히 몇 세기 사이에 이 지역에 겨우 명맥을 유지할 수 있었던 것은, 세력을 잃은 셀레우코스 왕조와 프톨레마이오스 왕조로부터 로마 제국이 대신 지배권을 빼앗았기 때문이다.

시리아와 이집트 사회에 대한 헬라스 사회의 지배는 무력에 의해 강제로 유지되었다. 그리고 정복된 사회가 어떤 식으로 반항하든지 반드시 무력으로 제압되었다.

역사의 다음 단계로 가 보면, 중동 지역은 3세기에 그리스도교로 대량 개종했는데, 이 때문에 일찍이 안티오코스가 헬라스 문화를 시도하려다가 실패했던 일이 뜻밖에도 이룩된 것처럼 보였을지도 모른다. 이 지역에서 가톨릭 교회는 피지배자인 토착 농민들과 도시의 지배자들을 똑같이 매혹시켰다. 더욱이 그리스도교는 헬라스 문화의 옷을 입고 승리의 걸음으로 걸어 나왔으므로 그리스도교가 이전에 꾸밈없이 있는 그대로의 모습을 드러내 놓았을 때에는 동방의 여러 민족이 그토록 거세게 배척했었으나, 헬라스 옷을 입은 그리스도교를 매개로 했을 때에는 마치 받아들인 것처럼 보였다. 그러나 그것은 잘못된 생각이었다. 동방의 민족들은 헬라스화한 그리스도교를 받아들인 뒤에 그들의 종교로부터 헬라스적 요소들을 없애는 데 노력하여 네스토리우스파를 비롯한 몇몇 이단설을 차례로 받아들였다.

이와 같이 신학적 논쟁이라는 비군사적인 형식으로 동방 세계의 헬라스 문명에 대한 저항 운동을 다시 시작함으로써 동방 여러 민족들은 문화적 투쟁의 새로운 기술을 발견하고 마침내 승리를 거둔 것이다.

이 헬라스 사회에 대한 문화적 공세는 수세기에 걸쳐 이미 우리에게 낯익은 주기적 반복의 형식으로 행해졌다. 네스토리우스파가 대두했다가 쇠퇴해간 뒤에 그리스도 단성론의 물결이 일었으며, 그 뒤에 나는 이슬람교의 물결이 나타나 무서운 기세로 곳곳에 퍼져 나갔다. 이슬람교의 승리는 거친 군사적 정복의 방법으로 되돌아간 것이라 말할 수 있었다. 확실히 이슬람교 아랍 전투 세력을 도저히 톨스토이나 간디 등 비폭력 무저항주의의 선구자라고는 볼 수 없다. 그들은 637~640년(아라비아인들의 큼/속한 제국 확장 시기)의 불과 수년 동안 시리아와 팔레스타인, 그리고 이집트를 '정복'했다. 그러나 이것은 가리발디가 1860년 1000명의 붉은 셔츠 의

용대를 이끌고 이렇다 할 무기도 없이 보여주기로 끌고 다니던 작은 대포 두 문의 힘을 빌려 시칠리아와 나폴리를 '정복'했을 때와 같은 성질의 것이었다. 두 시칠리아 왕국이 '통일 이탈리아'의 가르침을 따르는 이 전투적 도전자에게 정복된 것은 스스로 그렇게 되고자 했기 때문이다. 로마 제국의 동방 속주 주민들이 아랍 전투 세력에 대해 가진 감정은 시칠리아인이 가리발디에 대해 가진 감정과 그다지 차이가 없었다.

위의 예에서는 바람직하지 못한 획일화 시도에 저항하여 차례로 나타난 이단설 가운데 세 번째 것이 성공하고 있다. 12세기 이후 프랑스 역사에서도 상황은 다르지만 같은 유형이 나타난다. 12세기 이후 프랑스의 로마 가톨릭 교회는 먼저 일어난 한 운동이 탄압을 받을 때마다 또다시 새로운 형식으로 일어나는 분리 운동에 대항하면서 프랑스에 가톨릭교 국가로서의 종교적 통일을 확립하려는 노력에 몰두했는데, 이것은 언제나 일시적인 성공을 거두는 데 불과했다. 12세기 남프랑스에서 처음으로 '순결파'라는 형식으로 나타난 가톨릭교에 대한 저항은 13세기에 진압되었지만, 16세기에 같은 지방에서 칼뱅파가 되어 나타났다. 칼뱅파가 금지되자 오래지 않아 이번에는 가톨릭 교회 안에 머무르면서도 칼뱅파에 가장 가까운 접근을 시도하는 얀센파가 되어 나타났다. 얀센파가 금지되자 이번에는 이신론·합리주의·불가지론·무신론이 되어 다시 나타났다.

앞서 다른 문제들을 논했을 때 우리는 유대교의 유일신 개념이 거듭 모습을 나타내는 다신론 때문에 끊임없이 괴로움을 겪는 운명에 있었다는 것, 또 유일신 개념과 밀접한 관련이 있는 유대교의 '오직 하나뿐인 참된 신'의 초월적 개념 또한 거듭 되풀이되어 육신화한 신에 대한 동경으로 고통 받는 운명에 있었다. 유일신 개념은 바알(가나안지방)과 아슈토레스 숭배를 막았으나, 질투심 많은 여호와가 추방한 경쟁 상대는 주의 '말씀' '지혜' '천사' 등 의인화된 형식으로 모습을 바꾸어 남모르게 유대 정통 이론 속으로 들어와, 그 뒤 삼위일체의 교리며 하느님의 육체와 피, 하느님의 어머니, 그리고 성인 숭배라는 형식으로 그리스 정교 안에도 자리를 잡았다. 이와 같은 다신론의 재침투로 인해 이슬람교에서는 철저한 일신론의 재현을 불러일으켰으며, 또한 프로테스탄트에서는 그렇게까지 철저하지는 않았으나 마찬가지로 일신론을 재확립하게 했다.

그리고 이 두 가지 순화 운동으로 말미암아 다시 이번에는 신의 다수성을 구하는 영혼들이 누를 수 없는 갈망, 즉 우주에 나타나는 다양한 자연력을 반영하는 다수성에 대한 갈망으로 괴로워하게 되었다.

2. 역사상 '자연 법칙'의 작용 가능성에 대한 해석

이제까지 우리가 이 '연구' 속에서 지적해 온 역사의 반복이나 획일성이 실재한다고 하면, 이러한 현상에 대해 가능한 설명은 두 가지가 있다고 생각된다. 즉 이러한 현상을 지배하는 법칙은, 인간의 비인간적 자연 환경에 통용되는 법칙이 역사의 과정에서 외부로부터 강압적으로 주어진 것이든가, 또는 인간 그 자체의 심적 구조와 심적 작용의 고유한 법칙이든가 둘 중의 하나이다. 먼저 앞의 가설부터 살펴보기로 하자.

예컨대 '낮—밤'의 순환은 틀림없이 평범한 사람들의 일상 생활에 영향을 미치지만 여기서는 이것을 무시해도 상관없다. 인간은 원시 상태로부터 진보하면 할수록 한층 더 쉽게 필요에 따라 '밤을 낮으로 바꾸는' 일을 할 수 있게 된다.

본디 인간이 노예처럼 따라야 했던 또 하나의 천문학적 주기는 계절의 순환이었다. 사순절(2월초부터 3월초)이 그리스도 교도의 절제 기간이 된 것은, 그리스도교가 지상에 출현하기 훨씬 이전의 태곳적부터 늦겨울이 언제나 정신적으로 좋든 싫든 인간이 먹을 것의 부족에 견디지 않으면 안 되는 시기였기 때문이다.

그러나 이 점에 있어서도, 서유럽 사회와 서유럽화되어 가는 사회의 인류는 자연의 법칙으로부터 자유로워질 수 있었다. 냉장 저장법과 기술적으로 통일된 (땅 위의 한 지점에서 다른 한 지점으로 물자를 빠른 시간 안에 운반하는) 운송법 덕분에 이제는 어떠한 고기나 채소·과일 또는 꽃이라 해도 연중 계절을 가리지 않고 세계 어디서나 돈만 있으면 누구나 살 수 있게 되어 있다.

지구상의 식물군을 지배하고 있고 따라서 인간도 농업에 의존하여 생명을 유지하고 있는 한, 간접적으로 따라야만 했던 천문학적 주기는 자칫하면 우리가 잘 알고 있는 위와 같은 주기만은 아니었는지도 모른다.

근대의 기상학자들은 좀더 오랜 시간적 간격에 의한 기후 변화 주기의 존재를 말해주는 여러 증거들을 가지고 있다.

유목민들이 사막 지대로부터 농경 지대로 침입한 사실을 조사해 보면, 각 주기는 건기와 습기가 교대로 이루어지는 600년의 기후 변화 주기임을 말해주는 간접적 증거들이 눈에 띈다.

이 가설적인 주기는 이 책을 쓰고 있는 현재 아직 정설로 승인되어 있지 않은 것 같은데, 이와 같은 종류인 다른 몇 개의 주기, 즉 좀더 짧고, 기껏해야 두 자리 또는 한 자리 연수의 파장주기가 있는데 이러한 주기가 근대적 조건 아래 인위적으로 씨를 뿌려 수확을 거두는 농작물의 수확량 변동을 지배한다고 여겨지고 있다.

이와 같은 '기후―수확' 주기와 일부 경제학자들에 의해 밝혀진 경제적·산업적 주기 사이에 서로 관련성이 있다는 설이 주장된 일이 있다. 그러나 최근 전문가들 의견은 대부분 이 견해에 반대하고 있다. 빅토리아 시대에 이 방면의 선구자인 W. 제번스(^{한계효용설을}
제창한 학자)가 '경기 순환은 태양 흑점의 출현과 소멸에 따라 나타나는 태양 방사능 변동의 영향을 받는다'는 기발한 생각을 했는데, 오늘날에는 전혀 주목을 받지 못한다. 제번스 자신도 뒷날 "경기의 주기적 변동은 사실 심리적인 성질의 것이며, 의기 소침·희망·흥분·어긋난 기대·공황 등의 변화에 의존한다"[5]라고 시인하였다.

케임브리지의 경제학자 A. 피구(^{신고전파 경제}
학의 지도자)는 1929년 나온 저서에서, 곡물 수확량의 변화가 산업 활동의 변동을 규정하는 요인으로서 어느 정도 중요성을 가진다 하더라도 그 중요성은 그가 자신의 저서를 집필하던 무렵에는 50년 또는 100년 이전에 비해 뚜렷하게 감소했다는 견해를 말하고 있다. G. 하벌러(^{오스트리아 태생, 뒤에 미}
국으로 건너간 경제학자)도 피구보다 12년 뒤에 낸 저서에서 같은 견해를 말하고 있다. 그 의견을 이 책을 쓸 정통파 경제학자가 지닌 견해의 표본으로서 인용해 보기로 한다.

"번영의 쇠퇴는 그 증대와 마찬가지로 …… 외부로부터의 '방해 요인'으로 말미암아 비롯된 게 아니라, 시장 자체의 내부에서 규칙적으로 진행되는 여러 과정에 의한 것임에 틀림없다.

여기에서 불가사의한 점은 이러한 변동들은 기후 조건에 따른 흉작이라든가, 질병·총파업·공장 폐쇄·지진·국제 통상로의 갑작스런 차단 등 '외부적' 원인으로 설명할 수 없다는 점이다. 흉작·전쟁·지진, 그리고 기타 이와 비슷한 요인

---

[5] Jevons, W. Stanley : *Investigations in Currency and Finance.*

들이 생산 과정을 물리적으로 교란시킨 결과로서 생산량·실수입 또는 고용이 줄어드는 일은 드물며, 경기 순환론에서 사용하는 전문적 의미의 불황을 일으키지 않는다는 것은 확실하다.

전문적인 뜻에서 불황이란 생산량·실수입, 그리고 장기간에 걸친 뚜렷한 고용 저하이며 이것은 경제 조직 그 자체의 내부로부터 비롯되는 여러 원인 작용들에 따른 것으로서, 무엇보다 통화 수요의 불충분과 시가와 원가 사이의 충분한 마진 결여라는 것에 의해 비로소 설명할 수 있다. 여러 이유로 보아 경기 순환의 설명에 있어서는 외부적 방해 요소의 영향을 가능한 한 덜 심각하게 받아들일 수 있게 하는 것이 바람직한 일이다.……

경기 순환을 촉진하기 위해서는 시장 조직의 반응 쪽이 언뜻 보기에 외부로부터 가해오는 충격보다도 중요한 것처럼 생각된다. 둘째로 역사적 경험의 경우, 경기 변동의 원인이라고 생각되는 외부적 영향이 뚜렷하게 작용하지 않아도 이 주기적 변동이 여전히 존속하는 경향을 지니는 일과 같은 맥락으로 설명할 수 있으리라.

이 사실은 우리 경제 조직 속에는 본디 구비되었던 불안전성, 즉 어느 방향으로든 움직이려는 경향이 있음을 암시한다."[6]

그런데 지금까지 말한 것과는 전혀 다른 자연적 주기가 있다. 그것은 탄생–성장–생식–노쇠–사망 과정을 겪는 인간의 세대 주기이다.

역사의 특수한 분야에 있어서도 이 인간의 주기가 갖는 중요한 의미는 이 '연구'의 필자가 1932년 뉴욕 주의 트로이 시에서 공적인 오찬을 갖는 자리에서 나눈 대화에 의해 또렷이 알게 됐다.

필자는 시교육장 옆자리에 앉게 되었으므로 교육장에게 "당신은 여러 가지 일들을 맡고 있으리라 봅니다만, 그 가운데 어떤 일에 가장 흥미를 느끼고 계십니까" 이렇게 물어보았다. 그러자 교육장은 노인들을 위해 영어 강습회를 여는 일이라고 대답했다. "아니, 영어를 말하는 나라에서 영어를 배우지 않고 노인이 될 때까지 살 수가 있습니까?" 하고 필자는 의아해 하며 계속 질문했다. 다음이 교육장의 대답이다.

---

*6 Haberler, G. : *Prosperity and Depression*.

"아시다시피 트로이 시는 미국의 리넨 칼라 제조업의 최대 중심지로 1921년과 1924년의 이민 제한법 이전에는 이 거리의 노동력 대부분이 외국인 이민과 그 가족에게 의존하고 있었습니다. 그런데 주요 이민 수출국에서 건너온 이민자들은 저마다 같은 출신의 사람들끼리 사귀고, 조상부터 내려오는 풍습을 가능한 한 충실하게 지키려는 경향이 있었습니다. 같은 나라에서 온 이민자들은 같은 공장에서 함께 일할 뿐만 아니라, 대체로 같은 구역의 셋집에 살고 있었습니다. 그러므로 은퇴할 때가 되어도 그들 대부분은 처음으로 미국에 상륙했을 때나 거의 다름없이 영어를 모르는 형편이었습니다.

그들이 미국에서 생활하게 되면서부터 이때까지 영어를 알 필요가 없었던 또 다른 이유는 집에 통역해 줄 사람이 있어 언제라도 그 도움을 받을 수 있었기 때문입니다. 통역자인 그들의 아이는 어렸을 때 미국에 와서 미국 학교에 다니고, 학교를 나온 뒤 부모의 뒤를 이어 공장에 들어간 셈이니까, 예컨대 이탈리아 출신이라면 어린 시절을 이탈리아에서 지낸데다 미국에서 교육을 받았으므로 2개 국어를 완전히 구사할 수 있었습니다. 따라서 공장이나 거리에서나 상점에서는 영어를 사용하며, 부모가 있는 가정에서는 이탈리아어를 사용하는 식으로 거의 의식하지 않고 구분해서 사용하고 있었지요. 힘 안들이고 쉽게 2개 국어를 구분해서 쓰는 아이들이 있다는 것은 나이 먹은 그들 부모에게는 참으로 소중한 일이었습니다. 사실 이 때문에 그들 부모는 공장에서 일하고 있는 동안에 겨우 외운 몇 마디 영어까지도 은퇴한 다음에는 까맣게 잊어버리는 형편이었지요.

하지만 이것으로 이야기가 끝나는 것이 아닙니다. 마침내 은퇴한 이민 가정의 자녀들이 결혼해 이번에는 거기서 아이가 태어납니다. 그러면 이민 제3세에겐 영어가 학교에서 사용하는 말인 동시에 가정에서 사용하는 말이 되기도 하지요. 그들의 부모는 미국에서 교육을 받은 다음 미국에서 결혼한 셈이니까, 어느 한쪽이 이탈리아인이 아닌 경우가 많으며, 그런 경우 부모는 영어를 공통어로 삼게 됩니다. 따라서 2개 국어를 말하는 부모에게서 태어난 미국 태생의 아이들은 조부모의 모국어인 이탈리아어를 모르며, 또 알 필요가 없었던 것입니다. 그들로서는 미국인답지 않은 점을 어떻게든지 벗어나 깨끗이 없애버리려 하는데, 구태여 순수한 미국인이 아님을 광고하는 이상한 외국어를 외울 필요는 없잖겠어요? 그러므로 노인들은 아무래도 그들의 손자들이 자신들이 편하게 말할 수 있는 유일한 언어로 자기들과 말하게 할 수는 없다는 사실을 깨닫게 된 거지요. 즉 그들은 나이를 먹자 갑자기 함께 생활하고 있는 자기네 자손과 인간적 접촉을 할 수 없다는 무서운 현실에 맞닥뜨리게 된 것입니다. 가족 간의 연대 의식이 강한 이탈리아인이나 그 밖에 영어가 모국어가 아닌 대륙 유럽인들에게 이 사실은 도저히 견딜 수 없는 일이지요. 그러자 생전 처음으로 그들이 그때까지 전혀 매력을 느끼지 않았던, 귀화한 나라의 말을 꼭 배워야겠다는 생각이 들어 작년에 내가 있는 곳으로 도움을 요청해 왔습니다. 물론 나는 적극적으로 그들을 위해 특별한 학급을 편성해 주었습니다. 나이를 먹으면 먹을수록 외국어 학습은 어려워진다는 것이 상식입니다만, 웬걸요, 이 노인들을 위한 영어 교실은 우리 교육 기관에서 손댄 일들 가운데 가장 큰 성공을 거두었으며, 또 무엇보다 보람 있는 일이기도 합니다."

이 트로이 시 이야기는 세 세대가 함께 존재하게 되면, 중간에 끼인 세대가 두 세대 사이에서 겪는 변화 과정의 효과가 누적되어 같은 세대의 다른 인간들이 일생 동안에 도저히 이룰 수 없는 사회적 변화를 이행할 수 있음을 잘 나타내고 있다. 이탈리아인 가족이 미국인 가족으로 변해 가는 과정은 오직 1세대에 한해 분석해서 기술한다면 끝내 이해할 수 없다. 그 변화가 실현되려면 3세대 사이에 서로 주고받는 작용이 필요했다.

그리고 국민성의 변화로부터 종교와 계급의 변화로 눈을 돌리면, 여기서도 우리는 이해 가능한 단위는 개인이 아니라 가족이라는 사실을 발견한다.

계급 의식이 강한 근대 영국—특히 이것은 1952년인 오늘날 필자의 눈앞에서 빠르게 모습을 감춰가고 있지만—에서 노동 계급 또는 중하층 계급 출신의 선조를 가진 가정이 '신사 계급'으로 변화하려면 보통 3대가 지나야 했다.

종교 분야에서도 또한 완전한 개종까지의 표준 파장은 3세대였던 것으로 보인다. 로마 세계의 이교가 사라진 역사에서, 이교에 대해 비관용적이었고 신앙이 두터웠던 순수한 그리스도 교도의 황제 테오도시우스 1세(392년에 그리스도교를 국교로 정했다)가 출현한 시점은 이교에서 개종한 콘스탄티누스 1세의 바로 뒷세대가 아니라 하나 건너 다음 세대였다.

17세기 프랑스에서 신교가 사라지게 된 역사에서도 마찬가지로 프로테스탄트에 대해 비관용적이었으며 독실한 가톨릭 교도로 태어난 루이 14세와, 본디 칼뱅파였던 그의 조부 앙리 4세와의 사이에 같은 간격이 있었다.

19세기 말부터 20세기 초에 걸쳐 불가지론자 아니면 무신론자였던 프랑스의 부르주아 계급은 부르주아와 노동자 계급 사이의 경제적 불평등을 철폐하려는 사회주의와 기타 이데올로기가 대두함에 따라, 그러한 사상을 막아내는 방벽의 역할을 하는 전통적 제도로서 교회가 새로운 가치를 갖게 되었으므로 표면상 거듭 가톨릭 신앙을 받아들이게 되었다. 이 부르주아의 손자들 사이에서 정말 신앙이 두터운 가톨릭 신자가 나오기까지는 또한 같은 세대 간격을 필요로 했다.

시리아 문명 세계의 옴미아드 칼리프국 시대에도 지배 계급의 원시 이슬람교 아랍족에게 아첨하기 위해 그리스도교 또는 조로아스터교에서 이슬람교로 개종한 조부모들의 자손 사이에서 참으로 신앙이 두터운 이슬람교 신자들이 나올 때까지 3대가 걸렸다. 정복자의 지배를 대표하는 옴미아드 왕조는 마침 최초의 개종자인 순수 이슬람교도의 손자들이 역사의 무대에 등장할 때까지 3세대의 기간 동안만 존재했다(661~750).

아랍 민족의 지배를 대표하는 옴미아드 왕조가 어느 민족이든 관계 없이 전 이슬람교도의 평등을 주장하는 아바스 왕조에 의해 교체된 것은, 본심에서가 아니라 단순히 방편으로 개종한 비아랍 민족의 손자들이 참으로 신앙이 두터운 이슬람교 신자가 되어, 이슬람교의 원칙을 관철시키는 데 미지근한 라오디게아인 이슬람교도 정복자의 3세대로서 여전히 미지근한 이슬람교도 손자들과 대결했기 때문이다.

위에서 말한 것처럼 이어지는 3세대의 연결고리가 종교·계급·국민성의 세 분야에 걸친 사회적 변화·규칙적인 심리적 매개자라고 한다면, 국제 정치 분야에 있어 이어지는 4세대의 연결고리 또한 비슷한 역할을 이행하고 있더라도 놀라운 일이 아닐 것이다.

우리는 앞서 문명의 만남을 다루었을 때 인텔리겐차의 등장과 그 부모에 대한 반항 사이의 시간적 간격이 3 또는 4세대의 예에서 평균 약 137년이라는 것을 발견했다. 또 '전쟁–평화' 주기의 파장이 4세대로 되어 있는데, 이것은 전면전의 전쟁 고뇌가 비교적 온건한 각 세대의 보조전보다도 훨씬 심각한 인상을 인간 정신에 끼치게 되리라고 가정한다면 쉽게 이해할 수 있다.

하지만 이 가정을 근대 서유럽의 '전쟁–평화' 주기에 적용하게 되면 우리는 하나의 걸림돌을 만나게 된다. 왜냐하면 '보조전'의 하나인 30년 전쟁의 지리적 범위는 중부 유럽에 한정되어 있으나, 그 한정된 지리적 범위 안에서 그 전후에 일어난 '대전'에 비교해서 더하면 더했지 결코 뒤지지 않는 큰 재해를 불러 일으켰기 때문이다.

이 '전쟁–평화' 주기는 우리가 그 이유를 설명해야만 하는 일로서, 엄밀히 정확하지 않다 하더라도, 거의 비슷한 규칙성과 순환성을 가지는 것으로서 최후의 것도 아니며, 최장의 것도 아니다. 거의 100년의 길이를 갖는 이들 각 주기는 문명의 쇠퇴 뒤에 나타나는 전체로서 우리가 '동란 시대'라 부르는 시기를 이루는 사건의 연속들 가운데 하나에 불과하다. 그리고 이 동란 시대는 다시, 예를 들어 헬라스 문명이나 중국 문명의 역사에서 그렇듯이 앞서 말한 주기적 순환이 나타나는 세계 국가의 단계로 넘어간다.

이상의 과정 전체는 처음부터 끝까지, 일반적으로 말해 800년부터 1000년 정도가 걸린다. 여기서도 본서 앞 장에서 이제까지 충분히 도움이 되어 왔던 인간의 일상 생활에 나타나는 규칙성에 대한 심리적 설명이 도움이 될까? 이 물음에 대한 대답은, 만일 우리가 인간 정신의 표층에 불과한 지성과 의지를 인간 정신의 전체라고 본다면 부정적이 되고 만다는 것이다.

현대 서유럽 사회에서 서유럽 문명이 낳은 심리학이라는 학문은 아직 요람기에 있지만, 그래도 이 학문의 개척자들에 의해 이미 여러 가지 사실이 뚜렷해지고 있다. C.G. 융은 개개인 인격의 의식적인 지성과 의지가 그 표면에 떠있는 잠재 의식의 심연은 미분화된 혼돈 세계가 아니라, 심적 활동의 여러 층이 중복되어 단층을 이루며 분화한 우주라고 주장한다.

가장 표면에 가까운 층은 개인이 태어나면서부터 오늘날까지 경험한 개별적 경험이 순서대로 퇴적된 잠재 의식의 층이라고 그는 말한다. 지금까지 탐구자가 탐구해낸 가장 깊은 층은 그 안에 감추어져 있는 원시적 이미지가 인간이 아직 인간이 되지 못한 단계나, 또는 인간 인종의 요람기에 퇴적한 인류 전체의 공통 경험을 반영하는 것이므로, 개개의 인간에게 특유한 것이 아니라 모든 인간에게 공통된 인종적 잠재 의식의 층이라는 것이다.

그렇다면 서유럽의 과학자가 오늘날까지 인정해 온 잠재 의식의 최상층과 최하층 사이에 인류 전체의 경험도 아니며 개인적 경험도 아닌, 개인을 초월하나 인류 이하의 범위를 갖는 집단적 경험이 쌓인 중간층이 몇 개 있으리라고 생각해도 좋을 것이다. 한 가족에 공통되거나, 한 공동체에 공통되거나, 또는 한 문명 사회에 공통된 경험의 층이 있어도 좋을 것이다.

그리고 인간 인종 전체에게 공통된 원시적 이미지의 바로 위층에 각 문명 사회의 특유한 기질을 표현하는 이미지가 있다고 한다면, 어떤 종류의 사회적 과정이 이루어지는 데 오랜 기간이 걸리는 것은 이들 문명 사회 특유의 기질적 이미지가 인간 정신에 깊이 새겨져 있기 때문이라고 설명할 수 있을 것이다.

예를 들어 문명의 성장 과정에서 그 문명에 소속된 인간의 잠재 의식적 정신 생활에 뚜렷하게 깊이 새겨질 수 있는 사회적 이미지의 하나는 지방적 주권 국가의 우상이다. 카르타고인들이 바알 함몬을 위해 바치고, 또 벵골인들이 크리슈나 신상에 바친*7 것처럼 이러한 우상들이 그 신자들로부터 인간을 제물로 받기 시작한 뒤에도, 스스로 미혹당하여 악마의 희생이 될 사람들이 이 유해한 우상 숭배를 자신들의 마음에서 뽑아내게 되려면 1세대는 고사하고 3세대 동안 이어지는 괴로움만으로는 불충분하며, 400년이나 되는 오랜 기간 괴로운 경험을 쌓아나가야만 하리라고 쉽게 짐작해 볼 수 있다.

또 그들이 동란 시대에 쇠퇴해 해체기에 들어간 문명과 완전히 인연을 끊고 마음을 열어 같은 종류에 속하는 다른 문명 사회를 받아들이거나 또는 고등 종교를 주장하는 다른 사회의 사람들을 받아들이게 되려면, 400년은커녕 800년 또는 1000년이 걸릴 수도 있음을 마찬가지로 쉽게 알 수 있다.

왜냐하면 세계 국가에 의해 통일되지 않는 한, 통일될 때까지의 문명은 정치 부문에서 여러 개의 지방 국가로 구분되어 있는 것이 일반적이지만, 그들 지방 국가 가운데 어느 하나의 국가적 이미지보다도 문명의 이미지 쪽이 잠재 의식적인 정신에 강하게 호소하기 때문이다.

같은 관점에서 본다면 세계 국가가 한 번 수립될 때 지방 국가는 그 권력뿐만 아니라 유용성 또한 잃게 되는데, 이렇게 가치없는 존재가 된 뒤에도 여러 세대 오랜 세기에 걸쳐 이전의 신민뿐만 아니라 현재의 세계 국가를 멸망시키려는 인간들의 마음까지 사로잡고 있는 이유를 이해할 수 있으리라.

---

*7 바알 함몬은 태양신으로, 사람들은 아이를 이 신에게 희생물로 바쳤다. 그 신상을 실은 거대한 축제 수레에 제물이 된 아이의 몸을 던져 깔려 죽게 되면 사후에 안락하게 살 수 있다고 믿었다.

"성인이 느끼는 외면적 불안—그것을 느끼는 인간의 사회적 지위에 따라 직접적으로 정해지는 불안—과 떠오르는 세대의 그 자녀들에게 자동적으로 작용하는 내면적인 불안 사이의 관계는 의심할 여지 없이 넓은 범위에 걸쳐 중요성을 갖는 현상이다. …… 차례로 나타나는 세대의 진행이 개인의 정신 발달과 역사적 변화 과정 위에 남기는 흔적은 우리가 오늘날보다도 더 긴 세대의 연결 고리를 거쳐 객관적 기준으로 관찰하고 역사적 고찰을 할 수 있게 되었을 때, 비로소 현재보다도 더 충분히 이해할 수 있게 될 것이다."[*8]

문명의 역사에 작용하는 사회적 법칙들이 실제로 잠재 의식적 정신의 개인적 경험층 아래에 흐르는 심리적 잠재 의식(원초적 무의식) 법칙들을 반영한다면, 앞서 살펴본 바와 같이 이러한 사회적 법칙들은 쇠퇴한 문명의 해체기에서, 그에 선행하는 성장기보다, 훨씬 더 규칙적이며 뚜렷하게 나타나는 이유를 설명할 수 있으리라.

성장기도 해체기와 마찬가지로 연속된 여러 번의 '도전—응전'의 반복으로 분석되나, 우리는 연속되는 도전의 간격과 효과적인 응전의 간격을 재어보았을 때, 사회적 성장이 실현되어가는 연속적인 단계에 공통된 표준 파장을 발견할 수 없음을 알았다. 또한 성장기에 있어서는 이처럼 연속적으로 나타나는 도전과 응전이 무한히 다양함을 알았다.

그런데 해체기의 연속적 단계는 이와는 대조적으로, 해체되어 가는 사회가 계속 효과적인 응전을 하는 데 실패함으로 말미암아 몇 번이고 거듭 모습을 나타내는 같은 도전의 반복을 특징으로 함을 알았다. 또 우리는 우리가 조사한 문명 사회 해체기의 모든 예에서 언제나 같은 연속적 단계가 같은 순서로 일어나며, 각 단계가 거의 같은 기간 동안 지속된다는 점, 따라서 해체기는 전체적으로 어느 예를 보나 한결같은 지속 기간을 갖는 일관된 과정이 나타남을 알게 되었다. 사실 문명 사회의 쇠퇴가 일어남과 동시에 성장기의 특색인 다양성과 분화의 경향은, 늦든 빠르든 안으로부터의 저항뿐만 아니라 밖으로부터의 간섭도 이겨내어 그 힘을 과시하는 한결같은 일정불변성의 모습으로 나타난다.

예컨대 앞에서 살펴본 바와 같이 헬라스 문명의 침입으로 도중 하차한 문명은 시리아 문명의 세계 국가가 최초였고, 이어서 인도 문명의 세계 국가가 세계

---

*8 Elias, N. : *Über den Prozess der Zivilisation.*

국가의 표준 수명을 다하기 전에 도중에서 중단 당했지만, 타격을 받고 매몰된 이 사회는 여간해서 멸망하지 않았으며, 이질적 문명 사회의 방해에도 결국 중단된 단계로 되돌아가 다시 재건됨으로써 이 세계 국가의 정상적인 지속 기간이 다할 때까지 예정대로 쇠퇴한 문명 사회의 해체 과정을 마쳤다.

위와 같이 문명 사회 해체기에 나타나는 여러 현상들의 규칙성 및 제일성(齊一性 : 자연계에서 되풀이되는 자연 질서)과, 문명 사회 성장기에 나타나는 여러 불규칙성 및 다양성 사이의 뚜렷한 대조는 이 '연구' 속에서 때때로 역사적 사실로서 지적되어 온 일이지만, 지금까지 그 이유를 설명하려고 시도한 적은 거의 없었다.

그러나 인간 생활에 적용되는 법칙과 자유의 관계를 살펴보기로 한 본편에서 우리는 아무래도 이 문제를 다룰 필요가 있다고 본다. 그리고 해결의 열쇠는 정신의 표층에 있는 의식적 인격과 그 밑에 숨어 있는 정신 생활의 잠재 의식층이 각 성질에 있어 서로 다르다는 점에서 찾을 수 있다.

의식의 특성으로서 주어진 능력은 바로 선택하는 자유이다. 그런데 상대적 자유라는 것이 성장기 특색의 하나이므로 문명의 성장기에서 자기의 장래를 결정하는 자유를 갖고 있는 한, 그들이 가야 할 진로가 '자연 법칙'의 지배에 따르지 않는다는 의미에서 변덕스럽게 보이는 것은 마땅히 예측할 수 있는 일이다.

그러나 이처럼 '자연 법칙'을 가까이하지 못한 채 '자연'을 지배한다는 일은 불안정한 것이다. 왜냐하면 그것은 매우 곤란한 두 가지 조건이 실현되어야만 가능한 것이기 때문이다.

제1 조건은, 의식적 인격은 인간 정신의 잠재 의식적 심층 세계를 계속 의지와 이성의 관리 아래 두어야 한다는 일이다.

제2 조건은, 의식적 인격은 또한 인간이기 이전에 사회적 동물이며, 사회적 동물이기 이전에 유성(有性) 생물이었던 '호모 사피엔스'는 이 세상에서 살아가기 위해 어떤 관계로든 다른 의식적 인격체들과 '화합하여 함께(《시편》 133)' 어울리며 살아가야 한다는 일이다.

자유를 행사함에 있어 필요한 이 두 조건은 실은 서로 불가분의 것이다. 만일 '악인이 불화하게 되면 정직한 사람이 자유로이 행동할 수 있다'(영국의 속담)는 것이 사실이라면, 인격이 어긋나게 되면 잠재 의식적 정신이 모든 인격의 지배로부터 벗어날 수 있다는 것 또한 사실이기 때문이다.

이처럼 정신의 잠재 의식적 심연을 지배하는 '자연 법칙(신의 법칙과 대조적 의미)'으로부터 인간 정신을 해방하는 일을 사명으로 하는 지적 의식은 그 존재 이유인 자유를 오용하여 인격체들끼리 서로 싸우는 무기로 이용하게 되면 스스로 파멸을 불러일으킬 수도 있다. 그리고 이 비극적인 잘못은 전능하면서도 시기심 많은 신이 인간의 지적 의지가 서로 상쇄되어 무력해지도록 간섭하기 때문에 생긴다고 보는 보쉬에의 신성하지 못한 가설을 예로 들 것도 없이, 인간 정신의 구조와 작용에 의해 이러한 비극적 궤도 이탈에 대한 설명을 가능하게 해준다.

3. 역사상 자연법칙은 제어될 수 있는가 없는가?

앞서 살펴 보았듯이 인간사가 자연의 법칙에 따른다는 점, 또 이 영역에서 자연의 법칙이 작용하는 사실을 어느 정도 설명할 수 있게 되었다면, 이번에는 인간사에 작용하는 자연의 법칙이 움직일 수 없는 것인가, 아니면 제어할 수 있는 것인가를 조사해 보기로 한다. 여기서도 전과 같은 방법에 따라 인간적 자연(인간성)의 법칙을 들기 전에 먼저 비인간적 자연의 법칙을 고찰하기로 한다면, 이 법칙에 관한 한 이미 앞 장에서 사실상 이 물음에 대답하고 있음을 알게 된다.

그 대답은 간단하다. 인간은 비인간적 자연 법칙의 조항들을 변경하거나 그 작용을 일시적으로나마 멈추게 할 힘은 없으나, 이 법칙이 그 자신의 목적에 도움이 되도록 자신의 삶을 이끌어 감으로써 이 법칙의 영향을 조절할 수가 있다는 점이다. 앞에서 인용한 다음 시구를 쓴 '시인'이 말하고자 한 것도 바로 이 점이었다.

과학자가 좀더 많은 것들을 발견한다면,
우리는 전보다 더 행복해질 텐데.

비인간적 자연 법칙들이 자신들의 삶에 미치는 영향을 조절하는데 서유럽인들이 성공했는가 아닌가 성공했느냐 하는 것은 보험료율 감소라는 현상에서 볼 수 있다. 해도(海圖)가 진보되고 선박의 무선 및 레이더 장치 등으로 해난사고의 위험이 감소되었다. 남캘리포니아의 훈연기나 코네티 계곡의 망사막은 농작물에 대한 서리 피해를 감소시켰다. 예방 접종이나 분무·살균액 살포

등으로 농작물·수목·가축의 병충해 위험도 감소되었다. 또 인간의 질병률도 여러 가지 방법에 의해 낮아지고 평균 수명이 연장되었다.

다음으로 인간적 자연 법칙에 눈을 돌리면 조금 단정을 꺼리는 경향이 있기는 하지만, 여기서도 또한 같은 말을 할 수 있다. 여러 가지 사고가 일어날 위험성은 교육과 훈련의 진보에 따라 감소되었다. 도난의 위험은 도둑질을 하는 인간이 자란 사회의 환경 조건이 양호한가 열악한가에 반비례해 증감하는 것이며, 따라서 더 나은 사회를 만들어 가기 위한 여러 조처들을 강구함으로써 미리 막을 수 있음이 드러났다.

경기 순환이라고 불리는 서유럽 사회 경제 활동의 융성과 쇠퇴의 교체 문제에 대해 전문학자들은 제어할 수 있는 요인과 제어할 수 없는 요인을 구별하고 있으며, 그 가운데 어떤 사람들은 경기 순환이 은행가들의 계획적 행동에 기인한다고까지 말하고 있다. 그러나 대다수의 학자는 은행가들의 이성적 행동에 의한다기보다는 오히려 정신의 잠재 의식적 심층에서 솟아나오는 공상과 감정의 작용에 의해, 즉 이성에 의해 지배되지 않는 작용에 의해 일어난다는 견해를 지니고 있다. '은행을 조사하라'(배후에서 은행가가 조종하고 있다)고 말하기보다는 좀더 우리에게 익숙한 '여자를 조사하라'(배후에 여자가 있다)고 말하는 편이 이 분야 최고 권위자들 가운데 몇 사람의 견해를 적절하게 가리키고 있는 듯이 보인다.

"돈의 사용 기술이 돈을 버는 기술에 비해 뒤떨어진 이유의 하나는, 사용하는 쪽은 여전히 가정이 중요한 조직 단위인 데 대해 돈을 버는 쪽은 좀더 고차적인 조직 단위로 대치되었다라는 점에 있다. 대부분 물건 사들이는 일을 하고 있는 세계의 가정 주부들은 가계를 잘 꾸려나간다는 이유로 한 집안의 감독으로 뽑히는 것도 아니며, 서툴다고 해서 쫓겨나는 일도 없다. 또 예컨대 유능하다 하더라도 다른 가정에까지 그 지배력을 미치는 경우는 거의 없다. ……이제까지 세상 사람들이 소비 기술을 익히게 된 것은 소비자의 주도력에 의하기보다는 자기의 제품 시장을 획득하는 데 열중하고 있는 생산자의 주도력에 의한 것이었음은 놀라운 일이 아니다."[*9]

---

*9 Mitchell, W.C. : *Business Cycles : the Problem and its Setting.*

위와 같은 고찰은 소비 단위가 여전히 가정이며, 생산 단위가 자유 경쟁을 하는 개인·회사·국가라는 상태가 계속되면서, 그 대립하는 의지가 경제적 경쟁의 무대를 잠재 의식적 정신의 갖가지 변화에 맡기고 있는 한, 경제 활동의 양에 있어 변동은 끊이지 않는다는 점을 암시한다.

그와 동시에 힉소스 정권 말기에 이집트 문명 세계의 경제 관리자가 된 헤브루 족장 요셉이 풍년 뒤에 올 흉년에 대비해서 식량을 저장함으로써 얻은 전설적 성공(《창세기》 41 : 46~57)은, 지구 전표면에 퍼져 경제적으로 서유럽화한 오늘날의 세계에서 모방해서는 안 될 이유도 없는 것 같다.

언젠가 실제로 미국인이나 러시아인의 요셉이 나타나서 인간의 경제 생활을 통틀어 그것이 선의에 의한 것이든 악의에 의한 것이든, 그 실제적 효과에 있어 어떻게든 분방한 모세적 또는 마르크스적 공상까지도 능가하는 중앙집권적 통제 아래 두지 않을 이유는 없는 것으로 생각된다.

불과 몇 년을 주기로 하는 경기 순환으로부터 4분의 1 또는 3분의 1 세기의 파장을 갖는 세대 순환 주기로 눈을 돌려보면, 모든 문화적 유산에 수반되기 쉬운 소모량이 물질적인 면에서는 인쇄·복사, 기타 기술 등으로 인해 차츰 감소하고, 또 정신적인 면에서는 교육의 보급에 의해 점차 감소되어 가는 경향이 있음을 알 수 있다.

이제까지의 연구 결과는 고무적이었다. 그런데 더 나아가 좀더 긴 파장을 갖는 사회적 과정의 주기, 예컨대 8세기 또는 10세기 동안의 쇠퇴와 해체 기간을 통하여 계속 돌아가는 '비애의 수레'를 바라보면, 오늘날 1세대 동안에 일어난 2차 세계 대전이 끝난 지 얼마 지나지 않은 시점에서 서유럽인들의 머리에 차츰 절실하게 떠오르고 있는 문제에 부딪치게 된다.

문명은 일단 쇠퇴해 버리면 멸망에 이르는 길을 최후까지 걸어야만 하는가, 아니면 후퇴할 수 있는가? 오늘날 서유럽인 문명의 과정에서 본 인간 역사의 비교 연구에 관심을 쏟게 된 가장 강한 실제적 동기는 현재를 그들 자신의 문명 역사 전환기로 느끼고 있으며, 그 전환기에 처해 그들의 역사적 위치를 확인하고 싶어 하기 때문이다.

이 위기의 시대에 처하여 서유럽의 국민들, 그리고 누구보다 특히 미국 국민들은 자기들 어깨 위에 무거운 책임이 놓여 있음을 느끼고 있다. 그리고 과거의 경험 속에서 그들을 이끌어줄 빛을 구하려 하고 있으며, 그것은 오늘까지 늘 인류가 이용해 온 인간 지혜의 유일한 원천에 의지하려는 것이다.

역사 속에서 어떻게 행동해야 하는가에 대한 빛을 구하려면, 그보다 앞서 "역사는 과연 우리에게 우리가 자유로운 행동자라는 확신을 줄 수 있는가?" 하는 예비적인 질문을 해야 한다.

역사의 가르침은, 결국 하나의 선택이 다른 선택에 비해 바람직하지 않은 상태에서 선택의 자유가 있다고 생각하는 것은 망상에 불과하며, 예컨대 자유로운 선택이 가능하다 하더라도 선택이 효력을 드러내는 시기는 이미 지나갔을 수도 있다. 오늘의 시대는 다음에 무엇이 일어날지 예측할 수 없는 H.A.L. 피셔의 단계를 지나 다음의 오마르 카이얌의 시 가운데 나타난 단계에 들어가 있을지도 모른다.

> 손가락이 움직이며 써 내려가고 있다. 다 쓰고 나면
> 또 다음으로 나아간다. 그대가 아무리
> 믿음이 깊고, 지혜롭다 할지라도
> 손가락은 뒷걸음질하여 단 반 줄도
> 지워주지 않을 것이며,
> 또한 그대가 아무리 눈물을 흘린다 해도
> 단 한 마디도 씻어 버릴 수는 없으리니.

이제까지의 여러 문명 역사가 제공하는 증거에 근거해 물음에 대답한다면, 최소한 14개의 명백한 사례들 가운데 골육상쟁의 전쟁이라는 질병은, 교전하는 국가 중 하나만이 남고 그 밖의 것은 모두 멸망시키는 게 아니라 좀더 온전한 방법으로 사라지게 된 예는 한 번도 없었다고 보고하지 않을 수 없으리라.

그러나 이 두려운 발견을 순순히 사실로서 인정하면서도 우리는 이 때문에 의기소침해서는 안 된다. 한 가지 특정 사실로부터 일반적 사실로 방사되는 귀납적 추리는 이로써 알 수 있듯이 부정 명제의 증명 방법으로서는 불완전한 것이며, 조사된 사례의 수가 적으면 적을수록 한층 더 빈약한 것이 된다.

불과 6000년 동안의 14개 남짓한 문명의 경험만으로는 이들 선구적 문명이 패한 도전에 대해 비교적 새로운 사회 형태의 다른 대표가, 언젠가 동포끼리의 싸움이라는 사회적 질병을 고치기 위해 어쩔 수 없이 비싼 대가를 치르지 않

으면 안 될 세계 국가를 강제로 강구하는 방법이 아니라, 좀더 희생이 적은 방법을 발견해 전대미문의 정신적 진보를 위한 미지의 길을 열어가는 데 성공할 가능성이 분명 없는 것은 아니다.

이러한 가능성을 염두에 두면서 다시 한 번 쇠퇴에서 최종적인 사멸에 이르는 '슬픔의 길'(그리스도가 십자가를 지고 첫 형장인 골고다까지 걸어간 길)을 걸어간 문명의 역사를 돌이켜보면, 모든 일을 성공적으로 이루지는 못했지만 적어도 사태를 수습하는 다른 해결법을 얼마간 찾아낸 점이 발견된다.

예컨대 헬라스 문명 세계에서 기원전 431~404년의 아테네 대 펠로폰네소스 전쟁의 발발과 함께 시작된 동란 시대의 정신적 압박 아래 2, 3명의 비범한 헬라스인이 힘으로는 도저히 이룰 수 없는 일을 실현하는 방법으로서 '호모노이아', 즉 협력(Concord)의 이상을 얻은 일은 의심할 수 없는 사실이다.

근대 서유럽 문명 세계에서도 그와 같은 협력의 이상이 1914~18년의 제1차 세계대전 뒤 '국제연맹'과, 1939~45년의 제2차 세계대전 뒤 '국제연합'에 의해 이루어졌다.

한편, 그 헬라스 사회가 쇠퇴한 뒤 첫 번째 회복기 동안 중국 문명의 역사에서는 공자가 전통적인 행위와 제례의 규범을 존중해 그 부흥에 힘을 기울이며, 노자가 '무위'의 잠재 의식적 여러 힘들의 자발적 작용에 맡긴다는 정적인 사상을 품은 것은 다 함께 구제의 힘으로서 정신적 조화를 위한 감정의 원천을 캐내려는 열망이 작용한 것으로, 이러한 이상들을 효과적인 제도에 의해 실현하려는 시도가 몇 차례 이루어졌다.

정치부문에서의 목표는 지방 국가들 사이에 비참한 다툼과 치명적 타격을 가한 뒤 강요되는 비참한 평화라는, 결과가 어느 쪽이든 치명적인 두 극단 사이의 중간 길을 찾아내는 일이다. 그렇게 하여 이제까지 그곳을 항해하려던 모든 배를 맞부딪치는 양턱으로 물어 뜯어온 이 단단한 '충돌하는 섬' 사이를 무사히 빠져나갈 수가 있다면, 전설의 '아르고호'처럼 지금까지 인류가 항해한 일이 없는 넓은 대해로 나아갈 수 있을지도 모른다.

그러나 이와 같은 결과는 단지 세계 연방의 청사진을 부적처럼 가지고 다니기만 하면 확보되는 것이 아니라는 점은 명백한 일이다. 사회 구조에 어떠한 교묘한 정치적 책략을 시행해 본들 그것은 결코 영혼의 정신적 구제를 대신할 수는 없다. 국가적인 전쟁이라든가 계급 투쟁이라든가 쇠퇴의 근본 원인은 사회가 정신적 질병에 걸려 있음을 나타내는 징후에 불과하다.

불순한 영혼이 모두를 불행에 빠뜨리는 일을 막는 데에 제도가 아무런 도움도 되지 않는다는 점은 풍부한 경험에 의해 훨씬 전부터 알려져 있다. 전인미답의 보이지 않는 바위를 향해 험난한 암벽을 올라가는 문명의 전개 과정 속에서 인간의 미래는 상실한 통제력을 이 상태에서 어느 정도 회복할 수 있는가하는 능력에 달려 있다. 마찬가지로 그 결과는 인간이 다른 인간이나 스스로와의 관계에서뿐만 아니라, 특별히 그의 구세주인 신과의 사이에 어떠한 관계를 맺느냐에 따라 결정된다.

제37장 자연 법칙에 대한 인간성과 반항

우리가 모은 증거로서, 인간이 자연의 법칙을 앞지르거나, 자연의 법칙을 이용하거나 하여 자기 삶을 제어하는 능력을 가지고 있음을 나타내는 사실들은 인간에게서 일어나는 사건들이 전혀 자연 법칙의 작용을 받지 않는 경우가 있지는 않을까 하는 의문을 품게 한다. 이 가능성을 가늠하는 방법으로서, 먼저 최초에 나타나는 사회적 변화(반응)의 속도를 조사해 보기로 하자. 만약 그 속도가 일정하지 않다면, 인간의 일들이 최소한 시간의 차원에서 자연 법칙에 반항한다는 증거가 된다.

만일 '역사'의 진행 속도가 언제나 일정하여 10년이나 1세기의 경과가 반드시 일정한 심리적·사회적 변화를 일으키는 것을 증명할 수 있다면, 또 그러한 심리적·사회적 부문의 변화량과 시간 부문의 시간적 길이 가운데 어느 쪽인가의 가치를 알게 된다면 다른 부문의 연속에서도 그에 상응하는 얼마만큼의 크기를 계산할 수 있을 것이다.

적어도 한 사람, 유명한 이집트 사학자가 그 같은 가설을 세운 바 있다. 그는 천문학에서 가리키는 어떤 연대를 부인했는데, 그 이유는 만일 그 연대를 승인하면 이집트 문명 세계에서 200년의 길이라고 추정된 한 시기의 입체적 사회 변화 속도가 같은 길이의 일직선 기간에 비해 두드러지게 빨랐을 것이라는, 그로서는 받아들이기 어려운 이론을 인정하는 셈이기 때문이다. 그러나 이 유명한 이집트 역사가가 승인하기를 주저하는 명제(즉, 그 입체적 사회 변화 기간은 변수 없는 일직선 기간보다 실제로 더 깊었다는 설)야말로 실제로 자명한 역사적 진리임을 증명하는 익숙한 예들은 얼마든지 들 수 있다.

이를테면 아테네의 파르테논은 기원전 5세기, 하드리아누스 제왕의 올림피움(아테네에 지어진 올림포스의 제우스 신전)은 기원 후 2세기, 콘스탄티노플의 성 소피아 성당은 기원 후 6세기에 지어진 것임을 우리는 알고 있다. 앞에서 말한 이집트 역사가가 주장하는 원칙으로 말하면, 이 세 가지 건축물 가운데 거의 같은 양식인 첫 번째와 두 번째 신전의 시간적 간격이 전혀 양식이 다른 두 번째와 세 번째 건축물의 시간적 간격보다 훨씬 짧아야만 한다. 그런데 여기서는, 이론의 여지없는 확실한 연대가 2개의 시간적 간격 가운데 양식이 다른 두 건축물의 간격 쪽이 짧음을 나타내고 있다.

마찬가지로 서로마 제국 말기의 로마 군의 장비와 신성로마 제국의 황제 오토 1세의 색슨병의 장비, 그리고 바이유 벽걸이에 그려져 있는 노르만 기사의 장비를 보고 그 상대적인 시간 간격을 추정할 때 같은 선험적 원리를 그대로 적용한다면 잘못된 결론을 내리게 될 것이다. 오토 1세의 병사가 몸에 지니고 있는 원형 방패와 가장자리가 사각형이고 앞에 장식을 단 검투사의 투구가 로마 말기 마요리아누스 황제의 병사 장비들이 변형된 것에 지나지 않는 데 비해 '정복왕' 윌리엄의 병사는 사르마티아식 원추형 투구와 비늘이 작은 갑옷을 입고 연 모양의 방패를 가지고 있었으므로, 변화 속도 불변의 가설을 세우면, 여기서도 또한 사실을 무시하고 오토 1세(재위 936~973)와 '정복왕' 윌리엄(노르망디 공으로서 재위 1035~1087)의 간격보다 마요리아누스(재위 457~461)와 오토 1세의 간격이 훨씬 가까웠음을 생각해야 한다.

더욱이 1700년 서유럽과 1950년의 일반 남자 표준 복장을 비교해 보면 누구나 한눈으로 1950년 웃옷에 조끼·바지·우산이라는 차림이 1700년 웃옷에 조끼·반바지·검이라는 차림의 변형에 지나지 않는 한편, 양쪽 모두 1600년의 더블렛(몸에 착 달라붙는 웃옷)에 트렁크호즈(팬츠를 봉긋하게 부풀린 것 같은 모양의 바지)라는 차림과는 전혀 다른 것을 알 수 있다. 이 경우 앞의 두 사례와는 반대로 앞의 짧은 기간 쪽이 뒤의 긴 기간보다는 훨씬 급속한 변화를 나타내고 있다. 기록된 연대 자료가 없을 때에는 고고학자가 발굴한 물적 자료만을 근거로 역사를 재구성할 수밖에 없으나, 위에 든 몇 가지의 예들은 어떤 장소에 살았던 사람들의 유물층이 차례로 누적되어 가는 데 든 시간을 추정하는 근거로 변화 속도의 불변성이라는 가설에 의

지하는 것이 얼마나 위험한가를 나타낸다.

문화적 변화의 속도가 불변이라는 가설이 잘못되었음을 한결 명확히 하기 위해 처음에 변화가 급격하게 행해지는 경우, 다음에 정체하는 경우, 마지막으로 급격한 변화와 정체가 서로 엇갈려 나타나는 경우 등에 대해 저마다 몇 가지 예를 들어 보자.

급격한 변화의 대표적인 예는 혁명이라는 사회 현상이다. 혁명은 앞서 이 '연구' 중에 살펴보았듯이 인간 활동의 갖가지 분야 가운데 어느 한 분야에서 앞서 나아가고 있는 집단과 뒤떨어져 있는 집단의 급한 만남에 의해 일어나는 사회 운동이다. 이를테면 1789년 프랑스 혁명은 이웃나라인 영국이 2세기 동안 서서히 실현해 온 헌정상의 진보를 단숨에 따라잡으려는 발작적인 노력이었다. 실제로 대륙의 몇몇 역사가들은, 19세기에 대부분 성공하지 못하고 말았으나 수많은 혁명을 태동시킨 대륙 서유럽의 '자유주의'를 '앵글로마니아'(외국일의영국 숭배)라고 부른다.

급격한 변화의 일반적인 예들은 문명의 주변 지역에 사는 변두리 거주자들이나 문명 지역 밖의 야만족들이 앞서 나간 이웃 문명을 급히 따라잡으려고 할 때 나타난다. 필자는 1916년 스톡홀름의 북유럽 박물관을 찾아갔을 때 받은 인상을 분명히 기억한다. 스칸디나비아의 구석기·신석기·청동기 시대, 그리고 그리스도교 이전 철기 시대 문화 시대 순으로 표본을 진열해 놓은 방들을 차례로 본 뒤에 갑자기 이탈리아 르네상스 양식의 스칸디나비아 공예품 진열실에 이르게 되자 깜짝 놀랐다. 어떻게 해서 중세 유물 전시실을 그냥 지나쳤는가 이상히 여기고 되돌아가 보았더니, 분명히 중세 유물 전시실이 있기는 있었다. 그러나 그 내용은 참으로 보잘것없었다. 그래서 필자는 스칸디나비아가 이제 막 독자적인 문명을 만들기 시작했던 철기 시대 말기로부터 갑자기 근대 초기로 옮겨와 표준화된 이탈리아식 서유럽 그리스도교 문화의 평범한 담당자가 되었음을 깨달았다. 이 급격한 변화를 이룩하기 위해 치러야만 했던 대가의 일부분은 문화적 빈곤화라는 것이었으며, 북유럽 박물관은 이를 잘 보여주고 있었다.

15세기 스칸디나비아의 경우와 같은 일들이 오늘날 급속히 서유럽화되어 가고 있는 비서유럽 세계에서 일어나고 있다. 이를테면 아프리카의 여러 민족들은 자신들이 모방함과 동시에 저항하고 있는 서유럽 국민들이 1000년 또는 그 이상 걸려서 이룩한 정치적·사회적·문화적 진보를 겨우 1세대나 2세대 동안 이루어 내겠다고 말한다. 물론 아프리카가 실제로 이룩한 급격한 변화에 대해 아프리카인들은 과장해서 떠들어 대고, 방관자인 서유럽인들은 과소평가하는 경향이 있다.

혁명이 급격한 변화의 극적인 표출이라고 한다면, 낙오자들이 주력부대의 행진과 같은 보조로 나아가기를 거부할 때에는 정체 현상이 나타난다. 그 하나의 예는 북미 합중국의 남부 여러 주가 이웃인 영국령 서인도 제도에서 노예 제도가 폐지된 뒤에도 거의 1세대 동안이나 완고하게 노예 제도를 보존한 사실에서 찾을 수 있다. 다른 예는 '새로운' 나라로 이주한 이주민이 고향을 떠나올 무렵 본국에서 행해지고 있던 규범을 새 나라에서도 유지하고, 더구나 고향 즉 '낡은' 나라에 살고 있는 그들의 사촌들이 그 규범을 버리고 앞서 나아간 뒤에도 여전히 오랫동안 지켜 나가는 해외 이주자 집단에게서 볼 수 있다. 이는 흔한 일로서 누구나 다 알고 있는 것이며 20세기의 퀘백·애팔래치아 산맥·트란스발 지방과, 같은 연대의 프랑스·얼스터(아일랜드)·네덜란드와 비교하는 것만으로도 충분하다. 지금까지 이 '연구' 가운데서 급격한 변화와 정체의 예들이 양쪽 다 많이 나왔음을 독자들은 떠올릴 수 있을 것이다. 예를 들어 헤롯주의라고 부르는 운동이 급격한 변화와 비슷하며, 젤롯주의라고 부르는 운동이 정체와 유사한 것은 분명하다. 또한 변화에는 좋은 변화도, 나쁜 변화도 있을 수 있으므로 급격한 변화가 반드시 좋고 정체가 반드시 나쁜 것이 아님은 틀림없는 사실이다.

연속된 변화의 과정이 도중에 한 번만이 아니고 확실히 두세 번씩 속도가 변한 예로서는 근대 서유럽 사회의 조선술과 항해술의 변천을 들 수 있다. 우선 최초로, 1440~1490년의 50년 동안 이 두 분야의 기술을 발전시킨 급격한 변화가 일어났다. 이어서 16~18세기의 정체 시기가 계속 되었는데, 오랜 제자리걸음 뒤에 1840~1890년의 50년 동안에는 다시 급격한 변화가 일어났다. 1952년 오늘 이 과정의 다음 단계는 어떻게 될 것인지 아직 진행 중이므로 현재로서는 알 수 없지만, 비전문가의 눈에는 이러한 기술적 진보들이 확실히 주목할 만한 것이라 해도 빅토리아 시대의 반 세기 동안 일어난 혁명적 성취들에는 미치지 못할 수도 있다고 생각된다.

"15세기에 …… 조선술의 급격하고 획기적인 변화가 일어났다. 50년 동안 원양 항해용 범선이 돛대가 하나뿐인 배로부터 대여섯 폭의 돛을 가진 3개의 돛대가 있는 배로 발전했다."[1]

그리고 이러한 기술 혁명을 이룩해 낸 서유럽인들은 지구상의 어느 곳이나 갈 수 있게 되었을 뿐만 아니라, 자신들이 만나는 모든 비서유럽인 항해자들보다 우월한 위치에서 해상의 패권을 차지할 수 있었다. 이 새로운 기술의 배가 그 이전의 배는 물론 그 이후의 배와 비교하더라도 두드러지게 뛰어났던 점은 항구에 머물지 않고서도 거의 무제한으로 긴 기간 동안 쉬지 않고 항해할 수 있다는 것이었다. 이 배가 활약한 동안은 단순히 '배'라고 말할 때 전적으로 이런 배를 가리키게 되었는데, 이것은 저마다 장점과 동시에 결점을 가지고 있던 기존 배들의 갖가지 구조와 의장을 알맞게 조합하여 만들어진 것이다.

1440~90년 사이에 만들어진 서유럽의 배는 옛날부터 지중해에서 사용되었던 노를 저어 나아가는 '긴 배', 즉 갤리선의 장점과, 적어도 세 가지 다른 종류의 범선에서 장점을 취해 조화를 이루게 했었다. 하나는 갤리선과 같은 시대에 마찬가지로 지중해에서 쓰였던 가로돛 장치의 '둥근 배'인 카락크선이었으며, 둘째는 대형 삼각돛을 달고 인도양을 건너던 카라벨선으로 이 배의 선구자는 이집트 하트셰푸수트 여왕(재위 기원전 1486~68년) 시대에 동아프리카의 푼트 땅을 정복한 선박의 그림 속에 묘사되어 있다. 셋째는 기원전 56년 카이사르가 뒤에 브리타뉴라고 불리게 된 반도를 점령했을 때 보았던, 대서양을 항해하도록 튼튼하게 만들어진 범선이다. 이상 네 가지 형의 가장 뛰어난 점을 종합한 새로운 형이 완성된 것은 15세기의 끝 무렵이었으니, 그 무렵 취항했던 가장 훌륭한 배들은 넬슨 제독 시대의 배와 큰 차이는 없었다.

그 뒤에 서유럽 조선술은 3세기 반 동안 정체기를 보내고 나서 다시 급격한 변화를 겪었다. 그리고 급속도로 진행된 이러한 창조 활동은 이번에는 두 가지 평행선을 타고 나아갔다. 한편으로는 증기 기관이 돛 대신 쓰이게 되었다. 그와 동시에 범선 건조 기술이 오랫동안의 잠에서 깨어나 이제까지 꿈에

---

[1] Bassett-Lowke, J.W., and Holland, G. : *Ships and Men.*

도 생각지 못했던 완전한 새로운 형태로 발전함으로써, 1840~90년의 창조적인 반세기를 통해 적어도 어느 종류의 용도에 있어서는 기선에 지지 않는 범선이 만들어졌다.

이러한 급격한 변화와 정체의 예들은, 만일 사회가 자연의 법칙을 철저하게 따른다고 한다면, 마땅히 예상되는 운동의 일관된 모습과 뚜렷한 차이를 나타내는데, 그 이유는 이 '연구'의 처음 부문에서 상세하게 검토하여 많은 예를 들어 설명했듯이 '도전─응전'의 방식 가운데에서 볼 수 있다. 맨 나중에 든 예, 즉 서유럽의 조선술과 항해술의 역사에서 중간에 오랜 정체 기간을 긴 전후 2회의 급격한 변화를 생각해 보기로 하자.

1440~90년의 반세기 동안 근대 서유럽식 선박의 창조를 불러온 것은 정치적 도전이었다. 중세의 끝 무렵, 서유럽 그리스도교 사회는 동남쪽으로 진출하여 이슬람 세계에 침입하려는 시도(십자군)에 실패했을 뿐만 아니라, 도나우 강을 거슬러 올라가 다시 지중해를 따라서 반격해 오는 투르크인들에 의해 심각한 위협을 받게 되었다. 이 시기에 서유럽의 지위를 한층 더 위험하게 몰고 간 것은 서유럽 그리스도교 사회가 때마침 유라시아 대륙의 반도(^{이베리아 반도의 예}_{스파냐와 포르투갈})의 끝을 점유하고 있다는 사실이었다. 이같이 지리적으로 불안정한 위치에 있는 사회는 머지않아 구세계의 심부에서 밀고 나오는 더 강력한 세력에 밀려 바다 속으로 떨어질 운명에 있었으며, 이 포위된 사회는 그 불행한 운명을 피하기 위해 막다른 골목에서 빠져나와 어딘가 더 광활한 땅으로 나아갈 방법을 찾을 수밖에 없었다. 그렇지 않으면 서유럽 그리스도교 사회는 이슬람 세력으로 말미암아, 몇 세기나 전에 '켈트 외곽'의 가장 서쪽 그리스도교 사회가 맞닥뜨렸던 것과 같은 운명에 처할지도 몰랐다. 십자군 때 라틴족 그리스도 교도들은 지중해를 전쟁의 길로 택하고 전통적인 지중해식 배를 타고 이 뱃길을 오고 갔는데, 이들은 자신들이 그리스도교의 요람지를 차지하려고 열망했지만 이 전쟁은 실패로 끝났다.

뿐만 아니라 이슬람 세력이 계속 위협을 가하며 전진해 오자 좌절한 서유럽인은 악마와 깊은 바다 가운데 어느 하나를 선택해야 할 처지에 놓이게 되었다. 그들은 깊은 바다를 택하고 새로운 배를 고안했다. 그리하여 포르투갈 왕자 '항해자 엔리케'의 대단히 낙관적인 제자들이 꿈꾸었던 것보다 더 훌륭한 결과를 보여준 것이다.

15세기 서유럽 조선업자들이 이슬람 사회의 도전에 대하여 압도적으로 응전한 사실은 그 뒤 서유럽의 조선 분야에 찾아든 오랫동안의 정체를 설명한다. 이 영역에 일어난 두 번째의 급격한 변화 시기는 전혀 다른 원인에 의한 것인데, 그것은 18세기가 끝날 무렵 서유럽 곳곳에 영향을 미치기 시작한 새로운 경제 혁명 때문이었다. 이 혁명의 두드러진 두 가지 특색은 인구가 가속도적으로 급증한 사실과 상업과 제조업이 머리를 들고 농업을 압도한 점이다. 여기서는 19세기 서유럽 공업의 확대와 이와 병행해 일어난 인구 증가의 복잡하고도 잘 알려져 있는 이야기를 시작할 필요는 없다. 이 혁명이 '구세계'인 서유럽 제국 주민의 수를 정도의 차이는 있을망정 증대시켰을 뿐만 아니라, 서유럽인 개척자들이 해외에 획득한 새로운 땅에 서유럽인들이 꾸준히 진출하여 그 광대하고 빈 공간을 채우게 되었다. 만일 조선업자가 이 도전에 대해 400년 전과 마찬가지로 온 마음을 다해 효과적으로 응전하지 않았다면, 대양을 건너는 일은 분명히 이들의 발전을 가로막는 장애물이 되었을 것이다.

위에서 우리는 인간 생활의 물질에 대한 예를 들었는데 처음엔 정치적·군사적 성격의 도전이었으며, 두 번째는 경제적·사회적 성격의 두 도전에 대한 성공적인 두 응전에 대해 말했다. 그러나 빵을 구하는 텅 빈 밥통의 도전이든 신을 구하는 굶주린 영혼의 도전이든 '도전―응전'의 원리는 같다. 그것이 어떠한 종류이든지 도전은 언제나 신이 인간의 영혼에 대해 선택의 자유를 제공하는 것이다.

제38장 신의 법칙

이 장에서 우리는 역사에 나타나는 법칙과 자유의 관계로부터 어떤 인식을 얻으려고 노력할 것이며, 여기서 우리 문제, 곧 신의 법칙 문제로 돌아가면 우리가 하나의 해답을 얻고 있음을 알 수 있다. 자유는 신의 법칙과 어떤 관계에 있는가? 우리의 증거는 인간이 단 하나의 법칙 아래에서 살고 있는 게 아니라는 점을 뚜렷이 말해주고 있다. 인간은 두 법 아래 살고 있다. 그 두 법칙의 하나는 신의 법칙인 자유 그 자체인데, 이는 자유의 본질을 한결 분명히 밝혀 주는 다른 이름으로 바꿔 말한 것에 불과하다.

성 야곱이 자신의 편지 속에서 '온전한 자유의 율법'(《야고보서》 1 : 25)이라고 부르는 이 신의 법칙은 또한 사랑의 법칙이기도 하다. 왜냐하면 인간의 자유는 신 자체가 사랑이기 때문에 인간에게 부여된 것으로, 인간은 스스로 마음으로부터 신을 사랑하며, 신의 사랑에 대한 응답으로서 자기를 신에게 맡김으로써 신의 의지를 자기의 의지로 삼을 때 비로소 신이 내려주신 이 신성한 선물을 죽음과 악에 사용하는 것이 아니라, 생명과 선의를 자유로이 선택하는 데 사용할 수 있기 때문이다.

> 우리의 의지가 우리의 것인지
> 우리로선 알 수 없으나,
> 우리의 의지가 우리에게 주어진 것은
> 그대의 것으로 하기 위해서이다.*1

"역사는 무엇보다도 먼저 자유로운 인간이 거기에 귀를 기울여 응답해주어야 할 호소이며 소명이고 섭리, 즉 신과 인간 사이에 서로 주고받는 작용이다."*2 역사에서 법칙과 자유는 결국 인간의 자유가 사랑 그 자체와 동일한 것이므로 신의 법칙이라는 뜻에서는 같은 것으로 판명된다. 그러나 이러한 의미를 발견했다고 해서 우리의 문제가 해결되는 것은 아니다. 최초의 문제에 대답함으로써 새로운 문제를 다시 불러일으키게 되기 때문이다. 자유가 두 가지다른 코드(code, 상징)를 갖는 하나의 법칙과 같다는 사실을 발견한 것으로 말미암아 이번에는 이 두 법칙 사이의 관계가 문제시된다. 언뜻 보기에 해답은 사랑의 법칙과 잠재 의식적 인간성의 법칙이 모두 함께 인간사를 지배하고 있음은 틀림없는 일이지만, 이 둘은 단순히 다를 뿐만 아니라 서로 모순되는 것이며, 양립할 수 없는 것처럼 보인다. 왜냐하면 잠재 의식적 정신의 법칙은 신이 자유 상태에서 자신과 함께 움직이도록 불러낸 영혼을 노예 상태로 가두었기 때문이다. 이 두 '법칙'을 면밀히 비교하면 할수록 둘 사이의 도덕적 간격이 한층 더 커 보이게 된다. 사랑의 법칙을 기준으로 자연 법칙을 평가하고 사랑의 눈을 통해 자연이 만든 모든 것을 보게 되면, 이는 참으로 놀라운 일이

---

*1 Tennyson, A. : *In Memoriam, in the Invocation.*
*2 Lampert, E. : *The Apocalypse of History.*

되리라.

　　아아, 보아라! 하늘도 땅도 근본부터 병들어 있구나.
　　가슴을 찢는 온갖 상념이 여기에 있고, 모든 것이 허무하다.[*3]

　　우주의 도덕적 악을 본 인간들이 끌어낸 결론들 가운데 하나는 이 '공포의 방'(아담 튀소 박물관에 범죄자)(인형이나 형구 등을 진열한 방)에 비할 만한 우주는 신의 창조물일 리가 없다는 점이었다. 에피쿠로스파의 철학자들은 우주는 불멸의 원자(아톰)가 어쩌다가 모여서 이룩된 우연의 결과라고 생각했다. 그러나 그리스도 교도들은 이와는 다르게, 어느 쪽이나 다 슬퍼해야 할 난처한 두 대답 가운데 어느 한쪽을 선택해야만 할 입장이었다. 다시 말해 사랑의 신을 명백히 병에 걸려 있는 이 우주의 창조자로 생각하든가, 아니면 우주는 사랑의 신이 아닌 다른 신에 의해 창조되었다고 생각하든가 어느 한쪽을 말이다.
　　기원 2세기 초의 이단자 마르키온[*4]과 19세기 초의 시인 윌리엄 블레이크는 이 두 가지 해답 가운데 뒤엣것, 즉 다른 신을 선택했다. 그들은 이 도덕적 수수께끼의 답안으로 세계의 창조는 인간을 사랑하지 않고, 또 인간에게 사랑을 받지 못하는 신의 행위라고 단정했다. 따라서 구세주인 신은 사랑으로 인간의 영혼을 구제하지만, 창조주인 신은 오직 율법을 내리고 율법에 대한 형식적 위반에 잔혹한 벌을 가할 뿐이다.
　　마르키온은 신을 불쾌하고 엄격한 주인과 같은 모세나 야훼와 동일시하며 블레이크는 유리젠이라 이름을 붙이고 '노보대디'라는 별명으로 부르고 있지만, 만일 이 신이 그 주어진 능력대로 임무를 수행한다 하더라도 결과는 매우 불길하다. 그런데 그가 임무를 완전히 수행치 않았음은 주지의 사실이며, 이 임무 불이행은 이 신의 성격으로 보아 무능하다든가 악의 때문일 것이다. 세상의 죄와 고통 사이에 이해 가능한 어떠한 관계식도 존재하지 않음은 명백한 사실이다.
　　창조가 악과 불가분의 관계에 있다고 주장하는 점에서는 마르키온의 설이

＊3 Housman ; A.E. : *A Shropshire Lad.*
＊4 철저한 바울주의자로 유대교와 『구약성서』를 부정하고, '누가'와 '바울' 서한만을 성서의 경전으로 보았다.

올바르지만, 창조가 선이나 사랑과 관련이 있음을 부정하는 점은 잘못되어 있다. 사실은 신의 사랑이 인간의 자유의 원천이며, 창조 행위를 일으키는 자유가 그와 동시에 죄가 들어올 여지를 열어두는 것이다. 모든 도전은 신으로부터의 부름이라고도 볼 수 있으며, 또 악마의 유혹이라고도 볼 수 있다. 신의 단일성을 부인하는 희생으로 신의 사랑을 옹호하려 한 마르키온보다도 인간의 관점에서 도덕적으로 일치하지 않는 두 가지 신격을 동일시하는 희생으로, 창조주와 구세주의 동일성을 옹호하려 한 이레나이우스(2세기의 그리스 도교 성자·교부) 쪽이 진실에 가깝다. 더욱이 이 논리적·도덕적 패러독스의 진실을 증언하는 그리스도교의 경험은 근대 서유럽 과학에 의해 뚜렷이 입증되고 있다.

성자들과 학자들의 영혼을 괴롭혀 온, 서로 조화되지 않는 두 신의 모습을 어떻게 해서든지 조화시키려 한 수고로운 작업은 현대 서유럽 심리학의 적어도 어느 한 파에 의해 설명되었다. 영혼의 우주 속에서 앞으로 신에 의해 차지될 위치를, 유아기 초기 단계에서 어머니가 도덕적 인격 형성 환경제공자로서 있던 자리에 대신해 미래의 성자나 학자가 처음으로 스스로 획득하려는 노력을 했을 때, 이미 어머니 곁에 있던 때처럼 무의식을 괴롭혀 왔음이 명백해졌다.

"갓난아기가 생후 2년이 지나 자기와 외부 현실 세계를 구별하기 시작하는 시기가 되면 외부 세계를 대표해 아기에게 외부 세계의 영향들을 전달하는 것은 어머니이다. 그러나 어머니는 차츰 발달해 가는 어린아이의 의식 위에 서로 반대되는 두 가지 모습으로 나타난다. 어머니는 아이의 주된 애정의 대상이며 아이의 만족과 안전과 평화의 본바탕이다. 그러나 그와 동시에 어머니는 권위이며, 어린아이 위에 불가사의하게 존재하고 있어 아이의 새로운 생명, 즉 일정한 방향을 향해 외부 세계를 탐구하려고 하는 그 충동을 마음대로 막는 힘의 주된 원천이다. 아이의 충동을 가로막게 되면 충동을 방해하는 권위에 대한 분노와 증오와 파괴욕 —심리학자가 일반적으로 공격적 태도라고 부르는 것— 이 일어나게 된다. 그러나 이 증오받는 권위가 동시에 사랑받는 어머니인 것이다. 따라서 어린아이는 최초의 갈등에 맞닥뜨리게 된다. 일치되지 않는 두 충동이 동일한 대상으로 향하게 되고, 더구나 그 대상이 아이를 둘러싼 세계의 중심이 되는 것이다."*5

    어느 한 심리학설에 따르면, 어른들의 의식적인 도덕적 갈등은 그보다 앞서 유아 초기에 잠재 의식으로 경험된 것이다. 그리고 유아기의 투쟁에 있어서도 성인의 경우와 마찬가지로 정신적 승리는 그 정신적 대가를 요구한다. "원초적인 사랑은 원초적인 증오심에 최초의 죄의식을 짊어지게 함으로써 최초의 증오심을 정복한다."*6 그리고 심리학은 사랑과 증오, 정의와 죄악이 창조의 사슬로 말미암아 서로 분리할 수 없게 연결되어 있다는 마르키온과 반대로, 이레나이우스의 그리스도교적 발견을 지지한다.

    "어머니가 없으면 강한 애정이 인간의 대상에게 집중될 수 없다. 그와 같은 사랑이 없으면, 서로 조화되지 않는 갈등의 대립도 죄의식도 일어나지 않는다. 그리고 그와 같은 죄의식이 없다면 실제적인 도덕 의식은 일어나지 않는다."*7

---

*5 Huxley, J. : *Evolutionary Ethics*, the Romanes Lecture.
*6 Ibid.
*7 Ibid.

제12편 서유럽 문명의 전망

제39장 탐구의 필요성

필자는 이 장을 쓰기 위해 펜을 들었을 때 불확실한 미래를 예측하는 데 대한 위험성 때문에 때로 움츠러드는 것은 마땅하겠지만, 스스로 떠맡은 일에 대해 그 이상의 저항을 느꼈다.

물론 1950년에 예측해 써 놓은 원고가 인쇄·출판되기 훨씬 전에 여러 가지 우연한 사건들에 의해 거짓이 될 수도 있음은 명백한 일이었다. 그러나 웃음거리가 되어서는 안 된다는 것이 필자의 지배적인 생각이었다면, 필자는 처음부터 이 '연구'의 어느 편에도 손을 대지 않았으리라.

또 이미 써 놓은 11편을 운명에 내맡긴 뒤 제12편을 시작함에 있어 필자는, 지금 바로 가까이에 놓여 있는 이 부분 초고를 작성하던 1929년 초에 비해 서유럽 문명의 전망이 한결 뚜렷해졌음을 생각하여 용기를 낼 수 있었다.

그즈음 막 시작되고 있던 경제대공황의 모든 결과들—제2차 세계대전을 포함해—이 1914년 전에 일어난 사태들과 비교해 크게 다르지 않으리라는 환상은 1950년이 되기 훨씬 전에 이미 완전히 깨어져 버렸다.

따라서 필자가 이제부터 다루려는 논제에 대한 저항은 만일 단순히 예측의 위험성으로 인한 후퇴 때문이라면, 역사의 진로에 대해 시사할 점이 많았던 과거 20년이라는 세월이 지남에 따라 두드러지게 약화되었을 것이다. 필자가 주저하는 진짜 이유는 서유럽 문명의 전망에 대한 예측의 곤란함과는 전혀 관계가 없으며, 그 연구 방법을 지배하는 가장 기본적인 원칙들 가운데 하나를 버리는 데 대한 저항에 뿌리를 박고 있었다.

서유럽 문명이 단순히 하나의 표본에 지나지 않는다는 것이 필자의 확신이었으며, 사회 종류 전체의 역사를 올바른 시각으로 바라볼 수 있는 유일한 사관을 포기하게 되는 것은 아닐까 하는 두려움에 사로잡히기도 했다. 더구나 이러한 비서유럽 중심주의적 사관이 올바르다는 신념은 필자의 판단으로 비서유럽적 관점에서 역사의 지도를 읽는 일에 노력해 온 과거 20년의 결과에 의해 한층 더 강력해졌다.

필자를 이 '연구'로 몰아세운 자극의 하나는 서유럽 사회의 역사를 역사 그 자체와 동일시하는 근대 후기 서유럽인들 사이에 팽배해진 관습적 사고에 대한 반감이었다. 필자에게 있어 이러한 사고는, 서유럽 문명에 속한 어린아이들이 다른 모든 기존의 문명 및 미개 사회적으로 왜곡된 망상의 자식들인 것처럼 생각되었다.[*1]

이 자기중심적인 가정을 벗어나는 가장 좋은 방법은 어떠한 사회 종류이든 그 종류를 대표하는 사람들 모두가 철학적으로 동등하다는 반대의 가정을 채택하는 것이라고 생각되었다. 그래서 필자는 이 반대 가정을 선택했다. 그리고 이 '연구'의 전반부 6개 부분을 거치면서 이러한 믿음을 정당화시켰다. 그런데 제7편에서 필자는 문명의 쇠퇴와 해체가 종교사에서 수행한 역할을 기준으로 살펴본 결과 여러 문명들의 가치가 그렇게 동등하지만은 않다는 사실을 발견했다. 그러나 이 조사의 결과로 서유럽 문명의 지위를 다시 높이지는 못했다. 오히려 그와 반대로 역사의 가르침은, 이 세상을 나그네로서 지나가는 인간의 영혼에게 정신적으로 진보할 수 있는 상승의 기회를 제공한다는 관찰자의 입

[*1] 이 요약본 필자가 1935년 킬리만자로 산 중턱에 머무르고 있었을 때, 킬리만자로 산 남쪽에 살고 있는 차가족으로부터 그들이 생각하는 제1차 세계대전의 원인에 대해 들은 일이 있다. 1889년 킬리만자로 산에 처음으로 오른 사람은 독일인 한스 마이어 박사(지리학자·탐험가)였다. 그가 정상에 올랐을 때 그곳에 산신이 있었다. 산신은 처음으로 인간이 표하는 경의를 받았으므로 기분이 좋아 차가 지방을 고스란히 이 뛰어난 독일 사람과 그 나라 사람들에게 주었다. 단 한 가지, 해마다(또는 5년에 한 번이었는지도 모른다) 이 사람과 그 나라 사람들 가운데 한 사람이 산에 올라 산신에게 경의를 표해야 한다는 조건이 있었다. 모든 일은 잘 되었다. 독일인은 독일령 동아프리카를 점령하고, 근면한 독일 등반대가 적당한 간격을 두고 이 산에 올랐다. 그런데 1914년 불행하게도 그들은 이 의무를 게을리했다. 물론 산신은 화가 나서 자신이 준 차가 지방을 빼앗아 독일의 적국에게 주었다. 적국은 선전 포고를 하고 이 나라에서 독일인을 내쫓았다. 이 세계의 중심인 동아프리카에 일어난 영독 전쟁은, 전쟁이 일어나면 으레 일어나기 마련인, 비교적 중요치 않은 멀리 떨어진 여러 지역에 '여흥'적 전쟁을 일으켰는데 그것이 제1차 세계대전이라는 것이다. 제1차 세계대전에 대한 차가족의 이 설명은 다른 많은 설명들에 비해 특별히 뒤떨어졌다고는 생각되지 않으며, 오히려 역사에서 종교가 이행할 역할의 중요성을 인정하고 있는 점으로 보아 그러한 설명들 가운데 어느 것보다도 뛰어나다고 할 수 있다.

장에서 보면, 가장 주목해야 할 중요한 문명은 제2기 문명—시리아·인도·헬라스·중국—임을 알았다.

위와 같은 입장을 취함으로써 필자는 서유럽 문명을 따로 떼어 내서 특별히 다루는 일에 한층 더 저항감을 느끼게 되었다. 그러나 저자가 1927~29년에 세운 처음 계획을 1950년에도 따를 결심을 하게 된 것은 20년의 세월이 지났음에도 조금도 그 힘을 잃지 않는 세 가지 사실의 논리에 따르고 있기 때문이다.

이 사실들의 첫 번째는 기원 20세기 중반에 뚜렷한 해체기 징후를 나타내지 않은 유일한 현존 문명은 서유럽 문명뿐이라는 사실이다. 다른 일곱 개 문명 가운데 5개, 즉 그리스 정교 사회와 그 러시아 분파, 극동 아시아 문명 사회와 한국 및 일본 분파, 그리고 힌두 문명은 세계 국가의 단계에 들어갔을 뿐 아니라, 이미 그 단계를 지나고 있다. 또 이란 및 아랍 이슬람 문명을 살펴보면, 두 문명 또한 이미 몰락했음을 나타내는 유력한 증거가 나타났다. 성장기 단계에서 여전히 그 발전 가능성을 지니고 있는 것은 서유럽 사회뿐이다.

두 번째, 서유럽 사회의 확대와 서유럽 문화의 확산으로 말미암아 현존하는 다른 문명들과 원시 사회 모두가 전세계적으로 서유럽화의 영역 안에 둘러싸인 일이다.

또한 이 연구를 하지 않을 수 없게 만든 세 번째 놀라운 사실은 인류 역사상 처음으로 온 인류가 멸망할 위험에 처해 있다는 것이다.

> 광증이 바다와 산에 막혀
> 인류를 감히 범하지 못하던 시대는 지났네.
> 네로가 방탕하던 시절에도
> 현인은 여전히 베이징을 다스리고 있었지.
> 칼뱅이 제네바에서 은총을 말하더라도
> 부처의 얼굴에서 신이 상냥하게 미소짓던 시대는 지났네.
> 오늘은 세계가 하나로 이어져 조그맣게 되어 버렸으니
> 한 사람의 히틀러가 나타나도
> 이는 모든 이에게 광란의 날을 의미하리라.
> 불안의 물결이 온 세계에 퍼져 나아가니,

아이포는 입스덴이 두려워하는 전쟁을 두려워하네.*2

  핵폭탄이나 세균을 무기로 사용해 싸우게 될 제3차 세계대전이 일어나면, 죽음의 천사는 반드시 인간이 사는 이 땅 어느 구석이라도—조금 전까지만 해도 끌어당기는 무언가가 없기 때문인지, 가까이 가기가 어려운 때문인지, 아니면 그 두 가지 이유 때문인지 어쨌든 가난하고 약하고 진보가 늦어진 주민들이 운 좋게 '문명인'이라 자칭하는 군국주의자들의 눈에 띄지 않고 용케 살아온 오지 구석까지도—그냥 놓아두지 않을 것이다.

  러시아의 압박에 맞서 그리스·터키 양국에 대한 미국 원조를 결정한 트루먼 독트린의 발표(1947년 3월 12일)가 있기 3주일 전 프린스턴에서 강연을 하는 동안 필자는 만일 서유럽화되어 가는 세계가 제3차 세계대전에 휘말리게 된다면, 결과는 실제로 플라톤의 우화처럼 될 것이라며 다음과 같이 말했다.

  "아테네의 철인 플라톤은 '산 위에 양치기들이 살고 있었는데 주기적으로 일어나는 큰 홍수 때문에 문명이 멸망하게 되면, 그때마다 멸망한 낡은 문명의 빈 자리에 새로운 문명을 건설하기 위해 자신들이 지키던 산 위에서 내려온다는 이야기'를 우화 속에서 하고 있다(「마이모스」 속에 나오는 이야기). 집단적 잠재 의식의 정신 세계를 상징하는 데 있어 농부인 카인과 그 아들인 목수 에녹, 그리고 이들의 후계자 대장장이 투발카인(《창세기》 4장)이 빠져든 유혹 속에 교활하고 지혜가 뛰어난 인류의 대부분을 끌어들였으며, 신은 아직 소모되지도 손상되지도 않은 인간의 창조적인 잠재력으로서 양치기들을 예비해 두었던 것이다. (《창세기》의 카인에게 살해되는 아벨은 양치기였다) 오늘날까지 문명의 과정에 있는 인간은 인간의 사업들 가운데 가장 새롭고 아마도 가장 모험적인 사업을 시도해 실패할 때마다 언제나 그의 동포들로부터 도움을 받았는데, 이 동포들은 문명인이 차지한 이 지상의 선택받은 땅에서 쫓겨나 '양가죽이나 염소가죽을 입고 황야나 산 속을 방황하며'(《히브리서》 11 : 37~8) 여전히 미개한 상태로 그 예비된 힘을 자기 안에 숨겨놓고 있었던 것이다.

  그리고 과거에 이렇게 살아남은 비교적 순박한 아벨의 살아남은 아이들은

―――――――――
＊2 Skinner, M. : *Letters to Malaya,* Ⅰ and Ⅱ

카인의 후예들이 지은 죄가 낱낱이 밝혀질 때 구원하러 와서 살해자인 카인의 아이들 머리에 활활 타는 숯불을 쌓아올렸다. 헬리콘 산 기슭 높은 지대에 있는 아스크라 마을 출신의 양치기(헤시오도스)는 헬라스 사회 역사 비극의 프롤로그를 말하고, 아라비아 사막의 외곽인 네게브 지방 출신 양치기들은 베들레헴에서 탄생한 그리스도교의 요람 부근에 섰다.

필자는 1947년의 강연에서, 만일 이 우화에 나오는 이야기처럼 서유럽 문명이 온 세계에 큰 재난을 가져온다고 한다면, 과거 5000년이나 6000년 사이에 이룩해 온 문화적 사업을 처음부터 다시 할 임무를 이어받을 자는, 아마도 오늘날까지 고원의 방벽에 안전하게 터전을 이루어 온 티베트인들이나, 늑대 같은 인간(homo homini lupus, 인간은 다른 인간에게 늑대이다)보다는 오히려 나은 그 이웃으로서, 해치지 않고 혹독한 만고의 빙설을 견디며 만족스럽게 살아온 에스키모들일 것이다."

이 강연을 하고 나서 여전히 평화로운 환경 속의 같은 대학 도시에서 이 부분을 쓰기까지 불과 3년 반 동안에 이러한 시험적인 공상은 역사적 사건의 진행에 의해 짓밟히고 말았다. 마침 이 부분을 쓰던 1950년 12월 중공군이 라사(중국식 발음 짜씨구후도)를 향해 진군 중이라는 보도가 전해졌으며, 한편 전에는 다행히도 물리적 자연 말고는 적도 자기 편도 없이 행복했던 에스키모들이 이제 볼가 강과 미시시피 강 유역 사이의 극지 횡단 폭격 루트 한가운데에 있는 자신들을 발견하게 되었다. 에스키모들은 또한 최단시간 공격로 위에 있음을 깨달았다. 그 공격로는, 예전에는 다른 사람들로부터 격리된 채로 소수의 미개인들만 살고 있는 아시아주 러시아 동북단으로부터 베링 해협의 빙원을 건너 '폴란드 회랑' 지대에 상당하는 캐나다에 의해 단지 미국 본토와 떨어져 있을 뿐인, 알래스카로 들어가는 길을 말한다.

이와 같이 오늘날 온 세계에 퍼져 있는 서유럽 사회는 온 인류의 운명을 그 손아귀에 쥐고 있다. 그리고 서유럽 사회 자체의 운명은 모스크바에 있는 한 사람과 워싱턴에 있는 한 사람의 손가락 끝에 놓여 있다. 그 두 사람이 단추를 누르기만 하면 핵폭탄을 터뜨릴 수 있는 것이다.

이 같은 상황으로 말미암아, 필자가 1929년 본의 아니게 시작하게 된 서유럽 문명의 전망 탐구는, 20세기 역사 연구에서 필요불가결한 부분이라는 결론을

1950년 다시 인정하게 된 것이다.

제40장 '선험적' 응답의 불확실성

1955년에 서유럽 문명의 남은 수명은 어느 정도인가? 처음에 역사 연구가는 예의 자연의 소모성(시행착오성)에 대해 생각해 볼 때, 서유럽 문명의 수명을 낮게 어림잡고 싶어질 것이다. 서유럽 문명은 요컨대 고작 21개뿐인 문명 사회 종류 가운데 하나의 표본일 따름이다. 현재 시도되고 있는 21번째의 문명이 그동안 다른 모든 문명이 걸어온 실패라는 내리막길 운명을 피할 수 있으리라고 기대하는 것은 합리적일까? 이제까지 지상의 생물 진화 역사에서 하나의 성공이 이루어지기 위해 얼마나 많은 실패가 그 대가로서 치러져야만 했던가를 생각해 볼 때, 문명과 같은 종류의 역사에서 3대째 이어서 표본이 된 예는 지금까지 예가 없었으며 언제까지나 생명을 유지하고 계속 성장해 나아가는 방법을 발견하거나 돌연변이를 일으켜 새로운 사회의 종류를 낳는 역할을 다한다는 것은 있을 수 없는 일처럼 생각된다.

그러나 이러한 결론은 인간 이전 단계의 생명으로부터 끌어 낸 경험이지 인간의 경험에서 끌어 낸 것은 아니다. 발달되지 않은 유기체의 진화에 자연이 관계되고 있는 동안은 운좋게도 새롭고 보다 높은 단계의 유기체가 생겨날 만일의 기회를 기대하면서 몇백만이라는 다수의 표본을 만들어 내기도 한다. 식물·곤충·어류 등의 진화에 있어, 20개쯤 되는 표본을 자연이 만들어 내는 것은 확실히 이야기가 되지 않을 적은 숫자이다. 그러나 동물이나 식물 유기체의 필연적인 진화법이 문명의 과정에 있는 인간 사회와 같은, 전혀 성질이 다른 '표본'에도 필연적으로 적용되리라고 생각하는 것은 확실히 근거 없는 가정일 것이다. 실제로 자연의 소모성을 감수하면서 산출해 낸 논의는 여기서 전혀 논쟁거리가 되지 않는다. 우리가 이것을 들고 나온 것은 단지 이것을 깨끗이 잊어버리기 위해서이다.

문명 자체가 제공하는 증언을 조사하기 전에, 생각해 보아야만 하는 우리의 문제(근대 문명의 도태에 대한 선험적 예가 있었던가)에 대해 이제 두 가지 감정적 차원의 '선험적' 해답이 남아 있다. 그 두 가지 감정적인 대답은 서로 대립적인 것이었는데, 1889년에 태어난 이 '연구'의 필자는 살아 있는 동안 서유럽 사회가 이 두 가지 감정의 한편으로부터 다른 한편으로 전환하기 시작하는 것을 보았다.

19세기 말 영국 중산층이 일반적으로 품고 있던 견해는 「1066년과 그 밖의 사건」이라는 제목으로 두 교사가 쓴 시험지 답안에 나타난, 다음과 같은 학생들의 풍자적 어구에 가장 잘 나타나 있다.

"역사는 이제 종말에 이르렀다. 따라서 오늘의 역사가 최종적인 것이다."

세기 말 영국 중산층의 이러한 견해는 이들만의 생각이 아니었다. 그 직전에 일어난 일련의 근대 서유럽 사회 전쟁(제11편 제36장)에서 승리를 얻은, 동시대의 독일인과 북부 미국인들도 같은 견해를 가지고 있었다. 이 1792~1815년 대전의 여파로 이익을 거둔 독일인들과 북부 미국인들은 그 무렵의 영국인들과 마찬가지로 서유럽 문명 역사의 근대기가 종료된 것은 달리 말하면 갖가지 비극적 경험을 잉태한 후근대기의 시작을 알리는 것임을 미처 깨닫지 못했다. 반대로 그들은 건전하고 안전하며 더 말할 나위 없이 좋은 근대적(후근대기) 삶이 자신들을 위해 갑자기 시작된 영원한 현재 속에 기적적으로 머무르게 된 것으로 생각했다. 역사가 정지하고 영원한 현재가 시작되었다는 의식은, 이를테면 60년 동안 빅토리아 여왕 시대 전체를 지배하고 있었던 것으로 보인다. 빅토리아 여왕의 즉위 60년을 축하하는 기념으로 출판되어 인기를 얻은 「여왕 60년사」의 삽화를 잠깐 살펴보면, 과학 기술에서 옷의 꾸밈새에 이르기까지 삶의 모든 부문에서 눈부신 변화가 일어났음을 알 수 있음에도 말이다.

그 무렵 황금 시대가 이미 도래했다고 생각한 영국의 중산층 보수주의자들이나, 마침내 머잖아 황금 시대가 찾아오리라고 믿고 있던 영국의 중산층 자유주의자들도 물론 영국 중산층의 번영 안에서 영국 노동자 계층이 얻는 몫은 충격적일 만큼 적다는 것, 또한 연합 왕국의 식민지나 속령 대부분의 대영 제국 국민들은 연합 왕국이나 다른 몇몇 자치령의 대영 제국 국민이 특권으로 받고 있는 자치권을 받지 못하고 있다는 점을 깨닫고 있었다. 그러나 자유주의자들은 이러한 불평등이 조만간 고쳐질 것으로 여겼으며, 보수주의자들은 필연적인 결과라고 생각하고 있었으므로 그다지 문제로 삼지 않았다. 같은 시대의 북부 미국인들 또한 남부 미국인들이 그들의 경제적 번영에 도움이 되지 않음을 깨닫고 있었다. 같은 시대의 독일 제국 국민들은 프랑스로부터 빼앗은 '제국 영토'(독일에서는 1918년까지 알사스-로렌 지방을 그렇게 불렀다)의 주민들이 아직 프랑스에 마음을 두고 있으며, 프랑스 국민들이 이 두 지방을 빼앗긴 것에 대해 여전히 불만을 품고 있다는 사실을 알고 있었다. 프랑스인들은 '복수전'을 생각하였고, 알사스–로렌의 주민들은 슐레스비히·폴란드·마케도니아·아일랜드의 주민들과 마찬가지로 언젠가 해방될 날이 올 것을 꿈꾸고 있었다. 이 사람들은 도저히 '역사는 끝났다'는 식의 태연한 신념에 동의할 수 없었다. 그러나 이러한 사람들에게 있어서 참을 수 없는 것이 되어버린 현 체제가 조만간 멈출 줄 모르는 시대의 흐름에 떠내려가리라는 흔들림 없는 확신도 그 무렵 권세를 떨치고 있던 열강 대표자들의 마비된 상상력에는 거의 영향을 주지 못했다.

1897년에는 아무리 낙천적인 민족주의 혁명이나 사회주의 혁명의 예언자라 할지라도 그 뒤의 25년 이내에 민족 자결주의 요구에 따라 합스부르크 왕가·호엔촐레른 왕조·로마노프 왕조(오스트리아·독일·러시아의 왕가) 각 제국들과 대영 제국이 분열되며, 사회민주주의의 요구가 서유럽 몇몇 선진 공업국들의 도시 노동 계급으로부터 멕시코나 중국의 농민 계급에까지 확산되리라고 생각한 사람은 한 사람도 없었다고 해도 틀린 말이 아니다. 간디(1869년생)나 레닌(1870년생)의 이름은 아직 미지의 이름이었다. '공산주의'라는 말은 일시에 확 타올랐다가 곧 꺼져 버린, 이제는 완전히 불꺼진 화산의 '역사'에서 화산의 최후 분화로 보여겼던 매우 하찮은 과거의 한 작은 사건을 가리키는 말이 되었다. 이때 1871년의 파리 하층 계급 사이에 일어난 불길한 야만 행위가 폭발한 '파리 코뮌'은, 생각지도 않게 군사적 패배를 당한 충격에 대한 격세유전적 반응으로 기록되었다. 그리고 25년 동안 부르주아적인 '제3공화국'의 젖은 담요로 눌러 온 불길이 또다시 타오를 걱정은 없다고 모두들 생각하고 있었다.

이 충족된 중산층의 낙천주의는 빅토리아 여왕의 즉위 60년 축하 시기에 시작된 것은 아니다. 그보다 100년 전 기번(영국의 근대 역사가)의 당당한 명문장이나 튀르고(프랑스의 정치가·경제학자)가 1750년에 한 〈그리스도교 성립이 인류에게 끼친 공헌〉이라는 제목의 두 번째 강연에서 이러한 낙천주의를 찾아볼 수 있다. 다시 100년을 더 거슬러 올라간 피프스(1660년부터 1669년까지 일기를 씀)의 관찰일기에서도 이러한 낙천주의가 나타나 있다. 이 예리한 일기의 필자는 정치·경제 지표의 상승세를 인정했으며, 성 바르톨로뮤 축제일의 대학살이나 에스파냐의 종교 재판 따위를 포함한 '1649년과 그 밖의 사건'(1649년 영국에 크롬웰의 공화 정권이 성립)은 이미 지나간 사건으로 다루고 있었다. 피프스의 세대야말로 우리가 앞서 근대 후기(1675~1875)의 시작이라고 보았던 시기이며, 이 근대 후기는 위대한 신앙 시대의 하나로서 마침내 진보와 인간의 완성을 가능케 하는 신앙이 지배한 시대였다. 피프스보다 2세대 전의 프랜시스 베이컨은 더욱 소리높이 이 신앙을 설교한 예언자였다.

300년을 이어온 신앙은 좀처럼 사라지지 않는 것이어서 이 신앙이 치명적인 타격을 받았다고 생각되는 1914년부터 10년이 지난 뒤에도, 더욱 구세대에 속해 있었던 저명한 역사가이며 관리인 제임스 헤들램-몰리(1863~1929) 경이 한 강연에서 이러한 신앙을 표현하고 있다.

"서유럽 문화를 분석할 때 우리가 첫째로 깨닫는 중요한 사실은, 서유럽 전체에 공통의 역사와 문명이 있음은 의심할 여지가 없으나, 서유럽인들은 형식적인 정치적 통일로 결합된 일도 없으며, 지금까지 한 번도 하나의 공통된 정부의 지배를 받은 일도 없다는 사실이다. 과연 한때는 샤를마뉴(카를로스 대제)가 서유럽 전체를 지배할 것 같이 보이기도 했으나, 우리가 알고 있듯이 그의 희망은 이루어지지 않았다. 새로운 제국을 건설하고자 한 그의 시도는 실패했으며, 그 뒤에 했던 시도들도 모두 실패로 끝났다. 후기 제국이나 에스파냐 또는 프랑스의 지배자들은 몇 번이나 되풀이해 서유럽 전체를 하나의 큰 국가 또는 제국으로 통일하려고 시도했었으나 그때마다 우리는 같은 현상이 일어남을 보아 왔다. 즉 지역적인 애국심과 개인의 자유 수호 정신이 되살아나고 레지스탕스가 일어남으로써 정복자들의 온갖 노력을 분쇄했다. 이처럼 비평가들이 무정부 상태라고 일컫는 유럽의 영속적인 특징이 이어져 왔던 것이다. 전체를 포괄하는 통치가 없다는 것은 영토와 패권 획득을 위해 '서로 다투고' 대항하며 전쟁을 일으키는, 정치 단위 사이의 끊임없는 혼란을 의미한다.
......

이것은 많은 사람들에게 참으로 커다란 충격을 준다. 확실히 그것은 크나큰 정력의 낭비이며, 엄청난 재물의 파괴이고 때로 수많은 인명 손실을 불러일으킨다. 따라서 어떠한 형태의 공동 정부가 서서히 형성되는 편이 좋다는 생각이 대두하면서, 유럽의 역사를 로마 제국의 역사에 대비시키기도 하고 오늘날 미국의 역사와 비교하기도 한다. 단테 시대 이래 신의 섭리를 올바르게 반영하고 그 수단으로서 도움이 되는 질서 있는 정치 형태를 꿈꾸었던 사람이 많다. 만일 영국인·이탈리아인·폴란드인·루테이아인(오스트리아—형가리 제국 내의 우크라이나인)·독일인·스칸디나비아인들이 모두 평화롭고 만족스럽게 더불어 살아갈 수 있다면, 그들의 본국에서도 그같이 할 수 없으리라는 법이 없지 않겠는가, 하는 말을 우리는 얼마나 자주 들었던가? ……

나는 오늘 미래의 이상에 대해 늘어놓고 싶지 않다. 우리는 과거의 일에 관심을 가지며, 이 무정부 상태, 이 전쟁, 이 세력 다툼이 유럽 대륙의 활동력이 최고조에 달했던 시기에도 존재했었음에 주목할 필요가 있다. 더욱이 우리는 지중해 세계의 활동력—그 활력·예술 정신·지적 재능—이 차츰 쇠퇴해져 갔을 때, 그 쇠퇴해지기 시작한 시기가 공동 정부 성립 시기와 일치하는 데 주목해야만 한다. 분열과 무질서는 단지 에너지를 파괴하는 것들이 아니라 오히려 에너지를 산출하는 동기가 되지 않겠는가?"[*1]

지금도 무서운 묵시록의 나팔 소리가 울려 퍼지는 영국에서 여전히 기번의 낙천적 소리의 여운이 들려옴은 이상한 느낌이 들게 한다. 그러나 1924년 무렵 이미 서유럽 문명의 선행자인 헬라스 문명이 쇠망한 의의를 다룬 책에서도 표현되었듯이 그와는 정반대의 감정이 타격받은 서유럽 문명 세계에서 이미 그 세력을 확보하고 있었다.

헤들램—몰리가 위와 같은 강연을 하기 5년 전에 폴 발레리가 모든 문명은 죽을 운명에 있음을 웅변적으로 말했다. 슈펭글러도 그즈음 같은 말을 했다. 우리는 이를 통해 진보성이 몇 가지 잘못된 전제 아래 있었다는 사실을 알 수 있다. 그러나 이런 사실을 인정하면, 아무래도 운명론을 받아들일 수 밖에 없는 것일까? 이것은 참으로 단순한 논리이며, 마치 조니가 '절망의 늪'(버니언의 「천로역정」에서 크리스찬이 빠져진 늪 이름) 속에 빠졌기에 이 늪을 헤쳐나갈 방법은 절대로 없다고 말하는 논법과 같은 것이다. 발레리의 비관론과 기번의 낙관론은 둘 다 저마다 생애의 짧은 기간에 때로 표면적으로 비슷했던 감정을 합리화한 것이다.

[*1] J.W. Headlam-Morley : *The New Past and other Essays on the Development of Civilization.*

제41장 문명사의 증언

1. 다른 문명의 전례가 있는 경험

이 '연구'의 앞부분에서 우리는 역사적 사실들의 관련성을 조사해 문명의 쇠퇴 원인과 해체 과정을 밝혀 보려고 시도했다. 이에 따라 쇠퇴의 경우에는 모든 사례에서 자발적 결정 능력의 실패가 그 쇠퇴의 원인이 되었다. 이 쇠퇴한 문명 사회는 자신이 만든 어떤 우상에 얽매여 건전한 선택의 자유를 잃은 것으로 밝혀졌다. 20세기 중간의 서유럽 문명 사회는 수많은 우상들을 숭배하고 있지만, 그 가운데 특히 눈에 띄는 것은 지방 국가에 대한 숭배이다. 근대 이후 서유럽 사회 생활의 특징은 두 가지 이유로 불길한 전조가 되었다. 첫째로 지방 국가에 대한 우상화는 공인되고 있지는 않으나 서유럽화하는 세계 주민들 대다수의 실제적인 종교가 되어 있기 때문이며, 둘째로는 이같은 그릇된 신앙은 기록에 남아 있는 21개 문명 가운데 적어도 14개, 어쩌면 16개 문명이 멸망하는 원인이 되었기 때문이다.

날로 폭력화되어 가는 동족상잔 전쟁은, 제3기 문명들의 가장 두드러지고 일반적 사멸 원인이 되었다. 제1기 문명에서는 수메르 문명과 안데스 문명의 파멸이 확실히 이 때문이었으며, 미노스 문명의 멸망 또한 아마도 같은 원인으로 생각된다. 제2기 문명에서 동족상잔의 전쟁은 바빌로니아·인도·시리아·헬라스·중국·멕시코·유카텍 문명을 파멸시켰다. 제3기 문명에서는 그리스 정교 문명 사회 및 그 러시아 분파, 극동아시아 문명과 그 일본 분파, 힌두 문명, 그리고 이란 문명이 내전으로 인해 파멸했다. 서유럽 문명을 제외한 나머지 5개 문명 가운데 히타이트 문명 또한 화석화된 이집트 문명 세계와 충돌하기 전 내부에서 일어난 동족상잔 전쟁이 자기 파멸의 원인으로 작용해 마침내 민족이 이동하게 되는 운명에 처해졌는지도 모른다. 마야 문명은 이제까지 내전이 일어난 증거는 발견되지 않았다. 이집트 문명과 극동아시아의 중국 문명에 속한 세계 국가들은 또 다른 우상, 다시 말해 날로 기생적으로 증대해 가는 관료 세력에 의해 희생된 것으로 보인다. 이제 남은 것은 아랍 문명 사회뿐인데, 이 문명은 내전이 아닌 이질 문명의 공격으로 멸망한 유일한 경우이거나, 비유목민 사회에 침입한 기생적인 유목 사회 제도—노예 계급이었던 이집트 맘루크의 세력 증대—때문에 파멸된 것으로 보인다.

더욱이 서유럽사의 근대 이후를 다룬 장에서는 지방 주권 국가의 우상화가 불러 온 파괴적인 결과는 이를 부추기는 악마적인 힘에 의해 더욱 심각해졌다. 세계 교회의 억제력은 이미 사라지고 없었다. 민족주의 형태로 나타나는 민주주의 세력이 대부분의 경우 어떤 새로운 이데올로기와 결부되어 전쟁을 이전보다 더 부추겼으며, 산업주의와 과학 기술의 발전은 호전적인 인간들에게 더욱 파괴적인 무기들을 제공했다.

　18세기 서유럽 문명 세계에 영향을 미치기 시작한 산업 혁명은 의심할 여지 없이 기원전 6세기 헬라스 세계를 덮쳤던 경제 혁명에 가까운 것이다. 두 시대 모두 이제까지 거의 고립된 자급 농업으로 생활하던 나라들이 경제적으로 제휴해 특수화된 상품을 만들고 교환하여 생산과 수익을 늘리게 되었다. 그와 동시에 차츰 자급자족 상태에서 벗어나게 되었으며, 나중에 희망하더라도 이미 자급자족 체제로는 되돌아갈 수 없게 되었다. 그 결과 두 경우 모두, 사회는 정치 구조와 조화되지 않는 새로운 경제 구조를 갖게 되었다. 헬라스 사회 조직에서 이러한 부조화적 '단층'이 가져온 치명적 결과에 대해서는 이미 여러 번 말한 적이 있다.

　근대 서유럽사에서 걱정할 하나의 징후는 첫째로 프러시아에 이어 독일 전체에서 군국주의가 나타난 일인데, 이 군국주의는 이미 다른 몇몇 문명사에서 치명적인 결과를 가져온 바 있다. 이 군국주의가 처음 등장한 것은, 프러시아 국왕 프리드리히 빌헬름 1세와 프리드리히 대왕의 치세(1713~86) 때였다. 이 시대는 근대 서유럽사의 모든 시대 가운데 전쟁 방법이 가장 형식적이었으므로 파괴력이 가장 적었던 시대이다. 후기 서유럽사의 최종 단계에서 이 글을 쓰는 기간 동안에는 그 잔인함에 있어 이른바 티글라트 필레세르 3세(재위 기원전 746~727)의 '아시리아의 광포' 말고는 달리 비교할 대상이 없는, 마치 미친개와도 같은 나치 독일의 군국주의가 출현했다. 그렇다면 나치의 군국주의가 행한 전대미문의 철저한 파괴에 거부감을 가지며 서유럽화되어가고 있는 세계의 모든 나라들이 군국주의에 대한 의지를 버렸는가에 대한 것은, 이 글을 쓰고 있는 현재 매우 미심쩍게 여겨진다.

　이러한 불길한 징후에 반대되는 몇몇 좋은 징후들이 더 나타나기도 했다. 서유럽 문명은 전쟁만큼이나 사악한 하나의 낡은 제도를 폐지한 것이다. 이는 노예 제도 폐지를 말하며 성공한 문명 사회가 이 시대에 해묵은 전쟁 제도를 폐지하는 일에 들어갈 때, 이 전례 없는 그리스도교적 이상(理想)의 승리로 말미암아 용기를 얻을 것이 틀림없다. 전쟁과 노예 제도 이 두 가지는 오늘날과 같은 모습의 사회가 처음 출현한 이래 끊임없이 따라다니는 문명의 쌍둥이 암들이었다. 그 암의 한쪽이 제거된다는 것은 다른 쪽을 없애려는 움직임에 희망을 던져주는 길조가 된다.

더욱이 아직도 전쟁이라는 적에 의해 피폐해져 가고 있는 서유럽 문명 사회는 다른 정신적 전쟁터에서 이제까지 올린 성과를 돌아보고 용기를 낼 수 있으리라. 산업주의가 사유 재산 제도에 준 영향에 대한 도전에 대응하기 위해 서유럽 문명 사회는 이미 많은 나라에서 무제한의 경제적 개인주의와, 국가 중심 경제 활동의 전체주의적 통제의 양극단 가운데 어느 쪽에도 기울지 않는 중간 길을 찾는 데 어느 정도 성공했다. 또한 민주주의가 교육에 준 영향에 대처하는 데 있어서도 어느 정도 성공을 거두었다.

문명이 출현한 이래, 극히 소수 사람들이 독점해 압제 수단으로 이용해 온 모든 지식의 보고를 모든 인간에게 열어 놓음으로써 근대 서유럽 사회의 민주주의 정신은 인류에 새로운 희망을 던져 주었으며, 반대로 인류를 새로운 위험 아래 놓이게도 했다. 이 위험이라는 것은 모든 인간이 초등교육을 받게 되었으므로 선전 목적에 이용될 빌미를 제공해 주었다는 점이며, 실제로 상품 광고를 하는 판매계·보도 기관·압력 단체·정당 그리고 전체주의 정부 등이 이 기회를 교묘하게 아무런 주저 없이 이용하고 있다. 한편 희망이라는 것은 충분한 교육을 받지 못한 민중을 이용 수단으로 삼고 있는 이들이 완전한 '조건부'로써 그 희생자의 지식 추구를 그 이상 막을 수는 없을 것이며, 따라서 민중은 곧 그 같은 선전에 넘어가지 않게 되리라는 점이다.

그러나 결정적인 정신적 싸움이 일어나고 있다고 여겨지는 곳은 군사·사회·경제·지식의 어느 부문도 아니다. 왜냐하면 1955년에 서유럽인들이 맞닥뜨리고 있는 가장 중요한 문제는 모든 종교적인 문제들이기 때문이다.

열광적이며 독단적인 유대인 종교는 그들이 주장하는 교리에 위배되는 비관용(성모와 성자에 대한 비관용)의 죄를 범했기에 영원히 신뢰를 잃게 된 것일까? 종교에 환멸을 느낀 서유럽 세계가 17세기 끝무렵 자리를 잡은 차분한 종교적 관용에 가치가 있는 것일까? 서유럽인들의 혼은 언제까지 종교 없이 살아가는 데 견딜 수 있을까? 정신적 공허의 불안감에 쫓겨 서유럽인들이 내서 널리즘이나 파시즘·공산주의 등의 악마들에게 문을 열어주게 된 오늘날, 근대 후기에 이른 관용의 신앙이 언제까지 시련에 견딜 수 있을 것인가? 서유럽 그리스도교의 다양성이 서유럽인들의 감정과 이성에 대한 지배력을 잃은 때, 목표가 사라진 신앙심을 대신할 대상을 아직 발견하지 못한 미온적인 시대에는 관용의 태도를 유지하기가 쉬웠다. 그러나 서유럽인들이 다른 신을 숭배하게 된 오늘날 18세기 종교의 자유는 20세기에 들어와 '이데올로기'라는 광신주의 앞에 스스로 대항할 수가 있을 것인가?

자신들의 선조인 '유일한 참다운 신'으로부터 떠나 방황하는 서유럽 인들은, 오늘날 그 환멸의 경험들을 통해 지방 국가나 종파 교회의 숭배가 모두 평화가 아닌 칼을 던져주는 우상임을 깨달았으므로, 이에 대신하는 우상 숭배의 대상으로서 '집단적 인간'을 선택하게 될지도 모른다. 콩트의 실증주의를 표현한 차디찬 주형 속에서 '인간의 신앙'은 마침내 쓸모 없게 되었으며, 따라서 마르크스 공산주의가 포구에서 발사되자 온 세계를 불타오르게 했다. 일찍이 그리스도교가 그 청년기에 '신성 로마' 및 '신성 카이사르' 숭배의 형식으로 행해진 헬라스 사회의 '집단적 인간성 숭배'를 상대로 영혼의 구원을 얻기 위해 싸워 성공했는데, 다시금 성공이냐 실패냐의 싸움이 그로부터 2000년이 지난 오늘날 같은 괴물 숭배의 현대적 형태를 상대로 행해져야만 하는 것일까? 헬라스 사회의 전례가 위의 문제에 대한 해답을 제시해 주지는 못했다.

오늘날 서유럽 문명 사회의 쇠퇴 징후에서 해체의 징후로 눈을 돌리면, 우리는 앞서 '사회 체제의 분열'을 살펴보았을 때 현대 서유럽 문명 세계가 해체기 특유의 지배적 소수자와 내적 프롤레타리아 및 외적 프롤레타리아 세 부분으로 분열되어 있음을 말해주는 뚜렷한 증거를 발견했음을 떠올릴 것이다.

서유럽 문명 세계의 외적 프롤레타리아는 거의 문제가 되지 않는다. 그것은 예전의 야만인들이 모습을 감추었기 때문이지만, 그들이 절멸되었기 때문이 아니라, 현재 생존하는 인류의 대다수를 포함하게 된 서유럽 사회의 내적 프롤레타리아 속에 편입되어 가고 있기 때문이다. 이와 같이 강제적으로 순화된 야만인들은 실제로 방대한 20세기 서유럽 사회의 내적 프롤레타리아 가운데 가장 작은 구성 요소의 하나가 되었다. 이보다 훨씬 수가 많은 것은 세계 전체에 펼쳐 놓은 서유럽 문명의 그물 속에 사로잡힌 비서유럽 문명의 사람들이다. 세 가지 요소 가운데 지배자에게 가장 강한 반감을 표시했던 제3의 분파는 유민들이었는데, 이들은 비서유럽인뿐만 아니라 서유럽인들도 포함한 온갖 태생에 대해 취해진 여러 강제 조치의 피해자가 되었다. 그 가운데에는 강제적으로 대서양 건너편으로 이주된 아프리카의 흑인 노예 자손들이 있는데, 실제로 아프리카인 노예들처럼 비자발적 예로서 해외로 이주하는 인도인이나 중국인 기간제 계약 노동자의 자손들이 있다. 더욱이 해외로 이주하지 않고 쫓겨난 사람들이 있다.

프롤레타리아화의 가장 뚜렷한 사례는 미국의 '올드 사우스'(남북 전쟁 이전의 남부 모든 주)와 남아프리카연방의 '백인 빈민층'이며, 이러한 백인들은 성공한 그들의 동료 식민지 주민들이 바다 건너편에서 데려온 노예나 토착 아프리카인 노예와 같은 사회적 지위로 떨어진 것이다. 그러나 위에서 열거했듯이, 눈에 띄게 두드러진 불행한 집단 말고도 시골과 도시를 불문하고 서유럽 문명 사회 제도가 마땅히 자신이 소유할 권리를 주지 않는다고 느끼는 인간의 집단이 있는 곳에는 어디서나 내적 프롤레타리아가 있다고 해도 무방할 것이다. 이 '연구'를 통해 사용해 온 '프롤레타리아'라는 명칭의 정의는 심리적인 것으로, 우리가 이제까지 이 명칭의 대상으로 삼아온 사람들은 물리적으로 자신들이 속해 있는 문명 사회에 이미 정신적으로는 '속하고' 있지 않다고 느끼고 있는 사람들을 뜻한다.

지배적 소수자에 대한 프롤레타리아의 반항은 중세의 농민 전쟁으로부터 프랑스 혁명의 자코뱅주의에 이르기까지, 여러 시대 여러 곳에서 폭력적인 형식으로 나타났다. 20세기 중간에 프롤레타리아의 반항은 이전 어느 시대보다도 과격해졌는데, 그것은 두 가지 방향을 따른다. 즉 불평불만이 주로 경제적인 경우에는 공산주의를, 정치적이거나 인종적인 경우에는 식민지주의에 대한 민족주의적 저항의 길을 걷는다.

1955년 러시아·중국 공산주의 블록이 차츰 서유럽 문명에 위협이 되고 있음은 틀림없는 사실이며, 매우 우려할 만한 일이다. 그와 동시에 그다지 눈길을 끌지는 않지만, 그렇다고 가벼이 여길 수만은 없는, 우리에게는 아직 유리한 몇 가지 사실이 있다.

공산주의의 위협 아래 놓여 있는 서유럽 문명에 유리한 결과를 가져다 줄지도 모르는 첫 번째 사실은, 겉으로는 바울과 같은 열정이나 선전을 가장하고 '유대인'과 '그리스인' 사이의 불공평한 차별은 일체 하지 않는다(〈고린도후서〉 12 : 13, 〈갈라디아서〉 3 : 28, 〈골로새서〉 3 : 11)고 말하고 있으나, 세계 공산주의 속에 러시아 민족주의가 섞여 있는 점이다. 이러한 언행의 불일치는 공산주의라는 도덕적 무장의 약점이 되어 있다. 한편, 동아시아에서 서유럽의 대의명분이 극심한 적대감으로 매우 불리해져 있는 현재 만일 독심술을 터득한 서유럽인들이 입을 다물고 있는 크렘린 위정자들의 마음을 꿰뚫어 볼 수 있다고 한다면, 그는 크렘린 위정자들이 자신의 동맹자인 중국인들의 눈부신 성공을 복잡한 심정으로 지켜보고 있음을 깨닫게 될 것이다.

결국 만주·몽골·신강(新疆)의 미래가 인도차이나·홍콩·타이완의 미래보다도 중국과 러시아에게는 훨씬 중요한 것이다. 말렌코프나 그의 후계자인 후루시초프, 또는 아직 표면에 떠오르지 않은 후루시초프의 후계자가 제2의 티토(1920년 유고 공산당에 가입하여 나/중에 유고 초대 대통령이 된 인물)가 되는지도 알 수 없으며, 또한 독일과 일본이 서유럽에 의해 재무장되고, 중국이 러시아에 의해 재무장된 뒤에 두려움을 느낀 서유럽이 마찬가지로 두려움을 느끼게 된 러시아를 '백색 인종의 희망'으로서 환영하게 되는지도 모른다. 훨씬 전부터 신뢰를 잃어 온 카이저(빌헬름 2세)는 '황화(黃禍 : 황색 인종 특히 중국인·일/본인이 백인에게 주는 위협)'에 대해 주의를 환기시킨 바 있다. 그는 이 때문에 오히려 어리석은 황제로 취급받았다. 그러나 지금도 일부 저술가들은 그가 단순히 선의를 가진 인간이었을 뿐만 아니라 매우 지혜로운 사람이었다는 견해를 고수하고 있다. 주목할 일은 히틀러까지도 이 점에 대해서는 카이저의 판단을 칭찬했다.

얼핏 보기에 믿기 어려운 이러한 전조(前兆)들은 논란의 여지가 없는 두 가지 사실에 근거를 두고 있다. 러시아는 백색 인종의 나라 가운데서도 19세기 서유럽이나 북미와 같은 비율로 20세기에 인구가 증가해 가고 있는 유일한 큰 나라이다. 게다가 러시아는 중국 및 인도와 대륙으로 국경을 접한 백색 인종의 나라이다. 만일 인류의 4분의 1에 가까운 인구를 갖고 있는 두 아대륙 가운데 한 쪽 또는 양쪽이 기술과 조직 부문에서 서유럽화 과정 수행에 성공해 중국이나 인도의 인적 자원이 세계의 군사적·정치적 대차대조표에서 그 수에 비례하는 정도의 중요성을 갖게 된다면, 그 같이 기운을 얻은 삼손(구약성서에 나/오는 힘센 투사)은 이제까지의 매우 불공평한 세계 영토와 천연 자원 분배에 대해 마땅히 철저한 수정을 요구하게 될 것이다.

그 경우 자신의 존립을 유지하고자 러시아는 뜻밖에도 마치 예전처럼, 즉 폭발 지점이 인도나 중국이 아닌 정력적인 원시 이슬람교 아랍족의 통솔 아래 통일된 시남아시아였을 때에 그리스 정교 문명 본체로서 서유럽 문명 세계에 행한 것과 마찬가지로 어떠한 대가도 요구하지 않고 완충 역할을 하게 될지도 모른다.

이는 아직 눈에 보이지 않는 미래에 대한 매우 불확실한 예측이다. 우리에게 용기를 주는 보다 확실한 근거를 제공한다고 여겨지는 것은, 한국 전쟁에서 중공군과 정면 충돌하고, 인도차이나의 절망적인 분쟁에 휘말린 서유럽 사회가, 일본으로부터 독립한 인도네시아와 우호 협정을 체결하고, 또 필리핀·실론·미얀마·인도·파키스탄의 지배권을 스스로 포기했다는 사실이다. 일찍이 영국령에 속했던 여러 나라를 포함한 아시아와 근대 후기 서유럽 제국주의의 중심에 있었던 영국을 포함한 서유럽 문명 사회의 화해가 성립됨으로써, 우리는 서유럽의 지배적 소수자로부터 벗어나려는 온 세계 서유럽 문명의 내적 프롤레타리아에 포함된 수많은 아시아인들 가운데 적어도 일부분이 방향 전환을 하여 옛 서유럽인 지배자들과 대등한 입장에서 협력하는 방향으로 나아갈 수 있으리라는 전망을 하게 된다.

이슬람 세계에 속하는 아시아와 북아프리카 지역, 사하라 사막 이남 아프리카 대부분 지역에서도 마찬가지로 똑같은 결과를 예측할 수 있다. 귀찮은 문제를 불러오는 곳은, 기후 조건이 좋아서 서유럽인들이 단순히 지배권을 세운 뒤에 완전히 뿌리를 내리고 살고 싶어하는 지역들이다. 또한 위협의 정도는 덜하지만 같은 문제로서, 백인들의 일거리 가운데 불쾌하고 초보적인 잡역을 시키기 위해 유색 인종을 다른 장소에서 데리고 온 지역에서 그러한 공산화가 일어난다. 백인의 관점에서, 위협의 정도 차이는 지역 주민 인종 구성비의 통계로 알 수 있다. 이를테면 남아프리카처럼 유색 인종이 토착민인 경우에 보통은 유색 인종 쪽이 지배자인 백인보다도 훨씬 수가 많다. 미국처럼 유색 인종이 해외로부터 강제로 들어오게 된 곳의 구성 비율은 정반대이다.

이 글을 쓰고 있는 현재 미국에서는 흑색 인종에 대한 차별이 인도의 카스트 제도처럼 굳어지는 추세가 그리스도교의 저항 정신으로 저지되고 있다. 이 그리스도교의 반격이 헛수고로 끝날 것인가, '미래의 물결'이 되는가는 아직 예측하기 어렵지만, 미국에서도 인도와 마찬가지로 양측이 모두 사태를 개선하려는 방향으로 나아가고 있는 것은 좋은 전조이다.

다수를 차지하는 백인 지배자들은 흑인 노예제 폐지를 주장해 온 그리스도교적 양심에 따라 단순한 법률상의 자유만으로는 충분치 않음을 깨닫게 되었으며, 한편 소수자인 흑인 프롤레타리아 쪽도 같은 정신으로 이에 호응하는 태도를 보여 왔다.

이 연구서 앞부분에서 보았듯이 내적 프롤레타리아의 소외 현상은 문명 해체의 가장 뚜렷한 징후이므로 우리는 이 사실을 염두에 두고 20세기 중간의 서유럽 문명 세계 안에 대립과 화해의 양쪽 증거들을 구해 왔다. 이제까지 우리가 살펴 온 것은 서유럽 문명이 세계적으로 확대됨에 따라, 비서유럽인이면서 서유럽 문명 사회 속에 흡수된 프롤레타리아의 분파들이었다. 물론 지배적 소수자와 인종적으로 구별이 없는 프롤레타리아, 즉 19세기 특권층 소수자로 태어난 '상류 인사들'이 '노동 계급' '민중' '하층 계급' '대중' 또는 '하층민들' 등 갖가지 경멸적인 이름으로 부른 많은 서유럽인들도 있다. 이것은 대단히 큰 문제여서 여기서는 그것을 다룰 수 없다.

다만 거의 모든 서유럽 국가에서, 그 가운데에서도 특히 공업화와 근대화가 가장 많이 이루어진 국가들에서 과거 반세기 동안, 삶의 모든 부문에 걸쳐 사회 정의 실현을 위해 엄청난 실제적 진보가 이루어졌음을 말해 두고자 한다. 인도가 영국의 통치로부터 해방된 정치적 혁명도 주목할 만하지만, 더욱 주목할 것은 영국의 사회적 혁명이다. 권세와 부와 기회가 소수에게 독점되던 서유럽의 영국은, 소수와 다수 가운데 어느 편에도 나쁜 감정을 주지 않고 개인의 자유를 희생하는 일도 최소한으로 막으면서 폭넓은 사회 정의가 보장되는 나라로 탈바꿈해 갔다.

위에서 우리는 내적 프롤레타리아가 소수 지배자에 저항함으로써 서유럽 문명이 해체의 비운에 떨어질 가능성을 예측하거나 부정하는 사실을 보아 왔는데, 여기서 잠정적인 결론 두 가지를 이끌어낼 수 있다. 첫째로, 화해의 힘은 비슷한 역사적 단계에 있던 헬라스 사회에서 어떤 경우보다도 강하게 작용하는 것처럼 보인다. 둘째로, 서유럽 문명 세계에 유리한 이런 차이는 그리스도교 정신의 지속적인 작용이 주된 원인이었을 것으로 보인다. 비록 그리스도교의 영원한 진리를 일시적 이교인 헬라스 철학의 말로 번역한 신앙을 서유럽인의 이성은 거부했을지 모르지만, 서유럽인들의 감정을 지배하는 힘을 잃지 않은 채 그리스도교 정신은 이제까지 그들의 마음을 사로잡고 있다.

일찍이 유년기의 서유럽 문명을 낳기 위해 번데기 역할을 했던 고등 종교가 지니는 이 같은 뿌리 깊은 생명력은 그 밖의 점에서 유사점이 많은 헬라스 문명 때에는 전혀 찾아볼 수 없었다. 그리고 이와 같이 그리스도교의 정신적 본질이 끈질긴 생명력과, 현재 서유럽화되어 가는 세계 여기저기에서 나타나는 새로운 종교들이 소수이며 빈약한 영향력을 가진다는 사실 사이에는 서로 관련성이 있을 것으로 여겨진다.

따라서 우리는 서유럽 문명의 미래에 대해 비서유럽 문명의 전례가 제공하는 예측 증거들은 결정적인 것이 아니라는 결론을 내려도 좋으리라.

2. 선례가 없는 경험

이제까지 우리는 근대 이후 서유럽 문명의 정세 가운데에서 다른 문명 요소들과 비교할 수 있는 요소들을 살펴보았는데, 다른 문명사에 유례가 없는 요소가 몇 가지 발견되고 있다. 그 가운데 매우 두드러진 두 가지 특징이 있다. 첫째 특징은 서유럽인이 획득한, 인간 이외의 자연에 대한 지배 범위가 무척 광대하다는 점이다. 둘째 특징은 이 지배가 가져다주는 사회적 변화의 속도가 매우 빠르다는 점이다.

인간이 구석기 시대 전기로부터 후기 기술적 진보의 단계로 들어선 이래 인류는 '지상에서의 만물의 영장'이 되었다고 보는데, 이것은 그때 이후 생명이 없는 자연, 또는 인간 이외의 어떠한 동물도 이미 인류를 절멸시키거나 인류의 진보를 방해할 수 없게 되었다는 의미에서 그러하다. 그 뒤 이미 지상에는 단하나의 예외 말고는 인간이 가는 길을 가로막거나, 인간을 파멸로 떨어뜨릴 수 있는 것은 사라졌다. 그런데 그 예외란 것은 가공할 만한 벅찬 상대로서 다름아닌 인간 자신인 것이다. 이미 보았듯이 인간은 이제까지 14개 또는 15개 정도의 문명 안에서 잘못을 범함으로써 불행한 꼴을 당했다. 1945년 끝내 핵폭탄이 터지면서 분명해진 것은, 인간은 이제 비인간적 자연에 대해 지금까지 없던 큰 지배력을 획득하고 문명의 과정에 있는 새로운 사회를 만들어 냈으나, 동시에 이 세상에 가져온 두 가지 해악의 도전을 이미 더 이상 회피하기가 불가능해졌다는 사실이다.

그 두 가지 해악은 실제로 전쟁이라는 하나의 해악이 두 가지 다른 형태로 나타난 데 지나지 않지만, 다른 이름으로 불러 구별짓는 편이 편리하다. 즉 보통 의미의 전쟁과 계급전 두 가지인데, 다시 말하면 가로의 전쟁과 세로의 전쟁을 뜻한다.

아직 인류가 이에 대처할 준비가 전혀 되어 있지 않다. 인류의 미래를 예측하는 과정에서 우리의 일거리를 단순화하기 위해 처음으로 기술·전쟁·정부의 문제(보통 의미의 전쟁), 그리고 기술·계급 투쟁·고용 문제(계급전)라는 두 가지로 나누어 살펴보기로 한다.

제42장 기술·전쟁·정부

1. 제3차 세계대전의 전망

두 차례 세계대전 결과, 이전에는 때에 따라 변동이 있었으나 어쨌든 다수였던 강대국—강대국이 다수이던 시절에는 이를테면 이탈리아 같은 나라들까지 강대국 대우를 받았지만—의 수가 미국과 소련 두 나라로 줄어들었다.

소련은 동독과 제2차 세계대전 중에 단명한 나치스 독일의 제3제국에 유린당한 합스부르크 제국 및 오스만 제국 후계 국가의 대부분을 지배하게 되었다.

서독과 두 세계 대전의 중간에 성립한 오스트리아 공화국이 1956년 현재 이웃 여러 나라의 뒤를 이어 러시아의 먹잇감이 되지 않은 것은, 미국과 그 동맹국인 서유럽 연합의 보호를 받고 있었기 때문이다. 그즈음 이 나라는 도저히 지켜 낼 수 없는 독립을 유지하는 대신 미국의 보호를 받는 것이, 결국 세계 어느 지역 어느 나라에게 있어서나 필연적 운명으로 예측되는 러시아(또는 중국)의 지배로부터 벗어날 수 있는 유일한 보장임이 명백해졌다. 그 무렵 그러한 보장은 세계 어느 곳에 있는 어느 나라에게도 유효한 것으로 기대되었다.

'구세계'에서 이러한 미국의 역할은 새로운 것이지만, '신세계'에서는 오랫동안 익숙해져 온 역할이다. 신성 동맹 시대부터 독일 제3제국(나치 지배체제) 시대에 이르기까지 먼로독트린(먼로 대통령이 주장한, 미국·유럽 사이의 불간섭주의)이 남부 아메리카의 에스파냐와 포르투갈 두 제국의 후계 국가를 보호했는데, 이 나라들은 식민지 통치 대신 미국의 주도권을 인정함으로써 서유럽 강대국의 지배를 모면해 왔다.

베푸는 자는 주로 좋은 평판을 얻기가 쉽지 않으며, 실제로 그들이 베푸는 은혜가 완전히 이기적 목적을 떠난 것이 아니라면 반드시 기뻐할 만한 것이 아닌지도 모른다. 이를테면 1945년 그 뒤로 프랑스가 미국에 대해 품고 있는 감정은 과거 100년 동안 브라질이 미국에 대해 계속 품어 왔던 감정과 그리 다르지 않다.

어쨌든 소련과 미국은 1956년 이 지구상에 단둘만 살아남아 서로 맞서게 된 강대국으로서, 국제 간의 세력 균형에 있어 둘이라는 숫자는 좋다고 볼 수는 없다.

하긴 20년 전의 독일이나 일본과 달리 미국·소련 양국은 수십 년에 걸쳐 그 인적 자원 대부분을 평화적으로 사용해 토지를 개발함으로써 경제적으로 '충족된' 나라가 되었다. 그러나 과거의 역사를 살펴보면 서로가 품고 있는 두려움은 경제적 결핍과 마찬가지로 유력한 무력 침략의 잠재적 원인이 될 수 있음을 보여주었다.

러시아 국민이나 미국 국민도 서로 상대를 받아들일 준비가 되어 있지 않다. 러시아인들이 온순하게 체념하는 습성을 지니고 있는 것과 반대로, 미국인들은 조급해 마음에 들지 않으면 곧 시끄럽게 떠들어 댄다. 이러한 기질의 차이는 전제 정치에 대한 태도의 차이에도 나타나고 있다.

러시아인들은 전제 정치를 피할 수 없는 것으로 받아들이고 이를 순순히 따르나, 미국인들은 그들 자신의 역사적 경험에 비추어 그러한 정치는 어떠한 국민이든 마음대로 타도해 버려야 할 사악한 제도임을 학교에서 배워 알고 있다. 미국인들은 개인의 자유를 최고선(最高善)으로 보고 이상하게도 이를 오히려 평등과 동일시하나, 러시아의 지배적 소수를 차지하는 공산주의자들은 이론상의 평등을 최고선으로 보고 미국인들의 경우보다 더 한결 이상하게도 평등을 자유와 동일시하고 있다.

이같이 다른 '기질'과 '신념'의 차이는 두 국민이 서로 상대를 이해하고 신뢰하는 일을 어렵게 하고 있다. 서로에 대한 이 같은 불신은 두려움을 낳고 말았는데, 이는 두 나라가 서로 위협하며 싸우는 이 투쟁의 무대가 전례없이 빠른 기술적 진보를 이룩했기 때문이다. 과거에 그토록 넓었던 세계는 급속한 기술 발달로 인해 완전히 축소되었으며, 이 세계를 투쟁의 무대로 삼아 싸우는 나라들은 반드시 정면으로 상대와 맞서게 마련이다.

지금까지 자신들을 드러내지 않았던 이 다수의 사람들은 이제 미국적 생활 양식과 러시아적 생활 양식 가운데 선택권을 행사함에 있어, 더 나은 삶을 열망하는 이들 다수의 혁명적인 바람을 보다 더 만족시켜 주는 나라를 선택하게 될 것으로 보인다.

그러나 마지막 결정권을 인류의 대다수를 차지하는 비서유럽인들이 가지고 있다 하더라도, 단기적으로 미국과 소련 간 세력 균형에 결정적 영향을 미치는 것은 이들 세계 인구의 4분의 3을 차지하는 사람들이 아니라, 전 세계 산업적 잠재 전력(戰力)의 4분의 1을 차지하는 서유럽인들로 생각된다.

전 세계적으로 볼 때, 오늘날 남미·북미라는 두 큰 섬과 '유라프라시아'(유럽·아프리카· 아시아를 한 데 묶은 이름)라는 하나의 대륙만이 존재한다고 말할 수도 있으리라. 이러한 관점에서 러시아는 대륙 세력이며, 미국은 섬나라 세력이라 볼 수 있다. 이것은 마치 근대 유럽 지방 국가들 사이에 일어난 전쟁에서 영국이 섬나라 세력의 역할을 하고, 에스파냐·프랑스·독일이 잇달아 영국의 적국 역할을 한 것과 마찬가지이다.

근대 이후 세계적 경쟁 무대에서 서유럽은 섬나라 세력이 대륙으로 진출하기 위한 교두보로서 여전히 결정적인 역할을 하고 있다. 문명이 출현한 뒤 5~6000년을 지난 현재에도 여전히 신석기 시대처럼 살아가는, 인류의 4분의 3이나 되는 사람들이 더 높은 수준으로 자신들의 삶을 끌어올릴 수 있음을 깨닫기 시작하면서, 이들의 지지는 기술의 발달로 하나가 된 이 세계에서 패권을 둘러싸고 경쟁하는 소련과 미국, 이 두 나라의 운명을 마침내 결정하게 될 것이다. 과거에는 플랑드르 지방이 서유럽의 '투기장'이 되어 지방 국가들이 지칠 줄 모르고 전쟁을 되풀이해 왔다. 오늘날 만일 다시 한 번 대전이 일어난다면, 서유럽 전체가, 서유럽화해 가는 세계의 '투기장'이 될 운명에 처할 것으로 보인다.

이와 같은 전략 지도의 중심 변화는 아마도 인과응보라 해도 좋을 것이며, 1946년 이후 서유럽인들 모두에게는 이러한 '투기장' 속에 살고 있다는 사실이, 15세기 말 이전부터 플랑드르(네덜란드·벨기에·프 랑스 북부의 접경지역)인들이 그러했듯이 달갑지 않은 일임에는 조금도 변함이 없다.

과학 기술의 발전은 인간의 삶에서 감정의 지배력을 조금도 감소시킬 수가 없다. 군국주의는 과학 기술이 아닌 심리 문제, 즉 싸움에 대한 의지의 문제이다. 전쟁은 어딘가 다른 곳에서 남이 하고 있으면 흥미로운 것이다. 완전히 끝이 난 뒤에는 아마 전쟁만큼 신나는 것이 없을 것이다. 현실적으로도 모든 문명의 역사가들은 예부터 전쟁을 그들이 취급하는 영역 중에서 가장 흥미로운 화젯거리로 다루어 왔다.

옛날 거의 비교적 소수로 이루어졌으며, 다른 직업보다도 주로 전쟁하는 것을 좋아하는 사람들로 이루어져 있었다. 그런데 1792년 프랑스 혁명 시대에 프랑스에서 일반 징병 제도가 실시된 뒤로 근대 서유럽 사회의 전쟁은 차츰 더 심각한 문제가 되어 왔다. 그리고 미래의 전쟁은 한층 더 심각해질 우려가 있다. 이제 전쟁은 군국주의를 경험한 국민들이 군국주의를 말살시키려는 경향을 띠고 있으며, 국민들의 의지는 심지어 독재 정부라도 굴복하지 않을 수 없는 큰 힘으로 작용하게 되었다.

제1차 세계대전에서 가장 심한 고통을 겪은 나라 가운데에서 프랑스는, 사실상 제2차 세계대전에 견디는 일을 거절했다. 히틀러는 독일인을 부추겨 다시 한 번 군국주의를 이룩하는 데 성공했지만, 1956년 현재 제2의 히틀러가—제2의 히틀러가 출현한다고 보고—다시 한 번 같은 '힘의 곡예'를 할 수 있을지는 의심스럽다. 공산주의 독재자들이 즐겨 사용하는 표현이 '평화를 사랑한다'는 말임은 다시 생각해 볼 일이다. 세인트 헬레나로 유배된 나폴레옹은 전쟁을 '멋있는 일'이라고 말했는데, 만일 그가 살아 있어 핵전쟁을 만났다 해도 과연 그런 말을 할 수 있을는지에 대해서는 의심스럽다.

위의 고찰은 20세기에 전쟁을 몸소 체험한 선진 문명의 여러 국민들에게 주로 해당하는 일이다. 그런데 이와 반대로 아시아 여러 국민들의 전통적인 유순함은 훨씬 오래전부터 정치적으로는 전제 정치에 순순히 따르는 형태를 취해 왔다. 그리고 문화 부문에서의 서유럽화 과정이 단순히 서유럽 군사 기술의 습득 같은 초보적 단계를 넘어 더 나아가지 않는 한 아시아의 농민군들은 아마도, 그 자신에게는 아무런 의미도 없는 침략 전쟁을 하면서까지 자신의 목숨을 요구하는 명령에 의문을 품거나 반항하는 일이 없을 것으로 보인다.

20세기 중엽 아시아 여러 나라 정부들은 그들 지배 아래 있는 백성들의 뿌리 깊은 복종심을 어느 정도까지 군사 목적을 위해 이용할 수 있을까? 서유럽인들의 눈으로 본다면, 중국이나 러시아 농민군들은 정부에서 그들의 생명을 담보로 발행한 백지 어음을 건네받고 있는 것처럼 보인다. 그러나 역사는 중국 정부이든, 러시아 정부이든 해를 당하지 않고 모험을 무릅쓰는 데에는 일정한 한계가 있음을 보여준다. 진나라로부터 국민당 정부에 이르는 중국 정권은, 태엽을 무모하게도 반복해서 오직 한 바퀴 더 감은 약간의 지나침에 대한 벌로서 지배권을 잃었다. 러시아 역사에서도 마찬가지였다.

크리미아 전쟁 때에는 현명하게도 1860년대의 개혁을 받아들임으로써 러시아 국민의 고통을 덜어준 차르 정부도, 그 뒤 1904~1905년 러·일 전쟁과 제1차 세계대전에 패배했을 때에는 상응하는 보상책을 마련하지 않아 뒤이어 잇따라 군사적 패배를 겪음으로써 미연에 방지하기 위한 일을 완강히 거부했기 때문에 마침내 그 생명이 단절되기에 이르렀다. 1904~5년 러일전쟁은 이듬해 혁명의 불씨를 일으키고 끝이 났으며, 뒤에 제1차 세계 대전 기간 동안 1917년 혁명으로 이어졌다.

즉 러시아나 그 밖의 농민 국가에서 국민의 사기가 무너지지 않고 유지되는 데에도 한계가 있는 것으로 보인다. 그러나 미국에 대해 정치적 양보를 하는 일은 러시아의 입장에서 보면 미국 세력에 굴복하는 거와 다름없으며, 소련 연방 정부는 그렇게 하느니 차라리 미국과 전쟁을 치르는 편이 낫다고 생각할 가능성이 있다.

이처럼 사정에 따라서 소련은 걸맞은 힘을 지닌 강대국과 싸움을 할 수도 있고, 또 그것을 바랄 가능성도 있다고 한다면 미국에 대해서 같은 예측을 할 수 있을까? 1956년인 오늘날의 해답은 긍정적인 것으로 보인다. 13개의 식민지 가운데 최고의 식민지에 처음 살게 된 뒤로 미국인들은 서유럽 문명 세계의 여러 국민들 속에서 가장 비전투적이면서도 가장 전투적인 국민이었다.

비전투적이라는 것은 군사적 규율에 따르는 것을 싫어하며 자국의 군사적 영광 그 자체를 위해 싸우고자 하는 프랑스적 야망을 지니지 않았다는 뜻이다.

전투적이라는 것은, 1890년경 서부 개척이 끝날 때까지 미국인들은 늘 단순히 무기를 휴대하고 다닐 뿐만 아니라 그것을 자기의 개인적 목적을 이루기 위해 마음대로 쓰는 일에 익숙해졌던—그와 같은 풍습은 그 무렵 서유럽 대부분 나라들에선 이미 사라지고 없었다—변경 개척자들이 포함되어 있었다는 의미에서 그렇다.

10세대에 걸친 미국 변경 개척자들의 전투적 정신은 영국령 아일랜드에서 이주해 간 백인들이 미국 해안에 첫발을 내디딘 그 뒤로 북미 인디언들과, 영국인들과 식민지 경쟁을 한 프랑스인(18세기)들, 변경 개척자의 희생이 된 멕시코인(19세기)들에 의해 확인되었다.

북미 대륙의 소유권을 둘러싸고 영국계 미국인 변경 개척자들과 그 경쟁자들 사이의 충돌은, 단순히 변경 개척자들만이 아니라 미국 국민 전체가 예외적·일시적·군사적 규율에 복종할 용의가 있음을 나타내는 증거가 된다. 변경 개척자들이 아무리 개인적으로 의기 왕성하고 용감하다 해도 군사적 규율이 부족하다면 개인으로서 도저히 그들과 같은 문화 수준의 적들을 물리쳐 승리를 얻을 수는 없었을 것이다.

미국 국민들 속에 잠재해 있는 군사적 자질은 주로 1917~18년과 1941~45년에 일어난 미국·독일 전쟁에서, 적군인 독일인들에게도 발휘되었다. 그러나 무엇보다 미국인의 용기·규율·용병의 재능과 인내력이 가장 인상적으로 드러난 것은 미국인과 미국인이 서로 싸운 전쟁에서였다. 1861~65년 미국 연방군과 남부군 사이에 일어난 전쟁은 나폴레옹 몰락 후 제1차 세계대전 발발 때까지 서유럽 문명 세계에서 일어난 모든 전쟁 가운데 가장 오랜 기간을 끌어오며, 가장 다루기 어려웠고, 가장 많은 사상자를 냈으며, 가장 많은 기술적 혁신을 가져온 전쟁이었다.

더욱이 아직도 기억에 생생한 것은 남북 전쟁이 남부에 피해를 준 것 못지않게 독일을 황폐화했으며, 독일의 희생이 된 러시아, 그리고 서유럽 여러 나라들에게 엄청난 희생을 가져온 세계대전에서 미국에게는 사실상 아무런 피해도 주지 않았다는 것이다. 한 세대를 통해 두 번 일어난 세계대전이 서유럽인들의 사기에 미친 심리적 영향들을 대서양 건너 미국에서는 거의 느끼지 못했다.

1956년 현재 소련에 양보하는 일은 미국인들 관점에서는 소련 세력에 굴복하는 것이나 다름없었으므로, 미국 국민들로서는 차라리 소련과의 전쟁 공포에 맞설 각오를 할 것임은 의심할 여지가 없을 것이다.

그러나 이같은 상황 아래 미국과 소련 국민 모두가 전쟁을 결심할 가능성이 있음을 나타내는 역사적 증거는 핵전쟁의 발전과 그 발전에 따른 심리적 영향도 함께 고려해 평가하지 않으면 안 된다. 20세기 중엽 현재 과학 기술의 발전에 따라 전쟁은 과거와는 사뭇 다른 양상을 띠게 되었다. 만일 어느 한 사람에게 말려들어 모두가 파국을 맞게 될지도 모르는 상황에서 애국자와 함께 나라 전체가 사라지고 열렬한 신봉자와 함께 대의 명분도 사라지게 될 것이 확실하다면, 국가나 대의명분을 위해 목숨을 던지는 일은 이유 없는 무의미한 영웅적 행위에 지나지 않는다.

2. 미래의 세계 질서

1955년에는 사실 전쟁을 폐지하는 일이 불가피하게 되었다. 그러나 전쟁을 폐지하기 위해서는 핵 에너지의 관리가 하나의 정치 권력에 집중되어야 했다. 이처럼 현대의 주요 무기 관리를 독점하는 정치 권력은 세계 정부의 역할을 이어받을 수 있으며, 또 그렇게 하지 않을 수 없을 것이다.

1955년 상황으로는 이러한 정부가 실제로 머무를 수 있을 만한 장소는 워싱턴이나 모스크바 말고는 없다. 그러나 미국과 소련 그 어느 나라도, 상대의 뜻에 자신을 내맡기고 싶지는 않을 것이다.

이 성가신 상황을 벗어나는 방법 가운데 가장 심리적 저항이 적은 전통적인 방법은 물론 싸움으로 결정하는 구식 수단에 호소하는 일일 것이다. 이미 보아 왔듯이 '치명적 타격'이야말로 이제까지 쇠퇴한 문명이 동란 시대에서 세계 국가의 단계로 이행할 때 예외 없이 받아들인 거친 방법이다. 그러나 지금 이 경우 치명적 타격이 일어난다고 하면, 이는 상대를 때려눕힐 뿐만 아니라 이긴 당사자도, 심판도, 링도, 관중도 모두 남김없이 쓰러뜨려 버릴 수도 있다.

이런 정세 아래서 인류의 미래에 걸 수 있는 가장 큰 희망은 미국·소련 두 나라 정부와 국민들이 자중하여 '평화 공존'이라고 부르는 정책을 수행하는 데에 있다.

인류의 안녕, 그리고 실제로 인류의 존속 자체에 대한 최대 위험은 핵무기 발명이 아니라 본디 1560년 무렵 서유럽의 종교 전쟁이 발발한 뒤로 약 100년 간 근대 초기에 한때 서유럽 문명 세계를 지배한 것 같은 그러한 정서가 현대인의 영혼 속에 고조된 사실이다.

20세기 후반에 접어든 오늘날, 자본주의자들과 공산주의자들은 본디 가톨릭 교도와 프로테스탄트 교도가 그러했듯이 서유럽 사회가 언제까지나 참된 신앙(자기들의 신앙)과 저주스런 이단(상대편의 신앙)으로 나뉜 채 방치되는 일은 견딜 수 없을 뿐만 아니라, 또 실제로 있을 수 없는 일이라고 느끼고 있다.

그러나 서유럽의 종교 전쟁 역사는 정신적인 문제들을 무력으로는 해결할 수 없음을 증명하고 있다. 또한 인류가 핵무기를 가지고 있다는 사실은 검과 창과 구식총이 인간의 최대 무기였던 시대의 가톨릭 교도들과 프로테스탄트 교도들처럼 오랜 기간 실제로 시도해 본 결과, 종교 전쟁의 무익함을 깨달을 여유가 그다지 없음을 자본주의자들과 공산주의자들에게 경고하고 있다.

이처럼 불안정하고 앞날이 확실치 않은 상황에서 독단적인 낙관론은 독단적인 비관론만큼이나 믿을 게 못 된다. 현대의 인류는 오늘날 인류의 생존 자체와 관련된 심각한 문제에 맞닥뜨리고 있으며, 그 결과가 어떻게 될지 예측할 수 없다는 사실을 있는 그대로 인정할 수밖에 없다.

노아의 방주를 탄 영원한 표류자인 인류가 1955년에 처한 상황은 마치 통나무 뗏목을 탄 토르 헤위에르달[1]과 그의 친구들인 5명의 바이킹이 1947년 8월 7일 아침을 맞이한 상황과 같다.

그 운명적인 아침에 서쪽으로 흐르는 해류를 타고 태평양을 건너 7000킬로미터나 떠내려 온 콘티키 호 뗏목은 라로이아 암초 쪽으로 밀려 가고 있었다. 이 장애물에 걸려 부서지는 큰 파도 너머로 항해자들은 날개를 단 듯한 야자나무의 끝을 보게 되었고, 그 야자나무 아래쪽으로는 산호초들이 만든 고요한 호수 안에 전원적인 섬들이 여기저기 흩어져 있음을 알았다.

그러나 그들과 이 안식처 사이에는 '끝없는 수평선을 따라'[2] 거품을 일으키며 사납게 포효하는 암초가 가로놓여 있었고, 해류와 바람의 방향은 항해자가 우회하여 통과할 수 있는 기회를 주지 않았다. 그들은 피하려야 피할 수 없는 시련에 부딪치며 나아가고 있었다. 그들은 위기에 빠진 자신들을 기다리고 있는 몇 가지 운명이 있음을 알고 있었다 하더라도, 그 가운데서 어떤 것이 될지 짐작할 수 없었다.

만일 뗏목이 암초에 부딪쳐 밀려 나오는 거센 파도에 부서지기라도 하면, 곧바로 빠져 죽지 않은 한 칼날처럼 날카로운 산호에 갈가리 찢겨 고통스런 죽음을 맞이하게 될 것이다.

미친 듯 날뛰는 파도가 뗏목을 아직 파도에 씻긴 일이 없는 해수면 밖으로 얼굴을 내민 산호초 위로 밀어 올려질 때까지 뗏목이 해체되지 않았거나 사람들이 뗏목을 붙잡고 매달려 있었다면, 난파당한 항해자 한 사람쯤은 건너편에 보이는 호수로 헤엄쳐 건너가 야자나무로 둘러싸인 섬에 살아서 도착할 것이다.

---

[1] 노르웨이 인류학자. 1947년 과거 잉카 제국에서 사용한 뗏목을 그대로 본따 만든 콘티키 호를 타고 페루의 카야오 항구를 떠나 3개월 남짓 걸려 태평양을 건넌 뒤 동폴리네시아 군도에 이르렀다. 이 표류기에서 폴리네시아 문화가 페루에서 비롯된 것이라고 주장했다.

[2] Heyerdahl, Thor : *Kon-Tiki*, p242.

또 만일 뗏목이 산호초에 닿는 순간이 산호초가 주기적으로 물 속 깊이 잠기는 높은 물결이 밀려드는 시각과 일치한다면, 콘티키 호는 파도가 가라앉았을 때 죽음의 경계를 넘어 무사히 통과할 수가 있다.

마침내 파도가 뗏목을 해변으로 노출된 산호초 경사면 위로 밀어올린 지 며칠 지난 뒤에 높은 물결이 무참한 꼴을 당한 뗏목으로 다시 밀려들자, 뗏목은 암초를 벗어나 섬들이 있는 호수로 들어갈 수 있었다.

그러나 1947년 8월 7일 아침 콘티키 호에 탔던 사람들 가운데 그 누구도 위에서 말한 몇 가지 운명 가운데에 자신이 어떤 운명에 맞닥뜨리게 될지 예상하지 못했다.

그날 밤 6명의 젊은 스칸디나비아인 항해자들이 겪은 경험은 20세기 후반에 접어든 오늘날 인류의 앞길에 놓여 있는 시련을 적절히 비유하고 있다. 역사의 대양을 횡단하여 약 5000년에서 6000년의 시간적 거리를 항해해 온 문명의 배는 그 항해자들이 피해 갈 수 없는 암초를 향해 나아가고 있는 것이다.

우리 앞에 가로놓인 이 피할 수 없는 위험은 미국과 러시아 두 세력권으로 나뉘어진 세계로부터 핵무기 시대로 들어선 오늘날, 어떠한 방법으로든 조만간 현재의 양분된 상태로 대체되고 말 필연적인 국제 상황을 하나의 정치 권력에 의해 통일된 세계로 이행하려는 위험한 생각이다.

이행은 평화적으로 이루어지는 것일까 아니면 파국을 불러오는 것일까? 그 파국은 전면적인 것으로 회복 불가능한 것일까? 아니면 부분적인 것으로서 시간이 걸리고 힘은 들지만, 결국 회복할 수 있는 요소가 뒤에 남는 것일까? 이 글을 쓰고 있는 현재 세계가 나아가고 있는 길 위에 놓여 있을 시련의 결과를 아무도 예측할 수가 없다.

그러나 미래의 세계 질서를 고찰함에 있어 세계 정치 체제가 미국과 소련을 중심으로 저마다 형성된 2개의 '반세계적' 체제로 유지되는 공동 요소를 전제로 한다면, 관측자는 보고만 있으며 뒤에 올 지혜를 기다리지 않고 자신 있게 미래에 대해 예측할 수 있다.

과학기술이 교통 편의를 제공할 수가 있으며 또 실제로 이미 제공하고 있으므로, 세계 정부는 충분히 실행 가능한 사항으로 보인다. 그러나 기술 영역에서 인간성의 영역으로 상승(또는 하강)하자마자, '호모 파베르'(공작인)가 발명한 재주에 의해 훌륭하게 꾸며진 지상 낙원이 '호모 폴리티쿠스'(정치적 인간)의 비뚤어진 성질 때문에 어리석은 자의 낙원(헛된 꿈)이 되어 버리고 말았다.

예언가 테니슨이 미래를 예측하여 비행기의 발명과 거의 같은 무렵 성립되리라고 보았던 '인간 의회'는 오늘날 '국제 연합'이라는 산문적인 이름 아래 존재하고 있다. 그리고 국제 연합은 때로 비평가들이 주장하는 것만큼 무력한 것은 아니었다.

반면에 국제연합은 명백히 세계 정부의 초기 형태가 될 수는 없다. 세력 분포의 현실은, '1국가 1표' 주의라는 비현실적 원칙에 따른 졸렬한 규정 때문에 반영되지 못했다. 더욱이 이렇게 실정을 무시하고 모든 국가를 평등하게 다루는 원칙을 냉엄한 현실에 맞추어 개선하고자 마련된 방법이 있는데, 이것은 5개 대국—그 중 하나인 중국은 그 뒤 타이완 정권으로 하락해 버렸지만—에게 명목상 대등한 지위에 있는 다른 나라들의 결정에 대한 거부권을 인정한다는 비겁한 방법이었다.

국제연합의 미래는 기껏해야 토론의 범위에서 동맹체로 발전하는 정도가 될 것이다. 그러나 저마다 독립된 국가들로 이루어지는 동맹체와, 개개 시민들의 직접적인 충성을 요구하는 중앙 정부 아래 여러 국민들의 동맹체 사이에는 상당한 간격이 존재한다. 그리고 정치 제도의 역사에서 그러한 간격은 혁명적일 만큼 비약적인 방법이 아니고서는 극복될 수 없었음은 이미 알고 있는 사실이다.

이런 점에서 보면 국제연합은 세계 정부로 향해 필연적으로 성장해 나아갈 제도적 핵심이 될 가망은 없는 것으로 보인다. 세계 정부가 생긴다 해도 이는 국제연합을 통해서가 아니라 이미 존속해온 강력한 2개의 현행 정치 조직 가운데 어느 한쪽, 즉 미국 정부나 소련 정부의 어느 한쪽이 발전해 형성될 가능성이 크다.

만일 현대의 인류가 자유로이 선택할 수 있다면, 이 문제에 대해 판단 능력을 갖춘 대다수 사람들은 소련보다는 미국을 따르는 길을 선택하리라는 것은 서유럽인들의 눈으로 보아 거의 의심할 여지가 없다. 이처럼 미국을 택하는 인간이 비교할 수 없을 만큼 많은 것은 공산주의 러시아와 대조해 볼 때 미국이 특히 두드러지는 몇 가지 장점을 지니고 있기 때문이다.

현재 미국의 지배 아래 있는 인간, 또 머지않아 미국의 지배를 받게 될 인간들의 눈으로 보았을 때 미국의 최대 장점은 이 세계 국가 역할을 이어받게 되는 일을 철저하게 싫어한다는 사실이다.

현대의 미국 시민들 가운데 상당수가 미대륙에 처음 뿌리를 내린 사람들과 마찬가지로 구세계에 박고 있던 뿌리를 끊고 다시 한 번 새롭게 출발하기 위해 '신세계'로 건너온 사람들이다.

구대륙에서 벗어나 새로운 희망으로 가득차 있던 모습과 어쩔 수 없이 구대륙으로 돌아가야만 할 일을 가슴 아파하는 현대 미국인의 심정은 큰 대조를 이룬다. 이 강제적 복귀는 '구세계'와 '신세계'를 하나의 불가분 세계로 이루어 가는 두 세계 간 '거리 소멸'의 한 측면이며, 미국인은 그것이 어쩔 수 없는 일임을 점차 명료하게 인식하게 되었지만, 이에 대해 그들이 갖는 저항감은 전혀 줄어들지 않았다.

미국인들의 두 번째 장점은 관대함이다. 미국과 소련은 둘 다 '풍요로운' 나라이지만, 두 나라의 경제적·사회적 상황들이 영토가 넓고 미개발 자원을 가지고 있다는, 매우 일반적인 뜻에서 같을 뿐이다.

미국과 달리 소련은 이제야 그 잠재 에너지를 발굴하기 시작했으며, 독일군의 공격을 받은 1941년 직전까지 12년간 그 많은 노고를 기울여 온 개발도 독일군의 침략으로 대부분 파괴되어 버렸다.

그 뒤 소련은 전승국의 유리한 입장을 부당히 이용해 독일군에게 파괴된 소련 산업 시설에 대한 보상을 받기 위해, 죄를 범한 독일뿐만이 아니라 소련이 나치로부터 해방시켜 줬다고 하는 동부·중부 유럽 여러 나라, 그리고 소련이 일본으로부터 해방시켜 줬다고 하는 중국 만주의 여러 성에 있는 공장 시설들을 빼앗았다.

이것은 미국의 전후 재건 정책과 완전히 대조되는 것으로, 마셜 플랜과 기타 조치에 의해 구체화된 미국의 전후 정책은 전쟁 때문으로 국가 조직이 무너져 버린 몇 나라에 모든 경비를 기꺼이 부담하고자 하는 미국 납세자들의 호의에 따라 워싱턴 국회에서 가결된 원조금으로 피해국들을 다시 한 번 일어서게 했다. 지난날에는 주는 것이 아니라 빼앗는 것이 전승국의 상례였는데, 소련의 정책은 이 나쁜 관례로부터 한 발짝도 벗어나지 않았다. 마셜 플랜은 역사상 유례가 없는 하나의 새로운 규범을 만들어 놓은 것이다.

미국이 이러한 관대한 정책을 펼친 것은 미국 자신의 궁극적 이익을 위한 '깊이 생각하고 멀리본다'는 관점에 따른 것이라고 말할 수도 있겠지만, 그것이

타산적인 것이라 해도 선행임에는 틀림이 없으며, 매우 지혜로운 것이었다.

그러나 현재 서유럽 여러 나라들은, 서유럽 여러 국민들의 발언권이 배제된 채 미국의 결정만으로, 소련의 도발과 이에 대한 미국의 충격적인 보복의 의도치 않았던 부산물로 소련의 핵무기가 자기들 머리 위로 떨어지지나 않을까 하는 불안감에 사로잡혀 있다. 비록 미국의 위성 국가들은 소련의 위성 국가에는 전혀 인정되지 않는 부러워할 만한 행동의 자유를 누리고 있으나, 삶과 죽음에 관련된 문제에 대해서는 소련의 위성국들과 다를 바 없는 무력한 상태에 놓여 있다.

1895년 영국령 기아나와 베네수엘라 사이의 국경선 위치를 둘러싼 영미 두 나라의 분쟁 때 미국 국무장관 리처드 올니는 오늘날까지도 그의 이름을 불멸의 것으로 만들고 있는 강경한 발언을 다음과 같이 써 보냈다.

"오늘날 미국은 실제로 아메리카 대륙의 패권을 쥐고 있으며, 미국의 명령은 미국이 개입 범위로 정해 놓은 이 대륙의 여러 국민들에 대해서 법률적 효력을 발휘한다. 이것은 그들이 미국에 대해서 품고 있는 우정이나 호의 때문만은 아니다. 단순히 미국이 문명국으로서 이름을 날려서도 아니며, 또 분별과 정의와 평등이 언제나 미국이 취하는 행동의 특징이기 때문도 아니다. 이는 다른 모든 이유에 더하여, 미국의 무한한 자원과 함께 그 격리된 위치가 미국으로 하여금 상황을 지배하도록 만들어주며 다른 어느 강대국에도 굴하지 않는 거의 불사신의 나라로 만들고 있기 때문이다."

이 같은 언명(言明)은 라틴아메리카뿐만 아니라 미국이 지배권을 가지게 된, 그보다 훨씬 광대한 범위에 적용해도 조금도 그 효력을 잃지 않는다. 그래서 미국인 이외의 사람들은 러시아의 전갈보다는 미국의 채찍이 낫다고 체념할지도 모른다. 그러나 철학자 기번의 말처럼 위성 국민들의 생명과 운명이 걸려 있는 정책을 결정하고 수행할 때 뛰어난 세력이 사실상의 독점을 한다는 것은, 어떤 특정 형태의 연방 조직에 의해서만 해결할 수 있다는 정치 체제상의 문제가 내포되어 있음을 관찰하면서 "자신의 견해를 한층 더 넓혀야 할 것이다." 초국가적인 질서의 출현으로 말미암아 일어나는 정치 체제상의 문제는 그렇게 쉽게, 또는 그렇게 빠르게 해결될 것 같지도 않다. 그러나 적어도 미국이 그 역사로 보아 이미 연방주의 원칙을 받아들이는 자세를 취하는 것은 좋은 전조이다.

제43장 기술·계급 투쟁·고용

1. 문제의 성격

고용이란 말의 뜻을 확대해 일과 여가의 양 그리고 그 배분뿐만 아니라, 일을 할 때의 정신과 여가의 이용법까지 포함시킨다면, 전에 없이 강력한 서유럽 문명의 기술로 말미암아 생활 수준이 매우 다른 몇 개의 계급으로 여전히 나뉘어진 상태에서 전세계적으로 서유럽화해 가는 사회가 받은 영향은, 세계 문명의 계승자들이 앞장에서 논한 정부 문제에 비교할 만한 고용 문제에 맞닥뜨리게 된 것이라고 해도 틀림이 없을 것이다.

정부 문제와 마찬가지로 고용 문제도 그 자체로서는 조금도 새로운 것이 아니다. 왜냐하면 다른 문명들의 쇠퇴와 해체의 주요 원인이 정부의 활동 범위를 적절한 시기에 자발적으로 '지방적'인 범위에서 '세계적'인 범위로 확대해 미리 전쟁을 막는 일에 실패했기 때문이라면, 이차적인 원인은 노동의 부담 및 성과의 분배와, 여가의 활용과 향락을 알맞은 시기에 자발적으로 변화시키지 못하여 계급 투쟁이 일어나지 않도록 미리 막는 일에 실패했기 때문이다. 그러나 이러한 고용의 영역에서도 정부의 영역과 마찬가지로, 근대 서유럽 문명과 과거 어떤 단계의 인간이 인간이 아닌 자연을 정복한 양상을 비교해 보면 인간의 지배력의 정도 차이는 거의 질적 차이라고 해도 좋을 것이다.

경제적 생산 활동에 전에 없이 강력하고 새로운 추진력을 불어넣음으로써 관습처럼 되어 있던 근대 과학 기술의 사회적 불공평을 시정할 수 있다고 생각했으나, 마침내 이것은 참을 수 없는 것이 되어 버렸다.

새로운 기계 공업의 '풍요의 뿔'이 산업 혁명의 씨를 뿌리고 서유럽 기업가들이 그 결실을 거둬들여 막대한 부를 일으켰는데, 왜 부와 여가는 여전히 소수의 특권 계급만이 독점하고 있는가?

왜 새로이 발견한 이 풍요를 서유럽 자본가 산업 노동자들 사이에서는 분배가 이루어짐에도, 서유럽 산업 노동자들과 서유럽 문명 사회의 내적 프롤레타리아 속에 편입된 온 세계의 아시아·아프리카·인디언계 미국인 농민들 사이에서는 분배가 이루어져서는 안 된단 말인가?

인류 전체가 풍요를 누릴 수 있으리라는 이 새로운 가능성에의 꿈은 전에 없이 집요하고 성급하게 '결핍으로부터의 자유'에 대한 요구를 불러일으켰다. 오늘날 곳곳에서 외치고 있는 이러한 요구는 '풍요의 뿔'의 생산력이 과연 실제로 상상하듯이 무궁무진한 것인가 하는 문제를 제기한다. 그리고 이 문제에 답하기 위해서는 적어도 세 개의 미지수가 포함된 방정식을 풀어야만 한다.

제1의 미지수는 여전히 더 다양하고 많은 여가를 요구하기 시작한 인류의 차츰 늘어나는 요구를 만족시킬 수 있는 과학 기술의 잠재 능력 크기가 얼마나 되는가에 대한 문제이다. 지구상의 광물과 같이 대체할 수 없는 물적 자원이나, 수력·농작물·가축·인력·숙련 등과 같이 대체할 수 있는 물적 자원의 보유력은 얼마나 있는가? 이제까지 개발된 자원은 어느 정도까지 그 생산량을 늘릴 수 있을까? 또 지금까지 이용하지 않았던 대체 자원을 개발함으로써 인류가 소모해 온 자원을 어느 정도까지 보충할 수 있을까?

현대 서유럽 과학의 발견으로 인간의 기술 능력은 매우 대단한 것처럼 여겨지고 있다. 그러나 동시에 현대 인간성의 반응 측면에서는, 추상적으로 과학 기술의 잠재력만을 생각한다면 생산력은 거의 무한한 것으로 판명될지 모르나 인간적인 측면에서 실제적인 한계에 부딪칠 수 있음을 뚜렷이 하고 있다.

이를테면 생산이 기술적으로 가능하다 하더라도 실제로 지레를 움직이는 인력이 없다면 실행할 수 없다. 그런데 이처럼 인간 이외의 자연에 대한 지배력을 끊임없이 증대시키기 위해서는, 그에 비례해 노동자에 대한 규제를 강화해야 한다. 그러나 이에 따라 필연적으로 노동자들은 개인의 자유에 대한 침해에 저항하기 마련이며, 따라서 기술적으로 가능한 일의 실현은 어려워질 것이다.

노동자들은 보다 많은 배당을 요구하는 물자의 생산량을 늘리기 위해 어느 정도까지 개인의 자유를 희생시키는 일을 받아들일 것인가? 그리고 도시 산업 노동자들은 '과학적 관리'에 어디까지 순순히 따를 것인가? 또 인류의 대다수를 차지하는 원시적 농민들은 서유럽의 과학적 농업 기술을 어느 정도까지 받아들이고 전통적으로 신성한 것으로 여겨 온 생식의 권리와 의무의 제한을 받아들일 것인가?

현 단계에서 기껏해야 우리가 말할 수 있는 것은 기술이 잠재적 생산력과 산업 노동자 및 농민의 자연스러운 인간적 저항이 서로 쫓고 쫓기고 있다는 사실이다. 세계에서 다산하는 농민들은 식량의 생산량이 증가할 때마다 이와 병행해 세계의 인구를 증가시킴으로써 과학 기술의 진보가 주는 혜택을 상쇄시킬 수도 있다. 동시에 산업 노동자들은 잠재 생산력이 증가할 때마다 이와 나란히 노동 조합의 갖가지 제한적 관행에 따라 생산을 제한하고 과학 기술의 진보가 주는 혜택을 상쇄시킬 위협을 가할 수도 있다.

2. 기계화와 개인 기업

경제적·사회적 측면에서 뚜렷한 특징은 기계화에 의해 강제되는 조직화와 이 조직화를 싫어하는 인간의 저항 사이에 일어나는 싸움이다. 이런 점에서 가장 중요한 점은 기계화와 정책이 불행하게도 서로 불가분 관계에 있다는 사실이다.

관찰자가 받는 인상은 그 자신이 보는 관점에 따라 영향을 받는다. 기술자의 관점에서 본다면, 완강히 저항하는 산업 노동자들의 태도는 분별없는 어린아이 같은 태도로 보일 것이다. 이 사람들은 정말 갖고 싶은 것을 얻으려면 대가를 지불하지 않으면 안 된다는 사실을 모르는 것일까? 그들은 자기의 요구가 충족되기 전에 실현해야 할 조건들을 받아들이지 않고 '결핍으로부터의 자유'를 얻을 수 있다고 생각하고 있는 것일까?

그러나 역사가는 다른 견해를 지닐 것이다. 그는 산업 혁명이 18세기 영국에서, 매우 통제된 사회에서 소수의 사람들만이 자유를 누리고 있던 시대와 장소에서 시작되었음을 떠올릴 것이며, 이 소수 계층의 사람들이 기계 생산 체제의 창시자였음을 떠올릴 것이다. 이들 산업주의 개척자들이 이전 사회 제도에서 이어받은 산업 혁명 이전의 기업 경영의 자유는 그들의 주도 아래 새로운 제도를 탄생시킨 것이다.

또한 산업 혁명의 주력이 된 산업 기업가의 자유 정신은, 산업 혁명 이전 시대부터 이어받은 것으로 다음 단계에서도 여전히 추진력으로 작용했다.

그러나 산업계의 지도자들이 이처럼 한동안 그들 스스로 만든 증기롤러에 깔릴 운명을 모면한 데 반해 새로 출현한 도시 산업 노동자 계층은 태어나자마자 이 운명을 짊어지고 처음부터 인간 이외의 자연을 지배하는 일에 성공한 과학 기술에 의해 인간 자체의 삶이 무너지는 것을 느꼈다. 앞서 우리는 과학 기술이 인간을 밤과 낮이나 계절의 순환으로부터 자유롭게 해준다고 말했으나, 과학 기술은 이처럼 인간을 오래전부터 내려온 예속 상태에서 해방시킴과 동시에 새로운 예속 상태에 가두었던 것이다.

노동조합들은 새로운 산업 노동자 계층이 새로운 사회 구조의 한 요소로서 기여한 독특한 조직인데, 실제로는 산업 자본가들을 낳은, 산업 혁명 이전 사기업(私企業) 천국 시대의 유산들이다. 고용주와의 투쟁에서 노동자들 자신의 입장을 옹호할 수 있게 해주는 수단이라는 관점에서 본다 하더라도, 사실상 노동조합들 또한 자신들의 적인 자본가들처럼 꼭 같은 사회 제도의 산물인 것이다.

이 둘의 성격상 공통점은 공산주의 소련에서 사적 고용주가 사라진 뒤에 노동 조합의 통제가 이루어진 한편, 나치 독일에서는 노동 조합이 사라진 뒤에 개인 고용주의 통제가 이루어진 사실을 보면 명백하다.

그런데 영국에서는 1945년 총선거 뒤에 개인의 자유를 간섭하지 않으면서 산업적 기업의 소유권을 개인으로부터 박탈한다는 강령을 채택한 노동당 정부의 주도 아래 국유화된 산업에 종사하게 된 노동자들은, 그들의 조합을 해산하거나, 소유권을 빼앗긴 '부당 이득자'들을 상대로 모든 수단을 동원해 조합원들의 이익을 추구할 권리를 막으려 하지 않았던 것이다. 이 같은 행동을 비논리적이라고 말할 수는 없다. 개인 자본가에 의해서든 국유기업경영위원회에 의해서든 통제에 저항하는 일이 노동 조합의 목적이기 때문이다.

불행히도 고용자의 통제로부터 벗어나려는 노동자의 저항은 노동자들이 스스로를 통제하는 결과로 몰아 버렸다. 공장의 로봇이 될 운명에 저항하여 싸우는 동안 그들은 노동 조합의 로봇 역할을 하는 운명을 스스로 짊어지게 되었다. 그리고 이 운명에서 벗어나는 길은 없을 것처럼 보였다.

또 그들은 자신들의 숙적인 사기업들 또한 이제 통제를 받으며 거꾸로 로봇화되어 존재감을 상실한 사실에서 위로를 얻을 수도 없었다. 상대편은 화가 나면 욕하거나 창문을 부술 수 있는 폭군이 더 이상 아니다. 노동자의 궁극적인 적은 비인간화된 조직으로서 이것은 참으로 저주스러운 것인데 정체를 파악할 수 있는 인간보다도 강력하며 깊이 잠재해 있어 알아차리기 어렵다.

산업 노동자의 저항으로 불러온 이 지속적인 자기 통제가 우려할 만한 징후라면, 서유럽의 노동자 계층이 훨씬 전부터 걸어 온 길을 서유럽의 중산 계층이 걷기 시작하고 있다는 사실 또한 매우 염려되는 일이다. 1914년까지 100년 동안은 서유럽 중산 계층의 황금 시대였다.

그러나 새로운 시대가 도래하면서 이 계층 또한 몰락해 산업 혁명이 산업 노동자를 빠뜨린 것 같은 역경 속에 빠지고 말았다. 소련에서 부르주아 숙청은 중산층의 운명을 암시하는 매우 충격적이며 불길한 사건이었다. 그러나 머지않아 닥쳐올 사태를 좀더 정확하게 말해주는 것은 영국과 그 밖에 정치적 혁명을 겪지 않은 영어 사용 국가 같은 동시대 사회의 역사들에서 찾아볼 수 있었다.

산업 혁명부터 제1차 세계대전 발발 때까지 서유럽 중산층의 심리적 특징은, 육체 노동자와 두뇌 노동자를 포함한 '노동' 계층과는 달리 열정적인 근로 의욕이었다. 1949년에도 자본주의의 요새인 맨해턴 섬에서, 사소한 일이지만 이러한 태도의 차이를 보여 주는 중요한 사건이 일어났다. 그해 월 스트리트의 금융 회사들은 저마다 속기 타이피스트들에게 높은 초과 근무 수당을 지급하겠다고 제의함으로써 토요일 오전 출근을 거부하는 공동 결의를 철회시키려고 시도했으나 성공하지 못했다. 속기 타이피스트들의 고용주들은 자기들도 함께 주 노동 시간을 단축하면 손해를 보게 되므로, 자신들의 이익을 계속해서 확보하기 위해 토요일 오전에도 일을 하고자 열망했던 것이다. 그러나 그들은 속기 타이피스트들이 도와 주지 않으면 일을 할 수 없었다. 그래서 꼭 필요한 돈벌이의 협력자들에게 토요일 출근이 결코 손해되는 일이 아님을 납득시키려 했던 것이다.

속기 타이피스트들은 여가가 하루 또는 반나절이라도 더 있는 편이, 이 즐거움에 대한 요구를 철회하고 여분의 대가를 받는 것보다 낫다는 태도를 취했다. 여분의 돈이 들어온다 해도 여분의 여가를 희생해야 하는 것이라면, 모처럼 돈을 쓸 여가가 없어지게 되므로 그럴 필요가 없다고 생각한 것이다. 돈이냐 삶이냐의 선택에서 그들은 돈을 버리고 삶을 선택했으며, 고용주들은 그들의 생각을 설득하는 데 실패했다. 1956년 오늘날 월 스트리트의 속기 타이피스트들을 돈으로 설득하기는커녕 금융업자들이 경제적 어려움을 겪게 됨에 따라 끝내 속기 타이피스트를 따를 가능성이 있다. 이제 월 스트리트에도 이미 롬바드 스트리트(런던의 금융가)의 활기를 얼어붙게 한 차가운 바람이 불기 시작하고 있기 때문이다.

20세기가 되면서 서유럽의 중산층이 수익이 높은 사업을 할 기회는 서유럽 자본주의 활동의 중심지에서 계속 감소되었다. 그리고 이러한 경제 사정의 악화는 중산층의 사기를 저하시켰다. 전통적인 일에 대한 중산층의 열정은 사기업의 범위가 계속 제한됨에 따라 조금씩 사라져갔다. 인플레이션과 세금이 이 계층의 미덕이 되어 오던 절약·저축을 무의미한 것으로 만들었다. 생활비는 높이 오른 데다가 생활 수준도 상승했으므로 이 두 가지 모두 중산층을 감소시키는 원인으로 작용했다. 가정일을 도와주는 사람이 없어지고, 전처럼 직업적 능률을 발휘하는 일이 어려워졌다. 여가가 사라지고, 교양을 쌓을 여유도 사라졌다. 게다가 수많은 전기(傳記)에서 말하듯이 중산층이 높은 윤리적 수준을 유지할 수 있었던 것은 주로 어머니의 힘에 따른 것인데, 이 중산층의 부인들은 이러한 상황 변화로 말미암아 남자들보다 한층 더 심한 타격을 받게 되었다.

　중산층이 점차 사기업을 떠나 국가 관리가 되거나, 심리적으로는 관리가 되는 것과 비슷한 민간 대기업의 사원이 되는 것은 서유럽 문명 사회에 손실과 이익을 동시에 가져왔다. 가장 큰 이익은 이기적인 이윤 추구의 동기가 공공에 대한 봉사라는 이타적 동기에 종속하게 된 것이며, 이 변화의 사회적 가치는 다른 문명 역사에서도 같은 변화가 가져온 결과에 의해 측정할 수 있다. 이를테면 헬라스 문명이나 중국 문명, 힌두 문명의 역사에서 세계 국가의 설립과 함께 시작된 사회적 결집은 그때까지 약탈을 해오던 계층의 재능을 공공의 봉사로 방향을 바꾸게 한 일이 그 특징이며, 이 변화가 사회적 결집을 실현하는 데 큰 힘이 되었다. 아우구스투스 황제와 그 후계자들은 약탈을 일삼아 오던 로마의 상인 계층을 유능한 관리로 받아들였으며, 한나라의 유방과 그 후계자들은 일탈을 해오던 봉건 귀족을, 콘월리스와 그 후계자들은 마찬가지로 약탈을 해오던 영국 동인도회사의 사원들을 유능한 관리로 만들었다.

　그러나 어느 경우이든 형태만 다를 뿐 결과는 독특한 약점을 드러냈다. 이 시도가 마침내 실패로 끝난 것은 관리 기질의 양면성 때문인데, 청렴결백함이 관리들의 가장 뛰어난 장점이기는 했지만, 반면에 일에 대한 열정이 부족했으며 솔선수범하거나 위험을 감수하는 일을 좋아하지 않았다. 20세기 서유럽 사회의 중산층 공무원들 대부분이 이 같은 특징을 지니고 있다. 그리고 이러한 사실은 조만간 그들이 맞닥뜨리게 될 세계 정부를 조직하고 지켜 나가는 대사업을 과연 성공적으로 해낼 수 있을까 하는 불안감을 갖게 한다.

이 같은 공공 봉사 정신의 원인을 살펴 보면, 우리는 그것이 금속으로 만들어진 기계 대신 인간의 영혼에 무거운 압력을 가하는 정신적 재료로 만들어진 기계적 압박, 즉 도전에 대한 응전임을 알 수 있다. 수천만이라는 다수의 피통치자를 다스리는 고도로 조직화된 국가 기구를 조작하는 일은 공장에서, 과학적 관리 아래 행해지는 틀에 박힌 육체적 운동과 마찬가지로 영혼을 파괴하는 작업이다.

사실상 '레드 테이프'(공문서를 묶는 빨강끈, 관료적 형식주의)는 쇠사슬보다 더 강한 힘으로 인간을 구속할 수 있음이 드러났다. 까다로운 관료적 절차들은 이제 관리들의 정신 속에 박혀 있다. 이제 과중한 공공 업무의 형식적이며 기계적으로 수행되는 일들은 과중한 선거 절차에 따라 선출된 입법 기관에서 점점 더 경직되고 규율화 되어가는 정당 제도에 의해 수행되고 있다.

이런 경향이 현행 자본주의 제도의 앞날에 어떠한 의미를 지니게 되는지 예측하기는 어렵지 않다. 산업 혁명 이전에 축적된 서유럽 중산층의 정신적 에너지는 자본주의를 일으키는 추진력이 되었다. 이 에너지가 점차 힘을 잃어 가는 동시에 사적 기업으로부터 공적인 봉사로 바뀌어 가고 있다면, 이 과정은 자본주의의 멸망을 가져올지도 모른다.

"자본주의는 본질적으로 경제적 변천의 과정이다. …… 혁신이 없으면 기업가도 없고, 기업적 성취가 없으면 자본주의적 이윤도 자본주의적 추진력도 없다. 끊이지 않는 산업 혁명, 곧 '진보'의 분위기야말로 자본주의가 존속할 수 있는 유일한 환경이다. …… '안정된 자본주의'라고 하는 것은 언어적 모순이다."[1]

산업 기술에 의한 강제적 통제는 산업 혁명 이전에 활발했던 사기업 정신의 생명을 빼앗고 있는 것으로 보인다. 그리고 이러한 예측은 또 하나의 문제를 제시한다. 기계화된 산업의 기술적 제도는 사기업이라는 사회 제도가 사라진 뒤에도 존속할 수 있을까? 만일 존속할 수 없다면, '기계화 시대'에 있어 산업주의 이외의 경제 체제로는 도저히 감당할 수 없을 만큼 인구가 팽창한 서유럽

---

[1] Schumpeter, J. A. : *Business Cycles*

문명 자체는, 수많은 인구의 운명을 떠맡고 있는 기계화 산업이 사라진 뒤에도 존속할 수 있을까?

산업주의 경제 체제는 이를 추진해 나아갈 수 있는 창조적·정신적 에너지의 축적이 있을 때 비로소 움직이는 것이며, 지금까지 이러한 추진력을 중산층이 제공해 왔다는 사실은 부인할 수 없다. 따라서 궁극적인 문제는 중산층의 에너지가 힘을 잃거나 또는 다른 방향으로 향하게 된다면, 서유럽화해 가는 세계가 의지할 수 있는 동시에 같은 경제적 목적에 이용할 수 있는 대체 가능한 정신적 에너지의 원천이 있는가 하는 문제라고 생각된다.

만일 실제로 대신할 수 있는 정신적 에너지가 바로 손 가까이 있다면, 세계는 침착하게 자본주의 체제의 죽음을 기다릴 수 있으리라. 그러나 그와 같은 대안이 없다면 우리의 앞날은 낙관할 수 없다. 만일 기계화가 조직화를 뜻하고 이 조직화가 산업 노동자 계층과 중산층의 영혼을 빼앗았다고 가정할 경우에, 그 전능한 기계를 어느 인간의 손으로 무사히 다룰 수 있을 것인가?

3. 사회적 화합에의 접근 방법

인류가 직면하고 있는 사회 문제에 대해서는 여러 나라에서 여러 다른 각도로 접근 방법이 시도되고 있다. 그 하나는 북아메리카에서 시도되고 있는 방법이며, 다른 하나는 소련, 그리고 또 다른 하나는 서유럽에서 이루어지고 있는 방법이다.

북아메리카의 방법은 '신세계'에 '지상 낙원'을 만든다는 이상으로부터 영감을 받은 것이다. 이는 '지상 낙원'을 사기업 제도의 기초 위에 건설하려는 것으로, 북아메리카인들(미국인들과 영어계 캐나다인들)의 견해에 따르면 다른 나라들의 사기업 운명에 대해서는 확신할 수 없으나 북아메리카에 있어서는 근로자 계층의 경제적·사회적 지위를 중산층 정도로 끌어올리면, 우리가 앞에서 말한 것 같은 산업의 기계화로 인한 심리적 영향을 저지함으로써 완전히 건강한 상태를 유지할 수 있다고 이들은 믿고 있다. 이는 매우 고무적이기는 하나 너무나 단순한 신념이며, 마침내 고립주의라는 근본적인 환상으로 축소될 수 있는 것들이다.

신세계는 찬미자가 희망하는 만큼 '새로운' 세계는 결코 아니다. 원죄를 간직한 인간성이 최초의 이민자들과 함께 대서양을 건너 왔다. 정치 부문에서 자국의 고립주의가 실행 가능한 것으로 보이던 19세기까지 이 '지상 낙원' 안에는 뱀이 우글거렸으며, 20세기가 진행되면서 차츰 어둠이 드리워짐에 따라 '신'과 '구'의 서로 다른 세계가 있다는 생각은 사실과 맞지 않는 이론임이 점점 더 명백해졌다. 이제 인류는 '모두 한 배에 타고 있으며' 이로써 인류 전체에 적용되지 않는 삶의 철학은 인류의 어느 한 부분에도 적용할 수 없는 것이 되었다.

계급 투쟁 문제의 해결을 위한 러시아적 방법 또한 이러한 이상에 기초한 것이며, 미국인의 경우와 마찬가지로 계층 구분을 없앰으로써 분쟁을 막으려는 정책으로 실현되고 있다. 그러나 유사한 점은 여기까지이다. 미국인들이 산업 노동자 계층을 중산층에 동화시키려고 하는 데 비해 러시아인들은 중산 계급을 없애고, 자본가들 뿐만이 아니라 노동 조합들에 대해서도 사기업의 자유를 모두 금지했다.

러시아의 정책에는 이에 대항하는 서유럽 여러 나라들의 무시못할 몇 가지 강점들이 가미되어 있다. 그 가운데 가장 큰 강점은 공산주의 그 자체 성격의 모태가 된 이론이다. 이데올로기는 종교의 대용품으로 불충분하다고 판명될지도 모르나, 먼저 '비어 있고, 깨끗이 청소가 되어 있는데다 장식까지 되어 있는' 집으로 비유할 수 있는 영혼에 개인적 목적을 뛰어넘는 어떤 목적을 부여함으로써 인간의 종교적 욕구에서도 가장 뿌리 깊은 것 가운데 하나를 바로 만족시킨다.

이런 점에서 세계를 공산주의화한다는 사명은, 세계의 영리 추구권을 보장하거나 파업 권리 행사를 보장하는 상태로 유지한다는(자본주의 세계의) 사명보다도 더 즐거운 일이라고 그들은 선전한다. '신성한 러시아'라는 표어가 '행복한 미국'이라는 표어보다 선동적이다.

러시아의 접근 방법이 지닌 또 하나의 강점은 러시아의 지리적 위치로 보아 러시아인들은 고립주의의 망상에 빠질 염려가 없다는 것이다. 러시아는 '자연적 경계'를 갖지 못했다. 게다가 크렘린이 말하는 마르크스주의는 중국에서 페루에 이르는, 그리고 멕시코에서 열대 아프리카에 이르는 세계의 농민 계층에게 강력한 호소력이 있다고 주장한다.

러시아의 사회적 경제적 사정을 살펴보면, 미국과 소련 두 나라가 서로 자기 쪽으로 끌어들이려 하는 인류의 4분의 3이나 되는 억압된 사람들에게 미국보다는 소련이 훨씬 가까운 데에 있다. 러시아는 스스로를 구하려는 행위들을 통해 러시아를 본보기로 세계의 프롤레타리아를 구제하려 한다고 그럴듯하게 주장할 수 있다.

이 프롤레타리아의 일부분은 미국 자체의 내부에도 살고 있다. 그리고 일부의 반 공산주의적 미국인들이 마르크스주의의 프롤레타리아에 대한 강한 호소력에 불안을 느끼고 있는 것은 숨길 수 없는 사실이며, 이것은 때때로 신경질적인 발작으로 나타난다.

서유럽 계급 투쟁의 문제 해결법—이것은 영국과 스칸디나비아 여러 나라에서 가장 두드러지게 나타나는데—은 과학적 검토나 비판 없이 수용하는 경향이 교조적(敎條的)이 아니라는 점에서 미국이나 러시아의 방법과 다르다. 자기 나라의 산업 노동자들이 '새로운 대우'를 요구하고 있던 바로 그 시기에 서유럽 문명의 양단에 떠오른 두 강국에게 권력과 부를 빼앗길지도 모를 위기에 처한 서유럽의 나라들은 중산층 계급이 북아메리카 중산층처럼 노동자층에게 생활 수준과 개인적 야심을 만족시키는 충분한 기회라는 두 가지 즐거움을 함께 제시하는 일은 명백히 할 수 없는 형편이다. 그렇다고 서유럽 노동자 계급을 전체주의적 공산 체제에 의해 억누른다는 것은 더구나 할 수 없는 일이다.

따라서 현재 영국과 스칸디나비아 같은 나라에서 실시하고 있는 방법은 사기업과 사회 정의를 위한 정부의 조직화를 짝지음으로 해서 중간길을 찾고자 하는 시도이다.

이 정책은 때로 사회주의라고 부르나, 사회주의라는 명칭은 이 정책을 예찬하는 영국인의 입을 통하게 되면 칭찬의 뜻이 담기고, 이 정책을 비판하는 미국인의 입을 통하게 되면 비방하는 뜻이 담긴다. 영국의 '복지 국가' 제도에 관한 한 이것은 특정한 주의에 치우침이 없이 모든 정당이 서서히 입법화에 협력하여 만들어 낸 것이다.

4. 사회 정의에 따른 희생

개인의 자유와 사회 정의가 없으면 인간은 사회 생활을 꾸려 나갈 수 없다. 개인의 자유는 선한 일이든 악한 일이든 인간이 어떠한 일을 성취하기 위해 없어서는 안 될 필수 조건이며 또 사회 정의는 인간 사이의 관계를 규정하는 가장 중요한 규칙이다. 제한 없는 개인의 자유는 가장 약한 인간을 궁지로 몰아넣으며, 사회 정의를 철저하게 행하면 인간성이 창조력을 드러내는 데 필요한 자유를 억압하게 된다.

지금까지 알려진 사회 제도는 이론상 이 두 가지를 포함하고 있다. 이를테면 소련과 미국의 현행 제도를 살펴 둘 다 개인의 자유와 사회 정의의 두 요소가 혼합되어 있으며, 단지 두 요소가 다른 비율로 구성되어 있을 뿐이다.

그리고 20세기 중엽의 서유럽화해 가고 있는 세계에서 이러한 구성은 어떤 구성이든 똑같이 '데모크라시'라는 이름으로 불린다. 헬라스 사회의 정치 용어들 속에서 끄집어 낸 이 '데모크라시'라는 명칭은 헬라스 사회에서는 이따금 욕으로 사용되었으나, 지금은 자부심이 강한 정치적 연금술사들이 누구나 예외 없이 사용하는 필수적인 암호가 되었다.

이렇게 사용되는 '데모크라시'라는 이름은 '자유'와 '평등' 이념의 현실적 충돌을 가리는 연막에 불과하다. 이 두 이념 사이에 나타나는 갈등을 참되게 화해시키는 길은 이 둘 사이를 이어주는 '동포애'의 이상 말고는 없다. 그리고 만일 인간이 사회적으로 구제될 수 있느냐의 여부가 이보다 높은 이상을 실현할 수 있느냐 없느냐에 관련되어 있다면, 정치가의 창의에 그리 많은 기대를 걸수 없다는 셈이 된다. 왜냐하면 '동포애'의 실현이라는 것은 인간이 오직 자기 능력에만 의지하고 있는 한 도저히 이루어 낼 수 없는 일이기 때문이다. 신을 아버지로 받아들임으로써 비로소 인류는 동포로 결합되는 것이다.

오르내리기를 반복하는 개인의 자유와 사회 정의와의 흔들리는 균형 싸움에서 과학 기술은 자유를 제한하는 요소로 작용했다. 이 일은 오랜 시일이 지난 뒤에 일어날 수도 있으나, 이미 예견할 수 있는 미래 사회의 모습을 내다볼 수 있게 해준다.

논의를 이끌어가기 위한 방법으로, 전능한 과학 기술이 다음에 이루기를 기대하는 주요한 임무를 이미 수행했다고 가정해 보자. 과학 기술이 인간의 손에 핵폭탄을 쥐어 주고는 인간에게 전쟁을 폐지하게 만들었다고 하자. 동시에 또 모든 계급, 모든 인종에게 예방 의약의 은혜를 평등하게 베풀어 줌으로써 사망률을 전례 없이 낮추었다고 하자. 또—실제로 그렇게 될 가능성이 크지만— 이들 물리적 삶의 조건들이, 문화적 변화가 미처 따르지 못할 정도로 빠르고 뚜렷하게 이루어졌다고 가정해 보자.

그렇게 하면 인류의 4분의 3을 차지하는 농민은 그때까지도 여전히 최저 생활 수단이 허용하는 한도까지 인종을 번식시키는 습관을 버리지 않을 것이라고 우리는 상상해야 할 것이다. 또 이번에는 그들이 여전히 평화·치안·위생·과학을 응용한 식량 생산 등 인류 복지를 가져오는 세계 질서의 성립에 따라 손에 들어 온 잉여 생활 수단들을 온통 인구를 증가하기 위해 소비할 것이라고 상상하게 될 것이다.

이러한 예상은 전혀 근거 없는 것이 아니며 오래전부터 행해져 왔던 경향을 미래에 비춰줄 뿐이다. 이를테면 중국에서 16세기에 미대륙으로부터 이전까지 알려지지 않았던 농작물들이 들어와 생활 수단이 증대되었지만, 이어서 17세기에 이른바 '만주의 평화' 시대가 왔을 때 잉여 식량들을 모두 소비해 버리고 말았던 것이다. 1550년 무렵 옥수수가 건너오고, 1590년 무렵 고구마, 또 몇 년 뒤 땅콩이 중국에 건너왔는데, 그 덕분에 중국의 인구는 1578년 조사 결과 6,359만 9,541명이던 것이 1661년에는 추정 인구가 약 1억 830만 명으로 증가했다. 그 뒤로 인구는 계속 늘어나, 1741년에는 1억 4,341만 1,559명, 19세기 중엽에는 3억, 20세기 중엽에는 6억에 달했다.

이 숫자들은 단순히 인구가 늘어났다는 것뿐만이 아니라, 기하급수적인 증가—전염병이나 페스트·기아·전쟁·살인·급사 등이 몇 차례나 일어났음에도—를 보여주고 있다. 현대의 인도, 인도네시아, 그리고 그 밖의 나라의 인구도 같은 동향을 나타내고 있다.

이러한 일들이 지금까지 일어났다고 한다면, 앞으로 어떠한 사태가 일어나게 될까? 지금으로 봐서는 과학이 선서한 '풍요의 뿔'이 맬서스식의 비관적 예측을 배신하고 풍족함을 드러내게 했지만, 지구 표면의 넓이에 한도가 있는 한 언젠가는 인류의 식량 공급 증대가 한계에 이를 때가 오고 말 것이다. 더구나 이 한계에 이르는 시기는 아이들을 한껏 낳는 농민들의 습관이 바뀌기 전에 닥쳐올지도 모른다. 이처럼 우리가 죽은 뒤에 맬서스의 예측이 실현될 일을 내다봄과 동시에, 또 '대기근'이 일어날 시기에는 이미 세계 정부가 이루어져 지구에 살아가는 모든 인간의 기본적인 물질적 필요를 충족시키는 책임을 진다고 내다보아야 할 것이다.

그러한 사태가 오면, 아이를 낳는 일은 이미 아내와 남편 사이의 사적인 일이 아니라, 비인격적인 권력의 규제를 받는 공적 관심사가 될 것이다. 이제까지 사생활에서, 타인의 개입이 허락되지 않았던 신성한 영역에 대해 정부가 해온 가장 큰 간섭은, 노동력 또는 '대포의 밥'(병사)을 증가시킬 목적으로 특히 아이가 많은 부모를 위해 소극적 또는 적극적인 보상제를 실시해 국민들에게 아이를 낳게 하는 일이었다. 따라서 산아 제한을 금지하는 일은 꿈에도 생각지 않았었다.

1941년에도 출산의 자유가 당연한 일로 여겨졌던 증거로서 루스벨트 대통령이 대서양 헌장 속에 표현한 인간의 기본적 자유는 네 가지(언론 표현의 자유, 신앙의 자유, 공포로부터의 자유, 결핍으로부터의 자유)였으며, 부모가 자녀의 수를 결정하는 신성한 권리를 명시하여 이를 다섯 가지로 만들지 않았다는 것이다.

루스벨트가 무심한 침묵 속에 이 점을 다루지 않았던 일이 오히려 의도하지 않게 논리에 들어맞아 미래의 현실로 나타나지나 않을까 하는 생각이 든다. 왜냐하면 이미 익숙해져 버린 '출산의 자유'를 빼앗지 않는다면, '결핍으로부터의 자유'가 인류에게 보장될 수는 없을 것이기 때문이다. 이것을 어떻게 해결할 것인가 하는 문제는 몇 가지 미묘한 부분에서 질문을 던지게 한다.

외부 권력에 의해 출산을 제한해야 하는 시기가 오리라 보고, 이러한 개인의 자유에 대한 제한은 한편으로는 인류의 대다수를 이루는 농민, 또 한편으로는 이미 이러한 농민 계층의 습관에서 해방되어 산업 기술에 대해 의문을 품지 않고 받아들이는 소수의 사람들에게 어떤 식으로 받아들여질까? 인류의 이 두 부류는 서로 상대에 대해 불만을 품고 있으므로 아마도 뜨거운 논쟁을 벌이게 될 것이다.

산업 노동자들은 무제한적으로 숫자가 증가하는 농민을 부양할 도덕적 책임이 그들의 어깨에 걸려 있다고 생각하는 농민들의 태도에 분개할 것이다. 농민들은 또 자신들의 입장에서, 굶어죽지 않기 위한 유일한 방법이라는 구실 아래 전통적인 인종 번식의 자유를 잃게 될지도 모른다는 사실에 불만을 품을 것이다. 왜냐하면 이러한 희생이 요구되는 시기는 농민들의 가난한 생활과 서유럽 또는 서유럽화한 여러 나라 산업 노동자들의 생활 수준이 아마 그 어느 때보다도 크게 벌어져 있었기 때문이리라.

세계의 식량 생산이 한계에 이르는 시기가 오더라도 농민들은 증가된 물자들을 여전히 그들의 인구를 증가시키기 위해 소비할 것임에 반해, 산업 노동자들은 대부분 그들의 생활 수준을 끌어올리는 데에 소비하게 될 것이라는 우리의 예상이 맞다면, 마땅히 예측되는 결과의 하나로 이 두 계층의 생활 수준 격차는 점점 더 크게 벌어질 것이다.

이러한 상황 아래서 농민들은 인간의 권리 가운데에서도 가장 신성한 권리를 포기하도록 자신들에게 요구하기 전에, 왜 부유한 소수의 사람들에게 그토록 사치스런 생활을 좀더 절제하도록 요구하지 않느냐고 생각할 것이다.

그런데 교육받은 서유럽의 엘리트에게는 그러한 요구가 터무니없이 불합리한 것으로 여겨질 것이다. 서유럽 또는 서유럽화한 나라들의 엘리트는 지성과 선견지명에 의해 번영을 얻은 것들인데, 왜 앞일은 생각지도 않는 무절제한 농민들의 뒤치다꺼리를 해야만 하는가? 농민들의 요구는 예컨대 서유럽적 생활 수준을 희생한다 해도 전세계적인 기아의 공포를 몰아낼 수는 없으며, 아주 잠시 막아낼 수 있을 뿐이다. 그 동안 희생을 해 온 선진 국민들이 후진 국민들의 수준으로 떨어지게 되므로 더욱더 앞뒤가 맞지 않는 일로 여기게 될 것이다.

그러나 이러한 냉혹한 반응은 문제 해결에 보탬이 되지 않는 것으로, 실제로 우리가 위에서 예상한 것과 같은 식량 위기가 일어난다면 서유럽인들 대부분은 아마 이러한 몰인정한 반응은 하지 않으리라고 예측할 수 있다. 계몽된 이기주의의 냉정한 계산과 타인의 고통을 덜어주고 싶어하는 인도주의적 소망, 게다가 교의적으로는 그리스도교를 버렸으나 그 정신적 유산으로 남아 있는 도덕적 의무감—이미 오늘날 이러한 동기가 한데 어우러져 아시아·아프리카 여러 나라의 생활 수준 향상을 목표로 국제적 차원의 노력을 하고 있다—으로 말미암아 서유럽인들은 '사제'나 '레위 인'의 역할이 아니라 '선량한 사마리아 인'의 역할(《누가복음》 10 : 30~37)을 하지 않을 수 없을 것이다.

위와 같은 측면에서 논쟁이 일어난다면 이는 경제와 정치 영역에서 종교 영역으로 이어질 것으로 보인다. 여기에는 몇 가지 이유가 있다.

첫째로 농민들이 식량이 허용하는 한계 안에서 언제까지나 아이를 계속해서 많이 낳는 것은 농민들의 종교적 태도와 가치관이 변화하지 않는 한 바뀔 수 없는 종교적 원인에 따른 사회적 결과이다. 농민의 출산 습관에 좀처럼 굴하지 않는 완고한 구실을 제공하는 종교적 견해는 본디 비합리적인 것이었는지도 모른다. 이것은 가족이 농업 생산에 가장 알맞은 사회적·경제적 단위였던 미개한 사회 상태의 잔재이기 때문이다.

기계화된 과학 기술 발달에 따라 다산 숭배가 경제적·사회적 의미를 지니던 경제적·사회적 환경은 이제 모습을 감췄다. 그럼에도 이미 사라져 버린 이러한 의미의 숭배가 여전히 이루어지고 있는 것은 잠재 의식 수준에 있는 인간 정신의 진보가 이지(理智)나 의지의 진보에 비해 서서히 일어나기 때문에 빚어진 하나의 결과이다.

농민들의 영혼 속에 종교적 혁명이 일어나지 않는 한 세계의 인구 문제 해결은 어려워진다. 그러나 인류가 눈앞에 걸려 있는 재난을 무사히 고쳐 나가기 위해 생각을 바꿀 필요가 있는 책임자는 농민들뿐만이 아니다. '사람은 빵만으로 살아갈 수 없다'는 말이 진실이라면, 오늘날 번영에 스스로 만족하고 있는 서유럽의 소수 사람들은 농민 기질 속에 있는 비세속적인 경향에서 무언가 배워야 할 것이다.

서유럽인들은 물질적 복지 증진에 눈부신 성공을 거두기 위해 모든 노력을 집중함으로써 영혼을 잃어버릴 위험에 빠져 있다. 만일 구제받기를 원한다면, 자기의 물질적 성공의 결과를 물질적으로 그다지 형편이 좋지 않은 인류의 대다수에게 분배함으로써 비로소 그 방법을 찾을 수 있을 것이다. 산아 제한을 실행하고 있는 불가지론의 전문가들은 농민이 그들에게 배워야 하는 것과 마찬가지로 미신을 좇는 농민들에게서 배울 필요가 있다. 이 둘의 눈을 뜨게 하고 서로를 이해시키는 역할을 할 세계의 고등 종교들이 앞으로 어떤 일을 하게 될지는 아직 대답할 수 없다.

5. 이후로도 잘 살까?

인류가 먼저 전쟁과 계급 투쟁을 없애고, 더 나아가 인구 문제까지 해결한 세계 사회를 상상할 수 있다면, 다음으로 인류가 맞닥뜨리는 문제는 아마도 기계화된 사회를 살아가면서 여가 생활을 누리는 일일 것이다.

여가는 이미 역사상 주요한 역할을 해 왔다. 필요가 문명의 어머니였다고 하면, 여가는 문명의 유모였다. 문명의 두드러진 특징들 가운데 하나로서 이 새로운 생활 양식과 더불어 문명은 그 잠재력을 발전해 나아갔으며, 문명에 이 같은 추진력을 부여한 것은 소수자 중의 소수자로서, 여가의 혜택을 부여받은 특권 계층 가운데에서도 뚜렷한 목적을 가진 소수 사람들이었다. 인간이 성취한 학문이나 예술상의 위대한 업적은 모두 이 창조적 소수자들이 유익한 일을 하며 보낸 여가의 산물이었다. 그런데 산업 혁명에 의해 종래의 여가와 생활의 관계가 여러 가지 형태로 뒤바뀌었다.

가장 중요한 변화는 심리적인 것이었다. 기계화로 말미암아 산업 노동자들의 마음속에는, 산업 혁명 이전의 농민들이나 특권 소수자들에게서 찾아볼 수 없었던 일과 여가에 대한 감정 사이에 긴장 상태가 생겼다. 농업 사회에서는 계절의 순환이 농부의 농사력(能事曆)이었으며, 여가 시간이 주어진 소수 사람들에게 있어 계절의 순환은 그들의 시간을 나누는 기준, 즉 법정 개설 시기와 원정에 나서는 시기, 의회 개최 시기와 수렵이나 낚시를 즐기는 시기를 정하는 기준이 되었다. 농민들도 그들의 지배자들처럼 일과 여가를 낮과 밤, 여름과 겨울의 영원한 반복이 이어지며 '음·양' 리듬이 번갈아 나타나는 주기로서 받아들이고 있었다. 그리고 이 두 위상은 서로를 구제한다.

그런데 산업 혁명 전에 이처럼 일과 여가가 서로 의존하며 대등했던 관계는 노동자들이 일년 내내 낮과 밤 구별 없이 계속 움직이는 기계 파수꾼이 되어버림으로써 나쁘게 변질되었다. 기계와 기계의 소유주가 녹초가 될 때까지 부려먹는 것을 막기 위해 노동자들이 싸우지 않으면 안 되었으므로 이러한 만성적인 산업전은 노동자들의 마음속에, 농민이었던 그의 선조들이 마땅한 일로 여겨 온 근로 생활에 대한 경외심을 적대감으로 바꾸어 놓았다. 그리고 일에 대한 이러한 새로운 태도는 여가에 대한 태도도 바꾸어 놓았다. 일이 본질적으로 악이었다고 하면, 여가는 그 자체 속에 절대적 가치가 있는 것이 되기 때문이다.

20세기 중엽에 이른 오늘날 공장이나 사무실의 기계적인 일에 대한 인간성의 반응은, 노동자가 쉬지 않고 일함으로써 받을 수 있는 보수에 대한 가치보다도 과로한 노동으로부터의 해방에 대한 가치를 더 중요시하고 있는 데까지와 있다. 그러나 그와 동시에 이제까지 저지당하지 않고 전진해 온 기술의 진보는 희생자인 인간들에게 짓궂은 장난을 하고 있다.

과학 기술의 진보는 노동자를 녹초가 될 때까지 쉬지 않고 일하게 하거나 실업 상태로 빠뜨리는 위협을 가하게 되었다. 이쯤에서 본디 기계의 살인적인 추진력에 제동을 걸기 위해 조직적인 능률 저하책으로 고안하게 된 노동 조합의 제한들이, 이제야말로 인간의 손에서 완전히 빼앗길 우려가 있는 고용*²의 잔

---

*2 이윽고 기계가 완전히 '한 사람 몫'을 하게 되어 인간의 도움이 필요치 않게 되는 날이 찾아온다는 생각이 1870년에 나온 새뮤얼 버틀러의 「에레혼」에 상세히 기술되어 있다.

여 작업량을 될 수 있는 한 오래 유지시키려는 노동자의 목적에 도움이 되었다.

'완전 고용' 체제가 확립됨과 동시에 개개의 노동자들에게 할당되는 일의 양은 하루 중 짧은 시간 안에 해낼 수 있도록 적용했으며, 이로써 노동자들은 그의 선조가 비난하도록 일러 준 먼 옛날 그 특권적인 이 '유한 계급'과 거의 같은 정도의 여가를 갖게 되는 '회복된 지상 낙원'을 예측할 수가 있었다. 이렇게 되면 여가의 사용법이 전에 없이 매우 중요한 문제가 된다.

인류는 앞으로 모든 인간이 누리게 될 이 여가를 어떻게 이용하게 될 것인가? 이것은 그렇게 간단한 문제가 아니며, 이 질문은 알프레드 유잉 경이 1932년 8월 31일 영국학술진흥회의 회장 인사말 도중에 던진 것이었다.

"어떤 사람들은 노동과 노동의 열매가 완벽하게 조정되며, 고용과 임금, 그리고 기계가 생산하는 모든 물자들이 공정하게 분배되는 머나먼 유토피아를 마음속에 그리고 있을지도 모른다. 만일 그렇게 된다 해도 다음 문제가 남는다. 인간은 자기가 맡은 일을 대부분 지칠 줄 모르는 기계 노예에게 떠넘기고 얻은 여가를 어떻게 이용하면 좋을까? 인간이 여가를 바르게 쓸 수 있을 만큼 정신적으로 향상되리라고 기대할 수 있을까? 원하는 바로는 그렇게 되도록 노력하여 목적을 이루고 싶은 것이다. 인간이 그것을 추구하고 노력한다면 신은 그 뜻을 이룰 수 있도록 인간에게 허락할 것이다. 내가 보는 바로는 인류가 마침내 인간이 신에게서 부여받은 가장 고마운 재능의 하나인 기술자의 창조적 재능을 길러낸다고 해서 쇠퇴하고 멸망하는 운명에 처하리라고는 생각할 수 없다."

'로마의 평화'는 인간의 삶을 편안하게 해준다고는 해도 지금 우리가 그려보고 있는 미래 사회보다 더 멀리 영향을 미칠 수는 없다. 그럼에도 연대 미상이라지만(기원 2세기 또는 1세기라 고도 하여 확실치 않다) 로마 제국 전성기에 쓰인 「문체의 극치」라는 제목의 논문 지은이는 헬라스 사회의 세계 국가 성립과 그 번영에 따른 긴장의 완화가 인간 자질의 저하를 가져왔다고 생각하고 있다.

"이 시대에 태어난 사람들의 정신적 삶에서 하나의 암적 존재는 정신적 긴장의 완화이며, 선택된 극히 소수의 사람들 말고 우리들 대부분은 이완된 나날을 보내고 있다. 일이나 기분 전환에 있어 우리가 전적으로 목표로 하는 것은 인기와 향락이다. 우리는 자기가 하는 일에 온 마음을 기울여, 참으로 가치가 있는 승인을 얻는 데서 찾을 수 있는 참된 정신적 보물을 얻는 일에 조금도 관심을 갖지 않는다."

위 비평가의 말은 서유럽 문명 역사에서 근대 초기의 과학 정신을 탐구한 개척자에 의해 지지를 받고 있다. 다음은 1605년에 나온 프랜시스 베이컨의 「학문의 진보」에 나오는 말이다.

"누군가가 잘 관찰했듯이 덕의 상승기에 번성하는 것은 군사 기술이며, 덕의 안정기에 번성하는 것은 학문과 예술, 덕의 하강기에 번성하는 것은 관능적 예술이다. 그러므로 나는 현대 세계가 어느 정도 내리막길에 있는 게 아닐까 두려움이 앞선다. 관능 예술과 오락을 나는 같다고 생각한다. 감각을 속이는 일 또한 감각의 즐거움 가운데 하나이기 때문이다."

라디오와 텔레비전 시대에는 베이컨의 이른바 '오락'이 여가의 대부분을 차지한다. 노동자 계층의 삶이 물질적으로 중산층의 수준까지 끌어올려지면서 동시에 많은 중산층의 정신적인 영역에서 프롤레타리아화 현상이 일어나고 있다.

키르케*³의 연회에 초청된 손님은 돼지가 되어 키르케의 돼지우리에 들어가게 되었다. 문제는 그들이 언제까지나 그곳에 머무를 것인가에 있었다. 인류는 이러한 운명에 순순히 따를 것인가. 인류는 과연 정말로 기계적인 일의 단조로움 말고는 무료한 여가 생활을 벗어날 길 없는 이른바 '훌륭한 신세계'*⁴에서 '그 뒤로 언제까지나 행복하게 산다'(동화의 끝에 으레 나오는 문구)는 것으로 만족할 것인가?

이러한 예상은 모든 시대의 역사를 통해 '이 땅의 소금' 역할을 해 온 창조적 소수의 존재를 무시하는 것이다. 헬라스 문명 후기에 「문체의 극치」에 대해 쓴

---

*3 「오디세이아」에 나오는, 마녀. 오디세우스의 부하를 돼지로 만들었다.
*4 셰익스피어의 「템페스트」에 나오는 표현. 똑같은 제목으로 미래 사회를 그린 올더스 헉슬리의 소설이 있다.

논문의 지은이가 내린 어두운 진단은 그의 눈앞에 일어난 사태 속에서 가장 중요한 요소를 빠뜨리고 있었다. 다시 말해 그는 그즈음 그리스도교 순교자들의 존재를 알지 못했던 것 같다.

과학 기술의 진보로 인간이 일을 상실한 시대에 갖는 기대와 제2의 펜테코스트*5의 날이 오기를 기다리는 기대 사이에는 실제로 큰 거리가 있다. 여기서 독자는 회의적인 질문을 하고 싶을지도 모른다―"무슨 그런 큰 차이가 있겠는가"(《요한복음》 3 : 9)라고 말이다. 20세기 중엽인 오늘날 어째서 그런가에 대해 확실히 설명할 수는 없다. 그러나 현재에도 그와 같은 기대가 이미 단순한 '희망 사항'만은 아님을 암시하는 어떤 근거를 댈 수가 있다.

생명이 자기 보존을 위해 '어려운 일'을 성취하는 방법의 하나는 어느 한 부문에 생긴 부족이나 과잉을, 다른 부문에 부족이나 과잉을 생기게 함으로써 메우는 일이다. 따라서 우리는 경제·정치 영역에서 자유가 결핍되고 과잉 통제가 일어나는 사회 환경에서는, 이런 자연 법칙에 의해 종교 영역에서 자유가 촉진되고 통제의 힘이 완화되기를 기대할 수도 있으리라. 로마 제국 시대의 사태는 정말 그러했다.

이 헬라스 문명의 사건이 주는 하나의 교훈은, 생명 안에는 언제나 그 이하로는 감소시킬 수 없는 최저 한도의 정신적 에너지가 존재하고 있어 그 에너지는 반드시 어딘가에 분출구를 찾아 튀어나오려 한다는 것이다. 그러나 그와 함께 생명이 지니는 정신적 에너지의 양에는 마찬가지로 최대한도가 존재하는 것도 사실이다. 따라서 하나의 활동을 왕성하게 하기 위해 에너지를 증대할 필요가 있을 때에는 그 필요한 여분의 양을 얻기 위해 다른 부분에서 에너지를 절약하게 된다.

생명이 에너지를 절약하는 방법은 기계화이다. 이를테면 심장의 고동과 폐의 신축 운동이 자동적으로 이루어지면, 생명은 인간의 사고력과 의지를 계속적으로 육체적 생명을 유지하려고 작용하는 임무에서 해방되어 다른 목적에 사용될 수 있다. 만일 숨을 쉴 때나 심장이 뛸 때마다 의식적으로 사고력과 의지를 집중해야 한다면, 인간은 생명을 유지하는 데에만 급급하여 지적·의지적 에너지를 다른 일을 위해 남겨 둘 여유가 없었을 것이다. 더 정확하게 말하면,

---

*5 오순절이 지난 뒤 50일 만에 행해지는 유대교 축제. 이날 스승 예수를 잃고 실의에 빠진 사도에게 성령강림의 기적이 일어나 신앙이 힘차게 부활했다고 한다. 〈사도행전〉 제1장 참조.

그런 인간 이하의 존재는 절대로 인간이 될 수는 없었을 것이다.

인간의 육체적 생명에 있어 에너지 절감에 따르는 창조적인 결과로 미루어 보아도, 사회 생활에서 종교의 사고력과 의지가 경제(산업 혁명 발발 뒤에 서유럽의 경우처럼)나 정치(신성 로마 제국 성립 뒤에 서유럽의 경우처럼)에만 전념한다면 그 종교는 굶어 죽을 수도 있다고 추측해 볼 수 있다.

이와 반대로 오늘날 서유럽 문명 사회의 경제·정치 생활에 가해지는 통제로 말미암아, 서유럽인의 영혼은 자유를 되찾게 되어 신을 칭송하고 신을 맞아들임으로써 인간의 참된 목적을 이룰 수 있으리라고 생각해 볼 수도 있다.

이 행복한 정신적 미래는 의기소침해진 현대 서유럽인들에게 친절하게도 적어도 한 줄기 희망의 빛을 던져줄 수 있는 하나의 가능성이 될 것이다.

제13편 결론

제44장 이 책의 집필 동기

사람들은 왜 역사를 연구하는가? 필자 개인의 대답을 말한다면, 역사가는 다행히도 각자의 인생에서 저마다 목표를 지닌 다른 모든 인간들과 마찬가지로 '하느님을 더듬어 찾아 발견케 하려 하심이라'(《사도행전》 17 : 27) 이렇게 호소하는 하느님의 부름 속에서 나의 사명을 발견한다.

역사가의 시각은 오직 수많은 견해들 가운데 하나일 따름이며, 그 특수한 공헌은 우리 인간의 경험으로는 6차원의 세계를 나타내는 테두리 안에서 움직이는 신의 창조 활동을 명백히 보여준다는 점에 있다. 역사적 시각은 물리적 우주가 '시간·공간'의 4차원적 테두리 안에서 원심적으로 움직이며, 이 땅의 생명이 '생명·시간·공간'의 5차원의 테두리 안에서 진화적으로 움직이고, 또한 정신을 부여받아 이로 말미암아 제6차원으로 높여진 인간의 영혼은 그 정신적 자유를 운명적으로 행사함으로써 창조주에게 다가가기도 하고 멀어지기도 한다.

역사를 신이 창조한 세계가 움직여 나아가는 모습이라고 보아도 좋다면, 역사의 영향을 받는 인간의 내면에 깃든 타고난 감수성은 거의 언제나 비슷하여 그다지 큰 차이가 없을지 모르나, 실제로는 그 영향을 받아들이는 인간의 역사적 환경에 따라 다를 수 있다고 해도 놀랄 것은 못된다. 역사로부터 어떤 영향을 받는 경우 단순한 감수성에 호기심이 더해지지 않으면 안 되며, 또한 호기심이 자극되는 것은 사회적 변화의 과정이 뚜렷하고 심하게 나타날 때뿐이다.

원시 사회의 농민들이 역사 의식이 없었던 것은 그들의 사회 환경이 언제나 그들에게 역사에 대해서가 아니라 자연에 대해 말하고 있었기 때문이다. 그들의 축제일은 '7월 4일'이거나 '화약음모사건' 기념일 또는 '휴전 기념일'이 아니라 역사와는 관계없는, 1년마다 돌아오는 농사 연력의 길일 또는 액일이었다.

그러나 '역사'에 대해 말하는 사회 환경에서 살아가는 소수 사람들의 경우에도 역사적인 사회 환경에 노출되었다고 해서 역사가가 태어나는 것은 아니다. 호기심의 창조적인 자극이 없으면, 잘 알려진 인상적인 '역사'의 기념물이 아무리 능숙하게 무언극을 해 보인다 해도 이를 꿰뚫어 볼 수 없다면 아무 소용도 없게 된다.

이러한 도전뿐만 아니라 그에 따른 응전이 없으면 창조적 활동의 불꽃은 피어오르지 않는다는 진리를 근대 서유럽 문명의 철학자이며 순례자인 볼니(^{프랑스}_{사상가})는 1783~85년에 이슬람 문명 세계(이집트와 시리아)를 돌아보면서 뼈저리게 느꼈다. 볼니가 태어난 프랑스가 한니발 전쟁(기원전 219~201) 무렵이 되어서야 비로소 문명 역사의 흐름 속에 끌려들어간 데 비해, 그가 찾은 이슬람 세계는 갈리아 지방(^{북이탈리아·프랑스·벨기에·네}_{덜란드·독일·스위스 일부 포함})보다 3~4000년이나 앞서서 역사의 무대가 되어 온 곳으로, 그에 걸맞게 과거의 유적들이 곳곳에 있었다. 그럼에도 18세기 말 중동 지역 주민들은 멸망한 문명의 놀라운 폐허 속에 웅크리고 있으면서 그 유적들이 어떤 것인지 조사해 볼 생각을 전혀 하지 않았다. 이 때문에 볼니는 자신이 태어난 프랑스로부터 이집트로 건너가게 되었으며, 그 뒤를 이어 15년 뒤에도 나폴레옹의 원정에 의해 기회를 얻은 많은 프랑스 학자들이 이집트를 찾게 되었다.

나폴레옹은 결전장인 임바바(^{이집트의 카이로와 마주보고 있는 도}_{시. 나폴레옹이 맘루크군을 격파한 곳})로 쳐들어가기 전에 그의 군사들에게 "피라미드 위에서 4000년의 역사가 그대들의 움직임을 지켜보고 있다"고 격려했는데, 그 한마디로서 교육받지 않은 병사들까지 일어나 싸움터로 가게 하려는 의도였던 것이다. 상대편인 맘루크군의 사령관 무라드 베이는 조금도 호기심을 갖지 않는 그의 전우들에게 비슷한 말로 격려해 봤자 아무런 소용이 없음을 알고 처음부터 그러한 생각은 하지 않았으리라.

나폴레옹의 뒤를 따라 이집트를 방문한 프랑스 학자들은 정복을 갈망하는 근대 서유럽 문명 사회의 지칠 줄 모르는 호기심으로 새로운 차원의 역사를 발견해 이름을 날렸다. 그 뒤로 완전히 잊힌 11개 문명—구세계의 이집트·바빌로니아·수메르·미노스·히타이트 문명, 그리고 인더스 문명과 중국 문명, 신세계의 마야·유카텍·멕시코·안데스 문명—이 다시 이들 눈앞에 드러났다.

호기심으로 자극받지 않으면 역사가가 될 수 없다. 그러나 호기심만으로는 아직 충분치 않으며, 호기심이 일정한 방향으로 나아가지 않으면 목적 없이 지식을 그러모으는 것에 그치고 만다. 위대한 역사가들은 저마다 자신이 속한 시대에서 실제적 중요성을 갖는 어떤 문제에 대해 호기심을 가지며, 일반적으로 '어떻게 이 일이 그러한 일로부터 일어날 수 있었을까?'와 같은 식으로 질문을 던지고 이에 대해 대답을 제시하려 노력해 왔다.

위대한 역사가의 생애를 살펴보면, 거의 어떤 중대하고 매우 충격적인 공적 사건을 맞닥뜨린 뒤 이러한 도전에 대한 응전으로서 역사적 탐구를 해왔음을 알 수 있다. 이러한 사건은 그들 자신이 목격했거나 또는 역사가 투키디데스가 아테네—펠로폰네소스 대전에 직접 참가한 역사적 사실 그리고 '대반란' 시기에 보여준 클라렌든(영국의 정치가·역사가)의 행위를 통해 알 수 있듯이 앞장서서 적극적인 역할을 한 경우도 있으며, 또한 기번이 몇 세기나 뒤에 유피테르 신전 폐허에 서서 로마 제국의 쇠퇴와 몰락에 대해 떠올렸듯이 과거의 사건이기는 하지만 여전히 후세에게 공감을 주어 그에 대한 응전을 불러일으키는 경우도 있다.

이를테면 헤로도토스가 페르시아 전쟁에서 헬라스에 패했을 때 받은 정신적 자극처럼 중대한 사건은 창조적 자극으로 작용해 만족할 만한 결과를 가져올 수 있다. 그러나 많은 경우 역사가의 가장 훌륭한 노력을 불러일으키는 것은 역사적인 큰 재난들을 맞닥뜨렸을 때 이에 도전하는 인간의 천성적 낙천주의이다.

이 책의 필자처럼 1889년에 태어나 1955년인 오늘날까지 살아가고 있는 역사가는 이미 '어떻게 이런 일이 일어났을까?' 하는 역사가의 기본 물음이 쉬임없이 되풀이되는 것을 실제로 들어왔다.

무엇보다 먼저 바로 앞 세대 사람들에게 매우 마땅하게 여겨졌던 기대들이 어떻게 그렇게 갑자기 무너져 버린 것일까? 1860년 무렵 태어난 서유럽 민주주의의 자유주의적인 중산층 사람들은 서유럽 문명이 의기양양하게 발전해 나아감에 따라 19세기 끝 무렵에는 이미 명백하게 인류의 진보가 '지상 낙원' 바로 가까이 다가갔다고 믿고 있었다. 그런데 어째서 이 세대 사람들의 기대는 이처럼 심하게 무너져 내리게 되었을까? 도대체 어디가 잘못되었을까? 어째서 새로운 세기가 불러온 전쟁과 사악함으로 말미암은 혼란에 의해 정치 지도가 완전히 바뀌고, 우호 관계를 맺고 있던 8개 대국이 서유럽 밖의 두 대국으로 축소되어 버린 것일까?

이러한 질문들은 얼마든지 들 수 있는데, 수많은 역사적 탐구들의 주제가 되고 있다. 필자는 역사가로서 다행히도 역사가의 낙원이라고 정의할 수 있는 동란 시대에 태어난 덕분에 실제로 눈앞에서 쉬임없이 일어나는 사건이 던져주는 역사적 문제들의 모든 부분에 관심을 쏟게 되었다. 그러나 역사가로서 얻은 행운은 그것으로 그치지 않았다. 필자는 다행히 아직 큰 변화를 겪지 않은 순수한 근대 초기 서유럽에서 '르네상스' 이후의 헬라스·로마 고전 교육을 받을 수 있는 시대에 태어났다. 1911년 여름(토인비가 옥스퍼드 대학을 졸업한 해)까지 필자는 라틴어를 15년, 그리스어를 12년 동안 배웠다. 그리고 이러한 전통적인 교육은 문화적 쇼비니즘(편협한 배타주의)이라는 병에 대해 면역성을 갖게 하는 건전한 결과를 불러왔다. 고전 교육을 받는 서유럽인들은, 서유럽 그리스도교 세계를 모든 가능한 세계 속에서 가장 뛰어난 세계로 보는 잘못에 그렇게 쉽게 빠져들 수 없었으며 동시에, 또 그가 살고 있는 현대 서유럽의 사회 환경이 스스로에게 던지는 역사적 문제들을 풀어가기 위해 자신의 정신적 고향인 헬라스의 선례들을 돌아보지 않을 수 없었으리라.

이를테면 그는 자유주의적이었던 선조들의 기대와 실망, 그리고 페리클레스가 세운 아티카 민주제에 대해 플라톤이 느꼈을 환멸을 떠올리지 않을 수 없었을 것이다. 1914년 전쟁이 일어났을 때, 이것이 기원전 431년 투키디데스가 겪었던 경험과 같음을 뼈저리게 깨달았을 것이다. 그 자신의 경험에 의해, 그때까지 그렇게 큰 의미를 지니지 않았던 투키디데스의 말들이 지닌 속뜻이 비로소 명백해져감을 보면서, 그는 서유럽 세계에서 이제야 겨우 자기가 살고 있는 시대를 이해하게 된 그러한 경험이 2300년 전 다른 세계에서 씌어진 책 속에 담겨져 있을지도 모른다는 사실을 알게 되었다. 1914년과 기원전 431년이라는 두 연대는 철학적으로는 동시대로 보아도 좋았으리라.

즉, 필자가 살아온 사회 환경 속에는 필자 자신의 역사 연구 방법에 결정적 영향을 미친 두 가지 요소가 있는데, 둘 다 개인적인 것은 아니었다. 첫째 요소는 그 자신이 속한 서유럽 문명 세계의 현대사이며, 둘째 요소는 그가 받은 고전 교육이다. 이 두 가지 요소가 서로에게 쉬임없이 영향을 미쳐 필자로 하여금 2개의 눈으로 역사를 보게 만들었다. 현대에 비극적인 사건을 만나 '어째서 이러한 일이 일어났을까?'라는 역사가의 기본 질문이 떠오를 때면 거의 언제나 그의 마음속에는 '어째서 세계 문명의 역사에서도 헬라스 문명 역사처럼 이러한 일이 일어나게 된 것일까?'라는 형태를 취했다. 그는 이런 식으로 역사를 두 가지 항목으로 비교해 보게 되었다. 이러한 두 가지 역사적 관점은, 선행 문명의 고전어와 고전 문학을 위주로 전통적 교육을 받은 동시대 극동 문명의 학자들로부터 그 가치를 인정받았으며 또한 아낌없는 찬사를 받았다. 유학자는 이 책의 필자가 그렇듯이 어떤 사건을 만나게 될 때, 고전에 나오는 비슷한 사건을 떠올리는 것이 고전 시대 그 뒤의 사건을 중국 문명의 고전 지식에 비추어 보는 것보다 더 가치있으며, 한결 생생한 현실로 느꼈을 것이다.

청조 말 유교적 교양을 몸에 익힌 중국인 학자와 그와 동시대인 빅토리아 여왕 시대 말기의 헬라스적 교양을 몸에 익힌 영국인 학자 사이에 나타난 주요한 견해 차이는, 중국의 역사가가 오직 두 항목으로 이루어지는 역사의 비교 연구에 만족하고 있는 데 비해, 빅토리아 시대 말기의 영국 역사가는 일단 역사를 두 항목으로 살펴보게되자마자 이미 그 문화 영역을 보다 광범위하게 확대하게 된 점에 있다.

19세기 말 전통적 고전 교육을 받은 중국인 학자에게는 중국 문명과 그 후계자인 동아시아 문명 말고는 진실로 연구 대상이 될 만한 가치가 있는 문명이 있으리라고는 상상할 수도 없었다. 그러나 동시대의 서유럽인들에게 있어서는 그 같은 편협한 견해를 갖는다는 것은 사실상 불가능한 일이었다.

왜냐하면 그가 속해 있는 서유럽 문명 사회가 과거 400년 동안 구세계와 신세계에서 서로 다른 8개 문명 사회와 접촉했기 때문이다. 그 뒤 19세기 중에 콜럼버스나 바스쿠 다 가마의 뒤를 이어 아직까지 아무도 항해한 적 없는 대양을 정복한, 끈질긴 탐구심을 지닌 서유럽인들은 더 나아가 그때까지 묻혀 있던 과거를 발굴해 내는 일에 착수했다. 서유럽인들로서는 서유럽 문명과 헬라스 문명 이외의 다른 문명이 존재했다는 사실을 무시하거나 그 의의를 부정하는 일이 한층 불가능하게 된 것이다.

이처럼 폭넓은 역사적 시야를 획득한 시대에 살면서 고전 교육을 받은 덕분에, 두 항목에 따른 역사적 비교를 해 온 서유럽의 역사가는 헬라스 문명과 서유럽 문명이 단순히 두 가지 문명만이 존재한다고 보는 사회에서 가능한 한 더 많은 문명들을 찾아내어 비교 연구하지 않으면 만족할 수가 없었다.

비교 항목을 처음의 10배 이상으로 늘리는 일에 성공했을 때, 그는 이미 두 항목을 비교하는 첫 단계에서부터 나타나기 시작한 가장 중요한 문제를 무시할 수 없게 되었다. 헬라스 문명 역사에서 가장 중대한 사실은 기원전 431년 아테네–펠로폰네소스 대전의 발발과 함께 쇠퇴기에 들어간 이 사회가 마침내 사멸한 일이었다. 헬라스 문명 역사와 서유럽 문명 역사를 비교하는 필자의 방법에 조금의 타당성이라도 있다면, 서유럽 사회는 어쨌든 같은 운명에 처할 가능성이 있다. 그런데 연구 범위를 다시 넓혀 조사하게 된 문명 대부분이 이미 사멸한 사실을 알게 되면서, 필자는 자신이 속해 있는 문명을 포함한 모든 문명에 죽음의 가능성이 기다리고 있음을 결론 내렸다.

한때 번영했던 수많은 문명이 지나가며 모습을 감춰 버린 이 '죽음의 문'은 무엇일까? 이 대답을 찾아내기 위해 필자는 문명의 쇠퇴와 해체를 연구하고, 이어서 그 발생과 성장을 연구했다. 이렇게 해서 「역사의 연구」는 쓰였다.

엮은이의 노트

아래 연대기록표 가운데, 처음 네 가지는 토인비의 원본에 있는 그대로 옮긴 것이다. 이로써 사회 해체가 낳은 거대한 사업의 대체적 윤곽을 알 수 있다.

제5표는 《현대신학》 제1권 제3호에서 편집자 존 A. 마케이 박사와 에드워드 D. 마이야즈 박사가 2호에 실린 《토인비의 '역사의 연구'에서 엿볼 수 있는 몇 가지 주요 사상》이라는 논문의 설명을 위해 만든 것이다. 마이야즈의 표는, 토인비의 최초 여섯 권에서 다루는 모든 영역을 한눈에 보여준다.

이 축소판을 읽는 독자들은 이 표들 속에서 이 책에 나오지 않는 많은 명칭이나 사실을 발견할 것이다. 이는 말할 나위도 없이 이 축소판의 엮은이가 어쩔 수 없이 원본에 있는 역사적 예증의 대부분을 삭제해야 했으며, 그 밖의 예에서도 매우 자세한 부분들을 많이 삭제해 간략하게 만들 수밖에 없었기 때문이다. 따라서 아래 표는 원저자의 연구 결과들을 간략하게 정리한다는 본디 목적에 도움이 되는 동시에 독자에게 지름길을 제공함으로써 얼마나 많은 부분들을 놓치고 있는지를 돌아보게 한다는 부차적인 목적에도 도움이 된다.

연대기록표

〔표 1〕세계국가

문명	동란기	세계국가	세계평화	제국건설자의 기원
수메르문명	약 2677~2298 BC	수메르제국과 아카드제국	약 2298~1905 BC	건설자 : 도시민 (우르 출신) 재건자 : 변경민 (아모르인)
바빌로니아 문명	~610 BC	신바빌로니아제국	610~539 BC	건설자 : 도시민[*1] (칼데아인) 후계자 : 야만족 (아케메네스인)과 외래인 (셀레우코스인)
인도문명	~322 BC	마우리아제국	322~185 BC	건설자 : 도시민[*2] (마가다 출신)

문명		제국		건설자/후계자
		굽타제국	390~약 475	건설자 : 도시민 (마가다 출신)
중국문명	634~221 BC	진 (秦)과	221 BC~	건설자 : 변경민 (진 출신)
		한 (漢)	AD 172	후계자 : 도시민 (전한과 후한)
헬라스문명	431~31 BC	로마제국	31 BC~	건설자 : 변경민 (로마인)
			AD 378	재건자 : 변경민 (일리리아인)
이집트문명	약 2424~	중왕국	약 2070~	변경민 (테베 출신)
	2070 BC		1660 BC	
		신왕국	약 1580~	변경민 (테베 출신)
			1175 BC	
그리스정교문명	약 1075	모스크바제국	1478~1881	변경민 (모스크바 출신)
(러시아 분파)	~1478			
동아시아문명	1185~1597	히데요시 독재	1597~1868	변경민 (관동 출신)
(일본 분파)		도쿠가와 막부		
서유럽문명	약 1378	나폴레옹제국	1797~1814	변경민 (프랑스 출신)
(중세 도시국가)	~1797			
서유럽문명	약 1128*3	다뉴브의 합스부	1526~1918	변경민 (오스트리아 출신)
(오스만족의 공격	~1526	르크제국		
에 대한 배후지)				
안데스문명	~약 1430	잉카제국	약 1430	건설자 : 변경민 (쿠스코 출신)
			~1533	후계자 : 외래인 (에스파냐인)
시리아문명	약 937~	아케메네스제국	약 525~	야만족 변경민 (이란 출신)
	525 BC		332 BC	
		아랍칼리프국	약 640~969	야만족 (아라비아 출신)
동아시아문명	878~1280	몽골제국	1280~1351	야만족 외래인 (몽골족)
(본체)		만주제국	1644~1853*4	야만족 변경민 (만주족)
중앙아메리카문명	~1521	신에스파냐의	1521~1821	선점 야만족 변경민 (아스텍인)
		에스파냐 총독제		건설자 : 왜래인 (에스파냐인)
그리스정교문명	977~1372	오스만제국	1372~1768	외래인 (오스만족)
(본체)				
힌두문명	약 1175	무굴제국	약 1572	외래인 (무굴인)
	~1572		~1707	
		영국령인도제국	약 1818~	외래인 (영국인)
미노스문명	~약 1750 BC	미노스 해양	약 1750~	
		왕국	1400 BC	} 알 수 없음
마야문명	~약 300	마야의 제1제국	약 300~690	

＊1 바빌로니아의 칼데아인은 도시민이나 변경민으로 분류할 수 있다.

＊2 마가다는 마우리아 이전 시대로부터 마우리아왕조 시대에 이르는 인도 세계의 내부 지역
  이나 그 동쪽 변경으로 볼 수 있다.

＊3 헝가리와 오스만족의 동로마 선구자인 콤네누스 왕조 사이에 처음 전쟁이 일어난 시기.

＊4 태평천국의 난으로 난징이 점령당한 시기.

〔표 2〕 철학

문명	철 학
이집트문명	아톤 숭배 (유산)
안데스문명	비라코체 숭배 (유산)
중국문명	유교, 도교, 묵자철학
시리아문명	제르베안교 (유산)
인도문명	소승불교, 자이나교
서유럽문명	데카르트철학, 헤겔철학
헬라스문명	플라톤철학, 스토아철학, 에피쿠로스철학
바빌로니아문명	점성술

〔표 3〕 고등종교

문명	고등종교	자극의 원천
수메르문명	탐무즈 숭배	고유
이집트문명	오시리스 숭배	외래? (수메르?)
중국문명	대승불교	외래 (인도, 헬라스, 시리아)
	신 (新) 도교	고유, 그러나 모방적 (대승불교)
인도문명	힌두교	고유
시리아문명	이슬람교	고유
헬라스문명	그리스도교	외래 (시리아)
	미트라교	외래 (시리아)
	마니교	외래 (시리아)
	대승불교	외래 (인도)
	이시스 숭배	외래 (이집트)
	키벨레 숭배	외래 (히타이트)
	신플라톤철학	고유 (이전 철학에서)
바빌로니아문명	유대교	외래 (시리아)
	조로아스터교	외래 (시리아)
서유럽문명	바하교	외래 (이란)
	아마디아교	외래 (이란)
그리스정교문명	이맘 시아파	외래 (이란)
(본체)	베드로엣딘파	반 (半) 외래 (이란적 색채)
그리스정교문명	분리파	고유
(러시아 분파)	재건 프로테스탄트	외래 (서유럽)
동아시아문명	가톨릭교	외래 (서유럽)
(본체)	태평천국운동	반외래 (서유럽 색채)
동아시아문명	정토종	반외래 (서유럽 색채)
(일본 분파)	정토진종 (淨土眞宗)	고유 (정토종)
	일련종 (日蓮宗)	고유
	선종	반외래 (동아시아문명 본체)
힌두문명	카비르교와 시크교	반외래 (이슬람 색채)
	브라마사마즈교	반외래 (서유럽 색채)

[표 4]

문명	세계국가	변경	야만족	시	종교
수메르문명	수메르제국과 아카드제국	북동	구데아족		
			구데아족	산스크리트 서사시	베다 제신(諸神) 숭배
			유라시아 유목민(아리아족)		
			카시트족		
바빌로니아 문명	신바빌로니아 제국	북서	히타이트족		히타이트 제신 숭배
		북동	유라시아 유목민(스키타이족)		조로아스터교
			메데르인과 페르시아인		
인도문명	마우리아제국 굽타제국	북서	사카족	산스크리트 서사시	
		북서	훈족		
			구자라족		
중국문명	진(秦)과 한(漢)	북서	유라시아 유목민(흉노족, 탁발족, 유연족)		
		북동	유라시아 유목민(선비족)		
헬라스문명	로마제국	북서	도서 켈트족	아일랜드 서사시	극서그리스도교
		북	대륙 튜튼족	튜튼 서사시	처음에는 튜튼 제신 숭배, 나중에서 아리우스 그리스도교
		북동	유라시아 유목민(사르마티아인, 훈족)		
		남동	아랍인	초기 이슬람 서사시	이슬람교
		남서	베르베르인		
이집트문명	중왕국 신왕국	동	헤브루인, 아랍인		야훼 숭배
		남	누비아족		
		북동	힉소스족		세트 숭배
		북	아카이아족	호메로스 서사시	올림포스 제신 숭배
		북서	리비아족		
그리스정교문명 (러시아분파)			{ 타타르족 { 칼미크인	이슬람교 라마교적 대승불교	
동아시아문명 (일본 분파)	도쿠가와 막부	북동	아이누족		
서유럽문명	유럽에서	북서	도서 켈트족		
		북	스칸디나비아인		
		북동	대륙 색슨족, 벤드인, 리투아니아인		
		동	유라시아 유목민(마자르족)		

문명	제국·국가	방위	민족	서사·문학	종교
		남동	보스니아인	이슬람교 유고슬라브족의 영웅 발라드	처음엔 보고밀(Bogom-il)교, 나중엔 이슬람교 비폭력적 젤롯주의
안데스문명	북아메리카에서 잉카제국	서	홍색 인디언		
		동	아마존족		
		남	아라우카니아족		
시리아문명	아케메네스제국	북서	마케도니아족	알렉산드로스 낭만시	
		북동	파르티아족		
			사카족	이란 서사시	
	아랍 칼리프국	북서	프랑크족	프랑스 서사시	카톨릭교
			동로마의 변경민족	비잔틴 그리스 서사시	그리스정교
		남서	베르베르족		이스마일 시아교
		남동	아랍족		이스마일 시아교
		북	유라시아 유목민 (카자르족)		유대교
		북동	유라시아 유목민 { 터키족 / 몽골족	마니교 / 네스토리우스교	
동아시아문명 (본체)	동란기	북동	유라시아 유목민 (거란, 금, 몽골)		
	만주제국	북동	유라시아 유목민 (몽골)		〉 라마교적 대승불교
		북서	유라시아 유목민 (징카르·칼미크인)		
중앙아메리카 그리스정교 문명 (본체)	신에스파냐의 에스파냐 총독제	북	치치메크족		
	오스만족	북서	세르비아족	그리스정교 유고슬라브족의 영웅 발라드	
	오스만제국	북서	알바니아족 / 루멜리아 그리스인	알바니아족의 영웅시 / 루멜리아 그리스인의 알마토르 및 크레프틱 발라드	벡타시 수니즘
		북동	라주족 / 쿠르드족		
		남동	아랍족		나즈디 와하비즘
		남	아랍족		마흐디교
힌두문명	무굴제국	북서	우즈베크족 / 아프간족		
	영국령 인도제국	북서	아프간족		
미노스문명	미노스 해양왕국	북	아카이족	호메로스 서사시	올림포스 제신 숭배
		동	헤브르족과 아르메니아족		야훼 숭배
이란문명	동란기	북동	우즈베크족 / 아프간족		

		북동	가스가족		
히타이트문명		북서	프리기족		
		남서	아카이아족	호메로스 서사시	올림포스 제신 숭배
유라시아	스키타이	북서	바스타르나이족		
유목문명	왕족 집단				
		동	사르마티아족		
	카자르 집단	북서	바랑족	러시아 영웅 발라드	그리스정교
		동	베주넥족		
	황급 집단	북서	코사크족		
		북동	키르키즈족	키르키즈 영웅 발라드	

〔표 5-1〕

	문명	친자관계	문명 기원의 시기와 장소	도전의 요소
1	이집트문명	전혀 관계없음	나일강 유역 ; BC 4000년 이전	자연적 : 건조화
2	안데스문명	전혀 관계없음	안데스 해안과 고원 ; 대략 그리스도기원의 시작	자연적 : 해안의 사막, 거의 토질이 없는 황량한 기후
3	중국문명	이전 문명과 관계없음 ; 동아시아문명의 어버이	황하 하류 유역 ; 약 BC 1500년경	자연적 : 습지, 홍수 및 극심한 기온
4	미노스문명	이전 문명과 관계없음 ; 헬라스문명과 시리아문명의 어버이(관계 희박함)	에게 제도(諸島) ; BC 3000년 이전	자연적 : 바다
5	수메르문명	이전 문명과 관계없음 ; 바빌로니아문명과 히타이트문명의 어버이(?)	티그리스와 유프라테스강 하류 유역 ; 약 BC 3500년 이전	자연적 : 건조화
6	마야문명	이전 문명과 관계없음 ; 유카텍문명과 멕시코문명의 어버이	중앙아메리카의 열대삼림 지대 ; 약 BC 500년 이전	자연적 : 열대삼림의 무성
7	유카텍문명 ㄱ합류한	둘 다 마야문명의 자식	물과 나무 없는 석회암 지대의 유카탄반도 ; 629년 이후	자연적 : 불모지
8	멕시코문명 ㅣ중앙아메리카문명			사회적 : 마야사회의 해체
9	히타이트문명	수메르문명의 자식으로 보임. 그러나 종교는 비(非)수메르적	수메르문명 변경 너머의 카파도키아 ; BC 1500년 이전	사회적 : 수메르사회의 해체
10	시리아문명	미노스문명의 자식 ; 이란문명과 아랍문명의 어버이	시리아 ; BC 1100년 이전	사회적 : 미노스사회의 해체
11	바빌로니아문명	수메르문명의 자식	이라크 ; BC 1500년 이전	사회적 : 수메르사회의 해체
12	이란문명 ㄱ합류한	둘 다 시리아문명의 자식 ; 1516년 이후 이슬람사회의 형태로 합쳐짐	아나톨리아, 이란, 옥수스 약사르테스 ; 1300년 이전	사회적 : 시리아사회의 해체
13	아랍문명 ㅣ이슬람 문명			
14	동아시아문명 (본체)	중국문명의 자식, 일본으로 나뉘어짐	중국 ; 500년 이전	사회적 : 중국사회의 해체

15	동아시아문명 (일본 분파)	동아시아문명 본체에서 분파되었음	일본 열도 ; 500년 이후	자연적 : 새로운 땅 사회적 : 문명본체와의 접촉
16	인도문명	이전 문명과 관계없음 ; 힌두문명의 어버이	인더스와 갠지스강 유역 ; 약 BC 1500년 이전	자연적 : 열대삼림의 무성
17	힌두문명	인도문명의 자식	북인도 ; 800년 이전	사회적 : 인도사회의 해체
18	헬라스문명	미노스문명의 자식(관계 희박) ; 서유럽문명과 그리스정교문명의 어버이	에게해 연안과 열도 ; BC 1100년 이전	자연적 : 불모의 땅과 해안 사회적 : 미노스사회의 해체
19	그리스정교문명 (본체)	헬라스문명의 자식, 러시아로 나뉘어짐	아나톨리아 ; 700년 이전 (11세기에 서유럽문명과 최종 결렬)	사회적 : 헬라스사회의 해체
20	그리스정교문명 (러시아 분파)	그리스정교문명 본체에서 분파되었음	러시아 ; 10세	자연적 : 새로운 땅 사회적 : 문명 본체와의 접촉
21	서유럽문명	헬라스문명의 자식	서유럽 ; 700년 이전	

〔표 5-2〕

	동란기	세계국가	세계평화	철학	종교	종교의 자극의 원천
1	약 2424 ~2070 BC	중왕국 신왕국	약 2070 ~1660 BC 약 1580 ~1175 BC	아톤 숭배 (유산됨)	오시리스 숭배 아톤 숭배	외래?(수메르?)
2	?~약 1430	잉카제국(페루의 에스파냐 총독제에 계승)	1430~1533	비라코차 숭배 (유산됨)		
3	634~221 BC	진(秦)과 한(漢)	221 BC~ AD 172	묵자철학, 도교, 유교	대승불교	외래(인도, 헬라스, 시리아)
4	?~1750 BC	미노스 해양왕국	약 1750 ~1400 BC			
5	약 2677 ~2298 BC	수메르제국과 아카드제국	약 2298 ~1905 BC	탐무즈 숭배–그러나 수메르사회는 새로운 종교라고 불릴 만한 것을 창조하지 못했다. 마야사회, 히타이트사회, 바빌로니아사회 및 인도사회는 해체에 따라 그들 종교의 파렴치한 성적(性的) 욕구와 철학의 과장된 금욕주의 사이의 간격에 매우 무관심하여 원시인의 기질로 돌아간 듯하다. 고대 사회구조가 붕괴되는 것을 보고 충격을 받음으로써 그들의 죄의식이 일깨워졌다.		
6	?~약 300	마야의 제1제국	약 300~690			
7	?~1521	신에스파냐의 에스파냐총독제(아스텍족이 세계국가를 건설하려고 할 때 에스파냐인이 침략)				
8						

BC 15세기경 그 지역의 지배적 문명이 됨
BC 1352년 이후 BC 1278년의 평화가 올 때까지 이집트와 교전
BC 1200~1190년의 민족 이동으로 압도됨

10	약 937~525 BC	아케메네스제국	약 525~332 BC	제르베안교 (유산됨)		고유
		아랍칼리프국	약 640~969		이슬람교	고유
11	?~610 BC	신바빌로니아제국	610~539 BC	점성술	유대교	외래(시리아)
					조로아스터교	외래(시리아)
12						
13						
14	878~1280	몽골제국	1280~1351		가톨릭교	외래(서유럽)
		만주제국	1644~1853		태평천국운동	반(半)외래 (서유럽 색채)
15	1185~1597	히데요시의 독재와 도쿠가와 막부	1597~1863		정토종	반외래(동아시아 문명 본체)
					정토진종 (淨土眞宗)	고유
					일련종(日蓮宗)	고유
					선종	반외래(동아시아 문명 본체)
16	?~322 BC	미우리아제국	322~185 BC	소승불교		고유
		굽타제국	390~약 475	자이나교	힌두교	고유
17	약 1175 ~1572	무굴제국	약 1572 ~1707		카비르교, 시크교	반외래(이슬람)
		영국령 인도제도	약 1818~		브라마사마즈교	반외래(서유럽 색채)
18	431~31 BC	로마제국	31 BC~ AD 378	플라톤철학	그리스도교	외래(시리아)
				스토아철학	미트라교	외래(시리아)
				에피쿠로스철학	마니교	외래(시리아)
				필론철학	이시스 숭배	외래(이집트)
					대승불교	외래(인도)
					키벨레 숭배	외래(히타이트)
					신플라톤파	고유
19	977~1372	오스만제국	1372~1768		이맘 시아파	외래(이란)
					베드로엣딘파	반외래(이란적 색채)
20	1075~1478	모스크바제국	1478~1881		분리파	고유
					재건 프로테스탄트	외래(서유럽)
21						

유산된 문명 : 과도한 도전에 맞서야 한다는 무리한 긴장감 때문에 시작 단계에서 사라져버린 문명으로, 극서·극동 그리스도교 문명 및 스칸디나비아의 문명이다.

서유럽 그리스도교 문명은 375년경 그 뒤로, 이른바 '켈트 외곽', 즉 주로 아일랜드에서 새로운 땅의 자연적 도전과 헬라스 사회의 해체 그리고 서유럽 사회의 발생이라는 이중의 사회적 도전에 맞서기 위해 발생했으며, 분리 시기는 450~600년경까지이다. 켈트인들은 자신들의 야만 시대에 그리스도교를 켈트인의 사회적 전통에 맞게 고쳤다. 6세기경, 아일랜드는 서유럽에서 아주 뚜렷하게 그리스도교의 중심이 되었다. 그 특징은 교회 조직과 문자 그리고 예술에 잘 나타나 있다. 이 문명에 결정적 타격을 준 것은 9~11세기에 걸친 바이킹의 침략과, 12세기에 들어와 강력해진 로마의 교회 권력과 잉글랜드의 정치적 세력이다.

극동 그리스도교 문명은 옥수스·악사르 두 강 유역의 네스토리우스파 그리스도교를 모체로 하여 일어났으며, 이 지역은 거의 9세기 동안 시리아 세계의 다른 지역에서, 정치적·문화적 격리 상태에 있었다. 그리고 737~741년에 아랍 제국과 병합됨과 동시에 멸망해 버렸다. 이 시초가 되는 문명은 중앙아시아에서 지리적으로 2대 무역로에 걸쳐 다수의 헬라스인 식민개척자들을 에워싸고 있었으므로 특별한 기능을 수행하면서 독자적 생활을 해왔으며 이른바 아시아 역사의 소산이라고 말할 수 있었다.

스칸디나비아 문명은 로마 제국 붕괴 후 헬라스 사회의 외적 프롤레타리아 영역 안에서 일어난 것이다. 스칸디나비아인들은 6세기 말 이전에, 중간에 파고든 이교도인 슬라브 민족 때문에 로마·그리스도교 세계로부터 격리되었다가 서유럽과의 접촉이 다시 이루어진 뒤에야 비로소 독자 문명을 발달시키기 시작한 것인데, 이 문명은 결국 아이슬랜드인들이 그리스도교로 개종하면서 모두 사라지고 말았다. 이 문명의 특색은 심미적 경향에 있는데, 이 점에서 헬라스 문화와 뚜렷이 닮은 점을 보여주고 있다.

성장이 멈춘 문명 속에는 폴리네시아인·에스키모·유목민·스파르타인·오스만인들이 포함된다. 이들 문명은 모두가 '뛰어난 곡예'를 시도하고 수행한 결과 완전히 멈춰버리고 말았다. 이것은 모두 반복되는 자극의 정도에 따라 수확체감의 법칙이 작용할 정도로, 마침 경제에 대한 도전의 맞대응이었다. 스파르타인들과 오스만인들의 경우에 가장 큰 도전은 인간적 도전이었으나 다른 문명의 경우는 자연적 도전이었다. 이들 문명 전체에 공통되는 두 가지 특징은 카스트 제도와 특수화라는 일이다. 사람들은 모두 인간의 의지력과 창조의 기적을 실제로 행했다. 하지만 그 대신 융통성 있는 적응성을 드러내는 인간 특유의 소질이 의도적으로 버려지게 되는 희생을 무릅쓰지 않으면 안 되었다. 그들은 모두 인간으로부터 동물을 향한 역행의 길을 더듬었다.

에스키모 : 경제적 이익에 물들어, 겨울철에도 해수 바로 옆이나 그 위쪽에 자리잡고 바다표범 잡는 '뛰어난 곡예'를 부리게 되었다. 이러한 재주 때문에 그들의 에너

지는 완전히 소모되어 더 이상 나아지기 위한 여력조차 이미 사라져 버렸다. 또한 그들은 자신의 생활을 극지 기후의 주기에 꼭 일치시킨다는 대가를 치르고 있다.

오스만리 : 이들에 대한 최대의 도전은 유목 사회를 낯선 환경으로 이동시킨 뒤 그곳에서 동물이 아니라 자신과 다른 이민족의 인간 사회를 지배해야 한다는 새로운 문제와 맞닥뜨리는 일이었다. 이 '뛰어난 곡예'의 대상은 오스만 노예 가족이었다. 즉 파디샤의 인간 가축을 관리하는 이들을 골라 훈련시키는 일이었다. 그들은 가능한 한 인간성을 버리고 동물성을 몸에 지녀 단순하고 본능적 행동에 온 마음을 쏟는 놀라울 만한 일을 해냈다.

스파르타인 : 기원전 8세기 헬라스 세계 전체가 인구 과잉이라는 자연적 도전에 부딪혔으나, 스파르타인은 이에 맞서기 위해 오스만 체제와 마찬가지로 인간성을 완전히 무시하며 엄격하고 '단순한' 군사 훈련에 온 힘을 기울인다는 대단한 '곡예'를 행했다. 스파르타의 체제와 오스만의 체제 사이에는 닮은 점들이 많았으나 이것은 다른 두 사회가 서로 모르는 상태에서 독립적으로 행동했지만, 실질적으로 같은 도전에 맞서기 위한 응전 방법이 저절로 맞아떨어진 것으로 보인다.

유목민 : 스텝(온대 초원)의 자연적 도전은 이집트 및 수메르 두 문명을 발생시킨 원인과 같은 건조화에 따른 것이었다. 스텝을 지배하기 위해 유목민들은 온갖 노력을 기울여야만 했다. 유목 생활은 동물을 길들이는 일과 경제적 기술을 개발하는 일 등 여러 가지 점에서 농업보다 유리한 점이 있으며, 농업보다는 오히려 공업을 주로 하는 생활에 비교될 수 있다. 따라서 유목 생활은 매우 높은 수준의 품성과 행동을 필요로 한다. 실제로 '훌륭한 목동'이 그리스도교의 상징이 되어오지 않았는가.

폴리네시아인 : 해양의 자연적 도전에 대해 그들은 원양 항해라는 '뛰어난 곡예'로 맞섰다. 그들의 뛰어난 기능은 빈약한 카누를 타고 감히 대항해를 강행한 것이며 그 대가는 태평양과 계속해서 정확한 균형을 유지해야 한다는 일이었다. 그들은 태평양이라는 넓은 바다를 건너는 일에 온 힘을 쏟느라 조금도 한가할 틈이 없었다. 이 참기 어려운 긴장감이 마침내 완전히 사라지는 지점을 이들은 발견했다. 이스터 섬에 있는 거대한 석상의 무리는 이들 석상 제작자들의 위대한 과거를 엿보게 한다. 이 석상들을 만든 기술은 이 섬의 개척자가 지니고 있었음이 틀림없지만, 그 자손들은 항해술과 조각술을 모두 잊어버린 것이다.

토인비의 생애와 사상

인간 아놀드 조셉 토인비

토인비의 매력

이제까지 '위대한 역사가'로 꼽히는 사람들은 학문적 업적뿐만 아니라 그 인품과 사상의 매력에 대해서까지 언급되는 경우가 많았다. 역사를 배우는 데에는 결국 인간의 풍요로운 감수성과 판단력이 밑바탕에 깔려 있기 때문이다. 그러한 인격적 기반 위에서 연구되므로 뛰어난 역사적 지식과 예지가 생겨난다고 할 수 있다. 그런 의미에서 볼 때 토인비의 인품과 그의 사상적 매력은 무엇일까? 대부분의 사람들은 "토인비에게는 사람의 마음을 감동시키는 데가 있다"고 말한다. 그렇다면 그의 어떤 점이 그러한지 알아보기로 하자.

토인비의 첫 번째 매력은 세계적인 시야를 가지고 있는 점이다. 일반적으로 토인비는 '20세기 최고 역사가'로 불린다. 그 새로운 역사학의 특징은 역사의 단위를 '문명'으로 보고, 그것을 비교 및 연구함으로써 세계사의 구조와 의미를 고찰하려는 데 있다. 그것을 역사적으로 더듬어보면 19세기까지 역사학에서는 역사의 단위와 주역은 한 국가이고, 한 민족이었다. 즉 역사란 '그 나라 국민의 역사'이고 '유럽 중심의 세계사'로 성립되었던 것이다. 따라서 지금까지 전통적인 역사학의 주류는 민족주의사관이나 서양중심사관에 깊이 빠져 있었다고 할 수 있다.

그러나 20세기에는 유럽이 우위라는 19세기적 현실이 크게 흔들리고, '유럽의 시대'라는 말도 과거에 대한 향수를 나타내는 데 지나지 않는다. 세계사의 새로운 무대에는 이미 많은 비서양문명이 등장했으며, '하나의 세계'에 대한 구상이 이야기되기 시작했다. 이미 모든 인류의 과거는 하나의 공통 유산이 되어, 그 미래는 하나의 공통 운명을 떠맡는 것으로서 자각되어야 한다.

이렇게 새로운 시대의 여명을 맞이할 때, 온 인류의 문제와 씨름하는 역사가야말로 '현대에 걸맞은 역사의 견해와 태도'에 대한 모범을 보여주어야 할 것이다. 이미 인류는 우주에서 지구를 보려 하고 있다. 그러므로 오늘날 '전 지구 문명의 시대'에는 무엇보다 역사에 대한 전체적이고 포괄적인 연구가 중요하다.

또한 토인비 자신이 '내가 사는 곳만을 세계'라고 보는 자기중심적 시야의 편향을 '퍼로키얼리즘(지역적 특수성)'이라 부르며, 그것을 극복하는 것에 무엇보다도 뜻을 두었다고 할 수 있다. 사실 그의 학문적 편력을 보더라도 자신의 전문분야인 그리스 로마사의 영역을 넘어서 여러 문명의 비교 연구로 시야를 넓혀 세계사로 향한 길을 가게 되었다. 토인비는 전부터 개개의 전문적 지식에 가려져 전체로서의 '역사하는 마음'을 잃어서는 안 된다 생각하고 있었던 것이다. 그런 만큼 세계사의 전체적인 관련과 의미를 얻는 데 심혈을 기울였다. 자기의 그러한 학문적 견해를 '제너럴리스트(종합주의자)'로서 자각하고, 자칫하면 '찬합 구석을 후벼 파게' 되는 스페셜리스트(특수전문가)의 지적 불모성과는 뚜렷이 구별했다.

앞으로 바람직한 것은 스페셜리스트로서 전체적인 지평으로 시야를 넓히고, 제너럴리스트의 문제제기에도 귀를 기울이는 것이다. 그렇다 해도 끊임없이 자신이 태어나고 자란 영국과 유럽을 넘어서, 모든 지역과 인류를 감싸안는 '진정한 세계사'를 정열적으로 탐구한 토인비의 모습은 많은 깨우침을 준다. 그가 세계사를 바라보는 혜안은 역사학상의 논란을 넘어, 먼저 사람들의 마음을 사로잡고 새롭게 눈을 뜨게 해준다고 할 수 있다.

토인비의 두 번째 매력은 자기편견의 극복이다. 지금까지 인류사에는 불행하게도 다양한 역사상의 편견이 달라붙어 있다. 그 가운데서도 인종차별은 인간을 전면적으로 부정하는 최악의 것이고, 그 밖에도 민족적 차별과 종교적 차별 등이 깊은 지층 속에 스며들어 있다. 토인비가 지향하는 새로운 역사 연구를 추진하기 위해서는, 먼저 이러한 두꺼운 편견의 벽을 뛰어넘는 것이 필요하다. 토인비 자신의 생애에 걸친 사색도 바로 이 과제를 출발점으로 한 것이라고 볼 수 있다. 즉 자기 내부에 깃들어 있는 '서유럽 중심의 사유와 형식'의 한계를 깨닫고, 또 '서유럽인의 눈으로 본 세계사'의 편견에서 벗어나려고 애쓴 것이다.

《역사의 연구》에서도 아직 세계제패의 꿈에서 깨어나지 못한 서양문명의 오만과 편견을 극복하도록 세심한 눈길로 바라보고 있다. 오히려 위용을 자랑하는 강대한 대문명보다 그 그늘에 숨겨진 약소한 문명에 대한 동정과 공감이 늘 가슴속에 흐르고 있었다고 할 수 있다. 예를 들면 토인비가 처음의 '문명표' 속에서 21개 문명을 들어, 저마다 동격이고 평등한 위치에서 파악하려 한 것도 서양중심사관의 궤도수정을 의도한 것이었다.

또 앞으로 세계사의 전망에 있어서도 토인비는 비서양문명에 특별한 기대를 품고 있었

A.J. 토인비(1889~1975)

다. 오늘날 인류는 자살적 광기를 피하는 수단으로서 '세계문명'의 수립을 요청받고 있다. 만약 그러한 '하나의 세계'가 실현되었을 경우, 이를테면 그 기반은 서양문명이라고 하더라도 세계사의 주도권을 어느 문명이 가져가게 될 것인가? 토인비는 그 주역으로서 처음에는 '관용의 정신'이 풍부한 인도문명을, 그리고 만년에는 지나친 공업화를 자제하고 '농공의 균형'을 유지하는 중국 문명을 들었다. 마땅히 거기에 도입되는 정신적 원리도 새로운 옷을 입게 될 것이다.

다시 말하면 '인간에 의한 자연 지배'를 주장한 유대교와 서양의 그리스도교적 자연관은 물러가고, '인간과 자연의 조화'를 강조하는 동양의 힌두교와 불교, 나아가서 도교와 신도(神道)의 정신이 되살아나게 된다고 했다. 이른바 '서양이 동양에서 배우는 날'이 찾아올 것을 토인비는 내다본 것이다.

이러한 토인비의 생각은 개인적인 종교관에도 드러나 있다. 토인비의 회상에 따르면, 그 자신은 어릴 때부터 영국국교회의 크리스천으로 교육을 받았다. 그만큼 성경과 친숙하며, 유대교적 또는 그리스도교적 역사관이 뇌리에 깊이

새겨져 있었다. 아마 그 영향은 그의 생애에 걸쳐 계속 이어졌을 것이다. 그러나 자신의 성장과 함께 그리스도교의 정통적인 교의에 대한 회의가 차츰 싹트기 시작했다. 그런 점에서 '걸림돌'이 적은 것은 조로아스터교이고, 자신과 같은 이단을 받아주는 너그러운 종교는 힌두교일 거라고 솔직하게 토로한 적이 있다.

물론 토인비의 가슴속에는 '종교적인 진리와 구원의 길은 하나가 아니라는' 신념이 숨어 있었다고 할 수 있다. 따라서 그리스도교의 본질을 나타내는 '자기희생적 사랑'을 실천한 것은 그리스도인 동시에 부처이고, 보살이라고 해석했다. 또 주요 저서의 집대성인 《도설 역사의 연구》 프롤로그에서, '너희들은 모두 신에게 돌아가야 한다'고 코란의 말로 끝맺은 것도 인상적이다. 그 중에서도 특히 주목할 만한 것은, 여러 종교의 화해와 공존의 길을 닦는 첫걸음으로서 그리스도교의 전통적 신념으로 알려진 배타성과 불관용의 정신을 버리도록 제안한 일이다.

이와 같이 자신이 속한 그리스도교에도 엄격한 비판을 가하고, 또 자기의 지적 양심을 걸고 인간사상 속에 무겁게 가로놓여 있는 '편견과 차별'의 여러 가지 모습을 날카롭게 파헤치려 했던 토인비의 사상과 행동은 자극적이다. 그것은 새로운 학문적 자세일 뿐만 아니라, 앞으로 지구사회에 거주하는 인간에게 가장 중요한 감각이자 기본적인 도덕이 될 것이다.

토인비의 세 번째 매력은 학대당하는 자에 대한 공감이다. 토인비가 즐겨 쓰는 말 가운데 아이스킬로스의 '지혜는 고뇌를 통해서 생겨난다'는 문구가 있다. 그것은 인간이 괴로워하는 것이 얼마나 존엄한 일인지를 암시하고 있다고 할 수 있다. 흔히 학대받는 자와 억압받는 자는 사회적으로 무력하고 하잘것없는 존재로 무시당하는 것이 통례였다. 그러나 토인비는 오히려 그러한 역사의 밑바닥에서 서성거리는 소외당한 사람들에게 미래에 대한 창조성이 깃드는 것을 보았다. 토인비의 이 독특한 발상과 착안은 일반 상식적인 사고에 충격을 주었다.

이러한 주제를 가장 상징적으로 보여주는 역사적 사례가 세계종교로서 탄생한 고등종교(高等宗敎)이다. 그 고등종교는 지금까지 2천여 년의 풍설을 견디며 수많은 사람들의 살아가는 목표가 되었고, 그들에게 정신적인 양식을 주어왔다. 하지만 그것은 결코 풍요로운 환경에서 성립된 것이 아니었다. 그리스도교와 대승불교의 경우를 보더라도 적어도 사회의 지배층이나 문명의 승자와는 인연이 없었다고 할 수 있다. 오히려 그 종교들은 사회적인 권리와 혜택을 빼앗긴 '사회에 속하지 않는 자들'의 것이었다. 그리고 문명의 만남이라는, 더욱 넓은 역사적 무대에서 검증해 본다면 승리를 구가하는 문명이 아니라 '패배한 문명'이 낳은 것이었다고 할 수 있다. 말하자면 사회에서 배제되고 이질적인 외래문명에 지배당하는 최대의 굴욕과 고뇌를 견뎌낸 예지가, 정신적 차원을 향해 마음을 열어 내면적인 고등종교로 가는 길을 닦았다고 할 수 있다.

그리스도와 부처가 설파한 인생의 목적은 현세적인 지배와 권력에 만족하는 것이 아니었다. 그것은 정신적이고 영속적인 가치로, 그들 자신도 자기희생과 물질적 금욕의 길을 실천했다. 그러므로 그들이 이끈 고등종교야말로 인류사에 정신적인 기반이 되었고, 인간의 구원과 문명의 화해를 가져오는 커다란 원동력이 된 것이다.

종교는 바로 고뇌의 표현이다. 그 고뇌야말로 전 인류에게 '구원의 메시지'를 보내는 역사적 창조의 원천이라는 것을 인식해야 하리라.

이러한 '고뇌와 창조'의 드라마를 연출한 사례는, 역사상 다른 집단의 사람들에게서도 볼 수 있다. 이를테면 프랑스의 칼뱅파 신봉자로 박해를 받고 어쩔 수 없이 망명의 길을 걸었던 위그노가, 사실은 '근대과학'을 추진한 개척자였다고 할 수 있다. 그리고 토인비가 미래에 있어서 '세계국가'를 이끌어갈 유망한 주역으로 기대한 것은, 유대인과 화교로 대표되는 디아스포라(흩어진 사람들)였다. 디아스포라는 타향의 이방인(소수자)으로서, 문명의 치열한 투쟁과 갈등의 비운에 끝없이 시달리는 나날을 보냈다.

그러나 그 곤경을 자극으로 삼고 수많은 사회적, 종교적 창조에 참여할 수 있었던 것이다. 또 그러한 민족주의를 넘어선 존재야말로 '하나의 공통 문명'을 지탱하는 빛나는 '세계시민'의 자격을 얻게 될 것이다. 토인비는 언제나 역사의 승자가 아니라 패자 쪽에 서서 역사를 체험하고, 고뇌의 창조적 의미를 해명해 왔다고 할 수 있다.

이러한 토인비의 통찰은 인류사의 피상적 이해를 뛰어넘는 깊은 의미를 보여주는 것이어서 매우 감동적이다. 그것은 또 인생과 역사의 진정한 동기에 대해 새로운 빛을 밝히게 될 것이다. 그런데 토인비가 스스로 대결하고 말을 거는 문제는 '현대의 정신적 토론'으로서 중요하며, 현대인이라면 어느 누구도 피할 수 없는 것이다. 이미 이루어진 역사적 관념을 뛰어넘는 토인비의 지적 도전에 우리는 어떻게 응답해야 할 것인가? 그것은 저마다 깊이 생각해 볼 문제이다.

'토인비'란 이름

아놀드 조셉 토인비는 1889년 4월 14일 영국 런던에서 자선조직협회 사무총장인 해리 벌피 토인비와 사라 에디스 토인비의 맏이로 태어나, 1975년 10월 22일 여든여섯 살로 생애를 마쳤다. 토인비(Toynbee)라는 언뜻 이색적으로 보이는 철자는, 실은 잉글랜드 동부의 지명과 관련이 있다. 본디는 Toynby일 것이다. 이것을 어원적으로 보면 'Toyn'은 네덜란드어로 '마당'을 뜻하고 'by'는 덴마크어로 '장소'에 해당한다. 마당은 보통 울타리가 쳐져 있는 땅이므로, 토인비는 '방비를 갖춘 마을' 정도의 의미가 된다. 사실 링컨셔에는 혼캐슬 지방을 중심으로 토인톤(Toynton)이라는 이름이 들어간 마을을 어렵지 않게 찾아볼 수 있다. 또 그 남부에는 텐비(Tenby)라는 마을도 있다. 그러고 보면 토인비 조상의 이름은 아마 그 지명에서 유래한 것이라고 추측할 수 있다.

또 퍼스트네임인 아놀드(Arnold)는 큰아버지인 저명한 경제학자 아놀드 토인비와 같고, 미들네임인 조셉(Joseph)은 유능한 할아버지 조셉 토인비에서 따온 것이다. 먼저 이 두 위대한 조상을 비롯한 토인비 집안을 살펴보고, 그러한 환경에서 자란 토인비의 인격과 사상 형성의 길을 더듬어보기로 한다.

할아버지 조셉과 큰아버지 아놀드

먼저 토인비의 할아버지인 조셉 토인비는 런던 최초의 이비인후과 전문의인 동시에 마취법의 선구자로 유명하다. 그러나 당시로서는 아직 초기단계였던 마취제 실험 과정에서 목숨을 잃게 된다. 그것은 가끔 창의력이 넘치는 선각자에게서 볼 수 있는 것으로, 시대를 앞선 시도로 불행하게 희생된 것이다. 그는 사회적 양심이 풍부하고 공중위생 분야에서도 선구자적인 존재였다. 조셉 토인비의 짧은 생애는, 실력 있는 개업의로서뿐만 아니라 진취성과 엄격한 도덕성으로 이루어졌다고 할 수 있다.

토인비는 젊은 나이에 죽은 할아버지를 안타까워하면서, 만약 그가 천수를 누렸더라면 그 자식들과 손자들의 처지가 훨씬 유복해져서 지금과는 다른 운명에 놓였을 것이라고 했다. 그것은 할아버지 정도의 명성과 실력이 있으면 아마 엄청난 부(富)를 쌓았을 터이기 때문이다. 그러나 인간이란 스스로 노력하지 않고 안일한 생활에 빠지다가는 몸이 망가지기 십상이다. 왜냐하면 물질적으로 윤택한 환경은, 흔히 양심을 흐리게 하고 지적 창조성에 대한 의욕을 마비시키기 때문이다. 인간의 행복은 '돼지의 행복'과는 다르다. 그런 의미에서 토인비는

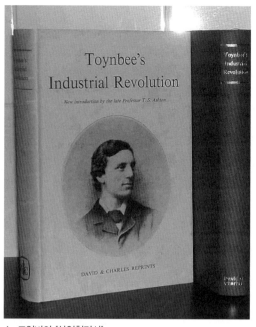

A. 토인비의 《산업혁명사》
큰아버지 A. 토인비가 젊은 나이에 세상을 떠나자 그의 제자들이 강의노트를 모아 책으로 발간했다.

'다행히 그러한 운명에서 벗어나게' 되었다고 할 수 있다.

또 한 사람, 토인비의 이름에 남아 있는 큰아버지 아놀드 토인비는 영국의 저명한 경제학자였다. 그는 오늘날 정형화된 개념이 되어 있으며 전 세계의 모든 역사가가 쓰고 있는 '산업혁명'이라는 말을 탄생시켰다. 그는 1881년 10월부터 이듬해 5월까지 옥스퍼드 대학에서 영국경제사를 강의하면서, 그 강의에 산업혁명이라는 제목을 붙인 것이다. 엄밀하게 따지면, 이 '산업혁명'이라는 용어는 그 전에도 엥겔스, J. S 밀, 마르크스 등이 썼다. 그러나 오늘날처럼 역사학상 중요한 개념으로 쓰이게 된 것은 아놀드 토인비의 공적에 의한 것이다. 그러나 그는 1883년, 서른 살의 젊은 나이에 세상을 떠남으로써 강의는 미완으로 끝나고 만다. 그 뒤 이 젊은 인재를 기념해 뛰어난 그의 제자 둘이 그 강의록을 편집, 《산업혁명사》(1884)라는 제목으로 출간했다. 이 두 학생은 훗날 저명한 경제사가로서 명저를 남긴 W. J. 애쉴리와 홀튼 킹이었다. 이 책은 그 무렵 산업혁명에 대한 유일하고 권위 있는 문헌으로서 널리 읽혔다.

'영원한 생명의 잉태'

《산업혁명사》가 저술된 지 이미 1세기 이상 흘렀다. 따라서 그 개념도 시대의 변화와 함께 다시 검토할 필요가 있다. 이를테면 산업혁명을 역사상 일정 시기에 한정해 파악한 '좁은 뜻의 산업혁명'에 대해서는 반성과 새로운 이해가 필요할 것이다. 그러나 산업혁명을 18세기 끝무렵 영국적 현상으로 보면서도 그것을 '혁명'으로 파악한 것은 아놀드 토인비가 최초였고, 참으로 뛰어난 의견이었다. 사실 산업혁명 뒤 기계문명은 8천 년에 걸친 인류사의 대부분을 차지한 기계 이전의 시대에 비해 그야말로 '문명의 변혁'을 의미하기 때문이다. 아직 '완료되지 않은 혁명'의 결과, 인류는 오늘날 최대 위기인 '노아의 홍수'를 겪게 될 수도 있다. 이와 같이 산업혁명의 파문을 과학사뿐만 아니라 문화사적으로 음미하는 데 있어서도 아놀드 토인비의 업적을 가볍게 보아 넘길 수 없을 것이다.

이 《산업혁명사》는 제2편에서 영국의 고전경제학 비판을 시도하고 있는 점에서도 주목을 받았다. 이른바 아담 스미스부터 벤담, 리카도 등이 정통파 경제학설을 재검토하고, 새로운 사태에 대응할 수 있는 경제학의 필요성을 주장한 것이다. 그것은 훗날 토인비가 영국사학의 금자탑으로 불리는 《케임브리지 근대사》를 비판한 용기를 연상시킨다. 아놀드 토인비는 겨우 한 권의 책을 남기고 세상을 떠났지만, 그 학문적 도전과 의의는 지대한 것이었다. 토인비는 《산업혁명사》에 대해 "큰아버지 아놀드 토인비의 인격이 그 책 속에 넘쳐나면서 영원한 생명을 잉태하고 있다" 말하며, 그를 존경하는 마음을 표현했다.

토인비 홀

아놀드 토인비는 지금까지 보았듯이 경제사가인 동시에 사회복지사업의 선구자로도 이름이 높았다. 그는 1873년 옥스퍼드 대학에 입학한 뒤 평생 그곳에 머무르면서 연구와 교육에 자신을 바쳤고, 또 사회적 이상과 개량에도 정열을 불태웠다. 그의 인품은 참으로 도덕적이고 경건했으며, 늘 진실과 순수를 사랑했고 간소한 생활을 신조로 삼았다. 그 기품 있는 삶의 태도는 학창시절 친구들이 '성(聖) 아놀드'라고 불렀을 정도였다. 토인비는 사회개량에 애쓰는 큰아버지의 의도에 대해, "그는 아버지의 영향을 받아 산업혁명에 의해 거리가 더욱 벌어진 영국의 노동계급과 중산계급 사이에 다리를 놓으려고 시도했다"고 말했다.

산업혁명의 현실은 과학사와 문화사와 관련이 있을 뿐만 아니라, 사회사에도 큰 흔적을 남겼다. 산업혁명은 어느 면에서는 분명 근대적 공장제도로의 전환을 통해 생산 집중과 약진을 이룩, 사회 진보와 번영을 약속했다. 그러나 그 눈부신 번영의 그늘에 '보이지 않는 혁명'이 서서히 진행되고 있었다. 산업혁명의 진전과 함께 자본가와 프롤레탈리아트(무산계급)의 대립이

토인비 홀
런던 이스트엔드에 설립된 세계 최초의 복지관인 '토인비 홀'은 큰아버지인 A. 토인비의 업적을 기려 건립한 것이다.

뚜렷해지고, 빈부의 격차가 확대되었다. 양자의 이해대립은 사회조직을 양극으로 분단하는 불온한 사태를 불러, 마치 '두 개의 계급', '두 개의 국가'가 존재하는 듯한 양상을 드러냈다. 그 가운데서도 영국의 경우는, 세계에 앞서서 산업혁명을 체험하고 그 중심무대가 되었던 만큼 심각한 문제들이 발생했다. 구체적으로는 공장노동자의 불안정한 신분과 인간적 소외가 날이 갈수록 심화되었다. 한편으로는 노동이 갈수록 가중되고 강화되어 하루에 12~13시간을 표준으로, 때로는 14~15시간이 넘는 노동을 강요당했다. 또한 저임금으로 어린이와 부녀자들을 동원함으로써 노동조건의 악화를 불러왔다. 그리고 그들의 주거지는 비참하기 짝이 없는 비위생적인 슬럼가였다.

이러한 산업혁명에 의해 초래된 사회의 어두운 면은 아놀드 토인비의 고지식한 마음에 커다란 동요를 일으키지 않을 수 없었다. 사회적 정의의 실현은 단순히 감상적인 유토피아를 그리는 것이 아니었다. 그는 또 국가권력에 의한 입법조치를 강구하는 것만으로는 충분하지 않고 그 이상의 것이 필요하다는 것을 사무치게 느꼈다. 근본적으로는 무엇보다 인간의 사회적 관계 개선이 가장 시급한 문제였다. 아놀드 토인비는 허약한 신체를 돌아보지 않고 스스로 런던 이스트엔드의 슬럼가에 살며 주민들과 동고동락했다. 그 뒤로 과도한 피로를 풀 겨를도 없이 구빈사업에 심혈을 기울였다. 어쩌면 그러한 격무와 투쟁의 나날이 아놀드 토인비의 생명을 단축시키는 원인이 되었는지도 모른다.

런던 이스트엔드에 설립된 세계 최초의 지역사회 복지관인 '토인비 홀'은 바로 그의 위대한 업적을 기념하는 곳이다. 그 목적은 적어도 제1차 세계대전까지 특권적인 지위를 차지했던 옥스퍼드 대학이 제공할 수 있는 가장 좋은 문화적 교양을, 이스트엔드의 불우한 주민과 함께 나누려 한 것이다. 대학을 나와 런던에서 취직한 청년들이 그곳에서 공동생활을 하면서 여러 사회적, 문화적 활동과 봉사를 하는 관습이 그곳에서 시작되었다. 아놀드 토인비의 인품과 생애를 장식하기에 걸맞은 토인비 홀의 초기 거주자 중에는, 훗날 영국노동당 당수가 되어 수상을 역임한 C.R. 애틀리의 이름도 있었다.

처녀작의 파문

큰아버지 아놀드 토인비가 죽은 뒤에 태어난 토인비는 당연히 그를 직접 만난 적은 없었다. 그러나 무언의 영향을 받은 것은 사실이다. 기성의 학문을 뛰어넘어 새로운 문제를 제기한 역사가로서, 또 현실문제에 깊은 관심을 보낸 고매한 이상주의자로서의 큰아버지의 됨됨이는 그 성실하고 진지한 인품과 함께 조카 토인비에게 그대로 이어졌다고 할 수 있다. 참고로, 처음에 토인비의 이름을 '아놀드 토인비'라고 지었던 것은 '아놀드 토인비가 죽은 뒤 처음 태어난 사내아이'를 기념하는 것이었다. 오늘날 두 사람을 비교할 때, 단순한 우연성을 넘어선 공통점을 찾을 수 있다.

하지만 토인비가 '유명인과 이름이 같으면 아무래도 불리한 점이 있다'고 어려움을 느끼게 된 일화가 있다. 자신의 이름이면서 자신의 것이 아닌 듯한, 공중에 붕 뜬 느낌을 지울 수 없었던 시기의 일이다. 그는 1915년 스물여섯 살

때《민족과 전쟁》이라는 처녀작을 출판했다. 표지에는 당연히 '아놀드 토인비'라고 서명했다. 모든 정력을 쏟아부은 그 처녀작은 따뜻한 축복을 받는 것이 세상의 관습이다. 그런데 며칠 뒤, 아홉 명이었던 큰아버지 큰어머니 가운데 한 사람을 제외하고 모두가 토인비에게 공격의 화살을 돌린 것이다.

"너는 책 표지에 왜 아놀드 토인비라는 이름을 넣었느냐? 그건 네 이름이 아니라 네 큰아버지의 이름이다."

본디 아놀드 토인비는 젖먹이 때 그들이 희망과 기대를 보내며 붙여준 이름이었다. 그가 스스로 부른 이름이 아니었다. 그러므로 이유 없는 이런 비난에 토인비는 당황하지 않을 수 없었다. 그러나 '집안에 풍파를 일으키지 않으려는' 마음에서, 그 뒤부터는 미들네임에 할아버지의 이름인 조셉을 붙였다. 즉 미국식을 본떠 '아놀드 J. 토인비'라고 서명한 것이다.

그때 단 한 사람, 그에게 비난의 편지를 보내지 않았던 부인이 있었다. 그 사람은 바로, 누구보다 그럴 권리를 가진 아놀드 토인비의 아내인 셜리였다. 그 큰어머니는 어느 날 토인비가 보내온 500여 페이지의 두툼한 처녀작을 받아들고, "너의 큰아버지는 이렇게 두꺼운 책은 쓸 수 없었어. 참으로 가여운 청년이었지" 말하더니 잠시 눈시울을 붉혔다. 큰어머니의 그런 모습은, 친척들의 비난에 상심한 토인비에게 위안을 주었다.

그는 어릴 때부터 큰아버지를 신 같은 존재로서, 거의 숭배에 가까운 감정을 갖도록 가르침을 받았다. 이제 그 큰아버지에게 토인비는 인간적인 친근함과 따뜻함을 느낄 수 있었다. 그는 큰아버지에 대한 깊은 외경심을 다음과 같이 말했다.

"1966년인 지금, 나는 큰아버지가 돌아가신 나이의 두 배가 넘었다. 큰아버지가 지금의 내 나이까지 살아 계셨다면 얼마나 훌륭한 일을 많이 하셨을까? 내가 죽었을 때 세상 사람들에게 아놀드 토인비가 서른 살에 죽을 때까지 이룩한 것의 반이라도 이루었다는 말을 듣는다면, 그것으로 나는 보람 있는 생애를 보냈다고 여길 것이다."

문제의 서명은 큰아버지 큰어머니들이 모두 세상을 떠난 뒤부터 옛 금제가 풀려 다시 아놀드 토인비라고 쓰기 시작했다. 그 조치에 대해 큰아버지는, 하잘것없는 세상일에는 관심을 보이지 않는 현명한 사람이었던 만큼 틀림없이 허락해 줄 것이라고 생각했던 것이다.

패짓과 해리 할아버지

학자로서는, 그의 큰아버지 가운데 아놀드 토인비 말고도 동생인 패짓 토인비가 있었다. 그는 단테 연구가로 유명하다. 그가 저술한 《단테 사전》(1898)은 그 무렵 유일한 영어문헌으로, 단테 연구의 참고서로서 많은 사랑을 받았다.

이 패짓 토인비와의 만남으로 토인비의 학문적 태도는 역설적인 의미에서 가닥을 잡게 되었다. 어린 토인비는 가끔 큰아버지의 집에 머문 적이 있었다. 그때마다 그는 서재에서 온갖 종류의 책을 닥치는 대로 읽곤 했다. 그때 큰아버지는 "너는 흥미를 지나치게 여러 방면으로 넓히고 있구나. 너만의 전문 분야를 정하지 않으면 안 된다"고 충고했다. 토인비는 그 자리에서는 일단 공손하게 감사의 뜻을 표했지만, 마음속으로는 '이런 충고는 받아들일 수 없다'고 굳게 결심했다. 사실 그 뒤 토인비는 그리스 로마사를 전공하면서도 그 좁은 제약을 뛰어넘기 위해 끊임없는 노력을 기울였다. 그리고 문명의 비교 연구를 축으로 한 세계사 연구에 크게 날개를 펼치게 되었다. 이른바 이 스페셜리스트에서 제너럴리스트로의 학문적 개종은, 단테 연구에만 갇혀 《단테 사전》한 권만 저술하는 데 머물렀던 패짓 토인비와의 정신적인 결별을 선언한 것이었다.

그 밖에 어린 토인비에게 '잊을 수 없는 영향'을 준 것은 '해리 할아버지'라는 애칭으로 친숙했던 종조할아버지 헨리 토인비였다. 할아버지 조셉 토인비의 동생으로, 오랫동안 동인도회사에서 선장으로 일한 사람이었다. 사랑하는 아내를 잃은 만년에는 토인비 집에서 같이 살게 되었는데, 그런 만큼 토인비와의 일상적인 교류가 깊었다. 토인비의 《교유록》첫 페이지를 장식한 것도 이 해리 할아버지이다. 그 장에는 흥미로운 일화가 많이 등장한다. 그 가운데 몇 가지를 살펴보기로 하자.

아직 세 살밖에 되지 않은 토인비에게 "인간은 행복해지기 위해 이 세상에 태어나는 것은 아니란다" 이런 평범하지 않은 말을 들려준 것도 해리 할아버지였다. 그뿐만이 아니라 "인간은 이따금 이유 없는 죄로 의심받는 일이 있다"는 모순을 몸소 보여주기도 했다. 평범한 사람이라면 누구나 인생의 행복을 꿈꾸며 살아가는 법이다. 그러므로 자기도 모르는 혐의를 받아들이는 것은 불합리하고 고통스러운 일이다. 그러나 인간의 자연스러운 감정을 짓밟는 해리 할아버지의 냉엄한 말과 행동들은, 어떤 면에서는 인생과 역사의 이면이 지닌

〈템스 강 부두〉 사무엘 스코트. 1757.
당시 런던교 근처 동인도회사의 부두 모습. 종조할아버지(할아버지의 동생) 헨리 토인비가 오랫동
안 선장으로 있었다. 그의 경험은 어린 토인비의 마음속에 역사에 대한 호기심을 자극하였다.

진실을 보여주는 것인지도 모른다. 그런 의미에서 그것은 평생 토인비의 마음
속에 깊이 새겨지게 되었다.

　해리 할아버지는 또 어린이의 훈육과 교육에도 엄격했다. 토인비에게도 자
주 자신이 어린 시절에 겪은 일을 얘기해 주곤 했다. 이를테면 다음과 같은 일
화가 있다. 어느 날, 해리가 책을 읽고 있는데 아버지가 심부름을 시켰다. 그는

읽던 책을 조금만 더 읽고 심부름을 할 생각이었다. 그러나 아버지는 그 잠깐을 기다리지 못하고 지팡이로 토인비가 읽고 있는 책을 내리쳤는데, 너무 세게 치는 바람에 책뿐만 아니라 아들의 손까지 다치게 하고 말았다. 그 뒤 아버지는 아들에게 얼른 책을 새로 사주었다고 한다. 그런 영향 탓인지 해리 할아버지는 어린이에게 선악의 분별과 복종의 관습을 익히게 하는 데 엄격했다. 그러면서도 동시에 공평하게 대하는 것도 잊지 않았다.

해리 할아버지와의 다채로운 일화들은 끝이 없을 정도이다. 그는 독특한 청교도적 신앙의 소유자로, 전투적인 반교황주의자였다고 한다. 그러한 모습은 가톨릭 추기경의 진홍색 모자보다는 마호메트의 터번 쪽이 낫다고 한 주장에서도 엿볼 수 있다. 토인비의 부모도 신교도였지만, 오히려 자유주의적이고 온건했다. 그런 만큼 해리 할아버지의 지나친 종교적 편견이 자기 아들 토인비에게 전염되지 않도록 늘 주의를 기울였다. 하지만 토인비는 '로마가톨릭교와 이슬람교, 그 어느 쪽에 대해서도 호의적인 태도를 취함으로써' 이 문제를 해결했다. 토인비의 종교관에는 광신성에 대한 깊은 경계심이 있었다. 그러한 자제적인 태도는 이 가정의 분위기 속에서 길러진 것이다.

그러나 한편으로 해리 할아버지는 어린 토인비의 마음에 광대한 세계를 향해 꿈을 품게 하는 창구가 되기도 했다. 반평생에 걸쳐 세계를 두루 돌아다니면서 구경했던 경험과 온 집 안을 가득 채운 인도와 중국의 진기한 골동품들은, 토인비의 호기심을 자극해 미지의 세계에 대한 끝없는 동경을 불러일으켰다. 역사가의 탐구는 무엇보다 호기심이 그 도화선이 된다. 그런 의미에서 세계적인 시야를 향한 개안(開眼)을 준비해 준 그의 공헌은 참으로 크다. 토인비의 인격 형성에 있어서, 해리 할아버지와의 만남은 기복이 많기는 했지만 그 강한 영향력을 부정할 수는 없을 것이다.

아버지와 어머니

이제 토인비의 부모에 대해서 살펴보자. 아버지 해리 벌피 토인비는 의사인 동시에 열성적인 사회사업가였다. 아버지의 가정은 할아버지 조셉 토인비가 일찍 세상을 떠나 경제 사정이 좋지 않았다. 그 속에서 아버지의 생애는 사회정의와 인도주의적 신념에 찬 사회봉사활동에 바쳐졌다. 즉 그는 런던에 본부를 둔 '자선조직협회'의 사무총장이 되어 병으로 쓰러져 직책에서 물러날 때까지

헌신적인 노력을 기
울였다. 이 협회는
1869년에 설립되었
는데, 그 배경에는
1834년의 '구빈법'이
있었다.

A.J. 토인비의 부모

그 무렵 영국에서
는 튜더 왕조 때에
급격한 사회적 경제
적 변동에 의해 빈
민의 수가 급증했다.
그 빈민을 구제하고

아버지 해리 벌피 토인비는 의사인 동시에 사회사업가였고, 어머니 사
라 에디스 토인비는 케임브리지 대학에서 역사학을 전공한 재원으로,
어린 아들 토인비에게 역사에 대한 흥미를 불어넣어주었다.

자 하는 공적제도의 법적 근거가 된 것이 이 구빈법이었다. 해리 벌피 토인비
가 소속된 협회는 그 정신을 계승하는 자선단체로서, '영국 중산계급의 양심'
을 보여주는 획기적인 의미를 담당했다. 토인비가 회상하듯이, 아버지의 정열
은 오늘날에 와서 가까스로 사회복지가 고양된 것처럼, '훨씬 뒤가 아니면 실
현될 수 없는 일에 열정적으로 도전하는 것'이었다. 토인비 사관의 밑바탕에는
언제나 학대받은 자의 고통과 고뇌에 대한 공감이 있었다. 역사상의 불합리한
계급적 편견과 인종적 우월감을 스스로 반성하고, 거기서 벗어나기 위해 모든
힘을 기울인 것에 토인비의 일생이 있었다고도 할 수 있다. 그 엄정한 양심과
성실한 봉사 정신은, 할아버지에게 물려받은 아버지의 이미지에서 크게 영향
을 받았다고 할 수 있다.

한편 어머니 사라 에디스 토인비는 잉글랜드 중부 버밍엄에서 철도차량 제
조업을 하는 공업자본가 에드윈 마셜의 딸이다. 케임브리지 대학의 뉴넘 컬리
지에서 역사학을 전공하고, 대학졸업시험을 최우수로 합격하여 졸업한 재원이
었다. 한때 교직에 있었고, 잉글랜드와 스코틀랜드 역사 교과서를 쓰기도 했
다. 기회 있을 때마다 토인비가 말했듯이, 어머니의 지적 매력과 그 영향력은
매우 강한 것이었다. 아직 다섯 살밖에 안 된 토인비에게 가랑비에 옷 젖듯이
역사에 대한 흥미를 불어넣은 것도 어머니였다. 그녀는 경제적 사정으로 유모
를 내보낸 뒤, 매일 밤 토인비를 재우면서 영국 역사를 처음부터 조금씩 들려

주는 것이 일과였다. 어머니의 이야기 솜씨가 매우 뛰어나서 어린 토인비에게
도 침대 속에서 듣는 그 이야기가 최고의 즐거움이었다. 학자였던 두 큰아버
지의 영향을 받은 덕분도 있지만, 토인비가 역사가의 길을 선택한 것은 근원적
으로 어머니의 영향이 가장 컸다고 말할 수 있을 것이다.

토인비의 역사에 대한 흥미는 분명히 어머니를 통해 길러졌지만, 그 뒤 역사
가로서의 방향은 서로 달랐다. 말하자면 '어머니와는 부류가 다른 역사가'로
성장하게 된다. 즉 토인비의 역사 연구는 역사의 '사실'뿐만 아니라 역사의 '의
미'를 추구하는 것이었다. 역사가로서의 목적과 사명은, 어머니가 이야기해 주
었던 영국의 역사 테두리를 넘어서 세계사에 눈을 뜨고, 역사적 현상의 배후
에 있는 정신적 실재를 탐구하는 데 있다고 생각했다. 오늘날 토인비 사학이
역사의 의미와 목표를 묻는 '형이상사학(形而上史學)'으로서 각광을 받는 동시
에 엄격한 논란의 중심에 선 사정이 바로 여기에 있다. 어쨌든 역사가로서 어
머니의 감화력은 당연히 토인비의 두 여동생에게도 영향을 미쳤다. 첫째 여동
생 조슬린 메리 토인비는 케임브리지 및 옥스퍼드 대학에서 고전고고학 교수
를 지냈는데, 그 학식과 평가는 오빠 토인비를 뛰어넘을 정도였다. 또 둘째 여
동생 마거릿 토인비도 역사가로서 링컨셔의 역사를 조사하는 일에서 토인비
집안의 가계도를 더듬어 올라가 조상을 밝혀내는 데 성공했다.

지금까지 살펴본 것처럼 토인비 가문은 수많은 인재를 배출한 명문가이다.
그 유서 깊은 가문에 일관되게 흐르는 정신적 유산은 무엇일까? 그것은 한마
디로 말하면, 사회정의에 대한 불멸의 정열과 창조적인 지성의 전통이다. 이 소
중한 정신들은 오늘날 토인비의 사상과 역사관의 원천으로 계승되어 새롭게
태어남으로써, 토인비 사학의 커다란 매력을 이루고 있다고 할 수 있다.

토인비의 학풍

토인비의 학풍에 대해 살펴보면, 그의 역사 연구는 왕성한 지적 호기심과
창조적인 저작활동에 의해 지탱되고 있다. 그가 《역사의 연구》(1954)에서 밝혔
듯이 역사의식의 깨달음은 먼저 풍부한 감수성에 의해 길러진다. 당연한 일이
지만 역사적 환경이 평온할 때보다는 오히려 거친 파도에 시달릴 때, 저마다
인간의 마음에 역사적 인상은 더욱 깊이 새겨진다. 그러므로 역사 연구에 있
어서 최초의 도전은, 적극적인 호기심의 응전(應戰)으로 받아들여짐으로써 비

로소 창조의 불이 켜진다.

그것에 대한 가장 빛나는 사례로서 토인비의 마음을 사로잡은 사람은 하인리히 슐리만이었다. 미케네 문명과 트로이 문명의 발견자인 슐리만이 자신의 호기심을 메클렌부르크에서 지중해로 돌린 것은, 소년시절 아버지에게서 들었던 트로이 전쟁 이야기 때문이었다. 그때의 감동은 이윽고 트로이가 실재했다는 확신으로 굳어져 마침내 그 발굴을 결심하게 되었다. 그때부터 그의 파란만장한 생애가 펼쳐지는 것이다.

슐리만은 열네 살부터 마흔한 살 때까지 각고의 노력을 기울여 재산을 모으고, 어학 공부에도 매진해 13개 국어를 습득했다. 이 발굴조사의 기초 작업을 거쳐, 마흔여섯 살부터 예순여덟 살까지 '호메로스의 세계' 발견에 모든 힘을 기울였다. 그렇게 노력한 결과, 모든 예상을 뛰어넘어 간절히 바라던 위대한 목적을 실현함으로써 '트로이의 영웅'이라는 이름을 남기게 된 것이다.

이 슐리만의 경험을 토인비도 하게 되는데, 앞서 말했듯이 토인비는 어머니가 들려주는 영국의 역사 이야기를 통해 역사에 흥미를 느끼고 있었던 것이다.

토인비가 여덟 살 때, 집 안 서재에 있는 네 권의 총서에 문득 눈길이 머물렀다. 《여러 국민 이야기》에 실린 네 권의 제목은 '고대 이집트' '아시리아' '메디아 바빌론 및 페르시아' '사라센인'이었다. 이 책들과의 만남은 토인비에게 지금까지 없었던 새로운 천체의 출현과도 같은 흥분을 불러일으켰다. 그 책들은 토인비의 모든 사고를 뒤흔들며 전 생애에 영향을 미치는 불멸의 불길을 켜게 된 것이다. 즉 일찍이 어머니에게서 들은 영국사는 우연히 자신이 태어난 서양 문명 가운데 한 나라의 역사에 지나지 않았다.

이제 그것은 평범한 행성으로서 빛을 잃었고, 토인비의 시야에는 세계사를 장식한 역대의 문명상이 크게 떠오르기 시작한 것이다. 여기에 서양 중심사관을 초월해 인류사적인 문명의 비교 연구를 향하는, 토인비의 지적 발상의 한 단면이 있었던 것이다.

그는 그때부터 동시대 문명의 일국사(一國史)에 머무는 것에 만족하지 못하고 세계 문명에 시선을 집중하며, 그 역사적 무대를 검증하는 데 마음을 쏟아부었다. 그중에서도 토인비는 '역사 감각을 갈고닦는 양식'으로서 여행을 중시해, '무릎에 힘이 남아 있는 한' 현지답사에 힘썼다. 자신의 발로 걷고 자신의 눈으로 확인해, 그 체험을 통해 얻는 영감을 소중하게 키웠다. 그것은 '몇 권의 문자나 사진, 지도를 보는 것보다 훨씬 가치가 있다'는 실감을 주었다. 거꾸로 말하면 인간과 문명의 역사는, 그 공간을 떠나서는 이해할 수 없다는 것을 느낀 것이다.

사실 토인비는 1911년부터 12년까지 영국 고고학연구소 연구원 시절에 그리스 로마사의 사적을 조사하고, 그 뒤 중근동, 남미, 아시아, 아프리카 등을 정력적으로 여행했다. 특히 《역사의 연구》의 주제는, 1921년 그리스 터키 전쟁의 취재를 마치고 이스탄불에서 런던으로 가는 차 속에서 쓴 것이었다. 또 같은 책의 12권(재고찰 1961)처럼 주된 저작은 전 세계를 여행하면서 어느 때는 강연하고, 또 어느 때는 여러 학자들과 토론하면서 펴낸 것이었다. 토인비에게 여행은 끝없는 저작활동의 개화와 결실을 약속하는 것이었다고 할 수 있다. 그것은 한편으로 서재 속에 갇힌 학문의 독단성을 통제하고, 삶의 기반을 떠난 문헌사학의 경직성을 치유하는 것으로서 중요한 것이었다.

정력적인 저작활동

토인비를 여행으로 이끌어 낸 호기심은, 그가 조지 그로트와 제임스 브라이스의 선례에 자극을 받아 저작활동을 하도록 이끌었다. 조지 그로트는 《그리스사》(1853)의 마지막 권인 12권을 간행한 뒤 곧바로, 플라톤과 아리스토텔레스에 대한 두 권의 자매 저작을 시작하는 등 쉴 새 없는 근면한 노력으로 《3부작》까지 완성하고자 했던 것이다.

한편 제임스 브라이스 또한 여든 살이나 된 몸을 채찍질해 명저 《근대민주정치》(1921)를 집필했다. 이 근대서유럽세계의 독특한 정치행태에 대한 포괄적인 연구가 완성 직전에 이르렀을 때, 토인비는 G.D.H. 콜 등이 앞장서 부르짖고 있었던 길드사회주의를 그에게 소개했다.

브라이스는 그 무렵 신흥 이데올로기로서 간과하기 쉽고 또 골치 아픈 문헌을 당장 세세하게 조사하고 저작 속에 기록해 출판했다. 브라이스는 사회주의자가 아니라 자유주의자였다. 그런 만큼 정치적 편견과 심리적 장애를 넘어서 저작에 몰두하는 브라이스의 청렴한 모습은, 토인비에게 더욱 큰 감동을 주었다. 그것은 '끊임없이 많은 것을 배우면서 나는 늙어간다'고 한 솔론의 단편을 떠올리게 하는 것이었다. 여든 살이 넘은 나이에도 브라이스의 호기심은 조금도 줄어들지 않았고, 그 정신의 싱싱함도 잃지 않았다.

그로트와 브라이스의 예는 격려와 교훈이 되어 토인비의 마음을 북돋우고 새로운 연구 의욕을 불러일으켰다. 토인비의 시간과 에너지는 여행을 하는 것 말고는 쓰는 일, 또는 쓸 준비를 하는 일에 소비되었다. 그는 뭐든 핑계를 만들어 힘든 일을 질질 끌면서 뒤로 미루는 안이한 태도를 부정했다. 그는 하나의 저작을 마침과 동시에 다음 책을 계획했다.

이를테면 《국제문제개관》(1~17권, 1925~56)과 《역사의 연구》(1~10권, 1927~54), 이 두 대작을 병행해 집필했고, 후자가 마지막 10권에 접어들었을 때, 이미 다음 저작인 《역사가의 종교관》(1956)과 《헬레니즘》(1959)의 구상을 마치고 쓰기 시작했다. 끊임없이 이어지는 저작에 대한 긴장과 그 연속성을 엿볼 수 있다. 그렇기 때문에 방대한 작품들을 남길 수 있었던 것이다.

1972년 런던에서 토인비의 학문적 생애와 업적을 더듬는 '토인비 연구전'이 열렸다. 이 전시회 한구석에는 열네 살부터 여든세 살까지, 70년에 걸친 논문과 저작 296편이 진열되었다. 또 만년의 저작활동을 보면, 지금의 토인비 생각을 스스로 정리한 《도설 역사의 연구》(1972)와 《콘스탄티누스 포르피로게니투스와 그의 세계》(1973)라는 대작을 비롯해 여러 권의 저작을 세상에 내놓았다. 또 1973년에 탈고한 유작(遺作) 《인류와 대지》도 1976년에 옥스퍼드 대학 출판국에서 간행되었다.

사르트르와 토인비의 지식인론

이른바 '지식인' 문제는 역사상 중요한 의미를 가지면서도, 아직까지 충분한 대결과 해명이 이루어지지 않고 있다. 거기에는 당연한 몇 가지 이유가 있다. 먼저 '지식인'에 대해 규정하기가 어렵고, 그 영향력을 가늠하기도 곤란하다는 원초적인 문제가 있다. 그리고 '노동자계급'을 현대사의 주역으로 내세우는 마르크스 사관의 번성도 장벽이 되었다고 할 수 있다.

물론 사회학 영역에서는 '대중사회론' 내지 '엘리트 이론'과 관련해 몇 가지 문헌이 없는 것은 아니다. 이를테면 칼 만하임의 《변혁기의 인간과 사회》(1940), T. B. 보트모어의 《엘리트와 사회》(1964) 등을 들 수 있다. 이러한 사회학적 영역에서의 관심은 주로 20세기의 새로운 사회적 세력인 지식인에게 주목하고 그것을 분석, 해명하는 것이었다.

그러나 지식인론의 주제와 문제의 중심을, 사상사와 정신사의 시각에서 비교문명론적으로 설명하는 작업은 매우 드물었다. 사실 '지식인'이라는 말 자체만 해도 언제나 안이하고 모호하게 쓰여져 왔다. 그래서 먼저 현대적인 의미에서 장 폴 사르트르의 논의를 출발점으로 해 토인비와 대비시켜 보고자 한다.

사르트르의 지식인론은 참으로 면밀한 논리로 전개된다. '지식인이란 무엇인가'라는 개념규정에 대해, 사르트르는 이중의 모순을 자각한 '실천적 지식의 기술자'라고 말했다. 즉 지적 기술자는 현실적인 존재로서 지배계급의 특수한 목적과 이데올로기에 예속되어 있고, 또한 인간 전체의 보편적 진리를 지향해 자유롭게 탐구하려 한다. 이러한 지배자의 가치체계에 도입된 '개별적 목적성'과, 인간으로서의 자기 속에 내면화한 '보편적 목적성'의 대립과 모순을 깨닫는 것이 지식인의 전제조건이다. 말하자면 지적 기술자는 양자 사이에 일어나는 마음속 깊은 곳에 있는 불쾌감의 정체를 확인하고 그것에 저항하고 뛰어넘으려 하면서, 자신이 하는 일의 목적 자체를 탐구할 때 비로소 '지식인'이 된다. 따라서 사르트르에게는 지식인으로 태어나고 자랄 수 있었던 유복한 환경과 학력이 직접적으로 문제가 되는 것은 아니다.

이를테면 핵무기를 만드는 사람은 단순한 학자와 기술자이지 지식인은 아니다. 그러나 같은 사람들이 핵무기의 비인간성을 우려해 공동으로 각국 정부에 경고할 때, 지식인이 탄생하는 것이다. 지식인은 모순된 현대사회의 부족한 부분을 내면화하고, 다시 보편화함으로써 사회 전체의 증인이 된다. 그런 의미에서 작가는 단순한 '언어의 기술자'가 아니라 '자기에게 책임을 지는(앙가제 ; 참여)' 존재로서 필연적으로 지식인이 될 수 있다. 그렇지 않은 작가는 모두 오락작가나 현실도피 작가일 뿐이다. 사실 사르트르는 저작활동과 함께 프랑스의 핵실험에 항의하고, 알제리 전쟁 및 인도차이나 전쟁에 대해 반대운동을 일으켰다. 특히 알제리 전쟁의 종결에는 무시할 수 없는 큰 영향력을 미쳤다.

지식인의 유익한 고독

이상과 같은 지식인의 규정과 위치를 전제로 하여, 다음에는 '지식인은 무엇을 해야 하는가'라는 역할 문제가 제기된다. 그것은 결론적으로 말해 '거짓 보편성'과 '가짜 지식인'에게 싸움을 거는 일이다. '거짓 보편성'은 흔히 '인간일반' 내지 '평화일반론'을 말함으로써 초래된다. 이를테면 가끔 인종차별 반대론자는 '인간일반'이라는 이름으로 인종차별을 규탄한다. 그러나 자기 내부에 도사리고 있는 인종적 편견에서 반드시 벗어나지 못하고 있는 경우가 많다. 이를테면 유대인 학살이 그 틈을 비집고 정당화되기도 한다. 또 인류의 평화는 분명히 모든 사람이 원하는 일이다. 하지만 '평화일반'을 외치다가는 자칫하면 베

장 폴 사르트르(1905~1980)
프랑스의 철학자이자 문학자. 샤르트르는 철학적 인식을 원천으로 지식인에 대해 합리적으로 해명하고, 토인비는 종교적, 초합리성의 지표에서 문제의 근원적 해결점을 찾고 있다.

트남 전쟁의 특수성과 본질을 간과하게 되는 것이다. 그러므로 그것에 진정한 평가와 해결을 기대할 수는 없다. 이른바 '평화일반'의 요구가 추상화되어 이상적, 도의적 평가로만 이루어진다면 단순히 관념적 평화를 꿈꾸고 있는 데 지나지 않는다고 할 수 있다. 그것은 아무것도 요구하지 않는 것과 다름없다.

한편 '가짜 지식인'이란 이러한 '거짓 보편성'이 마치 실재하는 것처럼 거기에 과학적, 객관적 논거를 부여하는 자이다. 그것은 현실적으로 지배계급의 이데올로기를 옹호하며 그 목적에 봉사하는 것을 의미한다. 따라서 현실문제에 대처하는 지식인의 사고는 이러한 '거짓 보편성'의 가림막을 제거하고, '가짜 지식인'의 기만성을 폭로하는 것이어야 한다. 사르트르의 말을 빌리면, 자신을 늘 따라다니는 '단칭적(單稱的) 보편성'의 한계를 깨닫는 것이 중요하다. 그것은 자기 자신에 대한 항의와 이의신청을 통해 '보편성'을 만들어가는 실천적 시도로 이어진다.

그렇다면 결국 '지식인의 운명'이란 어떠한 것일까? 지식인이란, 어차피 다른

인간이 역사상의 모순에서 해방되지 않는 한 자기 자신을 해방시킬 수 없는 존재이다. 그 해방의 길은, 먼저 지식인의 끊임없는 자기비판과 아울러 역사적 모순들과 싸우는 모든 사람들과 함께 연대책임을 느끼는 일이다. 또한 현실의 역사적 상황에서는, 특히 체제의 권력에 의해 착취당하고 있는 가장 불우한 계급과 인간의 시점을 받아들이는 일이다. 즉 공장노동자와 농민의 마음을 기반으로 문제를 이해하고 실천에 참여하는 노력이 필요하다. 불우한 계급은 그들이 맞닥뜨리고 있는 상황 때문에 '객관적 지성'과 '실천적 진리'를 품고 있다. 바로 그 지점이 지식인의 자기통합 및 행동의 출발점이 된다. 오늘날 세계의 70억 인구 가운데 20억 명이 굶주림에 허덕인다. 바로 여기에 부르주아적 휴머니즘의 손길이 닿지 않는 역사의 진실이 있다. 연대란 구체적으로, 착취를 당하는 계급 내부에 지식인을 양성하고 인간의 미래를 향해 보편화의 길을 개척하는 일이다. 그러나 예컨대 공산주의사회가 실현된다 해도 지식인은 새로운 모순을 느끼고 그 책무를 다해야 할 것이다.

이와 같이 지식인은 그 자신의 역할과 모순에 의해, 또 모든 인간을 위해 '반성적 자각'을 대신한다. 그렇다고 해서 그는 '누구로부터도' 위임장을 받은 것이 아니기에 때로는 지배계급의 눈에 배신자로 비치고, 노동자계급에게도 의심을 산다. 지식인에게는 자기가 기댈 조직이나 계급도 없다. 그러므로 지식인은 고독하다. 솔제니친처럼 언제나 '추방'과 '순교'의 위험 속에 살 수 있음에도 민중적 사고와 민중운동을 옹호하는 태도를 저버리지 않는다. 그 '역사적 목적'과 '고독'에서 벗어나고자 한다면 더 이상 지식인이 아닌 것이다. 따라서 영원히 끝나지 않는 지식인의 고독, 그것은 '유익한 고독'으로 받아들여져야 한다.

토인비의 실존적 동기

사르트르의 지식인론은 지금까지 없었던 새로운 의미를 부여하며 문제를 제기하게 되었고, 그런 만큼 논쟁의 실마리가 되었다. 이제 사르트르의 견해와 관련하여 토인비의 지식인론을 살펴보고 그의 독자적인 특징을 생각하고자 한다.

토인비에게도 '지식인의 위치와 역할'은, 인류의 보편적인 목적과 틀 안에서 해명된다. 주저인 《역사의 연구》 집필 동기도, 몰락의 운명이 예시된 서양문명의 삶의 가능성을 탐색하고 그 역사적 위치를 확인하는 데 있었다. 서양문명의 앞날을 특별히 고려하는 것은 '유럽의 문제'로서뿐만 아니라, 그야말로 인류 전체의 명운이 걸린 보편적인 문제로서 중요하다. 즉 세계가 일체화한 오늘날 핵무기의 등장은 인류를 자멸 위기에 빠뜨리고 있다.

그러한 인류의 존망이 걸린 현대사의 도전에 대해 역사가는 '아무 일도 없다는 듯이' 자기 전문 분야와 씨름하고 있으면 되는 것일까? 그러한 자기반성이 토인비의 마음을 역사 연구로 향하게 했다고 할 수 있다. 그는 오히려 역사가야말로 인간과 역사의 운명이 걸린 이 과제에 주체적으로 대처해야 한다고 생각한 것이다.

여기에서 우리는 토인비가 역사 연구로 향하는 실존적 동기를 알 수 있다. 그것은 문명의 비교 연구라는 문명론의 학문적 기초구축과 실천적 요청을 보여준다. 토인비가 단순히 그리스 로마의 고전 연구에만 머무르지 않고 세계사 연구에 눈을 돌려, 문명의 목표와 의의를 탐구하려는 참뜻도 여기에 있다. 그것은 중동 전쟁과 베트남 전쟁을 논하는 것 같은 문명비평이라고도 말할 수 있다.

'도덕성 차이'의 극복

'지식인과 대중'의 관계에 있어서도, 토인비가 대중에게 느끼는 공감과 통찰에는 깊은 데가 있다. 역사적으로 보아 고등종교가 세계종교로서 성립한 것을 비롯, 인류 보편의 숭고한 원리와 사상은 언제나 지배를 받는 소수자 쪽에서 발생했다. 다시 말해 억압받고 학대당하는 사람들 속에서 태어난 것이다. 이 '고뇌에 의한 창조'라는 착상은 토인비의 역사이론에 도입되어 신념으로 승화되었다. 그런데 현실 속 지식인과 대중의 관계에서는 소외감과 단절을 볼 수 있다. 지식인은 일부 스페셜리스트만의 폐쇄적 사회를 형성해 자기 목적에만 전념한다. 또 비전문적인 집단으로서 대중의 무지를 들어 경멸한다. 한편 대중은 대중대로 지식인의 이야기는 쓸데없이 관념적이고 난해하며 비현실적인, 이른바 무용지물이라면서 무시한다.

토인비는 양쪽 주장에 그 나름대로의 진리가 있음을 인정하고, 또 결함을 분석하면서도 개인적으로는 '전문가가 아닌 사람들'에게 동조하고 있다. 왜냐하면 지식인은 분명히 학문 연구를 위해 특수한 환경을 필요로 한다 해도, 자기 자신을 둘러싼 현실적 기반에서 이탈해서는 안 되기 때문이다. 현실 문제를 외면하면 무익한 고립과 편견이 더욱 심화될 뿐이다. 현대사학의 흐름은 이러한 삶의 기반과 문제를 제외한 '역사주의'를 뛰어넘는 데 있다고 할 수 있다.

또 '지식인과 사회'의 관계에 대해 살펴보면, 양자는 도의상의 의무관계에 있다고 토인비는 생각한다. 사회는 지식인이 하는 일이 사회에 어떤 성과를 가져다주는 것을 전제로 해서, 그 활동의 재정적 기반을 보장해야 한다. 그리고 지식인은 자신의 연구에 투자된 공공적 재원을 사회에 환원하기 위해 유익한 사회봉사에 참여할 의무가 있다. 곧 '높은 신분에는 의무가 따른다.'

그러나 현실적으로는 지식인과 대중, 또는 사회의 사이는 단절되어 있다. 이 상태는 양쪽에 있어서나 또 사회에 있어서 바람직하지 않다. 그러므로 지식인과 대중의 소외관계는 개선되어야 한다. 그렇다면 거기에는 어떠한 해결 방법이 있을까?

토인비는 '인간으로서의 공통성'을 해결의 기본적 요건으로 보았다. 인간은 지식인과 대중처럼 특정한 인간으로 구별하기에 앞서 '인간'으로서 존재한다. 저마다 인간으로서의 공통의식과 체험이 있다. 이를테면 인간은 '사회적 동물'이며 끊임없이 자신이 놓여 있는 시대와 장소의 문제에 정열을 쏟는다. 또 '삶과 죽음' 같은 문제는 인생에서 누구도 피할 수 없는 보편적인 문제이다. 그런 의미에서 지식인과 대중도 인간으로서 공통 기반 위에 서 있다고 할 수 있다. 그 존재의 증거가 되는 것이 종교이다. 종교는 인생의 진정한 목표를 보여주는 동시에, 특정한 신분이나 직업을 넘어서서 호소하고 있다. 그러므로 토인비는 인간으로서 공통의 기반을 제공하는 가장 좋은 형태가 종교라고 생각한다.

오늘날 온 인류의 가장 큰 문제는 '모랄리티 갭', 즉 도덕성 차이의 극복이다. 그것은 궁극적으로 물질적 가치와 정신적 가치의 균형을 추구하고, 인간과 문화의 목표와 이념을 재검토하는 것이다. 종교적 방위를 가진 이 문제에서, 지식인과 대중 같은 각각의 범주를 넘어선 연대가 생겨나고, 새롭게 역사를 만드는 인간으로서의 예지가 되살아난다. 그런 의미에서 인류의 미래는, 인간의 책임에 있어서 도덕성 차이에 대처하는 현재 속에 있다고 할 수 있다.

사르트르와 토인비 공통점과 차이점

지금까지 살펴본 '지식인론'에서 사르트르와 토인비를 비교해 볼 때, 몇 가지 공통점을 알 수 있다. 먼저 양자는 기본적으로 현상의 지식인에게 비판적이다. 또한 지식인의 개념에 실존적, 보편적 의미를 끌어들이고 그 역할에서 지식인의 사회적, 문화적 책임을 주장하며 대중과의 연대성을 중시했다. 이러한 점에서 사르트르와 토인비 사이에서 공통의 인식을 볼 수 있다.

그러나 지식인의 미래를 향한 운명을 내다볼 때는 근본적인 차이점을 드러낸다. 사르트르는 철학적 인식을 원천으로 해서 지식인에 대해 합리적으로 해명하고, 그 역사의 상대적 모순 속에서 고독에 빠진 모습을 그리고 있다. 반면에 토인비는 오히려 종교적, 초합리성의 지표에서 문제의 근원적 해결점을 찾고 있다. 그것은 무신론과 유신론적 휴머니즘 사이에 생기는 필연적인 차이일 것이다. 지식인의 자기구제 길을 궁극적으로 종교에서 구하는 토인비의 견해는, 사르트르와 다른 독자적 특징을 보여준다.

물론 토인비의 지식인론은, 오늘날의 사회학적 관심을 넘고 고차원의 '인텔리겐치아론'을 가교로 삼아, 세계사적 지평에 선 비교문명론적인 의미를 심화한다고 할 수 있다.

토인비의 교육론

'걸림돌'

오늘날 학교 교육은 미국을 정점으로 세계의 제도사상(制度史上) 가장 큰 발달을 이루고 있다. 우리나라도 예외는 아니어서 고등학교 졸업자 10명 가운데 7명 이상(70.9%, 2014년 기준)이 대학에 진학한다는 점에서 '고학력사회'를 지나 '초고학력 사회'로 나아가고 있다. 반면에 그러한 교육의 비대화가 교육의 본질을 해치고 심각한 위기감을 부르고 있는 것도 지나칠 수 없다.

그 예로서 오늘날 '시험지옥'이라는 이름으로 불리고 있는 수험제도도 암적인 증상의 하나이다. 현재의 교육내용은 수험 본위로 구성되어 있다. 수험에 비춘 '선별과 차별'의 구조는 학생의 주체성을 꺾고 창조적인 사고를 해치고 있다. 거기서는 이상(理想)과 책임을 지닌 인간으로 자라나기 어려울 뿐 아니라, 한 사람 한 사람의 능력과 적성, 개성 등을 살릴 수 없다. 이른바 인간의 건강한 성장에 '걸림돌'이 되는 것이다. 오늘날 '빛의 상징'이 된 젊은이의 혼란과 고뇌는 일반적인 어른의 이해를 넘어선, 훨씬 심각한 문제라고 할 수 있다.

그러나 이러한 인간 부재의 수험제도는, 오늘날 사회에 깊이 뿌리를 내리고 있는 학력만능주의의 산물이기도 하다. 이른바 '학력만능사회'가 암적인 증상의 근본 원인이 되고 있다. 그 사태는 지금까지의 고도산업사회가 많은 고학력 전문가를 필요로 한 것에서 시작되었다. 따라서 서민에게 '대졸' 학력은 '안정된 생활과 지위'를 약속하는 달콤한 꿀이 되어 누구나 그 매력에 빠지는 것이다. 또 학력격차로 비애를 맛본 부모는 가능하면 자식에게는 높은 학력을 갖도록 하는 것이 '너무나 당연한 일'이 되는 것이다.

그러나 이 너무나 당연한 일이 지금에 와서는 너무나 당연하지 않은 것이 되고 말았다. 학력사회를 오래 버텨 온 고도경제성장 신화가 붕괴된 것이다. 이제부터는 허울에 지나지 않는 학력보다 급속한 사회변화에 유효하게 대응할 수 있는 창조적 학습이 중요해질 것이다. 거기에 '생애교육'을 역설하는 필연성이 있다.

그러므로 무엇보다 교육의 본질과 목적부터 재검토해야 한다. 나아가서 오늘날의 교육 문제는 널리 인간과 문명의 미래가 걸려 있다는 점에서, 세계적인 관점에서 새롭게 대응하는 구체적 정책이 강구되어야 한다. 이러한 견지에서 토인비의 교육론을 그려보고, 문제의 중요성과 독자적 전망을 살펴보려고 한다.

학창 시절

토인비는 1902년 영국에서 가장 오랜 역사를 자랑하는 명문교 윈체스터 칼리지에 입학했다. 그때 나이 열세 살이었다. 그전 3년은 공립학교에 들어가기 위한 예비교인 우드코트 기숙학교에 재학했다. 토인비가 《회고록》에서 얘기한 추억도 이 '기숙학교'에서 시작되고 있다.

자녀를 기숙학교에 보내는 것은 영국 특유의 풍습으로, 상류계급과 중류계급에 한정되어 있었다. 일반가정의 경제력으로는 도저히 이룰 수 없는 꿈이었다. 토인비 집안이 아무리 오래된 명문이라 해도 우드코트의 문은 '해가 동쪽에서 떠오르듯이' 정해진 코스로서 별 어려움 없이 열린 것은 아니었다. 기숙학교에 드는 거액은 때마침 손에 들어온 어머니 집안 유산으로 해결되었으며, 또 유망한 토인비를 눈여겨보고 수업료를 감면해 준 교장의 특별한 배려 덕분

윈체스터 칼리지 1382년에 설립된 영국 햄프셔 주 윈체스터 소재 남자 기숙사립학교. 토인비는 1902년 이 학교에 입학했다.

에 감당할 수 있었다.

토인비는 열 살 되던 해 어느 날 부모가 "다음 여름학기부터 기숙학교에 보내주마" 말했을 때 받은 충격에 대해, '발밑에서 땅이 무너지는 듯한 느낌'이었다고 술회했다. 아마도 영국의 전통적 인습이 부과하는 엄격한 시련을 생생하게 느꼈던 것이리라. 일반적으로 교육수단으로서의 기숙제도에 대해서는 논의가 엇갈리고 있다. 그 장단점에 대해 한쪽에서는 가정이라는 보금자리를 떠남으로써 자립정신의 함양을 기대하고, 다른 한쪽에서는 집단생활의 강제에 의해 창조적 개성이 무너져 버리는 것을 우려했다. 특히 후자의 의미에서 기숙학교에 보내지는 것은 시련과도 같은 것이리라. 토인비는 우드코트에서의 학기가 시작된 날을 '사형선고를 받은 죄수의 사형집행일'에 비유했다. 이러한 말에서 헤아릴 수 있는 토인비의 고통과 고뇌는 다음의 윈체스터 칼리지에서 보낸 5년까지, 무려 8년 동안이나 이어졌다.

우드코트에서 토인비는 자신보다 나이가 많은 학생들에게도 밀리지 않을 만큼 공부했다. 그러나 너무나 '지적으로 조숙한' 탓에 선배들의 반감을 사서 괴롭힘을 당하는 시련을 겪었다. 우울한 상태였기에 성적도 떨어졌지만, 다시 정신을 가다듬고 학업에 정진해서 가장 어려운 관문인 윈체스터 칼리지의 장학생 선발 시험에 합격할 수 있었다. 1387년에 창립한 윈체스터 칼리지는 중세에 기원을 둔, 공립학교 중에서도 가장 오랜 전통을 자랑하는 명문교였다. 특히 이 학교의 장학생이 되는 것은 대단한 명예였다.

토인비는 이 장학생 선발 시험에 두 번 도전, 처음에는 보결 1번으로 입학하지 못했지만 두 번째는 순조롭게 합격할 수 있었다. 그는 70명의 합격자들 가운데 3등이었다. 이렇게 어려운 시험을 앞두고 긴장의 연속이었던 토인비에게, 부모는 이렇게 말했다고 한다. "최선을 다하면 돼. 그 이상 할 수 있는 사람은 아무도 없을 테니까." 중요한 순간에 부모가 해준 이 '현명하고 따뜻한' 말이 토인비의 마음에 안정감을 주어, 새롭게 결의를 다지는 격려가 되었다.

윈체스터에의 감사

윈체스터 칼리지에서 보낸 기숙사 생활은 참으로 복잡기괴한 것이었다. 그것은 마치 '미개사회에서 젊은이에게 차례차례 괴로운 성년식을 치르게 하는 제도'를 연상시켰다. 신입생에 대한 상급생의 권위는 절대적인 것으로, 감독생의 지위는 마치 '신의 아들이나 다름없는 자'로 비쳤다. 또 기분에 따라 정한 것 같은 '금지와 명령'의 규칙은 생활 구석구석까지 미치고 있었다. 이를테면 모자와 구두의 착용에 대한 세세한 규율이 있고, 감독생이 될 때까지는 회색 플란넬 바지를 입는 것이 허용되지 않았다. 언어에서도 '윈체스터 특유의 어법'이 준수되고, '생각하다(think)'라는 말은 사용이 금지되었으며, 글 속에서 정관사 the를 사용할 때도 제약이 정해져 있었다. 이러한 어처구니없이 '부족적(部族的)인 율법의 압제'에 대해 토인비는 분노를 느끼고 철저하게 반항했다. 미개사회의 관례에 따르면, 규칙에 반대하는 토인비의 운명은 아마도 사형에 해당하는 것이었으리라. 그러나 다행히 그런 이단적인 행동을 유머로서 너그럽게 받아들여준 덕분에 불행을 피할 수 있었다.

윈체스터를 떠날 때는 해방감에 자기도 모르게 환희를 느낀 토인비도 나중에는 그 시절을 회상하면서, '윈체스터는 아름다운 학교였다'고 그리워하기도 했다. 그동안 다듬어진 인격적 원숙함이 모교에 대한 애정을 일깨운 것이리라.

토인비는 윈체스터에서 '세 가지 보물'을 얻었다고 말했다. 그것은 교육에 대한 문호를 연 창립자 위컴의 윌리엄, 그 무렵 교감으로서 그리스사에 생기를 불어넣은 M. J. 렌달과의 만남, 그리고 그들에 대한 존경심이다. 또 특히 '윈체스터에서 맺은 깊은 우정'을 가리키고 있다. 그것이야말로 평생의 귀한 보물이었다고 한다. 이 우정은 형제 사이의 애정과 마찬가지로 친밀하고 영속적인 것이었다. 그러나 제1차 세계대전으로 인해 동세대 친구들 거의 반 이상이 전사하고 말았다. 그런 만큼 살아남은 친구들 사이의 유대는 비운 속에 세상을 떠나간 친구들에 대한 그리움으로 더욱 긴밀해졌다. 우정론의 백미로서 키케로가 보여준 '진실하고 완전한 우정'의 모습을 그들에게서도 볼 수 있는 것이다. 윈체스터 시절에, 수많았던 괴로운 체험을 뛰어넘고 좋은 스승과 함께 좋은 친구를 얻은 토인비는 역시 행복한 사람이었다고 해야 할 것이다.

고전교육

윈체스터 시절을 회고하면서 감사를 느끼는 또 한 가지가 있다. 그것은 고전어인 그리스어와 라틴어를 습득하고 그 문학을 배운 것이었다. 윈체스터에서의 교육은 그 대부분이 고전교육이었다. 이 철저한 고전교육은 전체 교과의 조화를 무너뜨리는 것이었지만, 토인비에게는 그 묘미를 충분히 만끽하게 해주었다. 윈체스터의 부조리한 인습에는 저항했지만, 고전교육 제도에 반항한 적은 한 번도 없었다. 오히려 고전의 세계는 번거로운 부족적 생활에서 벗어날 수 있는 '피난처'로서 더없이 행복한 곳이었다. 고전에 사로잡힌 토인비는 고전의 포로가 되어 완전한 습득을 향해 정열을 불태웠다. 그 무렵 고전교육의 학과과정은 단순히 그리스어 작품을 읽거나 번역하는 것이 아니라, 그 고전어로 자신의 작품을 자유자재로 창작하는 것이었다. 이 혹독한 고전교육의 결과, 때로는 모국어인 영어를 잊어버리는 일조차 있었다. 토인비 자신이 마음에 느낀 감동을 시로 표현하고자 할 때, 저절로 흥얼거리며 나오는 말은 영어가 아니라 그리스어이고 라틴어였던 것을 고백한 적이 있다. 또 사실, 지금까지 주저인 《역사의 연구》 첫머리를 장식하는 '역사가의 일생'을 비롯해 고전어로 쓴 완벽한 자작시를 몇 편 발표하기도 했다. 그는 라틴어는 일곱 살에, 그리스어는 열 살 때부터 배우기 시작했다. 그러나 '그리스어 시인'으로 인정받을 만한 역량을 갖춘 것은, 역시 윈스턴의 전통적 고전교육의 성과라고 할 수 있다.

한편 토인비에게 그리스 로마 세계는 '정신의 고향'인 동시에 '학문의 고향'이기도 했다. 1907년 열여덟 살에 옥스퍼드 대학 베일리얼 칼리지에 입학한 토인비는, 당연히 고전고대사를 전공했다. 1911년에 우수한 성적으로 졸업한 토인비는 이듬해인 1912년까지 로마와 아테네의 영국고고학연구소 연구원이 되었다. 그때 그리스에 발을 들여놓고 역사를 검증하는 데 힘썼다. 같은 해에 귀국한 토인비는 모교 베일리얼 칼리지 연구원과 학생지도교수가 되어, 유망한 그리스 로마사 연구자로 출발했다. 또 나중에 보게 되는 토인비 사학은 자신이 태어난 시간과 공간을 넘어서, 다시 말해 근대서양문명을 초월해 전체 문명으로 시선을 돌리려 한 것이었다. 그 지적 성장은 서양문명보다 그리스 로마문명과의 깊은 인연 때문이었다.

이렇게 토인비의 학문적 행보에는 언제나 윈체스터에서 공부한 고전의 세계가 자리잡고 있었다. 고전교육은 그의 인생과 지적 생활을 때로는 과거로, 또 현재로, 나아가서는 미래로 이끌면서 헤아릴 수 없는 은혜를 베풀어주었다. 당연히 그리스는 토인비에게 끝없는 감사의 대상이었다.

교육의 목적과 임무

1899년 우드코트에서 윈체스터를 거쳐 1911년에 옥스퍼드를 졸업할 때까지 토인비의 교육은 오랜 전통을 배경으로 한 고전교육 일색이었다. 이 20세기 첫 무렵 '구식 고전교육'에서 토인비는 시련과 함께 큰 은혜도 입었다. 그 개인적인 체험은 인생에서 교육의 신비성과 중요성에 대해 이야기하고 있다고 할 수 있다.

그런데 오늘의 급속한 사회변화 속에서 학문과 교육의 의미가 새롭게 제기되면서, 전통적인 개념의 재검토가 요구되고 있다. 이 시점에서, 과연 토인비는 교육문제의 본질과 과제에 대해 어떻게 생각하고 있었을까? 토인비는 먼저 교육의 목적에 대해, '실리와는 거리가 먼 것'으로 보고 탐욕을 지향해서는 안 된다고 했다. 교육이 지향하는 것은 어디까지나 인간의 정신생활과 관련된 것이다. 즉 인생의 의미와 목적을 이해하고, 올바른 삶의 방식을 찾아내기 위한 탐구여야 한다는 것이다.

그러나 지금의 현실에서는 눈에 보이는 결실을 가져다주는 교육이 존중받고 있다. 인간은 태어나면서부터 부와 힘을 원하도록 되어 있고 실리적인 연구

▲옥스퍼드 대학 베일리얼 칼리지
토인비는 1911년 이 대학을 졸업
하였다.

▶베일리얼 칼리지 시절 토인비

가 분명히 그것을 부여한다. 인간이 동물과 다른 두드러진 특징의 하나는, '실
리와 관계없는 호기심'이 있다는 점이다. 인간의 행복은 눈 깜짝할 사이에 지
나가는 실제 이익 속에 있을 때보다도 진리탐구의 길을 걷는다는, 내면적 자
각이 앞설 때 더욱 맑고 풍요로운 것이 된다. 이를테면 천문학이 현실적인 농
업과 항해에 유익한 길을 연 것처럼, 때로는 인간의 지적 호기심이 이익을 가

져다줄 때도 있다. 하지만 그 경우에도 처음에는 오로지 별을 연구하는 데 재능을 쓴 것일 뿐, 실리를 목적으로 한 것은 아니었다.

토인비 자신에게 비춰봐도, 그는 역사가이지만 실제 이익과는 관계없이 역사를 연구했다. "왜 역사를 연구하는가"라는 물음에 대한 토인비의 대답은 다음과 같다. "그것은 하나의 즐거움이고, 인간의 지적 호기심의 목표인 '궁극적인 정신적 실재'와 나누는 하나의 길이기 때문이다." 토인비는 종교적 의의와 목표를 가지지 않는 역사 연구는 의미가 없다고 생각한 것이다. 오늘날 이단시되고 있는 이런 관점이야말로, 실은 지난날 많은 역사가들의 마음을 분발시켰음을 알아야 한다. 이와 같이 토인비가 품었던 교육 이념은 최종적으로 종교적인 방법에 속하는 것이었다.

이제 교육자의 임무에 대해 살펴보기로 한다. 토인비는 자기의 전문 지식과 기능은 기본적으로 인류 전체에 봉사하는 일에 쓰여져야 한다고 생각했다. 그 자신에게 주어진 봉사의 의무는, 자신의 이익이나 때로는 가족의 생계를 포함한 부수적인 요건보다도 우위여야만 한다는 것을 자신의 실천을 통해 설파했다. 엄격한 요청이지만, 교육자뿐만 아니라 일반적으로 지적 직업인이 완수해야 하는 목표로서 명심해야 할 것이다. 또 교육에 종사하는 자에게는 교육과 연구의 균형이 매우 중요하다. 이 두 가지 역할을 함께 해내는 것은 현실적으로 큰 어려움이 뒤따른다. 토인비의 고민도 거기에 있었다.

그러나 고등교육의 사명은 단순히 문화적 유산을 전달할 뿐만 아니라, 그 위에 창조를 더하는 것이어야 한다. 말하자면 교사에게는 '낮은 교육'을 '높은 교육'으로 이끌어야 하는 임무가 있다. 그 사명을 다하기 위해서는, 먼저 교사 자신이 창조적인 연구에 몰두해야 한다. 만약 대학이 학생에게 자기교육의 방향을 가르치는 곳이라면 먼저 교사의 자기교육부터 이루어져야 할 것이다. 그 교사의 창조적인 숨결과 열정이 학생의 창의력에 자극을 주어, 인간으로서의 성장을 촉구하게 되는 것이다.

하지만 이러한 고등교육의 가장 중요하고 본질적인 점은, 오늘날처럼 대량생산교육 속에서는 이루기 어렵다. 현실적으로 볼 때 교육의 질이 저하되고, 교사와 학생이 개인적으로 접촉하는 기회가 줄어들고 있기 때문이다. 또 교사의 자기교육인 연구활동에도 미묘한 문제가 가로놓여 있다. 본디 가장 창조적이고 풍부한 연구는 사회를 떠나 고립되어서는 성립될 수 없다. 그것은 자기 삶을 지탱하는 인간 생활과 사회활동의 기반 위에 서서, 또 연대하는 배려에 의해 성취되는 것이다. 토인비의 뛰어난 역사서도 예외는 아니다. 그는 자신의 연구성과를 사회와 함께 나누고, 귀를 기울여주는 대중의 마음에 들도록 늘 유의했다. 그런 만큼 '역사를 아는 것은 인생을 아는 것'임을 깨달은 것이다.

베일리얼 칼리지 연구원 시절(1914)
토인비는 강의 도중 제1차 세계대전 소식을 들었다.

그러나 교육과 연구의 양립에 대해서는 토인비도 시간과 에너지의 한계 때문에 단념하고, 후자인 연구의 길을 선택하게 되었다. "교사의 일에서 피할 수 없는 반복성이 내 정신의 날을 무뎌지게 했다. 나는 내 정신의 날을 창조적인 일을 위해 언제나 날카롭게 벼려두고 싶었다. 그 이유로 교직을 떠났고, 다시는 돌아가지 않았다."

인간성 회복

토인비는 무엇보다 '교육의 인간화'가 필요하다는 것을 주장했다. 특히 오늘날은 과학지상주의 풍조가 만연한 가운데, 인간의 존재가 위협받고 있다. 일상생활에서도 과학적인 사고에 따르는 인간의 수식화와 기호화가 진행되고 있다. 이를테면 신원카드나 컴퓨터용 카드의 범람에서 그 예를 볼 수 있다. 거기에는 인간 생명의 경시와 수단화의 함정이 깔려 있다. 과학은 다양한 현상에 대해 일반화와 규격화할 수 없는 독자성을 무시한다. 그러나 획일화할 수 없는 독자성이야말로 인간의 본질적이고 없어서는 안 될 특성이다. 과학이라는 이성의 빛은, 인간의 예지에 근거하여 행사될 때 더욱 그 빛을 밝게 낼 수 있다고 생각해야 한다.

이러한 '인간성 상실' 시대에 교육이 하는 역할은 매우 크다. 중요한 것은 교육에서의 인간성을 회복하는 일이다. 그러기 위해서는 인생 전체에 걸친 새로운 이상과 철학이 필요하다. 지금까지 물질적 차원에서의 이상과 가치관을 다시 검토하고, 정신적인 지표를 우위에 두는 관점을 고수해야 한다. 그리고 교육의 장에서 개인의 다양한 재능들이 결실을 맺도록 주도면밀하게 계획을 세워야 한다. 그것의 구체적인 실천은 개인뿐만 아니라 사회에도 이익을 가져다줄 것이다. 넓은 뜻의 그 교육을 통해 인간의 문화적 유산이 지켜져서 새롭게 계승되어 간다고 할 수 있다.

앞으로의 인간교육에는, 일찍이 중국과 서양의 인문교육에서 중요시했던 일련의 '고전'뿐만 아니라 광범위한 문학과 예술, 특히 종교가 포함될 것이다. 거기에 '새로운 인간교육'의 실험이 있다고 토인비는 보았다.

국제연합대학과 생애교육

1970년 토인비는 교육의 미래상으로서 국제연합대학과 생애교육의 의의를 이야기한다. 국제연합대학은 인류의 존속, 발전 및 복지에 관한 긴급하고 세계적인 문제를 연구하는 것'을 목적으로 해, 1969년 고(故) 우 탄트 국제연합사무총장이 제안하여 1972년 총회에서 설립되었다. 오늘날에도 기아문제와 사회개발 같은 온 인류의 가장 중요한 주제를 내세워 공동 사색의 결실을 이루었다. 토인비는 이 국제연합대학을 '장래성 있는 계획'으로서 높이 평가했다. 그 시도는 교육의 국제협력을 통해 서로 다른 문화를 이해하려는 것이다. 앞으로 '하나의 세계'에서는 다른 문화와 생활양식을 '남의 것'이 아니라 인류 공동의 소중한 유산으로 생각하고 사랑하는 정신이 중요하다. 국제연합대학의 성과에 대해 토인비가 거는 기대가 바로 거기에 있다.

그러나 실제 운영 과정에서 가장 먼저 부딪히게 되는 문제가 언어 문제이다. 모국어 말고도 몇 가지 언어에 능통해야 하는데, 토인비는 먼저 공용어로서 영어, 프랑스어, 스페인어, 아라비아어, 러시아어, 중국어를 들고 있다. 그 밖에

국제연합대학 도쿄 본부 대학교육 기능은 가지고 있지 않다. 국제연합 산하 연구기관으로, 평화, 개발, 복지 등 인류 공통과제를 주로 연구한다.

국제연합대학 설치장소에 대해서도 구체적으로 제안하고 있다. 그 장소는 정치적으로 대국은 아니지만 국제성의 전통이 짙은 나라를 선택하는 것이 현명하다. 1992년에 대학본부 건물이 도쿄에 세워짐으로써 일본이 그 역할을 맡고 있지만 토인비가 생각한 것은 네덜란드, 캐나다, 튀니지, 필리핀 등이었다.

그리고 토인비는 생애교육의 중요성도 지적했다. 오늘날 인간의 생활환경은 끊임없이 복잡하게 변화하고 있다. 구체적으로 보면, 이미 고도경제성장의 신화는 무너지고 저성장의 늪에 빠져 허우적거리고 있다. 일찍이 화학공업의 '발전'을 생각한 두뇌는, 이제 그 초점을 '공해'로 돌려야 한다. 마찬가지로 대도시 건설계획은 어쩔 수 없이 분산계획으로 바뀌고 있다. 말하자면 역사의 전환기에 서 있는 지금, 인류의 발전에 필요하다고 여겨졌던 제안들이 다시 검토되고 있는 것이다. 이렇게 움직이는 정세 속에서는 학교에서 배운 것을 평생 써먹게 되리라는 보장은 전혀 없다.

이제부터는 지금까지의 학력만능주의를 뛰어넘어, 새로운 사회에 대응하는 창조적인 학습만이 힘을 얻을 것이다. 역사적 교훈에서 배운다면, 일찍이 중국에서 오랫동안 시행되었던 과거제는 낡은 형태의 학력사회를 반영한 것이다.

고정적이고 폐쇄적인 사회는 안팎의 변화에 민감하게 대응할 능력이 없었기 때문에, 결국 중국은 정체되었고, 결국에는 고립되었던 것이다. 어느 나라건 반성을 게을리하면 그 전철을 밟지 않을 거라고 장담할 수 없다. 그런 점에서 생애교육이 새로운 흐름으로서 각광을 받는 역사적 배경을 찾을 수 있다.

토인비도 지식 증대와 그 해석의 변화에 주목하면서, 생애를 걸쳐 이루어낸 자기교육을 주장했다. 학교교육에서 얻은 자격과 학위는 어디까지나 '임시 평가'일 뿐, 그 사람의 일생에 영향을 주는 것은 아니다. 애당초 인간이 열여섯이나 스무 살 안팎의 나이에, 그것도 한 번뿐인 시험으로 '일류'니 '이류'니 하는 등급이 매겨진다는 것은 어이가 없는 일이다. 게다가 평생 그 낙인이 찍힌다는 것은 생각해 볼 여지도 없는 부조리가 아닐 수 없다. 그렇다면 이튼교 낙제생이었던 윈스턴 처칠의 생애와 위업을 어떻게 설명하겠느냐고 토인비는 야유하고 있다. 진정한 교육은, 오히려 학교를 떠나 사회의 경험과 책임을 지니는 자주성 위에 이루어져야 한다. 이제 생애교육에서 일반적인 능력과 의욕을 가진 사람들이, 지적 및 윤리적 수준의 향상을 지향하면서 결실 있는 삶을 완수하는 것은 현실 과제이다. 학교를 통해 이루어지는 제도권 교육에 대한 토인비의 비판은 매우 엄격하고, 많은 사람에 대해 열려 있는 생애교육에 대한 기대는 크다고 할 수 있다.

지금까지 대략적으로 살펴본 토인비의 견해는, 교육의 고차원 이념과 사상성을 주축으로 교육문제의 현실적인 분석과 미래에 대한 전망을 총체적으로 해명하고자 한 것이었다. 토인비가 보여준 깊은 통찰은 현재의 위기 속에서 교육의 근원적 의미를 재검토하고, 새로운 '21세기 교육'의 창조와 정신적 방향을 생각하는 데 귀중한 의미를 남기고 있다.

젊은 세대에 보내는 기대

1950년대부터 60년대에 걸쳐, 과학기술의 놀라운 발달과 경제의 고도성장을 배경으로 '풍요로운 사회'가 이룩되고, 수많은 장밋빛 미래론이 거론되어 왔다. 그러나 오늘날에는 그것에 암시된 낙관적 분위기에 제동을 거는 심각한 상황이 우리 주위를 가득 메우고 있다. 이를테면 공해와 환경파괴, 인종문제와 세대 단절 같은 문제가 있다. 그것은 기본적으로 근대문명이 도달하는 부분이 불가피하게 왜곡되어 나타난 것이다.

그중에서도 '세대 단절' 문제는 1960년대 후반부터 미국과 일본을 비롯해 프랑스, 서독, 이탈리아 등을 중심으로 세계적인 경향으로서 부각되어 커다란 파문을 던지고 있다. 그 현상은 선진 각국에서의 '풍요 속의 반역'이라는 이상성(異常性) 때문에, 유럽과 아메리카에서도 많은 지식인과 역사가들의 주목을 끌게 되었다. 토인비도 커다란 관심을 보이며 안타까워한 사람 가운데 하나였다.

젊은 세대에 대한 토인비의 견해는 만년의 저서 《미래를 살다》(1971) 속에 가장 잘 표명되어 있다. 이 책은 1960년대 후반에 세계로 확산된 대학분쟁을 배경으로 하고 있었다. 토인비의 눈에도 학생들의 강렬한 '이의신청'에는 단순한 '세대 단절'을 넘어선, 문명사의 본질적 문제가 숨어 있는 것처럼 비쳤다. 이 시기에 미래를 짊어질 젊은 세대에게, '인류가 살아남기' 위한 기본 문제에 대한 자신의 생각을 이야기하는 것은 오히려 역사적 의무로 생각되었다. 그때까지 그 나름대로 세계사의 흐름을 폭넓게 응시해 온 인생경험은, 혼돈된 미래에 한 줄기 희망의 빛을 던지는 일일지도 모른다. 이러한 토인비의 상념이 이례적인 일로 알려진 이 책의 간행에 원동력이 되었다.

이 '대화'를 준비하던 토인비는 다음과 같이 말했다. "이것은 이런 종류의 통합된 작업으로는 처음이자 마지막이 될 것이다. 나 자신은 이 작업을 위해 비상한 열정을 불태우면서 최선의 준비를 했다고 생각한다. 앞으로 어려운 시대를 살아가야 하는 젊은이들에게 뭔가 참고가 되는 것을 남길 수 있다면 더 바랄 것이 없겠다."

토인비가 이 '대화'에 나선 것은 우연히 병을 앓은 뒤였다. 일주일 동안 연 17시간에 이르는 대화 일정은 몸과 마음에 상당한 희생을 요구하는 일이었다. 그러나 그동안 토인비는 다른 면회는 모두 거절하고, 이 젊은 세대에 대한 '유언서'에 전력을 기울였다. 여든 살이 넘은 나이였음에도 인류의 미래를 생각하며 다음 세상을 짊어질 젊은 세대의 미래에 공감과 이해를 보내는 토인비의 진지한 모습은 참으로 경탄할 만하다.

또한 이 '대화'는 전체적으로 여덟 가지의 커다란 문제 기둥과, 각각을 세분한 예순여섯 가지 질문으로 구성되어 있다. 거기에 관통하고 있는 주제는 '현대의 단절'이라고 할 수 있다. 토인비는 현대의 위기가 지닌 근원적인 양상으로서 특히 '세 가지 단절'을 말했다. 즉 '도덕성 단절', '학문 단절', '세대 단절'이다.

여기서는 특히 기성세대와 청년세대 모두에게 문제가 될 수 있는 '세대 단절'을 주제로 토인비의 독자적인 시각과 전망을 더듬어 보고자 한다.

'새로운 도전'

먼저 토인비는 오늘날의 '세대 단절'을 낳은 독특한 역사적, 사회적 조건을 분석한다. 인간은 지금까지 어느 시대에나 인생의 부조리에 고민하고, 이상과 현실의 불일치에 좌절감을 느껴왔다. 특히 소년기부터 청년기에 이르는 성장 과정에는 기성세대와의 대결이 있고, 그 내적인 갈등을 통해 자기 존재를 확인해 왔다고 할 수 있다. 그런 의미에서 '세대 단절'은 특별히 오늘에 시작된 새로운 문제가 아니다.

토인비의 젊은 시절 경험에 비춰봐도 수많은 고뇌와 모순을 겪어왔다. 이를테면 '한 국가' 안의 부자와 가난뱅이라는 '두 국민'의 존재와, 그 사회적 차별의 죄악을 모르는 척하고 그대로 둘 수 없었다. 토인비는 다음과 같이 회고한다. "어린 시절 등굣길에서 나는 좋은 옷을 입고 있는데 같은 또래 아이들이 다 떨어진 옷을 입고 있는 것을 보고 놀랐던 일이 지금도 또렷하게 기억난다." 또 청년기에 휘말린 제1차 세계대전도 그에게는 큰 충격이었다. 일반 사회와 이웃 사이에서는 명백한 '반사회적 행위'인 살인과 대량파괴가, 거기서는 합법이라고 자처할 뿐만 아니라 의무처럼 되어 있었다. 토인비 자신도 제1차 세계대전에서 젊은 동세대 친구들을 많이 잃었다. 전쟁이라는 제도의 존재와 존속은 인간의 원죄처럼 근절할 수 없는 것일까? 토인비의 날카로운 시선은 자신의 내면으로도 향했다. 그것은 '나 자신 속에 있는 악'인 이기주의와 증오 같은 감정에 대한 응시였다.

이러한 청년시대에 갖게 되는 휴머니즘과 정의감은 토인비와 정도는 다르다 해도 누구나 공유하게 마련이다. 이상과 현실의 불일치는 인간이 겪어야 할 불가피한 시련일지도 모른다. 그러나 오늘날의 역사적 환경은 과거 세대에 비해, 또는 토인비가 보낸 시대의 영국에 비해서도 급속하게 변화하여 훨씬 심각한 상황이다. 이런 '새로운 도전'을 받은 현대 젊은 세대의 고뇌는 더욱 다양하고 깊다. 또한 오늘날 논의되고 있는 '세대 단절'이 심화된 분위기와 특이성이 있다고 할 수 있다.

일반적으로 '급격한 사회변동' 물결에 몸을 맡기는 시대의 동적 조건은 단절의 모습들을 더욱 날카롭게 부각시킨다. 또 문제에 높은 긴장감을 준다고도 할 수 있다. 이미 만하임이 시사했듯이 평화롭고 변화가 적은, 이른바 사회의 정적인 조건 속에서는 젊은 세대들에게 경건함의 가치감정이 태어나 사회에 순응하는 과정을 볼 수 있다. 그러나 모든 것이 역동적으로 변화하는 시대에서는, 반대로 젊은 세대의 반역이 분출되어 심각한 대립을 드러내기도 한다. '오랜 경험'이나 '많은 지식' 같은 것이 반드시 힘을 가지는 것은 아니기 때문이다. 그래서 구세대의 독선은 무너지고 답답하고 초조한 위기감만 남아 대립의 골이 더욱 깊어지는 것이다. 1970년대부터 21세기까지 '탈공업사회', '고도산업사회', '정보화사회' 등 다양하게 불리는 오늘의 사회는, 그야말로 문명사상의 커다란 전환기를 맞이하고 있다.

물질적 진보와 정신적 진보

토인비는 현대의 커다란 특징을 '도덕성 차이'라는 독창적인 관점에서 파악했다. 이 차이는 현대 위기의 본질을 이루는 것으로, 그것의 확대는 인류를 파멸로 이끄는 가장 큰 원인이 된다. 역사적으로 추적하면 물질적, 기술적 진보는 구석기 시대 '기술혁명'부터 신석기 시대 '농경혁명'을 거쳐 초대문명이 성립될 때까지 각각 3단계의 커다란 진보를 이룩해 왔다. 18세기 산업혁명은 획기적인 '생산혁명'을 가져왔고, '기계문명'이라는 이름을 마음껏 구가하게 되었다. 그 뒤에도 과학기술은 한순간도 멈추지 않고 나날이 발전해, 운송혁명과 전력혁명을 거쳐 오늘날의 '원자력 혁명' 시대에 이르게 된 것이다. 그러나 멈출 줄 모르는 근대 과학기술의 가속적인 진전은 이제 인간의 미래에 어두운 그늘을 드리우고 있다.

그런 반면 정신적, 도덕적 진보는 제자리걸음, 아니 오히려 뒷걸음질 치고 있다. 그 가운데 예외적으로 주목을 받고 있는 것은 토인비가 보여주는 기원전 8세기부터 서기 7세기에 이르는 시기이다. 이른바 고등종교의 창시자들이 배출된 시대이다. 야스퍼스는 '추축시대(樞軸時代)'라 이름 짓고, 인간의 정신적 기초를 확립한 시대로서 역사상 가장 중시했다. 특히 부처와 그리스도는, 인생의 목적은 정신적인 것으로서 궁극의 정신적 실재와의 교류와 조화에 있음을 설명했다. 그리고 자신도 자기희생과 물질적 금욕의 길을 실천했다. 그러나 그 뒤로 인간의 정신적 향상과 도덕적 진보는 일진일퇴를 거듭했으며, 때로는 크게 후퇴하기도 했다. '자기중심성'이라는 미망의 산물인 전쟁과 계급제도는 실제로 엄연히 존재하고 있으며, 인간문제도 갈수록 격렬해지고 있다.

물론 인간은 나면서부터 자기중심적인 요소를 가지고 있다. 하지만 자신의 욕망을 억제하는 '자제의 정신'이, 다른 생물과 구별되는 인간의 고귀함을 형성하는 것이리라. 역설적으로 말하면 그 자제의 정신에 대한 거부가 오늘날 인류의 존속을 위협하는 핵문제와 남북문제, 그리고 공해문제를 조장했다고도 할 수 있다.

인간은 이 지구라는 행성의 '생물권'을 벗어날 수가 없다. 아폴로 11호 이후, 미국과 러시아가 경쟁한 달착륙을 통해서도 생물이 살 수 있는 환경은 지구뿐임이 확인되었다. 지구의 공간과 자원은 말할 것도 없이 유한하다. 그런 의미에서 자기중심성에서 벗어나 '물질적인 부'에서 '정신적인 부'로 목표 전환을 꾀하는 것이 중요하다.

학생운동과 히피

이렇게 '새로운 도전'을 받은 젊은이들의 '반체제운동'에 대해, 토인비의 견해는 어떤 것일까? 오늘의 전통적 권위에 대한 젊은 세대의 저항은 학생운동과 히피로 상징되고 있다. 학생운동은 1964년 캘리포니아 대학 버클리 분교의 대학분쟁에서 시작되어, 1968년 파리 혁명에 의해 세계적으로 확산되기 시작했다. 한편 히피는 1960년대 베트남 전쟁에 진절머리가 나서, '전쟁을 중단하고 사랑하자'는 구호를 내걸고 등장하여 세계적인 주목을 끌었다. 상반되는 것 같은 양자 사이에도 어떤 공통된 정신적 방향을 볼 수 있다. 즉 그들은 오늘의 강대한 '통합국가'의 중압감에 의해, '정체성'을 확립해야 하는 귀중한 청년기를 부당하게 왜곡당했다고 느꼈다. 그들 사상의 근원에는 현대사회의 조직화와 기계화에 대한 '인간으로서의 저항'이 있으며, '인간의 복권'에 대한 바람이 있다. 적어도 인간다움이란 도대체 무엇이고, 인간답게 살기 위해서는 어떻게 해야 하는가 하는 문제제기를 내포하는 것이었다.

토인비는 이러한 학생운동과 히피의 상징적 의미에 유의하면서, 저마다의 특징과 문제점을 분석했다. 학생운동 주역들은 사회구제의 가능성을 믿고 그것을 위한 직접행동을 인정한다. 이미 인간이 '지구상의 모든 생명'을 파괴하는 마력을 손에 넣은 이상, 또 이전 세대의 어른들이 '실행해야 할 개혁'에 등을 돌린 이상 자신들의 과감한 행동이 필요하다는 사명감에 불타고 있다.

누구나 '직접행동' 자체의 필요성에 대해서는 이의가 없을 것이다. 그러나 그 행동은 가끔 전투적이고 폭력적인 형태로 나타나기 쉽다. 역설적으로 말하면 평화롭고 합법적인 시위만으로는 자신들이 원하는 커다란 사회적 관심을 모을 수 없다는 초조감이 있다. 극단적으로 말하면 최악의 불행이 최대의 환기(喚起)를 부르는 것도 역사에서 하나의 진리였다. 하지만 학생들의 저항과 개혁을 위한 행동이 아무리 불가피하다 해도 폭력이 뒤따른다면, 국가권력의 '강력한 억압'을 불러올 수밖에 없다. 토인비는 이러한 학생들의 직접행동의 모순을 해명하면서 '동정을 금할 수 없다'며 자신의 고민을 밝혔다.

한편 히피 쪽은 어떠할까? 학생운동과 비교할 때 정반대의 특징을 볼 수 있다. 즉 학생운동은 주로 '이지적, 폭력, 사회구제에 대한 희망' 같은 경향을 볼 수 있는 데 비해 히피는 '감정적, 비폭력, 사회구제에 대한 절망'을 품고 있다. 저항하는 학생과 달리 사회에서 탈락의 길을 걸으며 생활태도도 소극적이라고 할 수 있다. 그러나 언뜻 기이해 보이는 히피의 겉모습 속에 그들 나름의 내면적 특징이 있다. 그것은 현대사회에서 마음껏 활개를 치고 있는 '비인간화'에 대한 불안과 회의이다.

히피가 떠나는 '여행'은 그런 의미에서 인상적이다. 이른바 히피의 여행은 문명의 허식으로 뒤덮인 뉴욕과 파리, 런던 같은 대도시와 결별하고, 오히려 그곳과 인연이 없는 이름 모를 장소를 추구한다. 그들의 여행지가 흔히 네팔의 카트만두, 지중해의 스페인령 발레아레스 제도, 아프리카의 모로코인 것은 흥미롭다. 그들은 지금까지의 문명사회에 따라다니던 죄업에서 몸을 씻고, 빈곤의 공동체를 통해 '인간의 진정한 자유와 우애'의 감각을 얻고자 한다. 거기에 인간이 살아가는 것에 대한 내면적인 충실한 의미가 추구되고 있는 것이다. 히피의 여행은 '잃어버린 낙원'을 찾아서 방황하는 정신적인 여행이자, 반문명적 여행으로도 해석된다.

단절을 넘어서는 길

토인비는 아시시의 성 프란치스코도 히피였다고 말한다. 부유한 사업가였던 성 프란치스코의 아버지에게는 막대한 재산이 언제나 자랑거리였다. 아들인 프란치스코도 무엇 하나 부족함 없는 환경에서 호화롭게 살고 있었다. 한

때 그런 생활에 파묻혀 있었던 그는 아무래도 정신적 만족을 느낄 수가 없었다. 오히려 그 공허함에 강한 반발을 느꼈다. 그러한 어느 날의 일화는 참으로 히피다운 방식과 그 정신적인 원점을 연상하게 한다.

"아버지가 찾아와서 잔소리를 하자, 성 프란치스코는 입고 있던 옷을 모두 벗어 아버지 앞에 내던졌다. 아시시의 주교는 알몸의 소년을 자신의 수도복 속에 감싸 안고 보호해 주었다."

성 프란치스코의 이 '히피 이야기'는 그 끝부분이 중요하다. 토인비는 '성 프란치스코는 히피로 출발했으나 히피로 끝나지 않았던 것'을 강조한다. 그는 아버지의 물질주의에 대한 저항에서 출발, 이윽고 완전히 새로운 정신생활을 구축하는 데 성공한 것이다.

처음의 개인적이고 소극적이었던 동기는 보편화되고 적극적인 의미를 가지게 되었다. 즉 성 프란치스코는 석가모니나 그리스도와 함께 인류의 올바르고 정신적인 이상의 모범을 스스로 보여주었고, 또 그가 창시한 '프란치스코회'는 서유럽 수도원에 새로운 생명을 불어넣으며, 서유럽 사회 발전에 창조적으로 공헌했다. 그러므로 토인비는 학생운동과 히피에는 치명적인 한계가 있다고 본 것이다.

그러나 대체로 오늘날처럼 문명과 사회의 과도적인 경험과 혼란 속에서는, 새로운 동향의 일탈이나 퇴폐에 눈길이 가기 쉽다. 섣불리 단죄의식이나 논란에 빠지지 않고 상황을 진취적으로 해결하기 위해서는, 최종적으로 '세대 단절'을 어떻게 메울 것인가 하는 문제가 검토되어야 한다.

토인비는 먼저 책임 소재에 대해 '분노하는 젊은이'를 질책하기 전에 어른 세대의 책임을 추궁한다. 혼미한 시대에는 진실에 대해서는 눈을 가리고 상황을 개선하기 위해 노력하지 않는다. 또 설령 한다고 해도, 철저하지 않고 무능하기만 한 체제와 권력 쪽에 있는 '중년 세대'가 먼저 스스로에게 책임을 물어야 한다. "하필이면 이런 세상에 태어나 그것을 고칠 의무를 져야 하다니" 하고 말한 햄릿의 절규는, 아마도 오늘의 젊은이들 마음에 깊은 울림을 줄 것이다.

하지만 어른의 책임도 무한한 것은 아니다. 그 책무는 그들이 상황을 개선할 수 있고 권력을 행사할 수 있는 능력을 가지고 있는 경우에 한해야 한다. 더욱 근본적으로는 그 어른도 과거의 유산을 지고 있으므로, 인간의 자유의 제약은 불교에서 말하는 카르마(업)라고도 할 수 있다. 젊은이들도 언젠가 권력의 자리에 설 때가 있고, 같은 카르마의 피해자가 될 수도 있다.

마지막으로 토인비는 '세대 단절'의 화해를 시도하려면 어른 세대가 '이해와 애정과 인내'를 가지고 젊은 세대를 대해야 한다고 말한다. 상대의 고뇌와 가치관을 가능한 한 이해하도록 애쓰고, 공존 가능성을 스스로 솔선해 보여주어야 한다. 토인비 자신도 화해의 성취에 분명한 확신을 가진 것은 아니며, 자신의 사랑이 불완전하다는 것도 깨닫고 있다. 그러나 상대의 고뇌에 대한 배려를 기본으로 하는 '서로를 사랑하는 것'이야말로 진실한 화해로 가는 유일한 길임을 역설한다. 인류사의 전환점에 서서 토인비는 젊은 세대에게 매우 큰 신뢰와 기대를 보내고 있다. 그 '세대론'은 지금까지 없었던 새로운 시각과 자극을 주는 것으로서 주목받고 있다.

토인비의 역사관

서양중심사관의 극복

오늘날 역사의 큰 전환점을 맞이해 사람들은 새로운 세계사상을 찾고 있다. 토인비의 사학이 그 선구적 위치를 차지하고 있으며, 그중에서도 가장 주목받는 시도의 하나라고 할 수 있다.

이미 알려진 것처럼 20세기 두 번에 걸친 세계대전은 19세기적인 문명의 비중과 가치 체계에 근본적인 변화를 가져왔다. 특히 그때까지 세계의 주도적 지위를 차지하고 있었던 유럽의 사상계나 학계의 동요는 매우 심각했다. 서양문명의 퇴조와 전쟁에 의한 문화 파괴를 눈앞에서 목격한 충격은 뜻있는 역사가의 내면적 성찰을 심화시키는 계기가 되었다. 그들은 삶의 체험과 시련에서 오는 깊은 자기 성찰의 과정을 통해 이제까지 자신을 맡겨온 역사적 사고의 한계를 깨닫고 새로운 사색과 탐구의 길을 걸었다. 즉 현대라는 시점에서 구체적으로 어떠한 새로운 과제를 가지고 어떠한 방법으로 다가갈 수 있는가 하는 문제에 대한 진지한 고찰을 해나갔다. 토인비의 역사관은 그러한 새로운 역사 의식과 시대의 흐름을 받아들인 것이다.

그렇다면 토인비 사학은 어떠한 계기와 역사의식 속에서 성립되었을까? 우리가 이따금 역사를 뒤돌아볼 때, 위대한 역사가라 불리는 사람들을 탐구로 내모는 동기에는 학문적인 충분조건뿐만 아니라 정신적 또는 인격적인 요소도 있음을 알 수 있다. 그 주체적인 숨결이 연구에 생기와 독창성을 준다고 할 수 있는 것이다. 토인비의 경우도 예외는 아니다. 그렇다고 해서 그도 처음부터 그랬던 것은 아니다. 오히려 초기에는 19세기 빅토리아 왕조시대의 영국에 팽배했던 민족적인 사고의 영향을 받고 있었다. 또 그 무렵 학계 풍토를 반영해 '그리스 로마 연구'라고 하는, 참으로 진실하고 정통적인 분야에서 걸음을 멈추고 있었다.

기름진 땅

토인비는 1911년 옥스퍼드 대학 베일리얼 칼리지를 졸업했을 때의 일을 회상하면서 다음과 같이 말했다.

"그리스 로마 문명의 언어, 문학, 역사 및 기질은 나에게 있어 내가 태어난 서양문명이 제공하는 문화적 재산보다도 인연이 깊고 적성에 맞는 것이었다."

고전학에 대한 그의 뛰어난 능력은, 무엇인가 큰 감동을 가슴에 안고 넘치는 감정을 시로 나타낼 때 모국어인 영어보다도 그리스어나 라틴어로 표현하는 편이 더 실감이 날 정도였다. 그러나 거기에는 앞으로 나아갈 길이 밝은 고전학자로서의 토인비 모습은 볼 수 있었어도 오늘날의 그를 상상하게 할 수 있는 것은 없었다.

그렇다면 그동안에 키워진 고전학적 지식과 교양이 그 뒤의 연구에서 모두 쓸모없이 되었는가? 반드시 그렇지는 않다. 오히려 그 자신의 연구에 영감을 주는 기름진 땅을 마련하고 있었다. 즉 그리스 로마 문화 연구에 들어간다는 것은 자기가 태어난 '때와 장소'에서 멀리 떨어진 세계에 대한 탐구이자 자기중심적 사고에서 벗어날 수 있는 길을 열어주었다. 따라서 적어도 서양문명만이 가장 뛰어난 세계의 중심이라는 거만한 자부심이나 편견에 사로잡히는 일은 없었다.

또 그리스 로마의 문명은 문명 탄생에서 죽음까지의 모든 과정을 한눈에 관찰할 수 있는 완결성을 갖추고 있었다. 따라서 '문명의 본보기'로서 쓸 만한 것이었다. 그리스 로마 문화 연구에 잉태된 이 귀한 싹들은 얼마 지나지 않아 토인비의 역사 이론과 방법에 풍요로운 결실을 맺게 된다. 실제로 나중에 그

1914년 제1차 세계대전의 발발은 토인비의 생애에 결정적 전환기가 되었다. 사진은 영국이 개발한 마크 I 형 전차로 1916년 전쟁터에 투입된 새로운 무기였다.

가 문명의 비교 연구로 나아가 그 진단을 꾀했을 때, 그리스 로마 문명은 언제나 판단의 구심점이 되었다. 그리스 로마 문명의 해체기를 알리는 '보편 국가', '보편 교회'. '야만족의 침입' 등의 현상은 다른 문명의 죽음을 받아들이는 척도로서 인용되었다.

투키디데스의 체험

1914년에 시작된 제1차 세계대전은 토인비의 역사 연구에 새로운 깨달음을 불러일으켜, 오늘날의 명제를 이끌어 내는 획기적인 사건이 되었다. 제1차 세계대전은 유사 이래 처음 일어난 세계전쟁이며 과학무기의 등장으로 900만 명이라는 많은 목숨을 앗아갔다. 역사상 처음 만난 이 참혹한 현실은 과학기술의 진보와 역행해 역사 그 자체에 대한 환멸과 절망을 불러일으켰다.

1815년의 워털루 싸움을 마지막으로 비교적 평온한 나날을 보내고 있던 영국도 제1차 세계대전은 청천벽력과도 같이 들이닥쳤다. 이 전쟁으로 토인비와 같은 세대 사람들 거의 절반이 희생되었다. 1914년 8월, 제1차 세계대전은 토인비의 뇌리에 강렬한 인상을 남겼다. 그 정신적 허탈감과 살아남은 사람으로서의 책임감은 곧 학문상의 뉘우침으로 깊어져 새로운 역사의식을 불러일으켰다.

"1914년의 제1차 세계대전은 공교롭게도 내가 베일리얼 칼리지 학생들의 고전 강의 시간에 투키디데스를 주석하고 있을 때 나를 덮쳤다. 그때 나는 갑자기 마음의 눈을 떴다. 현재 내가 이 세계에서 경험하고 있는 것은 이미 옛날에 투키디데스가 그의 세계에서 경험한 것이다. 이제 나는 새로운 눈을 가지고 투키디데스를 다시 읽고 있다." 이것은 유명한 '투키디데스의 체험'을 말한 것이다.

제1차 세계대전은 한때 크게 번성한 그리스 로마 문명을 내부에서 무너뜨린 원인이 되었고, 투키디데스가 냉엄한 눈으로 기록한 가장 큰 전쟁, 기원전 431년에 일어난 '펠로폰네소스 전쟁'의 위기와도 같은 역사적 위치로 토인비를 끌어당겼다. 그때까지는 멀리 2300년 넘게 거슬러 올라가야 하는 다른 세계를 묘사하고 있는 것으로 알고 거의 관심을 두지 않았던 투키디데스의 말이나 문장이 무엇을 뜻하는지 이제 분명히 해독할 수가 있게 된 것이다. 그때 바로 '그의 현재가 곧 나의 미래'로 비친 것이다. 투키디데스의 세계를 '고대'로, 토인비의 세계를 '근대'로 기록하는 연대학이 뭐라고 말하든, 기원전 431년과 1914년이라고 하는 두 세대를 철학적으로 같은 시대로 보지 않을 수 없었다.

이처럼 그리스 로마 문명과 서양문명의 병행성에 초점을 둔 '철학적 동시대성'의 발견은, 그로 하여금 내적 필연성을 가지는 문명들의 비교 연구에 대한 장대한 계획을 품게 했다.

이런 뜻에서 제1차 세계대전은 토인비의 생애에 결정적 전환기를 제공했다. 그의 생애는 스스로 말하듯이, 바로 '1914년 이전'과 '1914년 이후' 시기로 나눌 수 있다.

《역사의 연구》 구상

선구자 슈펭글러

투키디데스 체험에 의해 자란 새로운 역사 연구의 구상은 토인비가 1920년 나미아 교수의 소개로 슈펭글러의 《서양의 몰락》(1918)을 손에 넣었을 때 보다 더 뚜렷한 기반을 마련하게 되었다. 이 책(제1권)은 1918년 9월, 제1차 세계대전에서 독일이 무너지기 직전에 간행되어 '몰락의 형이상학'으로서 커다란 반향을 부른 책이다. 토인비는 마치 '반딧불과 같은 묘한 빛'을 내는 이 책에서 자기 화신(化身)을 보는 것 같은 흥분을 느끼면서, 슈펭글러의 명제와 이론을 자기 것으로 흡수했다. 즉 '문명' 단위로서의 역사 고찰과 '문명의 병행성' 및 '동시대성' 등 두 가지 점에 대해서이다.

슈펭글러는 이집트, 바빌로니아, 인도, 중국, 고대 그리스 로마, 아라비아, 멕시코, 서양 등 8개의 '고도문명'을 예로 들었다. 고대 그리스 로마 문화는 '아폴로적'이고 서양문명은 '파우스트적'이라고 상징되듯이, 독특한 모습과 존재 이유를 가진 것으로 생각되었다. 각 문화는 이질적이면서도 '유년·청년·장년·노년' 또는 '봄·여름·가을·겨울'이라고 하는 인간의 성장 단계와 사계절의 변화 같은 단계를 거치는 것으로 보았다. 그 자신이 최종 단계에 발을 들여놓았다고 알려진 서양문명에 대한 분

투기디데스(BC 460~395) 흉상
《펠로폰네소스 전쟁사》는 스파르타와 아테네가 그리스를 양분하여 싸운 펠로폰네소스 전쟁을 기술한 역사서로 BC 411년까지의 사건만 기록하였다. 이러한 투기디데스의 체험은 '토인비로 하여금 1914년이란 철학적 동시대성을 발견하고, 고대와 근대의 문명을 비교연구할 수 있는 단초를 제공해 주었다.

석과 경고는 고전 문화, 특히 헬레니즘과의 비교에서 나온 것이다.

그러나 슈펭글러의 생각은 한편으로는 너무나 독단적이고 결론론적으로 치우쳐 있어서, 지나친 직관과 논증 부족에 대한 아쉬움을 떨칠 수가 없었다. 그래서 토인비는 스승의 이론적 공백을 메우기라도 하듯이 독일식의 선험적 방법 대신에 영국식 경험적 방법을 써서 이를 보강하려고 노력했다. 또 토인비는 독자적으로 문명 세대를 설정하거나 만남의 의미와 이론을 생각해 내어 문명 변동론에서는 슈펭글러를 뛰어넘고자 했다. 그러나 슈펭글러에게 이런 종류의 결함이 있었다고는 해도 토인비의 선구자로서 큰 의의가 있음을 그냥 지나쳐서는 안 된다.

▲슈펭글러(1880~1936)

◀《서양의 몰락》(1918~1922, 뮌헨)
서양문화의 동시대적 몰락을 주장, 논쟁
을 불러일으키기도 했으나 토인비의 역사
연구에 이론적 기초를 제공해 주었다.

채텀하우스에서의 충실한 나날

1914년 투키디데스 체험과 1920년 슈펭글러와의 만남 등이 토인비의 역사
연구에 새로운 영감과 이론적 기초를 제공해 주었다. 이 두 체험에 의해 굳어
진 구상의 구체적인 전개 과정은 런던의 왕립국제문제연구소(채텀하우스)에서
간행된 《국제문제개관》과 《역사의 연구》 집필 활동을 통해서 볼 수 있다. 《국
제문제개관》은 본디 현대의 국제문제를 과학적으로 연구, 조사해 그 보고서를
적어도 1년에 한 번은 내려고 계획한 것이었다.

토인비가 런던정치경제대학 교수를 그만두고 1925년 왕립국제문제연구소
연구부장으로 들어갔을 때 제1권이 나왔다. 현대사에 대한 토인비의 관심은
제1차 세계대전이 일어나기에 앞서 '유럽의 화약고'로서 분규가 계속된 '발칸
문제'에 의해 촉발된 것으로, 멀리는 1908년 터키 혁명에까지 거슬러 올라간
다. 또 1919년 그리스–터키 전쟁이 일어나 그 이듬해에 그리스로 갔을 때에도
목적은 현대 그리스 문제 연구였으며, 현재의 국제 문제로 관심을 옮기고 있었

다. 바로 그때 터키인들에 대한 현지 그리스인들의 잔학 행위를 비판적 시각에서 보고 〈맨체스터 가디언〉지를 통해 폭로한 내용은 토인비를 궁지로 몰아넣었다. 왜냐하면 그즈음 토인비는 런던정치경제대학에서 비잔틴 제국의 역사 및 근대 그리스어 강좌 교수 자리에 있었는데, 이 강좌는 그리스 정부의 기금에 의해 만들어진 것이었기 때문이다. 따라서 그는 그리스인들은 물론 '그리스 애호주의' 풍조에 동조하는 그리스파 영국인들의 미움을 사게 되어 스스로 런던정치경제대학을 떠나지 않을 수 없게 되었다.

토인비의 조사보고서
《오스만제국 아르메니아인들의 처우》(1916)

교직을 그만두고 자기의 학문적 양심을 지키며 언제나 공정한 태도로 일관한 토인비의 이 '옛날이야기'에는 어떤 교훈이 담겨 있다. 그것은 그의 인품은 물론 문명의 비교 연구자가 갖추어야 할 마음가짐을 보여주는 것으로서 기억되어야 할 것이다. 인류 역사에 따라다니는 갖가지 편견에 대해서, 예를 들어 문명·민족·계급·종교 등에서 볼 수 있는 편견들을 극복하려 노력한다는 것은 인류의 문제를 다루는 연구에서는 불가결한 요건이었기 때문이다.

그런데 앞서 나온 《국제문제개관》은 세계를 무대로 한 것이었던 만큼 개인의 능력을 넘어서는 어려운 사업이었다고 할 수 있다. 그러나 토인비는 각 지역의 집필을 전문가에게 맡기지 않고, 가능한 한 자기 스스로 일관성 있게 파악하려고 노력했다. 세계가 일체화되어 가고 있는 때에 그렇게 하지 않으면 무의미하다고 생각한 것이다. 토인비는 이 광범위한 조사 연구를 통해서, 기껏해야 '고대사'와 '발칸 문제' 전문가로서 한정된 시야를 전 세계로 확대하는 발판을 마련했다. 따라서 유럽이나 중동 지역뿐만 아니라 라틴아메리카와 아시아의 움직임에도 주목하게 되었다. 그렇다 해도 채텀하우스에서의 작업은 토인비에게는 날마다 자극과 창조가 풍부한, 만족스럽고 충실한 것이었다. 그것은 예전

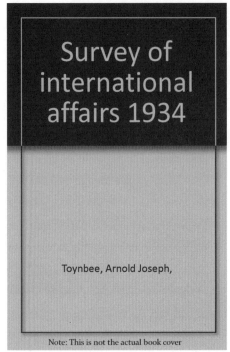

Survey of
international
affairs 1934

Toynbee, Arnold Joseph,

Note: This is not the actual book cover

《국제문제개관》 1925년에 제1권(1920~23년분)을 간행하고, 매년 한 권씩 1953년까지 토인비가 편집 책임을 맡았다.

에 재직했던 교육자의 일처럼 반복적이고 정적이지 않은 만큼, 자기 연구를 심화하고 확장할 수 있는 좋은 기회였다.

1920년부터 1923년 사이에 《국제문제개관》 머리말로 쓴 '평화회의 뒤의 세계'를 비롯해 토인비가 혼자 완성한 여러 논문은 세계적 시야로 뒷받침된 투철한 이론과 분석, 깊은 통찰이 담겨 있어 지식인들을 놀라게 했다. 동시에 순수한 정의감과 윤리감이 배어 나온 격조 높은 논문은 깊은 감명을 불러일으켰다. 함부로 내셔널리즘의 혈기에 사로잡히지 않고, '서양화' 또는 '근대화'라는 세계적인 틀 속에서 문제의 본질을 밝혔다. 토인비는 이 《국제문제개관》을 저술함으로써 뛰어난 현대사 연구가로, 또 국제정치의 권위자로서 이름이 알려지게 된다.

대작 《역사의 연구》

토인비는 《국제문제개관》을 쓰는 동안 《역사의 연구》를 구상해서 6천 쪽에 이르는 대작을 순차적으로 간행하는 위업을 해낸다. 즉 해마다 11월부터 이듬해 여름까지는 런던 채텀하우스에서 《국제문제개관》과 씨름하고, 여름휴가가 되면 교외로 나아가 10월 말까지 《역사의 연구》에 전념한 것이다.

《역사의 연구》 집필은 앞서 말한 '투키디데스 체험'에 의한 것이었지만, 그 전반적인 계획은 1921년에 세워졌다. 그때 그는 그리스─터키 전쟁의 취재를 마치고 이스탄불에서 런던으로 가는 차 안에 있었다. 창 밖 경치를 바라보면서 한 장의 종이에 12개 제목을 적었다. 이것이 바로 《역사의 연구》의 주제들이 되었다. 그 뒤 이미 생각한 계획에 따라 전권의 상세한 메모가 준비되어 1929년 아시아(중국과 일본) 여행을 끝마친 뒤 1930년 마침내 집필을 시작했다.

1934년 처음 3권이 나왔고, 1939년에 제6권까지, 1954년에는 마지막 제10권까지 간행되었다. 그 뒤 1958년 제11권(지도와 지명 색인), 1961년 수많은 《역사의 연구》 비판에 대답해 재고한 제12권(재고찰) 두 권이 추가되었다. 그러므로 《역사의 연구》를 완성하는 데에는 무려 40년 세월이

서점에서의 토인비
주저 《역사의 연구》를 들고 활짝 웃고 있다.

걸렸다. 또 이제까지 모두 12권의 개정 축쇄판으로, 1972년에는 그 무렵 토인비 생각을 전하는 《도설 역사의 연구》가 간행되었다.

《역사의 연구》에서 처음 여섯 권 가운데 제1권은 〈서론〉이고, 제2권에서 제6권까지는 〈문명의 발생〉 〈문명의 성장〉 〈문명의 쇠퇴〉 〈문명의 해체〉라는 여러 문제들을 다루고 있다. 이어지는 네 권은 〈세계국가〉 〈세계교회〉 〈영웅시대〉 〈문명의 공간적 접촉〉 〈문명의 시간적 접촉〉 〈역사에서의 자유와 법칙〉 〈서유럽 문명의 전망〉 등이다.

뒷부분의 네 권과, 앞부분의 여섯 권 사이에는 제2차 세계대전이 시작되고 나서 전쟁이 끝나고 다시 책을 쓰기까지 7, 8년 공백이 있었으며, 이때 토인비의 역사관에도 약간의 변화가 있었다. 그러나 거기에 한 가닥의 금실처럼 일관되어 있는 것은 서론에 밝힌 의도라든지 방법에 의해서 폭넓은 시야를 가지고 폭넓은 자료들을 담아 놓은 그의 정신이었다.

토인비가 이러한 정신과 노력을 이어가기 위해서는 무엇인가가 더해져야만

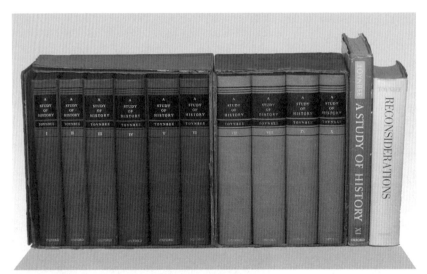

《역사의 연구》 1954년까지 1~10권, 1958년 제11권(지도), 1961년 제12권(재고찰)이 추가되어 총12권이 되었다.

했다. 이것은 그가 현대사의 위태로운 움직임을 포착하면서 고대 그리스에서 뿐만 아니라 다른 현존하는 문명권으로의 여행을 계획했을 무렵에 받은 섬광과도 같은 착상이었다. 이는 특히 1931년에 간행된 《중국여행》에서 기록하고 있듯이 그가 돌아다닌 아시아 여러 나라에서 살펴 얻은 현지에 대한 지식이었다. 그는 10권으로 된 《역사의 연구》가 완결됐을 때 이렇게 썼다.

"1929년 아시아 여행을 마치고 본격적으로 쓰기 시작했지만 전부터 준비해 온 기록들을 기초로 많은 발전이 이루어졌다. 제6권에서 제5편이 끝났지만, 1939년에 제2차 세계대전이 시작되었으므로 그 뒤 7, 8년 동안은 군복무로 인해 저술 활동에서 멀어졌다. 더구나 6편에서 8편까지의 기록이 뉴욕에 보관되어 있었다. 만일 1947년 다시 집필에 들어갔을 때 그 기록들이 책상 위에 없었더라면 책을 마무리 지을 수 없었을 것이다."

20년 가까이 전쟁 때문에 책을 쓸 수 없었던 시기가 토인비에게는 《역사의 연구》를 체계화하는 데 중요한 계기가 되었다. 이것은 저작을 위한 기록들이나 자료를 단순히 변경했거나 추가했기 때문만이 아니다. 무엇보다도 중요한 것은 그의 세계 문명 역사관이 근본적인 변화를 보였다는 점이다. 이는 바로 그의 종교관을 중심으로 하는 세계사로서, 서유럽 문명을 새롭게 전망했던 것이다.

따라서 《역사의 연구》 전체 체계는 전쟁 전에 완성한 여섯 권과 전쟁 뒤에 나온 네 권과의 사이에, 하나의 단층이라고까지 말할 수는 없지만 그의 세계 문명 역사관에 미묘한 변화를 보여주고 있다. 사실 전쟁 뒤에 나온 네 권에 이러한 변화가 더해짐으로써 토인비가 《역사의 연구》 서문에서부터 의도한 역사 연구의 단위, 문명, 사회 체제의 비교 연구는 더욱 충실한 내용과 규모를 가지게 되었다고 말할 수 있다.

《역사의 연구》 지향점

《역사의 연구》는 과연 어떤 의도를 가지고 쓴 것일까? 책을 저

《역사의 연구》 D.C. 서머벨에 의한 요약축쇄판. 1~6권, 7~10권 각 1권으로 요약한 축쇄본이 발간되었다.

술한다는 것은 저자의 마음을 휩쓴 강렬한 정열 또는 목적 같은 것을 자기만의 언어와 표현으로 나타내고자 하는 문화적인 행위이다. 《역사의 연구》는 역사에 대한 포괄적인 연구를 지향한 것이었다. 말하자면 세계사에 대한 바람과 전체화에 대한 기대가 연구의 밑바탕에 깔려 있다.

이미 투키디데스 체험에 의해 깨달은 바와 같이 역사의 연구는 한 국가나 한 문명과 같은 부분적 연구에만 기울게 아니라 전체적 연구와의 균형이 필요하다. 자기가 사는 곳만을 세계로 삼는 치우친 시각을 뛰어넘어, 한정된 시야에서 어떻게 세계적인 시야로 승화할 수 있느냐에 역사가로서의 성공 열쇠가 있다. 전체적인 관점은 적어도 부분적인 관점보다는 실재를 올바르게 반영한다는, 과학사에서의 진리는 역사 분야에서도 적용될 것이다. 그러나 현대 역사학은 부분적이고 특수한 분야만을 연구하는 경향을 보여 왔다. 즉 나무 하나하나의 부분 관찰에만 치중하며 전체인 숲을 보려고 하지 않았다. 그런 뜻에서 '현대의 역사가는 아직 할 일을 하지 않고 있다'고 토인비는 생각했다.

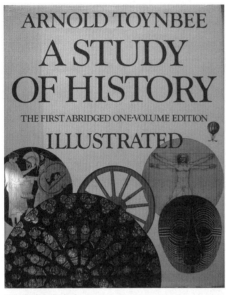

《도설 역사의 연구》(1972)

또 오늘날 고고학의 발달에 의해 과거의 희미한, 또는 잊힌 문명에 대한 많은 발견과 연구들이 추가되고 있다. 예를 들어 미노아 문명, 인더스 문명, 히타이트 문명, 수메르 문명, 마야 문명, 안데스 문명 등에 대한 고고학적 발굴은 이제까지는 없었던 새로운 역사적 지평을 열어 역사가의 호기심을 크게 자극했다. 호기심은 언제나 역사의 연구에 창조의 불을 붙여 전체적인 관점에 가까이 갈 수 있는 안내자 역할을 한다. 5천 년에 걸친 인류와 세계 문명에 대한 지식은 전보다 더 크게 확장되어 있다. 오늘날에는 역사 전체에 대한 종합적 파악이 가능해진 것이다.

더 나아가 포괄적 역사 연구의 필요성은 오늘날 정세로 보아서도 무시할 수 없는 부분이다. 현대 세계는 '거리의 극복'으로 세계를 일체화할 수 있었다. 그러나 동시에 핵전쟁에 의한 인류의 자멸도 준비 태세를 갖추었다. 이제 인류는 구석기시대에 이룩한, 인간 이외의 생물에 대한 지배권을 확립한 이래 처음으로 그 존속을 위협받게 되었다. 인류 역사에 주어진 '하나의 세계인가, 아니면 무(無)인가'라는 상황 인식과 양자택일의 문제는 오늘날 매우 다급함과 중요성을 지니고 있다. 이 인류 존속에 관계되는 현대 문명의 도전에 역사가는 '아무 일도 없는 듯이' 자기 전문 분야에만 몰두하고 있을 수만은 없을 것이다.

역사가야말로 전통적인 편견을 넘어 여러 문명에 역사적 의미를 부여하고 올바르게 평가함으로써 인류의 공통된 터전을 구축하려는 노력이 필요하다. 인류의 까닭 없는 증오를 완화하고 절망을 희망으로 바꾸려는 시도를 함으로써 서로 공존의 가능성을 여는 일이야말로 현대 역사가의 사명이다. 비록 엄밀한 역사 연구가 아카데미즘이라는 형태로 이루어지더라도, 그것을 뒷받침하는 현실의 사회적 기반이나 거기에 따른 문제점들을 무시해서는 안 된다. 언제나

일부 특권 계급의 전유물이 되고 그
시대에 대한 관심을 동결적 비밀스
러운 가르침처럼 될 때 학문은 타락
하고 만다. 문제의 역사적 의미나 성
격을 세계사적 관련 속에서 파악해
밝혀낸다는 것은 오늘날 매우 중요
하다.

토인비가 말하는 '과거를 보는 새
로운 관점, 즉 특정한 국적이나 문명
또는 종교적 관점에서가 아니라 통
일된 하나의 인류로서 보는 관점이
크게 요구되는 시대'에 우리는 이미
와 있다. 여기에서 '문명의 비교 연구'
라고 하는 비교문명론의 학문적 기
초 구축과 역사적 요청의 배경을 엿
볼 수 있다.

토인비의 《동방에서 서방으로 : 세계여행》(1958)

토인비가 시도한 《국제문제개관》(17권, 1925~56)과 《역사의 연구》(10권, 1927
~54) 이 두 가지 큰일을 동시에 맡는다고 하는 것은 언뜻 보기에 우연한 성공
밖에 바랄 수 없는 것이었다. 그러나 이 두 작업의 조합과 동시 진행이 뜻하
지 않게 각 작업을 서로 자극해 연구 성과를 풍요로운 것으로 만들었다. 토인
비 자신도 이 두 가지 일을 동시에 하지 않았더라면 《국제문제개관》도 《역사
의 연구》도 나오지 못했을 것이라고 말했다. 즉 현대의 국제 문제를 밝혀주는
《국제문제개관》의 배경에는 세계사 연구로서의 《역사의 연구》로 나아가는 일
이 필요한 것이다. 또 반대로 세계사 연구는 현대사를 보는 관점을 가짐으로
써 비로소 활기 넘치는 생명력을 지니게 된다. 이 탐구의 예를 우리는 '서양문
명의 앞날'에 관련된 문제에서 살펴보기로 하자.

'서양문명의 앞날'

토인비가 《역사의 연구》를 저술해 여러 문명의 비교 연구에 나선 것도 실은
현존하는 서양문명의 앞날을 생각해서였다. 또 《역사의 연구》 속에서 이루어

진 연구 가운데에서도 독자들의 관심을 가장 많이 불러일으킨 것은 바로 이 문제였다. 그러나 이 문제 앞에는 역사학의 통념으로 보아 커다란 난제가 가로 놓여 있었다.

바로 어제 일이라고 해도 과거를 구성하는 데에는 곤란이 따르는 법인데, 하물며 같은 시대 문명의 앞날을 전망한다고 하는 것은 역사가로서 위험한 길에 들어서는 것이다. 일반적으로 현대사의 서술은 '사료(史料) 수집, 전망의 시점, 냉정한 태도, 객관성'과 같은 여러 점에서 치명적인 결함이 있으며 이 때문에 참다운 역사로서 충분한 자격을 갖출 수 없다고 여겨지고 있다.

이 주제의 집필은 1950년이다. 그때는 《역사의 연구》 구상이 이루어진 1929년보다 문제가 어느 정도 뚜렷해지면서 지식의 공백을 메울 수 있었을 것이다. 그러나 아직 역사적인 사건으로 다루어질 '1세기'가 지난 것은 아니었다. 원고지의 잉크가 마르기도 전에 예상을 뒤엎는 사실이 증명되어 '이것은 기록한 시기가 너무 빨랐다'고 역사가가 실소할지도 모른다. 현대사 서술에는 언제나 이런 동요와 불안이 따라다닌다. 대부분의 역사가들처럼 지나간 사건의 모사와 재현에 힘쓰고 현대사에는 눈을 감는 것이 현명한 방법일지도 모른다. 그럼에도 토인비는 '서양문명의 앞날'이라고 하는 실제적이고 난감한 문제를 현 세기의 역사 연구에서 중요한 일부로 생각하고 과감하게 《역사의 연구》 안에 포함시켰다.

슈펭글러의 《서양의 몰락》에 의해서 그 운명의 마지막이 예시된 서양문명이 살아날 수 있을지 가능성을 살피고, 그 역사적 위치를 어떻게든 확인하고 싶은 마음에서 토인비는 《역사의 연구》에 열정을 쏟아부었다고 볼 수 있다. 이런 사정에 대해서 그는 다음과 같이 말했다.

"21세기 서양 역사가의 시야에 나타난 26개 문명 가운데 16개 문명이 모습을 감추었는데 이 '죽음의 문'이란 과연 무엇인가? (……) 이 물음에 대답하기 위해 나는 여러 문명의 좌절과 해체를 연구하기 시작했다. 그리고 문명의 좌절과 해체의 연구를 통해서 다시 보충적인 문명의 발생과 성장의 연구로 들어갔다."

《역사의 연구》 성립이 이와 같이 문명의 몰락 과정 분석과 연구라고 하는 위기의식을 바탕으로 하고 있다는 사실은 토인비의 문제에 대한 관심의 소재를 나타내는 것으로 매우 흥미롭다.

많은 문명들 가운데 하나일 따름인 서양문명이 새삼 특별한 대우를 받아 커다란 주제로 설정된 까닭은 무엇인가? 생각하기에 따라서는 모든 문명이 피할 수 없는 운명으로서 걷게 될 '좌절과 해체' 과정을, 자기가 속한 서양문명에 만큼은 적용하고 싶지 않다는 감상적인 태도도 부정할 수가 없다. 이것은 토인비의 생각과 달리 행해진 서양인의 자기중심적 사고가 낳은 결과라고도 생각할 수 있다. 그러나 토인비의 본뜻은 오히려 그 반대로, 자기중심적 가정으로부터의 탈피에 있었다. 왜냐하면 서양문명의 미래를 생각한다는 것은 다음 세 가지 이유로 꼭 필요한 일이었기 때문이다.

첫째는, 20세기 중반을 지난 시기에 서양문명은 현존 문명 가운데 해체기의 뚜렷한 징후를 나타내지 않는 유일한 문명이라는 사실이다. 다른 모든 문명들이 이미 사라졌거나 사라질 위기에 처해 있는데 서양문명만이 성장 단계에 있으며 그 미래는 아직도 희망의 여지를 남기고 있다. 그런 뜻에서 서양문명의 지위는 독특하다.

둘째는, 근대 이후 서양문명의 확대에 의해서 현존하는 문명과 모든 미개사회가 '서양화'의 물결에 휩쓸려 버렸다는 사실이다.

셋째는, 서양의 과학기술 문명 발달은 세계의 일체화와 함께 핵무기를 낳아, 인류를 멸망의 위기에 노출시키고 있다는 사실이다.

이러한 현대사의 중대한 도전이 다름 아닌 서양문명의 절반 이상이 안고 있는 문제들에서 비롯된 만큼 '서양문명의 앞날'에 초점이 맞추어졌다고 말할 수가 있다. 그것은 단지 서양문명의 문제뿐만이 아니라 불가피하게 인류 전체의 명운이 걸린 것이다.

《역사의 연구》는 분명 세계적인 문명들의 비교 연구를 노린 것이지만, 그 핵심이라고 할 수 있는 '서양문명의 앞날'에 대한 집필 동기, 더 나아가 인류 존속을 위한 조건으로서 생각해 낸 '세계국가'의 구상에 이르기까지 매우 구체적이며 실제적인 요청에 호응한 것이었다.

세계적인 문명 비평

이와 같이 현대사와 세계사라고 하는 두 날개를 나란히 펼치는 역동적인 연구는 토인비 사학의 특징을 말해 준다. 여기에 역사가로서의 토인비와 더불어 '문명 비평가로서의 토인비'의 면모를 볼 수가 있다. 여기서 말하는 문명 비평이란 역사학 또는 세계사학을 바탕으로 하는 것으로서, 제1차 세계대전 뒤에 본격적으로 확립된 것이다.

이것은 자기의 민족적 체험이나 이해에만 눈을 돌리는 게 아니라, 세계사적인 깊이와 눈으로 문제의 본질과 무게를 가늠하려는 것이다. 예를 들어 토인비가 복잡하게 움직이는 오늘날 국제 정세를 분석해 세계사가 나아갈 길을 이야기할 때, 또는 인류의 지혜를 걸고 해결해야 할 핵전쟁의 위협이나 남북문제를 생각할 때, 또 중동 전쟁을 지켜볼 때, 더 나아가 도시 문제나 공해 문제 등을 생각해 볼 때 현대 문명의 위기에 대한 전반적인 발언은 그 어느 것이나 세계사라는 배경에서 설명되어야 하는 것들이었다.

여기서 볼 수 있는 토인비의 진지한 동기, 넓은 시야로부터의 고찰, 문제의 본질을 파악하는 깊은 정신적 통찰, 전문가를 능가하는 정확한 예측, 지배를 받는 소수자로서 학대받고 억압당하는 사람들에 대한 공감 등은 이미 전문가들 사이에서 높이 평가되고 있다.

오늘날과 같은 문명의 전환기에는 특히 이런 세계적인 시점에 선 문명 비평의 태도를 무시할 수가 없다. 여기에서 현대를 좌표축으로 역사의 과거와 미래를 잇고 새로운 활력을 불어넣는 세계사의 새로운 길이 열리게 될 것이며, 이로써 우리는 현대 사학에서 토인비의 활기 넘치는 진면목을 엿볼 수가 있는 것이다.

역사의 의미와 목표

슈펭글러의 예견

지금까지 토인비의 역사의식과 그 의도를 밝힘으로써 역사관의 몇 가지 특징을 살펴보았다. 그것은 토인비의 역사 연구가 현재 문제에 대한 관심으로 이어져, 문명의 비교 연구라는 세계사에 충실한 시야에 서는 것을 더듬어 확인한 것이다. 그러나 이 문제를 궁극적으로 밝히고자 할 때 한 가지 더욱 차원 높은 문제가 제기된다. 이른바 '역사의 자유와 법칙 문제'이다. 그것은 인간의 역사가 어디까지 자유로운지를 묻고 나아가서 문명의 목표와 의의를 확정하고자 하는 것이다. 이 문제 설정과 구명은 토인비 사학의 중요한 부분을 차지하며 그 정점을 이룬다.

우리는 20세기 첫무렵 인류사에 일찍이 없었던 큰 사건인 제1차 세계대전을 경험했다. 그러나 그 악몽에서 채 깨어나기도 전에 그것을 능가하는 제2차 세계대전이 일어나서 세계는 다시 전쟁의 나락으로 떨어지고 말았다. 그러자 문명의 성장기를 상징하는 창조적인 숨결은 소리를 죽이고, '칼을 만능'으로 삼

서재에서 토인비

는 군국주의 정신으로 무장하게 되었다. 그것은 자기통제의 내적원리가 없는 문명좌절의 증거이고 문명해체의 발걸음이었다. 진보에 대한 신앙은 헛된 환상이 되어 무너지고, 역사 자체에 대한 의혹만 부추기게 되었다. '서양문명은 무한한 진보 속에서 파멸하지 않는다' 했던 제1차 세계대전 이전의 확신은 '그리스 로마 문명처럼 파멸하는 것이 아닐까' 하는 불길한 예감으로 바뀌었다.

일찍이 슈펭글러는 고도문화에는 운명이 있고 죽음이 있음을 통찰했다. 서양문명은 이미 문명의 마지막 단계인 '겨울의 햇살'을 쬐고 있다. 이 슈펭글러의 허무주의적 예견은, 오늘날 유효한 사정거리를 가지고 다시 살아났다. 정말 슈펭글러가 정한 문명의 '법칙'이 있고, 서양문명도 문명의 해체과정에 따라 '몰락'의 길을 밟을 것인가? 아니면 그 필연적인 운명에 인간의 예지로 맞서며, 구원의 운명으로 이끌 '자유'를 가지고 있는 것일까? 지금까지 본, 역사상 1세

대도 지나지 않아서 겪은 불행의 연속은 사람들에게 단순한 정치적, 경제적인 위기감을 넘어선 근원적인 질문을 던졌다. 이 문명사의 중대한 갈림길에 서서 일반 사람들도 역사적인 의미에서 현대의 위치를 정하고, 인류전체 속에서 자기 존재를 묻고자 하는 절실한 관심이 높아졌다.

토인비의 《역사의 연구》도 실은 이러한 시대의 불안과 민중의 열렬한 소망을 기반으로 태어난 것이었다. '역사에서의 자유와 법칙' 문제도 대체로 이러한 의미와 긴장을 안고 있다. 인류사에 가장 큰 과제로 지목되는 이 주제에 대해, 토인비는 슈펭글러의 덕을 입으면서도 그것을 뛰어넘는 독창적인 고찰을 펼치고 있다.

역사의 법칙성

일반적으로 말해 모든 사고는 어떤 법칙 내지 유형에 따르는 측면을 가지고 있다. 역사적 사고에서도 멀리는 폴리비오스, 가까이는 비코나 슈펭글러에게도 그 일면이 드러나 있다. 먼저 '법칙'의 존재 내지 지배에 대해 가장 가까이에 볼 수 있는 것은 말할 것도 없이 '자연법칙'일 것이다. 밤낮의 순환, 계절의 순환, 세대의 순환 등이 그 전형적인 예로서, 누가 봐도 똑같이 인정하는 것이다. 또 인간의 의사가 반영되는 경기(景氣)의 순환, 전쟁과 평화의 순환, 문명의 순환 등에서도 고유한 법칙성을 찾아볼 수 있다.

이를테면 각각의 문명은 사라질 때까지 '성장, 쇠퇴, 해체'의 과정을 더듬으며, 그 비교 연구가 다름 아닌 문명론의 기초를 쌓는 것이었다. 그중에서도 문명 '해체의 법칙'은 800년 내지 1000년이란 오랜 기간에 걸치는데, 거기에는 해체기의 상징이라고도 할 수 있는 '세계국가' 성립을 중심으로 '후퇴와 회복'의 순환과정이 400년 단위로 그려지는 것을 볼 수 있다. 전반은 이른바 '동란의 시대'이다. 구체적인 예를 들면 그리스 로마 문명의 경우에는 좌절의 징후를 보여주는 펠로폰네소스 전쟁부터 로마 통일까지 꼭 400년이 걸렸고, 고대 중국 문명의 경우에는 주나라에서 진나라의 통일까지 413년, 일본 문명의 경우에는 가마쿠라 시대부터 도쿠가와 시대의 통일까지 역시 413년이었다. 동란 시대의 한 순환주기가 약 400년이라는 점에서 각 문명이 일치되는 것을 볼 수 있다.

그런데 인류의 미래는 이제까지 수없이 되풀이되어 온 문명 해체의 법칙에 우리가 어떻게 응답하는가에 달려 있다고 할 수 있다. 인간은 분명히 자연에 대한 지식을 얻어, 자연을 정복하고 지배하는 데에 놀라운 성공을 거두었다. 자연과학의 진보는 20세기 전반의 원자물리학, 후반의 분자생물학 분야에서 그 결정을 볼 수 있다. 그것은 실제로 원자를 분열시켜, 생명의 수수께끼를 해명하려는 것이었다. 또 인간의 생활과 물적 환경도 다른 시대에는 유례를 볼 수 없이 눈에 띄게 진보했다.

그러나 그 결과는 어떠한가? 과학만능주의에 거는 달콤한 꿈과 기대는 환상이 되어 허망하게 무너졌다. 한편 인간의 원죄를 반영하는 것 같은 전쟁과 인종차별, 또 부유한 자와 가난한 자 사이에 볼 수 있는 문명상의, 또는 계급상의 편견과 차별은 좀처럼 개선되지 않고 점점 더 왜곡이 심해지고 있다. 이런 현상을 직시할 때, '자연법칙' 앞에 그저 속수무책으로 가만히 있으면 몰락의 운명만이 기다리고 있음을 알게 된다.

한편 역사의 법칙성에 대해 최대한 탐구를 계속하여 만약 확고한 증거를 발견할 수 있는 데까지 다다른다 하더라도, 여전히 법칙으로 만들 수 없는 신비의 세계가 있음을 알 수 있다. 인간의 생활은 반드시 자연법칙에 따르는 것은 아니다. 때로는 밤을 낮으로 바꾸고 목적과 리듬을 바꿔 혼란을 주기도 한다. 대체로 인간의 의지행위와 만남, 또 시짓기 활동과 예언자적 통찰 같은 것은, 자연법칙의 원리로는 풀 수 없는 심원하고 자유로운 세계를 만들어 낸다. 이와 같이 자연법칙의 한계와 거기에서 자유로운 영역이 있다는 것을 알 때, 자연법칙과는 또 다른 법칙이 상정된다.

토인비는 그 법칙을 '신의 법'이라고 불렀다. 그것은 신의 은총이라는 빛을 받은 법칙이다. 인간은 '자연법칙'만으로 살아가고 있는 것이 아니다. 그 위에 신의 부름에 대한 인간의 응답이라는, '신의 법칙' 아래에 살고 있다. 이 신의 법칙이야말로 자유 자체와 그 본질을 훨씬 더 밝게 드러내 준다. 왜냐하면 인간의 자유는 '인간이 신에 의해 제시되는 도전에 응하기를 원하는 만남'에서 태어나며, 그것은 사랑의 신에 의해서만 인간에게 주어진다고 할 수 있기 때문이다. 따라서 이 신의 법칙은 '자유의 법칙' 또는 '사랑의 법칙'이라고 말할 수도 있다.

'자연법칙'에서 '신의 법칙'으로
그런데 인간의 생활을 규정하는 두 가지 법칙은 서로 모순되고 대립하는 관계에 있는 것일까? 즉 인간 영혼의 존재의의를 역사 내부에서 파악하고자 하는 이른바 '순수하게 현세적인 견해'와, 역사 외부에서 파악하고자 하는 '순수하게 피안적인 견해'는 물과 기름처럼 결코 양립할 수 없는 것인가? 토인비는 저마다의 견해에 일맥상통하는 진리가 있다고 하면서도, 단독으로는 충분한 근거와 내실을 얻을 수 없다고 했다. 양자의 분단이 아니라 상호작용과 상호보완의 관계에 유의하면서, 토인비는 '신의 왕국'의 한 영역인 통일적 파악을 시도한다.

이때 열리는 세계는, '인간 개개의 영혼이 아직 이 세계를 떠나기 전에 저마다의 영혼으로 하여금 신의 방식으로 신을 더욱 깊이 인식하고 더욱 깊이 사랑하게 하는' 세계이다. 토인비는 이 세계에서 영원불멸의 의의와 가치의 실현을 본다. '인간의 영혼이라는 관점에서 본 역사의 의미'라고 하는 토인비의 문명론을 응축한 질문의 해답도 여기에 있다. 신의 법칙은 개인의 영혼 구제라는 인간의 진정한 목표를 보여주지만, 자연법칙은 거기에 이르는 역사적 시련의 과정이라고 할 수 있다.

양자는 마차에 장치된 바퀴의 관계에 비유된다. 자연법칙은, 신이 자신의 마차에 장착한 바퀴로 그려질 때 비로소 존재 의의를 가지게 된다. 다시 말하면 '자연법칙'은 자기희생의 대가를 치르면서 차츰 '신의 법칙' 수준으로 높아지고 포섭됨으로써 충분한 존재의 근거를 얻게 되는 것이다.

문명의 흥망과 고등종교의 성립은 역사적 사례이다. 예를 들면 바빌로니아 문명과 그리스 로마 문명에 편입된 시리아 문명은, 패배와 억압이라는 역사적 고뇌와 진통을 통해 유대교와 그리스도교를 탄생시켰다. 마찬가지로 그리스 로마 문명에 편입된 인도 문명에서는 대승불교와 힌두교가 탄생했다.

이른바 가장 큰 불행과 가장 깊은 비극을 빠져나가는 '문명체험'이, 문명을 뛰어넘는 숭고한 정신적 차원을 향해 눈을 크게 떠서 내면적인 고등종교의 성립을 가능하게 했다고 할 수 있다. 말을 바꾸면 고등종교는 문명의 패배라는 비극적 체험의 도전에 대한 정신적 응전의 결과라고 할 수 있다. 여기서는 지금까지처럼 정치적, 권력적인 지배가 아니라 '정신적인 고뇌'가 가치를 지닌다. 거기에 진정한 새로운 자유와 창조를 향한 길이 열린다. 구체적인 역사적 검증을 통해 얻을 수 있는 이 통찰은 토인비의 확신으로 승화되었다. 또 그것은 그의 사고와 역사적 고찰의 원점을 이루고 있다.

'자연법칙'에서 '신의 법칙'으로 옮아가는 궤도에 대해 토인비는 다음과 같이 말했다. "위험한 등반을 시도하라는 창조자의 부름에 이끌려 피조물이 올라간 가장 높은 곳에서, 우리는 고투하고 있는 인간 등반자의 손을 맞이하기 위해 신이 손을 뻗고 있는 광경을 볼 수 있다. 그리고 손이 잡히는 시점에서 법칙과 자유는 구별할 수 없게 된다." 이와 같이 두 가지 법칙의 개념을 이율배반 관계로서가 아니라 통일되고 조화를 이루는 것으로서 파악하는 것은, 주목할 만한 토인비의 독자적인 착안이다.

근대문명에 대한 의혹

'역사에서의 자유와 법칙' 문제를 일반 이론에서 실천적인 인식과 연결할 때 새로운 문제가 떠오른다. 즉 우리와 같은 시대인 제3대의 문명은 '신의 법칙'을 경시하고 있는 것이 아닐까 하는 의심이다.

근대 서양문명은 '자연법칙'의 해명과 응용에 위대한 성과를 거두었음에도 그것에 도취해 인간존재의 심오한 뜻에 맹목적으로 빠져들었다고 할 수 있다. 다시 말해 현상의 배후에 숨겨진 궁극적인 실재와 그 질서에 눈을 뜰 수가 없었다. 또 인간의 내면적인 의미나 구제와 관련된 정신적 차원의 문제를 외면하는 경향이 있었다. '신의 법칙'은 버림받고, 내셔널리즘과 코뮤니즘, 그리고 산업주의 같은 다채로운 양상의 '괴물' 숭배에 빠져든 것이다. 토인비에게 근대문명의 이러한 우상숭배는 이른바 '하등종교'에 대한 역행을 의미하는 것이었다.

여기서 서양문명뿐만 아니라 서양화된 모든 문명을 위기로 밀어넣은 근대문명의 좌절과 한계의 근원적인 의미를 읽을 수 있다. 토인비가 제1대, 특히 제2대 문명을 고등종교의 어린나무로서 따뜻한 눈길로 바라보며, 오늘날의 제3대 문명에는 차가운 눈길을 보내는 것은 이러한 사정 때문이다.

근대문명이 흉측한 사건의 반복이 아니라 역사상 본질적인 의의와 가치를 지니게 되는 것은, 앞으로 '신의 법칙'을 어떻게 받아들이고 회복할 것인가에 달려 있다. 문명 구제의 가능성에 대해 토인비는 이렇게 말했다. "문명이 자신의 힘만으로 자신을 구할 수 있을까. (……) 이 문제에 대해 내가 깊이 생각한 결과 얻은 답은 '아니다'라는 것이다. 문명은 그 자신의 힘뿐만이 아니라 고등종교의 힘에 의지함으로써 비로소 구원될 수 있다." 인류는 문명을 극복해 냄으로써 비로소 문명 구제의 길을 열 수 있다. 여기에 토인비의 독특한 역설적인 해명이 있고, 또 '역사에서의 자유와 법칙' 문제의 중심과 실천적인 과제가 있다고 할 수 있다.

앞에서 보았듯이 토인비의 역사 연구는 처음에는 문명의 객관적, 과학적인 비교 연구로 출발했지만, 이윽고 메타히스토리(형이상사학)로서의 색채를 짙게 띠게 된다. 즉 "내가 《역사의 연구》를 쓰기 위해 메모를 한 지 이미 27년이 넘는 세월이 흘렀다. 그동안 우리 자신의 견해도 변화했고, 종교라는 것이 내 세계관의 중심을 차지하게 되었다"고 고백한 것이다.

토인비가 《역사의 연구》가 일단 종결된 부분(10권)에서 말한 역사 연구의 목적, 관점, 공헌에 대한 시각도 모두 종교적 방향을 향한 것이라고 할 수 있다. 이와 같이 토인비의 역사 연구는, 형이상적인 것과 역사적인 것의 대립을 통일적으로 파악하려는 것이고, 특히 문명에 대해 종교가 하는 기능과 역할을 중시한 것이다. 그것은 독자적인 특징을 형성하는 반면에 많은 비판을 제공하는 것이기도 했다.

시대 고뇌의 체현자

토인비의 이러한 구상의 변화를 안이한 생각이라거나 변덕이라고 판단해서는 곤란하다. 그 점에 대해 '이 4권(1954년 간행)은 나가사키와 히로시마에 원자폭탄이 떨어진 뒤에 썼고, 제7권~제10권의 문장들은 이탈리아의 아비시니아 침략과 제2차 세계대전이 진행되는 동안에 쓴 제5권과 제6권(1939년 간행)에서 이미 들었던 것'이라고 말했다. 이른바 《역사의 연구》 내용 가운데서도 가장 '어려웠던 시대'라고 일컬어진 불온한 1930년대와 '집단적 자살'과도 같은 원폭의 공포에 맞닥뜨렸던 40년대, 즉 역사의 극한상황에서 집필한 것이 토인비의 마음을 크게 움직였다고 할 수 있다. 이러한 배경에서 종교의 본질과 역할에 대한 시점의 변천을 볼 수 있다.

그것은 랑케의 역사적 저작처럼 냉철하지 않다 하여, 또 비과학적이고 비정상적이라 하여 빈축을 살 이유는 없다. 오히려 저자가 살았던 시대의 불안과 무게를 성실하게 받아들이고, 글로 써야만 하는 내적 필연성을 지닌 것으로서 매우 당연한 일이다. 그런 의미에서 토인비는 일정한 문화적 상황의 대변자이자, 현실문제에 대한 시대 고뇌의 체현자라고 할 수 있을지도 모른다. 문명의 해체와 죽음의 광경을 안타깝게 바라보면서, 어떻게든 불멸의 영원성에 역사를 연관시키고자 하는 열렬한 소망이 마음속에 흐르고 있다고 할 수 있다.

대체로 역사서술에서 위대한 연구로 불리는 것은, 단순히 풍부한 이해와 정적인 관조에 머무는 것은 아닐 것이다. 그것은 시대의 위기와 관련된 예민한 감수성이라는 인간적 기반 위에 서서 인간과 사회에 연대하는 배려를 지닌 것으로, 사상의 핵인 마음을 보내는 것이다. 토인비의 형이상사학적 연구 또는 역사구상의 변용에 대해 올바른 이해를 얻기 위해서는, 적어도 이러한 시점을 파악하는 것이 필요하다.

역사가의 과제와 책임

지금까지 토인비 사학의 특징을 그 과제와 방법의 측면에서 살펴보았다. 그것은 아무래도 독창적이고, 또 전통 사학에 도전한다는 점에서 많은 논의를 부르게 되었다. 토인비의 대표적 비판론집인 《토인비와 역사》(1956)의 편자 A. 몬터규는 그 서문에서 '토인비의 《역사의 연구》는 그 시기에 가장 유명하면서도 가장 널리 비판받은 저작의 하나'라고 그때의 사정을 전하고 있다. 여기서 토인비 사학에 정당하게 위치를 부여하기 위해서는, 특히 현대사학의 과제와 방향을 음미할 필요가 있다.

현대 역사학의 과제에 대해 J. 폭트는 이렇게 말했다. "나는 역사의 의미를 묻는 것의 중요성을 더욱 확신하고, 앞으로 인류의 역사라는 관점에서 문제를 제기하는 것은 전문역사가의 영역에서도 특히 중요해질 거라고 생각한다." 또 G. 바라클라우는 다음과 같이 강조했다. "오늘날 우리가 직면한 상황에서 과거를 대하는 우리의 전통적인 접근 방법이 적절하지 않다는 것을 인식하는 것만이 사람들로 하여금 세계사 연구에 진지한 관심을 쏟게 한다. 그리고 각 시대는 그 자신의 역사를 보는 시각을 필요로 한다. 오늘날 우리는 옛 유럽이 세계정치와 세계문명의 시대 속에 존립하고 있다는 이 상황에 적응하는, 유럽의 과거를 보는 새로운 시각이 필요하다."

오늘날 역사학계를 대표하는 양자는 모두 전통 역사학의 한계를 극복하고 새로운 역사학의 모습, 즉 '진정한 세계사'를 주장하고 있다고 할 수 있다.

이처럼 세계는 분명히 일체화하고 정치적, 경제적, 기술적 결합이 심화되고 있다. 그것을 잘 알면서도 우리의 역사적 사유는 여전히 예전 그대로의 모습을 탓하며 뒤처지고 있다. 핀버그는 "요즘은 대규모의 역사를 쓰거나 가르치는 사람이 이제 아무도 없다는 탄식이 들리고 있다. 만약 누군가가 그것을 쓰려고 한다면, 좁은 전문 영역에서 굳게 무장한 수많은 전문가들의 비판에 의해 당장 뭇매를 맞게 되고 만다"고 보수적인 학계사정을 전하고 있다. 특수한 주제를 연구하는 전문가로서는 '가능하다면 세계사는 생각하지 않고 싶다'는 유혹을 느낄지도 모른다.

도슨(스웨덴 외교관이자 역사가)이 시사한 것처럼, 분명 한 문명의 범위 안에 연구를 한정한다면 마음이 편해지고 안심할 수 있을 것이다. 그 점에서 문명의 비교 연구를 통한 세계사를 계획하는 것은 이질적인 문명을 다루는 것만큼 어려운 일이고, 역사가의 능력을 넘어서는 일일지도 모른다. 또 설령 그것이 가능하다 해도, 역사학의 정통성과 의미를 해치는 것이라 하여 악평을 부르고 이단시될지도 모른다.

그러나 그럼에도 20세기의 상황은 그야말로 세계사를 요망하고 있다. 토인비 사학은 역사를 초역사적인 것에서 분리하여 오로지 역사적 세계의 자기추진과 자율성에 무게를 두어온 근대사학 체계를 비판하면서, 또 세계사적인 시야에서 역사의 의미를 묻고자 하는 현대사학의 과제를 받아들이고 있다. 오늘날 근대사학으로서 '역사주의를 극복하는' 길이 오랫동안 논의되면서도 그 책임을 자기 것으로 하고, 진취적으로 반성하고 비판하는 역사가의 모습은 의외로 많지 않다. 그런 진정한 의미를 인식하고 거시적인 시각에 설 때, 토인비 사학은 현대의 역사해석에서 고도의 가설적 진실의 하나로 높이 평가받아야 할 것이다.

토인비의 종교관

1. 고등종교의 성립

종교적인 자세

토인비 사학의 커다란 특징의 하나는, 인류사를 궁극적으로 종교적 내지 도덕적 관점에서 파악하고 있다는 점일 것이다. 수많은 토인비의 저작을 읽고 가장 먼저 느끼는 것은, 그의 생각의 밑바탕에는 언제나 종교적 관점이 자리

하고 있다는 것이다. 그중에서도
《역사가의 종교관》(1956)이나 《세
계 종교 속의 기독교》(1957) 같은,
종교를 직접 주제로 한 작품이 잘
알려져 있다. 또 그의 저작에는
역사적이라기보다 종교적 개념이
곳곳에 나타나, 역사 고찰상의 중
요한 개념과 결부되어 있다. '도전
과 응전', '만남', '시련', '영성화' 등
이 그 예이다. 그리고 '고등종교',
'세계교회' 같은 토인비의 독창적
인 개념은 그의 역사 고찰이 절정
에 이르렀을 때 언제나 얼굴을 내
밀며, 역사이론의 중요한 부분을
이루고 있는 것을 볼 수 있다.

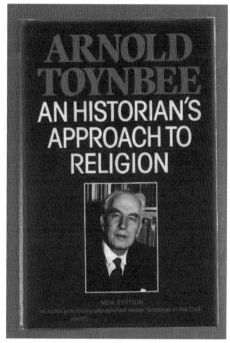

토인비의 《역사의 연구》가 내건　**《역사가의 종교관》**(초판 발간 1956)
도전의 본질에 대해, 맥닐은 '역사 연구에서 종래 전문영역의 경계를 대담하게
깬 것'과 아울러 '역사 연구를 궁극적이고 철학적이며 신학적 문제와 결부한
것'을 말하고 있다. 즉 한편으로는 전문적인 연구가 부분적으로 치우치고 있는
벽을 넘어서 전체 역사를 기록하려 하고, 다른 한편으로는 역사 연구를 통해
인류의 운명과 인간사상에서 신의 역할과도 같은, 이른바 인간존재에 관한 궁
극적인 문제와 마주하는 토인비의 자세를 볼 수 있다.

　여기서 잠시 토인비의 역사관에 깊이 간직되어 있는 독특한 뉘앙스를 알기
위해, 그의 말에 귀를 기울이고자 한다. 왜 역사를 연구하며 역사란 무엇인가
하는 물음에 대해, 역사가의 대답은 각자의 경험에 따라 다양하고 다를 것이
다. 거기에 토인비 나름의 답을 구한다면, 역사 연구는 '신을 추구하고 신을 찾
아내라고 하는 신의 부름 속에 자신의 사명을 찾아내는 것'이고, 역사는 '성실
하게 신을 찾고 있는 사람들에게 행동을 통해 자기를 계시하는 신의 모습을
보는 것', 그리고 역사의 공헌은 '신의 창조활동을 밝히는 것'이라고 할 수 있다.
물론 토인비의 역사관 또는 역사이론이 한결같이 종교적 방향을 향하고 있으

며 종교성으로 가득하다고 한다면 조금 과장이 될 것이다. 《역사의 연구》에 입각해서 보면, 이 책은 '처음에는 인간 사상의 분석적, 분류적 비교 연구로서 시작되었지만 도중에 형이사상학적 연구로 변한 것'이다. 말하자면 연구 분야와 목적의 변화에 대해 암시하고 있다.

사실 《역사의 연구》 제1권부터 6권까지는 대체적으로 문명을 중심으로 사고가 전개되며, '왜 문명은 성장하고 해체되는가'에 대한 해명이 주요한 관심사였다고 할 수 있다. 그런데 그 뒤 제7권(1954)이 간행되는 무렵부터 주제의 역전을 볼 수 있다. 즉 종교를 중심으로 '문명이 그렇게 되는 목적은 무엇인가'에 대해 논의하게 된다. 일부 사람들이 제7권을 가리켜 '새로운 저작'이라고 평가하는 것도 전적으로 부정할 수만은 없는 사정이 여기에 있다.

'이중구조를 가지고 있다'

역사 연구를 지향하는 토인비가 심혈을 기울인 주제는 결국 문명의 목표에 대한 것이고, 또 문명 구제의 가능성에 대한 것이었다. 문명은 그 자신의 힘만으로 스스로를 구할 수 있는가 하는 질문에 대해, 토인비는 '문명은 그 자신의 힘뿐만 아니라 고등종교의 힘에 의지함으로써 비로소 구원받을 수 있다고 믿는다. 인류는 이렇게 문명을 넘어섬으로써 문명을 구할 수 있다'는 신념을 끝까지 바꾸지 않았다.

《역사의 연구》는 1921년에 계획되고 1929년에 집필된 이래 완결될 때까지 긴 세월을 거치면서 구성의 변화도 있었다. 그러나 토인비의 역사관과 세계관 속에 차지하는 종교의 위치는 최근에 더욱 무게가 더해지고 있다고 할 수 있다. 그가 도슨과 함께 '메타히스토리언(형이상학적 역사가)'이라 불리는 것도 이런 사정과 관련이 있다. '영성과 역사', 즉 종교와 문명의 종합을 지향하는 역사가로서의 이미지가 두 사람을 하나로 이은 것이다.

그러나 이러한 문명에 대한 종교의 위치를 둘러싸고, 궁극적인 관점에서 토인비와 보조를 맞추고 있는 도슨과 하디는 오히려 소수파라고 할 수 있다. 대부분은 토인비의 종교적 편중을 아주 못마땅해하고 있었다. 특히 가일과 번스가 대표적이다. 여기서 명백하게 몰이해로 생각되는 무조건적인 부정론을 완화하기 위해, 토인비 사학의 구조적 특색을 간결하게 살펴보기로 한다.

그 점에서 야마모토 신(山本新)의 다음과 같은 지적은 시사하는 바가 크다.

"광범위하게 본다면 토인비 사학은 이중구조를 가지고 있다. 즉 사실인식으로서의 경험과학적인 것과 의미, 운명, 가치와 관련된 사상적인 것, 곧 철학적인 것이 함께 어우러져 있다. 상하의 이중구조를 다시 구분하면 아래쪽은 역사학과 사회학이고, 위쪽은 철학과 종교사상으로 이루어져 있다."

다시 말해 토인비는 역사를 연구하면서 철학적 종교적 의도를 품고 있었다. 본디 성립하기가 어렵다고 알려진 역사철학의 양극이 균형을 이루는 긴장을 견디면서 탐구를 추진한다는 역설이, 사실은 비교문명론으로서의 토인비 사학의 본령이라고 할 수 있다.

고등종교의 의미

토인비의 역사 연구는 문명의 비교 연구를 기초로 궁극적으로는 문명의 목표와 의미를 탐구하고자 하는 것이다. 그 목적은 단순한 사실인식의 수준을 넘어 종교적인 의미해석과 가치판단을 품는 것에서 비롯, 다른 면으로는 형이상학적 역사학의 색채를 짙게 띠고 있다. '문명의 관점에서 본 종교'라는 역사 속 종교의 위치는, 이른바 토인비의 중심 명제를 이루는 것이다. 그러므로 토인비 자신이 그 연구에 가장 심혈을 기울여 왔다고 할 수 있다.

그 가운데 먼저 '고등종교의 성립'이라는 문제에 대해 살펴보고자 한다. 토인비가 명명한 '고등종교'라는 개념은 개개의 인간과 초인간적인 정신적 실재의 직접적인 관계를 특질로 하며, 또한 특정한 문명의 극복을 지향하는 것이라고 할 수 있다. 일단 '독립성과 보편성'을 갖춘 것은 자연숭배와 인간숭배를 주축으로 하는 '하등종교'와 구별하는 기준이 된다.

《역사의 연구》(제7장 세계교회)에 수록된 고등종교 목록은 모두 29개이다. 그 가운데 오늘날 명맥을 유지하고 있는 것은 소승불교, 대승불교, 힌두교, 유대교, 그리스도교, 이슬람교, 조로아스터교 등의 일곱 종교이지만, 토인비가 자주 인용하는 것은 소승불교를 제외한 여섯 종교이다.

고등종교의 성립을 둘러싼 비교문명론적인 문제의 관심은 모든 종교가 슈펭글러와 배그비가 주장했듯이 한 문명 속에 들어 있으며, 문명의 관점에서 완전히 설명할 수 있는가 하는 점에 있다. 다시 말해 종교는 한 문명의 내부에서 태어나 그 일부에 머무르며, 다른 문명과의 관계나 문명을 뛰어넘는 의미를 가지지 않는 것인가 하는 의문을 제시하고, 또 그것에 대해 역사적 검증을 시도하는 것이다. 토인비도 처음에는 이러한 견해에 동조했다. 토인비가 처음으로 세운 '이해 가능한 연구영역'으로서의 '문명'이라는 기초적인 가정은, 문명의 모든 국면의 연구에 적용되는 것으로 규정되어 있었다. 분명히 이 규정은 문명의 발생, 성장, 쇠퇴의 각 단계를 고찰하는 데 머무르는 한, 거의 적절한 단위로서 타당성을 가지는 것이었다. 문명의 쇠퇴라고 하지만 그 원인은 언제나 내면적인 자기결정능력의 상실일 뿐, 외부에서 오는 것이 아니었다.

그런데 쇠퇴에서 다음 해체기에 접어들 때가 되면, 이 규정은 약해져서 전면적인 적용과 유지가 곤란해진다. 해체기에는 사회체제가 분열된다. 토인비식으로 말하면 지배적 소수자에 의한 세계국가, 내적 프롤레타리아트에 의한 고등종교(세계교회), 외적 프롤레타리아트에 의한 야만족 전투단체의 삼파전이 시작되는 것이다. 위의 세 가지 모두 저마다 고유한 작용에 의해 해체되고 있는 문명의 틀을 넘어서 이질적인 문명과의 관련성을 볼 수 있다. 실은 이 문명을 극복하는 가장 전형적인 형태의 하나를 고등종교의 성립에서 볼 수 있다.

밖으로부터의 영감

고등종교의 성립은 그 내적 생명으로서 불가결한 원천을 외적 영감에서 얻고 있다. 이를테면 그리스 로마 문명에서 최후의 영광을 쟁취하기 위해 서로 각축전을 벌이고 있었던 고등종교 가운데, 이시스 여신 숭배는 이집트 문명에, 키벨레 숭배는 히타이트 문명에, 그리스도교와 미트라교는 시리아 문명에, 대승불교는 인도 문명에서 그 영감의 근원을 찾을 수 있다.

그럼 이러한 종교가 그리스 로마 문명에 들어온 경위는 어떤 것일까? 위의 네 종교들은 기원전 334년 및 그 뒤 알렉산드로스가 아케메네스 제국을 정복한 결과 이집트, 히타이트, 시리아 등 각 문명의 민족이 그리스 로마 문명에 편입됨으로써 실현되었다. 또 대승불교는 기원전 180년 및 그 이후, 그리스 박트리아 왕국의 에우티데모스 왕조가 인도를 정복한 결과 그리스 로마 문명에 흡수된 것이다. 다섯 고등종교에는 그 내면적인 정신적 본질에 커다란 차이가 있다 해도, '비종교적 영감을 그리스적인 형식 즉 신앙적, 철학적, 예술적인 형식으로 표현하고자 하는 시도'라는 관점에서는 공통성을 가지고 있으며, 자기를 뛰어넘는 이질적인 문명과의 만남과 교류를 볼 수 있다.

고등종교는 밖에서 들어온 영감에 의해 발생한다는 단정 아래, 거기에 해당하는 몇 가지 사례를 살펴보았다. 그러나 토착 영감에 의해 태어난 것으로 보이는 고등종교의 존재도 전적으로 부정할 수는 없다. 대표적인 것으로 유대교, 조로아스터교, 이슬람교를 들 수 있다. 이 세 가지 종교는 영감의 출처와 활동 영역도 같은 시리아 문명권이고, 또 힌두교도 마찬가지로 인도 문명의 영역을 벗어나지 않는다. 이러한 사례는 '한 문명 안의 종교'라는 견해에 힘을 실어줄 수도 있다. 과연 그런 결론으로 이어질 수 있을까?

그것을 거시적으로 살펴보면 유대교와 조로아스터교를 탄생시킨 시리아 문명의 민족은 기원전 8세기부터 6세기까지 아시리아 제국의 정복 결과, 바빌로니아 문명에 편입되었다. 따라서 유대교와 조로아스터교의 탄생은 아시리아의 정치적, 군사적 도전에 대한 종교적 응전의 산물이다. 즉 토착인 시리아 문명의 영감에 의해 태어났다기보다는 바빌로니아 문명의 '내적 프롤레타리아트'(사회 속에 있으면서 사회적인 권리를 갖지 않은 존재)인 시리아 문명이 가지고 들어온 종교로 분류하는 것이 적절하다. 이슬람교와 힌두교의 탄생에 대해서도 같은 문맥에서 그리스 로마 문명의 정치적, 군사적 도전에 대한 시리아 문명, 인도 문명의 종교적 응전의 산물로 파악할 수 있다.

지금까지의 추적을 통해 고등종교의 탄생은 토착 영감이 아니라 외래 영감에 의한 것으로 보는 견해에 정당성이 부여되는 듯하다. 그렇다면 고등종교의 성립을 이해하기 위해 '적어도 두 문명의 접촉, 즉 그 내적 프롤레타리아트 속에서 새로운 종교가 발생하는 문명과, 그 종교의 외래 영감의 원천이 되는 문명의 접촉을 고려해야' 된다. 따라서 '오늘날 존속하고 있는 고등종교의 발생은 우리가 연구 분야를 하나의 문명 범위에서 둘 내지 그 이상의 문명의 만남을 포함하도록 확대할 때 비로소 이해할 수 있다'는 결론이 나온다.

고등종교의 성립은 최소한 두 문명의 접촉과 교류를 전제로 하고 있고, 이해 가능한 연구영역은 이미 한 문명의 틀 안에서는 충분하지 않으며, 그것을 훨씬 넘어서는 새로운 분야가 설정되어야 한다. 동시에 문명을 극복하는 고등종교의 성립이 가지는 의미를 철저하게 분석하고 통찰해야 한다.

고등종교를 탄생시키는 유사성

고등종교의 성립은 적어도 두 문명의 만남이 전제가 된다는 견해는 역사나 지리학상의 평범한 사실에 주목함으로써도 검증할 수 있다. 이른바 '고등종교를 낳은 땅'을 살펴보면 지구상의 어디에나 있는 것이 아니라, 어떤 특정한 지역에 치우쳐 있는 것을 알 수 있다. 즉 지리학적으로 넓은 의미에서의 시리아와 중앙아시아의 옥수스(아무다리야), 약사르테스(시르다리야) 강 유역의 두 지점 및 그 주변이다. 시리아에서는 유대교, 그리스도교, 그 주변에서는 미트라교, 마니교, 이슬람교 등이 탄생했다. 한편 옥수스, 약사르테스 강 유역에서는 조로아스터교, 대승불교, 그 주변에서는 원시불교, 힌두교가 태어났다. 이 두 지역에서 고등종교가 많이 탄생한 것은 우연한 일이 아니었다. 그 해명의 실마리를 찾기 위해서는 먼저 지리적, 역사적인 의미에서 특수한 유사성에 주목할 필요가 있다.

이를테면 양자의 자연환경은 환상교차로(環狀交叉路)로서 그 기능을 충분히 발휘할 수 있는 지형이었다. 시리아라는 환상교차로에는 나일강 유역, 지중해, 아나톨리아, 티그리스 유프라테스 강 유역, 그리고 아라비아 스텝 등의 각 방면에서 큰길들이 모여들고 있다. 중앙아시아라는 환상교차로에서도 이란, 인도, 극동, 유라시아 스텝의 큰길들이 교차하고 있었다. 그 무렵 스텝은 '건조한 대양'으로서 바다 같은 전도성(傳導性)을 보여주며, 대상의 여행길을 열어 문화 전파에 큰 공헌을 하고 있었다.

이번에는 역사적으로 살펴보자. 양자의 정치사 기록을 찾아보면 장기간에 걸쳐, 여러 번 외래문명에 정복당해 그 세계국가의 지배를 받는 '내적 프롤레타리아트'로서 토착 문명의 존망이 걸린 고난에 찬 경험을 볼 수 있다.

시리아는 기원전 20세기부터 오늘날까지 약 4천 년에 걸쳐, '시리아의 일상적인 정치적 운명은 어딘가의 세계국가에 속하는 것'이었음을 알 수 있다. 시리아를 지배한 세계국가로는 수메르 제국, 이집트 신왕국, 신바빌로니아 제국, 아케메네스 제국, 로마 제국, 아랍칼리프 왕조, 오스만 제국 등이 있다. 그리고 어딘가의 세계국가에 속하지 않을 때도 두 개의 다른 제국에 의해 국토가 분단되는 운명에 놓여 있었다. 그러다가 시리아 토착 정권이 되살아나서 햇빛을 본 것은, 기원전 8세기에 아시리아 제국의 침략을 받을 때까지의 4세기 동안이 가장 긴 경우였다.

그 밖에 시리아 토착 정권이 회복된 것은 세 번뿐이었으며, 그것도 아주 짧은 기간에 지나지 않았다. 실로 시리아 정치사는 거의 모두 외래문명에 의해 덧칠되어 있었다고 할 수 있다. 토착 문명은 가혹한 환경 속에서 그 억압과 비참함을 견디지 않으면 안 되었던 것이다. 옥수스 약사르테스 강 유역의 정치사로 눈을 돌려도 똑같은 상황을 확인할 수 있다. 즉 기원전 6세기 아케메네스 제국에 지배당했으며, 그 뒤로 아랍칼리프 왕조, 몽골 제국, 러시아 제국 등에 지배당하는 쓰디쓴 고초를 겪었다.

문명을 초월하는 종교

이러한 정치사의 기록은 기본적으로는, '시리아 및 중앙아시아 지역에서 다수의 문명이 만난 것에 대한 증거이고, 이 두 지역에서 각 문명이 비정상적으로 활발하게 교류한 것이 이러한 지역에 고등종교의 탄생지가 비정상적으로 집중해 있는 이유를 설명하는 것'이라고 볼 수 있다.

간단하게 정리하면, 고등종교가 태어나는 데는 먼저 문명의 만남이 전제가 되며, 만나기 전에 그 문명이 쇠퇴기와 해체기를 거쳤다고 판단할 수 있다. 예를 들면 바빌로니아 문명과 시리아 문명의 만남에서는 유대교와 조로아스터교가, 그리스 로마 문명과 시리아 문명의 만남에서는 그리스도교와 미트라교가, 그리스 로마 문명과 인도 문명의 만남에서는 대승불교가 태어났다고 할 수 있다.

그러나 어느 경우에도 자기도취에 빠질 정도로 자랑스러운 문명이 아니라, 패배한 문명 쪽에서 고등종교가 탄생한 것이다. 그것은 고등종교가 어떠한 상황과 조건 속에서 탄생하는지를 상징적으로 얘기하고 있다. 이러한 사례를 비교문명론의 관점에서 생각한다면 고등종교의 성립은 외래문명의 압도적인 정치적, 군사적 도전에 대해 토착 문명의 반격으로서 종교적 응전을 보여주는 것이며, 토착 회복운동으로 파악할 수 있다. 그리고 근본적으로 중요한 것은 토착문명의 해체라는 정치적 패배는, 종교적 승리라는 문화적 극복을 통해 구원의 길이 열린다는 점이다. 여기서 문명의 투쟁에서 참된 해결은 문명 자체가 아니라 그것을 넘어선 높은 정신적 차원의 설정, 즉 고등종교의 성립 속에 있다는 토인비의 통찰을 다시 한 번 확인할 수 있다.

이상과 같이 고등종교의 성립은 외래의 영감을 원천으로 하며, 또 문명의 만남이 필요하다는 두 가지 측면이 있다. 그럼으로써 처음에 내건 슈펭글러와 배그비의 '문명 안에서의 종교'로 보는 견해는, 토인비의 '문명을 넘어서는 종교'로써 해결된다. 그리고 문명의 만남이라는 새로운 방법을 시좌(視座 ; 개인이 자기 입장에서 사회를 보는 시점)에 둠으로써, 고등종교가 성립하는 역사적 조건과 본질적인 의미를 아울러 생각해 보았다.

2. 고등종교의 역할

암으로서의 종교

일반적으로 '문명과 종교' 사이에는 옛날부터 떼려야 뗄 수 없는 밀접한 관계가 있음을 알 수 있다. 거기에 대해서는 다양한 견해가 제기되어 왔다. 토인비는 문명에 대한 종교의 기능과 역할 문제에 대해, 먼저 지금까지 제기되어 온 주요한 견해를 다루며 비교문명론적인 방법으로 분석과 검증을 시도한다. 이 문명과 종교문제는 토인비의 용어법에 따라 '세계국가'와 '세계교회'라는, 더욱 구체적인 주제로 대체할 수도 있다.

그래서 가장 먼저 들 수 있는 견해는 문명에 대한 종교의 부정적인 역할이다. 무릇 문명에 종교가 개입하면 쇠퇴와 사멸을 불러와 파괴로 이끌 뿐이라고 보는 판단이다. 이러한 종교의 기능을 토인비는 '암으로서의 종교'라고 불렀다. '세계국가'를 숙주로 하는 기생충적인 존재로서, 언젠가는 숙주의 생명을 파먹고 죽음에 이르게 한다는 '세계교회'의 역할이 거기에 암시되어 있다고 할 수 있다.

이 견해는 역사적으로 '로마 제국의 몰락과 그리스도교'라는 문제에 대한 관심으로 이어지는데, 기번과 프레이저의 주장 속에서 그 전형을 볼 수 있다. 로마 제국이 왜 몰락했고, 그 몰락에 그리스도교가 어떻게 관련되어 있는가 하는 문제이다. 이것은 매력적인 주제로서 많은 사람들의 흥미를 끌었고, 또한 여러 방면에서 활발하게 논의되어 왔다. 로마 제국 몰락의 원인은 크게 나눠 외적 원인과 내적 원인 두 가지로 볼 수 있다. 외적 원인은, 그 원인을 그리스도교의 성립과 게르만족의 이동으로 보는 것으로 20세기 초까지 학계를 지배해 온 견해이다.

'야만과 종교의 승리'

먼저 로마 제국의 몰락에 대하여 그리스도교의 책임을 묻는 견해는 로마 제국이 아직 명맥을 유지하고 있었던 시대에 케루스와 루틸리우스 같은, 주로 이교도 쪽의 주장 속에서 볼 수 있다. 그 뒤 일반적인 사조로서는 르네상스의 인문주의자에 의해 문제가 재연되어, 다양한 각도에서 그 원인이 논의되었다. 그리스도교를 비판하는 형태로는, 18세기 계몽기의 반종교적 풍조를 배경으로 몽테스키외와 볼테르의 비판을 거쳐, 최종적으로는 기번에 의해 비판의 결정적인 국면을 맞이하게 된다. 몰락의 원인으로서 게르만족의 이동이 부각되는 것은 19세기 이후의 일이다. 기번은 《로마 제국쇠망사》를 썼는데, 그 주제는 '나는 야만과 종교의 승리를 기술했다'는 결론의 한 문장으로 요약된다.

이 저자의 의도는 네르바(재위 96~98)에서 마르쿠스 아우렐리우스(재위 161~180)에 이르는 다섯 황제의 연속된 통치기로서 로마의 황금기였던 오현제 시대를 맞이해, '지구상의 가장 아름다운 부분과 인류의 가장 개화한 부분을 포괄하고 있었다'고 평가되는 로마 제국이 왜 몰락했는가에 대한 중요한 사정을 밝히려 한 것이었다. 기번은 로마 제국 몰락의 양상을 한 차례 개관한 뒤, 라인 강과 다뉴브 강 저편의 제국 영내로 물밀 듯이 이동해 온 게르만 민족과, 로마 제국에 정복당하고도 완강하게 의지를 관철해 절대로 동화하지 않았던 시리아 문명 출신의 그리스도교라는 두 외적의 동시 공격이 그 원인이었다 보고 있다. 다시 말하면 '야만과 종교'가 그리스 로마 문명의 전복을 꾀해 그 뒤의 역사를 슬프고 암울한 시대로 몰아넣었다는 것이다. 기번의 견해는 그리스도교를 제국 몰락의 유일한 원인으로 치는 것은 아니지만, 역시 몰락의 주원인으로서 보고 있는 것은 부정할 수 없다.

번데기로서의 종교

이상과 같은 기번의 견해를 토인비는 어떻게 생각했을까? 미개사회의 비교 연구에 의하면 사회의 붕괴 원인은 외적 폭력에 의한 것이 많다고 말하고 있는데, 그리스 로마 문명의 경우도 그것이 적용될까? 먼저 기번의 견해에서 아쉬운 부분은, 그리스 로마 문명이 정확하게 언제 몰락하기 시작했는가, 또 그 이유는 무엇인가 하는 시기의 설정과 원인의 구명에 대한 것이다. 기번의 견해를 보면, 몰락 시기에 대해서는 이미 오류의 첫걸음을 내디뎠다고 할 수 있다. 왜냐하면 그리스 로마 문명은 '그리스도교 또는 다른 헬레니즘 세계의 고등종교가 지평선상에 떠오르기 오래전에, 이미 스스로 치명적인 상처를 입고 있었다'고 생각되기 때문이다. 그리스 로마 문명이 쇠퇴하는 시기를 토인비는 기원전 5세기(기원전 431) 펠로폰네소스 전쟁이 발발하던 시기로 보고 있다.

일반적으로 문명의 쇠퇴는 문명 안팎의 전쟁이나 대립항쟁으로 일어난다. 기원전 5세기 그리스 로마 문명에서도 국가 간 전쟁과 계급 간 대립을 자극하는 사건이, 그 두 가지 일을 전후해 발생했다. 기원전 416년 아테네인이 멜로스인에게 가한 처우, 기원전 413년 시라쿠사인이 아테네 원정군에게 가한 처우, 기원전 404년 아이고스포타모이 전투 뒤에 아테네인 포로를 학살한 일, 그리고 기원전 427년부터 425년에 걸친 케르키라 섬 주민의 당파싸움 등이 있었다. 이와 같이 기원전 5세기에는 문명의 존립을 뒤흔드는 많은 해체 요인이 잉태되고 있었다고 생각된다. 따라서 그리스 로마 문명은 그리스도교의 발흥 이전에 이미 내부적 원인에 의해 자멸의 운명을 걸고 있었다는 결론을 내릴 수 있다.

토인비의 관찰에 따르면, 그리스도교는 좌절의 원인이 아니라 문명이 쇠퇴한 뒤 '동란시대'가 잇따른 페리클레스 시대부터 아우구스티누스 시대까지 해체되는 과정의 마지막 장이라고 볼 수 있다. 이와 같이 그리스 로마 문명과 그리스도교의 관계는, 한편으로 고대 중국 문명과 대승불교의 관계와도 같은 맥락으로 볼 수 있다. 중국 문명의 좌절을 고하는 '동란시대'는, 진나라와 초나라 사이의 패권을 둘러싼 기원전 7세기의 전쟁에 의해 시작되었다고 할 수 있다. 그것은 서기 3세기에 대승불교가 유입되어 사람들의 마음을 사로잡은 시기보다도 훨씬 이전의 일이다. 이렇게 비교문명론적인 문맥에서 고찰할 때, 기번의 견해인 문명에 대한 종교의 부정적 기능은 역사적 사실과는 들어맞지 않다는 것이 판명되었다. 그 견해의 오류는 이미 많은 학설에 의해서도 실증되었다. 그렇다면 토인비가 말했듯이, 고등종교는 '사회의 암'이라기보다는 오히려 '정신생활 및 사회생활의 양식'으로 보는 편이 더 타당할지도 모른다.

이런 관점에서 문명과 종교에 대한 토인비의 두 번째 견해가 등장한다. 즉 종교는 문명탄생의 원인으로서 신구(新舊) 문명의 교체기 속에서, 그 공백기에 양자 사이의 다리 역할을 한다는 것이다. 이 문명에 대한 종교의 중개적 역할을 토인비는 생물의 번식과정에 비유해 '번데기로서의 종교'라고 불렀다. 토인비의 말을 인용하면, 종교의 구체적이고 제도적인 표현인 '세계교회'는 한 문명의 붕괴와 다음 문명의 탄생 사이의 위험한 공백기에 생명의 소중한 싹을 보존함으로써, 문명으로서 알려진 '종(種)'의 사회를 존속시키는 역할을 하는 것이며, 거기서 독자적인 존재이유를 찾을 수 있다는 것이다.

이 문명의 세대교체 과정에서 '산파역'을 하는 세계교회의 기능은 역사적으로도 그 사례를 추적할 수 있다. 이를테면 그리스도교는 그리스 로마 문명에서, 다음 대의 서양문명과 그리스정교 문명 및 그 분파인 러시아 문명이 탄생하는 데 관여했다. 그 밖에도 대승불교는 고대 중국 문명(주, 한)에서 중국 문명(수, 당 이후) 및 그 분파인 조선 문명과 일본 문명이, 또 힌두교는 인도 문명에서 힌두 문명이, 이슬람교는 시리아 문명에서 이란 아라비아(이슬람) 문명이 탄생하는 데 관여해 중개자 역할을 한 것을 볼 수 있다. 역설적으로 보면, 현존하는 이들 문명은 문명 탄생의 조건으로 모두 '번데기로서의 교회'를 자기 배 속에 품고 있었다고 할 수 있다.

대중에 대한 사랑과 연대

이 문명사에서, 모계문명에서 자(子)문명으로의 이행은 하루아침에 이루어지는 것이 아니라 오랜 과정을 거친다. 토인비는 그 이행과정에 세 시기를 설정하고 저마다의 특징을 설명했다. 제1기는 '수태기'라 불리며, 세계국가에서의 세계교회의 전파가 그 특징이다. 다시 말해 사회의 창조적 에너지가 세속적 통로에서 종교적 통로로 흘러드는 시대이다.

역사적인 사례를 통해 설명해 보기로 하자. 문명의 말기증상을 나타내는 세계국가는 로마 제국의 예에서 엿볼 수 있듯이, 외면적인 평화의 그늘에 내면적인 정신의 고갈을 가끔 볼 수 있다. 제국 안의 거대한 사원과 극장 건축의 융성도 마침내 국가의 내면적 정체를 은폐하는 허식에 지나지 않으며, 또 로마의 시민권도 납세의 의무를 의미하는 외면적인 모습을 담당할 뿐이었다.

그 존재는 겨우 현상유지를 꾀하는 소극적인 수준에 지나지 않으며, 거기서 미래를 잉태하는 창조적인 생명을 볼 수는 없었다. 그리스도 교회는 이러한 시대배경 속에서 한편으로는 정신적인 영역의 지도자로서 그 내적 정비에 힘쓰고, 또 다른 한편으로는 야만족의 흡수를 비롯한 문명 안팎에서 무겁게 덮쳐오는 긴급하고도 중요한 문제와 맞서게 된다. 이른바 '성(聖)과 속(俗)'의 이중적 임무를 수행하면서 운명의 기초를 쌓아가는 것이다. 그러한 사정에 대해 토인비는 다음과 같이 말했다.

"그리스도교가 대중에게 호소할 수 있었던 것에는 세 가지 이유가 있었다. 즉 대중을 프롤레타리아가 아니라 영혼을 지닌 인간으로 대하였기 때문이고,

또 그들에 대한 배려를 보여주는 것에서도 도시국가의 자치정부나 세계국가인 제국의 정부가 제대로 보살펴주지 않고 있는 과부와 고아, 병자, 노인을 보살피는 실제적인 방식을 취했기 때문이다. 게다가 그 모든 일을 실천하면서 지지자를 끌어들이려는 저의를 갖지 않고 그리스도교의 이념이 명하는 대로 사심을 버렸기 때문이다. 또 그리스도 교회가 대중의 마음을 얻은 것은 그것이 경쟁상대인 어떤 고등종교보다도, 어느 제국이나 도시 당국보다도 대중을 위해 진력했기 때문이다."

그리스도 교회는 그 무렵의 모든 비특권계급, 빈민, 핍박받는 자들의 마음에 호소, 그들을 동일하고 평등한 '그리스도의 백성'으로 맞아들였다. 또 주교는 자선사업과 빈민구제에 앞장서서, 국가적 사업을 대행하면서 껍데기만 낡은 문명의 무게를 버티고 있었다. 그리스도 교회는 바로 문명의 혼미와 실망에 대해 새로운 질서와 희망을 주는 유일한 존재였다고 할 수 있다. 이 문명의 이행과정에서 교회가 한 역할은 매우 중요하다.

콜본은 이 점에 대해 다음과 같이 지적했다. "어떠한 종교도 대중의 정신적인 수준까지 내려와서 그들 사이에 확산되기 전까지는 아무런 중요성을 갖지 않는다. 대중의 종교 수용은, 새로운 종교가 사회를 쇠퇴에서 구해내어 재건하는 방식의 가장 중요한 부분이다." 이 제1기의 활동을 통해 그리스도 교회는 모든 민족을 포함한 세계적인 '제3의 종족'으로, 또 '제국 안의 제국'으로 발전하는 기초를 굳히는 것이다.

집단개종 시대와 수도원 문화

다음의 제2기는 '회임기'라 불리며, 세계교회의 활동영역 확대가 그 특징이다. 역사적으로는 '집단개종'의 시대라고 할 수 있다. 그리스 로마 문명에서 5세기 프랑크족의 로마가톨릭 개종과, 고대 중국 문명에서 4세기, 특히 북부에서의 대승불교 개종이 그 대표적인 사례이다. 이러한 집단개종을 중심으로 한 제2기는 제1기에 느껴졌던, 창조성이 풍부하고 드라마틱하게 약동하는 모습은 볼 수 없었다. 그러나 만족의 침입이라는 시대의 위협과 동요가 나타나는 시대에는, 새로운 독창성을 향하기보다 현상을 유지하는 데만 급급할지도 모른다. 오히려 제1기의 영적 유산을 사수하는 것만으로도 커다란 업적이라고 보아야 할 것이다.

그리고 이 시기의 '집단개종'은 지리적으로 흩어져 있으면서도 공통의 신앙을 가지는 문화적 공동체를 실현하고, 새로운 문명을 탄생시키는 길을 열게 되었다. 그런 점에서의 역사적 의의는 중요하다. 사실 야만족 정복자가 원시적 이교에서 피정복 민족의 고등종교로 개종함으로써, 그 뒤의 역사에서 지도적인 역할을 한 예가 적지 않다. 이를테면 로마가톨릭으로 개종한 프랑크족, 대승불교로 개종한 쿠샨족, 탁발족(拓跋族)을 비롯해 이슬람교(정통수니파)로 개종한 셀주크족, 무라비트족, 무와히드족, 힌두교로 개종한 사카족, 백훈족, 구르자라족 등이 그러하다.

  마지막 제3기는 '분만기'라 불리며, 새로운 문명형성에 모체가 되는 교회의 역할이 특징이다. 이 시기는 바로 제1기의 경우와는 반대로 사회의 창조적 에너지가 종교적 통로에서 세속적 통로로 흘러드는 시대이다. 이 시대의 특징을 가장 인상적으로 전하는 것은, 중세문화사에 중요한 지위를 차지하는 '서양수도원 제도'이다. 본디 이 수도원의 기원은 3세기 말, 동방에서 볼 수 있다. 그것의 이념은 완전한 그리스도인의 체현을 지향하며, 세속적인 모든 영위와 속박을 끊은 금욕적이고 반문화적인 것이었다.

  이 수도원 제도가 4세기 후반에 서양에 들어와, 특히 6세기에 베네딕투스가 실현한 수도원 창설 및 '계율' 편찬에 이르러서 동방수도원의 성격을 벗어난 서양수도원의 기초가 다져진다. 즉 동방수도원처럼 '신비적인 명상의 생활'이 아니라 '활동적 생활'로 전환한 것이다. 그리고 베네딕투스와 같은 시대의 카시오도루스는 수도원과 문화의 결합이라는 획기적인 업적을 이루게 된다.

  이른바 '수도원 문화'의 예로는, 카시오도루스의 비바리움 수도원에서의 문화활동과 7, 8세기의 노섬브리아 문화, 또 이러한 지방 문화를 기반으로 하여 도슨이 '자각적인 통일체로서의 서양문화를 이룩한 진정한 르네상스'라고 평가한 카롤링 르네상스 등이 있다. 여기서 수도원의 문제는 이미 단순히 종교학의 문제가 아니라 역사의 문제로서 고찰되는 특유한 배경이 성립된다. 수도원은 이제 교회를 지탱하는 중추적 존재일 뿐만 아니라, 적어도 12세기까지는 문화의 담당자이자 한 축으로서 서양문명의 형성에 지대란 공헌을 하게 된다.

  구체적인 사례를 들어보자. 먼저 경제면에서는 베네딕투스의 계율은 노동을 사회적인 죄악으로 경시한 그리스적 태도를 대신하여, 노동을 신성시하고 의의를 부여함으로써 그 뒤 서양경제의 농업적 기반을 닦았다. 또 '수도원의 강탈이 '근대자본주의의 기원의 하나'라고 불리는 토대를 만든 시토 수도회의 의의도 중요하다. 12세기 이후 문화의 소재와 성격은 변화를 겪게 되는데, 넓은 의미에서 종교의 기능을 파악한다면 스콜라 철학 확립, 대학 창설과 육성, 고딕 미술 전개, 지방 문학 발전 등, 이른바 문화면에서의 새로운 숨결에서 그리스도교의 큰 영향을 들 수 있다. 또 정치면에서는 '교황제'가 '그리스도교 국가'라는 정치적 형태로 전개된다. 여기에 목적 및 기능상으로 대립 관계에 있는 교회와 국가가 통합된다. 그것은 후세에 영향을 남긴 중세 문화사상의 창조적인 업적으로도 볼 수 있다.

그러나 서양 문명의 형성에서 이러한 종교의 기능이 반드시 모든 문명에 적용되는 것은 아니다. 이를테면 그리스정교 문명과 그리스정교회, 중국 문명과 대승불교의 관계가 그러하다. 그러나 사태를 미시적으로 살펴보면, 그리스정교 문명의 분파인 러시아 문명에서 그리스정교가 한 역할 및 중국 문명의 분파인 조선 문명과 일본 문명에서 대승불교가 한 역할은, 역시 서양문명에서 그리스도교가 한 역할에 준하는 것임을 볼 수 있다.

토인비의 '문명표(文明表)'

이상으로 '번데기로서의 교회'라는 전제에서 문명의 이행과정에서의 세 시기에 대해 그 특징과 의의를 살펴보았다. 그런데 이 제2의 견해를 끝맺으면서 토인비는 두 가지 의문을 제시했다. 즉 지금까지 흥망한 모든 문명의 모자관계에서 '번데기로서의 교회'가 한 역할을 인정할 수 있는가, 또 그것이 확인된다 해도 종교의 사명은 그것으로 끝나는 것인가 하는 점이다.

그래서 토인비의 '문명표'를 세심하게 음미해 보면 '번데기로서의 교회'의 기능은 주로 제2대 문명에서 현존하는 제3대 문명으로 옮아갈 때 볼 수 있었던 예외적인 것으로, 일반적인 것으로 적용하는 것은 곤란하다는 점을 알 수 있다. 이를테면 제1대 문명에서 제2대 문명으로 이행했을 때, 미노아 문명과 그리스 로마 문명 및 시리아 문명의 예처럼 모자관계를 유지하고 있었어도, 거기서 번데기 역할을 하는 교회의 존재는 볼 수 없었다. 또 현존하는 다섯 문명을 조사해 봐도, 번데기로서의 교회를 예상하게 하는 징후는 찾아볼 수 없다.

따라서 문명의 이행과 존속의 과정에서 교회는 필요불가결한 것이 아니라, 부수적이고 우발적인 것으로 볼 수 있다는 결론에 이른다. 그것은 종교 또는 교회가 지닌 사명의 본질과는 다른 목적을 예상하게 하여, 문명 사이의 다리로서 봉사하는 소극적인 것이 아님을 암시한다. 그리하여 토인비는 그때까지와는 전혀 다른 전제로서 제3의 견해에 도달한다.

문명에 있어서의 종교

독자적인 견해

지금까지 본 교회의 역할은 '암' 또는 '번데기'로 파악되었으며, 결국 문명이 주역이고 문명 자체의 운명을 기준으로 생각되어 왔다. 교회의 역할은, 아무리 유용한 것이라 해도 종속적인 지위에 만족하는 것이었다. 그러나 제3의 견해에서는 이 역할이 역전된다. 이번에는 교회가 주역이 되고, 문명이 종교에 미치는 영향이라는 관점에서 역사를 고찰하고 해석하게 된다. 문명의 목표와 의의는 그 자신 속이 아니라 그것을 넘어선 차원, 즉 고등종교의 실현에 있다고 보는 것이다. 거기서 유례가 없는 토인비의 독자적인 견해가 수립된다. 그것을 토인비는 '차원이 높은 종(種)의 사회, 즉 교회'라고 불렀다.

참고로 토인비의 역사 연구는 '문명'이라는 종을 기초로 하여 출발했으며, 거기서 주제와 방법의 근본적인 전환을 볼 수 있게 된다. 이 문명에 대해 교회가 하는 역할의 큰 변모는 어떠한 논거에 의한 것일까?

토인비의 말을 빌리면 '제2대 문명은 그 자신의 목적을 이루기 위해서가 아니고, 또 제3대 문명을 낳기 위해서도 아니며, 완벽한 고등종교가 태어날 기회를 준비하기 위해 생겨난 것'이다. 또 '제1대 문명은 제2대 문명과는 달리, 고등종교를 직접 낳음으로써 존재이유를 보여줄 수 없었다. 그러나 이렇게 실패했음에도 제1대 문명은, 그 쇠퇴와 해체를 통해 이윽고 완전한 고등종교를 잉태하는 제2대 문명을 낳음으로써, 간접적으로 그 사명을 다한' 것이다. 문명의 역사는 그 자신의 목적을 지향하는 문명의 성장기가 아니라, 고등종교의 탄생이라는 자기 초월의 목적과 관련된 문명의 해체기에서 진정한 의의를 찾을 수 있다.

역설적인 이 표현의 참뜻을 구체적인 고찰을 통해 확인해 보도록 하자. 그것은 '세계국가'의 위치와 기능에 대해 재검토하게 된다. 즉 세계국가는 '목적인가, 수단인가' 하는 문제설정이다. 역사적으로 보면 세계국가는 로마 제국의 모습에서 엿볼 수 있듯이, 그 자체가 마치 목적이고 영원한 존재인 것 같은 인상을 받게 한다. 세계국가에 끈질기게 퍼진 '불멸성의 신앙'은 자(子)문명이 위급에 처해 모계문명을 다시 부르는, 전형적인 '르네상스' 현상에서 찾아볼 수 있다.

그리스 로마 문명에서의 로마 제국의 망령은 신성로마 제국과 동로마 제국의 부흥을 재촉했고, 또 중국 문명에서의 진·한 제국의 망령은 수·당 제국의 부흥을 재촉했다. 그러나 세계국가의 문명사상에서 그 위치를 확인해 보면 그것은 문명이 쇠퇴한 뒤 '동란시대'에 수립된 것이고, 군국주의 정신에 마음을 빼앗긴 지배자 계급의 정치적 산물에 지나지 않는 것을 알 수 있다.

또한 그것은 문명의 해체과정에서 '후퇴와 회복'이 반복되는 리듬, 특히 '뚜렷한 회복'의 표현이라고 볼 수 있다. 따라서 세계국가의 성립은 매우 수동적이고 일시적인 현상을 보여주는 것에 지나지 않는다. 마치 가을을 가리고 겨울의 전조를 보여주는, 따뜻한 초겨울 날씨에 비유할 수 있다. 그 본디 목적은 문명 해체에 저항하고 자기보존을 집요하게 도모하는 것이다. 또한 그 업적을 통해 비의도적으로 창조자가 되는 경우는, 세계교회에 봉사한다는 아이러니한 운명에 대해서이다. 거기에 이른바 '목적으로서의 세계국가'가 아니라 '수단으로서의 세계국가'라는 기능이 더해진다.

세계국가와 세계종교

대체로 세계국가의 일반적 특징은 전도성과 함께, 문명의 안팎에 평화 심리를 양성하는 것이다. 물론 세계교회에 대한 세계국가의 태도는, 지금까지 늘 관대하고 우호적이었다고 단정할 수는 없다. 그러나 대부분의 경우 이 세계국가의 평화적인 환경을 효과적으로 이용하여, 고등종교는 아래에서 위로 퍼져 이윽고 세계교회를 확립하는 것이다. 세계국가는 세계교회의 어린나무가 되어 그 탄생과 발전에 기여하고 있음이 역사상 널리 인정되고 있다. 이를테면 로마 제국과 그리스도교, 한 제국과 대승불교, 아랍칼리프 제국과 이슬람교, 굽타 제국과 힌두교 등이 그 예이다.

한편 더욱 세밀하게 검토하면, 세계국가에 의해 창안되고 유지된 제도들은 궁극적으로 고등종교의 전도와 세계교회의 조직에 공헌함으로써 오히려 영속적인 의의가 더해지는 경우가 많다. 세계국가의 수도의 경우도 그 한 예이다. 수도에는 모든 국민, 모든 종파의 신자들이 한자리에 모이고 조직도 완비되어 있다. 따라서 고등종교의 교설을 세계화하고 인류의 개종을 지향하는 전도사업에 나서는 데, 수도는 더할 나위 없는 조건을 갖추고 있다고 할 수 있다. 이를테면 로마의 그리스도교나 뤄양, 시안의 대승불교 등이 그 대표적인 것이다. 버터필드도 이 점에 대해 '로마 제국은 그리스도교의 세계전도를 용이하게 하기 위해 섭리에 따라 세워진 것'이라고 지적했다. 이른바 '로마의 평화'가 그리스도교의 발전과 확대에 기여했다는 것이며, 이 견해는 통설로 널리 알려져 있다.

그 밖에 세계국가에서 쓰이는 공용어와 공용문자도 같은 의미를 가지고 있다. 로마 제국의 공용어인 라틴어와 로마 가톨릭 교회의 관계를 비롯하여 중국의 진한 제국과 한자의 관계, 굽타 제국과 신(新)산스크리트어의 관계 등이 그러하다. 이렇게 세계국가가 고등종교 및 세계종교에 봉사하는 사례는, 이 밖에도 교통로와 법률 등에 광범위하게 걸쳐 있음을 볼 수 있다.

'역사는 신에게로'

지금까지 검증된 '수단으로서의 세계국가'라는 문명의 새로운 기능과 역할에 대해 토인비는 이렇게 말했다. "그것(문명)은 지상에서의 삶–죽음–삶의 '슬픈 윤회'의 주기적 회전에 의해 (종교라는) 수레의 천국 상승을 촉진하는 데 있다." 즉 고등종교를 낳는 높은 예지는, 아이스킬로스의 '지혜는 고뇌를 통해 생겨난다'(《아가멤논》 177행)와 신약성경의 '주님께서는 사랑하시는 자는 잘못을 꾸짖고, 아들로 여기는 자에게는 매를 드신다'(히브리서 12–6)라는 말로 상징되듯이, 인류의 역사와 운명의 깊은 정신적 고뇌를 자기 안에 경험함으로써 비로소 나타난다.

이 전망에 대해 제1대 및 제2대 문명은 '서곡으로서의 문명'으로 그 존재가 정통화된다. 그러나 현존하는 제3대 문명에 대해서는 '퇴보로서의 문명'으로 위치가 부여되어 있어, 존재의 근거에 의문이 제기된다. 왜냐하면 문명의 존재 이유는 고등종교에 대한 공헌도에 따라 정해지기 때문이다. 이 시점에서 지금까지 약 6천년 사회발전의 목록을 작성한다면 (1)미개사회, (2)제1대 문명, (3)제2대 문명, (4)고등종교의 도식이 성립될 것이다. 이 목록은 단순히 시간적,

계통적인 순서를 보여줄 뿐만 아니라 질적인 가치판단이 들어 있다고 할 수 있다.

이와 같이 토인비의 제3의 견해는, 고등종교를 미개사회나 문명사회와 구별하는 독자적이고도 차원 높은 종(種)의 사회로 설정하게 된다. 실은 이 최종적 견해가 '역사는 신에게 향한다'는 것을 나타내는 것으로서 많은 비판을 받았다. 이러한 비판에 대해 토인비의 의도와 시대상황을 잘 파악하면서 생산적인 논의를 하는 것은, 역사의 본질적인 의미를 확인하고 나아갈 방향을 생각하는 데 특히 중요하다.

살아 있는 역사와 좌우명

토인비는 1974년 8월에 뇌출혈로 쓰러진 뒤, 오랫동안 터전이었던 런던을 떠나 요크 시 교외에서 요양했다. 그 뒤에도 회복의 조짐이 보이지 않아, 병세의 악화와 죽음의 운명은 피할 수 없을 것처럼 보였다. 따라서 토인비의 죽음이라는 '불행한 방문'은 예고되고 각오된 것이었다고 할 수 있다.

1976년 캐나다 밴쿠버에서 열린 '국제연합인간거주회의(해비타트회의)'의 논점은 '병든 지구'를 해결할 국제적 합의와 협력체제를 세우는 데 있었다.

토인비는 그 강연에서 지극히 긴급하고 중대한 문제에 대해 도시형성의 역사와 기능을 더듬으면서, 세계 도시를 몇 개의 소도시로 분산시키는 적극적인 계획과 대책의 필요성을 주장했다. 거기서는 커뮤니티의 이상향으로 볼 수 있는 그리스 도시국가와, 그 반정립(反定立)으로서 권력을 지향한 근대국가의 대립이 있고, 또 문명의 비교사적 방법을 축으로 한 토인비의 독자적인 파악과 문제제기를 볼 수 있어서 큰 주목을 받았다.

예전부터 토인비는 도시문제에 관심을 가지고 있었으며 그것에 조예가 깊었다. 그 예로 20세기 최고의 도시계획학자인 콘스탄티노스 도시아디스와의 만남과 이론의 계승에서 《도시론》(1967)이라는 저작을 편찬하고, 또 《폭발하는 도시》(1970)를 저술한 것으로도 그의 의도를 알 수 있다. 다시 말하면 이 강연은 현대의 문제와 씨름하는 토인비의 한결같은 정열을 엿보게 하는 것이고, '살아 있는 역사'의 모습을 충분히 전하는 것이었다.

토인비가 날마다 실천하려고 노력한 인생의 좌우명은 '사랑을 바치자, 설령 그것이 자기희생으로 끝난다 해도'였다. 그가 본보기로 삼은 성 프란치스코나 석가모니처럼 자기를 다스리는 데 엄격하고, 다른 사람에 대해서는 관용과 사랑으로 가득 차 있었다. 그것은 문명사상에 늘 따라다니게 마련인 수많은 편견과 오만의 벽을 넘어서, 인류사의 포괄적인 연구를 지향하는 토인비의 인격적인 한 측면을 얘기하고 있다.

또 하나의 일

토인비는 이미 자서전 《회고록》(1969) 속에서 1966년 1월에, 그 무렵 예정되어 있었던 모든 일이 완료되었다고 말했다. 바로 《그리스사의 여러 문제들》(1969)을 탈고한 해이다. 그러나 그때 마지막으로 남겨진 '또 하나의 일'이 있었다.

그것은 인간의 원죄로 꼽히는 자기중심성 극복에 자신의 모든 인격을 기울이는 일이었다. 즉 현상의 배후에 있는 정신적 실재와 교류하고 그 조화에 다가가는 것이다. 말하자면 인간의 궁극적인 목표를 향한 정신적 출범이고, 또 인간이 자신에게 부과할 수 있는 최대의 시련에 대한 도전이다. 거기서는 이미 자신의 삶을 되돌아보며 인생의 종말로서 죽음에 대해 생각하는 고매한 토인비의 모습을 엿볼 수 있다.

그러한 죽음에 대한 관심과 사색의 행적은 만년에 쓴 몇 권의 저작과 단장(斷章) 속에서도 볼 수 있다. 이를테면 젊은 세대에 대한 토인비의 '유언의 서(書)'라고 할 수 있는 《미래를 살다》(1971) 마지막 장에는 '세상을 떠나면서'라고 하는 다음과 같은 사세구(辭世句)가 남아 있다.

이 세상은 잠시도 비지 않고 조용해지지도 않는 투기장이다.
투기자와 관중은 재빨리 교체된다.
그들은 왔다가 사라지지만 연기(演技)는 이어진다. 나는 열성적인 참여자이자 날카로운 관찰자였다.
나는 인간이 점점 강해지고, 점점 무력해지고, 점점 거칠어지고, 점점 착란을 일으키는 것을 보아왔다.
인간은 왜 그렇게 자신을 위해 인과를 쌓아두지 못해 안달하는 것일까?
나는 그 연극의 결말을, 아니 지금 진행 중인 참혹한 이 무덤의 끝이라도 볼 수 있을 때까지 살지 못할 것이다.

내가 죽은 뒤에 무슨 일이 일어날지 염려스럽다.

나는 젊은 세대와 아직 태어나지 않은 다음 후계자를 손을 더듬어 찾는다.

나는 곧 사라진다. 하지만 후대에 대한 관심은 남을 것이다.

그것은 인류와 함께 길이길이 살아 있을 것이다. 왜냐하면 그것은 미래의 모든 세대를 포괄하기 때문이다.

토인비의 생사관은 한 마디로 말해 죽음에 의한 생명의 단절을 설파한 루클레티우스의 주장에 한편으로는 끌리면서도 초인격적인 불멸을 믿는 힌두교적 견해에 접근해 있다고 할 수 있다. 실제로 '예정된 일'을 성취했다는 인생의 백지상태는, 그 끝이 아니라 진정한 시작을 알리는 것으로 생각된 것이다. 그 관념은 서양적이라기보다 인도적 생사관에 가까운 것으로, 만년의 토인비 사상의 편력과 도달점을 떠올리게 한다. 또 토인비를 중심으로 편찬된 《죽음에 대하여》(1969)는 토인비의 생사관을 집약한 저작으로 주목받는다.

이러한 단장 속에도 인생 최후의 경지를 깨닫고, 죽음이라고 하는 인간이 맞닥뜨려야 하는 준엄한 사실을 애써 평정한 마음으로 마주 대하고 있는 토인비의 모습을 엿볼 수 있다.

물론 토인비 생사관의 싹은 소년시절에 잉태된 것이다. 토인비는 그의 이름에 남아 있는, 큰아버지이자 유명한 경제사가인 아놀드 토인비가 서른 살 나이로 일찍 세상을 떠난 것과, 제1차 세계대전에서 윈체스터 시대에 깊은 우정으로 맺어진 친구들을 절반 이상 잃은 탓으로 어쩔 수 없이 죽음을 자각하게 되었다. 특히 같은 세대인 친구의 죽음은 자신의 삶을 돌아보게 한 커다란 충격이었다. 토인비는 그 뒤의 인생에서, 살아남은 자의 책임으로서 언제나 성의를 다하여 가치 있는 일을 창조하는 데 전념했다. 토인비 생애의 경이로운 업적은 바로 이 결의와 노력 덕분이었다고 말할 수 있다.

그러나 이러한 죽음에 대한 명상이 다른 모든 지적 활동을 가로막거나 위축시킨 것은 아니었다. 사실 토인비가 가장 두려워한 것은, 육체적인 죽음에 덜미를 잡히기 전에 망령이 들어 정신적인 능력을 상실하는 일이었다. 그 운명의 그림자에서 벗어나는 것은, 어떤 의미에서 인간성을 내건 싸움이었다. 일찍이 그리스 신화의 야누스는, 인간에게는 과거를 돌아보는 얼굴과 미래를 바라보는 얼굴 두 가지가 있다고 했다. 우리는 특히 나이를 먹을수록 과거를 돌아보며 미래로부터 시선을 돌리기 쉽다.

토인비는 과거의 상념에만 젖어드는 것을 죽음과 같은 것으로 생각하고, 무엇보다 이 유혹에 완강히 저항했다. 자기 안식만을 바라는 것이 아니라, 사후 세계에 강력한 관심과 책임을 느끼는 것은 인간의 윤리적인 책무, 바로 그것이었다. 인간이란 언제나 자기를 초월할 수 있는 가능성을 품고 있다. 버트런드 러셀이 그 실천의 스승이었다. 그 뜻을 이어받아서, 토인비 사후 예정표에는 인류사의 미래에 기다리고 있는 많은 중요한 문제가 적혀 있었다. 즉 핵무기, 인구폭발, 공해, 세계국가 등의 문제를 중시하고 있었던 것이다. 그러한 문제는 전쟁을 피하고 인간의 생명과 자유를 지키기 위해 세계적인 규모로 검토하여, 인류의 예지로 해결해야 할 문제이다. 1970년대 여든 살이 넘은 토인비의 주요한 관심과 사색은 여기에 집중되었다고 할 수 있다.

현대에는 적어도 이러한 역사적 상황과 관련된 명확한 문제의식과 실천적 과제를 가지고 있어야만 역사를 깊이 이해할 수 있다. 거기에 두 번의 세계대전 이후 수많은 문명비판가들이 배출되는 기반이 있었다고 할 수 있다. 그들 중에서도 토인비는 특별히 커다란 위치를 차지하고 있다. 토인비를 지탱한 이러한 문제의식과 그 속에 맥박 치는 실천적 의욕은, 우리 또한 반성하는 마음으로 배워야 할 것이다.

민중에게 호소하다

만년에 이르기까지 지칠 줄 모르는 지적 탐구심과 정력적인 저작활동은, 분명히 토인비 사학을 지탱하는 생명이었다. 그러나 토인비가 생각하는 역사 연구의 목표와 역사가의 사명은 거기서 끝나지 않았다. 그에게는 아직 역사의 의미를 찾아내어 그것을 해명하는 일이 남아 있었다.

한 역사가의 연구 성과와 집적은 궁극적으로는 문명의 수준을 뛰어넘는 차원 높은 '역사의 법칙과 자유'에 대한 문제로 승화되어야 한다. 인류가 그 문제의 본질을 어떻게 파악하고 '신의 법칙'을 어떻게 받아들이는가에, 진정한 개인의 영혼 구제와 문명 구제의 길이 있다고 생각했다. '자연법칙'에 대응하는 '신의 법칙'은 자유의 본질을 더욱더 밝혀주는 것으로, 인간은 자유의지에 따라 그 수용을 선택할 수 있다. 토인비는 형이상학이 빠지기 쉬운 일방적인 결정론을 피하며, 두 법칙의 통일과 조화에 대해 강조했다. 여기에는 '문명은 그 자신의 힘만으로 자신을 구할 수 있는가' 하는 근원적인 질문이 숨어 있다. 인류가 피할 수 없는 이 질문에 응답하는 것이, 역사가가 짊어져야 할 의무와 책임이라고 생각한 것이다. 그런 의미에서 역사가는 아직도 해야 할 일을 다 하지 못하고 있다.

흔히 토인비의 저작은 '전문가뿐만 아니라 민중을 대상으로 하며 그들에게 호소한다', 또는 토인비의 저작에는 '민중이 원하는 답이 있다'고들 말한다. 그 말은, 토인비의 특징을 잘 전하고 있는 것이다. 그 자신도 그런 저작을 지향했고, 또 그렇지 않다면 의미가 없다고 생각했다. 오늘날의 급격한 사회변동 속에서 기성의 가치관과 체제가 무너지고 있는 '20세기의 불안과 불확정성'에 의해, 사람들은 심각한 위기감에 쫓기고 있다. 도대체 역사란 무엇인가, 더욱 근본적으로 인간이란 무엇인가 하는 것에 의문을 품고, 역사에서 그 답을 찾으려 하고 있다. 그리고 '역사의 지혜'를 구하려고 한다.

이러한 절실한 물음에, 역사가는 과연 최선을 다해 응답하고 있는 것일까? 만약 서재에서 이론을 짜내고 학설을 세우는 것은 학문적으로 고상하고, 반면에 사실의 서술에서 보편적인 의미를 찾아내어 그것을 널리 사람들의 마음에 들려주려고 노력하는 것은 비전문적이고 통속적이라고 한다면, 과거의 위대한 사학자인 랑케와 몸젠 그리고 람프레히트의 경우는 어땠을까?

그들은 학설을 주장하기만 했던가? 학문적으로 매우 원대하며 가치가 높으면서도 누가 읽어도 알기 쉽고 사람의 마음을 감동시키는 것, 그것이 헤로도토스 이래 역사가에게 기대하는 가장 이상적인 모습이었을 것이다. 설령 풍부한 지식을 펼치고 난해한 용어를 쓴다 해도 그것이 시대나 민중과 단절되어 있다면, 역사인식에 없어서는 안 될 존재론적 의미를 스스로 포기하게 될 것이다.

역사는 만인의 것이지 결코 일부 전문가의 독점물이 아니다. 여기서 역사학을 파탄으로 이끄는 것은, 역사가 극도로 고도화되고 과학적이 됨으로써 문학을 잃어버렸기 때문이다. 수단이 목적이 됨으로써 그 상처를 더욱 헤집었다고 할 수 있다.

만년의 토인비

새로운 세계사로 나아가는 길

모겐소와 테일러는 토인비가 민중들에게 인기가 있는 것을 탐탁지 않게 여기고 있다. 그것은 '저자와 작품이 저급한 증거'라는 말까지 했다. 그들에게는, 전문가는 무조건 언제나 옳고 민중의 판단은 언제나 틀렸다고 하는 상아탑 특유의 자부심과 편견이 배어 있다. 이렇듯 민중의 지성을 무차별적으로 얕잡아보는 독단적인 생각은 역시 반성해야 한다.

토인비에게 학문은, 기본적으로 인류 전체에 대한 공헌을 지향하는 것이고 일부 전문가의 이해와 이익에 머물러서는 안 되는 것이었다. 그런 의미에서 사회에 연구 성과를 환원하고 끊임없는 교류를 통해 사회와 역사에 연대하는 배려가 필요하다. 지식은 '행동지침'이 되고 '가치 있는 사회적 영향'을 가져옴으로써 비로소 충실한 의미를 가진다. 전문가가 사회적, 문화적 책임을 등한시하거나, 학문이 비밀스러운 가르침처럼 될 때 문화가 쇠락하게 되고, 연구자는 자신의 무덤을 파게 되는 것이다.

토인비는 학자가 자신의 무지를 진술하면서, 현재 손에 넣을 수 있는 지식을 마지막 한 조각까지 내 것으로 하기 전에 자신의 전문 분야에 대해 뭔가 발표하고 쓰는 것은 양심이 허락하지 않는다고 주장했다. 또한 그는 그 사실에 일부러 눈을 감는 것은 잠재의식적으로 위선의 죄를 범하고 있는 것이라고 지적했다.

토인비는 활동하지 않는 삶은 실패한 삶이라고 생각했다. '일을 하지 않고 세상을 떠나는 것'을 혐오하고, '연구 성과가 연구자와 함께 죽는 연구'는 피해야 한다고 늘 마음에 새기고 있었다. 이것은 전문가의 체질에 남아 있는 '사회성과 겸허함의 결여'라는 이중의 도덕적 과오에 대한 고발이라고 말할 수 있다.

물론 토인비의 문명론이 역사학을 토대로 하는 이상, 역사학의 기본 작업인 사실인식과 이론구성에 소홀해서는 안 된다. 그 점에서 토인비에게 전혀 문제가 없는 것은 아니다. 그러나 그때까지의 역사 연구가 '더욱 적은 일에 대해 더욱 많은 것을 안다'는 특수한 모습에만 집중하고, 전체의 의미와 관련된 것과 시대의 살아 있는 문제에 대한 관심을 중단함으로써 오늘날 역사주의의 위기가 찾아온 것이다. 전문가는 아이러니하게도 '전문화됨으로써 전문의 의미를 잃어버렸다'고 할 수 있다.

이러한 새로운 역사와 서술은, 실증적 분석의 연속성에 입각하면서도 종합적인 노력을 요구하고 있다. 과학적 역사의 추구와 함께 전체 모습을 되찾아야 한다. 역사주의를 극복한 세계사로 가는 길은, 이제 일부 학문적 관심이나 실증의 테두리에만 머물 수 없다. 그 불가피한 도정으로서 새로운 세계관과 인생관을 아우르게 된다. 여기에 현대사학의 특성으로서 소홀하게 보아 넘길 수 없는 하나의 사조가 있다. 그 점에서 지금까지의 토인비 비판은, 말하자면 그 본질을 꿰뚫는 것이라기보다 말초적인 지평에 머무는 것이다.

본디 토인비 사학은 세계사의 차원과 문제성을 두고 대결되어야 하는 것이다. 세계사는 단순한 지식을 뛰어넘은 위대한 정신에서부터 시작된다. 토인비 자신의 그 큰 영향력도, 주제와 방법은 말할 것도 없고 연구의 깊은 곳에 숨어 있는 정신적인 열정에서 비롯되었다. 거기에 흐르는 정신적인 숨결이 사람들의 메마른 목을 적셔주고, 그들의 마음에 커다란 감동을 주었다고도 할 수 있다. 현대사학에 주어진 이러한 과제와 방향을 받아들일 때 토인비 사학은 새로운 의미와 무게를 담고서 끊임없이 우리 앞에 다가올 것이다.

토인비 연보

1889년 　4월 14일 아놀드 조제프 토인비(Arnold Joseph Toynbee), 영국 자선
　　　　 조직협회 사무총장인 해리 벌피 토인비와 사라 에디스 토인비의
　　　　 맏이로 런던에서 태어나다.

1902년(13세) 윈체스터의 칼리지 오브 센트 메어리에 입학하다.

1907년(18세) 센트 메어리를 졸업하고, 옥스퍼드 대학교 베일리얼 칼리지에 입
　　　　 학, 고대사를 전공하다.

1908년(19세) 7월에 일어난 청년 터키당의 혁명 소식에 크게 흥미를 느끼면서
　　　　 국제 정세에 깊은 관심을 갖게 되다.

1911년(22세) 베일리얼 칼리지 졸업, 같은 학교 연구원 겸 학생 지도교수로 임
　　　　 명되다. 그 준비 단계로 로마와 아테네에 있는 고고학연구소 연구
　　　　 원으로 머무르면서(~1912) 그리스·로마의 사적(史蹟)을 두루 답사
　　　　 하다.

1912년(23세) 베일리얼 칼리지의 고대사 연구원 및 학생 지도교수가 되다.

1913년(24세) 그리스 연구의 제1인자인 길버트 머레이의 딸 로잘린드와 결혼
　　　　 하다.

1914년(25세) 7월 28일 오스트리아가 세르비아에 선전포고를 하면서 제1차 세
　　　　 계대전이 시작되다. 그때 학생들에게 투키디데스를 강의하고 있던
　　　　 토인비는 세계대전이 일어났다는 소식을 듣고 이른바 여러 문명
　　　　 의 '철학적 동시대성'을 스스로 깨닫게 된다.

1915년(26세) 전년에 그리스 여행 도중 걸린 이질 때문에 징병은 면했으나, 그
　　　　 대신 연구원직을 사임하고 외무부 정보국에서 전시(戰時) 근무
　　　　 를 하게 되다. 같은 해에 세계대전 뒤의 영토 해결방안을 쓴 저서
　　　　 《민족과 전쟁 *Nationality And The War*》을 간행.

1916년(27세) 전쟁 기간 동안의 조사보고를 《아르메니아인에 대한 오스만 제국

의 처우 *The Treatment of Armenians in the Ottoman Empire*》로 간행, 장남 필립 태어나다.

1919년(30세) 1월 파리평화회의 영국대표를 지내다(6월까지). 영국 대표단의 중동지역 전문위원으로 참석, 연합국 사이에 벌어지는 추한 이권 투쟁과 자국(自國) 본위의 권모술수를 목격하다. 회의가 끝난 뒤 런던 대학에 그리스 정부의 기부로 새로 설치된 코라이스(1748~1833, 그리스의 고전학자·애국자) 기념 비잔틴 및 현대 그리스 연구 강좌의 교수로 취임하다.

1921년(32세) 1학기 간의 휴가를 받아 그리스-터키 교전 지역을 시찰하다. 그동안 맨체스터 가디언 지의 특파원 자격을 겸해 기사도 연재하다. 9월 17일, 터키로부터 돌아오는 도중 차 안에서 《역사의 연구 *A Study of History*》의 윤곽을 구상하여 노트에 기록하다. 이 최초의 기록이 위대한 저서의 기본 구조를 결정하다.

1922년(33세) 저서 《그리스와 터키의 서부 문제 *The Western Question in Greece and Turkey*》를 간행하다.

1924년(35세) 코라이스 강좌 담당 교수직을 사임. 그리스의 역사가·철학자의 저작으로부터 몇 개의 주제를 설정하여 그에 관련되는 부분을 발췌 편찬한 《그리스의 역사 사상 *Greek Historical Thought*》과 《그리스 문명의 성격 *Greek Civilisation and Character*》을 간행하다.

1925년(36세) 왕립국제문제연구소(1919년 5월 파리평화회의에 참석한 미국과 영국 대표단 전문가들의 모임에서 비롯된 것으로, 1920년 라이오넬 커티스가 중심이 되어 설립된 민간연구소) 연구부장 자리에 앉게 되어 《국제문제개관 *Survey of International Affairs*》 간행 책임을 맡다. 동시에 런던정치경제대학 국제사 연구교수에 임명되다.

　　　　　　《국제문제개관》 제1권(1920~23년분)을 간행하다. 《개관》의 머리말 격인 《평화회의 후의 세계 *The World after the Peace Conference*》는 매우 뛰어난 현대사 고찰로 주목받은 책이다. 《개관》은 제2차 세계 대전 동안 중단된 기간을 제외하고 해마다 한 권씩 간행되었는데, 1953년 간행본까지 토인비가 편집 책임을 맡았다.

1927년(38세) 《역사의 연구》를 위한 면밀한 노트를 1927년과 28년 여름 휴가 때 썼다. 이 무렵부터 해마다 6월 말에서 10월 말까지의 긴 하기 휴가 기간을 요크셔의 시골 별장에서 대작 집필에 보내다.

1929년(40세) 《역사의 연구》 최초의 원고 3권을 쓰기 시작하다. 10월에 교토(京都)에서 개최되는 제3회 태평양문제 조사회의에 영국 대표단의 한 사람으로 참석하는 기회에, 7월에 런던을 떠나 다음해 1월 말에 귀국하는 긴 여행을 하다.

1931년(42세) 앞서 말한 여행의 인상을 기록한 《중국여행 *A Journey to China*》을 간행하다.

1933년(44세) 차남 안토니, 본 대학에 입학하다. 히틀러가 정권을 획득한 뒤 6월에 본을 방문하다. 부인 로잘린드가 가톨릭으로 개종하다. 이 무렵부터 종교에 깊은 관심을 갖다.

1934년(45세) 《역사의 연구》 1~3권, 토인비가 편집한《영연방 제국 간의 관계 *British Commonwealth Relations*》 간행하다.

1937년(48세) F·B·A(영국학사원 회원)에 추대되다.

1939년(50세) 영·독 개전 41일 전에 '공적 불안과 사적 슬픔'(차남 안토니오의 죽음)의 와중에서 《역사의 연구》 4~6권 출판하다. 제2차 세계대전이 일어나자 외무부에 협력하기 위해 왕립국제문제연구소 대외연구 담당 책임자가 되다(1943년까지).

1942년(53세) 미국 의회 초청으로 미국을 방문, 각지에서 대외 관계에 대해 강연하다.

1943년(54세) 외무부 대외연구 담당 부서 책임자가 되다(1946년까지). 전화(戰禍)를 피하기 위해 《역사의 연구》의 자료와 원고를 미국으로 보내어 보관하게 하다.

1946년(57세) 외무부 책임자 자리에서 물러나 파리강화회의에 영국 대표단의 한 사람으로 참석하다. 논문집 〈시련에 선 문명〉 간행하다. D.C. 서머벨이 편집(요약)한 《역사의 연구》 1~6권의 요약본이 간행되어 토인비의 명성이 높아지다. 로잘린드와 이혼, 1928년 이래《국제문제개관》 공동 편집자로서 토인비를 도와 온 동료 베로니카 M. 보울터와 재혼하다.

1947년(58세) 국제문제연구소, 록펠러재단, 프린스턴고등학술연구소의 후원을 받아 이때부터 5년간에 걸쳐 《역사의 연구》 나머지 부분을 집필하다. 이때부터 해마다 미국을 위주로, 세계 각지에서 초청강연을 하다.

1948년(59세) 《시련에 선 문명 *Civilization on Trial*》을 간행하다.

1951년(62세) 알버트 반 파울러가 《역사의 연구》 내용 가운데 해당 부분을 발췌 편집한 《전쟁과 문명 *War and Civilization*》이 간행되다.

1954년(65세) 《역사의 연구》 7~10권 간행 완결하다.

1955년(66세) 왕립국제문제연구소 연구부장 및 런던 정치경제대학 국제사 담당 교수 자리에서 물러나면서 같은 대학 명예교수로 추대되다.

1956년(67세) 컴패니언즈 오브 오너(명예 작위 보유자)에 들게 되다. 베일리얼 칼리지 명예 연구원으로 추대되다. 2월, 부인과 함께 런던을 출발하여 다음해까지 8개월에 걸쳐 동아시아 및 동남아를 중심으로 세계일주 여행을 시도하다. 그 동안 10월 1일부터 11월 30일까지 일본에 머무르면서, 도쿄(東京)를 중심으로 각지에서 강연, 전문 학자와 의견을 교환하다. 《역사가의 종교관 *An Historian's Approach to Religion*》(에든버러 대학에서 한 강연을 정리한 것)을 간행하다.

1958년(69세) 《역사의 연구》 제11권(지도와 지명 색인), 《세계 종교 속의 그리스도교 *Christianity among the Religions of the World*》, 세계일주 여행기 《동방에서 서방으로 : 세계여행 *East to West : A Journey Round the World*》를 간행하다.

1959년(70세) 그리스·로마사를 전체적으로 기술한 《헬레니즘 : 문명의 역사 *Hellenism : The History of a Civilization*》를 간행하다.

1961년(72세) 《역사의 연구》 제12권('재고찰'), 전년의 인도 서북부 여행기 《옥수스 강과 줌나 강 사이 *Between Oxus and Jumna*》를 간행하다.

1965년(76세) 1913~14년 무렵부터 구상해 오던 것으로 한니발 전쟁이 로마에 미친 경제적 영향을 고찰한 대저 《한니발의 유산 *Hannibal's Legacy*》(상하 2권)과, 여러 차례로 나누어 행한 북아프리카 각지의 여행기 《니제르 강과 나일 강 사이 *Between Niger and Nile*》를 간행하다.

1966년(77세) 미국 여러 대학에서 1964~65년에 걸쳐 행한 강연 내용을 기초로 한《변화와 습관 : 우리 시대의 도전 *Change and Habit : The Challenge of Our Time*》을 간행하다.
1975년(86세) 10월 22일, 영면에 들다.

옮긴이 홍사중(洪思重)

서울대학교 문리대사학과를 거쳐 미국 시카고대대학원 사회사상학과와 위스콘신대 대학교 서양학과 졸업. 서울대학교·한양대학교·경희대학교 교수 역임. 〈중앙일보〉 논설위원을 지내다가 1980년 5공 신군부에 의해 강제퇴직당하고 1987년부터 〈조선일보〉 논설위원과 논설고문 역임. 지은책에 「근대시민사회사상사」 「세계문화사」 「한국지성의 고향」 「역사와 문학」 「한국인의 미의식」 「한국인, 가치관은 있는가」, 옮긴책에 펄 벅 「대지」 등이 있다.

World Book 255

Arnold Joseph Toynbee·Abridg—Somervell

A STUDY OF HISTORY

역사의 연구 II

A.J. 토인비/홍사중 옮김

1판 1쇄 발행/1978. 10. 10

2판 1쇄 발행/2007. 7. 10

3판 1쇄 발행/2016. 5. 1

3판 3쇄 발행/2022. 4. 1

발행인 고윤주

발행처 동서문화사

창업 1956. 12. 12. 등록 16-3799

서울 중구 마른내로 144(쌍림동)

☎ 546-0331~3 (FAX) 545-0331

www.dongsuhbook.com

이 책의 출판권은 동서문화사가 소유합니다.

의장권 제호권 편집권은 저작권법에 의해 보호를 받는 출판물이므로 무단전재와 무단복제를 금합니다.

사업자등록번호 211-87-75330

ISBN 978-89-497-1405-9 04080

ISBN 978-89-497-0382-4 (세트)